Nachlesen & Nachschlagen

Unterwegs mit
Michael Bussmann

Jahrgang 1967, geboren in Esslingen. Germanistik-, Journalistik- und Politologiestudium in Bamberg, nebenher Dokumentarfilmarbeiten. Seit 1998 recherchiert und schreibt er überwiegend für den Michael Müller Verlag, ehemals von der goldenen Stadt Prag aus, heute von Deutschlands einziger Metropole: Berlin. Mehr vom Autor erfährt man auf dem Reiseblog www.hierdadort.de.

Eine tiefschwarze Wand zum Meer hin, ein Vorhang aus Regen, darüber bizarr aufgetürmte Wolkenformationen, die in rasendem Tempo auf Sie zueilen. Und doch, eine Stunde später: „Da hinten wird's hell!" Eines kann ich Ihnen versichern: Diesen Satz werden Sie während Ihrer Zeit auf den Azoren nicht nur ein Mal ausrufen. Auch Paare, die sich schon nichts mehr zu sagen haben, finden auf den Azoren immer ihr Thema: das Wetter. Nirgendwo blickt man wohl öfters zum Himmel als auf den Azoren und stellt Prognosen an. Das üppige Grün der Inseln kommt nicht von ungefähr – mit Regen ist stets zu rechnen. *Chuva* heißt „Regen" im Portugiesischen. Dieses Wörtchen lernt man schnell. *Chuva* gibt es selbst dann, wenn über Europa das Azorenhoch für Sonne, Sonne und nochmals Sonne sorgt. Und *Chuva* gibt es in allen Varianten. Nieselig-sprühend, mit Sonnenstrahlen als Begleiter und einem kunterbunten Regenbogen über den Bergweiden. Von einer heftig-überraschenden Gemeinheit, die Bäche schnell zu Flüssen werden und Wasserfälle aus dem Nichts auftauchen lässt. Oder lieblich-erfrischend im warmen Sommer. Die Naturgewalten bekommt man wohl kaum eindrucksvoller vorgesetzt als hier, mitten im Atlantik. Also nicht ärgern, sondern geduldig sein und staunen! Da hinten wird es doch schon wieder hell …

Was haben Sie entdeckt?

Haben Sie ein besonderes Restaurant, ein neues Museum oder ein nettes Hotel entdeckt? Wenn Sie Ergänzungen, Verbesserungen oder Tipps zum Buch haben, lassen Sie es uns bitte wissen!
Schreiben Sie an: Michael Bussmann, Stichwort „Azoren"
c/o Michael Müller Verlag GmbH | Gerberei 19, D – 91054 Erlangen
michael.bussmann@michael-mueller-verlag.de

Azoren

Michael Bussmann

7. komplett überarbeitete und aktualisierte Auflage 2019

Inhalt

Orientiert auf den Azoren

Unterwegs auf den Azoren

Santa Maria ▪ 22

Santa Maria ist ein echtes Landei – nicht einmal 5600 Bewohner zählt die 97 km² kleine Insel. Die Zugpferde des Eilands: ein schöner Sandstrand und ein toller Inselrundwanderweg.

São Miguel ▪ 58

Die größte Insel der Azoren sieht auch die meisten Besucher. Die Insel vereint sämtliche Schönheiten des Archipels, ist zugleich die am dichtesten besiedelte und touristisch am besten erschlossene.

Terceira ▪ 194

Angra do Heroísmo

Terceira zieht auch den einen oder anderen Kulturtouristen an. Warum? Mit der Inselmetropole Angra do Heroísmo gibt es auch ein UNESCO-Welterbe zu bestaunen. Weitere Highlights: die Höhle Algar do Carvão und eine Fahrt durchs Hochland.

Graciosa ▪ 246

Ein freundlich-kauziges Inselchen, das Erholung und Ruhe verspricht. Auch hier gibt es wie auf Terceira eine spektakuläre Höhle zu besichtigen, die Furna do Exofre. Sie befindet sich inmitten der mächtigen Caldeira.

Faial ▪ 274

Faial bietet mit Horta einen bezaubernden Inselhauptort, dazu grandiose Wanderwege und an der Ponta dos Capelinhos eine beeindruckende Mondlandschaft, die auf einen Vulkanausbruch in den Jahren 1957/58 zurückgeht.

Pico ▪ 324

Pico heißt die Insel, und Pico heißt der Berg darauf – der mit 2153 m höchste Berg Portugals. Zu Füßen des Vulkans erstrecken sich weite Weinanbaugebiete. Pico ist zudem die Nummer Eins in Sachen Whalewatching auf den Azoren.

São Jorge ▪ 374

Auf São Jorge, 56 km lang und nur 8 km breit, spielt die Natur Drama-Queen. Kein Wunder, dass die Insel ein Wanderer-Dorado ist. Zudem wird hier der beste Käse der Azoren produziert.

Flores ▪ 418

Üppiger zeigt sich kaum eine andere Insel. Wasserfälle stürzen zu Tal, spektakuläre Schluchten tun sich auf, wunderschöne Blumen wuchern am Wegesrand. Dass die Natur derart in Saft und Kraft steht, hat seine Gründe. Es regnet viel!

Corvo ▪ 454

Die kleinste Azoreninsel ist eine echte
Schnarchnase. Hier gibt es nicht viel mehr als
ein Dorf mit 430 Einwohnern, viele Kühe und
den faszinierendsten Vulkankessel der Azoren.

Nachlesen & Nachschlagen

Verzeichnisse

Was haben Sie entdeckt?

Haben Sie ein besonderes Restaurant, ein neues Museum oder ein nettes Hotel
entdeckt? Wenn Sie Ergänzungen, Verbesserungen oder Tipps zum Buch haben,
lassen Sie es uns bitte wissen!

Schreiben Sie an: Michael Bussmann, Stichwort „Azoren"
c/o Michael Müller Verlag GmbH | Gerberei 19, D – 91054 Erlangen
michael.bussmann@michael-mueller-verlag.de

🌿 nachhaltig, ökologisch, regional

MeinTipp Die besondere Empfehlung unseres Autors

Velas auf São Jorge: Hafen und Altstadt

Orientiert

auf den Azoren

Die Inseln im Profil

Die Azoren sind …

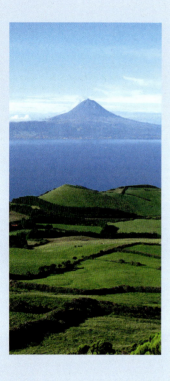

Auf den Inseln der Azoren leben rund 246.000 Menschen. Das entspricht einer Einwohnerdichte von 105 Personen/km² (Deutschland 231 Einwohner/km²). Am dichtesten besiedelt ist São Miguel mit 185 Einwohnern, das Schlusslicht bildet Corvo mit 25 Einwohnern/km². Die größte Insel des Archipels ist São Miguel, gefolgt von Pico, Terceira, São Jorge, Faial, Flores, Santa Maria, Graciosa und Corvo.

… neun weit verstreute Blumentöpfe mitten im Atlantik

Der paradiesgrüne Archipel erstreckt sich in den unendlichen Weiten des Atlantiks zwischen Europa und Amerika südlich des 40. Breitengrads (etwa auf Höhe von Sizilien). Fernab von jeder Festlandsküste ragen hier neun Inseln, die zu Portugal gehören, aus den Fluten. Sie verteilen sich über ein Meeresgebiet, das fast so groß ist wie das Mutterland. Die östlichste Insel, Santa Maria, liegt annähernd 600 km von der westlichsten Insel entfernt. Ihr Name ist Flores – passend für eine Insel, so grün und bunt wie ein Blumentopf mitten im Atlantik. Groß sind die Inseln nicht – mit einer Gesamtfläche von 2335 km² sind alle Inseln zusammengenommen kleiner als Mallorca (3618 km²).

… ein Ziel für Naturtouristen

Der Star ist hier die Landschaft! Die Inseln, die vulkanischen Ursprungs sind, offenbaren Kraterseen, wildromantische Höhenzüge, dichte Lorbeerwälder, rauschende Wasserfälle und schroffe Lavaküsten. Meterhohe Hortensienhecken säumen Weiden mit bimmelnden Kühen darauf, am Wegesrand gedeihen Passionsblumen, in Gärten Bananenstauden. Und drum herum das allgegenwärtige tiefblaue Meer. Grün und Blau, die Farben von Kaspers Frau, harmonieren auf dem Archipel. Dies alles nur durch die Windschutzscheibe zu sehen, wäre schade und geht oft gar nicht – Wanderstiefel sollten im Gepäck sein!

… ein Desaster für Cluburlauber

Wer hingegen zur Klientel *Club Med* & Co gehört, ist auf den Azoren falsch. Animation am Pool einer All-inclusive-Anlage, palmengesäumte Strände, an denen im Liegestuhl Caipi-Orgien gefeiert werden, ein ausschweifendes Nachtleben oder illuminierte Basarmeilen? Fehlanzeige – nichts davon gibt es hier. *Nada*.

Corvo
Flores
Graciosa
Terceira
São Jorge
Faial
Horta
Pico
Angra do Heroísmo
São Miguel
Ponta Delgada
Santa Maria

... ideal für Individualisten

Natürlich werden nach der Reise auch all jene etwas zu erzählen haben, die einen Pauschalurlaub in einem Stadthotel in Ponta Delgada oder eine organisierte Rundreise gebucht haben. Mit Pipi in den Augen jedoch werden die nach Hause zurückkommen, die die Inseln mit Muße individuell bereist haben. Widerstehen Sie der Verlockung, so viele Inseln wie möglich sehen zu wollen – weniger ist manchmal mehr! Vier oder fünf Inseln in zehn Tagen oder gleich alle Neune in zwei Wochen – von solch durchstrukturierten Reisen ist eher abzuraten, zumal Inselhopping viel Zeit kostet und Ihnen außerdem das verrückte Azorenwetter immer wieder einen gehörigen Strich durch die Rechnung machen kann. Wer Pech hat, lernt so nur die Inselflughäfen von innen kennen. Auch lässt das feste Programm einer organisierten Rundreise oft keine spontanen, kurzfristigen Änderungen zu. Wie schade, wenn man im dicksten Nebel zu den spektakulärsten Aussichtspunkten in den Bergen gekarrt wird, während an der Küste die Sonne scheint ...

Und wohin nun?

Geografisch, jedoch nicht politisch, sind die neun Azoreninseln in drei Gruppen eingeteilt. Santa Maria und São Miguel bilden die Ostgruppe *(grupo oriental)*, Terceira, Graciosa, Faial, Pico und São Jorge die Zentralgruppe *(grupo central)*, Flores und Corvo die Westgruppe *(grupo ocidental)*.

Der mit Abstand größte Teil der Besucher entscheidet sich für São Miguel, zumal dorthin die besten Flugverbindungen bestehen. Die Insel vereint sämtliche Schönheiten des Archipels, ist zugleich die am dichtesten besiedelte und touristisch am besten erschlossene. Ganz anders Santa Maria, ein echtes Landei, das durch malerische Buchten und Dörfer im Hänsel-und-Gretel-Setting begeistert.

Faial prahlt mit dem bezaubernden Hafenstädtchen Horta und einer Mondlandschaft an der Ponta dos Capelinhos. Von Faial lassen sich zudem die landschaftlich reizvollen Nachbarinseln Pico (mit viel Wein und dem höchsten Berg Portugals) und São Jorge (mit traumhaften Wanderwegen und einer extrem ungewöhnlichen Topografie) unkompliziert und schnell per Fähre erreichen. Terceira hat mit seinem Renaissance-Hauptstädtchen Angra do Heroísmo ein UNESCO-Welterbe zu bieten, das kleine, verpennte Graciosa dafür eine mächtige Caldeira von höchstem Schauwert.

Flores und Corvo schließlich sind noch echte Geheimtipps für Azoren-Fortgeschrittene, die ohne gastronomische Höhenflüge auskommen und auch mal mehrere Tage hintereinander nasse Zehen und tiefhängende Wolken ertragen. Denn dort, ganz weit draußen im Atlantik, spielt das Wetter öfters mal die Drama-Queen!

Auf den Inseln geht beides

Aktiv und faul sein

Auf den Azoren kann man schrecklich aktiv, aber auch schrecklich faul sein. Es könnte schwer werden, sich für eines zu entscheiden.

Je bewohnter die Insel, desto größer das Sportangebot. Aktivitäten für Touristen werden nur durchgeführt, wenn auch genügend Touristen da sind – auf kleinen Inseln wie Graciosa nur im Hochsommer, auf touristisch stärker frequentierten Inseln von Frühjahr bis Herbst.

In Wanderstiefeln unterwegs

Wer sich mit dem Rucksack aufmacht, den belohnen die Azoren mit versteckten, nur über alte Saumpfade zu erreichenden Schönheiten, mit ausgedehnten Blumenteppichen im Frühjahr, kleinen Buchten und Schluchten, imposanten Kratern und einsamen Seen. So manche Azoreninsel ist ein Paradies für Wanderer – es gibt kaum eine schönere Art, die Azoren zu entdecken. Mehrere hundert Kilometer markierte Wanderwege existieren mittlerweile auf den Inseln, und jedes Jahr werden es mehr. Highlight für viele: die Besteigung des Pico, des höchsten Gipfels Portugals. Die schönsten Wanderwege bieten neben Pico die Inseln São Jorge, Flores, Faial und Santa Maria, wo es einen tollen Fernwanderweg rund um die Insel gibt. Grundregel: Planen Sie die Wanderung für den Tag am selben Morgen! Bei Sonne ab in die Berge, bei tief hängenden Wolken an die Küste! Etwas Ausdauer und Kondition sollte man auf jeden Fall mitbringen, viele Wanderungen sind mit anstrengenden Anstiegen verbunden. Mehr zum Thema Wandern ab S. 513.

Unter, im und auf dem Wasser

Der Atlantik rund um die Azoren gleicht einem gigantischen Plantschbecken für Tiere mit und ohne Kiemen. Unter Tauchern sind die hiesigen Gewässer wegen ihres Reichtums an Großfischen ein Geheimtipp, es geht hinab zu Mantas, Haien oder Mobulas. Anfänger aber sollten sich wegen gefährlicher Strömungen genau überlegen, ob sie mitmischen wollen (mehr zum Thema Tauchen auf S. 537). Wer mit dem kalten Nass weniger direkt in Berührung kommen will, nimmt an einer Whalewatching-Ausfahrt teil – am besten bei Espaço Talassa auf Pico. Einmal im Schlauchboot von fünf neugierigen Pottwalen umringt, ist ein

Corvo

Flores

Graciosa

Faial

Terceira

São Jorge

Pico

São Miguel

Santa Maria

Erlebnis, das man sein Leben lang nicht vergessen wird. Neben Pottwalen können Sie, je nach Jahreszeit, auch große Bartenwale sehen. Selbst der Blauwal, das größte Tier der Welt, macht auf den Azoren Station. Doch der Atlantik ist kein Zoo – die Sichtchancen sind sehr hoch, aber Sichtungen nicht gewährleistet. Auch Schwimmen mit Delfinen wird vielerorts angeboten – eine Aktivität, die von Tierschützern allerdings kritisch betrachtet wird. Mehr zum Whalewatching auf S. 345, zum Schwimmen mit Delfinen auf S. 485.

Und sonst so?

Canyoning, Abseiling und andere aufregende Sportarten mit „ing" hinten dran – nahezu alles ist möglich, alles machbar. Adventure ist ein Thema auf den Azoren, wenn auch nicht auf allen Inseln. Außerdem kann man mehrere Eilande auf dem Rücken von Pferden entdecken (am professionellsten auf Faial, → S. 304), kann sich mit etwas Kondition aufs Rad schwingen und auf hoher See den dicken Fisch an Bord ziehen (auf den Azoren wurden schon Rekorde im Big-Game-Fishing aufgestellt). Zwischendurch bietet sich eine Relaxingrunde in einem der Thermalpools an, um anschließend auf Megawellen zu surfen oder, oder, oder ... Und obendrein gibt es drei Golfplätze von internationalem Rang: zwei auf São Miguel und einen auf Terceira. Mehr zu alledem ab S. 535 und im Reiseteil.

Die Seele baumeln lassen

Auf den Terrassen mancher Unterkünfte könnte man den ganzen Urlaub verbringen. Wer also schon immer mal Thomas Manns Gesamtwerk im Urlaub verschlingen wollte, wird auf den Inseln dazu Gelegenheit haben. Es geht aber noch fauler: Man kann auch einfach sitzen und gucken. Und sitzen und gucken. Und dazwischen dösen und träumen – mit dem süßesten Wellenrauschen als Wiegenlied. Grandiose Über-Blicke bekommt man auch von den zahlreichen *Miradouros*, den Aussichtspunkten – statistisch gesehen haben die Azoren die höchste Aussichtspunktdichte überhaupt. Oder man prokrastiniert ganz simpel am Strand.

Beachlife

Knapp 700 km Küstenlinie besitzt der Archipel, doch alle Sandstrände zusammen machen vermutlich keine 5 km aus. Wer ausschließlich zum Baden auf die Azoren fliegt, hat das falsche Ziel gewählt. Die Küste ist rau, große Wellen können aus dem Nichts auftauchen, die Strömungen sind vielerorts gefährlich. Aber immerhin gibt es Strände! Nette Sandstrände, wenn auch nicht im XXL-Format, bieten São Miguel, Santa Maria und Faial. Auf den anderen Inseln dominieren Felsstrände, Kiesbuchten, Naturschwimmbecken und allenfalls kleine Sandbuchten. Die aber können überaus idyllisch sein – wenn denn das Wetter passt.

Nicht nur Natur

Menschen, Städte und Kultur

Die Azoren sind Inseln handfester Bauern mit hochgekrempelten Ärmeln und raubeiniger Fischer, die in stillen Dörfern leben. Stimmt alles. Aber eben nicht nur – v. a. die bevölkerungsreichsten Inseln haben auch Kunst, Kultur und ein bisschen urbanes Leben in petto.

Detailinfos zum Thema „Folklore und Musik" bekommen Sie auf S. 530.

Inseln der Seligen

Ganz klar: Wer auf diesen friedlich-beschaulichen Inseln aufgewachsen ist, kann nicht auf Krawall gebürstet sein. Die Azoren sind eines der sichersten Reisegebiete Europas, die Insulaner selbst Sweethearts. Der Umgang mit Touristen ist unaufdringlich, höflich und korrekt. Doch etwas Zeit bzw. *paciência* (Geduld) sollte man mitbringen, vieles kann dauern. Denn so manche Einrichtung – egal ob Laden, Museum oder Behörde – wird nur von einer einzigen Person am Laufen gehalten. Und ist diese mal krank oder sind deren Kinder krank, dann bleibt der Rollladen unten. Auf den Azoren vertraut man sich noch gegenseitig, insbesondere auf den kleineren Inseln. Wo sonst sagt Ihnen ein Autoverleiher: „Stellen Sie das Auto einfach am Fährhafen ab und legen Sie den Schlüssel ins Handschuhfach!" Nirgendwo fühlt man sich bedroht – was zu schier sträflichem Leichtsinn führen kann.

Ein Volk, das Feste feiert

Wenn's irgendwo böllert, dann steigt eine *Festa*. Meist böllert es schon Tage im Voraus. Mit viel Bier und Hingabe bereiten die Azoreaner ihre Feste vor, ganz nach dem Motto: Wenn's zur eigentlichen Festa regnen sollte, hat man wenigstens im Vorfeld schon seinen Spaß gehabt. Zu Prozessionen bekommen Straßen und Plätze liebevoll arrangierte Blütenwege verpasst, darüber wehen kunterbunte Fähnchen. Während der Heilig-Geist-Feste im Frühjahr und Sommer laufen die Azoreaner zur Hochform auf. Dann gibt es auf manchen Inseln (insbesondere auf Terceira) auch Stierkämpfe auf der Straße. Zaungäste sind immer willkommen. Am Anfang jedes Inselkapitels wird auf die größten Events auf merksam gemacht, für Stierkämpfe → S. 231.

→ S. 231.

Corvo

Flores

Graciosa

São Jorge

Terceira

Faial
Capelinhos
Horta
Madalena
São Roque
Pico

Angra do Heroísmo

Ribeira Grande

São Miguel

Ponta Delgada

Santa Maria

Stadtgeflüster

Die Azoren können mancherorts tatsächlich auch ein wenig urban sein, so in Ponta Delgada, der inoffiziellen Hauptstadt des Archipels. In den engen Pflastergassen reiht sich Geschäft an Geschäft, dazwischen Caféterrassen, Klöster, Kirchen und Paläste. Selbst der eine oder andere Hipsterspielplatz ist hier zu finden. Angra do Heroísmo auf Terceira hingegen ist eine Renaissanceperle, die noch heute jenen Reichtum zur Schau stellt, den einst die Galeonen auf dem Weg zwischen der Alten und der Neuen Welt auf die Insel brachten. Im Yachthafen von Horta auf Faial schließlich treffen sich Seebären aus aller Herren Länder – ein durch und durch elegantes Städtchen mit zuckertortigen Gebäuden in Weiß und Pastell.

Kreative Azoren

In Sachen Kunst und Kultur können die Inseln mit dem Festland zwar nicht mithalten. Dass aber immer mehr kreative Köpfe von dort zuziehen (und nicht nur aus Portugal!), tut der Szene gut. Theater gibt es nur wenige, auf fast allen Inseln aber Konzertsäle und kleine Galerien. Arbeiten zeitgenössischer azoreanischer Künstler wie Urbano oder Tomaz Sousa Borba Vieira zeigt z. B. die Galerie Fonseca Macedo in Ponta Delgada (→ S. 72). Kunst findet aber nicht nur drinnen, sondern auch draußen statt – spannende Street-Art junger, wilder Künstler kann man selbst im kleinen Madalena auf Pico bestaunen. Über azoreanische Künstler informiert die Seite www.discover azores.org. Das Kunstfestival der Inseln schlechthin nennt sich *Walk & Talk* (www.walktalkazores.org) und findet meist im Juli auf São Miguel statt.

Die besten Museen im Überblick

Arquipélago in Ribeira Grande (São Miguel): Die Ausstellungen in diesem Tempel zeitgenössischer Kunst, einer schick konvertierten ehemaligen Alkohol- und Tabakfabrik, gehören zu den besten ganz Portugals. Ein Muss! → S. 133

Museu Carlos Machado in Ponta Delgada (São Miguel): Das größte Museum der Azoren ist in einem ehemaligen Kloster aus dem 16. Jh. untergebracht. Es verfügt über einen riesigen Fundus an Naturgeschichtlichem, sakraler und weltlicher Kunst. → S. 73

Centro de Interpretação do Vulcão in Capelinhos (Faial): Architektonisch spektakuläres Museum, das unter (!) der Aschewüste am Westzipfel Faials erbaut wurde und über den Vulkanausbruch von 1957/58 informiert. → S. 305

Museu Industrial da Baleia in São Roque (Pico): Industriemuseum in einer 1983 aufgegebenen Walfabrik. Hochspannend! Auf der Insel gibt es noch zwei weitere Museen, die sich dem Walfang bzw. den Walfängern widmen. → S. 353

Traditionsküche ohne Chichi

Azoren kulinarisch

Kaffee, Maracuja, Tee – was man auch sät, auf den Inseln kann man es ernten. Und wo nichts angebaut wird, grasen werdende Steaks auf fetten Weiden. Davor ein Meer voller Gaumenfreuden. Die Produkte der Inseln sind allererster Kajüte – es hängt nur vom Koch ab, was daraus gemacht wird.

Mehr zu den Spezialitäten der einzelnen Inseln am Anfang jedes Inselkapitels. Weitere allgemeine Infos zum Thema „Essen & Trinken" auf den Azoren ab S. 520.

Sättigend und bodenständig

Handfeste, gehaltvolle Gerichte zeichnen die traditionelle Küche der Azoren aus. Fisch *(Peixe)* und Fleisch *(Carne)* halten sich dabei die Waage. Auf den kleinen Inseln, wo der Bauer nichts isst, was er nicht kennt, fallen sie am simpelsten aus – dort bekommt man Fisch mit Kartoffeln und gekochtem Gemüse, einen großen Fleischlappen mit Spiegelei und Pommes oder einen herzhaften Eintopf mit Bohnen und *Chouriço*. Experimenteller und teils sogar sehr niveauvoll geht es auf den besser erschlossenen Inseln wie São Miguel, Terceira oder Faial zu. Dort kann man mittlerweile sogar in überaus stylishen Lokalen essen. Ansonsten sitzt man meist, typisch portugiesisch, in recht nüchternen Speisesälen. Achtung: Die Azoreaner langen ordentlich zu – nicht selten reicht eine Portion für zwei! Mittags werden in vielen Lokalen Büfetts aufgebaut – günstig und vielfältig.

Aus dem Meer

Wer auf Fisch und Meeresfrüchte steht, wird sich auf den Inseln wie im Paradies fühlen. Thunfisch, Schwarzmaul, Meeraal, Achselfleckbrasse, Sardinen – was wird alles vor der Küste der Inseln gefischt. Das Meeresgetier landet nicht nur in der Pfanne, sondern auch in schmackhaften Eintöpfen wie der *Caldeira de peixe*. Unbedingt kosten sollte man auch den beliebten, in Rotwein geschmorten Oktopus-Eintopf *(Polvo guisado)*. Eine Delikatesse sind zudem *Lapas* (biologisch korrekt die „Gemeine Napfschnecke"), deren orangefarbenes Fleisch nicht nur optisch, sondern auch geschmacklich an das von Muscheln erinnert. Probieren sollte man auch *Cracas* („Seepocken" → Foto links) oder *Canilhas* („Herkuleskeulen"). Allerdings ist es auf den bevölke-rungsärme-ren Inseln nicht immer einfach, frischen Fisch oder frische Meeres-früchte in den Restau-rants zu bekommen. Mal gibt es Fisch im Über-maß, mal gar nicht – Frischfisch kann nicht her-beigezaubert werden, wenn in den Tagen zuvor die See zu rau für Ausfahrten war.

Corvo

Flores

Graciosa

Terceira

Faial

São Jorge

Pico

São Miguel

Santa Maria

Im Käseparadies

Die Azoren sind bekannt für ihren Käse *(Queijo)*. Die glücklichen Kühe auf den Hochlandweiden der Inseln liefern eine unglaublich hochwertige Milch mit viel Omega-3-Fettsäure. Aus dieser Milch wird hervorragender Rohmilchkäse hergestellt, je nach Reifegrad schmeckt er mild, würzig oder pikant. Der beste Käse kommt von São Jorge, mehr dazu auf S. 386. Als Vorspeise reicht man zudem auch einen weißen, leicht wabbeligen Frischkäse, der mit Piri-Piri-Soße beträufelt wird. Vorsicht: Das azorea-nische Chilisößchen hat es in sich!

Ohne Fleisch, Fisch und Käse

Das ist nicht ganz so einfach. Vegeta-rier fühlen sich auf den Azoren zuwei-len wie Punkrockfans in einem Klassik-konzert, von Veganern ganz zu schwei-gen. Es gibt auf den Inseln bislang nur wenige Lokale, die sich explizit an Ve-getarier und Veganer richten. Wer auf sämtliche tierische Produkte verzichtet, braucht in vielen Lokalen, v. a. auf den kleineren Inseln, die Speisekarte gar nicht erst aufklappen, zumal in der tra-ditionellen Küche selbst für Beilagen wie Bratkartoffeln häufig Schweine-

schmalz als Bratfett verwendet wird. Mit Glück findet man hin und wieder Gerichte wie „Gekochte Kartoffeln mit Ei". Fündiger wird man auf den größe-ren Inseln, wo junge Küchenchefs durchaus auch kreative vegetarische und vegane Gerichte kredenzen. Oder man brutzelt und grillt sich selbst et-was – die traumhaft gelegenen Pick-nickplätze laden nur so dazu ein.

Und was trinkt man so?

Viel Kaffee. Wenn Sie es den Bauern gleichtun wollen, frühmorgens mit ei-nem Schnaps. Die Kaffeekultur ist ausgeprägt, einen Espresso, zu dem die Azoreaner einfach *café* sagen, be-kommt man schon für 0,60 €. Azorea-nischer Wein ist grundehrlich und i. d. R. trocken, angebaut wird er v. a. auf São Miguel, Graciosa und Pico. Der Azorenwein schlechthin ist der *Vinho de Cheiro*, ein fruchtiger Rot-wein, der wegen seines hohen Alkalo-idgehalts nicht in die EU exportiert werden darf. Auch Bier wird auf den Azoren gebraut, allerdings nur auf São Miguel. Wer lieber alkoholfrei unter-wegs ist, aber ein lokales Getränk pro-bieren möchte, dem sei *Kima*, eine auf São Miguel hergestellte Maracuja-Li-mo empfohlen. Mehr Infos zu allen Getränken auf S. 524, zum Wein zu-dem auf S. 339.

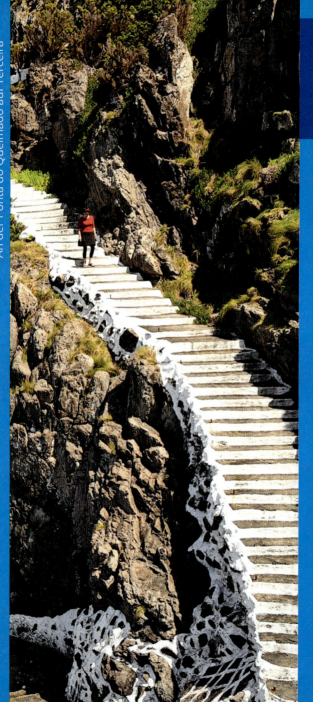

An der Ponta do Queimado auf Terceira

Unterwegs

auf den Azoren

Santa Maria

Das Eiland im Südosten des Archipels ist die sonnigste aller Azoreninseln. Für die einen ist Santa Maria die kleine, unscheinbare Schwester von São Miguel, anderen gilt sie als die Algarve der Azoren. Beides stimmt in Ansätzen. Das Eiland im Südosten des Archipels ist auf jeden Fall die sonnigste aller Azoreninseln. Das heißt aber nicht, dass Nebel und Regen unbekannt sind.

Wussten Sie, dass auf dem Flughafen von Santa Maria zuweilen kleine Privatjets mit Koffern voller Geld zwischenlanden? → S. 31

Glaubt man Roland Kaiser, wurde Santa Maria aus Träumen geboren. In Wirklichkeit aber ist Santa Maria, wie alle Inseln der Azoren, vulkanischen Ursprungs. Man vermutet, dass sich die Insel vor ungefähr acht bis 16 Mio. Jahren, also im Tertiär, aus den Fluten des Atlantiks erhob. Damit ist Santa Maria die älteste Insel des Archipels. Lange Zeit glaubte man, dass der Vulkan, der Santa Maria schuf, erloschen sei. Aufgrund von Erosionsprozessen, verursacht durch Wind, Regen und Gezeiten, hätte die Insel eigentlich schrumpfen müssen. Aber sie spielt ihr eigenes Spiel – Santa Maria hebt sich weiterhin aus den Fluten empor, weshalb man an Stellen oberhalb des Meeresspiegels auch Meeresfossilien finden kann. Als Grund dafür wurden früher tektonische Prozesse verantwortlich gemacht, heute glaubt man, dass es eine unterirdische Magma-Ader in mehreren Kilometern Tiefe gibt, die die Insel nach oben presst. Wenn die Theorie stimmt, würde das bedeuten, dass der Vulkan von Santa Maria noch gar nicht erloschen ist.

Zweifellos wurde Santa Maria als erste Insel der Azoren besiedelt, wahrscheinlich wurde sie auch als erste Insel entdeckt. Ihr Boden gilt als einer der fruchtbarsten der Azoren, köstliche Melonen gedeihen auf ihm. Von schweren Naturkatastrophen blieb Santa Maria, die drittkleinste Insel des Archipels, in den letzten Jahrhunderten weitgehend verschont.

Die flache westliche Inselhälfte wirkt nicht gerade pittoresk. Die weite Ebene ist zwar außergewöhnlich für die Azoren, doch raubt ihr das darauf gelegene große Flughafenareal jeden Reiz. Auch Vila do Porto, der Hauptort, ist nicht gerade das, was man eine

Perle nennt. Geradezu umwerfend dagegen präsentiert sich der bergige Ostteil der Insel. Mit seinen verwunschenen Wäldchen, Wiesen und kleinen weißen Häuschen besitzt er fast Brüder-Grimm-Qualitäten, dazu wartet der Osten mit einladenden Buchten samt hellen Sandstränden auf. In puncto schönen Bademöglichkeiten kann Santa Maria gar São Miguel das Wasser reichen. Ansonsten liegen zwischen dem beschaulichen, infrastrukturell armen Santa Maria und der populären Ferieninsel São Miguel Welten.

Das größte Problem, das sich dem Santa-Maria-Besucher stellt, ist der Mangel an Unterkünften, ganz besonders dort, wo die Insel reizvoll ist. Die wenigen Hotels befinden sich größtenteils in oder nahe der Inselmetropole Vila do Porto – kein allzu spannender Standort. Findet man jedoch ein Häuschen oder ein Zimmer in der östlichen Inselhälfte, dann ist Erholung in einer traumhaften Landschaft garantiert. Selbst die Wahrscheinlichkeit eines Anrufs aus Ihrem Büro ist dort gering, der Mobilfunkempfang ist vielerorts miserabel!

Die schönsten Orte

Maia und **São Lourenço**. Beide Ortschaften liegen an malerischen Buchten, umarmt von Weinbergen und dem Meer.

Wahnsinnsblicke

Hat man vom **Miradouro la Macela** auf die grüne Bucht von Praia mit ihrem weiten Sandstrand. Vom Gipfel des **Pico Alto** blickt man über die ganze Insel, vom Miradouro an der **Ponta da Ilha** bei São Lourenço auf das vorgelagerte

Inselchen Ilhéu do Romeiro und von den Aussichtspunkten auf dem Weg nach Maia über die Klippen, die terrassierten Weinberge, die liebliche Ortschaft, das Meer und den Leuchtturm.

Plätze fürs Picknick

Unterm Wasserfall in der **Baiá da Raposa**, im märchenhaften Waldpark **Fontinhas**, am **Poço da Pedreira** und mit Meeresblick am **Miradouro la Macela**. Im Waldpark Fontinhas und am Miradouro la Macela kann man auch gemütlich grillen.

Wohin zum Baden?

Der größte Strand der Insel, ja gar einer der größten Strände der Azoren, ist die **Praia Formosa**. Nett baden kann man auch in **Maia** (toller Meerwasserpool) und São Lourenço (kleine, durch Felsen unterteilte Sandstrände). Beliebt, aber bei Weitem nicht so schön ist auch das Badeareal von **Anjos** (ebenfalls Meerwasserpools).

Und was tun bei Regen?

In **Santo Espírito** wartet ein Museum auf Ihren Besuch, in **Vila do Porto** gibt es gar zwei – bis zu Ihrem Besuch vielleicht schon drei oder vier, denn weitere sollen folgen. Darüber hinaus kann man in Vila do Porto eine Café- und Kneipentour unternehmen – trinkt man schön langsam, reichen die Bars lässig für einen ganzen Tag.

Inselgeschichte

Heute ist Santa Maria eine von der Welt vergessene Insel. Das war nicht immer so: In den 1950er-Jahren stellte der damals international bekannte Inselairport eine bedeutende Drehscheibe im transatlantischen Flugverkehr dar.

Santa Maria war die erste Azoren-Insel, auf der sich Siedler niederließen – wann und von wem die Insel erstmals gesichtet wurde, ist jedoch umstritten. Die meisten Historiker schreiben dies Diogo de Silves im Jahr 1427 zu. Der Erste, der einen Fuß auf die Insel setzte, war der im Dienst von Heinrich dem Seefahrer stehende Kapitän Gonçalo Velho Cabral (ein Mitglied des Christus-Ordens) im Jahr 1432. Und da jenes Ereignis an einem 15. August geschah, dem Tag von Mariä Himmelfahrt, erhielt die Insel den Namen Santa Maria. Sieben Jahre vergingen, bis Cabral wiederkam, diesmal als Donatarkapitän mit Familien von der Algarve und aus dem Alentejo an Bord,

ferner mit Kühen, Schafen und Saatgut. Die Besiedlung Santa Marias nahm ihren Anfang. Anjos, Santana und Porto, das 1472 aufgrund des geschützten Hafens die Stadtrechte erhielt und von nun an Vila do Porto hieß, waren die ersten Ortschaften. 1493 warf der unter Spaniens Flagge segelnde Christoph Kolumbus auf seiner Heimreise von Amerika vor Anjos Anker (→ Anjos). Ende des 15. Jh. erreichten weitere Siedlerwellen Santa Maria. Immer mehr Wälder mussten gerodet werden, um Ackerland für die neuen Inselbewohner zu schaffen. Für das Pflügen gab es spezielle Hacken, die nicht länger als eine Handspanne sein durften, damit sie nicht als Waffen missbraucht werden konnten. Da der Regen oft die Saat von den Hängen ins Meer spülte, schuf man Terrassen, die *Degraus de Santa Maria*, die bis heute vielerorts das Bild der Insel prägen. Angebaut wurden anfangs in erster Linie Weizen und Mais. Später setzte man auf eine Färberpflanze namens Pastell (*isatis tinctoria* – Färberwaid), die auf den Märkten in Flandern, Spanien und England enorme Preise erzielte.

Bis ins 17. Jh. war der Export von Pastell das wirtschaftliche Standbein der Insel. Da man ihr zugunsten den Anbau von Getreide und Gemüse vernachlässigte, stand die Bevölkerung immer wieder kurz vor schweren Hungersnöten. Nichts zu essen hatte die Bevölkerung oft auch aus einem anderen Grund: Über Jahrhunderte hinweg wurde die Insel immer wieder von Piraten geplündert oder gebrandschatzt. Ende des 17. Jh. brach der Pastellmarkt zusammen, der Indigostrauch aus Indien war nun die erste Wahl in Sachen Blau. Der Orangenanbau wurde zum neuen Wirtschaftszweig, die Großgrundbesitzer verdienten sich daran eine goldene Nase.

Weniger gut ging es dem einfachen Volk, vom Pflücken wurde es nicht satt, viele wanderten aus. Pilz- und Lausebefall sorgten schließlich in der zweiten Hälfte des 19. Jh. für die Vernichtung der Zitrushaine.

Ein neues Kapitel der Inselgeschichte leitete der Zweite Weltkrieg ein, allerdings war dieses Kapitel auf Santa Maria weniger mit Tod und Schrecken verbunden. Mit dem Bau der Luftwaffenbasis der US-Amerikaner 1944 entwickelte sich Santa Maria von heute auf morgen zur modernsten und reichsten Insel des Archipels (→ Kasten S. 31). Doch schon zwei Jahrzehnte später, als Großraumjets den Atlantik nonstop überqueren konnten und Zwischenlandungen überflüssig wurden, fiel die Insel wieder in die Bedeutungslosigkeit zurück. Auch die wirtschaftliche Vormachtstellung, die ihr der Flughafen einst gebracht hatte, ging verloren. Die Bevölkerungszahl von 1960 hat sich bis heute mehr als halbiert.

Zu Beginn dieses Jahrtausends hoffte man noch, dass die Erfolgsgeschichte, die der transatlantische Flugverkehr für Santa Maria gebracht hatte, sich durch

Zeugnisse der Abwanderung

Santa Maria im Überblick

Daten und Fakten

Hauptort: Vila do Porto

Bevölkerung: 5547 Einwohner (57 pro km², Stand 2011)

Größe: 97 km², bis zu 13,5 km breit, bis zu 10 km lang

Küstenlänge: 46 km

Höchste Erhebung: Pico Alto mit 587 m

Position: 36°55′ N und 37°01′ N, 25°00′ W und 25°11′ W

Distanzen zu den anderen Inseln: São Miguel 102 km, Terceira 261 km, Graciosa 339 km, São Jorge 330 km, Pico 330 km, Faial 356 km, Flores 589 km, Corvo 602 km

Wissenswertes vorab

Aktiv: Es gibt diverse Wanderwege, darunter einen herrlichen Rundwanderweg über die gesamte Insel (78 km Länge), und mit *Wahoo Diving* eine der besten Tauchbasen der Azoren.

Wohnen: Eine Reservierung ist angeraten. Ansonsten kann es passieren, dass man in der NS vor verschlossener Tür steht oder – im Juli und Aug. aufgrund der wenigen Unterkünfte fast garantiert – vor ausgebuchten Häusern. Eine Jugendherberge gibt es in Vila do Porto, einen Campingplatz in Praia Formosa.

Kulinarisch: Lokale Spezialitäten sind die deftige *Caldo de nabos*, ein Rübeneintopf mit Schweinefleisch und Räucherwurst sowie der *Vinho abafado* – auf ein Gläschen wird man mit Glück bei einem Weinbauern im Spätherbst eingeladen. Der Abafado ist ein gespritzter Traubenmost, der nur kurz gärt und fürchterliche Kopfschmerzen bereiten kann. Santa Maria ist zudem bekannt für seine süßen Melonen und seinen noch süßeren Honig *(Mel Azul)*.

Feste und Festivals: Größtes Inselevent ist das Musikfestival *Maré de Agosto* in Praia Formosa Ende Aug./Anfang Sept. mit Bands verschiedenster Stilrichtungen (www.maredeagosto. com). Meist zur gleichen Zeit steigt die *Festa da Maia* im gleichnamigen Örtchen – eine der

Nahe Maia thront der Leuchtturm Farol de Gonçalo Velho über der Küste

fröhlichsten Feierlichkeiten der Insel. Zuvor schon, stets am 15. Aug. zu Mariä Himmelfahrt, wird in Vila do Porto das Inselhauptfest gefeiert. Und bereits Mitte Juli steigt das 3-tägige *Santa Maria Blues Festival* in Anjos, das größte Bluesfestival Portugals (www.santamaria blues.com). Meist Anfang Aug. steht zudem die *Rallye Além Mar de Santa Maria* (www.sata rallyacores.com) auf dem Programm – für viele Touristen ein Ärgernis, da zu dieser Gelegenheit viele Straßen gesperrt sind. Die Heilig-Geist-Feste (von Ostern bis Aug., Höhepunkt Pfingsten) unterscheiden sich von denen der anderen Inseln in erster Linie dadurch, dass nicht kleine örtliche Komitees als Veranstalter auftreten, sondern meist Privatpersonen.

An- und Weiterreise mit Flugzeug oder Schiff

Flughafen: Der Airport liegt knapp 4 km außerhalb des Zentrums von Vila do Porto. Im Terminal gibt es einen Bankomaten, *SATA*-Schalter (☎ 296820180), eine überteuerte Bar, ein Turismo (→ Vila do Porto) und die Schalter von zwei Autovermietungen (s. u.). Egal wohin, alle Flüge gehen über **Ponta Delgada auf São Miguel.**

Flughafentransfer: Ins Zentrum von Vila do Porto fährt Mo–Fr von 8–19 Uhr etwa stündl. **Bus 04/04A**, Sa nur bis 13 Uhr. Ein **Taxi** kostet ca. 5 €.

Seehafen: Alle Schiffe legen in **Vila do Porto** an bzw. ab. Im Sommer steuern die großen Autofähren, die auf der *Linha Amarela* der *Atlânticoline* unterwegs sind, über **Ponta Delgada auf São Miguel** (Dauer dorthin ca. 3 Std.) die Inseln der Zentralgruppe an. (www. atlanticoline.pt, Informationen und Tickets auch beim Reisebüro *sma soltrav,* → Vila do Porto/Reisebüro, S. 32).

Ganzjährig fährt zudem, soweit es das Wetter zulässt, für gewöhnlich Mi und Fr das Frachtschiff *Baía dos Anjos* der Reederei *Transporte Maritimo Parece Machado* nach **Ponta Delgada auf São Miguel.** Dauer 5–6 Std. 22 €/Pers. einfach (retour 37 €) zzgl. Transportversicherung für 6,50 €. Informationen dazu in Vila do Porto bei Soltrans an der Rua Dr. Luís Bettencourt 130, ☎ 296882176. Mo–Fr 9–12.30 und 14–17.30 Uhr.

Unterwegs mit Bus oder Mietwagen

Bus Ausschließlich per Bus lässt sich Santa Maria nicht erkunden. Wer jedoch nicht fußfaul ist, noch einen Daumen oder genügend Geld für ein Taxi hat, kann auch ohne Mietwagen etwas von der Insel mitbekommen. Aktuelle Busfahrpläne beim Turismo (→ Vila do Porto), bei der lokalen Busgesellschaft **Transportes de Santa Maria** in Vila do Porto in der Rua Teófilo Braga 56 oder unter www.transportesde santamaria.com. Mehr zu den Busverbindungen in den jeweiligen Ortskapiteln.

Mietwagen: Mit dem Mietwagen kann man die schönsten Orte Santa Marias an einem Tag spielend abfahren. Die Insel ist klein und dem Besucher nach kurzer Zeit vertraut. Als Orientierung hilft stets der Pico Alto weiter. Am Flughafen (und nur dort) haben die Autovermietungen **Ilha Verde** (☎ 29688652 8, www.ilhaverde.com, zugleich die Vertretung von *Europcar* und *Avis*) und **Autatlantis** (☎ 296886530, www.autatlantis. com) ihre Vertretungen. **Ilha do Sol** (der wohl freundlichste Autoverleiher der Azoren, von Lesern hochgelobt) bringt reservierte Fahrzeuge ohne Aufpreis zum Flughafen. Office etwas außerhalb des Zentrums von Vila do Porto, ca. 300 m nordöstlich des Largo de Santo Antão, von dort ausgeschildert. ☎ 296882021, www.ilhadosol.com.

den orbitalen Raketenverkehr wiederholen würde. Die ESA (European Space Agency) hatte angekündigt, auf Santa Maria eine Bahnverfolgungsstation für die von Kourou (Französisch Guyana) abgeschossenen Ariane-5-Raketen errichten zu wollen. In Vila do Porto träumte man schon davon, zum Hightechzentrum inmitten des Atlantiks zu mutieren. Für die zu erwartenden Ingenieure und Wissenschaftler baute man im Namen der Rakete das Hotel 5 (heute das Hotel Colombo). Und damit dem vermeintlichen Tross an ESA-Mitarbeitern auch etwas geboten werden konnte, sollte der seit Ewigkeiten geplante Golfplatz bei Alma-greira in die Tat umgesetzt werden. Doch den Träumen folgte bittere Ernüchterung, als die Kontrollstation (seit 2008 in Betrieb) errichtet wurde: Sie besteht nämlich aus nicht viel mehr als einem kleinen Häuschen mit Hightechrechner, dazu einer Antenne und einem großen Parabolspiegel von 5,5 m Durchmesser auf dem Monte das Flores nahe der Baía da Cré. 2014 kam eine kleine Sensorstation für das Galileo-Projekt hinzu. Die Träumerei könnte aber schon bald wieder von vorne beginnen: Sollte die ESA ihr Hopper-Projekt (ein unbemanntes Raumtransportsystem) wiederbeleben, käme Santa Maria als Landeplatz infrage.

Vila do Porto und der Inselwesten

Der Flughafen 4 km nordwestlich von Vila do Porto dominiert die westliche Inselhälfte. Einladend ist die Gegend rund um den Airport nicht, auch der Inselhauptort ist nichts anderes als ein großes Dorf. Urlaubstage verbringt man gemütlicher im einstigen Fischerort Anjos oder am Strand der Praia Formosa.

Zwischen Rollfeld und Vila do Porto ragen noch ein paar alte Wellblechbauten der einstigen US-Luftwaffenbasis aus dem Boden, zudem sind ein paar neue Wohnviertel entstanden. Vila do Porto selbst erstreckt sich auf einem Hügelkamm, rechts und links von tiefen Taleinschnitten begrenzt. Schnell ist man mit allem und jedem vertraut. Die 3000 Einwohner charakterisiert sympathische Gelassenheit, nach ein, zwei Tagen ist man mit diesem und jenem schon bekannt und wird auf einen Kaffee oder ein Glas Wein eingeladen.

Das Leben spielt sich im Wesentlichen entlang der **Rua Dr. Luís Betten-court** ab. Hier liegen fast alle städtischen Einrichtungen und auch die wenigen Sehenswürdigkeiten der Stadt. Zum Meer hin setzt sich die Hauptachse unter dem Namen **Rua Teófilo Braga** fort. Hier, zwischen dem Largo de Chafariz und der kleinen Festungsanlage Fort de São Brás, stehen auch die ältesten Gebäude der Stadt, darunter die einstige Residenz des Donatarkapitäns João Soares da Sousa. Das Gebäude mit den gotisch anmutenden Fenstern ist heute Teil einer Jugendherberge (→ Übernachten). Der einsame Schornstein nahebei stammt von einer vor Ewigkeiten stillgelegten Fischfabrik.

Ein Spaziergang hinab zum **Fort** wird mit einer netten Aussicht über den Hafen und das Meer belohnt. Unterhalb der Festung befindet sich das Gebäude des Clube Naval, dessen

Beschaulich: Zentrum von Vila do Porto

Terrasse zu jeder Tageszeit auf ein Getränk einlädt. Der **Hafenbereich** trägt den Namen *Cais de Atrações* und besteht aus einem Terminal mit Bar, zig Lagerhallen, einer Marina für rund 120 Boote und der *Casa do Bote* (schräg gegenüber dem Clube Naval) mit einem Walfangboot hinter einem braunen Tor – von einer Attraktion ist das Ganze Lichtjahre entfernt.

Wer will, kann auch zum südwestlich der Stadt gelegenen Leuchtfeuer an der **Ponta do Malmerendo** spazieren – ein etwas weiterer Weg. Von dort genießt man einen herrlichen Blick über den Atlantik und einen Felskoloss in der Brandung. Dieses vorgelagerte Inselchen namens **Ilhéu da Vila** ist ein Vogelreservat. Die Windräder in entgegengesetzter Richtung decken heute rund 10 % des insularen Strombedarfs. Ihnen zu Füßen liegt das **Naturmonument Pedreira do Campo, Figueiral e Prainha** (→ S. 50). Die Straße dorthin war bei der letzten Recherche in einem katastrophalen Zustand. Zu Fuß kommt man auf Wanderung 1 daran vorbei.

Sehenswertes

Museu de Santa Maria: Das in einem schick konvertierten Altstadthaus untergebrachte Inselmuseum wurde 2018 eröffnet. Zum Zeitpunkt der Drucklegung fanden nur temporäre Präsentationen statt, bis zu Ihrem Besuch soll aber eine permanente Ausstellung hinzukommen. Diese soll berühmte Persönlichkeiten Santa Marias vorstellen, sich den Heilig-Geist-Festen widmen, an den Besuch von Christoph Kolumbus erinnern wie auch an Schiffsunglücke vor der Küste u. v. m. Zudem sind auf der Insel künftig weitere kleine Museen in Planung, so eines im alten Tower des Flughafens, eines in einem alten Hangar und eines im ehemaligen Kino der Amerikaner – die jeweiligen Gebäude präsentierten sich 2018 allerdings noch in einem überaus ruinösen Zustand.

● Rua Frei Gonçalo Velho. April–Sept. Di–So 10–18 Uhr, sonst Di–So 9.30–17.30 Uhr. www.museu-santamaria.azores.gov.pt

Convento e Igreja de Nossa Senhora da Vitória: Am Largo Nossa Senhora da Conceição steht das zu Anfang des

17. Jh. errichtete Franziskanerkloster mit Kirche. Mehrmals musste der Gebäudekomplex wieder aufgebaut werden, 1616 wurde er gebrandschatzt, 1725 und 1822 stand er ebenfalls in Flammen. Um den palmenbestandenen Innenhof verteilen sich heute mehrere Ämter. Die dazugehörige Kirche wird für wechselnde Ausstellungen genutzt. In der kleinen Kapelle daneben befindet sich eine Kopie des *Senhor Santo Cristo dos Milagres* (→ Kasten S. 70).

Centro de Interpretação Ambiental Dalberto Pombo: Das Museum ist nach dem lokalen Naturforscher Dalberto Pombo (1928–2007) benannt, an ihn erinnert u. a. noch sein Schreibtisch. Das Museum besteht aus zwei Gebäuden. Das eine beherbergt ein paar aufgespießte Schmetterlinge von den Azoren und aus Afrika, eine überschaubare Sammlung an Muscheln und eine ebensolche an Mineralien. Zudem sind ein paar ausgestopfte Vögel zu sehen, darunter ein Gelbschnabelsturmtaucher. Spannender ist die angrenzende *Casa dos Fósseis*. Sie informiert – sofern man des Portugiesischen mächtig ist – über die Fossilien der Insel und deren Fundorte. Fossilien fand man u. a. an der Ponta Negra, an der Ponta dos Frades, in Prainha, in der Baía da Cré, an der Küste bei Malbusca und v. a. in der Bucht von Figueiral (Wanderung 1 führt an dieser Bucht vorbei, → S. 50). Die dortigen Fossilienabdrücke im Sedimentgestein nannte man anfangs *Ossos de Gigantes* („Riesenknochen"). Es handelt sich dabei aber nicht um Saurierrelikte, sondern um Ablagerungen marinen Ursprungs, die aus dem Tertiär stammen. Man vermutet, dass sich jene Küstenbereiche der Insel vor rund

fünf bis acht Millionen Jahren aus dem Meer erhoben haben.

Um die Präsentation abzurunden, werden mehrere Filme gezeigt. Zwei davon (einer zur Geologie, Dauer 10 Min., und einer über die Schönheiten der Insel, Dauer 45 Min.) sind auch in einer englischsprachigen Version verfügbar.

■ Rua Teófilo Braga 10–14. April–Okt. tägl. 10–18 Uhr, sonst Di–Fr 10–17 Uhr u. Sa 14–17.30 Uhr. 4 €, erm. die Hälfte. http://parques naturais.azores.gov.pt.

Igreja Nossa Senhora da Assunção: Die Pfarrkirche der Stadt zählt zu den ältesten Kirchen der Azoren. Sie entstand in der Mitte des 15. Jh. und wurde im 18. Jh. mehrmals umgebaut. Heute weisen die Fenster und das Portal sowohl Züge der Gotik als auch des Emanuelstils auf. Im Inneren des dreischiffigen Baus beeindrucken der reich verzierte Hauptaltar und flämische Heiligenfiguren aus dem 16. Jh.

Forte de São Brás: Die Festungsanlage im Süden der Stadt (hoch über dem Hafen) entstand im 16. Jh., als die Fahne Spaniens über den Azoren wehte. Am Abend sitzt hier die Jugend Händchen haltend neben den Kanonen an der Festungsmauer und blickt aufs Meer. Im Inneren der Festung erinnert ein Denkmal an den Kommandanten Carvalho Araújo, einen portugiesischen Nationalhelden aus dem 1. Weltkrieg. Sein Schiff wurde vor Santa Maria von einem deutschen U-Boot versenkt. Zur Anlage gehört auch die Kapelle *Nossa Senhora da Conceição*, vom Volksmund *Santa Luzia* getauft. Die darüber liegende Kapelle am Largo Sousa e Silva ist die *Ermida de São Pedro Gonçalves*, sie stammt aus der ersten Hälfte des 18. Jh.

🚶 **Wanderung 1: Von Vila do Porto nach Praia**   → S. 49
Eine schöne Tour hoch über und entlang der Küste, die gute Bademöglichkeiten bietet, im letzten Abschnitt allerdings recht anspruchsvoll ist.

Airport Santa Maria –
internationale Drehscheibe mitten im Atlantik

1944 brach für Santa Maria ein neues Zeitalter an. US-Inspektoren hatten den steppenartigen Westen der Insel für den Bau einer Luftwaffenbasis mitten im Atlantik auserkoren. In aller Eile wurde eine Landebahn angelegt und dazu eine Wellblechstadt errichtet – etwas Moderneres hatten die Açoreanos bis dahin nicht gesehen. Ein Kino wurde eröffnet, die Soldaten vertrieben sich auf Tennisplätzen und in einem Swimmingpool ihre Freizeit. Von heute auf morgen wies Santa Maria die größte Kühlschrankdichte der Azoren auf. Im Club ACA spielte man Jazz, nicht nur vom Plattenteller, denn auch Musiker aus Chicago und New Orleans machten hier halt auf dem Weg zu den in Europa stationierten Truppen.

Die Drehscheibe der US-Luftwaffe verdrehte auch der Inselbevölkerung den Kopf. Während die einen Partys bis in die Nacht feierten, saßen die anderen im schummrigen Licht der Öllampen beieinander. Zwei Welten waren auf Santa Maria aufeinander gestoßen – die Luftwaffenbasis brachte Jobs für die Insulaner, und die lernten erstmals in ihrem Leben den Wert des Dollars kennen. Die Bezahlung war zwar bescheiden, aber wie bescheiden waren bis dahin die Einnahmen aus der Landwirtschaft gewesen! Der Wohlstand kam unters Volk und lockte auch viele Açoreanos von anderen Inseln ins Dollarparadies. Zwei Jahre später hatte sich die Bevölkerung Santa Marias auf 12.000 Einwohner verdoppelt.

1947 zogen die Amerikaner ab und übergaben Portugal den Flughafen zur zivilen Nutzung. Die Wellblechbaracken – damals Behausungen der Luxusklasse – waren nun heiß begehrt. Es folgte Santa Marias große Flughafenära, die wegen des zunehmenden transatlantischen Luftverkehrs bis in die 1960er-Jahre anhielt. Alles, was in dieser Zeit mit Propellern an den Flügeln über den großen Teich segelte, machte Zwischenlandung auf der 3000 m langen Piste von Santa Maria – ein paar bislang noch gar nicht existente Museen sollen darüber irgendwann einmal informieren (→ Museu de Santa Maria, S. 29). Später kam von den großen Maschinen nur noch die Kerosin fressende *Concorde* auf der Strecke Paris – Caracas auf einen Tankstopp vorbei. Bis heute nutzen kleine Privatjets, teils mit Koffern voll Gold und Geld, den Airport. So stehen auf den Departure-Anzeigen im Flughafengebäude Ziele wie Genf, New York, Paris oder Nassau.

Auch im innerazoreanischen Luftverkehr besaß Santa Maria bis in die 60er-Jahre eine bedeutende Stellung. Damals flog man über Santa Maria nach São Miguel, heute ist das umgekehrt.

Information/Verbindungen

Informationen **Posto de Turismo,** zentral an der Rua Dr. Luís Bettencourt 88B, ✆ 296883124. Mo–Fr 9–18 Uhr, Sa bis 13 Uhr. Weitere Infostellen befinden sich am Flughafen (i. d. R. bei Ankunft bzw. Abflug der Flieger besetzt) und im Fährterminal (zuletzt wegen Personalmangel geschl.). Infos auch auf www.jf-viladoporto.com und www.santamaria azores.net.

Verbindungen **Bus**: Die zentrale Bushaltestelle liegt schräg gegenüber dem Taxistand am Largo Nossa Senhora da Conceição.

Bus Nr. 01A bedient werktags während der Schulzeit 3-mal tägl. (mittags, nachmittags und abends) die Strecke Vila do Porto – São Pedro – Santo Espírito – Calheta – Malbusca (in entgegengesetzter Richtung erster Bus frühmorgens). Bus Nr. 01 bedient werktags von Juli bis Mitte Sept. und in Ferienzeiten mittags und abends (Sa nur mittags) die Strecke Vila do Porto – São   Pedro – Almagreira – Fatima – Santa Barbara – Santo Espírito – Calheta – Malbusca (in entgegengesetzter Richtung fährt der Bus nur morgens und mittags).

Bus Nr. 02 fährt werktags während der Schulzeit nachmittags die Strecke Vila do Porto – São Pedro – Almagreira – Santo António (in entgegengesetzter Richtung frühmorgens). Keine Fahrten in der Ferienzeit.

Bus Nr. 03 fährt werktags während der Schulzeit nachmittags die Strecke Vila do Porto – São Pedro – Fatima – Santa Barbara (in entgegengesetzter Richtung frühmorgens). Keine Fahrten in der Ferienzeit.

Zudem fährt Bus Nr. 06 von Juli bis Mitte Sept. tägl. 4-mal (erster Bus um 10 Uhr, letzter um 18 Uhr) vom Flughafen über Vila do Porto (Zusteigemöglichkeit nicht im Zentrum, sondern bei der Abzweigung zum Flughafen) nach Praia Formosa.

Für Verbindungen zum Flughafen → An- und Weiterreise/Flugzeug.

Taxi: Zentraler Standort an der Rua Dr. Luís Bettencourt nahe dem Largo Nossa Senhora da Conceição (✆ 296882199). Zum Flughafen ca. 5 € inkl. Gepäck), nach Anjos oder Praia 8,50 €, nach Santo Espírito 12,50 €, nach São Lourenço 13,50 € und nach Maia 17,50 €.

Adressen

Ärztliche Versorgung **Inselkrankenhaus** in Vila do Porto an der Avenida Santa Maria (an der Straße zum Flughafen rechter Hand). ✆ 296820100.

Fluggesellschaft **SATA**, Rua Dr. Luís Bettencourt. Mo–Fr 9–17.30 Uhr. ✆ 296820701.

Öffentliche Toiletten Am Largo Nossa Senhora da Conceição.

Reisebüro **sma soltrav**, Infos und Tickets für Atlânticoline, Flüge etc. Mo–Fr 9–12.30 und 14–18 Uhr. Rua M.-Loja 2, beim Hotel Praia de Lobos, ✆ 296883049, www.smasoltrav.com.

Wäsche Es gibt keinen Waschsalon auf der Insel. Weitergeholfen wird einem in den großen Hotels.

Zweiradverleih **Ilha do Sol** (→ Mietwagen, S. 27) verleiht Scooter (125 ccm) für 29 €/Tag. **Bootlá** (→ Adventure) verleiht E-Bikes, halber Tag 15 €, ganzer Tag 25 €.

Einkaufen & Sport & Freizeit   → Karte S. 35

Adventure **Bootlá** bietet Canyoning (halber Tag 60 €), Coasteering (5-stündiges Küstenabenteuer ebenfalls 60 €) und Trekkingtouren (halber Tag ab 25 €), sofern mind. 5 Pers. zusammenkommen. Lugar da Cruz Teixeira (nahe dem Hotel Colombo), ✆ 963874547, www.bootla.pt.

Baden Besser nach Anjos oder Praia Formosa ausweichen. An kalten Tagen kann man sein Glück im Hallenbad des **Complexo Desporti-**vo Santa Maria (auf dem Weg zum Flughafen linker Hand) versuchen, das jedoch häufig von Schulklassen belegt ist.

Bootsfahrten Bootsfahrten rund um die Insel (40–50 €/Pers.) oder zu den Formigas (ca. 60 €) bieten im Sommer zuweilen **Dollabarat Sub** (Kiosk am Hafen, ✆ 916497176, www. dollabaratsub.com) und die Tauchbasis **Mantamaria** (ebenfalls mit einem Kiosk am Hafen, ✆ 918685447, mobil, www.mantamaria.com).

Am Forte de São Brás

Egal wohin, Fahrten finden i. d. R. nur statt, wenn mindestens 6 Pers. zusammenkommen.

Einkaufen   Die meisten Geschäfte liegen an der Rua Dr. Luís Bettencourt. Hier kann man sich auch gut mit **Lebensmitteln** eindecken, es gibt mehrere kleine Supermärkte und einen größeren namens **Solmar** 13, der tägl. bis 20 Uhr geöffnet hat.

Leckeres Brot, für das die Insulaner auch mal Schlange stehen, bekommt man im Supermercado **O Angelo** 12 gleich gegenüber neben dem Solmar an der Rua Dr. Luís Bettencourt 24.

Págua-viva 17, Atelier und Store. Bietet T-Shirts, Taschen und Krimskrams mit Walhai-, Quallen- und anderen z. T. sehr witzigen Motiven von der Insel an. Rua Teófilo Braga 15.

Campinggas erhält man bei **Globo** 4 schräg gegenüber der Grundschule an der Rua Dr. Luís Bettencourt 156.

> **Tipp**: Sollten Sie nicht in Vila do Porto Quartier beziehen, legen Sie sich bei Ankunft in der Stadt am besten gleich einen Lebensmittelvorrat zu. Auch Backwaren sind in den Dörfern nur schwer erhältlich.

Der modernisierte **Markt (Mercado Municipal)** an der Rua do Cotovelo bietet 3 Metzger (mit hausgemachter Wurst und gutem Fleisch), einen Fischverkauf (nicht immer die allerfrischestes Ware) und einen Gemüseverkäufer. Im Markt befindet sich auch **Artesanato Mariense** 7: Kunsthandwerker der Insel verkaufen hier ihre Produkte, darunter nette Mitbringsel ohne Kitschcharakter wie Mützen aus Santa-Maria-Wolle, handgemachte Seifen, Papierwaren usw. Mo–Fr 9–18 Uhr, Sa bis 13 Uhr.

Segeltörns   Bietet der Schwede Mikael Bahner auf seinem Katamaran an. Ab 490 €/Pers. und Woche (sofern mind. 4 Pers. zusammenkommen). www.blueazores.com.

Tauchen   Neben den Formigas (→ S. 48) bieten sich rund um Santa Maria noch diverse weitere Hotspots für Taucher an: z. B. Dollabarat (südwestlich der Formigas, mit sensationellen Steilwänden) oder die Baixa do Ambrosio (nordwestlich von Santa Maria, hier tummeln sich Mobula-Rochen).

Die deutschsprachige Tauchbasis vor Ort ist **Wahoo Diving** (ca. 300 m oberhalb des Hafens von Vila do Porto an der Estrada da Birmânia, der Straße Richtung Flughafen rechter Hand,   ☎ 963658831,   https://wahoo-diving. com). Ausfahrten finden von Mai–Okt. statt (2 Tauchgänge mit Blei und Flasche 96 €). Weitere Tauchanbieter sind **Mantamaria** und **Dollabarat Sub** (→ Bootsfahrten).

Übernachten

Viel Auswahl hat man nicht, insbesondere in der unteren Preisklasse.

Hotels/Pension ** Hotel Colombo 1**, außerhalb der Stadt in unattraktiver Lage, von der Straße nach São Pedro linker Hand nicht zu übersehen. Steriles, funktionales Hotel, das einen Hauch Großstadtatmosphäre in der Peripherie vermittelt. 2002 eröffnet, da wirkte es recht modern, nun beginnt es aber schon zu rosten. 105 Zimmer auf dem Niveau von 2 bis 3 Sternen – von Lesern teils verheerend beurteilt, bei unserem Check aber ganz okay, sofern man das Preis-Leistungs-Verhältnis unberücksichtigt lässt. Pool und türkisches Bad – wenn es denn funktioniert. EZ 140 €, DZ 168 €. Lugar da Cruz Teixeira, ☎ 296820200, www.colombo-hotel.com.

*** Hotel Santa Maria 3, ebenfalls in wenig einladender Lage nahe dem Flughafen (von dort mit „Hotel" ausgeschildert). Deutlich gepflegter und freundlicher als das Colombo (s. o.). 50 ordentliche, geräumige, aber auch altmodische Zimmer mit Terrasse. Pool, Tennisplatz, Bar und Restaurant. EZ ab 73 €, DZ 93 €. Rua da Horta, ☎ 296820660, www.hotel-santamaria.pt www.hotel-santamaria.pt.reservas@ hotelsanta-maria.com

MeinTipp Charming Blue 16, restauriertes Altstadthaus, sehr gepflegt und individuell dekoriert. Nur 15 freundliche, zeitgemäß ausgestattete Zimmer mit Dielenböden. Pool. DZ 138 €. Rua Dr. João Deus Vieira, ☎ 924472515, www.charmingblue.com.

*** Hotel Praia de Lobos 9, zentral gelegen. Überwiegend großzügige, aber etwas altbacken möblierte Zimmer mit Aircondition und schlecht verlegten Laminatböden. Freundlicher Service. EZ 50 €, DZ 68 €. Rua M, ☎ 296249660, www.hotel-praiadelobos.pt.

Casa de Hóspedes Travassos 6, 5 biedere, hellhörige Teppichbodenzimmer, die sich 2 Bäder teilen. Etwas strenge Hausherrin. EZ 25 €, DZ 35 € inkl. Frühstück zum Abnehmen. Rua Dr. Luís Bettencourt 108 (nahe dem Hotel Praia de Lobos), ☎ 296882831.

Jugendherberge Pousada de Juventude Santa Maria 18, etwas steril, aber stylish und eine gute Option nicht nur für Budgetreisende. Verteilt auf ein historisches Gebäude und einen Neubau. 18 Zimmer, darunter 11 Mehrbettzimmer, 5 DZ mit Bad und 2 DZ ohne Bad – Letztgenannte sollten frühzeitig gebucht werden. Schlichte, aber sehr freundliche Ausstattung, schicke Bäder (auch die Gemeinschaftsbäder). Bar. Das Beste aber ist die schöne Poolanlage. Im Dormitory 19 €/Pers., DZ mit Bad 58 €. Rua Frei Gonçalo Velho, ☎ 296883592, www.pousadasjuvacores.com.

Privatzimmer Rosélio Alonso C. Dos Reis 14, „Sehr freundlich und hilfsbereit", meinen Leser. 2 saubere, gepflegte Zimmer mit privatem Bad. Separater Eingang. Englischsprachig. 1 Person 25 €, 2 Pers. 30 €. Rua do Cotovelo 12 (Haus mit grünen Fensterläden und grünem Garagentor), ☎ 918208541, geral@roselioreis.pt.

Essen & Trinken/Nachtleben

MeinTipp Espaço em Cena 2, in einer ehem. Grundschule untergebrachtes, nettes, fast alternativ wirkendes Restaurant. Gesunde neuportugiesische Küche, gutes vegetarisches Angebot. Biogemüse aus dem eigenen Garten. Preisliches Mittelfeld. Lesermeinung: „Tolles Essen in künstlerischem Ambiente." Nur Dinner, So Ruhetag. Nicht ausgeschildert und völlig versteckt am Ortsrand gelegen. Anfahrt: Folgen Sie der Straße zur Autovermietung Ilha do Sol (→ Stadtplan), 100 m dahinter links ab in die Straße Mae de Deus, nach 200 m linker Hand. Tägl. (außer So) ab 18 Uhr. Mãe de Deus, ☎ 961809446, emcenaespaco@gmail.com.

Mesa d'Oito 16, sehr gepflegtes Restaurant des Hotels Charming Blue (→ Übernachten),

hier isst man gehobene azoreanische Küche mit ein paar Ausrutschern ins Internationale. Es gibt z. B. Oktopus-Risotto, auch Angebote für Vegetarier. Leider oft leer. Ob's an den Preisen liegt? Hg. 7,50–19 €.

Restaurante Os Marienses 10, zu den Spezialitäten des Hauses gehören der Stockfisch *Bacalhau à brás* und das Hühnchen Stroganoff. Hg. bis 12 €, das Mittagessen gibt es als günstiges Büfett. Aufmerksamer Service. In der dazugehörigen Vereinsbar daneben steht eine Pokalsammlung, die selbst den FC Bayern beeindrucken würde. Rua do Cotovelo, ☎ 296882478.

Pipas Churrasqueira 8, Take-away mit gepflegtem, klimatisiertem Restaurant. Vieles

Übernachten

1 Hotel Colombo
3 Hotel Santa Maria
6 Casa de Hóspedes Travassos
9 Hotel Praia de Lobos
14 Privatzimmer Rosélio Reis
16 Charming Blue
18 Pousada de Juventude Santa Maria

Essen & Trinken

2 Espaço em Cena
5 A Travessa
8 Pipas Churrasqueira
10 Restaurante Os Marienses
11 Garrouchada
12 Central Pub
15 Mascote
16 Mesa d'Oito
19 Clube Naval

Einkaufen

4 Globo
7 Artesanato Mariense
12 Supermercado O Angelo
13 Supermarkt Solmar
17 Págua-viva

Vila do Porto

110 m

wird gegrillt. Gute Vorspeisen mit ebensolchem Brot. Das früher so gute *Frango grelhado* konnte uns zuletzt leider nicht mehr so recht überzeugen, empfehlenswert hingegen die *Lulinhas* (Calamares) und die *Alheira*, die regionale Knoblauchwurst. Hg. 9–13 €. So Ruhetag. Rua de Olivença, ✆ 296882000, www.facebook.com/Churrasqueirapipas.

A Travessa , Café, Bar, Restaurant? Irgendwas dazwischen, geführt von dem freundlichen Bayern Marc Oliver und seiner azoreanischen Frau. Gutes Frühstück (abseits von *Sandes Mista*), gute handgemachte Burger mit Fleisch von regionalen Rindviechern, gute Crêpes und kleines Mittagsbüfett. Der Clou dazu: Bier aus einer Bottoms-up-Zapfanlage. 2018 eröffnet. Mo–Fr 7.30–22 Uhr durchgehend, Sa nur abends, So Ruhetag. Rua Dr. Luís Bettencourt 97, ✆ 964960191.

Garrouchada 11, freundliche Location. Im Vorderbereich Barbetrieb, hinten ein kleiner Speiseraum – zur Mittagszeit bestens besucht. Kleine Terrasse. Gute Fischsuppe und *Telha*, im Dachziegel zubereitete Gerichte. Auch bekommt man hier *Alcatra* wie auf Terceira. Hg. 7,50–13,50 €, günstige Mittagsgerichte. Rua Dr. Luís Bettencourt 25, ✆ 296883038.

Kneipe/Bars Central Pub 12, alteingesessener, gepflegter Pub im amerikanischen Stil, geführt von Joe und seiner freundlichen Tochter Linda. Nette Terrasse. Man kann auch essen: Burger (ganz okay) und dicke Pizza, teuerstes Gericht 10 €. Tägl. (außer Di) 17–2 Uhr. Rua Dr. Luís Bettencourt, ✆ 296882513.

Mascote 15, dahinter stecken 2 Brüder – der eine schmeißt die Bar, angeblich die älteste der Insel (Cocktails, Wein und kleine Snacks, öffnet nachmittags, So Ruhetag), der andere betreibt den Weinladen daneben (gute Auswahl auch an Festlandsweinen). Rua Tefilio Baga 19, http://mascotewine.wixsite.com/gourmet-vinho.

Clube Naval 19, Vereinsbar des gleichnamigen Clubs. Gemütliche Terrasse mit Hafenblick. Die Karte ist fastfoodlastig, bietet aber auch *Lapas* und einen Tagesfisch. Mo Ruhetag. Direkt am Hafen, Marina de Vila do Porto, ✆ 296883058.

Anjos

Abgeschieden liegt die kleine Ortschaft an der Nordwestküste der Insel. Kolumbus soll hier einst an Land gegangen sein, die heutigen Gäste wollen eher das Gegenteil: in den Naturschwimmbecken baden oder von der großen Plattform am Hafen ins Meer springen.

Anjos: Freibad am und im Meer

Dort befindet sich übrigens auch ein netter Kinderspielplatz.

Anjos, eine der ersten Siedlungen Santa Marias, war einst ein kleiner Fischerort – die alte, inzwischen aufgegebene Thunfischfabrik am Ortseingang erinnert an diese Zeiten. Heute ist Anjos eine Feriensiedlung, in der es an heißen Sommerwochenenden sehr lebendig zugeht. Im Winter zählt die Ortschaft gerade noch sieben Familien.

Am Ortseingang von Anjos, nicht weit entfernt von der Thunfischfabrik, steht die sagenumwobene **Kapelle Nossa Senhora dos Anjos**, in deren Vorgängerbau schon Kolumbus samt Besatzung anno 1493 auf der Rückfahrt von Amerika gebetet haben soll. So sagt man zumindest. Um skeptischen Historikern gleich den Wind aus den Segeln zu nehmen, errichtete man schräg gegenüber ein großes Denkmal zu Ehren des Seefahrers. Schenkt man jedoch den Aufzeichnungen von Kolumbus Glauben, verlief die Geschichte anders. Dem Bordbuch der *Niña*, in dem Kolumbus seine Entdeckungsfahrt dokumentierte, ist zu entnehmen, dass der Seefahrer nach einem schweren Sturm vor Anjos Anker werfen ließ. Um ein Dankgebet zu sprechen, setzte die Hälfte seiner Mannschaft mit einem kleinen Boot nach Anjos über, wurde aber gefangen genommen. Daraufhin segelte Kolumbus weiter, ohne je an Land gegangen zu sein. Die kleine Kapelle mit dem dreiteiligen Altarbild ist innen eher nüchtern. Berühmt auf der ganzen Insel ist sie wegen ihres Patronatsfests am 16. August. Falls geschlossen, den Schlüssel erhält man nebenan im Haus mit den dunkelgrauen Fensterumrahmungen.

Wer will, kann auch eine Höhle besichtigen, die **Furna de Santana**. Dazu folgt man hinter dem Hafen dem befestigten Fußweg zum weiter westlich gelegenen Naturschwimmbecken. Die Höhle soll einst mehrere Kilometer weit ins Inselinnere geführt und einen Ausgang nahe dem Hotel Santa Maria beim Flughafen gehabt haben; vor Jahrzehnten stürzte sie jedoch an verschiedenen Stellen ein. Der Eingang zur Höhle liegt etwa 4 m oberhalb des Fußpfads und ist von diesem nicht einzusehen. Ohne Taschenlampe ist ein Besuch zwecklos.

Verbindungen Keine Busse.

Essen & Trinken **Bar dos Anjos**, die einzige Lokalität im Ort, nahe der Badeanstalt. Beliebt. Lichtes Bar-Restaurant mit baumbestandener Terrasse. Fisch und Fleisch zu 9–13 €, außerdem ein günstiges Mittagsgericht (7,50 €). Mi Ruhetag. Lugar dos Anjos, ✆ 296886734.

Deserto vermelho – Santa Marias rote Wüste

Zwischen der Straße nach Anjos und der Ortschaft São Pedro liegt mitten im Nichts die auch *Barreiro da Faneca* genannte *Deserto vermelho*, die rote Wüste von Santa Maria. Bei gutem Wetter ist das dortige Farbenspiel ein Erlebnis: rot der lehmige Boden, üppig grün die Vegetation drum herum, hellblau der Himmel und in der Ferne dunkelblau das Meer. Verdurstet ist hier allerdings noch niemand, kein Wunder, denn allzu groß sollte man sich die „Wüste" nicht vorstellen: Insgesamt hat sie die Fläche von vielleicht fünf Fußballfeldern. Die Kargheit des Fleckchens entstand einstmals durch den Abbau von bleihaltiger Ton-

erde, mit der man das Geschirr glasierte, das in den Töpfereien der Insel gefertigt wurde. Teilweise holt sich die Natur den kargen Boden heute zurück.

▪ Anfahrt: Von der Straße zwischen Vila do Porto und Anjos ausgeschildert.

Das westliche Inselinnere

Almagreira: Die kleine Ortschaft am Fuße des Bergmassivs des Pico Alto passiert man auf der Strecke von Vila do Porto in die Baía do São Lourenço. Bekannt war Almagreira einst wegen seiner vielen Töpfereien. Die Attraktionen von heute sind laut Inselprospekt die *Mata Mouras*. Dabei handelt es sich um unterirdische Vorratskammern, in denen die Bevölkerung früher ihr Getreide lagerte – dort war es vor Verderb geschützt und zugleich vor Piraten versteckt. Die durch runde Steinplatten abgesicherten Kammern sind zwar zu besichtigen, eine Sensation aber sind sie nicht.

Verbindungen Almagreira passieren u. a. die **Busse** vom Flughafen über Vila do Porto in die Praia Formosa (→ Verbindungen/Vila do Porto).

Anfahrt Um die **Mata Mouras** zu besichtigen, fährt man von der Kirche der Ortschaft in Richtung Vila do Porto, passiert die Schule und zweigt an der Straßengabelung mit Bushaltestelle nach rechts in Richtung Anjos ab. Die Mata Mouras liegen ca. 200 m weiter vor dem letzten Haus (mit roten Fensterumrahmungen) auf der linken Seite.

Übernachten **Pensão Francisca**, unter tiroler-schweizer Leitung. Vermietet werden 3 große Zimmer mit Schieferböden und modernen Bädern unterm Dach und ein Häuschen nebenan. Gemeinschaftsterrasse, Grill. DZ 75 €, Haus 82 €. Brejo de Baixo (zwischen Almagreira und Praia Formosa), ℡ 296884033, www.azorean-spirit.com.

Essen & Trinken **A Moagem**, die Snackbar bietet die üblichen Verdächtigen, außerdem guten Mittagstisch – zu dieser Zeit ist die Straße davor zugeparkt. Fonte João Luís (beim Sportplatz; man kommt automatisch daran vorbei, wenn man die Straße Richtung São Pedro wählt), ℡ 296884133.

São Pedro: Die 800-Einwohner-Gemeinde, knapp 5 km von Vila do Porto entfernt, liegt inmitten einer sanft gewellten Hügellandschaft. Die steppenartige Ebene des Westens hat man hier bereits verlassen. São Pedro präsentiert sich als eine hübsche Ortschaft, ein paar Palmen säumen die Durchgangsstraße, die sich an alten Landhäusern

Viehzucht auf Santa Maria: keine Milch, sondern Steaks!

und versteckten Gärten vorbeiwindet. Auf ihr passiert man nahe der Snackbar Caravela das *Centro de Artesanato*, das lokale Kunsthandwerkszentrum (Haus mit grünen Fensterumrahmungen), wo man sich mit gewebten Souvenirs eindecken kann.

Verbindungen Bus werktags bis zu 5-mal tägl. nach Vila do Porto, bis zu 3-mal tägl. über die Nordroute nach Santa Bárbara und über Almagreira nach Santo Espírito.

Öffnungszeiten **Centro de Artesanato**, offiziell Mo–Fr 14–18 Uhr, tatsächlich mehr nach Lust und Laune.

Pilgerkapelle Nossa Senhora de Fátima: Durch den Norden der Insel führt von São Pedro die Straße ER 2 (ehemals 2-2°) nach Santa Bárbara. Nach einigen Kilometern liegt die Kapelle auf der linken Straßenseite. Sie wurde 1925 nach dem Vorbild der Kapelle von Fátima errichtet. Zum Eingang führt eine Treppe mit exakt 150 Stufen, auf der Gläubige den Rosenkranz beten.

Weiter Richtung **Santa Bárbara** → S. 44.

Die Baía da Raposa – ein verstecktes Idyll

Von Feteiras de São Pedro führt ein markierter Weg in ca. 20 Minuten zur Baía da Raposa, einer abgeschiedenen Bucht. In deren Rücken stürzt der Ribeira do Engenho als rund 80 m hoher Wasserfall (Salto da Raposa) zu Tal. Es ist ein wildromantisches Plätzchen, ideal, um den Picknickkorb auszupacken. Einziger Haken: Der Rückweg ist etwas schweißtreibend. Um in die Bucht zu gelangen, zweigt man von Vila do Porto kommend ca. 200 m nach dem Ortsschild von Feteiras de São Pedro bei einer Kreuzung mit Baum in der Mitte links ab (hier auch eine Bushaltestelle und Wandertafeln). Nun folgt man der bergab verlaufenden Straße für rund 400 m Richtung Meer und hält sich bei der Weggabelung, wo linker Hand eine Natursteinmauer eine zweistöckige Villa umgibt, links (hier kann man auch parken). Es geht auf einem alten, steinigen Karrenweg weiter. Dieser gabelt sich keine 5 Min. später (voraus eine Mauer mit Gatter). Hier hält man sich erneut links. Nach ca. 150 m gabelt sich der Weg abermals, diesmal hoch über der steil abfallenden Küste. Nach links führt ein Wanderweg nach Anjos (Hinweisschild), Sie aber halten sich rechts gen Meer. So gelangt man auf einem uralten Pfad hinab zur Küste – die Strecke ist als Abstecher der Wanderung *PR 1 SMA* rot-gelb markiert.

Praia Formosa

Von Almagreira kommend, passiert man auf dem Weg in die Praia Formosa den Aussichtspunkt **Miradouro la Macela** mit Picknickplatz und Grillmöglichkeit. Er liegt hoch über der fast 5 km weiten Bucht, deren Hänge die Agaven linienförmig hochklettern. Dazwischen stehen weiß getünchte Häuser mit angebauten halbrunden Backöfen. Praia Formosa ist kein Ort, eher eine weit verstreute Siedlung an einem der größten Strände der Azoren, der in manchen Jahren weit und fein ist, in manchen schmal und grob. Im Frühjahr oder Spätherbst kann der Strand aber eine Enttäuschung sein – meist spült das Meer den Sand erst im Juni an, mit den ersten Herbststürmen verschwindet er dann wieder.

Wo heute Sonnenanbeter ihre Handtücher ausbreiten, zogen einst Piraten bequem ihre Boote an Land, um die nahe gelegenen Ortschaften zu plündern. Aus diesem Grund begann man im 16. Jh. mit dem Bau der **Festung São João Baptista** im Westen der Bucht, von der nur spärliche Reste die Zeiten überdauert haben.

Nahe der Festung führt ein markierter Pfad (→ Wanderung 1, S. 51) gen Westen zur idyllischen Sandbucht **Prainha** (Dauer ca. 30 Min.). Es geht vorbei an zwei kleineren Sandflächen und an Felswänden entlang (Seile geben hier Halt), teilweise läuft man aber auch direkt auf dem rauen Lava-steinboden. Der Weg ist nicht unanspruchsvoll, aber auch keine große Herausforderung, denken Sie an festes Schuhwerk!

Jedes Jahr Ende August, wenn das **Festival Maré de Agosto** über die Bühne geht (www.maredeagosto.com), verwandelt sich die Praia Formosa für ein paar Tage in ein Mekka für Musikfans. Nicht nur die hiesige Inseljugend zieht das Ereignis an, die Besucher kommen auch vom Festland. Trotz Sonderflügen sind dann alle Maschinen nach Santa Maria ausgebucht, meist zählt man mehr Gäste, als die Insel Einwohner hat. Unter den gastierenden Bands sind nicht nur portugiesische Newcomer, auch internationale Größen treten auf. Das Spektrum ist vielfältig (Rock, Folk, Schlager etc.) – für jeden ist etwas dabei.

Verbindungen Von Juli bis Mitte Sept. 4-mal tägl. über Vila do Porto zum Flughafen.

Übernachten **Mar e Sol**, 10 zweistöckige Appartements mit Schlafzimmer im EG, darüber Wohn- und Essbereich, alle mit Meeres-

Die Praia Formosa gehört zu den längsten Stränden den Azoren

Montags blaumachen –
wo die Redewendung ihren Ursprung hat

Mitte des 15. Jh. wurde der Färberwaid (Isatis tinctoria) auf den Azoren eingeführt, auf den Inseln ist er als Pastell bekannt. Zusammen mit der Flechte Urzela (Rocella tinctoria) waren beide Färbepflanzen bis ins 17. Jh. das wirtschaftliche Standbein Santa Marias. Exportiert wurden die Färbepflanzen nach Flandern, dem einstigen europäischen Zentrum der Tuchherstellung. Aus der Urzela, die überwiegend an den steilen Felsenklippen der Inseln wuchs, gewann man einen braunen Farbstoff. Um diese Flechte zu ernten, musste man sich nicht selten waghalsig von oben abseilen.

Der Färberwaid gehört zur Gattung der Kreuzblütler. Aus den Blättern der Pflanze, die man den Sommer über erntete, wurde ein Brei hergestellt, in den man das Tuch für einen kurzen Moment eintauchte, um es dann in einem satten Blau wieder herauszuziehen.

Da die Blaufärberei, die stets montags auf dem Programm stand, vergleichsweise wenig Zeit in Anspruch nahm, hatten die Arbeiter schon am frühen Nachmittag frei. Als sich das preiswertere Indigo aus Indien und Mitte des 19. Jh. die chemischen Farbstoffe durchsetzten, war es mit dem montäglichen „Blaumachen" vorbei.

blick und nur durch die Uferstraße vom Meer getrennt. Die Ausstattung ist ziemlich altbacken, das Meeresrauschen jedoch kaum zu toppen – herrlich! Rezeption nur von Mitte Juni bis Ende Sept. besetzt. Wer außerhalb dieser Zeiten dort wohnen will, muss reservieren. In der HS hat man ohne Vorausbuchung kaum eine Chance, hier unterzukommen. 2 Pers. 65 €, 4 Pers. 105 €. Praia Formosa, ☎ 926610-722, www.maresolapartamentos.com.

Jaime Carvalho, Jaime Carvalho von der Autovermietung Ilha do Sol in Vila do Porto vermietet 3 komplett ausgestattete Appartements ca. 300 m vom Strand entfernt, eines davon besitzt einen kleinen Pool. Für 2 Pers. 65 €. Praia Formosa, ☎ 962349244, www.ilhadosol.com.

> **Achtung**: In Praia gibt es keinen Laden. Der nächste ist der Minimercado Clotilde in Almagreira an der Durchgangsstraße.

Camping Parque de Campismo, der wohl professionellste Campingplatz der Azoren. Umzäuntes, gepflegtes Gelände mit herrlichem Meeresblick, terrassenförmig angelegt, gute

Sanitäranlagen. Leider wenig Schatten. Es werden auch 6 Bungalows vermietet (in der HS i. d. R. komplett ausgebucht). Nur Anfang Juni bis Ende Sept. geöffnet. Bungalow für 2–3 Pers. ca. 33,50 €, 2 Pers. mit Zelt 6,33 € (!). Im äußersten Westen der Bucht, ☎ 296883959, pcampismo@cm-viladoporto.pt.

Essen & Trinken Beach Parque, unübersehbar hinter der Uferstraße. Futuristisches Zelt mit Topfpalmen, außen ein Biergarten im bayerischen Stil samt Originalbierbänken (deutsche Leitung). Snackküche, gute Crêpes, gefüllte Pitas, Kebabs (!). Bei Locals und Touristen gleichermaßen beliebt. In der NS ist nur So bei gutem Wetter geöffnet, Mitte Juni bis Mitte Sept. tägl. von mittags bis Mitternacht. ☎ 296884003.

O Paquete, der einem Schiff nachempfundene Klotz direkt am Strand beherbergt eine Snackbar mit schöner Außenterrasse direkt über dem Strand. ☎ 296884142.

Praia Formosa, das etwas landeinwärts gelegene Restaurant mit kleiner Terrasse wechselte in den letzten Jahren häufig den Pächter, war in der einen Saison empfehlenswert, in der anderen alles andere als das. 2018 war es klasse! Erkundigen Sie sich bei Ihrem Vermieter zum aktuellen Stand der Dinge, bevor Sie dort einkehren. Di Ruhetag. ℰ 296884154.

Von Praia Formosa weiter gen Osten

Um von Praia Formosa die Fahrt in den Osten der Insel fortzusetzen, muss man nicht zurück nach Almagreira – eine auf vielen Karten fehlende asphaltierte Straße führt direkt nach Malbusca (5,5 km), von wo Sie weiter Richtung Maia fahren können. Südöstlich von Malbusca bzw. südlich von Panasco versteckt sich die aufgegebene **Fajã Sul** – ein netter Abstecher. Kein einziges Haus ist dort mehr bewohnt, lediglich ein paar Weingärten werden noch genutzt. Hinab führt ein schöner Spazierweg (sofern er nicht von Brombeergestrüpp zugewachsen ist). Dessen Einstieg finden Sie, indem Sie bei Malbusca gen Osten (Maia/Santo Espírito)

weiterfahren und nach ca. 1,5 km (bzw. 150 m hinter einer annähernden 180-Grad-Rechtskurve) nach rechts abbiegen. Auf dem Sträßlein durchqueren Sie den Weiler Panasco. Nach den letzten Häusern geht es etwas steiler bergab, dem Meer entgegen. Dort, wo die Straße schließlich scharf nach rechts die Küste entlang wieder Richtung Malbusca abschwenkt, liegt linker Hand der Einstieg in den Weg hinab in die Fajã (für die Wanderer auf der *Grande Rota* ist er als falscher Weg markiert). Hier parken und dem Feldweg für etwa 4 Min. bis zu seinem Ende, einer Art „Wendeplatte", folgen. Von dieser Wendeplatte gehen zwei Pfade ab. Der Pfad, der nach links führt, bringt Sie in die Fajã. Der Pfad hingegen, der Richtung Meer weist, endet nach wenigen Schritten an einem Aussichtspunkt, von dem man hinunter auf die Fajã blicken kann.

Vorsaison an der Praia Formosa

Der Inselosten

Märchenhaftes sagt man der hügeligen Landschaft der östlichen Inselhälfte nach, die der Bergrücken des Pico Alto von der westlichen trennt. Zwischen Wäldern und Feldern verstreuen sich schmucke Dörfer und verträumte Weiler. Besonders idyllisch sind São Lourenço und Maia.

Die östliche Inselhälfte Santa Marias entschädigt für den eher tristen Westen. An der Nordküste verläuft zwischen den bewaldeten Hängen des **Pico Alto** und dem Meer ein Saum aus Weideland. Nicht die Milchwirtschaft steht auf Santa Maria im Vordergrund, hier züchtet man Steaks. Im Südosten begeistert die Insel durch eine wildromantische Hügellandschaft. Wie weiße Punkte heben sich die Häuser aus der immergrünen Landschaft ab. Nicht selten steigt Rauch aus den breiten Schornsteinen auf, viele Familien backen ihr Brot hier noch selbst. Je nach Jahreszeit liegt zudem der angenehme Duft von wildem Fenchel in der Luft, im Spätsommer blühen rosafarbene Amaryllen am Straßenrand.

Der Großteil der Dörfer wurde zu jener Zeit gegründet, als der Anbau von Pastell und das Sammeln der Färberflechte Urzela den Unterhalt der Bevölkerung sicherte. So manche Ortsnamen erinnern noch daran – beispielsweise bedeutet der Name des kleinen Dorfes Malbusca so viel wie „mühsames Suchen".

Das östliche Inselinnere

Pico Alto: Der von Nord nach Süd verlaufende Gebirgszug ist mit 587 m die höchste Erhebung Santa Marias. Oft liegt der Berg in Wolken. Bei klarer Sicht lohnt sich die Fahrt hinauf auf der schmalen Stichstraße. Die letzten Meter bis zum Gipfel, den Antennen krönen, muss man laufen. Von oben offenbart sich ein phantastischer Rundblick über die Insel, über den flachen Westen und den hügeligen Osten, stets das Meer am Horizont. Auf der Straße zum Gipfel passiert man eine Gedenktafel, die an den 8. Februar 1989 erinnert, als eine Boeing 707 an den Hängen des Pico Alto zerschellte; die Besatzung und alle 145 Insassen fanden den Tod.

■ **Anfahrt**: Von Vila do Porto über Almagreira weiter in Richtung Santo Espírito (1-2°). Kurz vor der Straßengabelung nach Santa Bárbara geht links die Stichstraße zum Gipfel ab (Hinweisschild).

🚶 **Wanderung 2: Rund um den Pico Alto**   → S. 51
Schöne und abwechslungsreiche Wanderung mit viel Schatten und gelegentlich tollen Ausblicken.

Parque Florestal Fontinhas: Der herrlich schattige Waldpark ist nach dem nahe gelegenen, 420 m hohen Berg Fontinhas benannt – an der Straße von Almagreira nach Santo Espírito (ER 1, ehemals R 1-2) taucht er linker Hand auf. Grillmöglichkeiten (Holzscheite liegen bereit) sind vorhanden.

Santa Bárbara: Die weit verstreute, 500 Einwohner zählende Ortschaft ist annähernd 12 km von Vila do Porto entfernt. Zentrum ist die *Cervejaria Por do Sol*; sie scheint, was die Popularität anbelangt, der benachbarten Kirche den Rang abgelaufen zu haben. Auffallend rund um Santa Bárbara sind die blauen Fensterumrahmungen der ansonsten weiß getünchten Häuser. Die Tradition, nur die Fensterumrahmungen farbig zu streichen, rührt noch aus der Zeit, als das Geld fehlte, um das ganze Haus farbig zu streichen. Im nahen Santo Espírito sind die Fensterumrahmungen übrigens größtenteils grün, in Almagreira rot und in São Pedro gelb. Nun raten Sie mal, welche Farbe die Trikots der örtlichen Fußballmannschaften haben …

Verbindungen Bus werktags während der Schulzeit 1-mal tägl. nach Vila do Porto.

Übernachten Quinta do Monte Santo, an der ER 2 in Lagoínhas. Vermietet werden ein Doppelhäuschen mit 2 Appartements (für 2 Pers.) und ein davon abseits gelegenes Haus mit einem weiteren Appartement (Meeresblick), zudem 2 Zimmer mit Gemeinschaftsbad – alle freundlich und komplett ausgestattet samt Außenbereich mit Grill. Für 2 Pers. ab 40 €/Tag. ☏ 296382194, www.quintamontesanto.com.

Weitere **Ferienhäuser** rund um Santa Bárbara findet man zudem auf www.azorenhochsantamaria.de.

Poço da Pedreira: Verlässt man Santa Bárbara in Richtung São Lourenço, taucht, noch bevor die Straße in Serpentinen bergab führt, ein kleines Hinweisschild zum Poço da Pedreira auf. Dabei handelt es sich um einen alten Steinbruch 50 m abseits der Straße. Der Steinbruch wurde u. a. für den Bau der Pfarrkirche von Santa Bárbara genutzt. Aufgrund der rötlichen Farbe des Gesteins heißt der angenagte Berg dazu Pico Vermelho („Roter Berg"). Die Grube zu Füßen des Steinbruchs bildet einen Teich – ein superidyllisches Plätzchen für eine Pause.

Norte: Eine Stichstraße führt in das zur Gemeinde Santa Bárbara gehörende nordöstlichste Dorf der Insel. Von der *Kapelle Nossa Senhora de Lourdes* genießt man einen herrlichen Blick über das Tal des Ribeira do Amaro und die Baía do Tagarete hinweg bis auf die kleine Felsinsel Ilhéu das Lagoínhas. An der Ponta do Norte liegt eine aufgegebene Radarstation (Estação Loran), die die portugiesische Marine nur kurze Zeit nutzte. Es wirkt gespenstisch, wie sich die Natur das Gelände zurückerobert hat.

Übernachten In Norte werden ein paar hübsche Landhäuser als Ferienhäuser vermietet (z. B. über www.norteazores.com u. www.casadooleiro.pt buchbar). Viel Ruhe ist garantiert.

São Lourenço

Die kleine Siedlung ist das Postkartenmotiv der Insel schlechthin. Die Häuser reihen sich an einer schmalen Straße die Küste entlang. Dahinter steigen steil die Hänge an, an denen auf kleinen, von Steinmauern begrenzten Parzellen Wein angebaut wird. Die fast halbrunde Bucht verdankt ihre Entstehung dem Einsturz eines Kraters.

Wie Anjos oder Maia lebt der Ort nur im Sommer auf. Fast alle Häuser sind Ferienhäuser von Auswanderern, die mittlerweile v. a. in Kanada zu Hause sind. Zwischendrin stehen vereinzelt ein paar Adegas (Schuppen der Weinbauern). Die Küste bietet gute Bademöglichkeiten, z. T. mit Sandstränden, die durch Felsen unterteilt sind. Aber auch hier gilt wie für Praia: Feinheit und Größe der Strände schwanken von Jahr zu Jahr.

Im Norden der Bucht liegt der kleine Fischerhafen. In São Lourenço beginnt ein schöner Rundwanderweg (→ Wanderung 3, S. 53).

Verbindungen Bis in die Bucht von São Lourenço fahren keine Busse (das soll sich jedoch zukünftig in den Sommermonaten ändern, schrieben wir aber schon in der letzten Auf-

São Lourenço an der gleichnamigen Bucht

Santa Maria → Karte S. 24

lage). Wer in Santa Bárbara aussteigt, kann den Fußweg hinab in die Bucht nehmen, → Wanderung 3, S. 55.

Übernachten Vigia da Areia, die wunderbare Relax-Adresse (herrlichster Meeresblick) besteht aus 2 zeitgemäß-hübsch eingerichteten, gut ausgestatteten Ferienhäusern, der *Casa do Mar* (für 2 Pers.) und der *Casa da Amora* (für 2 Pers. und 2 Kinder). Jedes Haus besitzt einen eigenen kleinen Outdoor-Pool, einen Grill und einen Kamin für kalte Tage. Pro Haus 115–150 €/Tag. Mindestaufenthalt 3 Tage. ✆ 969847414, www.vigiadaareia.com.

Essen & Trinken Ponta Negra, modernes, fast schickes Restaurant (das Einzige der Bucht, ansonsten gibt es noch 2 Cafés) mit schöner Terrasse und manchmal überfordertem Personal. Zu den Spezialitäten gehören Fischsuppe, *Caldeirada* und gegrillter Thunfisch. Über das Preis-Leistungs-Verhältnis kann man sich streiten: Hg. 11–17 €. Mo Ruhetag. ✆ 296089148.

Wanderung 3:
Rundwanderung um São Lourenço   → S. 53
Einfacher Weg mit herrlichen Ausblicken auf die Bucht von São Lourenço

São Lourenço/Umgebung

Zum Picknicken und Grillen lädt ein schöner **Miradouro** nahe der Straße von São Lourenço nach Santo Espírito ein. Von ihm genießt man einen herrlichen Blick auf die Bucht und die kleine Felsinsel **Ilhéu de São Lourenço**, die auch unter dem Namen **Ilhéu do Romeiro** bekannt ist. Wer ein Boot zum Übersetzen findet, hat die Möglichkeit, auf dem Inselchen eine tiefe **Tropfsteinhöhle** zu erkunden.

Santo Espírito

Mit über 700 Einwohnern ist der Ort einer der größten der Insel. Die Menschen leben hauptsächlich von der Landwirtschaft, einziger nennenswerter Arbeitgeber ist ein großes Sägewerk. Das Zentrum breitet sich rund um den Largo Padre José Maria Amaral aus, vor dem sich eindrucksvoll die **Igreja Nossa Senhora da Purificação** erhebt. Die Kirche mit ihrer breiten Fassade stammt aus dem 16. Jh., ihren barocken Glanz erhielt sie durch Um- und Anbauten im 18. Jh.; sie soll der historische Ausgangspunkt der Heilig-Geist-Feste (→ Kasten „Alle sind eingeladen", S. 203) auf den Azoren sein

Hinter der Kirche liegt das **Museu de Santa Maria** an der gleichnamigen Straße. Das volkskundliche Museum wurde 1972 eröffnet, Initiator war Pfarrer José Maria Amaral. Der Schwerpunkt der Sammlung liegt – schließlich ist Santa Maria die einzige Insel des Archipels mit Tonvorkommen – auf Töpferware. Vom Wasserkrug bis zum Einsalzfass aus Ton ist alles zu sehen. Daneben die für hiesige Heimatmuseen typischen Ausstellungsstücke: Geräte aus der Landwirtschaft, Trachten usw. Ein paar Räume im Erdgeschoss sind für wechselnde Ausstellungen reserviert. Das Museum gleichen Namens in Vila do Porto ist die Dependance.

Einen kurzen Stopp wert ist auch das **Kunsthandwerkszentrum** von Santo Espírito (Cooperativa de Artesanato Santa Maria, zugleich eine Holzofenbäckerei) – es ist auf Weberei spezialisiert und in einem Gebäude schräg gegenüber der Schule an der Durchgangsstraße untergebracht. Das riesige Gebäude zwischen der Cooperativa de Artesanato und dem Zentrum ist übrigens keine Lagerhalle für irgendwelche industriell gefertigten Güter. Es ist der **Pavilhão Desportivo**, in welchem Indoor-Fußball gespielt wird.

Verbindungen Werktags fährt 2- bis 3-mal tägl. (Sa 1-mal) ein Bus nach Vila do Porto.

Übernachten **Casa Margarida**, ca. 3,5 km südöstlich von Espírito Santo mitten in der Prärie. Einsam stehendes Haus für bis zu 6 Pers. auf einem 1000 m² großen Grundstück. Garten mit Grill, schöner Meeresblick. 2 Schlafzimmer, gut ausgestattete Küche. Die Vermieterin lebt in Deutschland. Für 2 Pers. 82 €, jede weitere

Pers. 12 €. Calheta, ✆ 0170/7531116 (Deutschland), www.traumurlaub-azoren.de.

Essen & Trinken **Snackbar Sol da Manhã**, Mo–Fr gibt es hier guten, grundehrlichen Mittagstisch fürs kleine Geld, sonst nur Barbetrieb. Kein Ruhetag. Termo da Igreja do Espírito Santo (bei der Kirche an der Straße nach Maia), ✆ 296884439.

Öffnungszeiten **Museum**, im Sommer tägl. (außer Mo) 10–17.30 Uhr, Okt.–März tägl. (außer Mo) 9.30–17 Uhr. 2 €. **Kunsthandwerkszentrum** Mo–Fr 8–12.30 und 13.30–16 Uhr, Sa 9–14 Uhr.

🚶 **Wanderung 4: Von Santo Espírito nach Maia** → S. 56
Einfache Tour, nur der Abstieg nach Maia erfordert Schwindelfreiheit

Maia

Das Dörfchen im äußersten Südosten der Insel steht São Lourenço in nichts nach, die Anfahrt ist gar spektakulärer.

Maia besteht fast ausschließlich aus Ferien- bzw. Wochenendhäusern, im Winter leben hier gerade mal acht Menschen, im Sommer steigt die Zahl auf über 200 an. Die Häuser grenzen fast unmittelbar ans Meer, dahinter ziehen sich Terrassen, auf denen Wein

Pause in Maia

angebaut wird, hinauf bis an den Fuß einer mächtigen Felswand. Es gibt einen kleinen **Hafen** und einen tollen **Meerwasserpool**, in den die Wellen schwappen – eine Bar und Sanitäranlagen sind vorhanden. Fährt man die Durchgangsstraße bis zu ihrem Ende, stößt man auf einen **Wasserfall (Foz da Ribeira do Aveiro)** und kleine Felsbuchten. Enten quaken dort um die Wette.

Nahe der Zufahrtsstraße nach Maia thront an der **Ponta do Castelo** hoch über dem Meer auf einem imposanten Felsen der 1928 errichtete Leuchtturm **Farol de Gonçalo Velho**. Rui, der hier lebende Leuchtturmwärter, freut sich über Besuch und zeigt Interessierten gerne die blitzblank polierten Spiegel und Armaturen. Das aufregende Sträßlein über einen schmalen Felsgrat zum Leuchtturm sollte man aufgrund fehlender Wendemöglichkeiten besser zu Fuß bewältigen. Die Ruinen unterhalb des Leuchtturms (unmittelbar am Meer) stammen von einer alten Wal-verarbeitungsfabrik. Darüber befindet sich ein Walausguck.

Verbindungen Busse fahren nur bis Calheta. Von da an heißt es laufen (mühseliger Rückweg) oder trampen.

Essen & Trinken 2 Snackbars an der Uferstraße, die beide hungrige Wanderer bewirten. Wir können folgende besonders empfehlen:

O Grota, mit viel Herzlichkeit geführt von der aus Amerika zurückgekehrten Aida Grota. Sehr lecker: der Oktopus-Salat und der Oktopus aus dem Ofen. Aida versucht v. a. lokale Produkte zu verwenden. 2018 kam eine herrliche Dachterrasse hinzu, außerdem plant Aida die Eröffnung einer kleinen Pension. Einfache Campingmöglichkeiten im Uferbereich. Im Sommer tägl. geöffnet. Rua do Divino Espirito Santo, ☏ 296884324.

Feste/Veranstaltungen **Festa da Maia** Ende Aug./Anfang Sept. – eine der fröhlichsten Feierlichkeiten der Insel. Zu späterer Stunde werden die traditionellen Lieder der Insel auf der *Viola de arame* (Gitarre mit 12 oder 16 Stahlsaiten) mit Triangelbegleitung gespielt. Das klingt zuweilen etwas schwermütig, dennoch wird dazu getanzt.

Taucherparadies Formigas

20 Seemeilen (37 km) vor der Nordküste Santa Marias liegt eine kleine Inselgruppe, die den Namen Formigas trägt. Sie besteht im Prinzip aus acht Felsen, die z. T. nur wenige Meter über die Meeresoberfläche hinausragen. Einst waren die Formigas gefürchtet, die Kapitäne umsegelten sie in großem Abstand, dennoch zerschellten hier unzählige Schiffe. Heute halten Boote geradewegs darauf zu – die Formigas gehören aufgrund des Großfischreichtums zu den besten Tauchrevieren der Welt. Hier tummeln sich Gelbschwanzmakrelen, Haie (zwischen Juli und Okt. auch Walhaie), Thunfische, Adlerrochen, Stachelrochen, Mantas (10 bis 30 Mantas bei einem Tauchgang sind keine Seltenheit) u. v. m., daher sind die Formigas auch unter Hochseeanglern beliebt. Diverse Weltrekorde wurden hier schon erzielt, u. a. der „Frauen-Weltrekord im Schwertfischen" (1995); der Fisch hatte ein Gewicht von 480 kg und eine Länge von 4,7 m. Da die Formigas Nistplatz seltener Meeresvögel sind, stehen sie unter Naturschutz. Nachts ist bei klarer Sicht vom Pico Alto aus das Leuchtfeuer der Formigas zu sehen.

Küstenpfad zwischen Prainha und Praia Formosa

Wanderungen auf Santa Maria

GPS-Wanderung 1

Von Vila do Porto nach Praia   → Karte S. 50

Route: Vila do Porto – Bucht von Figueíral – Prainha – Praia Formosa.

Länge/Dauer: 7 km, 3 Std.

Einkehr: Unterwegs keine Möglichkeit.

Besonderheiten: Eine schöne und gar nicht anstrengende Tour hoch über der Küste. Die Wanderung ist identisch mit dem markierten offiziellen Wanderweg *PR 5 SMA*. Achtung: Bei extrem rauer See, insbesondere bei Flut, kann das letzte Wegstück unpassierbar werden (Gezeiten u. a. auf www.tide-forecast.com). In diesem Fall muss man ab Waypoint **5** über Land und Straße nach Praia wandern.

An- und Weiterfahrt: Von Juli bis Mitte September gelangen Sie mit Bus Nr. 06 (→ Vila do Porto/Verbindungen) von der Praia Formosa zurück nach Vila do Porto. Ausgangspunkt der Wanderung dort ist das Forte de São Brás.

Wegbeschreibung: Von der Wandertafel am **Forte de São Brás** **1** folgt man dem markierten Weg in das dahinter liegende Tal und überquert dort den Bachlauf über ein Brückchen. Hinter dem Brückchen folgt man dem zum Meer hin ansteigenden alten Karrenweg. Dieser dreht schließlich hoch über der Küste landeinwärts auf die Windräder zu und gabelt sich kurz darauf, rechts halten. Nun geht es auf einem mal von Mauern, mal von Stacheldraht gesäumten Weg an Weiden entlang weiter. Nach 15 Min. auf diesem Weg gelangt man zum **Naturmonument Pedreira do Campo, Figueiral e Prainha 2**, einer Art hölzernem Stegmonument bzw. Miniskywalk über einer Kuhwiese. Schautafeln informieren über geologische, paläontologische und botanische Besonderheiten der Gegend. Von dem Monument zeigen weiß-rote Markierungspfeile den weiteren Wegverlauf an. So passiert man nach 150 m eine Häuserruine. Fortan geht es auf einem Pfad parallel zur Küste weiter, im Frühsommer wandert man über einen lilafarbenen Blumenteppich. Über quer verlaufende Mauern helfen hölzerne Steighilfen. Zu Füßen der letzten beiden Windräder wird aus dem Weidenpfad ein klar zu erkennender Pfad, der entlang der von Kakteen gespickten Küstenhänge führt. Auf diesem passiert man die **Höhlen von Figueiral 3**, in denen Sie nach Fos-

silien suchen können, und einen alten **Kalkbrennofen**. 10 Min. später stoßen Sie auf einen alten, steinigen Eselspfad, dem Sie nach links bergauf folgen.

Wieder rund 10 Min. später passieren Sie bei einer einsamen Häuserruine ein Gatter. Kurz darauf tut sich der Blick auf die Praia Formosa auf. Linker Hand sehen Sie in der Ferne Almagreira und nahe voraus ein modernes Wohnhaus **4**, dessen Architekt wohl sämtliche Bauhaus-Entwürfe studiert hat. Dieses lässt man rechts liegen und zweigt ca. 300 m weiter **5** nach rechts auf einen Pfad ab. Die Stelle ist zwar markiert, aber leicht zu übersehen (geradewegs voraus auch ein rot-weißes Kreuz für „falscher Weg").

Der Pfad schlängelt sich oberhalb eines grünen Tals den Hang entlang und hat sein Ende an einer Weide. Auf dem kurzen, weglosen Abschnitt über die **Weide** fehlten 2018 Markierungen: Orientieren Sie sich hier NICHT auf das etwas erhöht gelegene Natursteinhäuschen zu, sondern auf einen auf der anderen Seite der Weide in den Boden ge-

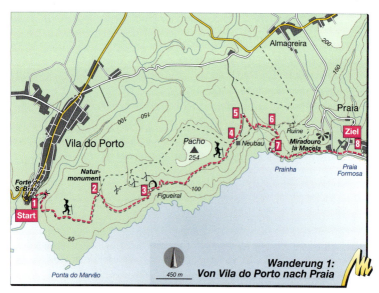

Wanderung 1: Von Vila do Porto nach Praia

rammten Holzpfosten **6**. Hinter dem Pfosten sehen Sie die nächste Markierung auf einen Stein gemalt (Vorsicht: Hier fällt der Hang steil ab!), und es beginnt ein wunderschöner Pfad durch fast mediterran anmutende Vegetation hinab zur Küste. Nach ca. 15 Min. bergab haben Sie eine der schönsten Buchten der Azoren erreicht, **Prainha** genannt **7** – bei gutem Wetter immer einen Badestopp wert.

Den restlichen Weg nach Praia Formosa legt man entlang der Küste zurück. Mal direkt auf dem rauen Lavagestein, mal auf einem durch Seile gesicherten Pfad entlang der Felswände über dem Meer – ein nicht anspruchsvolles Wegstück, Obacht geben, länger leben! Vorbei an zwei weiteren kleinen Sandbuchten gelangt man so in etwa 30–35 Min. nach **Praia Formosa 8**.

GPS-Wanderung 2

Rund um den Pico Alto   → Karte S. 52

Route: Pico Alto – Miradouro da Caldeira – Alto do Nascente – Pico Alto.

Länge/Dauer: 6,2 km, ca. 2:30 Std.

Einkehr: keine Möglichkeit.

Besonderheiten: Eine schöne Tour bei schönem Wetter, mit viel Schatten und immer wieder schönen Ausblicken. 2018 jedoch in Abschnitten nicht gut markiert (an diesen Stellen ist die Beschreibung etwas ausführlicher). Die Wanderung ist identisch mit dem markierten *Percurso Pedestre PR 2 SMA* (lediglich der Abstecher auf den Gipfel ist hier nicht beschrieben).

An- und Weiterfahrt: Die Wanderung beginnt wenige Meter unterhalb des Gipfels des Pico Alto. Wer mit dem Auto hinauffährt, sieht die Wandertafel am Einstieg zum Trail rechter Hand. Kurz dahinter Parkmöglichkeiten. Von dort führt ein Fußpfad auf den Gipfel.

Die Anfahrt ist mit Bus und Taxi (von Vila do Porto ca. 10 €) möglich. Die Busse Nr. 01, 01A und 02 passieren auf ihrer Inseltour gen Osten die Abzweigung zum Pico Alto. Von der Haltestelle (Casa dos Picos) müssen Sie knapp 200 m der Straße zurück Richtung Almagreira/Vila do Porto folgen, bis es nach rechts zum Pico Alto abgeht. Von hier sind es rund 2 km entlang der Straße bis zum Einstieg in den Wanderweg.

Wegbeschreibung: Ausgangspunkt der Wanderung ist die Wandertafel **1** unterm Gipfel des Pico Alto. Von der Wandertafel folgt man dem weiß-rot-gelb markierten Wanderweg nach „Bananeiras" bzw. dem Hinweisschild „PRC 02 SMA". Dieser erste Abschnitt des Weges ist zugleich Teil des inselumrundenden Wanderwegs *GR 01 SMA* (= *Grande Rota*; die anderen hier bergab führenden Wege sind Downhill-Strecken für Mountainbiker). Dabei folgen Sie einem bestens präparierten, schattigen Waldpfad vorbei an üppiger Vegetation. Teils wandert man auf einem Grat, wo sich zur Linken und zur Rechten schöne Blicke auf die Insel auftun. Nach ca. 40 Min. taucht links des Wegs das Hinweisschild „Miradouro" auf. Wer sich hier links hält, gelangt zum **Miradouro da Caldeira** mit einem Betonpfosten aus dem Jahr 1965 **2**, von wo man eine schöne Aussicht über den gesamten Inselwesten hat – ein netter Abstecher, hoch und runter keine 10 Min.

Etwa 15 Min. später erreicht man ein aufgegebenes **Gehöft** ❸. Davor gabelt sich der Weg. Nach rechts setzt sich der Weg der *Grande Rota* fort, wir halten uns jedoch links (Hinweisschild „Pico Alto"). Wenige Schritte weiter, hinter dem Toilettenhäuschen und dem Schweinestall des Gehöfts, gabelt sich der Weg abermals. Nun halten wir uns rechts bergab. 50 m weiter stößt man auf einen quer verlaufenden Waldweg. Hier hält man sich wieder rechts, aber nur für etwa 20 m, dann nimmt man den Pfad nach

links bergab. Es geht nun, begleitet von Vogelgezwitscher, für etwa 30 Min. durch einen märchenhaften Wald. Danach verläuft der Pfad am Waldrand entlang. Rechter Hand tun sich Blicke in Richtung Südwesten und Vila do Porto auf. Man passiert einen Wasserspeicher und trifft auf ein Wohnhaus ❹, das zur Siedlung **Alto do Nascente** gehört. Am Parkplatz des Hauses hält man sich links, der Weg führt durch eine Felsschneise und schwenkt keine Minute später nach rechts ab. Hier verlässt man den Weg und wandert geradeaus weiter parallel zu einem Bachlauf bergauf. Etwa 10 Min. später gabelt sich der Weg, hier weisen Markierungen nach links. Und auch fortan ist der Weg hoch zum **Pico Alto** wieder bestens markiert. Vorbei am **Denkmal** für die Opfer der Flugzeugkatastrophe von 1989 erreicht man den Ausgangspunkt der Wanderung ❶.

Miradouro da Caldeira

Gehöft

400

Wohnhaus

Alto do Nascente

Denkmal   Pico Alto 587

Start/Ziel

Santa Bárbara, Santo Espírito, Vila do Porto, Bushaltestelle

Wanderung 2: Rund um den Pico Alto

250 m

Inselumrundung auf Schusters Rappen

Die *Grande Rota de Santa Maria*, ein 78 km langer Weitwanderweg rund um die Insel, gehört zu den schönsten Wandertouren der Azoren. Mit den Unterkunftsmöglichkeiten von **Ilha a pé** (dahinter stecken Ioannis und Rita, ℡ 964474768, www.ilhape.com) hat man die Möglichkeit, entlang der Route in alten, liebevoll renovierten Scheunen inmitten der Natur zu übernachten. Wer will, kann sich Frühstück oder Abendessen bringen lassen oder den Grill selbst anschüren. Von Lesern hochgelobt. Die Grande Rota unterteilt sich in 4 Etappen: Die erste führt von Vila do Porto nach Cardal/Fonte de Jordão (16,5 km, 6:30 Std.), die zweite von Cardal nach Norte (21,5 km, 7:30 Std.), die dritte von Norte nach Bananeiras/Chã de João Tomé (16,5 km, 6:30 Std.), die vierte von Bananeiras zurück nach Vila do Porto (23,5 km, 8 Std.). Eine ausführliche Wegbeschreibung samt GPS-Daten finden Sie auf www.trails.visitazores.com/de.

GPS-Wanderung 3

Rundwanderung um São Lourenço   → Karte S. 55

Route: São Lourenço – Kapelle Ermida Nossa Senhora de Lourdes – Norte – Ribeira do Amaro – Lagos – Santa Bárbara – São Lourenço.

Länge/Dauer: 8,6 km, ca. 4 Std.

Einkehr: In der Cervejaria Por do Sol in Santa Bárbara.

Besonderheiten: Insgesamt einfacher Weg mit herrlichen Ausblicken, insbesondere auf die Bucht von São Lourenço. Nur der Beginn der Wanderung ist mit einem mühsamen Aufstieg verbunden. Nach Regen ist von der Wanderung in jedem Fall abzusehen: Der steile Aufstieg kann dann sehr glitschig und gefährlich werden, zudem würde man auf einigen Passagen bis zu den Knöcheln im Schlamm versinken. Die Wanderung ist in weiten Abschnitten mit dem markierten *Circuito Pedestre PRC 3 SMA* identisch, der in Santa Bárbara beginnt und den Weg von bzw. nach São Lourenço ausspart.

An- und Weiterfahrt: Am besten mit dem Mietfahrzeug. Es existiert keine Busverbindung nach São Lourenço. Falls Sie in Santa Bárbara starten wollen, gelangen Sie mit Bus Nr. 03 dorthin (jedoch nicht am gleichen Tag zurück!).

Wegbeschreibung: Von der Uferstraße in **São Lourenço** (etwa in der Mitte der Bucht) nimmt man den Fußweg, der gegenüber einem blau-weiß gestrichenen Haus ❶ (zugleich das einzige Haus, das an der Uferstraße in der Buchtmitte zur Meerseite hin steht) inseleinwärts abzweigt. Nach wenigen Metern auf dem schmalen, betonierten Weg (weiß-rot markiert) folgt ein steiler 25-minütiger Treppenweg (oft verwachsen, aber stets erkennbar), der zwischen den in Terrassen angelegten Weingärten hinaufführt. Die schweißtreibenden Stufen zwingen zu mehreren Verschnaufpausen, die mit grandiosen Ausblicken belohnen.

Dorfidylle auf Santa Maria

Wanderung 3: Abstecher zum Aussichtspunkt

Nachdem der Steilhang überwunden ist, endet der Weg an der schmalen **Zufahrtsstraße** ☑ nach Norte, hier rechts halten. Linker Hand blickt man auf das Tal von Santa Bárbara.

Man folgt nun stets dem Sträßlein gen Norden, bis das Hinweisschild „Alagares" darum bittet, auf einen Feldweg nach rechts abzubiegen ☑. Der Feldweg knickt nach wenigen Minuten nach rechts ab. Wer ihm folgt, gelangt zu einem **Aussichtspunkt** über der Bucht von São Lourenço – ein netter Abstecher (retour ca. 15–20 Min.). Wer den Abstecher auslassen möchte, geht dort, wo der Feldweg nach rechts abknickt, geradeaus auf einem von Mauern gesäumten Pfad weiter (rot-gelb-weiß markiert). Der Pfad verbreitert sich, wird zwischenzeitlich zum Hohlweg und endet schließlich an einem schmalen asphaltierten Sträßlein ☑, wo man sich links hält und gleich darauf wieder rechts Richtung Norte abzweigt. 100 m weiter hält man sich abermals links und steigt auf die Anhöhe zur **Kapelle Ermida Nossa Senhora de Lourdes** ☑. Vom Vorplatz der Kapelle (meist verschlossen) bietet

sich ein schöner Blick auf die Häuser von Norte und über die Baía do Tagarete auf einen Felsen im Meer (Ilhéu das Lagoínhas). Vom Vorplatz führen ein paar Treppen hinab zu einem Gatter, das man passiert. Mit der Wiese zur Rechten und einer Mauer zur Linken erreicht man das nächste Gatter, das man ebenfalls so hinterlässt, wie man es vorgefunden hat. Dahinter läuft man rechts an einem Haus vorbei und folgt im Anschluss den Markierungen durch das Dorf Norte und dann hinab in das **Tal des Ribeira do Amaro**. Dort, wo der Schotterweg nach links schwenkt (voraus eine **Bauruine mit zwei Schornsteinen** ☑), wandern Sie geradeaus auf einem grasbewachsenen Weg weiter bergab. Stellenweise verengt sich der Weg zu einem schmalen Pfad. Anfangs verläuft er in Richtung Baía do Tagarete, schwenkt dann aber nach links ab und nähert sich immer mehr dem Tal des Ribeira do Amaro. Abschnittsweise wird es hier recht schlammig.

Schließlich überquert man den Bachlauf des Ribeira do Amaro auf einem Brückchen und erreicht kurz darauf die Siedlung **Lagos**. Vor dem ersten

Haus trifft man auf eine Teerstraße **7** (der betonierte Weg nach rechts bergauf wird ignoriert), folgt dieser für ca. 250 m und biegt erst dann rechts auf einen betonierten Weg ab – eine kleine Abkürzung, die markiert ist. Dort, wo man wieder auf die vorher erwähnte Teerstraße trifft, hält man sich rechts. Das Teersträßlein stößt schließlich auf die Verbindungsstraße Santa Bárbara – Feteiras, hier links halten und nach ca. 80 m rechts ab **8** auf einen anfangs betonierten Feldweg (Markierung beachten). Dieser steigt zunächst stark an und führt dann durch eine liebliche Landschaft und streckenweise durch den Wald nach Santa Bárbara. Kleinere

Abzweigungen unterwegs bleiben unbeachtet. Der Hauptweg verwandelt sich kurz vor Santa Bárbara in ein steil nach unten führendes Teersträßchen. Bei der **Kirche von Santa Bárbara 9** wartet die Cervejaria Por do Sol mit dem wohlverdienten kühlen Bier.

Nun kann man die Wanderung auf dem bequemen, aber längeren Weg entlang der Straße zurück nach São Lourenço fortsetzen – einfach der Beschilderung folgen. Oder man wählt den Weg über die steilen Stufen hinab in die Bucht von São Lourenço, die man zu Beginn der Wanderung bereits bewältigen musste – bergab sind diese jedoch unangenehmer zu gehen als bergauf. Dies ist zugleich der Weg für all jene, die die Wanderung in Santa Bárbara starten. Dafür zweigt man hinter der Cervejaria Por do Sol links ab und nach ca. 50 m bei der Bushaltestelle rechts ab in die leicht bergauf führende Straße (rot-weiß markiert) – sie endet beim Friedhof. Aber noch vor dem Friedhof, bei der ersten Serpentine, verlässt man die Straße **10** und biegt nach links auf einen gepflasterten Weg ab, der durch eine Schneise im Fels führt und schon wenige Meter später in einen Feldweg übergeht.

Dort, wo der Feldweg auf eine geteerte Straße trifft **11**, hält man sich links (in diesem Falle die rot-weiß-gelbe Markierung nach rechts missachten), 150 m weiter, vor einem blau-weißen Brunnen, hingegen rechts (hier die gelb-rote Markierung missachten). Etwa 100 m weiter beginnt rechter Hand der Weg **2** hinab in die Bucht von **São Lourenço 1**.

GPS-Wanderung 4

Von Santo Espírito nach Maia

Route: Santo Espírito – Lapa de Cima – Lapa de Baixo – Maia.

Länge/Dauer: 3,5 km, ca. 1:45 Std.

Einkehr: Snackbars in Espírito Santo und Maia.

Besonderheiten: An sich einfache Wanderung mit Ausnahme einer Bachüberquerung, die v. a. nach viel Regen etwas Geschick voraussetzt. Gehen Sie deshalb besser nicht alleine. Für den Pfad hinab nach Maia ist Schwindelfreiheit Voraussetzung. Die Wanderung folgt dem markierten *Percurso Pedestre PR 4 SMA* bis Maia.

An- und Weiterfahrt: Die Inselbusse Nr. 01 und 01A halten in Santo Espírito. Keine Busverbindungen nach Maia. In den Bars von Maia trifft man jedoch immer jemanden, der einen mit zurück nach Santo Espírito nimmt.

Wegbeschreibung: Ausgangspunkt der Wanderung ist die **Kirche von Espírito Santo 1**. Mit Blick auf das Portal der Kirche geht man rechts an der Kirche vorbei und folgt dahinter, bei einer kleinen „Verkehrsinsel", der anfangs bergab führenden Rua João Freitas Pereira (gekacheltes Straßenschild). Nach 500 m verlässt man das Sträßlein **2** und zweigt auf den schmalen, betonierten Caminho de Reque nach rechts bergauf ab. Auf die Abzweigung macht eine rot-gelbe Markierung an einem Laternenpfahl aufmerksam. Bei der Gabelung keine 100 m weiter geht man links in den Caminho do Moinho. Nach weiteren 100 m gelangt man zu einer alten **Windmühle**. Dahinter folgt man den Markierungen weiter, umgeht so

eine Weide (Hecke zur Rechten), durchquert ein kurzes Waldstück und passiert an dessen Ende ein Gatter. Dahinter hält man sich leicht rechts und quert auf diese Weise weglos eine Wiese, bis man auf einen Stacheldrahtzaun trifft. Vor dem Zaun hält man sich links (man wandert also mit dem Stacheldrahtzaun zur Rechten weiter), bis man am Ende der Wiese auf ein Gatter **3** trifft. Hinter dem Gatter folgt man dem Feldweg nach rechts. Rund 100 m weiter mündet der Feldweg in einen Schotterweg, hier hält man sich erneut rechts. Wenig später geht es in den Wald hinein.

Nach ca. 10 Min. auf dem Schotterweg fordert Sie eine Markierung an einem Laternenpfahl dazu auf, auf einen

Wanderung 4:
Von Santo Espírito nach Maia   350 m

Treppenpfad nach links abzuzweigen **4**. Man überquert dabei ein Bächlein. Bereits wenige Meter weiter mündet der Treppenpfad bei ein paar Häusern des Weilers Lapa de Baixo in einen etwas höher gelegenen Feldweg. Nun halten Sie sich rechts. Nach einer Weile verwandelt sich der Feldweg in einen Pflasterweg und schließlich in einen Pfad, der links des Bachlaufs des **Ribeira do Aveiro** dem Meer entgegenführt.

Kurz vor der Abbruchkante, an welcher der Bach als Wasserfall zu Tale stürzt, müssen Sie diesen Bach überqueren **5** – Markierungen beachten. In trockenen Sommern ist die Überquerung kein Problem, nach viel Regen ein etwas schwierigeres Unterfangen. Dann sind nämlich die Trittsteine von Wasser überspült, ziehen Sie notfalls die Schuhe aus. Auf der anderen Seite des Bachlaufs passiert man ein Gatter und erblickt auch schon den Wasserfall. Der Pfad verläuft nun parallel zu einer Felswand zur Rechten. Seien Sie auch hier vorsichtig! Das Gestrüpp am Boden täuscht zuweilen Boden vor, wo keiner ist. Machen Sie keinen Schritt in den Abgrund, wenn Sie wild wuchernde Agaven umgehen! Sollte der Weg extrem verwachsen sein, drehen Sie besser um! Auf manchen Passagen ist der Pfad sehr schmal. Über uralte Treppchen gelangen Sie schließlich nach **Maia 6** hinab.

■ Der offizielle Wanderweg führt von Maia noch weiter bis zum Leuchtturm Farol de Gonçalo Velho, jedoch weitestgehend entlang der Straße.

São Miguel

São Miguel ist die größte, bevölkerungsreichste und touristisch erschlossenste Insel der Azoren. Die Landschaft zeigt sich in buntestem Kleid: weite Sandbuchten, tiefblaue Kraterseen, wildromantische Höhenzüge. Für viele Azorenreisende ist sie die erste Wahl.

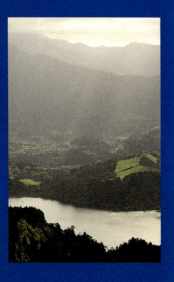

Wussten Sie, dass es im kleinen Ribeira Grande einen spektakulären Kunsttempel gibt, dessen Ausstellungen zu den besten Portugals gehören? Nein? Dann ab ins Arquipélago! → S. 133

Im Gegensatz zu den dünn besiedelten kleineren Inseln herrscht auf São Miguel fast eine Art Festlandsmentalität. Hier kennt nicht jeder jeden. Die Insel lässt sich auch nicht an einem Tag abfahren, und die Wahrscheinlichkeit, dass man abends im Restaurant zufällig den Tisch neben dem Inselparlamentarier gewählt hat, ist gering. Auch sind die Städte größer, die Preise etwas höher, die Geschäfte besser bestückt und die Speisekarten der Restaurants abwechslungsreicher.

Wie alle Azoreninseln bezaubert auch São Miguel v. a. durch seine Naturschönheiten. Im Inselinneren füllen rauschende Bäche imposante Kraterseen. An der Küste erstrecken sich schöne Sandstrände. In den teils baumlosen Bergregionen weiden Kühe auf grasüberzogenen Vulkankegeln. Und brodelnde Heißwasserquellen erinnern an den vulkanischen Ursprung der Insel: São Miguel ist die vulkanisch aktivste Insel der Azoren. Deshalb überprüfen Forschungsschiffe regelmäßig die stets Lava fördernden Schlote der 50 km vor der Küste liegenden unterseeischen Vulkane. Solange deren Öffnungen frei bleiben, ist wenig zu befürchten.

Das touristische und wirtschaftliche Zentrum São Miguels ist Ponta Delgada. Dorthin werden auch die meisten Azoren-Pauschalreisen angeboten – nicht unbedingt empfehlenswert. Die Hafenstadt ist als Station okay, nicht aber als ständiger Standort, es sei denn, Sie legen Wert auf Urbanität.

Die schönsten Orte

Im Inselwesten Mosteiros, Capelas, Sete Cidades und Ribeira Grande. Im

Inselosten Furnas, Caloura und Porto Formoso.

Wahnsinnsblicke

Im Inselwesten von den spektakulären Aussichtspunkten **Miradouro Vista do Rei**, **Miradouro da Boca do Inferno** und **Miradouro da Cumeeira** – sie alle befinden sich auf dem Kratergrat der mächtigen Caldeira von Sete Cidades, in deren Kessel zwei Seen und ein Städtchen liegen. Vom **Miradouro do Escalvado** hingegen hat man einen tollen Blick über die raue Steilküste mit ihren vorgelagerten, aus dem Meer ragenden Felsen. Im Inselosten bieten sich von den Aussichtspunkten am **Lagoa do Fogo** herrliche Ausblicke über den gleichnamigen Kratersee und das Meer am Horizont. Vom **Miradouro do Pico do Ferro** schaut man über das Tal von Furnas. Grandiose Küstenausblicke hat man zudem vom **Miradouro do Salto da Farinha** bei Salga und von den südlich von Nordeste gelegenen Aussichtspunkten **Vista dos Barcos**, **Ponta do Sossego** und **Ponta da Madrugada**. Den Wahnsinnsblick auf die Südostküste São Miguels genießt man vom **Pico Bartolomeu** – allein die Anfahrt ist unvergesslich.

Plätze fürs Picknick

Im Inselwesten in den idyllischen Parkanlagen rund um **den Lagoa do Canário** und die **Lagoas Empadadas** sowie in der weitläufigen Parkanlage **Pinhal da Paz**. Im Inselosten am Flusslauf des **Ribeira dos Caldeirões** und an den herrlichen Aussichtspunkten **Miradouro do Salto da Farinha**, **Miradouro da Ponta do Sossego** und **Miradouro da Ponta da Madrugada**. Auch am **Lagoa das Furnas** lässt es sich gemütlich picknicken.

Wohin zum Baden?

An der Südküste sind die Strände bei **Ponta Garça**, **Praia**, **Caloura**, **Água d'Alto** und **Ribeira Quente** empfehlenswert, außerdem der Kraterpool vor **Vila Franca do Campo**. Ein versteckter Strand an der Ostküste ist der von **Lombo Gordo**. Auch die Nordküste bietet einladende Buchten mit Sandstränden, z. B. die **Praia de Santa Bárbara** bei **Ribeira Seca** und die **Praia dos Moinhos** bei Porto Formoso. An der Westküste ist der Beach von **Mosteiros** die beste Wahl. Mehr planschen als baden lässt es sich in warmen Quellbecken im Inselinneren, am allerschönsten im **Terra-Nostra-Park** in Furnas. Die Seen im Inselinnern sind wegen der z. T. hohen Algendichte zum Baden weniger empfehlenswert. Ausnahmen: der Lagoa do Fogo und der Lagoa Azul.

Und was tun bei Regen?

Ab nach **Ponta Delgada**: shoppen, Museumsbesuch, Kaffee trinken an den Portas do Mar. Aber auch in **Ribeira Grande** kann man durch diverse Museen touren. Oder fahren Sie nach **Furnas**: Auch bei schlechtem Wetter hat der Besuch des Thermalbeckens im Terra-Nostra-Park einen ganz besonderen Reiz. Regnet es länger, können Sie zur Abwechslung einer Zigarettenfabrik einen Besuch abstatten. Oder die **Teefabriken** bei Maia besichtigen, eine **Ananasplantage** in Fajã de Baixo und die **Keramikmanufaktur** bei Lagoa.

Blick vom Salto do Cavalo

Inselgeschichte

Einst brachte der Orangenanbau Wohlstand, dann waren es Tee, Tabak und Ananas. Heute spielt der Tourismus eine große Rolle, zudem zapft man neben Kühen die EU an.

Angeblich soll São Miguel im Jahr 1438 von einem Sklaven entdeckt worden sein. Dieser hatte am Tag des Erzengels Michael von einer Anhöhe auf Santa Maria, der zuerst besiedelten Insel der Azoren, in der Ferne zufällig Land gesehen und es seinem Herrn berichtet. Ein Jahr später folgte die Besiedlung der Insel, zuerst in der Gegend von Povoação. Erster Donatarkapitän wurde Gonçalo Velho Cabral, Ritter des Christusordens. Die ersten Siedler kamen vom portugiesischen Festland (aus der Estremadura, dem Alto Alentejo und von der Algarve), kurz darauf gesellten sich Franzosen, Madeirenser, vertriebene Juden und Mauren hinzu. War die geografische Abgeschiedenheit der Insel zu Anfang eher ein Hindernis für die wirtschaftliche Entwicklung, so

wendete sich im 16. Jh. das Blatt: São Miguel lag nun an den Seehandelsrouten zwischen Europa, Afrika und Amerika. Und auf dem fruchtbaren Boden gedieh, was immer man säte: Weizen wurde in die portugiesischen Kolonien Afrikas exportiert, Färbepflanzen nach Flandern verkauft. Ertragreich war auch der Zuckerrohranbau, die süße Kostbarkeit war überall in Europa heiß begehrt. Im Lauf der Zeit wurden auch Käse und Wein exportiert. Und durch die Entdeckungsfahrten in die Neue Welt wurden schließlich Mais, Yams, Süßkartoffeln und Kürbisse auch auf den Azoren bekannt und angebaut.

Die erste Hauptstadt wurde Vila Franca do Campo im Osten der Insel. Am 22. Oktober 1522 jedoch zerstörte ein Erdbeben die gesamte Stadt, kein

Stein blieb auf dem anderen, über 5000 Opfer wurden gezählt. Es gilt bis heute als das tragischste Erdbeben, das die Inselgruppe seit der Besiedlung erlebte. Wegen der kompletten Zerstörung Vila Francas verlegte der damalige Inselhäuptling, Donatarkapitän Rui II., seinen Sitz nach Ponta Delgada, zu jener Zeit nichts anderes als eine kleine Fischersiedlung mit einem sicheren Hafen an einer Landspitze. 1546 erhielt Ponta Delgada die Stadtrechte, verliehen von König Dom João II. Bald darauf begann der Bau des Forte de São Brás. Und aus Angst vor Piraten zog es immer mehr Menschen in den Schatten der neuen Festung. Mehr als die Hauptstadt São Miguels sollte Ponta Delgada für die nächsten Jahrhunderte aber nicht werden. Papst Paul III. hatte bereits 1534 Angra auf Terceira zum Bischofssitz erhoben, womit Terceiras Aufstieg zur bedeutendsten Azoreninsel und der Aufstieg Angras zur wichtigsten Stadt des Archipels besiegelt waren.

Gute und schlechte Zeiten folgten. Letztere bedingt durch Vulkanausbrüche – die Trümmer Vila Francas z. B. verschwanden 1563 unter einem Ascheregen, den der Pico do Fogo (→ S. 139) verursacht hatte. Aber auch eingeschleppte Seuchen verbreiteten Not und Elend – die Schiffe, die die Inselprodukte an Bord nahmen und als Bezahlung Goldtruhen für die Großgrundbesitzer abluden, hatten des Öfteren die Pest im Gepäck – bei der schwersten Epidemie 1673 starben allein in Ponta Delgada täglich über 20 Menschen.

In wirtschaftliche Not geriet São Miguel, nachdem der spanische Habsburgerkönig Philipp II. Portugal 1580 annektiert hatte. Der Seehandel war unterbrochen. 1582 fand vor der Küste Vila Franca do Campos jene Seeschlacht statt, bei der die Anhänger des portugiesischen Prinzen Dom António gegen die Flotte des spanischen Habsburgerkönigs Philipp II. um die Krone Portugals fochten. Mehrere französische Schiffe unterstützten den Prinzen, doch gingen die Spanier als Sieger aus der Schlacht hervor. Die ranghöchsten französischen Offiziere wurden von den Spaniern nach tagelangen Schauprozessen geköpft.

Die Spanier investierten wenig in die Insel. Bis zur wiedererlangten Unabhängigkeit Portugals (1640) und der Azoren (1642) machten sich lediglich die Klöster um die Entwicklung der Insel verdient.

Neuer Wohlstand, an dem die breite Masse aber wenig Anteil hatte, kam erst mit dem Orangenanbau in der zweiten Hälfte des 18. Jh. nach São Miguel. 1751 wurden die ersten drei Kisten nach England exportiert. Um 1800 waren es schon rund 20.000 Kisten pro Jahr, zur Blüte des Orangenanbaus Mitte des 19. Jh. ca. 180.000 Kisten. Einer der ersten großen Plantagenbesitzer war der aus Boston stammende Kaufmann Thomas Hickling, der mit den saftigen Früchten ein Vermögen erwirtschaftete.

Doch unter der von Angra (Terceira), damals Hauptstadt des Archipels, auferlegten Steuerlast litten die Großgrundbesitzer wie auch das einfache Volk. Angeführt von Soldaten des Forte de São Brás, kam es 1821 zur Revolte in Ponta Delgada. Man forderte die Loslösung von Terceira. Der Aufstand hatte Erfolg, Lissabon gestand São Miguel bald eine eigene Regierung in Ponta Delgada zu, die der in Angra annähernd gleichberechtigt war.

1828, unter Vize-Admiral Henrique da Fonseca de Sousa Prego, wurde in Ponta Delgada mit dem Bau der z. T. noch heute genutzten Kanalisation begonnen. 1831 schloss sich São Miguel als letzte miguelinische Hochburg dem Beispiel Terceiras an und wechselte auf die Seite der Liberalen (→ Geschichte, S. 495). 1832 kehrte Dom Pedro, der seiner Tochter, der legitimen Königin, zu Hilfe kommen wollte, aus Brasilien zurück. Mit seinen Schiffen legte er in Ponta

São Miguel → Karte Umschlagklappe hinten

São Miguel im Überblick

Daten und Fakten

Hauptorte: Ponta Delgada, Ribeira Grande, Lagoa, Povoação, Nordeste

Bevölkerung: 137.699 Einwohner (185 pro km², Stand 2011)

Größe: 746 km², bis zu 15 km breit, bis zu 62 km lang

Küstenlänge: 155 km

Höchste Erhebungen: Pico da Vara 1103 m, Pico Barrosa 947 m, Pico da Cruz 845 m, Pico das Éguas 873 m

Position: 37°42' N und 37°53' N, 25°08' W und 25°52' W

Distanzen zu den anderen Inseln: Santa Maria 102 km, Terceira 170 km, Graciosa 246 km, São Jorge 247 km, Pico 244 km, Faial 276 km, Flores 511 km, Corvo 519 km

Wissenswertes vorab

Aktiv: São Miguel bietet das umfangreichste Sport- und Freizeitangebot des Archipels: tauchen, segeln, mountainbiken, golfen, hochseefischen – fast nichts, was es nicht gibt. Lediglich in puncto Wandern verlor die Insel in den letzten Jahren ein wenig an Faszination, da hier und dort Wege geteert oder durch Hangrutsche zerstört wurden.

Wohnen: Die meisten Unterkünfte findet man in Ponta Delgada: Hotels, Pensionen und Privatzimmer in verschiedensten Preisklassen, zudem hippe Hostels und eine Jugendherberge. Eine weitere Jugendherberge gibt es in Lagoa. Weitaus idyllischer übernachtet man jedoch in den Küstenorten rund um die Insel oder in den Dörfern und Landgütern im Inselinnern. Campingplätze gibt es in Nordeste, bei Rabo do Peixe, in Furnas und bei Sete Cidades.

Kulinarisch: Bekannt ist São Miguel für den *Cozido*, eine Art Eintopf, bei dem Fleisch und Gemüse in einem vulkanisch-heißen Erdloch garen (→ Furnas). Zudem arbeitet man in der hiesigen Küche gerne mit Ananas – beliebt ist z. B. die *Morcela com ananás*, die Blutwurst mit Ananas. Tradition hat dieses Gericht jedoch nicht: Nur ein Bruchteil der Inselbewohner konnte sich früher Ananas leisten. Weitere Inselspezialitäten sind der Maracujalikör und die *Queijadas da Vila*, die Käsetörtchen aus Vila Franca.

Feste und Festivals: Im März die große *Azores Airline Rallye* (www.azoresrallye.com), dann sind zig Wanderwege gesperrt. Am ersten Sonntag nach Ostern die *Festa dos Enfermos* in Furnas, am fünften Sonntag nach Ostern in Ponta Delgada die *Festa do Senhor Santo Cristo dos Milagres* – das bedeutendste Fest des gesamten Archipels. Im Mai die *Procissão do Trabalho* in Vila Franca do Campo. Stets am 29. Juni die *Cavalhados de São Pedro*, die Reiterspiele in Ribeira Seca. Ende Juni bis Mitte Juli *Walk & Talk*, das Kunst-, Theater- und Musikfestival in Ponta Delgada (www.walktalkazores.org). Anfang Aug. das 3-tägige *Monte Verde Festival* am gleichnamigen Strand vor Ribeira Grande mit viel Musik (www.monteverdefestival.com). Ende Aug. das *Festival de Parapente*, ein Gleitschirmfliegertreffen (www.asassaomiguel.com). Anfang Sept. die *Azores Airline Pro*, ein internationaler Surfwettbewerb an der Praia de Santa Bárbara. Mitte Sept. treffen sich die Angler zum internationalen *Big Game Fishing Tournament* in Ponta Delgada (www.cnpdl.pt). Anfang Okt. der *Azores MTB Marathon*, ein offizielles UCI-Rennen für Mountainbiker (www.aca.pt). Im Nov. der *Triatlo Longo de Ponta Delgada* (www.federacaotriatlo.pt), ein Halb-Ironman: 1800 m Schwimmen, 84 km Radfahren und 21 km Laufen. Und wie auf allen Inseln von Ostern bis Aug. *Heilig-Geist-Feste* (Höhepunkt Pfingsten). Mehr zu all den Festen in den jeweiligen Ortskapiteln.

An- und Weiterreise mit Flugzeug oder Schiff

Flughafen: Insel-Airport *João Paulo II.* (der Terminal wurde zum Papstbesuch 1991 erbaut) ca. 3,5 km westlich des Zentrums von Ponta Delgada. Im Terminal finden sich Restaurant, Snackbar, Souvenirgeschäfte, Gepäckaufbewahrung, Polizeistation, Poststelle, Bankomaten, die Zweigstellen mehrerer Autoverleiher (→ Mietwagen), ein SATA-Office (℡ 296205414) und eine Turismo-Zweigstelle (im Sommer tägl. 6–24.30 Uhr). Die Rollos der meisten Einrichtungen fallen i. d. R. nach Ankunft der letzten Maschine.

Tipp: Versuchen Sie beim Anflug auf São Miguel einen Fensterplatz auf der rechten Seite zu bekommen – tolle Ausblicke auf die Insel!

Flughafentransfer: In manchen Jahren gibt es öffentliche Busse oder Servicebusse zum Flughafen, 2018 fuhr nur das Taxi: mit Gepäck vom Flughafen ins Zentrum von Ponta Delgada 9 €, nachts 12 €.

Seehafen: Die großen Autofähren der *Atlânticoline* (Office in den Portas do Mar,

Fischer an der Ponta da Ferraria

📞 707201572), die im Sommer auf der *Linha Amarela* unterwegs sind (→ S. 509), steuern nur Ponta Delgada an.

Nach **Vila do Porto auf Santa Maria** kann man zudem ganzjährig, soweit es das Wetter zulässt, von Ponta Delgada mit dem Frachtschiff „Baía dos Anjos" der Reederei *Transporte Maritimo Parece Machado* fahren (Office Av. Hermano Feijo 32, bei der Schranke zum Containerbereich, Mo–Fr 9–12 und 13–17.30 Uhr, 📞 296286991, www.parecemachado. com). Es verkehrt i. d. R. Mo und Do am späten Nachmittag (Infos zu Preisen und Fahrtdauer → Santa Maria, S. 27). Eine Transportversicherung erhält man in Ponta Delgada bei Fidelidade Mundial, Rua Luís Soares de Sousa 67, Mo–Fr 8.30–11.45 und 13–15.45 Uhr.

Unterwegs mit Bus oder Mietwagen

Bus: São Miguel lässt sich ganz gut auch per Bus erkunden. Drei Busgesellschaften teilen die Insel unter sich auf: *Auto Viação Micaelense* (www.autoviaacaomivalense.pt, 📞 296301350) bedient den Westen der Insel, *Caetano Raposo & Pereira* (www.crp-caetanoraposope reiras.pt, 📞 296304260) den Nordosten und *Varela & Ca.LDa.* (www.grupobensaude.pt, 📞 296301800) den Südosten. Deren gemeinsame Internet-Plattform mit allen Buslinien und Fahrplan-Auskunft finden Sie unter www. smigueltransportes.com. Mehr zu den Busverbindungen im Reiseteil in den jeweiligen Kapiteln zu den Städten und Ortschaften. Wohin

die Busse des öffentlichen Nahverkehrs nicht fahren, dorthin fährt z. T. der *Yellow Bus* (→ Kasten S. 77), ein Hop-on-hop-off-Bus.

Mietwagen: Die Insel an einem Tag zu umrunden, ist zwar rein theoretisch möglich, doch nicht zu empfehlen. Die landschaftlichen Höhepunkte, die schönsten Orte und Strände liegen oft etwas abseits und sind z. T. nur über Stichstraßen zu erreichen. São Miguel lädt dazu ein, einfach draufloszufahren und dort zu halten, wo es einem gerade gefällt – zum Picknicken, Baden oder Wandern. Auf São Miguel gibt es rund 15 Autovermietungen, die Konkurrenz macht sich v. a. in der NS preislich positiv bemerkbar.

Am Flughafen finden Sie u. a. Vertretungen von **Ilha Verde** (zugleich die Vertretung von *Avis* und *Budget*; Offices in Ponta Delgada an der Praça 5 de Outubro und im Solmar-Komplex an der Uferstraße, 📞 296304891, www.ilhaverde. com) und **Autatlantis** (Offices in Ponta Delgada an den Portas do Mar und an der Rua dos Manais 53, 📞 296205340; zudem eine Filiale in Vila Franca do Campo in der Avenida da Liberdade 40, 📞 296581115, www.aut atlantis.com) sowie die großen internationalen Vermietungen wie **Hertz**, **Sixt**, **Europcar** oder **Alamo**.

Flor do Norte (in Ponta Delgada in der Rua Dr. Falcão 43, 📞 296287209, www.flordonorte-rentacar.com) stellt Fahrzeuge am Flughafen zu und ist einer der preiswertesten Anbieter der Insel, v. a. in der HS, weniger in der NS, wenn die internationalen Verleiher ihre Fahrzeuge zuweilen zu Schnäppchenpreisen anbieten.

Delgada an, die Bevölkerung feierte ihn auf den Straßen. Kurz darauf brach er mit einem 8000-Mann-Heer und 48 Schiffen wieder auf, um den Tyrannen Dom Miguel erfolgreich aus Lissabon zu vertreiben.

1833 teilte das Königshaus die Azoren in zwei Distrikte und ernannte Ponta Delgada zur Hauptstadt des östlichen Distrikts – ein neues Kapitel in der Geschichte der Stadt war eingeleitet. Bald darauf brannten die ersten Straßenlaternen der Insel, damals noch mit Fischöl betrieben. Und die Forderung nach einer künstlichen Befestigung des Hafens von Ponta Delgada wurde laut, insbesondere die Orangenbarone machten Druck, weil sie ihre Ernte einfacher verschiffen wollten. Doch der Hafen, dessen Bau 1861 begonnen wurde, sollte ihnen nicht mehr nützen: Als er fertiggestellt war, waren die Plantagen schon weitgehend durch die Weiße Wollschildlaus und anschließenden Pilzbefall vernichtet. Die Läuse waren über Umwege per Schiff von Australien auf die Azoren gelangt. Der Plage hätte man mit dem Aussetzen einer australischen Marienkäferart, dem natürlichen Feind der Weißen Wollschildlaus, Herr werden können. Nur wusste man damals noch nichts davon. Der Niedergang des Orangenanbaus traf v. a. das einfache Volk, viele verloren ihre Jobs auf den Plantagen, eine große Emigrationswelle setzte ein. Neue Kulturpflanzen mussten angebaut werden: Tee-, Tabak- und Ananas-Plantagen wurden auf São Miguel angelegt.

Und Tee, Tabak bzw. Zigaretten wie auch Ananas wurden schon bald wieder gewinnbringend exportiert, die Goldmünzen klimperten in den Taschen der Großgrundbesitzer, ein paar Missernten konnte man wegstecken. Doch die Weltkriege sorgten dafür, dass die Ware in den Häfen verschimmelte, da die Handelswege unterbrochen waren. Viele Betriebe gaben auf, die Löhne

blieben aus, wieder war für viele Azoreaner die Emigration der einzige Ausweg. Der Bevölkerungszuwachs, den die Statistik in der ersten Hälfte des 20. Jh. verzeichnet, wäre größer gewesen, wenn von den fünf oder sieben Kindern einer Familie nicht zwei oder drei Söhne ihr Glück in Übersee versucht hätten.

Die gesamte Ära Salazar war für São Miguel mit wirtschaftlicher Stagnation und Armut verbunden. Und auch in den Jahren danach, bis zur Jahrtausendwende, tat sich nicht viel auf São Miguel, die Insel lag vergessen im Atlantik. Nur zwei Ereignisse sind aus jener Zeit zu nennen: 1975 wurde in Ponta Delgada die Universität der Azoren gegründet. Und als der Archipel 1976 die politische und administrative Autonomie erhielt, wurde Ponta Delgada der Sitz der Provinzregierung zugesprochen.

Seit dem Millennium ist es die zentrale Aufgabe der Insel, die reichlichen EU-Subventionen zu verwalten. Überall auf der Insel wurden mit EU-Mitteln Paläste und Kirchen restauriert und in Ämter oder Museen umgewandelt. Landstraßen wurden aus- und Schnellstraßen neu gebaut. Der Neubau von Krankenhäusern und Schulen wurde gefördert. Häfen wurden erweitert und die Entwicklung des Tourismus in Form von etlichen Bettenburgen vorangetrieben. Dabei wurde vorrangig in Ponta Delgada investiert, was den Vorteil hat, dass sich große Teile der Insel ihren natürlichen Charme weitgehend bewahren konnten. Nur wie lange noch? Auch auf dem Land entstehen immer mehr Hotels. An den Aussichtspunkten stauen sich die Busgruppen, und Bagger planieren dort Kuhweiden, um mehr und mehr Parkplätze zu schaffen. Schade. Schon jetzt macht das Wörtchen „Overtourism" auf São Miguel die Runde – wenngleich man von Zuständen wie auf anderen Atlantikinseln noch weit entfernt ist.

Praça do Município beim Rathaus

Ponta Delgada

Die Hafenstadt an der Südküste von São Miguel wird gerne als die Hauptstadt der Azoren bezeichnet. Und in der Tat ist sie es, wenn auch nicht offiziell. Ein Schmuckkästchen ist Ponta Delgada nicht, auch wenn Klöster, Kirchen und Paläste das Zentrum bereichern und so mancher Gasse Charme verleihen.

Über 45.000 Einwohner zählt die Statistik für Ponta Delgada, allerdings sind dabei alle Vororte eingerechnet. Das Zentrum hat nur 21.300 Einwohner und gliedert sich in vier Pfarrgemeinden: **São Pedro, São José, São Sebastião** und **Santa Clara** – nach zuletzt genanntem Stadtteil ist auch der hiesige Fußballclub benannt. Groß wirkt Ponta Delgada dennoch – um einiges größer als eine Stadt mit vergleichbarer Einwohnerzahl in Deutschland. Die Anziehungskraft Ponta Delgadas auf viele Açoreanos lässt die Stadt zudem seit Jahren expandieren.

Die drei Azoren-Distrikte mit ihren Hauptstädten Ponta Delgada, Angra do Heroísmo (Terceira) und Horta (Faial) sind verwaltungsrechtlich gleichrangig, doch zumindest in Sachen Wirtschaft besetzt Ponta Delgada die Schlüsselrolle: Es verfügt über den wichtigsten Hafen des Archipels und ist Zentrum der Banken, Versicherungen und anderer Dienstleistungsunternehmen. Auch das Gros der wenigen azoreanischen Industriebetriebe und der diplomatischen Vertretungen hat Ponta Delgada als Adresse. Außerdem sorgen ein paar schicke Boutiquen, Hotels mit internationalem Standard, eine kleine, aber feine Kunstszene, Pendler, Stadtbuslinien und stockender Verkehr für urbanen Charakter.

Schön ist Ponta Delgada nicht, aber auch nicht hässlich. Am Charme der Stadt kratzen Bauten, deren Entwürfe beinahe so wirken, als wären sie aus der untergegangenen Sowjetunion an Land gespült worden. Galten einst die **Portas da Cidade,** die Stadttore am Praça Gonçalo Velho Cabral, als die Wahrzeichen der Stadt, wird Ponta Delgadas heutige Silhouette vom Shoppingcenter Solmar geprägt, einem riesigen Kasten im Zentrum, wie man ihn sonst nur in Trabantenstädten sieht. Aber welche Stadt hat keine Bausünden? Um Facelifting ist man bemüht: Zig einst heruntergekommene Straßenzüge strahlen nun wieder mit schneeweißen Fassaden und hübschen gusseisernen Balkonen. Teile des Zentrums wurden bereits als Fußgängerzone ausgewiesen, da wegen des hohen Verkehrsaufkommens ein gemütliches Schlendern in den Gassen kaum mehr möglich war. Viele der herrschaftlichen Häuser, die noch heute das Stadtbild schmücken, gehörten im 18. Jh. übrigens Plantagenbaronen, die mit Orangenanbau und -handel ihr Vermögen machten.

Orientierung

Das Zentrum der Stadt erstreckt sich entlang einer weiten Bucht von der **Praça 5 de Outubro** bis zur **alten Marina.** Zusammen mit dem **Jardim Antero de Quental** im Norden bildet es eine Art Dreieck, in dem sich das städtische Leben entfaltet. Die Uferstraße und Promenade, die **Avenida Infante Dom Henrique**, ist gesäumt von Banken, Cafés, Hotels und Geschäften. An ihr residieren das *SATA-* und das Turismo-Büro, unter ihr kann man parken, zudem fahren von hier die Busse zu allen Inselorten ab. Das Gassen- und Straßenwirrwarr dahinter erscheint auf Stadtplänen zwar simpel, lässt den Ankömmling jedoch häufig erst einmal orientierungslos umherirren. Alle 100 m ändern die Straßen ihre Namen, mal zweigt man zu früh ab, mal zu spät. Zu Fuß ist das noch vergleichsweise unkompliziert, mit dem Mietwagen aber ist man in dem komplizierten Einbahnstraßennetz hoffnungslos verloren. Toll zum Bummeln sind die beiden Gassen Rua Pedro Homem und Rua d'Água – sie bilden Ponta Delgadas kleinen Mini-Art-District mit witzigen Cafés, Bars, Läden und Galerien.

Achtung Kreuzfahrer: Wenn Kreuzfahrtschiffe anlegen, wird es eng im Städtchen. Wenn gar zwei an einem Tag vor Anker liegen, ist es nicht mehr schön – nicht in der Stadt selbst und nicht an den Aussichtspunkten, die die Horden oft nicht nur zum Gucken, sondern auch zum Pinkelstopp nutzen. Zum Glück sind zwei Schiffe an einem Tag selten. Auf www.whatsinport.com oder www.cruise timetables.com erfahren Sie, welches Schiff wann vor Anker geht. 2017 waren insgesamt 77 Kreuzfahrtschiffe mit 135.000 Passagieren da.

Sehenswertes

Große Sensationen hat Ponta Delgada nicht zu bieten, vielmehr gibt's den einen oder anderen Blickfang und kleine Highlights am Rande. Überwiegend handelt es sich dabei um Klöster, Kirchen, Gärten und ein paar Paläste. Nicht alles ist der Öffentlichkeit zugänglich, man findet jedoch genug, um einen verregneten Nachmittag zu überbrücken. Lohnenswert ist ein Besuch des **Museu Carlos Machado**. Die beeindruckendsten Sakralbauten sind der **Convento de Nossa Senhora da Esperança**, die **Igreja Matriz de São Sebastião** und die **Igreja de Colégio de Todos os Santos**. Die Sehenswürdigkeiten

São Miguel → Karte Umschlagklappe hinten

Der Hafen von Ponta Delgada

sind der Reihenfolge entsprechend so aufgelistet, dass sie sich innerhalb eines gemütlichen Spaziergangs erkunden lassen. Einzig und allein die zuletzt aufgelistete **Gruta do Carvão** liegt etwas abseits.

Praça 5 de Outubro

Die Kopfsteinmuster des fast quadratisch angelegten, von Platanen umgebenen Platzes erinnern an einen Übungsparcours für Fahrschüler. In der Mitte steht neben dem mächtigen, 1870 gepflanzten und aus Australien stammenden Eisenholzbaum ein Pavillon, der im Sommer Spielort für kleine Theateraufführungen und Konzerte ist. Im Westen wird der Platz vom **ehemaligen Franziskanerkloster** (türkisfarbenes Gebäude mit Säulenportal und klassizistischem Giebel) und der **Kirche São José** (s. u.) begrenzt. Im Norden schließt der **Convento de Nossa Senhora da Esperança** (s. u.) den Platz ab. Im Südosten steht die realsozialistisch anmutende Plastik *Monumento ao Emigrante* (1999) von Alavaro Raposo França, die

den Auswanderern Referenz erweist. Zum Meer hin dominiert das **Forte de São Brás** (s. u.) das Bild. Wer das Glück hat, den Platz am fünften Sonntag nach Ostern zu besuchen, wird die Praça 5 de Outubro mit Girlanden und Blumenteppichen reich geschmückt vorfinden: Die Feierlichkeiten zu Ehren des Senhor Santo Cristo finden hier ihren Höhepunkt (→ Kasten „Das Fest der Wunder, S. 71").

Forte de São Brás

Mit dem Bau der Festungsanlage wurde 1552 begonnen, um die Inselbewohner vor Piratenüberfällen zu schützen. Damals überragte das Fort die Landspitze Ponta Delgada, die zwar einen geschützten Ankerplatz bot, aber noch lange keine wichtige Hafenstadt war. Trotz mehrerer An- und Umbauten (insbesondere im 19. Jh.) zeigt die Wehranlage noch immer architektonische Merkmale der Renaissance. Im Zweiten Weltkrieg standen hier Flugabwehrgeschütze, um sich gegen mögliche Angriffe der deutschen Luftwaffe

Antero de Quental und die Geração de 70

Antero Tarquínio de Quental, 1842 in Ponta Delgada geboren, war eine der führenden Persönlichkeiten des als *Geração de 70* in die portugiesische Literaturgeschichte eingegangenen jungen Dichterkreises. Die Gruppe formierte sich in den 1860er-Jahren an der Hochschule von Coimbra, an der sich Quental schon mit 16 Jahren eingeschrieben hatte. Weitere Schriftsteller, die der *Geração de 70* angehörten, waren u. a. Teófilo Braga (wurde 1910 erster Staatspräsident Portugals), Eça de Queiroz und João de Deus. Die Gruppe kritisierte die harmlos-naiven Gedichte der Romantiker und forderte eine Literatur der Wirklichkeit ohne Aussparung unschöner Aspekte – ein Paradebeispiel dafür ist Quentals doktrinäre, revolutionäre Poesie in den *Odes Modernas* (1863/65). Die *Geração de 70* förderte zudem die Verbreitung des sozialistischen Gedankenguts in Portugal – Quental kandidierte mehrmals für die sozialistische Partei. Doch mangelnde Anerkennung machte aus ihm einen latenten Pessimisten, der schließlich in Depressionen versank. 1891 beging er vor dem Convento de Nossa Senhora da Esperança in Ponta Delgada Selbstmord.

zu schützen. Die kam nie vorbei. Dafür feuerte man versehentlich 1944 auf General Eisenhowers Flugzeug – zum Glück traf man es nicht. Heute ist das Fort Kommandozentrum der portugiesischen Streitkräfte für die Azoren, ein Teil der Anlage jedoch als Museum der Öffentlichkeit zugänglich. Ausgestellt sind u. a. Geschütze, Pistolen, Schnellfeuerwaffen, Funkgeräte und medizinische Instrumente, daneben auch eine fahrbare Suppenküche. Außerhalb, an den massiven Festungsmauern, erinnert ein großes Denkmal an die gefallenen portugiesischen Soldaten und Seeleute während des Ersten Weltkriegs.

Im Hafenbecken neben dem Forte de São Brás sollte übrigens 2018 ein großes Meeresaquarium, das **Azores Aquarium**, eröffnen. Zum Zeitpunkt der letzten Recherche hatte man noch nicht einmal mit den Bauarbeiten begonnen, die Pläne sind aber nicht vom Tisch.

▪ Im Sommer tägl. 10–18 Uhr, im Winter Sa/So geschl. 3 €. www.exercito.pt.

Igreja de São José und angrenzende Gebäude

Die dreischiffige Kirche ist eine der größten der Azoren. Bereits im 16. Jh. stand an dieser Stelle eine Kapelle, die zum damals angrenzenden Franziskanerkloster gehörte. Anfang des 18. Jh. wurde mit dem Bau der heutigen Kirche begonnen. Hinter ihrer majestätischen Fassade beeindrucken ein prächtiger Hochaltar und vier reich verzierte Seitenaltäre. Sie wurden von einflussreichen Familien der Stadt gestiftet, die sich auch an den Baukosten der Kirche beteiligt hatten. Gebeugte Engel tragen die Last der Altäre auf ihren Schultern, das jeweilige Familienwappen schmückt den oberen Abschluss. Die wertvollen Azulejos an den Seitenwänden des prächtigen goldenen Chors wurden stellenweise erneuert. Der krasse Farbunterschied gibt Aufschluss darüber, wie die Kacheln über die Jahrhunderte hinweg ausblichen. Mehrere Heiligenfiguren zeigen deutlich spanisch-mexikanischen Einfluss. Verlässt man die Kirche, liegt linker Hand unmittelbar hinter dem Ausgang die **Kapelle Nossa Senhora des Dores**, die nachträglich angebaut wurde und barocke Züge aufweist. Bis 1864 war sie Ausgangspunkt einer Prozession, bei der sich die Gläubigen mit Peitschen geißelten, um Vergebung von ihren Sünden zu erlangen. Im einstigen Klosterbau linker Hand befindet sich heute u. a. eine Berufsschule. Die klassizistische Fassade stammt aus dem 19. Jh. Zu diesem Zeitpunkt hatte man die Franziskaner längst von der Insel vertrieben, erst im 20. Jh. kehrten sie wieder zurück.

▪ Die **Kirche** ist Mo–Fr von 8.30–12.30 u. 14–18 Uhr zu besichtigen.

Convento de Nossa Senhora da Esperança

Im Klarissinnenkloster aus dem 16. Jh. leben heute noch vier Nonnen, einst waren es über 100. Herzstück des Klosters ist die Christusstatue *Senhor Santo Cristo dos Milagres* im unteren Chor der langen, schmalen **Klosterkirche**. Dieser ist durch ein Eisengitter vom oberen Chor mit einem reich verzierten, geschnitzten Hochaltar getrennt. Die wertvolleren Azulejos beherbergt der untere Chor. Sie wurden von Diego Bernardes im 18. Jh. geschaffen. Dargestellt sind Szenen aus dem Leben Christi und Teresa da Anunciadas, die bis zu ihrem Tod 1737 die Christusfigur hütete und der ein großer Anteil an der Verbreitung des Kults um den Senhor Santo Cristo dos Milagres zugesprochen wird. Ihre Gebeine sind in einer kostbaren Truhe im unteren Chor aufbewahrt. Eine Statue der Nonne blickt vor dem Klosterkomplex auf die Praça 5 de Outubro. Dahinter, über einer Bank an der Klostermauer, markieren ein kleiner Anker und das Wort *Esperança* (Hoffnung) jene Stelle, an der sich der Dichter Antero de Quental 1891 das Leben nahm. In der anderen Richtung (also rechts ums Eck) gibt es ein Drehtörchen, in das Gläubige leere Plastikflaschen stellen und diese mit heiligem Wasser gefüllt zurückbekommen (mit „Roda" ausgeschildert).

▪ Die **Klosterkirche** (oberer Chor) ist Mo–Fr 9–12 und 13–17 Uhr sowie Sa 9.30–12 Uhr

São Miguel → Karte Umschlagklappe hinten

Das Convento de Nossa Senhora da Esperança zur Festa-Zeit

geöffnet. Ein Blick in den unteren Chor ist möglich. Betreten kann man den **unteren Chor** mit der Statue des Senhor Santo Cristo tägl. nur von 17.30–18.30 Uhr. Der Weg dahin führt über das Kloster, Eingang an der Avenida Roberto Ivens.

Palácio da Conceição (Casa da Autonomia) und Centro Municipal de Cultura

Der Palast mit seiner barocken marineblauen Fassade entstand im 17. Jh. Einst bildete er mit der dahinter liegenden **Kirche Nossa Senhora da Conceição** eine geschlossene Klosteranlage. 2018 wurde der Palast umfangreich restauriert, zukünftig soll er u. a. eine Ausstellung zur Autonomie der Azoren beherbergen. In der Gartenanlage davor, dem **Jardim Padre Semas Freitas**, kann man während der Sommermonate am späten Nachmittag alte Männer beim Dominospiel beobachten.

Folgt man der Rua 6 de Junho rechts des Palastes leicht bergauf, passiert man zunächst rechter Hand das **Centro Municipal de Cultura** (Städtisches Kulturzentrum, Zugang rückseitig), das wechselnde Ausstellungen präsentiert. Linker Hand steht kurz darauf die bereits erwähnte Kirche. Schräg gegenüber wiederum liegt der **Palácio da Fonte Bela**, ein klassizistisches Palais, das Baron da Fonta Bela 1839 erbauen ließ. Heute befindet sich darin das Antero-de-Quental-Gymnasium. Dessen Bibliothek ist z. T. mit Fresken verziert.

■ **Städtisches Kulturzentrum**, Zugang über die Rua do Comandante Sousa 17. Im Sommer tägl. 9–19 Uhr, im Winter bis 17 Uhr. Eintritt meist frei.

Sahar-Hassamain-Synagoge

Die sehenswerte Synagoge wurde 1836 erbaut, wobei die ersten Juden bereits im 16. Jh. auf die Azoren kamen, die meisten, v. a. sephardische Händler aus Marokko, jedoch im 19. Jh. Einer von ihnen war Abrahão Bensaude, dessen Sohn José eines der größten Familienunternehmen Portugals aufbaute. Aber selbst in ihrer Blütezeit zählte die jüdische Gemeinde, so schätzt man, nicht mehr als 150–250 Mitglieder. Die meisten Juden lebten auf Terceira, São Miguel und Faial. Insgesamt gab es sechs Synagogen auf den Inseln. Mit dem Niedergang des Orangenhandels und infolge der Republikgründung (1910), mit welcher die römisch-katholische Kirche zur offiziellen Staatsreligion Portugals erklärt wurde, wanderten die Juden wieder ab. Bereits 1920 soll es auf den Inseln keine zehn ihren Glauben praktizierenden Juden mehr gegeben haben. Nach jahrzehntelangem Leerstand und Verfall wurde die Synagoge jüngst liebevoll restauriert und dient heute als kleines Museum. Im Stadtteil Santa Clara gibt es übrigens noch einen kleinen jüdischen Friedhof.

■ Rua do Brum 16. Mo–Fr 13–16.30 Uhr. Wenn Kreuzfahrtschiffe im Hafen sind, ab 10 Uhr. Eintritt frei.

Jardim António Borges

Der Stadtpark, der den Namen eines der ersten und erfolgreichsten Ananaszüchter der Insel trägt, ist ein verspielt angelegter botanischer Garten aus der Mitte des 19. Jh. Hier gedeihen Bäume und Sträucher der verschiedensten Längen- und Breitengrade dieser Erde. Kleine Teiche, Brücken, Grotten und versteckte schattige Parkbänke machen ihn zum Treffpunkt für verliebte Teens der benachbarten Schule. Außerdem gibt es einen Spielplatz.

■ Nördlich des Zentrums, parallel zur Rua António Borges. Im Sommer tägl. 9–20 Uhr, im Winter bis 18 Uhr.

Jardim do Palácio de Sant'Ana und Jardim José do Canto

Die beiden benachbarten Parkanlagen im Norden der Stadt liegen an der Rua Jácome Correia. In der westlichen Parkhälfte mit ihren vielen exotischen Pflanzen befindet sich der **Palácio de Sant'Ana**, eine breite, rosafarbene, zweistöckige Villa,

Das Fest der Wunder

Die **Festa do Senhor Santo Cristo dos Milagres** ist das größte Fest der Azoren. Fast eine Woche dauert es, Höhepunkt ist die rund vierstündige Prozession am fünften Sonntag nach Ostern. Bereits Wochen vorher wird die Stadt herausgeputzt. Die Freiwilligen, die mit mehreren tausend Glühbirnen die Praça 5 de Outubro und ganze Straßenzüge

schmücken, bekommen dafür von ihrem Arbeitgeber einen Monat Sonderurlaub. An den Tagen vor der Prozession sieht man Gläubige auf Knien zur Kirche pilgern. Viele Flüge von Lissabon, aber auch aus den USA und Kanada sind dann ausgebucht. Aus der ganzen Welt zieht es die emigrierten Açoreanos wieder in die Heimat, es ist eine fröhliche Zeit, in der sich weit verstreute Familien wieder zusammenfinden. Sie kommen, um Gelübde abzulegen und um zu beten und zu bitten, oft für andere und meist um Genesung. Und vielen soll Senhor Santo Cristo dos Milagres Kraft gegeben haben, um Schmerz zu vergessen oder Tragödien zu bewältigen. Kranke haben vor ihm Heilung erfahren, so mancher hat seinen Rollstuhl für alle Zeiten verlassen. Nicht umsonst trägt die Ecce-Homo-Darstellung den Namen „Herr Jesus Christus der Wunder". Und für die vielen Wunder wurde Christus so reichlich beschenkt und seit Jahrhunderten mit Perlen und Gold bedacht, dass angeblich keine Versicherung der Welt für ihn eine Police ausstellt.

Den Kult um die Christusfigur leitete die Nonne Teresa da Anunciada Ende des 17. Jh. ein. Schon 1530 war die Figur auf der Insel angekommen, im Gepäck zweier Nonnen, die sie von Papst Paul III. als Geschenk erhalten hatten, und zwar zusammen mit der Erlaubnis, auf São Miguel ein Kloster zu gründen. Zuerst zogen die Nonnen nach Caloura, verließen den Ort wegen der ständigen Piratenüberfälle aber wieder und begaben sich samt der lebensgroßen Holzfigur nach Ponta Delgada. Im Convento de Nossa Senhora da Esperança geriet der Senhor Santo Cristo fast in Vergessenheit, bis schließlich eines Tages die Nonne Teresa da Anunciada bei einem Gebet vor der Figur die Stimme Gottes vernahm. Ihre Erfahrung teilten kurz darauf andere, Wunderheilungen folgten, und Bittprozessionen beendeten Naturkatastrophen. Die erste Prozession durch die Straßen Ponta Delgadas fand im April 1700 statt, damals aber noch ohne Blaskapellen und Böllerschüsse. Zu Beginn der Prozession klopft der Bischof von Terceira dreimal an die Tür des Klosters, nach einem Moment der Stille treten dann die Nonnen heraus, gefolgt von den Trägern mit der aufgebahrten und reich geschmückten Christusfigur. Es ist ein ergreifender Augenblick, der Hektik unter den Videofilmern und ein Blitzlichtgewitter der Fotografen auslöst.

■ **Hinweis**: Am Montag nach der Prozession, an die ein Straßenfest mit Volksfestcharakter anschließt, schläft die Stadt aus – das Gros der Geschäfte, Banken und Büros hat dann geschlossen.

die auch in den Südstaaten der USA stehen könnte. Jácome Correia ließ den Palast in der zweiten Hälfte des 19. Jh. bauen. Mit seinen kostbaren Möbeln und einem Speisesaal voll edler Schnitzereien würde er jeden Besucher beeindrucken, wäre er zugänglich. Doch seitdem der Palast zur Residenz des Präsidenten der Azoren wurde, ist er für die Öffentlichkeit gesperrt. Die Gartenanlage mit ihren farbenfrohen Blumenbeeten darf aber besichtigt werden. In der östlichen Parkhälfte mit ihren mächtigen alten Bäumen steht der **Palácio José do Canto**, der ebenfalls im 19. Jh. entstand und dessen Untergeschoss später zu einem Hotel umgebaut wurde. Sein großer Saal wird für Bankette und besondere Anlässe genutzt – häufig Hochzeiten, die in der kleinen **Kapelle Sant'Ana** am Rand des Parks zelebriert werden.

▪ Jardim do Palácio de Sant'Ana, Di–Sa 10–17 Uhr (aber nur, wenn der Präsident sich nicht auf dem Gelände aufhält). 2 €. Jardim José do Canto, tägl. 9–19 Uhr, im Winter bis 17 €. Eintritt für „das bisserl Grün", wie Leser schrieben, teure 4 €. www.josedocanto.com.

Igreja de Colégio de Todos os Santos und Núcleo de Arte Sacra

Die Kirche mit ihrer wuchtigen Barockfassade hinter dem abends schön erleuchteten Jardim Antero de Quental ist eines der auffälligsten Gebäude der Stadt. Einst sollte sie das hiesige Jesuitenkolleg aus dem 16. Jh. ergänzen. Die Vertreibung der Jesuiten unter Marquês de Pombal im Jahr 1759 hatte jedoch zur Folge, dass die Kirche nie vollendet wurde. Der gigantische, geschnitzte Hochaltar im Chor gehört zu den eindruckvollsten der Azoren. In einem Seitentrakt ist die **Sammlung sakraler Kunst** des Museu Carlos Machado (s. u.) untergebracht. Zu den Exponaten gehören u. a. schöne Silberarbeiten, Monstranzen und Gemälde aus dem 17. und 18. Jh., das bekannteste ist die *Krönung der Jungfrau* von Vasco Pereira

Lusitano (1604). An die Kirche schließt die **neue Bibliothek** an, die auch das wertvolle Stadtarchiv verwaltet. Zu ihren Schätzen zählen Bücher aus den Nachlässen von Teófilo Braga und Antero de Quental, das Originalmanuskript von Saudades da Terra („Sehnsucht der Erde") von Gaspar Frutuoso und mehrere Wiegendrucke aus dem 16. Jh.

▪ Igreja de Colégio de Todos os Santos mit Sammlung sakraler Kunst, April–Sept. tägl. (außer Mo) 10–18 Uhr, sonst tägl. (außer Mo) 9.30–17.30 Uhr. 2 €, erm. 1 €. Kombiticket 5 € (gültig für alle Gebäude des Museu Carlos Machado). www.museucarlosmachado.azores.gov.pt.

Galerie Fonseca Macedo

Sie ist die innovativste Galerie des Archipels. Jedes Jahr werden sechs Ausstellungen zur zeitgenössischen Malerei, Fotografie oder Bildhauerei organisiert. Oft hängen hier auch ein paar farbenfrohe Bilder von URBANO, einem Künstler aus Água Retorta (geb. 1959 als João Urbano Melo Resendes), der mittlerweile auf dem Festland lebt und es über die Grenzen Portugals hinaus zu Ansehen gebracht hat. Des Weiteren sind hier auch immer wieder Arbeiten von Tomaz Sousa Borba Vieira (geb. 1938 und Gründer des Castelo Centro Cultural in Caloura, → S. 97), Maria-José Cavaco (geb. 1967) und Catherina Branco (geb. 1974) zu sehen, die allesamt Ponta Delgada als Geburtsort angeben.

▪ Rua Dr. Falcão 21. Mo–Sa 14–19 Uhr. Eintritt frei. www.fonsecamacedo.com.

Weitere spannende Kunsträume sind die **Galeria Brüi** (mit Laden, Rua d'Água 46, Do–Sa 10–19 Uhr, Fr bis 22 Uhr, www. facebook.com/gregory.laley.5), das **Patati Patata Creative Studio** (zugleich ein Designshop, Rua d'Água 33, Mo–Fr 9–17 Uhr, www.facebook.com/PatatiPatatastudio) und **Miolo** (Schwerpunkt auf Fotografie und Illustration, Rua Pedro Homen 45, Mo–Sa 10–21 Uhr, www. facebook.com/miolo).

São Miguel → Karte Umschlagklappe hinten

Ponta Delgada: Straßen voller Street-Art

Museu Carlos Machado und Núcleo de Santa Bárbara

Das Museu Carlos Machado, das bedeutendste und größte Museum der Azoren, ist im ehemaligen **Convento de Santo André** aus der zweiten Hälfte des 16. Jh. untergebracht. Hervorgegangen ist es aus dem bereits 1880 gegründeten *Museu Açoreano*. Dieses erste Naturkundemuseum auf dem Archipel war das Lebenswerk von Carlos Maria Gomes Machado, des damaligen Rektors des *Liceu Nacional de Ponta Delgada*. Viele Ausstellungsstücke entsprangen seiner Sammelleidenschaft. 1930 erfolgte der Umzug des Museums ins Kloster Santo André.

Im Erdgeschoss, dessen Räume sich um einen quadratischen Innenhof verteilen, informiert man über Geologie und Geschichte der Azoren. Lohnenswert ist auch ein Blick in die schmucke Klosterkirche mit ihren herrlichen barocken Fenstern. Vom Chor der Kirche weisen Museumsaufseher – deren Anzahl ist oft größer als die der Besucher

– den Weg in die naturhistorische Abteilung eine Etage höher. Dort erwarten Sie u. a. eine große Sammlung präparierter Vögel und Fische aus aller Herren Länder und Meere. Außerdem sieht man das Skelett eines Pottwals, ein Kalb mit zwei (!) Köpfen, eine riesige dinosaurierähnliche Robbe und viele, viele Insekten.

Zum Hafen hin, durch die Rua Dr. Carlos Machado getrennt, befindet sich der heute zum Museum gehörende ehemalige Frauenstift Santa Bárbara aus dem 17. Jh. Dort steht die Kunst im Mittelpunkt. So gibt es eine permanente Ausstellung mit Skulpturen der figurativen Moderne des in Ponta Delgada geborenen Künstlers Ernesto Canto da Maia (1890–1981), der einer der erfolgreichsten Bildhauer ganz Portugals war. Außerdem werden aus dem Fundus des Museums immer wieder wechselnde Ausstellungen mit Werken moderner und zeitgenössischer Künstler der Azoren zusammengestellt. Hervorzuheben sind dabei die Gemälde von Domingos Rebelo (1891–1975). Wer

Von der Straße ins Museum verbannt: der Capote-e-Capelo

Nahezu jedes Inselmuseum präsentiert einen Umhang mit Kapuze aus festem blauem oder schwarzem Tuch, den sog. Capote-e-Capelo, einst das Ausgehkostüm der Frauen. Dieser Umhang kam im 18. Jh. in Portugal in Mode, wahrscheinlich stammt er aus Flandern. Bis in die 1940er-Jahre gehörte der Capote-e-Capelo noch zum Alltag auf São Miguel. Mark Twain (1835–1910) notierte bei seinem Azorenbesuch 1867: „Die Kapotte ragt hoch empor, ladet weit aus und ist unermesslich tief. Sie passt wie ein Zirkuszelt, und der Kopf einer Frau ist darin versteckt wie der des Mannes, der auf der Opernbühne von seinem Blechgehäuse aus den Sängern souffliert. Es ist kein Stückchen Verzierung an dieser grässlichen Kapotte, es ist eine einfache, hässliche, fahlblaue Segelfläche (...)"

Glück hat, steht seinem Werk *Os Emigrantes* („Die Auswanderer") aus dem Jahr 1926 gegenüber: Der Maler zeigt seine Landsleute im Hafen von Ponta Delgada; die einen nehmen Abschied, andere blicken unter einem großen aufgespannten Schirm in eine ungewisse Zukunft, es regnet Melancholie.

■ Eingang zum **Museu Carlos Machado** an der Rua dos Manaiais. April–Sept. tägl. (außer Mo) 10–17.30 Uhr, sonst tägl. (außer Mo) 9.30–17 Uhr. Eintritt nur für das Hauptgebäude 2 €, für alle 3 Museumsgebäude (Núcleo de Santa Bárbara und Núcleo Arte Sacra, s. o.) 5 €. www.museucarlosmachado.azores.gov.pt.

Igreja Matriz de São Sebastião

Die architektonisch interessanteste Kirche Ponta Delgadas steht mitten im Zentrum am Largo da Matriz. Erbaut wurde sie zwischen 1533 und 1547 und löste eine Kapelle am gleichen Ort ab. Auch diese war schon dem Hl. Sebastian, dem Schutzpatron der Stadt, geweiht. Ein Besuch lohnt selbst für alle, die sich sonst wenig aus Kunstgeschichte machen: Mit einem Streich hat man nahezu alle Baustile abgehakt, die auf den Azoren zu finden sind. Denn das Gebäude, einst als lateinisches Kreuz angelegt, erlebte unzählige Um- und Anbauten. Im Ganzen dominiert ein portugiesisch-gotischer Stil, das Hauptportal zeigt sich jedoch mehr im Emanuelstil. Eher barock erscheinen die Portale daneben, die nachträglich eingefügten Fenster darüber sowie ganz oben das Rundfenster. Der Glockenturm besitzt als einziger der Stadt eine Uhr.

Im Inneren beeindruckt der kostbare, aus Zedernholz geschnitzte Hauptaltar im weiß gehaltenen Chor, der durch ein verstecktes Fenster erhellt wird. Die übrigen Fenster der heute dreischiffigen Kirche strahlen in herrlichen Farben, sie wurden nachträglich vergrößert und mit Heiligenbildern geschmückt.

Câmara Municipal (Rathaus)

Der typische azoreanische Barockbau aus der ersten Hälfte des 18. Jh. beherrscht die schmale Praça do Município samt Brunnen. Ebenfalls aus dem 18. Jh. stammt der Turm, dessen Glocke fast zwei Jahrhunderte zuvor von König Johann III. als Geschenk überreicht worden war. Zwei Treppen schwingen sich über einen Torbogen zum Eingang, der vom Wappen der Stadt gekrönt wird. Der Turm kann im Sommer bestiegen werden, 105 Stufen sind es hinauf (Mo–Fr 9.30–17.30 Uhr).

São Miguel → Karte Umschlagklappe hinten

Portas da Cidade

Largo de Gonçalo Velho Cabral und die Portas da Cidade

Auf dem arkadengesäumten Platz mit dem modernen Denkmal für Gonçalo Velho Cabral, den angeblichen Entdecker Santa Marias, stehen die Wahrzeichen Ponta Delgadas: die **Portas da Cidade** (Stadttore). In Wirklichkeit gibt es jedoch nur eines, nämlich ein dreibogiges, von dem eine Kopie in Fall River (Massachusetts) steht, wohin es einst viele Emigranten zog.

Als Dom Pedro und Dom Carlos I. durch den Hauptbogen in der Mitte schritten, standen die Stadttore noch nahe am Wasser. Erst 1947 befestigte man die Uferpromenade, um das Zentrum vor Überflutungen zu schützen. Damit änderte Ponta Delgada sein Gesicht zur Seeseite. Der letzte große Sturm suchte Ponta Delgada übrigens zu Weihnachten 1996 heim: ein Orkan der Stärke 12 auf der Beaufortskala. Am Hafen peitschten die Wellen über die Kaimauer hinweg, rissen die Schiffe los und warfen sie wie Spielzeug auf die Uferpromenade.

Igreja de São Pedro

Die Pfarrkirche des Stadtteils São Pedro oberhalb der Uferpromenade wurde Ende des 17. Jh. erbaut. Sie ersetzte eine kleinere Kirche aus dem 15. Jh., die durch ein Erdbeben zerstört worden war. Der einst strenge Bau erhielt im 18. Jh. sein barockes Aussehen. Im Inneren fallen die balkonartigen Kanzeln und der vergoldete Hochaltar ins Auge. Beachtenswert ist das Gemälde *Pentecostes* (Pfingsten) von Pedro Alexandrino de Carvalho aus dem 18. Jh., das den dritten Seitenaltar links schmückt. Gegenüber dem Eingang zur Kirche liegt eine der ehemaligen Residenzen des Orangenhändlers und amerikanischen Botschafters Thomas Hickling. Eine weitere Villa, die Hickling sein Eigen nannte, steht in dem von ihm angelegten Terra-Nostra-Park in Furnas (→ S. 163).

Ermida de Nossa Senhora da Mãe Deus

Die hübsche Muttergotteskapelle im Osten der Stadt thront hoch auf einem

Hügel. Sie stammt aus dem Jahr 1925 und ist bereits die zweite ihrer Art, der Vorgängerbau war Teil einer Befestigungsanlage. In der Abenddämmerung, wenn sich die Lichter der Stadt im Hafenbecken zu spiegeln beginnen, genießt man vom Vorplatz eine schöne Aussicht auf Ponta Delgada.

Gruta do Carvão

Aus geologischer Sicht gelangte São Miguel durch den Zusammenschluss zweier Inseln vor rund 10.000 Jahren zu seiner heutigen Form: Der mächtige Vulkan von Sete Cidades hatte eine Insel geschaffen, die getrennt von jener Insel lag, die der Pico da Vara weiter östlich aus den Fluten hatte aufsteigen lassen. Durch weiterhin ausströmende Lava zwischen den beiden Inseln entstand jene Landmasse, die heute beide Inseln als São Miguel vereint. Einer der einst Lava fördernden Schlote zwischen beiden Inselhälften war die Serra Gorda (der Vulkankegel ist heute ein beliebter Startpunkt von Paraglidern). Als der Lavastrom verebbte, der von der Serra Gorda ins Meer floss und dabei die Landspitze von Ponta Delgada schuf, entstand die Gruta do Carvão, die größte Lavaröhre São Miguels (mehr zur Entstehung von Lavaröhren → Gruta do Natal, S. 234). Einst soll die Röhre bis zu 5 km lang gewesen sein, jedoch stürzte sie an mehreren Stellen ein, sodass sie heute eine Länge von nur mehr 1650 m besitzt. Die Röhre verläuft unterhalb des Stadtgebiets von Ponta Delgada, eine Bebauung darüber würde heute in vielen Abschnitten nicht mehr zugelassen werden. Die Lavaröhre ist seit dem 16. Jh. bekannt und wurde im unteren Abschnitt von den Einwohnern Ponta Delgadas auch als Lager- und Kühlraum genutzt.

Ein Zugang zur Röhre befindet sich weit außerhalb des Zentrums nahe der Rua Paim; wer hier hinabsteigt, darf mit Helm rund 200 m weit in die „Kohlengrube" (carvão = Kohle) vorstoßen. Von den schwarzen Wänden, die teils mit falschem Gold überzogen sind, hängen Stalaktiten herab, darunter auch solche, die wegen ihrer Form Haizahn- und Zungen-Stalaktiten genannt werden und die es in ihrer Art weltweit nur hier gibt.

▪ Zum oberen Eingang gelangt man, wenn man von der Avenida Antero de Quental in die Rua do Paim bergauf abbiegt und unmittelbar hinter der Unterführung nach links abzweigt. Führungen tägl. um 10.30, 11.30, 14.30, 15.30 u. 16.30 Uhr. 5 €, erm. die Hälfte. **Achtung**: Der Zugang ist auf 15 Pers./Tour begrenzt, also besser unter ☏ 961397080 reservieren. **Hinweis**: Ein weiterer Zugang zur Röhre ist seit Jahren im Zentrum Ponta Delgadas an der Rua de Lisboa geplant. Bevor Sie den Eingang aber suchen, erkundigen Sie sich im Turismo oder unter www.grutadocarvao.pt, ob es ihn überhaupt schon gibt.

⌒ Information/Parken/Verbindungen

Information Turismo, im Sommer tägl. 9–19 Uhr, im Winter bis 18 Uhr. Avenida Infante Dom Henrique, ☏ 296308610, www.cm-pontadelgada.pt.

Parken Am einfachsten in Tiefgaragen oder Parkhäusern, z. B. **unter der Uferpromenade** (Einfahrt z. B. beim Hotel Marina Atlântico, → Übernachten), beim Shoppingcenter **Parque Atlântico** (→ Einkaufen), in der **Rua da Graça** oder in der **Rua Mota** im Norden des Zentrums. Größere Parkplätze u. a. vor der **Jugendherberge** (→ Übernachten) und in der **Rua Direita de Santa Catarina**.

Verbindungen Es gibt **vier innerstädtische Minibuslinien**: die Linha Amarela (A, gelb), die Linha Verde (B, grün), die Linha Azul (C, blau) und die Linha Laranja (D, orange). Sie fahren von 7.30–19.30 Uhr alle 20–25 Min. Rundkurse vom Zentrum in die Außenbezirke, dabei bedient A die westlichen Bezirke, C die östlichen und B und D bedienen die nördlichen. 0,50 €/Fahrt. Abfahrt aller Linien an der Praça Vasco da Gama, Fahrpläne auf www.cm-pontadelgada.pt.

▏ Alle Busverbindungen unter www.smigueltransportes.com.

São Miguel → Karte Umschlagklappe hinten

Boote und Beton: Marina von Ponta Delgada

Inselbusse: Alle Busse starten an der Avenida Infante Dom Henrique zwischen dem Hauptzollamt (Alfândega) und dem Turismo-Büro, die Haltestellen liegen der Fahrtrichtung entsprechend links bzw. rechts der Straße.

Der Zielort der Busse wird per Schild oder Display angezeigt, auch gibt es für jede Buslinie eine Busnummer, die aber nicht immer angezeigt wird. Die angegebene Häufigkeit der Busse bezieht sich, sofern nicht anders angegeben, auf Werktage des Sommerfahrplans, der von Mitte Juni bis Mitte Sept. gültig ist. Im Winter ca. 1–2 Fahrten/Tag weniger. Sa/So und an Feiertagen entfallen einige Busverbindungen!

Tagestour-Tipp für den Inselosten: Der 7.15-Uhr-Bus (Nr. 110) von Ponta Delgada nach Furnas fährt über Ribeira Grande entlang der Nordküste nach Maia und von dort durch das Hochland nach Furnas (Ankunft gegen 9 Uhr). Wer will, kann kurz vor Furnas an der Abzweigung zum Pico do Ferro aussteigen und von dort in die Wanderung um den Lagoa das Furnas einsteigen. Gegen 16.20 Uhr fährt von Furnas der Bus Nr. 318P über Vila Franca do Campo zurück nach Ponta Delgada (Ankunft gegen 18 Uhr).

In den Westen: Werktags recht gute Verbindungen über Capelas nach Santo António (Busse Nr. 208, 212, 215, 216 nur bis Capelas, 217, 218, 219, 221). Die Busse Nr. 208, 219, 221 fahren weiter bis João Bom (etwa 7-mal tägl.). Bis zu 11-mal nach Mosteiros, davon 9-mal über Candelaria, Ginetes und Várzea (Nr. 206) und 2-mal über Capelas (Nr. 208). Über

Sightseeing mit dem Yellow Bus

So manches landschaftliche Highlight im Inselinneren, das der öffentliche Nahverkehr ausspart, hat der Yellow Bus zum Ziel. Die Hop-on-hop-off-Busse sind von Mitte April bis Anfang Okt. von 8.30–16.30 Uhr im Einsatz und starten alle 60 Min. am Forte São Bras. Es gibt 2 Linien: Die Sete-Cidades-Tour führt Mi, Fr und So gen Westen, am Lagoa do Canário und am Aussichtspunkt Vista Do Rei vorbei nach Sete Cidades. Di, Do und Sa hingegen sind die Busse auf der Lagoa-do-Fogo-Tour unterwegs, sie führt nach Ribeira Grande, zur Caldeira Velha und zum Lagoa do Fogo. Die Busse halten auch am Beginn mehrerer Wanderwege. Tagesticket 16 € (erm. 8 €), 2-Tagesticket 20 € (erm. 10 €).

Ginetes und Várzea fährt zudem 2-mal tägl. (8.25 und 18.50 Uhr, Stand 2018) ein Bus direkt nach Sete Cidades (Nr. 205). Wer den Bus Nr. 206 um 10.40, 14,45 oder 17.30 Uhr nimmt, gelangt auch mit Umsteigen in Várzea (dort weiter mit Bus Nr. 207) nach Sete Cidades.

In den Nordosten: Nach Ribeira Grande (Nr. 101, 102, 103, 105, 106, 113) von ca. 6.45–19.15 Uhr fast alle 30–60 Min., der letzte Bus zurück um 22 Uhr (fast jeder zweite Bus fährt über Rabo de Peixe, Nr. 102), bis zu 5-mal tägl. nach Porto Formoso (106, 110, 113), 7-mal tägl. nach Maia (Nr. 105, 106, 108, 110, 113), bis zu 5-mal tägl. nach Lomba da Maia (Nr. 105, 106, 113) und 4-mal tägl. nach Nordeste (Nr. 105, 106, es geht entlang der alten Küstenstraße durch den Nordosten der Insel).

In den Südosten: 7.30–20 Uhr ca. stündl. nach Fajã de Baixo (Nr. 304, 306, 329), ebenfalls stündl. 7–19 Uhr zur Praia do Pópulo (Nr. 312P, 313, 315 u. 318P; die Busse mit den gleichen Nummern, aber einem „L" davor fahren durch Livramento, also nicht entlang der Küste). 7–19 Uhr alle 60–90 Min. nach Vila Franca do Campo (Nr. 315 u. 318), ebenfalls regelmäßig nach Lagoa (Nr. 311, 312, 313, 315 u. 318), letzter Bus zurück gegen 22 Uhr. Zudem 6-mal tägl. nach Furnas (Nr. 110, 111, 318L, 318P) und 4-mal tägl. weiter nach Povoação (Nr. 318L u. 318P).

Taxis stehen an allen Plätzen der Stadt, nach Lagoa ca. 10 €, nach Ribeira Grande 15 €, Nordeste 45 €, Furnas 35 € und zum Airport mit Gepäck ca. 10 €.

> Von Lesern hochgelobte Inseltouren mit einem VW-Bus bietet der Österreicher **Robert Hoge** von Ilhas de Bruma Tours, ☎ 962650620.

Adressen

Ärztliche Versorgung Hospital do Divino Espírito Santo, im Bairro Arcanjo Lar (nördlich des Parque Atlântico), Minibuslinie B kommt daran vorbei, ☎ 296203000, www.hdes.pt.

Fluggesellschaft SATA, bucht auch Ihren TAP-Flug um. Mo–Fr 9–18 Uhr. Avenida Infante Dom Henrique 55, ☎ 707227282.

Mietwagen → S. 63.

Reisebüros Mehrere Reisebüros im Zentrum. Eines der größten der Insel ist die **Agência de Viagens e Turismo Melo**, Flüge und Fährtickets. Mo–Fr 9–18 Uhr. Rua de Santa Luzia 7–11, ☎ 296205385, www.melotravel.com.

Wäsche Bei der **Wash Now Self-Service Lavanderia** im Solmar-Shoppingcenter (EG) kostet eine 10-kg-Trommel Waschen und Trocknen 20 €. Mo–Sa 10–20 Uhr.

Zweiradverleih CC Bike Rental, *der* Radverleih der Insel, hat auch hochwertige Räder im Angebot. Mountainbikes ab 19 €/Tag, Alu-Carbon-Räder ab 40 €, E-Bikes ab 45 €. Rua do Mercado 17–19, ☎ 296240870, www.bikerental.carreiro.pt.

Bicycles and Motos Rental, Mountainbikes 10 €/Tag, Mopeds ab 22 €/Tag. Rua António Joaquim Nunes Silva 55-A, ☎ 296628304, bikerental@sapo.pt.

ANC Moto-Rent, an der Uferpromenade beim Freibad: 125ccm-Scooter ab 35 €/Tag, Mountainbikes ab 15 €/Tag. ☎ 967309909, www.azoresholidays.pt.

Einkaufen   → Karten S. 82/83 und vordere Umschlagklappe

Nirgendwo sonst auf den Azoren ist das Angebot vielfältiger als in Ponta Delgada. Trotzdem sollte man keine allzu hohen Erwartungen haben. Wer zuvor ein paar Tage in Lissabon oder Porto war, wird enttäuscht sein. Wer aber von Flores, Santa Maria oder São Jorge nach Ponta Delgada kommt, der staunt.

Antiquitäten und Trödel Conceição Pereira Loja de antiquidades **24**, einer der besten Trödelläden der Stadt. Auch tolle Heiligenfiguren und Keramik. Unregelmäßig geöffnet. Rua de S. João 8.

Bücher Ein kleines Sortiment an Publikationen über die Azoren hält der Buchladen **Livraria Solmar** **39** im gleichnamigen Shoppingcenter bereit.

Kunsthandwerk/Design InnOVare **18**, der Laden der Designerin Ondina Vieira. Toller Schmuck aus Lavagestein, handgemachte Seife und hübscher Schnickschnack jeder Art. Largo de São João 18, www.innovare.com.pt.

Pele Osso Atelier ⓯, das Ladenatelier von Fábio Oliveira. Er fertigt Ledertaschen, Geldbörsen und Gürtel an und vertreibt hier seine Sneaker-Marke *Rusticas*. Rua Pedro Homem 27, www.rusticas.pt.

meinTipp **Sweet Hearts** ⓾, hier gehen einem die Augen über: Selbst genähte Täschchen, handgemachte Seifen, Kinderlätzchen, Ringe – um die 50 Kunsthandwerker und Künstler beliefern dieses kleine Ateliergeschäft. Ein süßes Souvenir sind die umhäkelten Fischdosen mit Friedenstauben oder Heiligenschein. Rua Pedro Homem 74.

Marota ⓯, ein paar Türen weiter. Hier gibt's u. a. allerliebste Pottwale zum Kuscheln, die vor Ort aus Stoff genäht werden. Rua Pedro Homem 32, www.marota.net.

Sara França ㉑, kreiert Klamotten in lässigeleganten Schnitten. Rua Pedro Homem 11.

Schmuck   Martins do Vale ㊲, der Juwelier verkauft auch Produkte des Schmuckdesigners Paulo do Vale, der u. a. Ringe und Anhänger aus schwarzem azoreanischem Basaltgestein fertigt. Eine Halskette von Paulo do Vale (www.paulo dovale.com) besitzt übrigens auch die Königin von Jordanien – ein Gastgeschenk des portugiesischen Präsidenten. Rua Machado dos Santos 89.

Shoppingcenter   Parque Atlântico ❷, 15 Gehmin. nördlich des Zentrums (die Minibuslinie B fährt daran vorbei). Für azoreanische Verhältnisse ein fast schon mondänes Shoppingcenter. Neben *Zara*, *Body Shop*, *Mango* etc. findet man hier auch den gut sortierten Bioladen **Biofarma**, ein Kino mit 4 Sälen, einen größeren Fast-Food-Bereich und das einzige noch erhaltene und von der Insel stammende Walfangboot. Angeschlossen sind der riesige Supermarkt **Hipermercado Continente** und der **Baumarkt Maxmat**, wo man sich mit Brennspiritus und Campinggas eindecken kann. Tiefgarage. Das Gros der Geschäfte öffnet So–Do 10–22 Uhr, Fr/Sa bis 23 Uhr.

🖊 **Markt**   An der Rua do Mercado. Erwarten Sie nicht zu viel, v. a. kein südländisches Markttreiben, alles hat seine gesetzte Ordnung. Die meisten Produkte (auch frischer Fisch) kommen von den Azoren, manches gibt es auch in Bioqualität. Fr/Sa ist auch **Ricardo Pinto (Bio Pinto)**, der Biobauer aus Calhetas (→ S. 117), vertreten. Neben der kleinen **Metzgerpassage** befindet sich das Geschäft **Rei dos Queijos**, wo es Käse von fast allen Inseln zu kaufen gibt, dazu Wein (u. a. von der Quinta da Jardinete in Fenais da Luz, →S. 117) und Liköre.

Musik   La Bamba Bazar Store ㊶, vorne gibt es jung designten Schnickschnack, im hinteren Bereich einen cool-alternativen Vinylplattenladen – den einzigen der Azoren! Bei Inhaber Luis „Kitas" Banrezes kann man sich nicht nur mit Blondie & Co, sondern auch mit azoreanischer Musik eindecken. Rua Manuel da Ponte 23.

Souvenirs   Loja Açores ㊻, alle möglichen Produkte von den Azoren, auch Käse, Marmelade und Wein. Portas do Mar.

Louvre Michaelense ㉞, → Cafés.

Loja do Peter ㊿, hier gibt es die Kult-T-Shirts von Peter Café Sport aus Faial (→ S. 289), dazu alles Mögliche andere, auf das sich ein Wal drucken lässt. Portas do Mar.

Wein/Lebensmittel   A Vinha Garrafeira ㊷, hiesiger Wein und ausgewählte Tröpfchen vom Festland. Avenida Infante Dom Henrique 49, www.avinhagarrafeira.pt.

meinTipp **Com Certeza** ㉖, dieser schöne Laden hat ebenfalls tollen Wein im Angebot, darunter seltene azoreanische Tröpfchen, die in den hiesigen Supermärkten nicht zu bekommen sind. Außerdem: Azoren-Gin, *Craft Beer*, Thunfisch und Sardinen etc. Rua Dr. Francisco Machado Faria e Maia 22, www.comcerteza.pt.

Casa do Bacalhau ⓫, kleines, sympathisches Geschäft, das Bacalhau, Sardinen und Wein verkauft und zuweilen Diners oder Fado-Abende veranstaltet. Rua do Castilho 47.

São Miguel → Karte Umschlagklappe hinten

Kultur/Freizeit/Sport

Angeln Eine Angelerlaubnis für sämtliche Seen der Insel erhält man beim **Serviço Florestal**, Rua do Contador 23, ☎ 296204600.

Ausfahrten mit Glasbodenbooten Bietet **SeaBottom Azores**. 2-stündige Tour 20 € (sofern mind. 6 Pers. zusammenkommen). Infos im Office am Hafen (Höhe Solmar), ☎ 296206666, www.seabottomazores.com.

Baden Am besten sucht man die Strände der Umgebung auf, die nächsten finden sich ein paar Kilometer östlich bei São Roque und Livramento (→ S. 91). Alternative vor Ort ist das große **Freibad** nahe dem Hotel Marina Atlântico (Anfang Juni bis Ende Sept.). Wer will, kann dort auch ins Meer bzw. Hafenbecken springen. Teenagerlastig!

Birdwatching Der Ansprechpartner vor Ort ist der Holländer Gerbrand Michielsen, der schon Bücher zum Birdwatching auf den Azoren verfasste. Seine Agentur **Gerby Birding** bietet ganztägige Birding-Touren mit Picknick für 75 € an. www.gerbybirding.com.

Canyoning Von Lesern hochgelobte Canyoning-Touren (55–65 €, je nach Länge der Tour) bieten **Azores Adventure Islands** (kein Office, ☎ 919281220, www.azoresadventureislands.com) und – auch familienfreundlich – **Azorean Active Blueberry** (☎ 914822682, www.azoreanactiveblueberry.com).

Fabrikbesichtigung 2 Tabakfabriken gibt es noch auf São Miguel. Eine davon, die **Fábrica de Tabaco Estrela**, erlaubt einen Blick hinter die Werkstore – hier lässt sich die Zigarettenproduktion von der Vorbehandlung des Tabaks über das Drehen bis zur Verpackung in Kartons verfolgen. 40 % des verarbeiteten Tabaks werden auf den Azoren geerntet, der Rest stammt aus Simbabwe und Brasilien. Die Produktion, etwa 62.500 Päckchen am Tag, wird fast ausschließlich auf den Inseln abgesetzt (die meistgerauchte azoreanische Marke ist übrigens *Além Mar*). Einziges Exportland sind die USA. Neben Zigarillos und Zigaretten, die maschinell hergestellt werden, rollen einige Arbeiter die *Charutos* wie z. B. die *Robusto Estrela*, die besten Zigarren des Hauses, von Hand. Führungen Do um 13.30, 14 u. 15 Uhr. Das private Unternehmen mit 50 Beschäftigten hat seinen Sitz in der Rua de Santa Catarina, ☎ 296305490.

Golf Der nächste Golfplatz ist der **Batalha Golf Course**, mit dem Pkw ca. 15 Min. entfernt, von den Straßen nach Fenais da Luz und Capelas beschildert. 27-Loch-Platz mit 72 Par, Driving Range, Chipping Area, Putting Green und Clubhaus. HDCP für Männer 28, für Frauen 36. Ausrüstungsverleih und -verkauf. Greenfee 18 Loch 72 €, 112 € inkl. Buggy. Wer 5 Greenfees im Paket kauft, spart etwa 20 %, diese können über den ganzen Urlaub verteilt und auch in Furnas eingelöst werden. ☎ 296498559, www.azoresgolfislands.com.

Hochseeangeln Bieten u. a. **Azores Sport Fishing** (☎ 962812982, www.azoressportfishing. com), **Sport Fishing Óscar** (☎ 915501714, www.bluemarlinazores.com) und **Oceantur** (☎ 917415369, www.azores-sportfishing.com). Die Preise variieren extrem je nach Fischart, die geangelt werden soll.

Kino Im **Parque Atlântico** (→ Einkaufen). Die meisten Filme laufen im O-Ton mit portugiesischen Untertiteln.

Reiten Ausritte organisieren u. a. die **Quinta da Terça** (→ Livramento/Übernachten), die **Quinta das Raiadas** (→ Ginetes/Reiten) oder die **Quinta do Freio** (→ João Bom/Reiten).

Surfen → Praia Santa Bárbara.

Tauchen Ist über **Açordiving** möglich. 2 Bootstauchgänge 75 €. Auch Fahrten zu den Formigas und zum Unterwasservulkan Banco D. João de Castro. An der alten Marina, ☎ 966182758, www.azoresdiving.com.

Theater und Konzerte Aufführungen lokaler Theatergruppen gehen im **Teatro Micaelense** (Largo de São João, www.teatromicaelense.pt) über die Bühne. Diverse Events (Bälle, Galas, Kongresse, House-Partys usw.) werden auch im **Coliseu Micaelense** veran-

Nass bis aufs Hemd: Eine lustig-nasse Tradition haben die Wasserschlachten zur **Karnevalszeit auf São Miguel**. Dann versteckt sich Jung und Alt hinter Mauern und in Hauseingängen und schüttet eimerweise Wasser auf nichts ahnende Passanten. Höhepunkt ist die *Batalha d'Água*, die Wasserschlacht von Ponta Delgada. Im Konvoi fahren dann Trucks die Uferpromenade hoch und runter, und hinten von der Lade kommt das Wasser literweise in Luftballons geflogen.

staltet (Ecke Avenida Roberto Ivens/Rua de Lisboa, gegenüber der Brauerei, www. coliseumicaelense.pt).

Whalewatching Grundsätzlich gilt: Die Chance, an der Nordküste Wale zu sichten, ist größer als an der Südküste. Nicht umsonst standen dort auch die Walfabriken. Die meisten Ausfahrten starten jedoch in Ponta Delgada, einfach aus dem Grund, da hier die meisten Touristen residieren. Zig Agenturen bieten Trips an, teils auf Riesenbooten zu Schleuderpreisen ab 35 €. Für den Erfolg einer Whalewatching-Ausfahrt sind die Späher in den Walausgucken an der Küste entscheidend. Die nächsten Walausgucke liegen bei Relva und Caloura. Haben diese Wale oder Delfine im Visier, jagen – und das ist das erste Manko der Fahrten ab Ponta Delgada – oft zu viele Boote gleichzeitig den Walen hinterher, sodass diese genervt abtauchen. Das zweite Manko für Walbeobachtungen ab Ponta Delgada ist, dass bei so manchen Anbietern die Ausfahrten zu einem Massenspektakel ohne vorheriges Briefing verkommen sind. Leser ärgerten sich auch darüber, dass sie Ausfahrten mit kleinen Booten buchen konnten, aber dann nur große Boote ablegten. 3-stündige Ausfahrten auf kleinen, wendigen Booten (sind schneller am Geschehen) kosten um die 55 € und werden, sofern das Wetter mitspielt, ganzjährig angeboten.

Unser Tipp für Whalewatching-Ausfahrten auf São Miguel ist **Terra Azul in Vila Franca do Campo** (siehe dort).

Wer unbedingt in Ponta Delgada starten möchte, dem empfehlen wir die naturverträglich und bedacht arbeitende Agentur **Sea Colors Expeditions**. Dahinter stecken Jasmine (Meeresbiologin) und ihr Mann Paulo. Ihre „Marine Wildlife Expeditions" genannten Ausfahrten sind keine expliziten Whalewatching-Ausfahrten oder Delfinschwimmtouren. Eher schaut man, was das Meer am Tag der Ausfahrt zu bieten hat. Sieht man Wale, dann freut man sich. Sieht man Delfine, die zum Schwimmen mit Menschen aufgelegt sind, schwimmt man mit ihnen – und zwar nur dann. Sea Colors Expeditions verfügt bislang nur über ein Schlauchboot mit Hartboden für 12 Pers. Ausfahrt ebenfalls 55 €. Portas do Mar, www. seacolorsazores.com.

Übernachten   → Karten S. 82/83 und vordere Umschlagklappe

Eine frühzeitige Reservierung ist für Juli und August und zur Festa do Senhor Santo Cristo dos Milagres (5. Wochenende nach Ostern) angeraten. Mit Straßenlärm ist in nahezu allen zentral gelegenen Hotels zu rechnen; im westlichen Stadtteil São José kommt noch der Fluglärm hinzu.

Hotels/Pensionen ***** **Azor 23**, das 5-Sterne-Hotel der Stadt. 123 recht trendige Zimmer, viele mit Meeresblick und Balkon. Dazu eine Dachterrassenbar und ein Casino. Alles sehr schick und urban – zumindest die Lobby, die wir in Augenschein nehmen durften. Die Rezeptionisten waren nicht gewillt, uns ein Zimmer zu zeigen. DZ ab 285 €. Avenida Dr. João Bosco Mota Amaral 4, ✆ 296249900, www.azorhotel.com.

Casa das Palmeiras 44, eine kleine Anfang des 20. Jh. im Kolonialstil erbaute Perle. 2016 nach umfangreicher Restaurierung als Boutique-Hotel wiedereröffnet. 10 Zimmer, alle etwas unterschiedlich eingerichtet (das schönste ist Nr. 6 mit Balkon). Toller Frühstückssalon unter hohen Decken. Für ruhige Gemüter gibt es nur einen Haken: das *Singular Bistro* im Haus (→ Essen & Trinken), das im Sommer des Öfteren Live-Musik auf der Terrasse bietet (um 23 Uhr ist aber Schluss). Rua Diáro dos Açores 26, ✆ 296709903, www.casapalmeiras.com.

**** **Hotel Marina Atlântico 36**, großer Hotelbau am Uferboulevard nahe der alten Marina. 184 komfortable, modern eingerichtete Zimmer mit allem Schnickschnack. In jenen zur Seeseite kann man vom Bett durch die verglaste Front und über den Balkon hinweg auf den Hafen und das Meer blicken (je höher, desto besser). Restaurant, Bar, Fitnesscenter etc. EZ mit Meeresblick 156 €, DZ ab 162 €. Avenida Infante Dom Henrique 1, ✆ 296307900, www.bensaude.pt.

**** **Hotel Talisman 45**, alteingesessenes Haus, Old-School-Ambiente. 57 unterschiedliche Zimmer und Suiten, von klassisch-gediegen bis nostalgisch-charmant. Von den einen Lesern hochgelobt, von anderen, die ein Zimmer zum Innenhof samt brummenden Klimaanlagen hatten, aber auch verrissen – aufpassen bei der Buchung! Fitnessraum und kleiner Pool auf dem Dach – schöne Aussicht! Parkplatz 5 €/Nacht extra. Für ein Hotel im Zentrum relativ ruhige Lage. Zuvorkommendes Personal. DZ

São Miguel → Karte Umschlagklappe hinten

Map labels (as visible on the map):

Rua A. Pacheco
Rua A.M. Amaral
Rua Xavier
R. Xavier
Ladeira do Pisão
Pinheiros
Av. G. Frutuoso
Rua de Sant'Ana
Rua J. M. R. Amaral
Rua do Boavista
Rua do Contador
R. do Passal

Igreja de Colégio de Todos os Santos
Bibliothek
Flor do Norte
Galeria Fonseca Macedo
Poças Falcão
Museu Carlos Machado

Jardim Antero de Quental
Rua Dr. Guilherme
Patati Patata Creative Studio
Galerie Brüi
Núcleo de Santa Bárbara
Santa Bárbara

Rua Mota
Rua dos Foros
Rua do Carreiro
Carvalho Araújo
Rua do Homem
Miolo
Rua d'Água

Rua Dr. J.F. Sousa
Rua S. Miguel
Rua Coronel Silva Leal
Rua Castilho
Rua Machado Santos
Rua de São João
Rua Corarral
Teatro Micaelense

Centro Municipal de Cultura
Palácio de Fonte Bela
Largo M. da Pátria
Rua M. Ponte
Rua do Brum
Igreja Matriz

Igreja Nossa Senhora da Conceição
Palácio da Conceição
Rua 6 de Junho

Jardim Padre Sena Freitas
R. Diário dos Açores
Rua Marquês de Praia e Monfort

Coliseu Micaelense
Convento de Nossa Senhora da Esperança
R. Dr. Gil Mont'Alverne
Fidelidade Mundial
Gericht
Rua Do Melo
Ehem. Synagoge
Praça Gonçalo Velho Cabral
Polizei
SATA-Büro
Avda. Infante

Rua da Cruz
Ilha Verde
Rua Luís S. Sousa
R. Comb. G. Guerra
Rua Açoreana Oriental
R. de Santa Luzia
Rua Teófilo de Braga
Melo
Praça do Município
Rathaus
Portas da Cidade
Busse nach Westen

Rua Ivens
Praça 5 de Outubro
WC
Igreja de São José
Praça Vasco da Gama
Alfândega
Busse nach Osten

Rua João F. Cabral
Av. Kopke
Forte de São Brás

Transporte Marítimo Parece Machado

Einkaufen

- 10 Sweet Hearts
- 11 Casa do Bacalhau
- 15 Marota
- 16 Pele Osso Atelier
- 18 InnOVare
- 21 Sara França
- 24 Conceição Pereira Loja de antiquidades
- 26 Com Certeza
- 37 Martins do Vale
- 39 Livraria Solmar
- 41 La Bamba Bazar Store
- 42 A Vinha Garrafeira
- 50 Loja Açores
- 50 Loja do Peter

Nachtleben

- 22 Sentado em Pé
- 29 Bar Cantinho dos Anjos
- 43 Baía dos Anjos
- 47 Bar do Pi
- 49 Lava Jazz

Essen & Trinken
- 13 Supléxio
- 14 Rotas
- 17 Treze
- 25 Armazéns Cogumbreiro
- 27 Big 21
- 28 Valverde
- 30 Canto do Aljube
- 31 Vieira Tasquinha
- 32 A Tasca
- 34 Louvre Michaelense
- 38 Ōtaka
- 40 Santa Clara
- 44 Singular Bistro
- 48 Casa de Pasto Tavares
- 51 Gelateria AbracAdabrA
- 52 Reserva Bar
- 54 Anfiteatro

Übernachten
- 8 Out of the Blue Hostel
- 9 Pousada de Juventude
- 12 Hotel do Colégio
- 19 Marina Lounge Hostel
- 20 Casa Vitoriana
- 23 Azor
- 33 Residencial Alcides
- 35 Comercial Azores Guesthouse
- 36 Hotel Marina Atlântico
- 44 Casa das Palmeiras
- 45 Hotel Talisman
- 53 Azores Dream Hostel

Ponta Delgada
Innenstadt

60 m

ab ca. 130 €. Rua Marquês da Praia e Monforte 40, ☎ 296308500, www.hoteltalisman.com.

**** Hotel do Colégio 12, in einer ehemaligen Schule in zentraler Lage. Nette Lobby mit hübschen Details (wie z. B. dem alten Schuhabstreifer). 55 gepflegte Zimmer. Jene im neuen Anbau und zum Innenhofpool überzeugen jedoch nicht. Eigene Garage. Freundlicher Service. DZ ab 100 €. Rua Carvalho Araújo 39, ☎ 296306600, www.hoteldocolegio.com.

Comercial Azores Guesthouse 35, ein weiteres historisches Stadthaus in zentralster Lage. Toll das Dachzimmer mit Blick in drei Himmelsrichtungen. Sehr gepflegte Adresse, alles blitzblank. Innenhofterrasse. Das Restaurant gleichen Namens nebenan ist eher zu meiden. DZ 129 €. Rua Machado Santos 73, ☎ 919294000, www.comercialazoreshostel.com.

Residencial Alcides 33, zentral gelegen in einem historischen Gebäude. Angenehmes Haus. 19 Zimmer, teils mit schönen Parkettböden und Antiquitäten samt Aircondition, teils aber auch mit Laminatböden. In den Zimmern nach vorne kann es laut werden. Nebenan das gleichnamige Restaurant. Sehr gutes Preis-Leistungs-Verhältnis, DZ ab 70 €. Rua Hintze Ribeiro 61–77, ☎ 296282677, www.alcides.pt.

Azorean Urban Lodge 4, ein kleines, liebevoll restauriertes Stadthaus leicht abseits des Zentrums. Bezeichnet sich selbst als Hostel, hat aber keinen Schlafsaal, dafür 7 einfache, aber freundliche Zimmer im IKEA-Stil, manche mit Bad, manche mit Gemeinschaftsbad. Dazu eine Gemeinschaftsküche und ein netter Außenbereich mit Pool. DZ ab 65 €. Rua José Bensaúde 72, ☎ 296702196, www.azoreanurbanlodge.com.

Vintage Place 3, keine 10 Fußmin. vom Zentrum entfernt. Guesthouse mit 10 Zimmern auf engem Raum, alle unterschiedlich, teils recht hip, teils ganz charmant eingerichtet. Das beste Zimmer (mit Balkon) nennt sich *Big Croco*. Kleiner Außenbereich. Keine Dormitory-Betten mehr, auch wenn man sich auf der Webseite noch „Hostel" nennt. DZ 58 €. Rua de Santa Catarina 83–85, ☎ 296716837, www.hostelpontadelgada.com.

meinTipp **Appartements Casa Vitoriana 20**, 3 geschmackvoll und individuell ausgestattete Appartements vermietet Margarida Oliveira Rodrigues (englischsprachig) in einem Stadthaus aus dem 19. Jh. Dazu 3 ebenfalls sehr liebevoll, mit altem Mobiliar eingerichtete Zimmer – selbst die Bäder wurden im alten Stil restauriert. Im Garten mit tropischen Früchten steht zudem ein ganzes Häuschen zur Verfügung. Sehr ruhig. Von Le-

sern gelobt. DZ ab 69 €, Appartements ab 95 € (ohne Frühstück). Rua João Francisco Sousa 34, ☎ 962311857, www.casavitoriana.com.

meinTipp **Hostels   Marina Lounge Hostel 19**, wirkt eher wie eine urbane Akademiker-WG. Extrem stilsicher durchgestyltes Stadthaus. Schöne, individuell eingerichtete Zimmer mit Gemeinschaftsbädern. Liebenswerte Betreuung. Kein Wunder, dass diese Unterkunft trotz recht hoher Preise stets bestens gebucht wird. In den straßenseitigen Zimmern liegen Ohrstöpsel parat ... Vermietet wird auch ein zentral gelegenes Haus für bis zu 6 Pers. EZ 35 €, DZ ab 66 €, gutes Frühstück inkl., Haus für 6 Pers. 200 €. Rua João de Melo Abreu 74, ☎ 911938189, www.facebook.com/marinaloungehostel.

meinTipp **Out of the Blue Hostel 8**, ebenfalls absolut empfehlenswert. Hier wurde ein Altstadthaus in eine zuckersüße, enorm stilvolle Unterkunft mit 30 Betten umgestaltet. Dormitorys und Zimmer mit privatem Bad, schöne Holzböden, teils Stuck und alte Wandtapeten. Wunderbar familiäre Atmosphäre, im Gemeinschaftsraum genauso wie draußen im chilligen Garten samt Hängematten. Dazu ein winziger Pool. Jeden Abend gibt's ein Family-Dinner, bei dem man auch mitkochen kann. Bett im 6er-Dorm ab 25 €, DZ mit Bad 85 € inkl. gutem Frühstück (bis 11 Uhr). Rua do Boavista 38, ☎ 932181722, www.outoftheblueazores.com.

Azores Dream Hostel 53, in den oberen Etagen eines Stadthauses nahe der Praça 5 de Outubro. Einfach, aber nett, farbenfrohe Zimmer, teils mit Balkon und einer fetten Ladung an jugendlichem Pep. Im Dorm mit 6 Betten 22 €/Pers., DZ mit Gemeinschaftsbad 38 €, DZ mit privatem Bad 70 €. Rua Doutor Gil Mont'Alverne Sequeira 9 (nicht mit dem Hostel über der „Bella Italia"-Snackbar ein paar Türen weiter verwechseln), ☎ 934317197, www.azoresdreamhostel.com.

Jugendherberge Pousada de Juventude 9, untergebracht in einem traditionellen Herrenhaus (das einst Sitz einer der vornehmsten Familien der Stadt war) und in einem etwas nüchternen Anbau dahinter. Freundlich-modernes Ambiente (jüngst restauriert). Hilfsbereites Personal. Reservierung im Sommer mind. 2–3 Wochen im Voraus. Im Mehrbettzimmer (4 oder 10 Betten) 20 €/Pers. (inkl. einfachem Frühstück), DZ (es gibt nur 4) mit Bad 58 €. Rua São Francisco Xavier (etwas außerhalb des Zentrums), ☎ 296629431, www.pousadasjuvacores.com.

Privatzimmer Maria Goretti Tavares 5, vermietet 13 simple Zimmer mit Tür zum Hinterhof und eigenen kleinen Bädern. Separater Eingang dorthin, man muss also nachts nicht auf Zehenspitzen am Schlafzimmer der Vermieterin vorbeischleichen. Tagsüber trifft man Frau Goretti (freundlich, geschäftstüchtig und unkompliziert) im gleichnamigen Minimercado, abends nebenan bei Hausnr. 14 klingeln. DZ 25 €. Rua Teófilo de Braga, ℡ 296629453.

Essen & Trinken   → Karten S. 82/83 und vordere Umschlagklappe

Die guten Restaurants im Zentrum sind abends derart überlaufen, dass eine Reservierung fast zwingend ist. Aber selbst in schlechteren Restaurants ist es dann oft schwierig, noch einen freien Tisch zu ergattern – es gibt mittlerweile einfach zu viele Touristen, was manchmal miese Qualität zu überzogenen Preisen auf die Teller bringt. Selbst Abzocke, eigentlich ein Fremdwort auf den Inseln, ist inzwischen leider ein Thema. Zum Glück machen ständig neue Lokale auf, es kann nur besser werden. Falls Sie mit den im Folgenden beschriebenen Lokalen unzufrieden waren, schreiben Sie uns. Übrigens – viele Lokale haben sonntags geschlossen.

Restaurants Valverde 28, helles, etwas nüchternes Bistro unter schwedischer Leitung. Überschaubare Portionen und wechselnde kleine Karte mit guten Steaks (meist darauf ein super *Tenderloin*, dazu frischer Thunfisch, lecker das Tartar). Gehobeneres Preisniveau. Zuweilen auch Live-Jazz. Mo Ruhetag. Ab 18 Uhr. Rua Manuel Correira 68, ℡ 910441214 (mobil).

Anfiteatro 54, an den Portas do Mar, aber versteckt direkt unter der Tribüne. Modernes Lokal mit großer Glasfront. Unten Loungebetrieb (Cocktails, Burger, Salate und Wraps zu fairen Preisen), oben Restaurantbetrieb mit Fine-Dining-Anklängen: *Ceviche*, Shrimps-Reis mit Spinat, Schweine-Confit mit Selleriepüree usw., Hg. 8–18 €. Mai–Okt. tägl. mittags und abends, im Winter verkürzt. Pavilhão do Mar, ℡ 296206150, www.restauranteanfiteatro.com.

Big 21 27, zeitgemäße Küche im modernen Ambiente. Zu den Spezialitäten gehören der Burger, der nur kurz angebratene Thunfisch, Salat aus frischen Pilzen und *Ceviche*. Von Lesern gelobt. Hg. 10–17 €. Tägl. (bis auf So) nur abends. Rua Ernesto do Canto 21, ℡ 296281398.

Reserva Bar 52, das schöne, versteckt gelegene Restaurant bietet Tapas in sehr guter Qualität, dazu tolle Weine. Preislich etwas höher angesiedelt. Lesermeinung: „Freundliche junge Leute, kompetente Beratung". Ab 18 Uhr, So Ruhetag. Travessa do Aterro (von der Uferstraße aus gesehen direkt hinter dem Restaurant O Roberto), ℡ 910543159.

A Tasca 32, rustikales Restaurant, das auch vielen Touristen gefällt. Neben kleinen Gerichten der regional-traditionellen Küche (wie flambierte Wurst) auch Rinderfilet, lecker belegte Sandwiches, Ananaskuchen, Stockfisch aus dem Ofen und Kutteln mit weißen Bohnen. Hg. 7,50–13 €. So nur abends. Rua do Aljube 16, ℡ 296288880.

Singular Bistro 44, besteht aus einem charmanten Barbereich mit uralter Theke und einer netten Außenterrasse. Gute Cocktails. Kleine, überschaubare Karte mit einer Handvoll feiner Gerichte, vieles kommt vom Holzkohlegrill: Oktopus mit Blutwurst, Thunfisch mit Tomatenreis, *Catch of the Day*. Für Vegetarier gibt's

Eingedeckt: Restaurant an den Portas do Mar in Ponta Delgada

São Miguel ↓ Karte Umschlagklappe hinten

Risotto. Hg. 13–20 €. Im Sommer des Öfteren Live-Musik. So–Fr ab 16 Uhr, Sa bereits ab Mittag. Rua Diáro dos Açores 26, ✆ 296628192, www.singularbistro.pt.

Vieira Tasquinha 31, 2 kleine, zeitgemäß eingerichtete Räume, eine kleine Terrasse und viele Menschen, die hier tafeln wollen. Kein Wunder bei dem Essen: Oktopus-Carpaccio, Thunfisch-Tatar, Piri-Piri-Chicken, Prawns-Risotto. Hg. ab 15 €, und damit nicht ganz billig. Reservierung nicht möglich. Tägl. (außer So) ab 18.30 Uhr. Rua António Joaquim Nunes da Silva 21, ✆ 296286181.

Õtaka 38, sehr urbanes, minimalistisch gestyltes japanisches Restaurant. Leckeres *Sushi*, *Sashimi* oder *Tataki*. Auch *Ceviche* steht auf der Karte. Preislich weiter oben angesiedelt. Tägl. (außer So) ab 19 Uhr. Rua Hintze Ribeiro 5–11, ✆ 919312080.

MeinTipp **Rotas 14**, rein vegetarisches Restaurant, eine Wohltat auch für Nichtvegetarier, die von Fisch und Fleisch mit Kartoffeln und Reis die Nase voll haben. Schnuckelig-gemütliche Einrichtung, Wohnzimmeratmosphäre. Günstige Mittagsgerichte, sonst Leckereien wie Spargelrisotto, Seitanstrudel oder Auberginen-Cannelloni zu 9–13 €. Sehr populär. Mittags gilt „First come first serve", abends muss reserviert werden (Tische bekommt man nur um 19 oder um 21 Uhr). So Ruhetag, Sa nur Dinner. Rua de Pedro Homem 49, ✆ 938211884.

Treze 17, auch in diesem lichten Bistro wird vorrangig Vegetarisches kredenzt: Salate, Suppen, Pasta, Süßkartoffelcurry ... Außerdem aber auch ein paar Huhn- und Fischgerichte. Mittags und abends, So/Mo geschl. Rua de São João 13, ✆ 296282069.

Canto do Aljube 30, gemütlich-hippes Bar-Restaurant. *Ceviche*, *Sushi*, sehr gute Burger und immer wieder Tagesspecials. Ein gemütlicher, relaxter Treff. Preise im Mittelfeld. Nur Di–Sa abends. Rua do Aljube 11, ✆ 296285015.

Forneria São Dinis 7, im Vorort Santa Clara. Wem die klassische Azorenküche zu den Ohren herauskommt, der muss einfach hierherkommen. Das geschmackvolle Lokal (unten der Holzofen, oben die Sitzgelegenheiten) serviert sehr gute italienisch angelehnte Pizza, aber auch Tapas und diverse Bistrogerichte, die nicht auf jeder Karte zu finden sind. Junges, ambitioniertes Personal, Terrasse. Rua Padre Fernando Vieira Gomes 20, ✆ 968844995, www.forneriasaodinis.com.

MeinTipp **Supléxio 13**, lässig-hippes Bistro mit hohen Fensterfronten und handgemachten Burgern (auch vegan), dazu *Craft Beer* vom Festland. Abends steht man Schlange! Mo–Fr mittags und abends, Sa nur abends, So Ruhetag. Rua Pedro Homem 68C, www.suplexio.com.

Casa de Pasto Tavares 48, einfach-urige Taverne im Kachellook. Vor allem mittags be-

Singular Bistro: Hipper Treff am Abend

liebt – dann ist kaum ein Tisch frei: Große Portionen und niedrige Preise (kein Gericht über 9,50 €) sind der Grund. Die Tagesgerichte stehen auf einer Tafel angeschrieben. Tägl. (außer So) 7–21 Uhr. Kein Schild überm Eingang, nicht zu verwechseln mit dem mexikanischen Restaurant im OG! Rua de Melo 78 (nahe dem Gericht), ℡ 296287078.

MeinTipp Quinta dos Açores 1, kugelrund kann man sich hier schlotzen! Das hausgemachte Eis ist der Schleckwahnsinn – ein eiskalter Genuss. Die Kugeln gibt es in Sorten wie *Queijada da Graciosa*, Feige, Maracuja oder Ananas. Außerdem bietet das recht schicke Schnellrestaurant ausgesprochen gute Burger aus Azorenrind sowie Steaks und andere qualitativ hochwertige Dinge – und das zu wirklich fairen Preisen. Tägl. 10–22 Uhr. Für Fußgänger ungünstig im Vorort Fajã de Cima gelegen. Wer aber mit dem Auto auf der Umgehungsstraße unterwegs ist, sollte ruhig mal die Ausfahrt Fajã de Cima nehmen, dann sieht man das Restaurant auch gleich. Caminho da Levada, www.quintadosacores.com.

Cafés/Bar Armazéns Cogumbreiro 25, Simplicity at its best. In diesem karg-schönen Bistro-Café gibt es kleine Leckereien. Es werden auch Zimmer und Apartments vermietet. Rua Machado dos Santos, www.acogumbreiro.pt.

Louvre Michaelense 34, hübsches Laden-Café mit alter Einrichtung und vielen Produkten von der Insel, hier bekommt man immer ein nettes Souvenir. Dazu hausgebackener Kuchen, tolle Törtchen, Kaffee und Tee. Rua Almeida 8–10.

Gelateria AbracAdabrA 51, Eisdiele mit rund 20 hausgemachten Sorten: Besonders lecker: *Maracuja*, *Tiramisú* und *Crema di Whisky*. Für noch mehr Schleckvergnügen → Quinta dos Açores. Rua Dr. Gil Mont Alverne Sequeira 2.

Santa Clara 40, die Vereinsbar des gleichnamigen Fußballclubs, super zum Fußballgucken. Billard, Raucherbalkon, riesige Pokalsammlung. Rua do Comandante Jaime de Sousa 13 (1. Stock).

Nachtleben
→ Karten S. 82/83 und vordere Umschlagklappe

Clubs und Kneipen ändern häufig Namen und Besitzer und sind, wie überall, mal in, mal out. Stets in sind jedoch die Locations an den Portas do Mar. Ein paar Anlaufpunkte:

Lava Jazz 49, in regelmäßigen Abständen finden hier Jazzkonzerte und Fado-Abende statt. Der Tipp für die kultivierte Abendgestaltung. Programm auf www.facebook.com/LavaJazzBar. So/Mo geschl. Im Coliseu Micaelense, Avenida Roberto Ivens.

Sentado em Pé 22, Clubrestaurant und Lounge mit reichlich aufgetakeltem Publikum. Mainstream-Musik. Nur am Wochenende, wird meist erst gegen Mitternacht voll. Largo de São João 2 (neben dem Teatro Micaelense).

Galeria Arco 8 6, hier im eher tristen Vorort Santa Clara trifft sich die alternative Szene. Galerie mit Ausstellungen junger azoreanischer Künstler, dazu karge Cocktailbar mit Projektionsleinwand und viele gute Konzerte – im Arco 8 finden die wohl coolsten Events der Insel statt. Nur Fr/Sa ab 22 Uhr. Programm auf www.arco8.blogspot.com. Rua Eng. Abel F. Coutinho.

Bar Cantinho dos Anjos 29, rustikale Raucherkneipe. Früher beliebter Treffpunkt von Seglern, Seeleuten, lokalen Größen und allen, die dazugehören wollten, heute zehrt man nur von seinem einstigen Ruf. Unter Wimpeln, Fahnen und Entenschnabelmützen aus aller Welt à la Peter Café Sport auf Faial schmeckt das Bier aber immer noch ganz gut. Touristen und Studenten im bunten Mischmasch. Man kann auch (schlecht) essen. So Ruhetag. Rua Hintze Ribeiro/Ecke Rua Machado dos Santos.

Baía dos Anjos 43, in dieser Terrassen-Bar an den Portas do Mar ist immer was los. Gut zum Peoplewatching. Diverse Events, oft Livemusik. Auch gut für ein Bier am Sonntagabend, wenn Ponta Delgada sonst ziemlich tot ist. Aufgeteilt in einen tischdeckenlosen Terrassenabschnitt, wo man Snacks zum Bier bekommt (hier vornehmlich Locals), und einen Terrassenabschnitt mit Tischdecken, wo man richtig essen kann (hier vornehmlich Touristen). Portas do Mar, www.baiadosanjos.com.

Bar do Pi 47, sehr beliebte Terrassen-Bar mit ziemlich jungem Publikum. Simpel-minimalistisch eingerichtet, v. a. am Wochenende Tanz und Spaß. Gute Cocktails. Livemusik und DJs. Portas do Mar.

Ponta Delgada/Umgebung

Fajã de Baixo

Im Inselinneren rund 3 km nordöstlich des Zentrums von Ponta Delgada schließt Fajã de Baixo an, eine Mischung aus schäbigem Vorort mit Industriebetrieben und Ananasplantagen. Irgendwo dazwischen liegt das alte, verwinkelte Zentrum, das eines der gemeinsten Einbahnstraßensysteme der Azoren besitzt. Dort steht neben der Pfarrkirche an der Rua Direita 124 das **Centro de Interpretação de Ananás**, ein Ein-Raum-Museum. Es informiert über die Geschichte der Ananas (Christoph Kolumbus aß als erster Europäer 1493 eine Ananas in Guadalupe!) und über die Kultivierung der Frucht auf São Mi-

guel (→ Kasten; Juni–Sept. tägl. 10–18 Uhr, sonst Di-Sa 10–17 Uhr; Eintritt 3 €, erm. 1,50 €).

In Fajã de Baixos Außenbezirken stößt man auf viele alte feudale *Quintas* (Herrensitze). Eine Fahrt durch das Viertel *Abelheira* (hinter der Ananasplantage von Dr. Augusto Arruda, s. u.) führt durch eine der nobelsten Wohngegenden der Insel und lässt die verpasste Ausgabe von *Schöner wohnen* vergessen.

Bus (Nr. 302, 304, 306) von Ponta Delgada Mo–Fr etwa alle 60 Min. von 7.30–19 Uhr, Sa fährt der letzte Bus um 17.30 Uhr, So (Nr. 328) nur 4-mal tägl.

Südküste

Ponta Delgada bis Vila Franca do Campo

Die Südküste zwischen Ponta Delgada und Vila Franca do Campo gehört zu den am dichtesten besiedelten Ecken São Miguels. Es reiht sich Städtchen an Städtchen, aber auch – in größeren Abständen – Strand an Strand.

Insbesondere auf dem Küstenabschnitt zwischen Ponta Delgada und Lagoa gehen die Orte fließend ineinander über. Noch vor ein paar Jahren, als es die Schnellstraße etwas weiter im Inselinnern noch nicht gab, stand man hier stets im Stau. Seitdem der Durchgangsverkehr der Vergangenheit angehört, gewinnen die Ortschaften wieder an Charme. Unter Azoreanern, aber auch unter zugezogenen Festlandsportugiesen – darunter viele Kreative – ist die Region überaus beliebt. Zudem gibt es

eine Vielzahl an guten Restaurants, die so ganz anders sind als viele touristenüberlaufene Lokale in Ponta Delgada.

Östlich von Lagoa verliert sich die dichte Besiedlung, die Region wird bäuerlicher. Aber auch hier ist die Küste immer wieder von Sandstränden gesäumt, so groß und schön wie fast nirgendwo sonst auf den Azoren – dazu gehören die Baixa da Areia bei Caloura und die Sandstrände zwischen Ribeira Chã und Água d'Alto.

São Roque/Baden

Der Küstenort ist mit Ponta Delgada mehr oder weniger zusammengewachsen, seine Strände sind sozusagen die Hausstrände der Inselmetropole – an Sommerwochenenden liegt hier Handtuch an Handtuch. Beliebt sind v. a. die Strände **Areal Grande** (westlich), über den fotogen die Pfarrkirche blickt, und **Praias das Milícias** (östlich) mit den spärlichen Resten der Festung São Caetano. Die Praias das Milícias und das dortige Bar-Restaurant sind auch abends angesagte Treffpunkte. Das Manko beider Strände ist die noch immer gut befahrene Küstenstraße im Rücken (Achtung, Blitzer!). Ein Pluspunkt sind die nahen Cafés und Restaurants, außerdem gibt es Rettungsschwimmer.

Verbindungen Bus (Nr. 103, 104, zudem u. a. 312 u. 315) tagsüber fast alle 30–45 Min. von und nach Ponta Delgada.

Übernachten *** Barracuda Aparthotel, direkt hinter dem Strand Praias das Milícias. Kommt etwas altmodisch daher, ist aber dank seiner Lage eine gute Option für fleißige Strandgänger. 21 Zimmer mit Kochgelegenheit, nur eines ohne Balkon und herrlichem Meeresblick. Außerdem: freundlicher Service und gutes Frühstück. Für 2 Pers. 79 €. ✆ 296381421, www.hotel-barracuda.com.

MeinTipp   **Essen & Trinken/Nachtleben**
Cais 20, ein populäres Lokal, nicht besonders schick, jedoch mit Hummerbecken und Meeresblick. Bekannt für seine Meeresfrüchte (darunter so manches, was sonst auf den Inseln nur schwer zu bekommen ist), aber auch gute *Chicharros* und Fleischgerichte (z. B. Kaninchen in Zitronensoße). Mittags günstig (Gerichte um die 7,50 €), abends deutlich gehobene Preise. Auf Wunsch Transferservice vom und zum Hotel in Ponta Delgada. Tägl. 12–4 Uhr durchgehend geöffnet. Rua Terreiro 11 (an der Durchgangsstraße in São Roque), ✆ 296384811, www.restaurantecais20.pt. Der **Pub Leve Leve** mit regelmäßiger Livemusik ca. 200 m weiter östlich gehört übrigens auch zum Cais 20.

Marissera, gepflegtes Lokal mit 2 Terrassen. Eins-a-Adresse für Fisch und Meeresfrüchte wie *Lapas, Cracas* oder *Sapateiras* – der Blick in den Glasschrank begeistert. Zu empfehlen sind auch die Fischsuppe und die verschiedenen Reisgerichte, z. B. *Arroz com Cherne*. Hg. 14–18 €, Meeresfrüchte nach Gewicht. Tägl. 12–23 Uhr durchgehend geöffnet. Rua Praia dos Santos 61 (Ponta Delgada über die Rua da Boa Nova verlassen, 600 m hinter dem Gefängnis rechts halten, dann taucht das Restaurant linker Hand auf), ✆ 296636495, www.restaurantemariserra.pt.

Badetag am Areal Grande

São Miguel ↓ Karte Umschlagklappe hinten

In der Ananasplantage

Eine Pflanze, eine Frucht: die Ananas

1840 erreichte die erste Ananas São Miguel, 1864 wurde auf der Insel das erste Ananasgewächshaus gebaut. Zu diesem Zeitpunkt war die Ananas in Deutschland noch weitestgehend unbekannt – erst 1897 wurde die Frucht auf der internationalen Agrarausstellung in Hamburg einem breiten Publikum vorgestellt. Heute prägen die weiß gestrichenen Glashäuser an der Südküste São Miguels vielerorts das Bild. Die Hauptanbaugebiete der saftigen Frucht liegen rund um Fajã de Baixo und in der Nähe von Vila Franca do Campo.

Schon im 16. Jh. schmückten die ersten Ananasgewächse die Gärten europäischer Adelshäuser, spanische Entdecker hatten sie aus der Neuen Welt mitgebracht. Beim Ausbreiten der Goldschätze hatten die Seefahrer aber vergessen, von der unwiderstehlichen Süße der Frucht zu erzählen, denn für mehrere Jahrhunderte sollte sie nichts anderes als eine Zierpflanze sein. Eine ähnliche Karriere durchlief die Ananas auf den Azoren. Erst in der zweiten Hälfte des 19. Jh. entdeckte man ihr wirtschaftliches Potenzial – vorübergehend entwickelte sich die Ananas zu einem der bedeutendsten Exportgüter der Insel. Zu Mitte des 20. Jh. soll es auf São Miguel über 550 Ananasbauern und über 3500 Gewächshäuser gegeben haben, fast 2 Mio. Früchte wurden jährlich geerntet. Noch in den 1960er- und 70er-Jahren wurden jährlich Hunderttausende Ananas als Delikatesse (ganze Frucht, nicht in der Dose) allein nach Deutschland exportiert. Doch dann ging die Nachfrage nach azoreanischer Ananas wegen der Billiganbieter aus Übersee zurück. Heute gibt es die Ananas mit São-Miguel-Etikett fast nur noch in portugiesischen Supermärkten zu kaufen, nur noch rund 900 t werden jährlich geerntet, Tendenz zuletzt stark fallend, da der Wohnungsbau immer mehr in die Flächen der Ananasbauern vordringt. Schade, denn die auf den Azoren angebaute *Ananassa sativus Lindl* schmeckt süßer und fruchtiger als die Konkurrenz aus Costa Rica und Co.

In der Ananasplantage: Der relativ hohe Stückpreis für eine Ananas von den Azoren erklärt sich nach einem Blick in die Gewächshäuser von selbst – allein die Aufzucht der Pflanze ist sehr aufwendig und zeitintensiv. Nur auf São Miguel, nirgendwo sonst auf der Welt, wird die Ananas in Gewächshäusern angebaut. Eine Ananaspflanze blüht nur 1-mal und bringt auch nur eine Frucht. Bis zur Ernte vergehen bei der hiesigen Ananasart 17 bis 18 Monate (andere Ananassorten kann man bereits nach elf bis zwölf Monaten ernten). Auf den meisten Plantagen wird das Ananasgewächs wegen des steigenden Platzbedarfs regelmäßig umgebettet. Genügend Licht und Wärme (Mindesttemperatur 13–15 °C) sind die Voraussetzung, eine konstante Temperatur von 33 °C ist ideal. In einem komplizierten Räucherverfahren wird der Reifeprozess der Früchte gesteuert. Geerntet wird in den Gewächshäusern das ganze Jahr über, vorrangig aber im Herbst, dann sind die Früchte am günstigsten. Die Vermehrung erfolgt durch die Bewurzelung frischer Blattschöpfe der Frucht, die man wie einen Steckling behandelt, aber auch durch Wurzelschößlinge. Eine Verarbeitung der Blattfasern zu Seilen oder Netzen findet auf São Miguel nicht statt. Populär ist die Herstellung von Ananaslikör, für einen Liter werden allerdings acht bis neun Ananas benötigt.

Eine Busgruppentouristenattraktion ist die **Plantage von Dr. Augusto Arruda** in der gleichnamigen Straße in Fajã de Baixo. Der Weg dorthin ist mit „Plantação de Ananás" ausgeschildert. Die Besichtigung der Plantage (keine Führung) ist kostenlos. Angeschlossen ist ein Souvenirshop mit überzogenen Preisen. Tägl. 9–18 Uhr, April–Okt. bis 20 Uhr. www.ananasesarruda.com.

🌿 Empfehlenswerter ist ein Besuch der Farm **Ananases Santo António** (ehemals **Quinta da Três Cruzes** und 2018 noch so ausgeschildert). Hier bekommt man eine kostenlose englischsprachige Führung. Die Plantage mit heute 50 Gewächshäusern besteht seit 1911. Seit 1998 macht man auf „bio". Da keine Chemikalien verwendet werden, dauert die Aufzucht der Früchte hier deutlich länger, nämlich 2–2,5 Jahre. Der Kilopreis einer Bioananas beträgt 6 €. April–Okt. tägl. 9–19.30 Uhr, im Winter bis 18 Uhr. Rua José Manuel Bernardo Cabral 1, ✆ 296098667, www.facebook.com/AnanasesSantoAntonio.

Livramento/Baden

Folgt man der Küstenstraße von São Roque weiter gen Osten, erreicht man schon 500 m nach den Praias das Milícias den **Praia do Pópulo** von Livramento. Auch dieser Strand ist sehr beliebt und an Sommerwochenenden restlos überlaufen, eine nette Bar ist vorhanden. Das Zentrum der Ortschaft liegt gut 1 km landeinwärts. Für die hier gelisteten Unterkünfte gilt: Mietwagen erforderlich!

Verbindungen An der Praia do Pópulo halten die **Busse** von Ponta Delgada in Richtung Lagoa und Vila Franca do Campo tagsüber ca. alle 30–60 Min. Achtung: Nicht alle Busse nehmen die Küstenroute, manche fahren durchs Zentrum von Livramento. Die Busse, die entlang der Küste fahren, haben neben der Busnummer (Nr. 312, 313, 315 u. 318) ein „P" angeschrieben, bei den Bussen, die durch Livramento fahren, ist es ein „L". Der letzte Bus zurück fährt gegen 22 Uhr.

Übernachten   Solar Nossa Senhora Glória ao Carmo, ca. 300 m vom Strand entfernt. Stilvolles altrosafarbenes Herrenhaus, das in den letzten Jahren außen reichlich Patina angesetzt hat. 3 unterschiedlich ausgestattete, ansprechende Zimmer und 2 Appartements. Reservierung erforderlich. DZ ab 100 €, Appartements 140 €. Rua da Glória ao Carmo 5, ✆ 296629847, www.gloriaaocarmo.com.

mein Tipp **Quinta das Acácias**, kein Herrenhaus, sondern 7 Häuschen für 2–4 Pers. in einer weitläufigen, parkähnlichen Anlage mit Meeresblick. Die netten Gastgeber sind Kanadier und heißen Bonita und Eduino (der azoreanische Wurzeln hat). Die Häuschen, die über private Terrassen- und Gartenbereiche samt Grillstelle verfügen, sind unterschiedlich eingerichtet und bestens ausgestattet. Viel Platz drum herum, Liegestühle, dazu Skulpturen von Eduino im Garten. Ein Ort zum Wohlfühlen. Mindestmietdauer 2 Tage. Für 2 Pers. 98 €. Rua da Lapinha 74, ✆ 966406127, www.quintadasacacias.tutoriais-pt.com.

Essen & Trinken Primos, dieser heiße Scheiß in Sachen Fine Dining ist in einem kleinen historischen Landhaus untergebracht. *Chef de Cuisine* ist Hugo Ferreira, der sein Handwerk u. a. bei Alain Ducasse in Paris gelernt hat. Er kredenzt fast sternewürdige Portiönchen an Verrücktheiten wie „Geräucherten Atlantik-Bonito mit Tomatenwasser" oder „Rind mit Rückenmark und Rettich". Für das Gebotene nicht zu teuer. Nur Do–Sa 19–23 Uhr. Anfahrt: Auf der Küstenstraße von Ponta Delgada kommend in São Roque hinter der dortigen Kirche der Beschilderung nach Livramento folgen. In Livramento die Straße an der Kirche rechts vorbei nehmen, nach ca. 600 m linker Hand. Rua Padre Domingos da Silva da Costa 611, ✆ 911032444.

mein Tipp **Vila Pavillon**, etwas ganz Besonderes – ein Essen wie bei Freunden. Im schön dekorierten, kuscheligen Ambiente kredenzen der Künstler Yves Decoster (→ S. 93) und sein Partner Roland Pelfrene (beide Belgier und deutschsprachig) feine 5-Gänge-Dinner-Menüs aus hochwertigen Zutaten. Inkl. Aperitif 30 €. Von der Terrasse herrlicher Blick auf das 12.000 m² große Anwesen der Gastgeber. Kein Restaurantbetrieb als solcher: Angenommen werden nur Kleingruppen von 2–6 Pers. – kein Nebentisch und keine fremden Gesichter. Reservieren Sie am besten so bald wie möglich. Keine Karte, lassen Sie sich überraschen, auf Vorlieben oder Abneigungen wird Rücksicht genommen, Vegetarier sollten sich bereits bei der Reservierung outen. Anfahrt: Auf der Küstenstraße von Ponta Delgada kommend in São Roque nach der dortigen Kirche der Beschilderung nach Livramento folgen. Vor der Kirche in Livramento links halten, bei allen Kreisverkehren geradeaus weiterfahren, bis es schließlich nach einer Weile beim Supermarkt Poupadinha rechts in die Rua Bago Socas geht. Hier wieder geradeaus weiter, alle Rechtsabzweigungen außer Acht lassen. Nach den letzten Häusern taucht die Zufahrt, man glaubt es gar nicht mehr, auf der linken Seite auf. ✆ 296385738, yvesdeco@hotmail.com.

Reiten Quinta da Terça, das Gestüt mit 40 Pferden steht unter freundlicher schwedischer Leitung. 3-stündige Ausritte 65 €, ganztägig (z. B. rund um Sete Cidades) 110 €. Zudem Behindertenreiten. Equipment vorhanden. Kompetentes Personal – von Lesern immer wieder gelobt. Auch werden Zimmer vermietet. Anfahrt: Auf der Küstenstraße von Ponta Delgada kommend in São Roque hinter der dortigen Kirche der Beschilderung nach Livramento folgen. In Livramento die Straße an der Kirche rechts vorbei nehmen, nach ca. 200 m linker Hand. Rua Padre Domingos Silva, ✆ 296642134, www.quintadaterca.com.

Yves Decoster – Künstler mit Herz

Wer São Miguel mit offenen Augen durchstreift, wird sie an
Häuserwänden, Garagentoren, Gartenmauern und vielen an-
deren Orten entdecken: kunterbunte Herzen, oft in Blumen oder
Blütenranken integriert, mit oder ohne Rahmen, mit küssenden
Fischen oder Giraffen verziert oder in Katzenköpfe verwandelt.
Die Gute-Laune-Herzen sind das Werk des belgischen Künstlers
Yves Decoster, der bereits seit 1988 auf der Insel beheimatet ist.
2008 malte Yves sein erstes Herz auf das Haus eines Bekannten,
drei Jahre später erfolgte der große Herzens-Durchbruch. Seitdem malt und malt Yves für seine immer größer werdende Fan-
gemeinde Herzen auf der Insel – bei unserem letzten Besuch gab
es 380 Stück. „1000 Herzen sollen es werden", sagt Yves, der mit
den Herzen „Liebe zur Natur und zu den Menschen" transportieren will. Wie bunt Yves seine Insel schon gemacht hat, sieht man
auf der Facebook-Seite „Pavillon Vila". Und wer mag, kann Yves
auch persönlich treffen: Yves und sein Partner Roland Pelfrene
verwöhnen Gäste auf ihrem schönen Anwesen in Livramento
(s. o.) nach Voranmeldung mit einem tollen Essen in ganz privater Atmosphäre. Dort gibt es auch noch viele weitere Kunstwerke zu bestaunen.

Lagoa

Die Kreisstadt Lagoa (ca. 9000 Einwohner) liegt etwa 10 km östlich von Ponta Delgada. Sie setzt sich aus den Pfarrgemeinden Atalhada, Rosário, Santa Cruz und einer großen Nestlé-Fabrik zusammen und wirkt von ferne wie ein schäbiger Vorort. Ein mächtiger Silo dominiert ganz uncharmant die Silhouette der Stadt. Im Zentrum zeigt sie sich freundlicher: Die Häuser stehen dicht gedrängt, die Gassen sind eng, die Rückspiegel eingeklappt. Das Leben spielt sich hauptsächlich rund um die Kirche von Rosário und (geht man von dort die Rua Dr. José Pereira Botelho bergab) um den raubeinigen Fischerhafen ab, den **Porto dos Carneiros** (Hafen der Widder). Heinrich der Seefahrer ließ hier in der ersten Hälfte des 15. Jh. Schafe an Land setzen, daher der Name. Wer hier nachmittags aufschlägt, sieht Fischer Leinen mit Haken und Köder bestücken – man fängt v. a. Wrackbarsch *(Cherne)* und Schwarz-

maul *(Boca Negra)*. Daneben spielen alte Männer Karten.

Bekannt ist Lagoa auch wegen der **Keramikmanufaktur Vieira** (→ Kasten), deren Produkte weit über die Grenzen der Insel hinaus geschätzt werden. Im östlichen Stadtteil Santa Cruz passiert man auf der Hauptdurchgangsstraße das bedeutendste Gebäude der Stadt, das alte **Franziskanerkloster** mit der Kirche Santo António. Hinter der zum Meer blickenden, breiten Barockfassade beherbergt das Gotteshaus einen bemerkenswerten aus Holz geschnitzten Hochaltar. Im Kloster selbst sind heute die städtische Bibliothek und Ausstellungsräume untergebracht.

Verbindungen Bus (Nr. 311, 312, 313, 315 u. 318) von ca. 7–22 Uhr nahezu alle 30–60 Min. nach Ponta Delgada.

Übernachten Quinta de Santa Bárbara, sehr gepflegtes, von Mauern umgebenes, begrüntes Anwesen ca. 1,5 km nördlich des Zentrums. 6 moderne Bungalows auf 4-Sterne-Niveau: dezente Farben, Kitchenette, hochwertige Ausstattung, Terrasse, teilweise mit Meeresblick. Zudem ein Außenpool, ein schickes verglastes Restaurant (→ Essen & Trinken) und ein Fitnessraum. Sehr guter Service. Von Lesern gelobt. Für 2 Pers. mit Glück ab 89 €. Canada de Santa Barbara (von der Durchgangsstraße ausgeschildert), ☎ 296965306, www.quintasantabarbara.pt.

Quinta do Termo, eine von Lesern ebenfalls hochgelobte Adresse, mehrere Kilometer außerhalb an der Straße nach Água de Pau. Unter azoreanisch-holländischer Leitung. Auf dem 10 ha großen Anwesen gibt es 2 charmant-luxuriöse Ferienhäuser zu mieten, zudem das historische Haupthaus mit Platz für bis zu 9 Pers. Herrlicher parkähnlicher Garten, Traumterrassen mit Meeresblick, Seerosenteich, Grillmöglichkeiten, kostenlos Eier und Milch von der angeschlossenen Farm. Für bis zu 4 Pers. ab 155 €/Nacht. Estrada Regional 1, ☎ 912784955, www.casasdotermo.com.

Essen & Trinken Die Auswahl an Restaurants ist groß, hier nur ein kleiner Querschnitt:

Paladares da Quinta, eines der besten Restaurants der Insel, zur Quinta de Santa Bárbara (→ Übernachten) gehörend. Im schicken

Cerâmica Vieira

Glaskubus werden Leckereien der international-azoreanischen Küche präsentiert, die Speisekarte kommt als Tablet auf den Tisch. Große Auswahl, tägl. frischer Fisch, auch Vegetarier kommen auf ihre Kosten. Hg. 12,50–17 €. Sehr beliebt, unbedingt reservieren. Im Sommer bis auf So (nur mittags) und Mo (geschl.) tägl. mittags und abends geöffnet, in der NS zuweilen nur am Wochenende. ✆ 296965306, www.paladaresdaquinta.pt.

Restaurante Borda d'Água, kachelgeschmücktes, populäres Fischrestaurant – den Fisch kann man aus einer Vitrine wählen. Die Gerichte sind zwar mit 16–25 € nicht ganz billig, allerdings sind die halben Portionen völlig ausreichend. Auch Lesern schmeckt's hier immer wieder. Nette Terrasse. So Ruhetag. Am Porto dos Carneiros, ✆ 296912114.

Casa de Pasto O Rabaça, urige kleine Taverne gegenüber dem Borda d'Água. Die Tische stehen eng, man sitzt Schulter an Schulter, in der offenen Küche wird kräftig gebrutzelt. Kleine Auswahl an hemdsärmeligen Gerichten, keines über 10 €, egal ob *Lapas* oder gegrillter Thunfisch. So Ruhetag. Rua do Porto 1, ✆ 296707124, www.orabaca.com.

Baden In der Nähe des Hafens liegt die städtische Badeanstalt (ausgeschildert „Piscinas"). Mehrere Pools und Naturschwimmbecken, Sprungbretter ins Meer. Sehr gepflegt. Anbei ein Fitnessclub, dahinter ein Hallenbad.

Cerâmica Vieira – Synonym für Azoren-Keramik

1862 wurde der Familienbetrieb gegründet, bis heute genießt das Unternehmen einen ausgezeichneten Ruf. Von Hand gefertigt werden insbesondere Haushaltswaren aller Art, aber auch Azulejos. Von der eigentlichen Töpferarbeit bis zum Bemalen der Teller, Vasen, Krüge und Kacheln ist alles zu besichtigen. Der Ton dafür kam einst von der Nachbarinsel Santa Maria, heute wird er auch vom portugiesischen Festland importiert.

Die Fabrik und der Werksverkauf (auch 2. Wahl) befinden sich an der Durchgangsstraße Rua das Alminhas 10–12 (von Ponta Delgada auf der alten Straße kommend nach dem Ortsschild von Rosário rechter Hand).

▪ Mo–Fr 9–18 Uhr, Sa 9–12.45 Uhr.

Remédios

Die verschlafene Bauernsiedlung liegt knapp 4 km inseleinwärts von Lagoa entfernt. Am westlichen Dorfrand steht die einfache *Kapelle Nossa Senhora do Remédios*, deren Fertigstellung auf 1511 geschätzt wird und die damit zu den ältesten Kapellen der Insel zählt. In ihrem Inneren beeindruckt der auf Holz gemalte Kreuzweg. Die großen Hände der hispano-arabisch anmutenden Madonnenfigur im Hauptaltar verbreiten Ehrfurcht.

▪ Geöffnet, wenn die Messe gelesen wird; ansonsten bekommt man den Schlüssel in dem weiß-grau-weiß gestrichenen Haus an der Rua da Igreja 9 nahe der Kapelle.

🚶 **Wanderung 5: Zum Höllenfenster über Remédios**   → S. 171
Eine angenehme Rundwanderung mit einer märchenhaften Waldpassage

São Miguel → Karte Umschlagklappe hinten

Água de Pau

Die 3100-Einwohner-Gemeinde macht einen freundlichen Eindruck, auch wenn Vila de Água de Pau zu den ärmsten Ortschaften der Insel gehört. Das Städtchen liegt abseits der Küste, am Fuß der **Serra de Água de Pau**, deren nordöstliche Flanke sich bis zum Lagoa do Fogo erstreckt.

Vom zentralen Platz, der Praça da República, zieht sich das Zentrum die Rua da Trindade entlang bis zur barocken **Pfarrkirche Nossa Senhora dos Anjos**. An der Praça da República liegt auch das kleine Museum **Mercearia Central/Casa Tradicional**, wo man einen alten Laden samt angeschlossener Wohnung rekonstruierte (Mo–Fr 10–13.30 und 14.30–18 Uhr, Eintritt frei).

Ein schöner, kurzer Spaziergang führt auf die nahe gelegene Anhöhe namens **Pico da Figueira**, auf der die kleine **Kapelle Nossa Senhora do Monte Santo** steht. Der Fußweg beginnt an der Hauptstraße schräg gegenüber der Pfarrkirche, ein gekacheltes Hinweisschild markiert den Einstieg. Wenige Meter von der Kapelle entfernt befindet sich ein Aussichtspunkt, von dem man einen herrlichen Blick über bewaldete Vulkankegel hinweg auf die Küste und den Badeort Caloura genießt. Ebenfalls einen schönen Blick über Caloura genießt man vom Aussichtspunkt **Miradouro do Pisão** am Ortsausgang von Água de Pau Richtung Ribeira Chã.

Verbindungen Bus Nr. 315 u. 318 werktags von 6.45–18 Uhr nahezu alle 60–90 Min. nach Ponta Delgada sowie Nr. 315 u. 318 nach Vila Franca do Campo.

Essen & Trinken **Restaurante Paraíso do Milénio**, ausgeschildert, nahe der Durchgangsstraße bzw. der Kirche. Gepflegtes, populäres Lokal mit Sommerterrasse und fitten jungen Kellnern. Herkömmliche azoreanische Karte mit Fisch, Fleisch und Meeresfrüchten (alles solide, aber nicht die Welt) zu 8,50–13,50 €. Mo Ruhetag. Rua do Paul 5, ☎ 296702366.

MeinTipp **Casa do Abel**, hervorragende Steakküche wird hier in gepflegt-hippem Ambiente serviert. Das Fleisch (allerdings aus Uruguay und Brasilien, nicht von den Azoren!) kann man aus einer Schauvitrine aussuchen, auch Beilagen (tolles Brot!) können individuell gewählt werden. Gericht ab ca. 15 €. Abends ist eine Reservierung empfehlenswert. Mi Ruhetag. Im Zentrum an der Durchgangsstraße, Largo do Barracão 1, ☎ 296913954.

Caloura

Ein idyllischer Hafen und die Baixa da Areia, eine malerische Sandbucht, sind die Trümpfe Calouras, einer vornehmen Villensiedlung ohne eigentliches Zentrum.

Man erreicht den weitläufigen Ort über Água de Pau und trifft auf herrschaftliche Anwesen und feudale Ferienhäuser mit teils großen Gärten. Viele wohlhabende Azoreaner haben in Caloura ihren Zweitwohnsitz, denn der Küstenabschnitt gehört zu den reizvollsten der Insel; hinzu kommt die relative Nähe zur Inselmetropole Ponta Delgada.

Im Osten der kleinen, noblen Siedlung liegt vor einer hohen Felswand der romantische **Fischerhafen**. Neben der Mole kann man baden (Rettungsschwimmer vorhanden), es gibt sogar ein kleines Schwimmbecken – eine Freude für Kinder. Die kleinen vorgelagerten Felsinselchen eignen sich gut zum Schnorcheln. Am Hafen lädt auch ein nettes Bar-Restaurant auf seine Terrasse ein (s. u.).

Nicht weit davon steht die **Igreja de Nossa Senhora da Conceição** aus dem 17. Jh., die einst zu jenem Kloster ge-

Pool im Meer: die Bucht von Caloura

hörte, das die bedeutende Christusfigur des Senhor Santo Cristo beherbergte (→ Ponta Delgada, S. 71). Im Inneren ist sie mit wertvollen Azulejos geschmückt, auf dem Altaraufsatz überraschen schnurrbärtige Engel. Diese bekommt jedoch kaum eine Seele zu Gesicht, da die Kirche in Privatbesitz und bis auf sporadische Führungen (Infos über das Turismo) meist verschlossen ist. So kann man das Gotteshaus i. d. R. nur von außen betrachten. Dabei fällt auf, dass nur der linke Kirchturm eine Glocke hat, auf dem rechten prangt lediglich ein Glockenrelief. Der Grund: Das Schiff, das die Glocke hierher transportieren sollte, kenterte auf der Fahrt von Porto nach São Miguel. Da das Geld für eine neue Glocke fehlte, behalf man sich mit Farbe. Von dem kleinen, baumbestandenen Platz links der Kirche erkennt man noch die spärlichen Reste einer Festungsanlage, die einst das Kloster und den Hafen schützen sollte.

Folgt man der Beschilderung zum Hotel Caloura, lässt jedoch die Abzwei-gung zur Hotelanlage außer Acht und fährt die Straße bis zu ihrem Ende im Westen Calouras, gelangt man zur **Baixa da Areia**, einer herrlichen Bucht mit Sandstrand, Snackbar und Sanitäranlagen. Auf dem Weg vom Fischerhafen zum Strand ist zudem das **Castelo Centro Cultural** ausgeschildert. Der Maler Tomaz Borba Vieira aus Ponta Delgada zeigt hier seine private Kunstsammlung – portugiesische und azoreanische Gegenwartskunst, Schwarz-Weiß-Fotografien u. v. m. (tägl. außer So 10.30–12.30 und 13.30–17.30 Uhr, 2 €, www.cccaloura.com).

Verbindungen Keine direkte Busverbindung nach Caloura. Von Água de Pau sind es ca. 15 Min. zu Fuß.

Information Posto de Turismo do Mar, am Hafen von Caloura. Verleih von Schnorchelausrüstungen. Okt.–Mai tägl. (außer Mo) 10–12 u. 13–15 Uhr, Juni–Sept. tägl. 10–12.30 u. 14–17, zuweilen bis 19 Uhr. ☎ 296913736.

Übernachten **** Caloura Hotel Resort, größere Hotelanlage, schon älter, aber sehr gepflegt. Leser fühlen sich hier stets sehr wohl. Schöner Garten. 80 komfortable Zimmer mit Balkon, die meisten mit tollem Meeresblick.

Bars, Pool, Fitnessraum, Sauna, Tauchbasis, Tennis. Gutes Restaurant. EZ 152 €, DZ 172 €. Bestens ausgeschildert, Rua do Jubileu 27, ☎ 296960900, www.calourahotel.com.

*mein*Tipp **Quinta Altamira**, ebenfalls von Lesern vielfach mit Lorbeer bedacht. 10 gut ausgestattete Bungalows (mit Küchenzeile bzw. Küche), weitläufig verstreut in einer parkähnlichen Anlage mit 6,7 ha Fläche. Die deutschen Betreiber Mechtild und Sönke Hormann kümmern sich engagiert um das Wohl ihrer Gäste. Pool, Tennis- und Kinderspielplatz, Vermittlung von Mietwagen. 2 Pers. ab 89 €; erheblicher Preisnachlass in der NS. Vor Ort ausgeschildert, ☎ 296913382, www.quintaaltamira.de.

Quinta do Mar, Nobelpension unter freundlicher englischer Leitung. 4 komfortable Zimmer und 2 Suiten (ideal für die Flitterwochen), alle mit Balkon oder Terrasse. Rückwärtig ein riesiger Garten, davor ein kleiner Pool. In der Bar bedient man sich selbst und schreibt seine konsumierten Getränke auf eine Liste – alles unkompliziert, zwanglos und leger. DZ ab 165 € mit tollem Frühstück. Rua da Portela 43 (auf dem Weg zum Hafen), ☎ 296913990, www.quintadomar-caloura.com.

Essen & Trinken Caloura Bar & Restaurant, wunderbar gelegenes Terrassenlokal über dem Hafen. Leider oft überrannt. Klasse Oktopus-Salat, Fisch vom Holzkohlegrill, Portion ca. 15 € (manchmal grandios, manchmal wegen des großen Andrangs lustlos zubereitet). Stolze Getränkepreise. Reservierungen sind nicht möglich, dafür gibt es eine Warteliste. Ganzjährig tägl. 12–21.30 Uhr durchgehend geöffnet, an kühlen oder regnerischen Tagen sitzt man in einem windgeschützten Anbau. Rua da Caloura 20, ☎ 296913283, www.barcaloura.com.

Ribeira Chã

Die 438-Seelen-Gemeinde liegt hoch über der Küstenstraße. Ein großes „Visite"-Schild macht auf die Attraktionen des Orts aufmerksam. Dabei handelt es sich um die Kirche Igreja de São José und drei kleine Museen, die sog. **Núcleos museológicos**. Die Rezeption (mit „Posto de Recepção" ausgeschildert) befindet sich neben der Kirche im **Museu de Arte Sacra** mit einer kleinen Sammlung sakraler Gegenstände. Von dort werden geführte Touren (Dauer ca. 1 Std.) zu den anderen beiden Museen angeboten, zur **Casa Museu de Maria dos Anjos Melos**, dem typischen Beispiel eines Dorfhauses mit traditioneller Küche, und zum **Museu Agrícola e Quintal Etnográfico**. In Letzterem bekommt man vorrangig landwirtschaftliche Geräte und regionales Kunsthandwerk zu sehen (Mo–Fr 9–12 und 13.30–17 Uhr, 5 €, www.ribeiracha.com).

Verbindungen Bus Nr. 314 1-mal morgens und 1-mal mittags nach Ponta Delgada.

🚶 **Wandertipp** Von Ribeira Chã (ebenso von Água de Pau) kann man in den *Trilho Pedras Brancos* einsteigen *(TM 01 LAGOA)*. Dabei handelt es sich um einen von der Gemeinde Lagoa erschlossenen Rundwanderweg (16 km, Dauer 6:30 Std.). Er führt die Hänge des Pico-do-Fogo-Massivs entlang und ist blau-rot markiert. Einstieg und Wandertafel neben der Kirche. Man kann auch nur einen Teil des Weges gehen, dann auf den Wanderweg *Lomba Grande (TM 02 LAGOA, 3,3 km)* wechseln und über die im Buch beschriebene Wanderung 5 (→ S. 171) bis nach Remédios gehen. Infos zu den Wegen auf www.lagoa-acores.pt.

Praia

Zwischen Ribeira Chã und Água d'Alto erstrecken sich zwei der weitesten **Sandstrände** São Miguels. Einziger Haken ist die im Rücken verlaufende Küstenstraße – aber wenn die Brandung ordentlich rauscht, kriegt man davon nichts mit. Beide Strände verfügen über Rettungsschwimmer und sanitäre Einrichtungen, der größere kann auch mit der netten *Bar da Praia* aufwarten:

ganz passable Snacks, in der Saison auch frischer Fisch, faire Preise, ganzjährig. Gemütlicher ist jedoch der westliche kleinere Beach. Ein Schmerz fürs Auge ist das Pauschalurlauberhotel *Pestana Bahia Praia* im Osten der Strände.

Verbindungen Die **Busse** (Nr. 315 u. 318) zwischen Ponta Delgada und Vila Franca do Campo, die von 7–18 Uhr nahezu alle 90 Min. fahren, passieren die Strände und die Abzweigung nach Trinta Reis und Água d'Alto.

Das hiesige **braune Hinweisschild zum Lagoa do Fogo** weist lediglich den Weg zum Einstieg in den Wanderweg. Es gibt keine Pkw-taugliche Straße von der Küste zum Lagoa do Fogo. Gleiches gilt für das braune Hinweisschild „Lagoa do Fogo" in Água d'Alto.

Wanderung 6: Das Tal des Ribeira da Praia entlang zum Lagoa do Fogo   → S. 173
Mühseliger Aufstieg zum See, dann ein gemütlicher Abstieg nach Praia

Água d'Alto

Die kleine Ortschaft gehört bereits zum Concelho des 5 km entfernten Vila Franca do Campo. Ganz nett anzusehen ist der hübsche Strand von Água d'Alto. Er liegt in der Nähe eines Wasserfalls, von dem die Stadt auch ihren Namen hat. Am Bachbett stehen ein paar Mühlen.

Im Westen der Ortschaft fließt der Ribeira da Praia ins Meer. Im Tal des Bachlaufs liegt der Ortsteil **Trinta Reis**, ein eigenes kleines Dorf mit Kapelle, plätscherndem Brunnen und einem Wasserkraftwerk aus dem Jahr 1911, heute das **Museu hidroélectrico**. In manchen Jahren ist jemand vor Ort, der

Bei Praia erstrecken sich die längsten Sandstrände São Miguels

São Miguel ↓ Karte Umschlagklappe hinten

einem das Kraftwerk zeigt, zuletzt musste man sich vorab im Museum von Vila Franca anmelden.

Verbindungen → Praia.

Wegbeschreibung zum Kraftwerk   Von Praia kommend, zweigt man am Ortseingang von Água d'Alto nach links ins Dorf Trinta Reis ab (Hinweisschild „Museu hidroélectrico"). Bei der Wendeplatte parken und zu Fuß weiter. Dort, wo sich das Sträßlein im Dorf bei einem Brunnen gabelt, links halten.

Wegbeschreibung zum Strand   Von Praia kommend 150 m hinter der 2. Brücke rechts ab

(linker Hand voraus 3 Verkehrsspiegel). Achtung, komplizierte Straßenführung: Es geht erst rechts, ca. 7 m weiter links und dann wieder rechts! Bei der nächsten Möglichkeit (= Rua Prof. Laura Araujo Pimentel) rechts halten und die Straße bis zu ihrem Ende fahren. Von der Wendeplatte aus sind der Wasserfall und der Strand bereits zu sehen. Hier parken, noch ca. 5 Min. zu Fuß.

Wandertipp   Von **Trinta Reis** führt der offizielle Wanderweg *PR 39 SMI* (2,1 km) das Tal des Ribeira da Praia bergauf. Es geht vorbei an weiteren alten Anlagen zur Energiegewinnung durch Wasserkraft und vorbei an Wasserfällen.

Vila Franca do Campo

Nur etwas über 5000 Einwohner zählt Vila Franca do Campo, die Kreisstadt des gleichnamigen Concelhos. Würden wir 10.000 schreiben, würde es jeder glauben – Vila Franca do Campo macht einen weit größeren Eindruck.

Während der Geschäftszeiten herrscht reges, aber nicht hektisches Treiben auf den Straßen und Plätzen, der kleine Markt tut das Seinige dazu. Nach Ladenschluss liegt das Zentrum mit sei-

nen schmucken Straßenzügen wie ausgestorben da. Es erstreckt sich von der **Igreja de São Pedro** (18. Jh.) bis zum Largo Bento Gôes. Dazwischen thront über einem kleinen Park die Pfarrkirche von Vila Franca do Campo, die **Igreja Matriz** (→ Sehenswertes). Ihr gegenüber steht das **Hospital da Misericórdia**, das erste Krankenhaus der Azoren, zu dem ebenfalls eine Kirche gehört. Den Largo Bento Gôes dominiert

Die Igreja Matriz von Vila Franca do Campo

der **Convento de Santo André** aus dem 16. Jh. Der Name des Platzes erinnert an den berühmtesten Sohn der Stadt, an Bento de Gôes, der 1562 in Vila Franca geboren wurde, Jesuitenpater wurde und sich als erster Europäer über Land von Indien nach China aufmachte, wo er 1607 starb. Folgt man vom Platz der Rua do Baixo, gelangt man zum **alten Hafen** am Forte do Tagarete. Der Hafen bekam in den letzten Jahren eine neue Schutzmauer – ein Segen für die Fischer, die hier ihren Fang an Land bringen. Der morbide historische Fischmarkt nahebei soll restauriert werden. Abends, insbesondere im Sommer, verlagert sich das Leben in diese Ecke rund um den Hafen, denn zwischen dem alten Hafen, der neuen **Marina** daneben und der **Praia Vinha d'Areia**, dem Hausstrand, gibt es mehrere Bars und Restaurants. Das vorgelagerte Inselchen **Ilhéu de Vila Franca** mit einem Kraterpool war übrigens schon mehrmals Austragungsort der *Red Bull Cliff Diving World Series*.

Sehenswertes

Igreja Matriz: Die dreischiffige Hauptkirche der Stadt, die dem Erzengel Michael geweiht ist und deshalb den Namen São Miguel Arcanjo trägt, wurde auf Geheiß Heinrich des Seefahrers in der zweiten Hälfte des 15. Jh. erbaut und nach dem Beben von 1522 originalgetreu wieder aufgebaut. Ihre dunkle Basaltfassade ziert ein gotisches Portal. Im Inneren zeigen sich Chor und Kapellen prunkvoll verziert.

Museu de Vila Franca do Campo: Das so wenig besuchte wie nette Stadtmuseum ist im einstigen Herrensitz der Botelhos untergebracht, jener Familie, die im 15. Jh. für die Gründung von Vila Franca verantwortlich war. Auf drei Stockwerken bekommt man u. a. Schiffsmodelle, Kanonenkugeln und -rohre, archäologische Funde (Tonscherben) und historische Musikinstrumente zu sehen. Darüber hinaus wird das traditionelle

Hoch über Vila Franca: Ermida de Nossa Senhora da Paz

Töpferhandwerk der Stadt vorgestellt. Im ersten Stock kann man einen hübschen Festsaal besichtigen.

Zum Museum gehören noch weitere Gebäude und Ausstellungen in und um Vila Franca do Campo, darunter eine Kutschen- und Karrensammlung im Haus schräg gegenüber. Leider sind viele dieser Ausstellungen nur nach Absprache zu besichtigen.

▪ Rua Visconde do Botelho. Di–Fr 9–12.30 und 14–17.30 Uhr, Sa/So 14–17 Uhr. Eintritt frei.

Ermida da Nossa Senhora da Paz: Hoch über Vila Franca do Campo liegt jene Kapelle, die in keinem Fotoband über die Azoren fehlt. Bekannt ist sie besonders wegen ihres Treppenaufgangs, der mit Azulejos reich verziert ist. Die Kapelle wurde im 16. Jh. errichtet, nachdem ein Schäfer berichtet hatte, ihm sei in einer nahe gelegenen Grotte die Jungfrau Maria erschienen. Von der Kapelle genießt man eine schöne Aussicht auf Vila Franca do Campo und das Umland mit den auffällig vielen Ananasgewächshäusern.

■ **Anfahrt**: Die Kapelle ist vom Largo Bento de Gôes ausgeschildert. Zu Fuß für die einfache Strecke ca. 40 Min.

Information/Verbindungen/Adressen/Einkaufen

Information **Turismo**, im Sommer Mo–Fr 9–12 u. 13–17 Uhr, im Winter unregelmäßig. Am Platz bei der Igreja Matriz, www.cmvfc.pt. Ein weiteres Turismo befindet sich ums Eck an der Rua Cónego Sena Freitas 16. Es ist zugleich die Verkaufsstelle der **Stickerinnen** im Stockwerk darüber. Mo–Fr von 9–12.30 und von 13.30–17.30 Uhr kann man ihnen bei der Arbeit zusehen.

Verbindungen Das Städtchen besitzt einen **Busbahnhof** (mit Café) an der Rua Visconde do Botelho. Werktags von 6.30–17.40 Uhr alle 60–90 Min. nach Ponta Delgada (Nr. 315 u. 318), bis zu 9-mal tägl. nach Ponta Garça/Grotas Fundas (Nr. 316), 4-mal tägl. nach Furnas und Povoação (Nr. 318).

Ärztliche Versorgung **Krankenstation** an der Rua Teófilo Braga 134 (ausgeschildert). ✆ 296539420.

Einkaufen Der **Markt** zwischen der Rua Teófilo de Braga und der Rua da Fonte do Bago besteht nur aus wenigen Läden (ein Metzger, außerdem Gemüse und Blumen). Der Platz aber ist nett, alte Bäume, eine Terrassenbar und ein Brunnen in der Mitte. Und falls Sie zum Shoppen eine neue Rasur wünschen, setzen Sie sich auf einen der über 40 Jahre alten Friseurstühle (Originale aus den USA) der **Barbearia Pimentel** gegenüber an der Rua Téofilo de Braga 110.

Eine kleine Shoppingmall namens **Solmar** **4** mit großem Supermarkt, ein paar Geschäften und einer Bar findet man am westlichen Ortsende nahe dem Kreisverkehr. Tägl. 9–21 Uhr.

Öffentliche Toiletten   Gegenüber dem Markt an der Rua Fonte do Bago.

Reisebüro **Agência de Viagens Francisco Martins**, für Flüge und Fähren. Mo–Fr 9–12 und 14–18 Uhr. Rua Dr. Augusto Botelho Simas 11 (nahe dem Rathaus), ✆ 296583000, www.fmartinstravel.com.

Baden/Freizeit

Baden Der Stadtstrand von Vila Franca ist die **Praia Vinha d'Areia** östlich der Marina und des gleichnamigen Hotels. Sanitäranlagen, Restaurant und Snackbar vorhanden. Hinter dem Strand ein kleiner Aquapark. Einen weiteren kleineren Strand findet man westlich des Largo Infante D. Henrique.

Inselchen in Greifnähe: Auf dem der Stadt vorgelagerten Inselchen **Ilhéu de Vila Franca**, einem Eiland vulkanischen Ursprungs, bildet der grüne, kreisrunde Kratersee einen natürlichen Pool. Hier lässt es sich bei Ebbe herrlich schnorcheln und schwimmen. Im Sommer fährt die *Cruzeiro do Ilhéu* stündl. von 10–18 Uhr vom Hafen hinüber, eine Fahrt kostet 5 €. Nehmen Sie Verpflegung mit! Sollte die See etwas rau sein, erfahren Sie unter ✆ 911927039, ob das Boot übersetzt. www.cnvfc.net.

Übernachten **E**inkaufen
1 Quinta dos Curubás   4 Solmar
5 Pensão O Jaime
6 Convento de S. Francisco

São Miguel → Karte Umschlagklappe hinten

Procissão do Trabalho

Seit vier Jahrhunderten ist die Igreja Matriz von Vila Franca do Campo am ersten Sonntag nach dem 8. Mai der Ausgangspunkt für eine Prozession, bei der die verschiedenen Berufsgruppen mit ihren Schutzheiligen durch die von einem Blütenteppich überzogenen Straßen ziehen: die Fischer mit São Pedro Gonçalves, die Schuhmacher mit São Crispim, die Töpfer mit Santo António, die Bauern mit Santo Antão, die Kaufleute mit Santa Catarina, die Steinmetzen mit São João Baptista, die Zimmerleute mit São José, die Maultiertreiber mit der Nossa Senhora do Egipto und zum Schluss die Schneider mit dem Jesuskind.

Feste/Veranstaltungen Das **Festival São João da Vila** wird im Juni zelebriert (Höhepunkt um den 24./25.), in dieser Zeit finden Umzüge, Sportveranstaltungen, Spiele, Tänze usw. statt. Am letzten Augustwochenende findet das **Senhor-da-Pedra-Fest** statt. Wie bei der **Procissão do Trabalho** (→ Kasten) ist auch hier die Prozession am Sonntag der Höhepunkt. Das Fest selbst geht noch bis zum Dienstag der darauffolgenden Woche. ˙

Tauchen Beide genannten Tauchbasen genießen einen guten Ruf.

Espírito Azul, 2 Bootstauchgänge 75 €. Auch Fahrten zu den Formigas. Office an der Marina, ℘ 914898352, www.espiritoazul.com.

Azores Sub, ebenfalls an der Marina, ähnliche Preise. ℘ 918755853, www.azoressub.com.

meinTipp **Whalewatching** Von Lesern immer wieder gelobt wird das junge, freundliche Team von **Terra Azul** an der Marina. Rausgefahren wird mit Schlauchbooten mit Hartboden (max. 22 Pers.), i. d. R. ist ein Meeresbiologe mit an Bord. Ausfahrten finden von März–

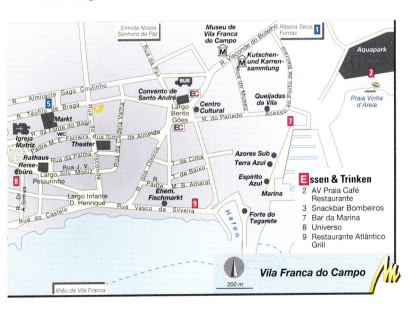

Essen & Trinken
2 AV Praia Café Restaurante
3 Snackbar Bombeiros
7 Bar da Marina
8 Universo
9 Restaurante Atlântico Grill

Vila Franca do Campo

200 m

Dez. statt, in der NS nur, wenn mind. 4 Pers. zusammenkommen. Gestartet wird um 9 und um 13 Uhr, im Sommer auch um 16 Uhr. 55 € für 3 Std. Außerdem wird Schwimmen mit

Delfinen angeboten (für 4 bis max. 8 Pers.), Ausfahrt 98 €/Pers. ✆ 296581361, www.azores whalewatch.com.

Übernachten/Essen & Trinken   → Karte S. 102/103

Hotels/Pension **Convento de São Francisco 6**, ehemaliger Konvent aus dem 16. Jh. 13 sehr schöne, große Zimmer, sparsam und geschmackvoll mit Antiquitäten bestückt, tolle Bäder, auf Schnickschnack wie TV wird bewusst verzichtet. Terrasse mit Meeresblick, Pool. Haken: etwas unattraktive Lage neben Gewächshäusern und einer Tankstelle und, wenn nicht gut belegt, etwas geisterhafte Atmosphäre. DZ ab 110 €. Gegenüber der Mehrzweckhalle am westlichen Ortsbeginn (5–10 Fußmin. ins Zentrum), Jardim António Silva Cabral, ✆ 296583532, www.conventosaofrancisco.net.

Pensão O Jaime 5, das gleichnamige Restaurant vermietet im Ort einfache Zimmer. DZ 45 €. Rezeption im Restaurant, Rua Teófilo Braga 108 (Hauptdurchgangsstraße schräg gegenüber dem Markt), ✆ 296582649.

Appartements Die **Agência de Viagens Francisco Martins** (→ Reisebüro) vermietet über dem gleichnamigen Reisebüro 3 ordentlich ausgestattete Appartements. Für 2 Pers. 50 €, jede weitere Pers. 15 €. www.fmartinstravel.com.

Quinta dos Curubás 1, ca. 3 km außerhalb von Vila Franca do Campo an der Straße nach Furnas. Gemütlich-rustikale Pinienholzhäuschen für Selbstversorger in einem grünen Gelände samt Ententeich. Gute Ausstattung, Grillmöglichkeit, Terrassen mit Meeresblick. Für 2 Pers. 110 €. Estrada Regional 1 (Ribeira Seca), ✆ 961739880, www.quintadoscurubas.com.

Essen & Trinken **AV Praia Café Restaurante 2**, trendiges, verglastes Lokal im Freizeitkomplex hinter der Praia Vinha D'Areia. Hg. 10–18 €. Azoreanische Küche kommt hier gekonnt verfeinert auf den Tisch. Lecker sind die gefüllten *Chícharros* mit Zwiebel-Kräuter-Soße. Im Sommer legt Fr–So ein DJ zum Sonnenuntergang auf. Mo Ruhetag. ✆ 296539162.

Atlântico Grill 9, freundliches Lokal auf 3 Etagen mit schöner Dachterrasse. Frischer Fisch, guter Oktopus-Salat, Steaks. Zu manchen Gerichten gibt es Süßkartoffeln als Beilage – eine schöne Abwechslung. Zu empfehlen: die gemischte Fischplatte vom Grill (37,50 € für 2 Pers.). Insgesamt aber sind die Preise etwas zu gehoben für das Gebotene. Mo Ruhetag. Rua Vasco da Silveira 10 (am alten Hafen), ✆ 296583360.

Universo 8, gepflegtes, leicht biederes Lokal. Es gibt azoreanische Klassiker wie Blutwurst mit Ananas und – sofern verfügbar – frischen

Die Praia Vinha d'Areia ist der Stadtstrand von Vila Franca

Eine lokale Spezialität sind die **Queijadas da Vila** (auch Queijadas do Morgado genannt). Die kleinen, runden Käsetörtchen werden in vielen Cafés der Insel angeboten, aber vor Ort seit 1961 nach dem gleichen Rezept von Adelino Maria Melo Morgado de Medeiros gebacken. Sie sind bei Weitem nicht so süß wie die von der Insel Graciosa. Falls Sie süchtig werden, können Sie die Teilchen kartonweise mitnehmen. Die Backstube liegt in der Rua do Penedo 20 nahe der Marina. Ein Café ist angeschlossen. Die Terrasse ist ganz nett, der Kaffee so lala. Tägl. 9–19 Uhr.

Fisch, Hg. 7–15,50 €. Rua Dr. Augusto Botelho Simas 11, ℂ 29658233.

Snackbar Bombeiros 3, die Bar der hiesigen Feuerwehr. Nichts Schickes, aber ein beliebter Lunchspot und für einen Leser sogar „ein echter Kracher". Kleine, ordentliche Auswahl an Mittagsgerichten (Mo–Sa) zu fairen Preisen. Ca. 1 km außerhalb des Zentrums, von der alten Straße nach Ponta Delgada der Beschilderung „Bombeiros" folgen. Avenida Bombeiros Voluntários, ℂ 296581397.

Bar da Marina 7, verglaster Würfel. Gute Salate und Baguettes fürs kleine Mittagessen. An der Marina.

Vila Franca do Campo/Umgebung

Ribeira Seca

Der östliche Vorort von Vila Franca do Campo (nicht zu verwechseln mit dem gleichnamigen Ort im Norden der Insel) ist v. a. wegen seiner *Winzereien* bekannt. Der fruchtige azoreanische Rotwein, der *Vinho de Cheiro* mit seiner besonderen Geschmacksnote (→ Kasten S. 339), wird hier gekeltert. Mehrere Produzenten haben in Ribeira Seca ihren Sitz. Wer einen besuchen möchte, sollte sich jedoch nicht auf eine idyllische Weinprobe in einem Weingut à la Toskana einstellen, man schlendert eher durch langweilige Lagerhallen. Der größte Produzent ist *Lima & Quental*, aus dessen Haus der *Ilhéu* stammt, der bekannteste Vinho de Cheiro São Miguels. Mehr als 500.000 l Wein werden hier jährlich abgefüllt, 95 % der Trauben dafür kommen aus der Umgebung. Lima & Quental produziert zudem den Gin *Rocha Negra*, einen *Águardente Vinicia* und den *Abelheira*, einen Águardente mit Honig. Im angeschlossenen Shop gibt es von Montag bis Freitag (8–18 Uhr) alles zu kaufen.

■ **Anfahrt zur Winzerei Lima & Quental**: Estrada Nova. Von Vila Franca do Campo (Zentrum) kommend 900 m nach dem Ortseingangsschild von Ribeira Seca bei einem gelben Haus rechts ab, dann rechter Hand.

Ribeira das Tainhas/Ponta Garça

Beide Ortschaften sind schier endlose Straßendörfer, die sich in zig Ortsteile untergliedern. Ersteres hat eine Länge von 3 km, Letzteres von 5 km, zudem gehen sie noch fließend ineinander über. Die Orte leiden unter Abwanderung, viele Häuser stehen zum Verkauf. Wirklich Sehenswertes gibt es bis auf den architektonisch spannenden, an die Formensprache Oscar Niemeyers erinnernden Neubau des *Centro Intergeracional* in Form einer auf dem Kopf stehenden Pyramide nicht. Dennoch ist es interessant, durch die Dörfer zu fahren, insbesondere durch Ponta Garça: Man passiert dabei alte Walausgucke (die heute wieder genutzt werden), den 1957 errichteten *Leuchtturm* mit einer Reichweite von 16 Seemeilen und die *Kirche* von Ponta Garça mit einem netten Glockenspiel zur vollen Stunde. Aus Ponta Garça stammen übrigens die Eltern der weltberühmten Songwriterin Nelly Furtado, die 1967 nach Kanada auswanderten.

■ **Bäcker:** Eine urige Bäckerei befindet sich an der Durchgangsstraße von Ponta Garça schräg gegenüber dem ehem. Supermarkt *Casa Piedade* bzw. dem Friseur *Ele e Ela*. Hier wird das Mehl noch von Hand gesiebt und gemischt, aus dem Steinofen kommt leckerstes Brot. Zur Bäckerei geht's durch die Tür von Hausnr. 7 in eine hinter dem Gebäude liegende Backstube, kein Schild, lindgrünes Gebäude, linken Eingang nehmen.

Praia d'Amora/Baden

Am östlichen Ende von Ponta Garça, also östlich des östlichsten Ortsteils Gaiteira, beginnt der Fußweg hinab zur Praia d'Amora – kein „Strand der Liebe" übrigens, sondern der „Strand der Maulbeere". Da die Azoreaner selten

São Miguel ↓ Karte Umschlagklappe hinten

Strände aufsuchen, die sie nicht direkt mit dem Auto anfahren können, hat man den Strand selbst in der Hochsaison (jedoch nicht an Wochenenden) meist für sich alleine. Aus dem gleichen Grund wird er aber auch weniger gepflegt – schade um dieses überaus hübsche Fleckchen.

■ **Wegbeschreibung zum Strand:** Wer mit dem Bus (Nr. 316) von Vila Franca anreist, bleibt bis zur letzten Station sitzen. Wer mit dem Mietwagen von Furnas kommt, folgt von der EN 1 (ehemals R 1-1) der Beschilderung „Gaiteira". Aber Achtung: Die Straße hinab hat ein Gefälle von rund 45 %! Ab dem Hinweisschild zur Praia d'Amora kann man noch 100 m bis zum Parkplatz fahren. **Hinweis:** Zu dem dunklen Strand, hinter dem die Küste extrem steil aufsteigt, geht es 15 Min. genauso steil bergab. Tragen Sie keine Flip-Flops. Zweigen Sie ca. 5 Gehmin. hinter dem Parkplatz nach rechts auf den Treppenpfad ab.

Miradouro do Castelo Branco

Wer von Vila Franca do Campo auf der EN 1 (ehemals R 1-1) nach Furnas fährt, erreicht die ausgeschilderte Abzweigung zu diesem schönen Aussichtspunkt nach ca. 10 km (dann noch 2 km). Wie aus einem Highlander-Film steht dort auf einer Höhe von 655 m ü. d. M. ein zweistöckiges, zinnenbestücktes Türmchen in der Landschaft. Die Aussicht ist herrlich, man blickt auf Furnas, den Furnas-See und Vila Franca do Campo.

> Falls Sie weiter in den Inselosten fahren:
> → **Das Tal von Furnas** ab S. 160.

Lagoa do Congro

Der schöne kreisrunde See liegt inmitten eines bewaldeten Kraters. Im Wasser ziehen Karpfen ihre trägen Runden, am Ufer quakt, zwitschert und pfeift es – was für ein Idyll! Nur leider wurde auch dieser kleine See bereits von dem einen und anderen Tourenveranstalter entdeckt. Hin und wieder kommen Busse voller Wanderer, die vom Lagoa do Congro zum Lagoa de São Brás laufen und dort wieder eingesammelt werden. Baden ist im Lagoa do Congro leider verboten.

■ **Wegbeschreibung:** Von Vila Franca nach Furnas fahrend, weist nach 3,5 km ein Hinweisschild nach links zum Lagoa do Congro. Von dort noch 4 km fahren, die letzten 800 m sind ungeteert und holprig. Dann parken und zu Fuß weiter, auf einem schönen Waldweg geht es für ca. 10 Min. hinab zum See.

Ein stiller Morgen am Lagoa do Congro

Weiter Blick über den Inselwesten

Die Küste des Inselwestens

Der gesamte Inselwesten gehört zum Concelho de Ponta Delgada. Da die Kreisverwaltung die EU-Fördermittel vornehmlich in Ponta Delgada verbrät, wird der Inselwesten immer mehr zu dem, was der Inselosten bis zum Bau der Schnellstraße dorthin war: ein etwas rückständiges, vergessenes Eck.

Die meisten Orte dieser Region sind einfache Bauerndörfer, die sich als endlose Straßendörfer präsentieren. Vor so manchen Gehöften erblickt man noch die alten, auf Stelzen errichteten *Granelas* – Getreidespeicher, an denen, vor Ratten gut geschützt, die Maiskolben zum Trocknen hängen. An der Nordküste sieht man zudem Tabak, der in den lang gezogenen Holzhütten am Straßenrand getrocknet wird. Etwas Gemüse wird auch angebaut (vornehmlich Yams und Rüben), schwerpunktmäßig betreibt man im Inselwesten jedoch Viehwirtschaft. Die Weiden sind oft von Bambus gesäumt, die klimatischen Verhältnisse der Region machen es möglich. Am Wegesrand blühen Hortensien, Kapuzinerkresse, blaue Winden und Afrikanische Liebesblumen, die wie blaue Lilien aussehen.

Die meisten Ortschaften erstrecken in sicherem Abstand zur Küste, wo die Insel in Klippen abfällt. Es gibt nur wenige Zugänge zum Meer. Unmittelbar am Meer liegen **Mosteiros**, das wegen seines schönen Strands Besucher anlockt, und **Capelas** mit einem pittoresken Hafen. Eine weitere Attraktion an der Westküste São Miguels sind die heißen Quellen am **Kap Ferraria** bei Ginetes. Eine weitaus weniger heile Welt findet man in Rabo de Peixe, dem Fischereizentrum von São Miguel.

Relva

Die knapp über 3000 Einwohner zählende Gemeinde liegt rund 6 km westlich von Ponta Delgada in der Nähe des Flughafens. Einen Abstecher ins Zentrum unternehmen die wenigsten, die meisten lassen den Ort auf dem Weg zu den Kraterseen bei Sete Cidades links liegen. Reist man aber mit viel Muße, kann man in die **Fajã Rocha da Relva** wandern (s. u.), die sich zu Füßen einer von Höhlen durchzogenen Steilküste erstreckt. Hier wird Wein angebaut, die alten Adegas dienen heute aber vorrangig als Wochenendhäuser. Der Weg hinab ist besonders im Herbst zu empfehlen, dann wird man nämlich nicht selten auf ein Gläschen jungen Weins eingeladen. Wer Glück hat, begegnet noch dem einen oder anderen Transportesel.

Verlässt man Relva Richtung Feteiras auf der EN 1 (ehemals R 1-1), liegt am Ortsende der **Miradouro do Caminho Novo**, der an einen alten Walausguck erinnert, dabei entstand er erst 1999. Die Späher der Whalewatching-Agenturen aus Ponta Delgada beziehen hier zuweilen Posten. Im Sommer wird gegrillt und Kunsthandwerk verkauft.

Die Aussicht ist zwar nett, aber nicht zwingend einen Stopp wert.

Verbindungen Die **Busse** Nr. 205 u. 206 passieren auf dem Weg von Ponta Delgada nach Ginetes den Miradouro do Caminho Novo.

Essen & Trinken Taberna Saca-Rolhas, Regionalküche im zünftigen Ambiente. Spezialität des Hauses ist das *Bife Lagarto*, außerdem gibt es *Lapas*, *Cracas*, Reis mit Fisch, gegrillten *Cherne* u. v. m. Köstliche Desserts. Für ein schönes Abendessen sollte man 30 €/Pers. einplanen. So Ruhetag. Von der Durchgangsstraße ausgeschildert, Rua da Corujeira 3, ✆ 296716747.

Feste/Veranstaltungen Kirchweihfest am ersten So nach dem 5. August.

🚶 **Wandertipp** Ausgangspunkt für die **kurze Wanderung in die Fajã Rocha da Relva** ist der Aussichtspunkt Miradouro do Caminho Novo. Dort folgt man dem schmalen Teersträßlein, an dessen Anfang ein Schild mit der Aufschrift „Rocha da Relva" steht. Bei der Weggabelung nach 300 m (links ein Holzverschlag) rechts halten. 150 m weiter passiert man den Aussichtspunkt Miradouro da Vigia, der einen ersten Blick auf die Fajã bietet. 400 m weiter, bei einem Parkplatz, beginnt an einem Heiligenschrein der Fußweg (zugleich der offizielle Wanderweg Percurso Pedestre PRC 20 SMI) hinab in die Fajã. Bei der Gabelung nach ca. 15 Min. hält man sich rechts. Dauer hin und zurück ca. 2 Std.

Feteiras

Von Ponta Delgada kommend, kann man bereits vom **Aussichtspunkt Vigia das Feteiras** (mit Walausguck) an der EN 1 auf den 1700-Einwohner-Ort und über die Südwestküste der Insel blicken. Das Zentrum mit der **Wurstfabrik Salsiçor** wirkt – von den pseudoschicken Villen der zurückgekehrten Emigranten einmal abgesehen – ein wenig räudig, das Schwimmbad („Piscina") am einstigen Hafen liegt in Trümmern. Wer sich nicht mit Wurst eindecken will (blau-weiß-rotes Fabrikgebäude,

Werksverkauf zur Meerseite), braucht hier keinen Stopp einlegen.

Übernachten Moinho das Feteiras, die schick restaurierte Windmühle dient heute als originelles Ferienhaus. Unten Küche/Wohnraum, oben das Schlafzimmer mit Rundumblick, im Zwischengeschoss das Bad. Auf dem Areal gibt es noch 2 weitere Ferienhäuser, das eine traditionell, das andere in einem stylishen Neubau. Für 2 Pers. ab 165 €. Rua do Biscoito 25 A, ✆ 296107025, www.moinhodasfeteiras.com.

Die Aussichtspunkte über der Caldeira
von Sete Cidades sind Touristenhotspots

São Miguel → Karte Umschlagklappe hinten

Von der Küste zu den Vulkanseen und nach Sete Cidades

Von der inselumrundenden Küstenstraße kann man (von Ponta Delgada kommend) kurz hinter Relva, vor Feteiras sowie in Várzea zur Caldeira abbiegen. Die schönste Route führt von Relva am Pico do Carvão (813 m) vorbei. Dabei passiert man sattgrüne Weidelandschaften mit grandiosen Ausblicken auf den taillenförmigen, nur leicht hügeligen Inselrücken, der sich zwischen Ponta Delgada und Ribeira Grande erstreckt. Zudem liegen rechts und links der Straße die Naturschutzgebiete Lagoas Empadadas und Lagoa do Canário (→ Das Innere des Inselwestens, S. 120).

Candelária und Ginetes

Weiter auf der Küstenstraße gen Westen passiert man rund 20 km hinter Ponta Delgada das Zentrum von Candelária und nach weiteren 3 km das von Ginetes. Mit Candelária beginnt ein Küstenabschnitt, bei dem man, gäbe es keine Ortsschilder, nie erkennen könnte, wann das eine Dorf aufhört und das nächste anfängt: immer wieder Häuser, mal eng aneinanderstehend, mal weiter auseinander. Lediglich auf die Regelmäßigkeit der Kurven ist Verlass. Die Gegend mit ihren verstreuten Siedlungen ist unter Deutschen sehr beliebt. Viele haben hier eine neue Heimat gefunden, und es wird fleißig geklüngelt.

Einst trug die Ortschaft Ginetes den Namen ihres Schutzpatrons São Sebastião, dem auch die Pfarrkirche aus dem Jahr 1603 geweiht ist. Doch im Laufe der Jahrhunderte setzte sich der Name Ginetes durch. Überragt wird der Ort vom **Pico do Cavalo**, auf dem die Ruinen einer Windmühle stehen. In den Straßen und am gepflegten Dorfplatz mit Bänken und Pavillon geht es meist ruhig zu.

Von Ginetes bietet sich ein Abstecher zur **Ponta da Ferraria** (s. u.) mit heißen Unterwasserquellen an. Der Küstenabschnitt gilt als hervorragendes Schnorchelrevier, insbesondere wegen des Fischreichtums (auch viele Großfische). Auf dem Weg dorthin lohnt auch ein Abstecher zum **Leuchtturm von Ginetes**, einem der schönsten der Insel (der Beschilderung zur Ponta da Ferraria folgen und dann nach links in die Rua do Farol abbiegen). Die Anlage mit dem 18 m hohen Turm wurde 1901 errichtet, das Signal hat eine Reichweite von 27 Seemeilen. Der Leuchtturm kann im Sommer stets mittwochs von 14–17 Uhr (im Winter 13.30–16.30 Uhr) besichtigt werden.

Verbindungen Bus von Ginetes (Nr. 205, 206) bis zu 8-mal tägl., von Candelária (Nr. 204, 205, 206) bis zu 10-mal tägl. nach Ponta Delgada.

Übernachten In der Gegend werden unzählige Ferienhäuser und -wohnungen vermietet. Schauen Sie sich z. B. auf www.casaginetes.com, www.moinhodabibi.com, www.azorentrip.de oder www.azoresholidayrental.com um.

Mein Tipp **Wolfgang und Martina Junge**, vermieten ab vom Schuss im friedlichen Weiler Lomba de Cima (zwischen Candelária und Ginetes) 2 schnuckelige, beheizbare Holzhäuser und ein restauriertes Natursteinhaus mit je 2 Schlafzimmern. Vor allen Einheiten gepflegtes Grün mit Grillmöglichkeiten und traumhaftem Meeresblick. „Wir waren begeistert", meinen Leser. Reservierung erforderlich. Für 2 Pers. ab 70 €. Lomba de Cima 51, ✆ 296295348, www.azorentour.de.

Essen & Trinken Café Restaurante III Arcos, simples, kleines Lokal, dessen Barbereich vom Restaurantbereich durch altmodische Paravents abgetrennt ist. Mittags solide, günstige Hausmannskost, abends Standardküche, die okay und ebenfalls nicht teuer ist. Estrada Regional 73 (nahe der Kirche von Ginetes), ✆ 296295800.

O Sole Mio, im Zentrum von Ginetes gegenüber der Kirche. Was für eine Abwechslung! In diesem reichlich sterilen Restaurant mit „italienischer Küche" gibt es akzeptable Pizza, warme Sandwiches und wechselnde Tagesgerichte (meist Pasta, Hg. um die 7 €). Do Ruhetag. Estrada Regional, ✆ 296915589, www.osolemio.pt.

O Raião, kleines, einfaches Restaurant am oberen Ortsende von Candelária. Nur Mi/Do und Sa/So mittags geöffnet, dann gibt es ein leckeres Büfett für 9 €. Von der Durchgangsstraße ausgeschildert (von Ponta Delgada kommend noch vor dem eigentlichen Ortsschild von Candelária), Ribeira do Ferreiro, ✆ 296295333.

Einkaufen Quintal dos Açores, hier wird Marmelade aus Feigen, Guave, Kürbis oder Maracuja hergestellt. In der angeschlossenen Verkaufsstelle (werktags zu den üblichen Geschäftszeiten) gibt es auch hausgemachtes Piri-Piri, Honig usw. zu kaufen. In Candelária ausgeschildert. Rua da Canadinha 20A, www.quintaldosacores.com.

Reiten In Ginetes über die **Quinta das Raiadas** möglich. Ausritte 3 Std. 40 €, 6 Std. mit Lunch 75 €. Estrada Regional 54, ✆ 917782 836, www.quintadasraiadas.com.

Ponta da Ferraria

Von Ginetes führt ein Sträßlein in steilen Serpentinen die schroffe, dunkle Lavaküste hinab zum Kap Ponta da Ferraria – ein herrlicher Platz für den Sonnenuntergang. Dort wurden mit der aufwendiger Restaurierung die **Termas de Ferraria** wieder zum Leben erweckt, ein kleines Thermal- und Wellnesszentrum. Der Ort hat als Kurzentrum Tradition, jedoch keine große. Schon vor Ewigkeiten gab es hier eine Badeanstalt, in der sich Rheumakranke Linderung erhofften. Das im Winter feuchte und stürmische Klima verschlimmerte allerdings den Zustand der Kurgäste, und auch die einst abenteuerliche Anfahrt führte dazu, dass die Pforten nur wenige Jahre nach der Eröffnung wieder geschlossen wurden. Heute erwarten den Besucher ein steriler Außenpool (37 °C) und im Keller ein Innenpool, ein Jacuzzi, ein türkisches Bad und eine Sauna. Aber nicht immer: Zuweilen sind nur die Pools funktionstüchtig, und die könnten – wie der gesamte Spa-Bereich – etwas gepflegter sein! Die diversen Wellness- und Kuranwendungen sind zudem nur verfügbar, wenn Personal vor Ort ist. Das Erdgeschoss belegt ein Restaurant (teuer und nicht gerade umwerfend; wer aber Sa/So das Mittagsbüfett für 16,50 € wählt, darf danach kostenlos in den Außenpool!). An der Felsküste dahinter toben sich *Kletterer* aus, diverse Touren stehen zur Auswahl, u. a. kann man die *Wilde Matilde* besteigen.

Vom Thermalbad verläuft ein beidseitig von niedrigen Mauern begrenzter Weg gen Süden zu einem natürlichen *Meerespool* an der rauen Küste. Hier sorgen heiße Unterwasserquellen dafür, dass man bei ruhiger See auch ein schönes, warmes Bad im Meer nehmen kann. Über den Pool sind Haltetaue gespannt – zur Sicherheit, falls eine größere Welle aus dem Nichts kommt. Die Meerestemperatur beträgt bei Ebbe (dann lässt es sich am einfachsten baden) im Schnitt um die 28 °C. Der Naturpool ist kostenlos und frei zugänglich, nahebei gibt es Sanitäranlagen, die ein Sanitärfachmann mal wieder auf Vordermann bringen sollte. Im Sommer hat hier zudem eine Snackbar geöffnet.

Öffnungszeiten **Termas de Ferraria**, tägl. (außer Mo) ab 10.30 Uhr, Mo, Do und Sa bis 18.30 Uhr, sonst bis 19.30 Uhr. Eintritt Außenpool 6 €. Kombipaket (4 Std.) mit Innen- und Außenpool, Jacuzzi, türkischem Bad und Sauna 20 € (sofern alles funktioniert, ansonsten die Hälfte). Kuranwendungen wie die „azoreanische Steinmassage" (80 €) sollte man reservieren. ✆ 296295669, www.termasferraria.com.

Miradouro do Escalvado

Der Aussichtspunkt mit einem alten Walausguck hoch über dem Meer zwischen Ginetes und Mosteiros bietet einen atemberaubenden Blick über die steile Westküste. Am schönsten ist die Aussicht im Abendlicht, wenn die tief stehende

São Miguel → Karte Umschlagklappe hinten

Aussicht vom Miradouro do Escalvado auf die Westküste São Miguels

Sonne die aus dem reflektierenden Meer aufragenden Felsobelisken anstrahlt. Diese bizarren Felsinselchen – die größte nennt sich *Ilhéu dos Mosteiros* – sollen der Sage nach die aus dem Wasser spitzenden Zehen des Riesen Almourol sein, der unter einem gigantischen Umhang – São Miguel – vor sich hindöst. Die Ortschaft im Hintergrund ist Mosteiros.

Zwei Seemeilen südwestlich des Miradouro do Escalvado erhob sich 1811 durch einen Vulkanausbruch eine Insel aus dem Meer. Sie bekam den Namen *Sabrina*, da ein paar mutige Briten von der Fregatte Sabrina es wagten, mit einem Ruderboot auf dem Eiland anzulegen und darauf die englische Flagge zu hissen. Die neue britische Kolonie verschwand ein Jahr später wieder und liegt heute 250 m unter der Meeresoberfläche.

Mosteiros

Der Ort, der einzige weit und breit, der unmittelbar am Meer liegt, galt lange Zeit als Musterbeispiel für ein typisches azoreanisches Fischerdorf – wegen seiner hübschen engen Gassen wurde er stets als malerisch und beschaulich beschrieben. Doch unzählige Neubauten, in erster Linie Sommerhäuser, entstanden drum herum, und mit der Beschaulichkeit war's vorbei. Dennoch, Mosteiros hat noch immer seinen Reiz und v. a. gute Bademöglichkeiten am schwarzen Lavastrand mit warmen Quellen im Meer und Blick auf die vorgelagerten Inselchen. Auch im Norden des Ortes kann man baden, hier laden Naturschwimmbecken zum Sprung ins kühle Nass ein (vom Dorfplatz mit „Piscinas Naturais" ausgeschildert, mit schönem Sommercafé) – Badeschuhe nicht vergessen! Entlang der EN 1 (ehemals R 1-1) oberhalb von Mosteiros gibt es mehrere Picknickplätze.

Verbindungen Bus bis zu 9-mal tägl. nach Ponta Delgada, davon 2-mal über Capelas (Nr. 208) und bis zu 6-mal über Ginetes (Nr. 206). Achtung: Nicht alle Busse fahren hinunter ins Zentrum.

Übernachten Auch in und rund um Mosteiros werden viele Apartments und Ferienhäuser vermietet, umsehen kann man sich u. a. auf www.airbnb.com.

Essen & Trinken Pizzaria Fantasia, Pizza aus dem Holzofen (7,20–13 €), italienischer Chef. Kleiner Außenbereich, leider ohne Meeresblick. Doch das Fantasia hat einen Haken: Di/Mi geschl., ansonsten nur ab 20 Uhr nach Reservierung. Und selbst mit Reservierung ist nicht immer garantiert, dass man angenommen wird ... Anfahrt: Von der Kirche der Beschilderung zu den „Piscinas naturais" folgen, am Meer links halten, immer geadeaus und dann linker Hand nach einem auffälligen blau-weiß-roten Tor Ausschau halten. Rua dos Moinhos 54, ℡ 296915325.

Cervejaria Ilhéu, zwischen Hafen und Strand. Bar und einfaches Restaurant mit wunderbarer Meeresblickterrasse und nettem Essbereich. Gut und günstig. Es gibt, was es gerade gibt. Von Lesern gelobt. Rua do Castelo 14 (orangefarbenes Haus), ℡ 296915037.

João Bom

Auf den ersten Blick eine typisch azoreanische 300-Seelen-Gemeinde mit Tante-Emma-Laden, aber fehlender Dorfkneipe. Dass es in João Bom auch eine Hauswand gibt, die einem abgefahrenen Kunstwerk gleicht, mag man gar nicht glauben. Die mit skurrilen wie phantasmagorischen Figuren versehene Arbeit des deutschen Künstlers Bernd Kilian können Interessierte auf Wunsch besichtigen (Anfahrt → Übernachten).

São Miguel → Karte Umschlagklappe hinten

João Bom: Kunst mit Köpfchen

Verbindungen Bus (Nr. 208, 218, 219, 222) bis zu 7-mal tägl. nach Ponta Delgada.

Übernachten   Karin und Bernd Kilian, weit über der inselumrundenden EN 1 vermietet das freundliche Künstlerpaar ein gemütliches Ferienhäuschen, geschmückt mit eigenen Arbeiten und Meeresblick. Ungezwungene Atmosphäre. Wer sich anmeldet, findet zur Begrüßung ein Frühstück im Kühlschrank. Nach Absprache sind auch Malkurse möglich. Von Lesern hochgelobt. Mindestaufenthalt 5 Tage. Anfahrt: Von Mosteiros kommend rechts ab in die Rua Casa Telhada (von Bretanha links, nur sieht man aus dieser Fahrtrichtung das gekachelte Straßenschild nicht) und dann immer bergauf, letztes Haus rechts. Um die Hauswand zu sehen, muss man aussteigen und über das Gartentürchen blicken. Für 2 oder 3 Pers. 50 €/Nacht. Rua Casa Telhadas de Cima 42, ✆ 296917132, www.art-kilian.de.

Christine und Norbert Schnitzer, vermieten 2 Zimmer mit Bad, 2 Appartements, ein Blockhaus und ein hübsches Ferienhaus. Gemütliche Außenbereiche samt Grillmöglichkeiten und Innenpool für alle. Leser fühlten sich hier stets bestens aufgehoben. Reichhaltiges Frühstück (6 € extra) und 3-mal die Woche Abendessen (15 €) – die Kochkünste von Christine Schnitzer werden in den höchsten Tönen gelobt. Ganzjährig, in der NS kann man auch spontan sein Glück versuchen. Anfahrt: Von Mosteiros kommend die erste Straße im Ort links ab, kurz darauf wieder links. DZ 50 €, Appartement für 2 Pers. 65 €, für 4 Pers. 85 €. Canada dos Moinhos, ✆ 966833469, www.casa-anneliese.de.

Reiten   Ausritte bietet in João Bom die **Quinta do Freio**. 3 Std. 50 €. Rua Direita 71, ✆ 966742407, www.quintadofreio.wixsite.com.

🚶 **Wanderung 7: Über die Klippen von João Bom**   → S. 175
In João Bom beginnt ein schöner, kurzweiliger Rundwanderweg, der zum Picknick einlädt.

Bretanha

Die Ortschaft umfasste einst zig Siedlungen, die Felder und Taleinschnitte voneinander trennten – über fast 5 km zog sich Bretanha hin. Erst in diesem Jahrtausend wurden die Siedlungen auf zwei Gemeinden aufgeteilt, in **Pilar da Bretanha**, das man von João Bom kommend als Erstes passiert, und in **Ajuda da Bretanha**. Die Zentren beider Orte liegen unterhalb der inselumrundenden EN 1 (ehemals R 1-1).

Zwischen Pilar und Ajuda zweigt von der EN 1 bei einer Bushaltestelle (Hinweisschild) ein 3 km langes, geteertes Sträßlein hinauf zum Aussichtspunkt **Miradouro da Cumeeira** am Kraterrand der großen Caldeira von Sete Cidades ab. Der Aussichtspunkt ist das Pendant zum Vista do Rei auf der Südseite der Caldeira. Die Aussicht ist grandios. Auf Schusters Rappen passiert man den Aussichtspunkt auf Wanderung 9.

Bretanha war, wie der Name vermuten lässt, zur Mitte des 15. Jh. bevorzugtes Siedlungsgebiet eingewanderter Bretonen. Bis vor gar nicht so langer Zeit sagte man hier „Qui y là", wenn es an der Tür klopfte. Bei älteren Leuten klingt zuweilen noch heute der dem Portugiesischen fremde Ü-Laut aus den Kehlen.

Von Ajuda da Bretanha verläuft unterhalb der inselumrundenden Straße ein schmales Sträßlein durch einige verschlafene Siedlungen bis nach Remédios. Es geht vorbei an Kirchen und Kapellen, fahrenden Gemüse- und Fischhändlern, Boutiquen auf Rädern und an der restaurierten **Windmühle Moinho do Pico Vermelho**. Wer von der Kurverei genug hat, kann jederzeit wieder nach rechts bergauf zur EN 1 abzweigen.

Verbindungen Bus bis zu 7-mal tägl. nach Ponta Delgada (Nr. 208, 218, 219, 222, in entgegengesetzter Richtung auch Nr. 221).

Übernachten **Casa Felicitas**, Agnes Wick und Beatrice Hoegerle (aus der Schweiz) vermieten auf ihrem Grundstück in Ajuda da Bretanha 2 Appartements und im Garten 2 geräumige Ferienhäuser mit Meersblickterrasse und Grillstelle. Dazu gibt es verdammt gutes, überaus süffiges, selbst gebrautes Bier. Gay-friendly. Beliebte Adresse von Geocachern. Haus 70 €/ Nacht (ohne Frühstück). Rua da Assomada 100, ☎ 911945608, www.casa-felicitas.com.

Caldeira das Sete Cidades

Santo António

Vom **Miradouro de Santo António** an der EN 1 hoch über dem Ort genießt man eine herrliche Aussicht über die weite Nordbucht der Insel bis zum **Kap Cintrão**. Im Zentrum Santo Antónios selbst steigen in einer Art Halbrund die Häuser wie in einem schlecht besuchten Amphitheater an, die Bühne nimmt die Pfarrkirche mit ihrer verkachelten Fassade ein. Folgt man vom Zentrum der Beschilderung „Miradouro/Trilho", gelangt man im Norden des Ortes zu einer kleinen apricotfarbenen Kapelle am Caminho Velho. Von dort führt der offizielle Wanderweg *PR 17 SMI* (2,8 km, Dauer 1:30 Std.) zu einem **Picknickplatz** mit Grillmöglichkeiten an den Klippen über dem Meer und dann entlang der Küste ins Zentrum von Santo António.

Man sollte schwindelfrei sein. Um zurück zum Ausgangspunkt zu gelangen, kann man den Weg durch den Ort wählen. Eine nette Tour bei tiefhängenden Wolken.

Verbindungen Bus bis zu 12-mal tägl. nach Ponta Delgada (Nr. 208, 215, 217, 218, 219, 222, in entgegengesetzter Richtung auch Nr. 221).

Essen & Trinken **4 Platanos**, rot-gläserner Würfel an der EN 1, von Santa Bárbara kommend noch vor dem Aussichtspunkt. Snackbar und Restaurant. Herrlicher Meeresblick, leider aber geht die Außenterrasse azorentypisch zur Straße hin. Ordentliche Küche, für Vegetarier gibt es Käseomelette, Salat und Pasta mit Gemüse. Für das stylishe Ambiente zahlt man nicht mit. Mo wird nur mittags gekocht. ℡ 296918241, www.4platanos.com.

Capelas

Im Gegensatz zu den meisten anderen Ortschaften des Nordwestens besitzt Capelas städtischen Charakter. Aus dem Meer davor ragt die Halbinsel Morro das Capelas. In der Westbucht des Felskolosses lädt der idyllische Fischerhafen zum Baden ein, östlich davon der alte Walfängerhafen Porto dos Poços.

Der Name des 3700-Einwohner-Ortes soll auf die einst zahlreichen Kapellen der Gegend zurückgehen. Heute pilgern v. a. junge Leute nach Capelas – eine große Berufsschule ist der Grund dafür. Im Zentrum überrascht der schmucke Stadtgarten, der **Jardim Artur Amorim da Câmara** mit Pavillon und einem Walfängerbrunnen. Am Platz steht auch die **Igreja Nossa Senhora da Apresentação** aus dem 16. Jh. mit einem Glockenturm, dessen Uhr mit einem gekachelten Zifferblatt versehen ist. Am Stadtrand wartet das Volkskundemuseum **Oficina Museu M. J. Melo** auf Besucher (von der

Durchgangsstraße beim Restaurant O Emigrante ausgeschildert): Versteckt hinter einem Holztor präsentiert es selbst gebastelte Blumenbilder aus Knoblauch- und Zwiebelschalen, eine alte Schusterwerkstatt, eine Druckerei, einen Barbierladen, Webstühle usw. (Mo–Sa 8–12 und 13–17 Uhr, 2 €). Größeren Andrang erfährt das hiesige Fußballstadion, v. a. wenn das Nordwestderby zwischen dem *Capelense SC* und dem *CD Rabo de Peixe* ansteht.

Rund um den Ort verstecken sich mehrere, großteils von hohen Mauern umgebene herrschaftliche alte Anwesen. Die meisten stammen aus dem frühen 19. Jh., als der Orangenhandel noch blühte.

Bei schönem Wetter lohnt ein Abstecher zum wildromantischen **Fischerhafen** (*Porto de Pesca*, ausgeschildert). Das Sträßlein hinab ist allerdings sehr eng, besser parkt man oben. In der halbrunden Bucht im Schutz der

Seakayaking am Morro das Capelas

steilen Klippen des *Morro das Capelas* sind heute mehr Kinder im Wasser als Boote. Auf dem Felskoloss steht ein alter, von Feldern umgebener Walausguck. Von hier erhielten die Walfänger vom **Porto dos Poços**, dem knapp 2 km weiter östlich gelegenen Hafen, einst das Signal zur Jagd. Auf dem Weg zum Porto dos Poços passiert man den **Miradouro das Pedras Negras**, von dem man einen schönen Blick auf den Morro das Capelas samt dem fotogenen Felsbogen an seiner Spitze hat. An den ehemaligen Walfängerhafen Porto dos Poços erinnern heute nur noch der Kamin der aufgegebenen Walfabrik und eine rostende Winde an der Rampe, mit der man einst die Beute an Land zog. Wo früher das Meer verseucht war von Haien, die durch das Blut der Wale angelockt wurden, geht man heute baden: Es gibt eine betonierte Badeplattform mit großem Meerespool (mit „Piscinas naturais" ausgeschildert).

Verbindungen   Bus, werktags häufige Verbindungen nach Ponta Delgada (Nr. 208, 212, 215, 216, 217, 218, 219, 222, in entgegengesetzter Richtung auch Nr. 221). Zudem fährt Bus Nr. 216 (werktags um 8.15, 11.30 u. 17.15 Uhr, Stand 2018) nach Calheta, von wo man in Busse nach Ribeira Grande umsteigen kann.

Übernachten   * Solar do Conde**, weitläufige Anlage mit 10 Suiten und Zimmern im Haupthaus sowie 27 neu ausgestatteten Appartements. Letztere sind überwiegend in Bungalows untergebracht, die z. T., da einst als Unterkünfte für Landarbeiter geplant, dicht gedrängt beieinanderliegen. Pool, Grill für die Gäste, Restaurant und ein Garten, in dem man sich massieren lassen kann. Vorrangig Pauschalurlauber. Appartement für 2 Pers. 140 €, Suite 145 €. Rua do Rosário 36 (EN 1 Richtung Ribeira Grande), ℰ 296298887, www.solardocondehotel.com.

Mein Tipp **Essen & Trinken   Canto do Cais**, gemütlich-düsteres Lokal unter schwerer Balkendecke, Fischernetze und derb-rustikale Bänke. Geniale Vorspeisenplatte und super Fisch, der Betreiber ist selbst Fischer. Günstig. So nur abends geöffnet. Anfahrt: Man folgt in Capelas der Beschilderung „Igreja Matriz", fährt an der Kirche vorbei und ignoriert die Abzweigung zum Fischerhafen (Porto de Pesca), dann rechter Hand. Rua de São Pedro, ℰ 914785292.

Wandertipp Vom Porto dos Poços führt die offizielle **Wanderung PR 1 SMI** stets entlang der Küste über Fenais da Luz nach Calhetas. Die Wanderung ist gelb-rot markiert, nicht zu verfehlen, auch nicht schweißtreibend und bei tiefhängenden Wolken eine nette Tour. Dauer ca. 2 Std.

Fenais da Luz

Knapp 4 km östlich von Capelas passiert man auf der Inselhauptstraße das kleine Fenais da Luz mit seinem hübschen Ortskern. Treffpunkte sind die vier Bars rund um die Kirche. Wer Grillhähnchen mag, sollte einen Stopp in der Churrasqueira Vieira (s. u.) einlegen. Danach kann man sich mit Wein in der *Quinta da Jardinete* eindecken oder sich die Beine bei einem Spaziergang zum *Kap Ponta das Calhetas* vertreten. Dort steht eine dem Hl. Petrus geweihte Kapelle. Der Weg ist nicht weit (ca. 1,5 km) und bietet schöne Ausblicke – einfach die Küste entlang gen Osten Richtung Calhetas spazieren. Der Weg ist Teil des offiziellen Wanderwegs *PR 1 SMI* (s. o.). Ein paar Kilometer landeinwärts liegt der *Batalha Golf Course* (→ Ponta Delgada/Sport, S. 80).

Verbindungen Bus bis zu 12-mal tägl. nach Ponta Delgada (Nr. 210, 211 u. 215).

Essen & Trinken Churrasqueira Vieira, einfaches Hoflokal an der Durchgangsstraße. Terrasse unter Weinreben. Gute Grillhähnchen mit Pommes (Portion 6,50 €), sonst nix. Nur bis 18 Uhr, Di Ruhetag. Achtung: Der Besitzer will seit Jahren verkaufen, vielleicht überlebt das Lokal ja noch diese Auflage! An der Durchgangsstraße, Estrada Regional, ✆ 296919474.

Einkaufen Quinta da Jardinete, das kleine Weingut keltert als Weißweinsorten v. a. Chardonnay und Sauvignon-Fernão Pires, als Rotwein Merlot und Merlot-Aragonês. Auf dem Gut werden aber auch Grüner Veltliner, Zweigelt und Spätburgunder angebaut. Auf www.quintadajardinete.com erfahren Sie, wann Führungen stattfinden. Anfahrt: Von Capelas kommend hinter der Kirche von Fenais da Luz rechts ab, bei der Kreuzung nach 200 m geradeaus weiter in die Rua dos Montes Nossa Senhora do Carmo, dann linker Hand (Hausnr. 23).

Calhetas

Der knapp 800 Einwohner zählende Ort liegt 9 km westlich von Ribeira Grande und gehört schon zu dessen Concelho (Kreis). Die Häuser des Dorfs stehen ordentlich aneinander gereiht an der Küste, die EN 1 verläuft fast geradlinig daran vorbei. Der mit „Piscinas naturais" bzw. „Zona balneár" von der inselumrundenden Straße ausgeschilderte Badeplatz ist eher zweitklassig – vorrangig die Dorfjugend, die kein Moped hat, tobt sich hier aus. Inseleinwärts erstrecken sich große Maisfelder. Am Ortsende folgt die Abzweigung nach Pico da Pedra (→ S. 126).

Verbindung Bus Nr. 102 tagsüber nahezu stündl. nach Ponta Delgada und Ribeira Grande. Bus Nr. 216 (Abfahrt um 8.35, 11.50 u. 17.35 Uhr; Stand 2018) nach Capelas bietet die Möglichkeit, von Ribeira Grande entlang der Nordküste in die Busse in den Inselwesten umzusteigen.

Übernachten ✶✶✶✶✶ Pedras do Mar, 2016 eröffnetes 5-Sterne-Haus, ein 3-stöckiger Riegel in der Landschaft zwischen Calheta und Fenais da Luz. Nur durch eine Wiese und den Infinity-Pool vom Meer getrennt. 92 Zimmer und Suiten, jene zum Atlantik hin toll (dem Auge tut nur das mit Kunstrasen begrünte Dach des Restaurants etwas weh). Zudem Indoorpool, türkisches Bad und Tennisplätze. DZ mit Meeresblick ab 240 €. Rua das Terças 3, ✆ 296249300, www.pedrasdomar.com.

Einkaufen Bio Pinto, Biobauer Pinto (Fr/Sa auf dem Markt in Ponta Delgada vertreten, → S. 79) verkauft Mo–Do von 7.30–18 Uhr Biogemüse direkt vom Feld oder aus dem Gewächshaus. Anfahrt: Von Ribeira Grande auf der Durchgangsstraße kommend auf Höhe der Kirche links (inseleinwärts) ab in die Rua da Igreja. Von dort noch 700 m, es geht am Friedhof vorbei, dann linker Hand. Keine Beschilderung, zu erkennen an den Gewächshäusern.

Rabo de Peixe

Rabo de Peixe besitzt den bedeutendsten **Fischereihafen** der Azoren. Doch da der Fischfang nicht zu den profitabelsten Wirtschaftszweigen zählt, ist das Leben von Armut geprägt. Rabo de Peixe (7400 Einwohner) gilt als sozialer Brennpunkt der Insel. Einzelne Straßenzüge mit ihren bunt getünchten Häuschen, Heerscharen von Kindern und in Türgängen sitzenden Müttern erinnern ein wenig an südbrasilianische Küstenstädte. Im Sommer springt man versammelt ins Hafenbecken. Im Winter hingegen, wenn die See zu stürmisch ist, müssen die Fischer mit ihren Booten oft im Hafen bleiben, das Warten in den vielen Bars wird zum einzigen Zeitvertreib. Die Frauen bestreiten dann den Lebensunterhalt, für rund 610 Euro im Monat verarbeiten sie die Beute in der **Thunfischfabrik Cofaco** am östlichen Stadtrand. Rund 300 Beschäftigte stehen dort auf der Lohnliste und füllen die unter dem Namen *Bom Petisco* gehandelten Thunfischdosen und -gläser. Aber auch Dosen für die internationale Premiummarke *As do Mar*, die es in Feinkostläden gibt, gehen hier vom Band.

Trotz der Investitionen in den sozialen Wohnungsbau, die Bildung (neue Berufsschule) und den Ausbau des Hafens scheint an Rabo de Peixe der wachsende Wohlstand der Insel vorüberzugehen, ganz im Unterschied zu den Städten der Südküste, wo schon manch böse Zunge über den Ort spottet: Rabo de Peixe heißt übersetzt Fischschwanz, und man höhnt, die Fischer sähen immer nur den Fischschwänzen hinterher, statt ein volles Netz nach Hause zu bringen. Eigentlicher Namenspatron des Orts ist eine Erhebung an der Küste, die im Abendlicht von See aus wie ein Fischschwanz aussieht. Ein vornehmes **Villenviertel**, das so gar nicht zum Rest der Ortschaft passen will, befindet sich inseleinwärts oberhalb der Stadt. Dort steht auch die **Casa do Voo dos Pássaros**, ein Haus, das die Form eines Vogels nachzeichnet – ein kühner Entwurf von Bernardo Rodrigues, dem international bekanntesten Architekten São Miguels. Das Haus ist in Privatbesitz, aber wer sich für Architektur interessiert, sollte es mal googeln, bingen oder duckduckgoen.

Verbindungen Bus (Nr. 102) tagsüber nahezu stündl. nach Ponta Delgada und Ribeira Grande.

Übernachten Pico do Refúgio, weitläufiges Anwesen im Villenviertel oberhalb von Rabo de Peixe. Wo früher Tee und Orangen angebaut wurden, kann man heute in 8 stylishen, mit moderner Kunst dekorierten und hochwertig ausgestatteten Appartements und Lofts (für 2–4 Pers., alle mit Küche) hinter alten Gemäuern wohnen. Pool. In der NS aber, wenn nur wenige oder keine Gäste da sind, kommt man sich etwas verlassen vor. Für 2 Pers. ab 122 € (mit Frühstück, das man in einer Box geliefert bekommt). Roda do Pico 5 (von der Umgehungsstraße, der „envolvente", ausgeschildert), ☎ 296491062, www.picodorefugio.com.

Camping Rural Camping Park Quinta das Laranjeiras, ebenfalls im Villenviertel oberhalb von Rabo de Peixe. Privater, liebevoll angelegter, von hohen, alten Mauern umgebener, parzellierter und mit Obstbäumen bestandener Platz. Meeresblick nur von einem Aussichtsturm mit Sitzmöglichkeiten. Küche für alle, Grillmöglichkeiten, gute Sanitäranlagen, Brot- und Pizzaservice. Die gehissten Flaggen zeigen übrigens an, welche Nationalitäten gerade campen ... Ganzjährig. Mietfahrzeug vonnöten, man befindet sich am A... der Welt. Check-in nur von 18–21 Uhr, Minimum 2 Nächte. 10 €/Pers. Canada Rado de Pico 30 (von der „envolvente", der Umgehungsstraße, der Straße Ponta Delgada – Ribeira Grande ausgeschildert), ☎ 962823766, www.azorescamp.com.

Essen & Trinken Restaurante O Pescador, am östlichen Ortsrand (nahe der Konservenfabrik in unattraktiver Lage). Nettes Lokal und eine gute Adresse für fangfrischen Fisch (der Fischeintopf wird in den Himmel gelobt). Faire Preise. Di Ruhetag. Von der inselumrun-

São Miguel → Karte Umschlagklappe hinten

Rabo de Peixe: Bunt, aber arm

denden Straße am östlichen Ortsende der Be-schilderung „Indústria pesqueira" folgen, dann linker Hand. Rua do Biscoito 1, ℡ 925105405.

Außerhalb **Quinta dos Sabores**, etwa 2,5 km landeinwärts, von Lesern in den höchsten Tönen gelobt. In diesem familiären Wohnzimmerlokal auf einer Farm gibt es keine Karte, sondern ein gesetztes 6-Gänge-Menü zu 35 € (auf Allergien und Abneigungen sollte man schon vorab hinweisen). Die Küche mit vielen Produkten aus dem eigenen Garten ist herausragend, der Wein aus dem Alentejo toll. Nur nach Vorausbuchung mind. 24 Std. im Voraus. Zwischen Ponta Delgada und Ribeira Grande von der EN 3-1a ab der Ausfahrt „Lagoa estrada secundária" ausgeschildert. Rua Caminho Da Selada 10, ℡ 917003020.

Santana

Der Villenort Santana erstreckt sich östlich von Rabo de Peixe und ist mit diesem mittlerweile fast zusammengewachsen. Bis 1968 befand sich hier der Insel-Airport, von dem aus man mit kleinen Propellermaschinen lediglich nach Santa Maria fliegen konnte. Donnerstags findet hier immer ein *Viehmarkt* statt. Auch wenn man nichts von Tierhaltung versteht, ist das Schauspiel ein Erlebnis. Kommen Sie frühmorgens! Schon mittags ist der Spuk vorbei und das Völkchen ziemlich betrunken. Nahe dem Gelände befindet sich auch ein gutes Restaurant (→ Essen & Trinken). Eine Fahrt zum ausgeschilderten *Observatório Astronómico* kann man sich sparen, es ist meist geschlossen.

Essen & Trinken **Restaurante da Associação Agricola de São Miguel**, riesiges, recht schickes Restaurant im Ausstellungskomplex *Centro de Exposições*. Wirbt mit dem Slogan „Do Prado ao Prato" („Von der Wiese auf den Teller"). Die Steaks genießen inselweite Berühmtheit, Leser sind begeistert: „Unser absolutes Lieblingsrestaurant, einfach super." Steaks 7,50–22 €, billigere halbe Portionen. Auch der Hamburger (ab 6,50 €) ist sehr zu empfehlen. Tägl. durchgehend geöffnet. Gut ausgeschildert. Campo de Santana, ℡ 296490001, www.restauranteaasm.com.

Der Miradouro da Boca do Inferno im Parque Lagoa do Canário
gehört zu den schönsten Aussichtspunkten der Insel

Das Innere des Inselwestens

Die Vulkanseen Lagoa Azul und Lagoa Verde zählen zu den landschaftlichen Highlights São Miguels. Auch das Bauerndorf Sete Cidades, das sich an die Seen schmiegt, lohnt einen Besuch.

Das Inselinnere im Westen São Miguels
ist weitaus reizvoller als die Küste. Auf
saftig-grünen Atlantik-Almen grasen
Kühe mit bimmelnden Glocken. Erloschene Krater sind von Gras überzogen
oder mit Nadelwald bedeckt. In den
wenigen Steinbrüchen der Gegend baute man früher u. a. Bimsstein ab, der
gemahlen als Zusatz von Reinigungs-
mitteln diente. Ein nahezu unvergessliches Erlebnis und Höhepunkt einer
Tour durch den Inselwesten ist an
wolkenlosen Tagen die Aussicht auf
den Lagoa Azul und den Lagoa Verde
von den **Aussichtspunkten Vista do Rei**,
Miradouro da Boca do Inferno oder
Miradouro da Cumeeira am Rand der
Caldeira das Sete Cidades. Alleine
genießt man das Panorama allerdings
nur selten – die Aussichtspunkte sind
touristische Hotspots!

Vista do Rei, Lagoa Azul und Lagoa Verde

Die malerischen Kraterseen Lagoa Azul
und Lagoa Verde schmücken Plakate
und Broschüren. Die meisten Aufnahmen werden vom Aussichtspunkt Vista
do Rei am Grat der imposanten Caldeira geschossen. Unten am Ufer des

Lagoa Azul liegt das Bauerndorf Sete Cidades („Sieben Städte"), um das sich zahlreiche Legenden ranken.

Die riesige **Caldeira**, mit über 12 km Umfang zugleich eine der größten der Azoren, soll kurz vor der Mitte des 15. Jh. entstanden sein. Zu jener Zeit begannen die ersten Siedler, die bewaldeten Hänge des etwa 1300 m hohen Vulkans zu roden. Eine gewaltige Eruption von unvorstellbarer Kraft sprengte den Berg und brachte den Krater zum Einsturz. So zumindest geht es aus den Berichten des Seefahrers Gonçalo Velho Cabral hervor, der 1444 nach São Miguel segelte – den Vulkan, diesen für die Navigation so wichtigen Orientierungspunkt, gab es plötzlich nicht mehr. Stattdessen kämpfte sich das Schiff durch ein aufgewühltes Meer voller Baumstämme, von oben regnete es Steine und Asche, am Himmel sah man Glutwolken, und Gasschwaden vergifteten die Luft. 1460, 16 Jahre später, beschrieb der Seefahrer Diego Gomez São Miguel so: „Auf der Insel gibt es einen Berg voller Feuer, der im Sommer wie brennende Kohle aussieht und im Winter voller Rauch ist."

Der **Aussichtspunkt Vista do Rei** am Kraterrand liegt heute 550 m über dem Meer. In den Seen der 300 m tiefer gelegenen Caldeira spiegeln sich an schönen Tagen die darüber ziehenden Wolken. Öfter aber steht man inmitten der Wolken und sieht so gut wie gar nichts. Der Name des Aussichtspunkts geht auf den vorletzten portugiesischen König Carlos I. zurück, den man bei seinem Inselbesuch 1901 an diese Stelle führte. Die grandiose Lage mit Blick auf Meer und Seen veranlasste ein französisches Unternehmen, 1984 wenige Meter oberhalb des Aussichtspunkts das **Fünf-Sterne-Hotel Monte Palace** zu eröffnen. Über 170 Betten hatte es, ein Jahr nach der Eröffnung wurde jedoch kein einziges Laken mehr gewechselt, das Hotel hatte Konkurs angemeldet. Mangels Werbung und Fluganbindung nach Europa waren zu wenige Gäste gekommen. Zuletzt war die Ruine ein grandioser *Lost Place* – von den „Danger"- und „Do not enter"-Schildern ließ sich kein Tourist abhalten, das Gebäude zu betreten. Doch die Tage des Abenteuerspielplatzes für Erwachsene scheinen gezählt: Bis 2021 wollen

Lost Place mit Panorama: Monte Palace

chinesische Investoren das Hotel wiederbeleben (oder auch nur Subventionen abschöpfen).

■ **Hinweis**: Am Parkplatz direkt hinter dem Aussichtspunkt Vista do Rei darf man nur 20 Min. parken. Trotzdem ist oft kein Platz zu bekommen. Wer länger bleiben will oder von hier aus Wanderungen unternehmen möchte, findet 900 m entfernt (Richtung Sete Cidades/Pico do Carvão) einen großen Parkplatz, der mit „Parque de longa duração" ausgeschildert ist.

Der erste See am Fuße des Aussichtspunkts Vista do Rei ist der **Lagoa Verde**. Er verdankt den Namen seinem grünlichen Schimmern bei Sonnenschein, das durch Reflexion von der steilen, bewaldeten Kraterwand verursacht wird. Dahinter liegt, durch eine schmale Brücke getrennt, der **Lagoa Azul**, der blaue See. Nach starkem Regen jedoch sind beide Seen einheitlich trübgrün. Sie besitzen keinen natürlichen Abfluss, und ihr Pegelstand schwankte früher so stark, dass die angrenzende Ortschaft **Sete Cidades** (s. u.) im Winter häufig überschwemmt wurde. Daran erinnern noch ein paar alte Pfahlbauten im Dorf. Die Zeit der nassen Füße endete für die Einwohner in den 1930er-Jahren mit dem Bau eines Wasserkanals durch die Kraterwand. Bis in die 80er-Jahre wurde dieser ca. 2 m hohe, schmale Tunnel noch regelmäßig von den Dorfbewohnern als Abkürzung nach Mosteiros an der Küste benutzt. Heute fährt man mit dem Wagen über den Kamm, durch den Tunnel zieht es nur noch ein paar Geocacher.

Sete Cidades

Ein idyllisches Bauerndorf ist Sete Cidades mittlerweile nur noch vor 11 Uhr morgens und nach 17 Uhr. Am Morgen werden die Kühe durchs Dorf getrieben, der eine oder andere Milchbauer ist dann noch mit dem Pferde-

Päuschen am Lagoa Azul

São Miguel → Karte Umschlagklappe hinten

Die blauen Tränen der Prinzessin

Umschlossen von einer hoch aufragenden Kraterwand liegt verborgen ein Bauerndorf, das den Namen *Sieben Städte* (Sete Cidades) trägt, auch gibt es zwei Seen, von denen der eine blau, der andere grün schimmert. Ein Ort von unglaublicher Schönheit, ein abgeschiedenes Paradies, das förmlich nach Sagen und Legenden verlangt.

Das bekannteste Märchen erzählt von der Liebe einer Prinzessin zu einem armen Hirten. Jahrelang sollen sich die zwei an jener Stelle getroffen haben, an der heute eine kleine Brücke die beiden Seen verbindet. Eines Tages aber erschien ein junger Prinz vor dem König der Sieben Städte und hielt um die Hand der Prinzessin an, und der König gab sein Einverständnis. Dies war ganz und gar wider den Willen seiner Tochter, und sie sträubte sich gegen die Vermählung. Der König verbot ihr daraufhin, sich mit dem Hirtenjungen zu treffen, heimlich verabredeten sie sich noch ein letztes Mal. Beide weinten bitterlich. Und aus den blauen Augen der Prinzessin und aus den grünen Augen des Hirtenjungen flossen so viele Tränen, dass sie zwei Seen füllten. Die Liebenden sollten sich nie mehr begegnen, die beiden Seen aber sind bis heute an jener Stelle vereint.

karren unterwegs. Tagsüber bestimmen Busse und Touristengruppen das Bild. Zentrum ist die dem Hl. Nikolaus geweihte kleine neogotische Pfarrkirche, zu deren Portal eine schnurgerade Allee führt. Neben der Kirche befindet sich ein Brunnen, der die sieben Städte durch sieben Pyramiden symbolisiert. Mehrere Großgrundbesitzer haben sich rund um den Ort im vorletzten Jahrhundert Sommerresidenzen mit großen Gärten anlegen lassen, die bis heute in Privatbesitz und der Öffentlichkeit nicht zugänglich sind. Alle Straßen, die am Ufer entlang verlaufen, führen zu herrlichen Picknickplätzen, die meisten mit Grillgelegenheiten. Von einem Bad im Lagoa Verde wird von offizieller Seite abgeraten, im Lagoa Azul darf hingegen gebadet werden. Am Ufer des Letzteren entstand jüngst auch eine Reihe seltsamer Glas-Metall-Kuben. In einem war das Minimuseum **Casa do**

Parque mit ein paar Schautafeln zur Caldeira von Sete Cidades untergebracht, in einem anderen wurden Kajaks und Fahrräder verliehen.

Verbindungen Bus Nr. 205 nur Mo–Fr um 7 und 9.30 Uhr über Várzea nach Ponta Delgada, zudem gelangen Sie werktags um 12 Uhr (mit Umsteigen in Várzea) und um 16.25 Uhr (mit Umsteigen in Ramal dos Mosteiros) zurück nach Ponta Delgada.

Taxis sind in Sete Cidades zuweilen schwierig zu bekommen. Jedoch hält hier auch der **Yellow Bus** (→ S. 77).

Öffentliche Toiletten Sanitärhäuschen im Caminho das Ruas nahe der Kirche.

Sport & Freizeit **eco atlântida**, eine private Touristeninformation, zudem Fahrradverleih (20 €/Tag), geführte Wandertouren (ganztägige Tour 50 €/Pers.) und Kanuverleih (20 €/Tag). Im Sommer tägl. 9.30–12 u. 13–17.30 Uhr, Okt.–April eher nach Lust und Laune. Rua Nova 45, ☎ 296098866, www.azoresforall.com.

Futurismo, am Lagoa Azul in einem der Kuben. Verleih von Rädern (7,50 €/Std.) und

Pfarrkirche St. Nikolaus

Pavillon

eco atlântida

WC

Sete Cidades

75 m

Casa do Parque

Futurismo

Lagoa Azul

Vista do Rei, Lagoa de Santiago, Ponta Delgada, Lagoas Empadadas, Lagoa do Canário

---

Kajaks (10 €/Std.). Nur nach Voranmeldung unter ☎ 967808666, www.futurismo.pt.

Zudem gibt es bei gutem Wetter am Ufer des Lagoa Azul mobile Kanuanbieter, die die Boote von ihren Anhängern aus verleihen.

Übernachten Sete Cidades Lake Lodge ❶, rund 100 m hinter dem Seeufer. Recht eng beieinanderstehende, moderne, architektonisch spannende Holzbungalows (jedoch ohne Seeblick; für 2 Pers. 90 €, Mindestaufenthalt 3 Nächte) und ein Natursteinhaus mit Seeblick (für 7 Pers. 180 €). Rua das Lavadeiras 2, ☎ 918304014, www.7cidadeslakelodge.com.

MeinTipp **Quinta do Queiró** ❼, 2017 eröffnet. Die Betreiber der „Quinta" haben das Grundstück ihrer Großeltern in eine schöne Selbstversorgerunterkunft umgestaltet. Auf dem Areal stehen 4 ineinander verschachtelte, teils aneinandergebaute Häuser für bis zu 6 Pers. Modern-rustikale Einrichtung mit liebevollen Details, sehr komfortabel, Kamin für kalte Tage. Nach hinten Gemüsebeete, eine Ziege, ein Schaf und Hühner. Mit dabei das Teehaus *O Poejo* (→ Essen & Trinken). Minimum 3 Nächte. 150–250 €/Nacht. Rua da Queiró 9, ☎ 296915674, www.quintadaqueiro.com.

Camping Parque de Campismo Sete Cidades ❻, bislang ein Provisorium. Es gibt 2 Toiletten, einsehbare Open-Air-Duschen (!), Grillplätze, einen Parkplatz und ein terrassier-

tes Campingareal. Akzeptabel, falls die Duschen und Toiletten sauber sind und funktionieren. An Hochsommerwochenenden allerdings extrem laut (Kindergeburtstage, Partys etc.). Bislang kostenlos. Pläne sehen jedoch vor, den Platz zu einem richtigen Campingplatz auszubauen (mit 70 Plätzen, 12 Bungalows, Restaurant und Café). Noch bis 2019 könnte alles fertig sein (was aber wundern würde). Wegbeschreibung: Man folgt der Wegbeschreibung von Wanderung 8 (→ S. 177), biegt aber ca. 700 m hinter dem Zentrum bei einem Brunnen rechts in die Rua da Cidade ein. Nach weiteren 200 m kurz vor einer Straßengabelung linker Hand zwischen zwei Mauerpfosten hindurch in den Wald. Falls Sie mit dem Bus anfahren, steigen Sie nicht im Zentrum bei der Kirche aus, sagen Sie dem Fahrer, dass Sie zum Campingplatz wollen.

Essen & Trinken Wenig Auswahl für den Touristenansturm. Viel mehr als die erwähnten Lokale gibt es nicht.

Green Love ❸, ein gläserner Würfel, liegt zwar schön am Lagoa Azul, dient aber in erster Linie dazu, Touristengruppen mit Hamburgern und weißen Pommes sattzubekommen – mehr Snackbar als Restaurant. Terrasse. Arruamento Margem das Sete Cidades 9, ☎ 296915214.

Lagoa Azul ❺, mit Bar- und Restaurantbereich. Hier bekommt man ein gutes und reichhaltiges Mittagsbüfett für 12 €. Sehr beliebt, leider reservieren hier auch viele Gruppen Tische. Am ehesten ist noch pünktlich um 12 Uhr ein Tisch zu bekommen. Rua da Caridade 18, ✆ 916405896.

mein Tipp **Casa de Chá O Poejo** 7, zur Unterkunft Quinta do Queiró gehörend (→ Übernachten). Gepflegtes, leicht gediegenes Lokal, in dem man gute Tees (auch von der Insel) kosten und dazu tolle hausgebackene Kuchen und Cookies, Sandwiches und Toasts essen kann. Zudem gibt es immer ein Tagesgericht. Nette Terrasse. Sehr freundlicher Service. Von Lesern sehr gelobt. So erst ab 13 Uhr, ansonsten schon vormittags geöffnet.

Restaurante Esplanada S. Nicolau 2, ganz vorne eine Art Wintergarten, in der Mitte Snackbar mit ordentlichem Angebot und Terrasse, nach hinten das große Restaurant, wo mittags ein solides Büfett für 8,50 € serviert wird. Ansonsten eher etwas lieblos zubereitete Standardgerichte. Rua da Igreja 18A, ✆ 296295589.

Eine traditionelle **Bäckerei** 4 mit bestem Brot gibt es in der Rua Nova 32. Kein Schild am Eingang, falls geschlossen, an der Seitenfront klopfen.

🚶 **Wanderung 8: Rund um Sete Cidades**   → S. 177
Traumhafter, aussichtsreicher Weg auf dem Kratergrat

🚶 **Wanderung 9: Nordostumrundung der Caldeira das Sete Cidades**   → S. 179
Ein Wanderhighlight

Lagoa de Santiago und Miradouro do Cerrado dos Freitas

Fährt man von Sete Cidades in Richtung Ponta Delgada und wählt dabei die Route über die Brücke zwischen dem Lagoa Azul und dem Lagoa Verde, passiert man nach 2 km eine Parkausbuchtung (rechter Hand). Wer die Aussicht auf den **Lagoa de Santiago**, einen von dichten Wäldern umschlossenen Kratersee, genießen will, muss hier aussteigen – von der Straße sieht man ihn nicht! Links des Aussichtspunkts führt ein Fußweg hinab.

Ca. 300 m weiter bergauf liegt linker Hand der Aussichtspunkt **Miradouro do Cerrado dos Freitas**, von wo man aus einer anderen Perspektive in die riesige Caldeira von Sete Cidades blicken kann. Nach weiteren 3 km gabelt sich die Straße. Wenn Sie hier der Beschilderung zum Pico do Carvão folgen, kommen Sie an den im Anschluss gelisteten Sehenswürdigkeiten vorbei. Halten Sie sich hingegen rechts, gelangen Sie zum Aussichtspunkt **Vista do Rei** (→ S. 120).

Parque Lagoa do Canário

Der von Sicheltannen umgebene Kratersee Lagoa do Canário (763 m ü. d. M.) liegt nahe der Straße nach Ponta Delgada, knapp 8 km von Sete Cidades entfernt. Der See und das Gebiet drum herum wurden unter Naturschutz gestellt. Einen fantastischen Blick auf den Lagoa Azul, auf Sete Cidades und den Pico da Cruz (845 m), die höchste Erhebung aus dem weiten

Rund der Caldeira, hat man vom Aussichtspunkt **Miradouro da Boca do Inferno** im Park. Zwischen See und Aussichtspunkt lädt ein großer Grillplatz zu einer Pause ein.

■ Im Winter Mo–Fr 8.30–15 Uhr, im Sommer Mo–Fr 8.30–19 Uhr, Sa/So 10–19 Uhr. Einfache Wegstrecke vom Parkeingang bis zum Aussichtspunkt 1,3 km, die letzten Meter muss man zu Fuß zurücklegen.

 Wanderung 10: Durch die Serra Devassa   → S. 180
Rundwanderung im kargen Hochland

Parque Lagoas Empadadas

Das Reservat an der Straße von Sete Cidades nach Ponta Delgada umschließt zwei Seen. Der nördliche hat die Form einer Acht, der südliche ist nahezu rund. Drum herum dunkler Nadelwald und Picknickmöglichkeiten, am Wegesrand das Rosarot der Azaleen. Das Wasser der Seen wurde einst über ein Aquädukt nach Ponta Delgada geleitet. Bereits Anfang des 16. Jh. plante man den Bau dieser Wasserleitung, 1521 wurde dafür sogar eine Sondersteuer eingeführt. Die Reste der Wasserleitung, die man heute von der Straße aus sieht, stammen aus dem 19. Jh. In den meisten Seen der Gegend lebt übrigens ein Weißfisch namens *Rutilus rutilus* (besser bekannt als Plötze oder Rotauge), den der einstige englische Konsul George William Hayes 1895 zuerst im Lagoa das Furnas aussetzte.

■ Im Winter Mo–Fr 8.30–15 Uhr, im Sommer tägl. 8.30–19 Uhr. Achtung: Nach Regen kann die Piste durch den Park schmierig und für Mietfahrzeuge ohne 4-Wheel-Drive unpassierbar sein.

Pico da Pedra

Das freundliche 2500-Einwohner-Städtchen liegt 2 km vom Meer entfernt am Fuß des gleichnamigen 234 m hohen Vulkans. Bis zu Beginn des 19. Jh. war das Überleben der Gemeinde jeden Sommer aufs Neue infrage gestellt – der Grund war Wassermangel. Baron Fonte Bela ließ daher 1836 für die Bevölkerung eine Wasserleitung errichten, was die Entwicklung des Städtchens förderte; ein Brunnen am Beginn der Avenida da Paz erinnert daran.

Zentrum des Ortes ist der **Largo do Trabalhador**. Drum herum findet man mehrere Bars. Auch die **Molkerei Lacticínios Capriaçores** hat in Pico da Pedra ihren Sitz. Um sie zu finden, folgt man vom Largo do Trabalhador

der leicht bergauf führenden Straße am Café Central vorbei und biegt nach 600 m links ab in die Rua João Luis Pacheco da Câmara, dann nach 300 m rechter Hand. Bis zu 2500 l Milch werden hier pro Tag zu Hart- und Weichkäse weiterverarbeitet. Aufgrund der EU-Hygiene-Bestimmungen ist eine Besichtigung des Betriebes leider nicht mehr möglich, die Herstellung des Käses kann man jedoch durch große Fenster verfolgen.

Verbindungen Bus (Nr. 102) tagsüber nahezu stündl. nach Ponta Delgada und Ribeira Grande.

Feste/Veranstaltungen Pico da Pedra ist einer der Orte, in denen der **Karneval** ausgiebig gefeiert wird. **Kirchweihfest** am 3. Sonntag im Sept.

Erholungsgebiet Pinhal da Paz

Luftlinie rund 2 km südlich von Pico da Pedra (mit dem Auto 5 km) liegt das *Reserva Florestal de Recreio do Pinhal da Paz*, ein weiträumiger, 49 ha großer Waldpark. Seine Fußwege führen auf mehreren Kilometern Länge vorbei an Pflanzen aus allen Kontinenten. António do Canto Brum ließ Pinhal da Paz Anfang des 20. Jh. als botanischen Garten anlegen. 1963 übernahm die Inselverwaltung den Garten und baute ihn zu einem Erholungsgebiet aus. Am farbenprächtigsten zeigt sich der Park um Ostern. An Sommerwochenenden ist die Hölle los: Dann wird hier gegrillt und gefeiert, was das Zeug hält.

Anfahrt Der Park ist von der Verbindungsstraße Ponta Delgada – Fenais da Luz ausgeschildert. Von Pico da Pedra folgt man vom zentralen Platz Largo do Trabalhador der leicht bergauf führenden Straße am Café Central vorbei, dann stets geradeaus, dann ausgeschildert.

Öffnungszeiten Anfang Juni bis Mitte Sept. Mo–Fr 8–19 Uhr, Sa/So und feiertags 10–20 Uhr, sonst verkürzt.

São Miguel → Karte Umschlagklappe hinten

Parque Lagoa do Canário: Park mit Fern-Seh-Programm

Schmuck: Zentrum von Ribeira Grande

Ribeira Grande und die Serra de Água Pau

Ribeira Grande ist zwar die größte Stadt an São Miguels Nordküste, aber dennoch nicht mehr als ein beschauliches Städtchen. Vor Ort gibt es fünf Museen und in der Nähe tolle Strände. Unbedingt auf die To-do-Liste sollten zudem Ausflüge zum Badewasserfall Caldeira Velha und zum Lagoa do Fogo in der hinter Ribeira Grande ansteigenden Serra de Água Pau.

Von Ponta Delgada erreicht man das rund 18 km entfernte Ribeira Grande am einfachsten über den Inselhighway, der die relativ flache Taille der Inselmitte durchquert. Landschaftlich schöner ist der Weg am Lagoa do Fogo vorbei oder die Straße von Vila Franca do Campo über den Monte Escuro. Am Monte Escuro entspringt auch jener Fluss, der der Stadt ihren Namen gab. Obwohl der Ribeira Grande der größte Fluss der Insel ist, wäre er treffender als großer Bach zu bezeichnen. Das Tal aber, das er im Laufe der Jahrtausende

gegraben hat, könnte von einem reißenden Strom herrühren.

Ribeira Grande ist die zweitgrößte Stadt São Miguels und hat mit allen Vororten rund 13.000 Einwohner. Bereits 1981 erhielt Ribeira Grande „Großstadtstatus", seit 2002 besitzt sie, wie es sich für eine Großstadt gehört, eine Umgehungsstraße.

Das Zentrum bildet der **Jardim Público**, ein kleiner baumbestandener Platz, dessen schattige Bänke Omas und Opas zum Verweilen einladen. Nur durch einen Häuserblock vom Jardim

Público getrennt, steht die **Igreja Matriz de Nossa Senhora da Estrela**, die Hauptkirche der Stadt (→ Sehenswertes). Drum herum überraschen hübsche Straßenzüge mit alten Straßenlaternen und weiß getünchten Fassaden. Viele der herrschaftlichen Häuser stammen aus dem 18. und 19. Jh., als Ribeira Grande vorübergehend ein Zentrum der Wollverarbeitung wurde. Die Manufakturen (das Know-how dafür hatten emigrierte Franzosen mitgebracht) bescherten dem Ort einen bis zu diesem Zeitpunkt nicht gekannten Wohlstand.

Auf der anderen Seite des Jardim Público, unmittelbar hinter der Brücke, steht das **städtische Theater**, das, wie so vieles auf den Inseln, durch EU-Hilfen von Grund auf renoviert wurde. Links davon beginnt die Hauptgeschäftstraße der Stadt, die Rua El-Rei Dom Carlos, die nur ein kurzes Stück weiter ihren Namen in Rua de Nossa Senhora da Conceição ändert. Läden, Banken und Cafés reihen sich hier aneinander.

Auch das Eck zwischen Markt und Meer mit seinen niedrigen Häusern und die **Uferpromenade** zwischen Schwimmbad und Strand laden zum Schlendern ein. Und ganz im Westen der Stadt steht mit dem **Arquipélago**

Fruchtige Passion – der Maracuja-Likör

Im 18. Jh. kam die Passionsfrucht aus Brasilien auf die Azoren. Heute wird sie auf São Miguel fast ausschließlich für die Herstellung von Likör angebaut. Auf die Produktion des Maracujalikörs hat sich der traditionsreiche Familienbetrieb *A Mulher de Capote Eduardo Ferreira* in Ribeira Grande spezialisiert. Der edle Tropfen wird ohne chemische Zusätze und Konservierungsstoffe als reines Naturprodukt hergestellt – etwa 300.000 Liter jährlich. In Eichenfässern muss der Likör zwei Jahre reifen, bevor er in Flaschen oder figürlichen Gefäßen abgefüllt wird. Die bekannteste Flasche ist die Mulher-Flasche, ein beliebtes Mitbringsel von den Azoren und für manche gar ein Sammlerstück.

Neben Maracujalikör umfasst das Sortiment Ananas-, Bananen-, Brombeer-, Kirsch-, Milch-, Limetten- und zig andere Liköre, von nur süß bis zuckersüß, die teils auch als Brandy bezeichnet werden. Seit Neuestem gibt es auch Gin mit Maracuja- und anderen Fruchtaromen. Der Großteil wird in die USA exportiert. Wer sich mit dem Likör eindecken will, kann dies in der zentral gelegenen Verkaufsstelle in der Rua Gonçalo Bezerra 13 tun (Mo–Fr 9–12 und 13–18 Uhr). Dort findet man auch Flaschen mit der Aufschrift „Ezequiel Moreira da Silva & Filhos". Dieser einst ebenfalls traditionsreiche Betrieb wurde von Eduardo Ferreira übernommen, Name und Rezeptur wurden jedoch beibehalten.

▪ Die Likörfabrik ist Mo–Fr von 9–18 Uhr zu besichtigen, kostenlose Likörprobe inklusive. Im Zentrum Ribeira Grandes von der Rua Nossa Senhora da Conceição der Beschilderung zum Lagoa do Fogo folgen. Nach 700 m bei der Taberna Fernando Pereira in die Rua do Berquó (Straßenschild nicht in Fahrtrichtung) links ab. Nach ca. 100 m rechter Hand.

ein Kunsttempel, der einer Weltmetropole würdig ist (→ Sehenswertes).

Im Osten der Stadt hingegen befindet sich die Milchfabrik *Bel Portugal*, eine der größten und modernsten Molkereien der Azoren mit rund 230 Beschäftigten. Käse und Milchpulver werden hier nach holländischem Vorbild produziert.

Sehenswertes

Rathaus

BU Das *Paço de Concelhos* liegt am Largo Conçelheiro Hintze Ribeiro im Herzen der Stadt mit Blick auf den Jardim Público. Das heute profane Gebäude war im 17. Jh. eine Jesuitenkirche. Der schlanke Glockenturm mit Uhr, die Stufen zum Portal sowie ein weiter Torbogen verleihen dem Gebäude Eleganz. Im Ratssaal in der zweiten Etage beherbergt es herrliche Azulejos, die von der Stadt und der Gegend erzählen, von Gaspar Frutuoso (Priester und Historiker), von Frauen, die am Fluss waschen, von Festen, Teeanbau u. v. m.

Museu Municipal

Das städtische Museum, eine Art Volkskundemuseum, ist im Solar de São Vicente Ferreira, einem rosafarbenen Herrenhaus aus dem 18. Jh., untergebracht. Mehrere Abteilungen erinnern an alte Handwerksberufe. Beachtlich ist die große Kachelsammlung; viele der Fliesen stammen jedoch vom

Ribeira Grande: Freibad am Meer

Festland. Zu den interessantesten Ausstellungsstücken zählen zwei Modellbauten von Prior Evaristo Crato, einem ehemaligen Pfarrer der Stadt und Gründer der ersten lokalen Fußballmannschaft. Einst musste man kurbeln, damit sich die originellen Modelle von Ribeira Grande und Jerusalem in Bewegung setzten. Heute übernimmt per Knopfdruck ein elektrischer Motor die Aufgabe, und Straßenszenen füllen sich mit Leben, Windmühlen drehen sich, Webstühle werden in Gang gesetzt …

■ Rua de São Vicente Ferreira 10. Mo–Fr 9–17 Uhr. 1 €. Wenn nicht viel los ist – was meist der Fall ist –, erhält man eine persönliche Führung (port./engl.).

Museu da Emigração Açoreana

Das besuchenswerte kleine Museum befindet sich in den Räumlichkeiten des ehemaligen Fischmarkts und ist das einzige Museum des gesamten Archipels, das sich mit der Thematik der Emigration vom 16. Jh. bis in die 1980er-Jahre beschäftigt (→ Kasten S. 490). In Brasilien arbeiteten übrigens viele azoreanische Emigranten auf den Zuckerrohr- und Kaffeeplantagen, in Kanada in den Uranminen. Bei vielen Exponaten handelt es sich um Spenden von Ausgewanderten, der Fundus wächst von Jahr zu Jahr.

■ Rua do Estrela (beim Markt). Mo–Fr 9–17 Uhr. 1 €.

Moinho do Vale

Die Gegend um Ribeira Grande war einst die Kornkammer der Insel. Um das geerntete Getreide zu mahlen, errichtete man Wassermühlen nahe dem Fluss. Das Wasser zum Antrieb der Mühlräder kam über künstliche Kanäle. Bereits Ende des 16. Jh. gab es in Ribeira Grande sieben Mühlen, im 19. Jh. wurden 30 Mühlen gezählt. Eine, die in den 1990er-Jahren aufgegeben wurde, hat man jüngst liebevoll restauriert. Montags und donnerstags wird hier noch auf traditionelle Weise Mais gemahlen.

■ Rua da Salvação/Ecke Rua dos Condes da Ribeira Grande. Mo–Fr 9–17 Uhr. Eintritt frei.

Casa do Arcano

Arcanos, „Geheimnisse", nennt man die winzigen, kunstfertig gearbeiteten Menschen- und Tierfiguren, die hier zu sehen sind. Es sind so viele, dass sich bis heute niemand die Mühe gemacht hat, sie zu zählen. Sie wurden von der Klarissin Margarida Isabel do Apocalipse im 19. Jh. aus Gummi arabicum, Brot und Reismehl geschaffen und zeigen Szenen aus dem Alten und Neuen Testament. Bevor man den Figürchen ein eigenes Museum in einem renovierten Stadthaus einrichtete, schmückten sie den geschnitzten Hochaltar der Igreja Matriz de Nossa Senhora da Estrela (s. u.). Leider nur portugiesische Erläuterungen.

■ Rua João D'Horta. Mo–Fr 9–17 Uhr. 2 €.

São Miguel → Karte Umschlagklappe hinten

Igreja Matriz de Nossa Senhora da Estrela

1517, zehn Jahre nachdem Ribeira Grande die Stadtrechte erhalten hatte, weihte man die Hauptkirche ein. 1680 wurde sie allerdings durch ein Erdbeben zerstört und musste wiederaufgebaut werden. Heute beeindruckt sie allein schon durch ihre erhöhte Lage über der Stadt. Der Glockenturm aus dunklem Basalt bildet einen starken Kontrast zur weißen Fassade. Im Inneren der dreischiffigen Kirche überraschen Gemälde flämischer Meister. Auf dem Vorplatz steht die Bronzestatue von Gaspar Frutuoso, der im 16. Jh. Priester der Kirche war und als der bedeutendste Azorenchronist jener Zeit gilt.

Igreja do Espírito Santo

Die Kirche aus dem 18. Jh. besitzt eine wuchtige Barockfassade und gehörte einst zu einem Spital der Misericórdia. Aus dieser Zeit rührt auch ihr zweiter Name *Igreja da Misericórdia* her. Und noch einen dritten Namen gibt es, unter dem das Kirchlein den Bewohnern von Sao Miguel ein Begriff ist: *Igreja dos Passos*. Der Grund: Am zweiten Sonntag in der Fastenzeit ist hier der Ausgangspunkt der Senhor-dos-Passos-Prozession.

Museu Vivo do Franciscanismo

Das Franziskanermuseum befindet sich in der Kirche des Konvents **Nossa Senhora Guadalupe**, der zwischen 1612 und 1626 entstand, und erweist den Franziskanern auf den Azoren die Reverenz. Bereits im 16. Jh. wurden die ersten Franziskanerklöster auf den Azoren gegründet, in der ersten Hälfte des 18. Jh. gab es bereits 18 Klöster auf den Inseln, allein auf São Miguel waren es sechs. Die meisten Klöster auf den Azoren und auch das in Ribeira Grande gehörten dem sog. Dritten Orden der Franziskaner an. Als Dritten Orden bezeichnet man eine Gruppe von Laien (Männer wie Frauen), die das Kloster

Übernachten
6 As Casas da Cascata
7 Guesthouse Costa Norte
10 Quinta das Rosas

Essen & Trinken
1 Ala Bote
2 Monte Verde
3 O Esgalha
8 A Merenda
11 O Chocolatinho Alves Devine

durch Gebet und Arbeit unterstütz(t)en, ohne aber ihr bürgerliches Leben aufzugeben. Da sich die Klöster um die Armen in der Gesellschaft kümmerten und die Zahl der Armen groß war, war auch der Zulauf groß. 1834 schließlich wurden die Klöster säkularisiert, seit diesem Zeitpunkt beherbergt der Konvent ein Krankenhaus. In der Kirche selbst ist auch ein Blick hinter (!) den Hauptaltar mit der Statue der *Lieben Frau von Guadalupe* interessant, einfach durch das Türchen gehen. Es gibt auch eine kleine Sammlung an

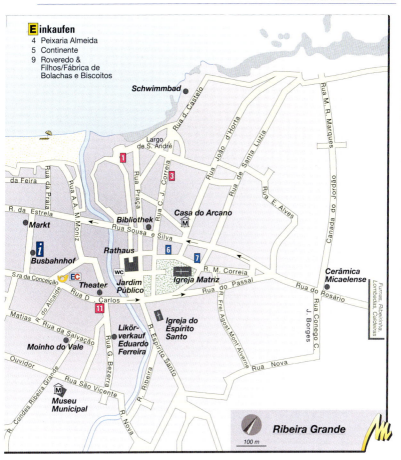

Heiligenfiguren und Statuetten, darunter die eines Schäferjungen, die kunstvoll aus Elfenbein gefertigt ist. Ein englischsprachiges Faltblatt hilft bei mangelnden Portugiesischkenntnissen.

▪ Rua de São Francisco. Mo–Fr 9–17 Uhr, Mai–Okt. zudem Sa 9–13 Uhr. 1 €.

Arquipélago

Für die gekonnte Umwandlung einer ehemaligen Alkohol- und Tabakfabrik in ein (für Ribeira Grande gelinde gesagt etwas zu groß geratenes) Kunst- und Kulturzentrum erhielten das Architektenteam *Menos é Mais Arquitectos* und João Mendes Ribeiro 2015 den begehrten *Mies van der Rohe Award*. Die spektakuläre Mischung aus historischen Industriebauten und Betonbaukörpern beherbergt rund 9000 m² Ausstellungsfläche, eine Mehrzweckhalle, eine Bibliothek und vieles, vieles mehr. Die temporären Ausstellungen zur zeitgenössischen Kunst gehören zu den besten in ganz Portugal.

▪ Rua Adolfo Coutinho de Medeiros. Tägl. (außer Mo) 10–18 Uhr. 3 €. www.arquipelago centrodeartes.azores.gov.pt

Information/Verbindungen

Information Posto de Turismo, eine der besten und freundlichsten Infostellen der Azoren. Ganzjährig Mo–Fr 9–17 Uhr. Im Busbahnhof, ✆ 296474332, www.ribeiragrande.pt.

Verbindungen Zentraler Busbahnhof an der Rua de Luis de Camões. Werktags von 7.15–18.30 Uhr nahezu stündl. **Busse** nach Ponta Delgada (Nr. 101, 102, 106, 107, der letzte gegen 22 Uhr). Fast jeder zweite Bus fährt über Rabo de Peixe (Nr. 102). Zudem bis zu 7-mal tägl. nach Maia (Nr. 105, 106, 110, 113), 2-mal tägl. nach Furnas (Nr. 110) und bis zu 4-mal tägl. nach Nordeste (Nr. 105 u. 106 um 11 Uhr).

Taxi-Standplatz am Largo 5 de Outubro vor der Igreja do Espírito Santo; eine Fahrt nach Ponta Delgada kostet ca. 15 €, nach Caldeiras oder Caldeira Velha 10 €.

Adressen/Baden   → Karte S. 132/133

Ärztliche Versorgung Krankenstation an der Rua de São Francisco. ✆ 296470500.

Baden Der Hausstrand **Praia Monte Verde** bietet im einen Sommer viel Sand, im anderen nur kindskopfgroße Kiesbrocken. Im städtische **Freibad** am östlichen Ende der Bucht toben sich die Teenager der Stadt aus. Sehr zu empfehlen ist der Sandstrand **Praia de Santa Bárbara** vor Ribeira Seca (→ Ribeira Grande/Umgebung, S. 136), der zu Fuß in ca. 20 Min. erreichbar ist.

Einkaufen Der **städtische Markt** an der Rua da Estrela verdient seinen Namen eigentlich kaum: Es gibt 2 Bars, Sa/So (dann nur vormittags) sind 4 oder 5 Gemüsehändler da, das war's aber auch schon. Donnerstags lohnt ein Besuch des Viehmarkts von Santana (→ S. 119).

Peixaria Almeida 4, die beste Adresse für Frischfisch in Town. Travessa da Rua da Praia, auf dem Weg zur Praia de Santa Bárbara ausgeschildert.

Roveredo & Filhos/Fábrica de Bolachas e Biscoitos 9, die Traditionsbäckerei (seit 1938) produziert *Queijadas de Fejão* (Käsetörtchen mit Bohnen) und *Queijadas de Cocos*, dazu jede Menge trockene Kekse, sonst nix. Sa/So geschl. Rua de São Francisco 90, www.roveredoefilhos.com.

Cerâmica Micaelense, am Ortsausgang an der Straße nach Ribeirinha linker Hand. Im Gegensatz zu Cerâmica Vieira in Lagoa (→ S. 95), wo der Fertigungsprozess in fast allen Schritten verfolgt werden kann, ist hier nur der Shop mit einer kleinen Showtöpferei zugänglich, in der weniger produziert als vielmehr angelieferte Keramik bemalt wird. Mo–Fr 9–18 Uhr. Rua do Rosário 42.

Öffentliche Toiletten Unter anderem im Stadtpark und im Busbahnhof.

Supermarkt Großer **Continente**-Supermarkt **5** an der Straße nach Ribeira Seca.

Theater Ribeira Grande besitzt eines der schönsten Theater der Insel; z. T. internationales Programm, überwiegend Konzerte.

Übernachten/Essen & Trinken   → Karte S. 132/133

Schönstes Hotel rund um Ribeira Grande ist das **Santa Bárbara Eco-Beach Resort** hinter dem gleichnamigen Strand (→ S. 136). Im Zentrum gibt es bislang nur wenige Unterkünfte, was sich aber in den nächsten Jahren ändern wird – es sind so einige Projekte im Bau.

Übernachten Quinta das Rosas 10, mitten in der Stadt und trotzdem im Grünen. Vermietet werden 3 modern ausgestattete Einheiten, alle mit eigener Terrasse oder Gärtchen. Kleiner Pool. Von Lesern gelobt. Für 2 Pers. ab 100 €. Rua de N. Sra. do Vencimento 27, ✆ 918296700, www.aquintadasrosas.com.

As Casas da Cascata 6, zentral neben der Hauptkirche. Eine charmante, kleine Herberge in einem liebevoll restaurierten Stadthaus. Nur 5 Zimmer, 2 davon mit Bad. Süßer Küchenbereich, kleiner Garten. Die Betreiber vermieten zudem 2 sehr gut ausgestattete Häuser im Zentrum, die gemütliche **Casa do Chafariz** und die eher nüchtern-modern eingerichtete **Casa da Ponte**. DZ 40–80 €. Largo Gaspar Frutuoso 33, ✆ 919797183, www.ascasasda ribeiragrande.com.

Guesthouse Costa Norte 7, von einer gast-freundlichen jungen Familie geführt. WG-Charakter. 3 bunte Zimmer für je bis zu 3 Pers. mit Gemeinschaftsbad (eines davon wird an allein reisende Traveller auch bettenweise vermietet). Gemütliche Gemeinschaftsräume, lieber Haushund. Abends wird zuweilen lecker gekocht. Im Dorm 18 €/Pers., DZ 40 €. Rua de Santa Luzia 1, ✆ 914575361, www.costanorte azores.com.

Restaurants   Siehe auch Ribeira Seca und Praia de Santa Bárbara.

Ala Bote 1, mit toller Terrasse in Freibadnähe. Die Hausspezialität ist *Cataplana à Ala Bote* (mit Fisch und Shrimps). Hg. 10–17 €, auch halbe Portionen. Wenn Busgruppen da sind (häufig), besser meiden, denn dann lassen Service und Qualität nach. Mi Ruhetag. Largo East Providence 68, ✆ 296473516, www. alabote.net.

Monte Verde 2, für die einen ein Tipp, für die anderen ein Flop, entscheiden Sie selbst. Gepflegtes Lokal mit Schwerpunkt auf frischem, auf Holzkohle gegrilltem Fisch (präsentiert in einer großen Vitrine). Mittlere bis gehobene Preisklasse. Mo Ruhetag. Rua da Areia 4 (etwas außerhalb), ✆ 296472975.

O Esgalha 3, einfacher Familienbetrieb mit ordentlicher Hausmannskost und Spezialitäten wie *Polvo*, Lamm und Zunge. Mittagsgerichte mit Getränk und Kaffee 7,50 €. Schnelle, korrekte Bedienung. Rua C. J. Correia 70, ✆ 296473147.

Praia de Santa Bárbara

Cafés/Bar   **A Merenda** 8, Mischung aus Snackbar (lecker belegte Sandwiches, Pizza) und Konditorei (süße Stückchen, tolle Kuchen und Torten). Besteht seit über 25 Jahren. Ordentlicher Mittagstisch. Rua Nossa Senhora da Conceição/Ecke Rua do Infante Dom Henrique.

O Chocolatinho Alves Devine 11, nicht gerade ein schönes Café, aber eines für Schleckermäuler. Leser finden die hausgemachte Schokolade toll, egal ob am Steckerl, als Brownie, im Croissant oder als Praline. Rua D. Carlos 21, www.ochocolatinho.pt.

Ribeira Grande/Umgebung

Ribeira Seca

Über 2500 Einwohner zählt der südwestlich von Ribeira Grande gelegene Vorort (nicht zu verwechseln mit dem gleichnamigen Ort an der Südküste São Miguels). Jedes Jahr am 29. Juni rückt er in den Mittelpunkt des Inselgeschehens. In einer großen Zeremonie vor der Pfarrkirche des Orts werden dann die *Cavalhados de São Pedro* eröffnet, die Reiterspiele zu Ehren des Hl. Petrus, deren Ursprung im Mittelalter wurzelt. Dabei handelt es sich um eine Parade durch die Stadt, wobei ein paar Auserwählte in rot-weißen Kostümen zu Pferde ihrem König folgen und von Fanfaren begleitet an *Sagres*- und *Bifana*-Ständen vorbei bis zum Rathaus ziehen. Neben der Pfarrkirche des Orts liegt auch der wieder entdeckte **Fontenário**, der einstige Dorfbrunnen von Ribeira Seca. Beim Ausbruch des Pico do Sapateiro 1563 (→ S. 139), der heute den Namen Pico da Queimada trägt, verschwand der Brunnen unter einem meterdicken Lavastrom. Erst in der zweiten Hälfte des 20. Jh. kam er bei Kanalisationsarbeiten wieder ans Tageslicht. Was sonst noch vom alten Ribeira Seca unter der Erde begraben liegt, lässt sich nur vermuten. Ein paar Schritte weiter in der Rua da Saúde 3 steht die *Fábrica de Telha* von José Tavares Vieira (ausgeschildert) – wer Glück hat, kann dort zuschauen, wie Dachziegel von Hand produziert werden.

Essen & Trinken **Restaurante O Silva**, vom Fontenário ausgeschildert. Traditionsrestaurant, das zuletzt ordentlich aufgebrezelt und vergrößert wurde. Hier brummt der Bär. Viel Wert wird auf frischen Fisch gelegt, aber auch die *Lapas* sind köstlich. Hg. 12,50–17,50 €, Tagesgericht 8 €. Mo Ruhetag. Rua Direita 41/3, ℡ 296472641, www.restsilva.wixsite.com.

Praia de Santa Bárbara

An der Küste vor Ribeira Seca erstreckt sich einer der schönsten und längsten Strände der Insel: die Praia de Santa Bárbara. Hinter dem gepflegten Beach mit dunklem Lavasand ragen Klippen auf, davor toben sich die Surfer aus – die hiesigen Wellen sind Schauplatz nationaler und internationaler Surfmeisterschaften. Baden hingegen ist

wegen der Strömung nicht ganz ungefährlich (Flaggenfarbe beachten!). Stundenlang lässt es sich dafür in der stylishen, windgeschützten Strandbar Tuká Tulá aushalten (s. u.).

Anfahrt/Verbindungen Gut ausgeschildert. Die Busse zwischen Ribeira Grande und Ponta Delgada passieren Ribeira Seca, z. T. jedoch auf unterschiedlichen Routen. Sagen Sie dem Busfahrer, dass Sie so nahe wie möglich am Strand aussteigen wollen. Vom Busbahnhof in Ribeira Grande knapp 2 km zu Fuß.

Mein Tipp **Übernachten/Essen & Trinken**
Santa Bárbara Eco-Beach Resort, am östlichen Strandende, eigene Zufahrt, ausgeschildert. Geschickt in die Natur integrierte Anlage mit in Reihe gebauten, stylishen Bungalows. Darin Studios und großzügige Appartements mit Kitchenette, manche mit offen in den Raum integriertem Bad, andere mit Hängematten auf der Terrasse. Reduziertes Design, ohne kühl zu wirken: Naturholz und Lavastein treffen auf Sichtbeton. Größtenteils seitlicher Meeresblick. Lobby zum Wohlfühlen, Pool, Beachclub. Für

Geothermie – Energie aus dem Bauch der Erde

An der Straße von Ribeira Grande zum Lagoa do Fogo fallen die weißen Dampfwolken mehrerer Kraftwerke auf, die Erdwärme in Elektrizität umwandeln – eine der umweltfreundlichsten Möglichkeiten der Energiegewinnung. Vorreiter der geothermischen Energiegewinnung waren Länder wie Japan und Island.

Das Prinzip der Geothermie ist einfach, und die Voraussetzungen sind auf den vulkanisch aktiven Azoren mit ihrer z. T. dünnen und rissigen Erdkruste ideal: Steigt für gewöhnlich in Mitteleuropa die Erdwärme alle 100 m um 3 °C an, lassen sich auf São Miguel Orte finden, an denen die Erdtemperatur in 700–800 m Tiefe fast sprunghaft von ca. 50 °C auf über 220 °C nach oben schnellt. Bohrt man nun einen Schacht, kann das darin eingeleitete Meerwasser als Dampf erhitzt nach oben entweichen und eine Turbine antreiben. Dieser aufsteigende Dampf hinterlässt jedoch eine schwermetallhaltige Brühe, die in andere Bohrlöcher hineingepumpt werden muss, damit sie keine Umweltschäden anrichtet.

Bislang decken die geothermischen Kraftwerke auf São Miguel rund 44 % des Energiebedarfs ab. Durch den Bau weiterer Kraftwerke sollen künftig 75 % des Inselstroms aus geothermischen Quellen geschöpft werden.

2 Pers. 325–390 €. Das schöne, lichte Restaurant mit herrlichstem Meeresblick bietet insbesondere Fisch und Sushi, Hg. 13–16,50 €. Morro de Baixo, ☎ 296470360, www.santabarbaraazores.com.

Tuká Tulá, die Strandbar ist als romantische Dinner-Adresse zum Sonnenuntergang nur zu empfehlen: guter Grillfisch, allerdings nicht ganz billig (Portion 18,50–24,50 €). Gleich beim Parkplatz, ☎ 296477647.

Surfen Brettverleih, Unterricht und Transfer bieten **Azores Surf Co** (auf dem Weg zum Strand, ☎ 960069575, www.azores-surf-co.com) und **Azores Surf Center** (direkt am Strand, ☎ 915970726, www.azoressurfcenter.com).

In die Serra de Água de Pau

Der Höhenzug der Serra de Água de Pau trennt Ribeira Grande an der Nordküste São Miguels von Vila Franca do Campo an der Südküste der Insel. Wenn Sie die Sendeantennen auf dem höchsten Punkt des Höhenzuges sehen, lohnt die Fahrt hinauf.

Caldeira Velha

Etwa auf halber Strecke zwischen Ribeira Grande und dem Lagoa do Fogo liegt ein herrlicher, von üppiger Vegetation umgebener **Wasserfall**, dessen lauwarmes, eisenhaltiges Wasser in einem kleinen Badebecken gestaut wird. Früher wurde das Wasser im Becken zudem noch von heißen Quellen erwärmt, die allerdings nach und nach versiegten. Dafür sprudeln die Quellen ca. 100 m unterhalb des Beckens heute umso mehr. Über die Quellen legten einst Kunsthandwerker gerne ihre Weidenruten. Überließ man die Weidenruten für einige Stunden dem schwefligen Dampf, ließ sich die Rinde leicht abziehen – aus den Ruten konnten Körbe geflochten werden. Mittlerweile sind die Quellen eine Touristenattraktion ersten Ranges, die Kunsthandwerker von dannen gezogen. Für die anströmenden Massen wurden neben den unteren Quellen weitere Warmwasserbadebecken angelegt und ein kleines Infozentrum zur Serra de Água de Pau

São Miguel → Karte Umschlagklappe hinten

Warmer Wasserfall: Caldeira Velha

Lagoa do Fogo: Eine Schönheit von einem See

eingerichtet. Tipp: In der Saison ganz früh am Morgen kommen, wenn man den Ort nur mit zwitschernden Vögeln teilt. Dann und außerhalb der Saison ist der Besuch ein schöneres Erlebnis. Ansonsten droht ein überfülltes Paradies.

■ Anfahrt: Von Ribeira Grande der Straße (R 5-2°) zum Lagoa do Fogo folgen, dann nach ca. 5 km rechter Hand (5 Fußmin. davor ein großer Parkplatz). Achtung: Keine Wertsachen im Auto lassen! Öffnungszeiten: Nov.–März tägl. 9.30–17.30 Uhr, April u. Okt. 9–20 Uhr, Mai–Sept. 9–21 Uhr. Alle Tickets sind auf 2 Std. begrenzt! Nur schauen 3 €, Badeticket 8 €, erm. 4 €, Fam. 16 €.

Lagoa do Fogo

Der malerische Kratersee liegt in der Serra de Água de Pau auf 610 m Höhe. Bei herrlichem Wetter beeindruckt das Spiel der Farben: das zarte Hellgrün des Sees, das Weiß des Sandstrands, das Gelbgrün der umgebenden Moose, Wiesen und Wälder und dazu das Meeresblau am Horizont. Das Gebiet um den Lagoa do Fogo ist Vogelschutzgebiet. Die höchste Erhebung stellt der Pico da Barrosa (947 m) dar, dessen Gipfel Antennen und Sendemasten krönen. Von ihm genießt man ebenfalls grandiose Panoramablicke.

Wenn der Strand des Sees zu sehen ist (nur bei niedrigem Wasserstand), lohnt ein Spaziergang hinab. Zum Seeufer führt ein schmaler Pfad, zugleich eine schöne kleine Wanderung (im Hochsommer ist zuweilen eine komplette Seeumrundung möglich). Keine halbe Stunde dauert es, und man ist eins mit der Natur und den fiependen Vögeln. Es macht Spaß, die Wanderstiefel auszuziehen und durch das seichte Wasser zu waten, im Juli und August kann man auch baden. Außerdem lässt es sich hier herrlich picknicken und mit den am Ufer herumliegenden Bimssteinbrocken Fußpflege betreiben.

Hinweis: Sind die Berge wolkenverhangen, lohnt die Fahrt zum See nicht. Streifen die Wolken nur die Berge, kann man an den Aussichtspunkten warten: Meist tut sich dann unverhofft doch ein Blick auf den See auf.

See-Geschichte

An der Stelle, wo sich heute der wassergefüllte Krater ausbreitet, erhob sich einst der mächtige Vulkankegel des Pico do Fogo, dessen letzte große Eruptionsphase am 2. Juni 1563 begann. Dem Ausbruch waren drei Tage lang Erdstöße vorausgegangen. Die Lavaströme vernichteten mehrere Siedlungen, u. a. Vila Franca do Campo und, durch eine Flankeneruption (Pico do Sapateiro), Ribeira Seca. Explosionen schleuderten Steine gen Himmel, die Sonne vermochte die Aschewolken nicht mehr zu durchdringen, selbst bei Tage soll es dunkel gewesen sein. Als die Magmakammer leer war, stürzte der Vulkan in sich zusammen, eine Caldeira, die sich im Lauf der Zeit 30 m hoch mit Regenwasser füllte, blieb übrig. Im Mai 2005 begann eine Erdbebenserie den Mittel- und Ostteil São Miguels zu erschüttern, die bis in den Oktober anhielt. Die Epizentren lagen rund um den Pico do Fogo. Höhepunkt war der September, als zur Sicherheit gar Schulen geschlossen wurden.

Mithilfe einer Sonde im Krater überwacht man den Ausstoß an Kohlendioxid, das im Tiefenwasser des Sees in hoher Konzentration gelöst ist. Sollte es durch einen Erdrutsch oder ein Beben zu einer Zirkulation des Wassers kommen, würde CO_2-haltiges Wasser an die Oberfläche steigen, wo infolge des Druckverlusts farb- und geruchloses Kohlendioxid in Gasform freigesetzt würde. Wäre die Kohlendioxidwolke groß genug, würde dies für alles seenahe Leben den Erstickungstod bedeuten.

Anfahrt Von Ribeira Grande ist der Weg ausgeschildert und führt am Badewasserfall Caldeira Velha (s. o.) und mehreren herrlichen Aussichtspunkten vorbei. Von Ponta Delgada gelangt man über Lagoa und Remédios zum See. Von der Straße bieten 3 bestens besuchte Aussichtspunkte einen Blick auf den Lagoa do Fogo. Am obersten Aussichtpunkt, dem Miradouro da Barrosa (von Ponta Delgada kommend der erste), befindet sich eine Gedenktafel, die an einen Flugzeugabsturz erinnert, am untersten, dem Miradouro da Lagoa do Fogo (von Ponta Delgada kommend der letzte) beginnt der Trampelpfad zum See. Dieser ist ausgewaschen und nach Regen schmierig. Auf den Pico da Barrosa zweigt von der R 5-2° oberhalb des Sees eine Stichstraße ab. Zum Lagoa do Fogo fahren keine öffentlichen Busse, es hält jedoch der Yellow Bus (→ S. 77).

Für ein Taxi von Ribeira Grande zum Lagoa do Fogo müssen Sie mit 12 € rechnen.

🚶 Wandertipp Vom Süden der Insel führt die schöne Wanderung 6 (→ S. 173) zum Lagoa do Fogo.

Caldeiras

Über ein gepflastertes, von Bäumen gesäumtes Sträßlein erreicht man Caldeiras von der Nordküste São Miguels aus. Die Häuseransammlung liegt an sich idyllisch in einem kleinen Tal. Doch etwa die Hälfte der Häuser steht leer und verfällt, ganzjährig lebt hier niemand mehr. Mittelpunkt des Ortes sind das gleichnamige Restaurant (s. u.) und gegenüber das 1811 errichtete kleine Thermalbad, das jüngst liebevoll saniert wurde und sich fast schon kuschelig präsentiert. Die alten Wannen sind aber noch erhalten, dazu gibt es hinter dem Haus einen 38 °C warmen Außenpool.

Neben dem Thermalbad befindet sich zudem ein großes, seichtes Becken mit sprudelnd heißem Wasser, über dem stets Schwefelgeruch hängt. „Don't swim in the boiling water" wird

Hinweis: Seit Jahren sind Weiden und Wälder rund um Caldeiras wegen ausströmender CO_2-Gase abgesperrt – legen Sie sich hier nicht auf den Boden. Der Grund liegt in vorausgegangenen Versuchsbohrungen für die Geothermie, bei denen eine Gasblase angebohrt wurde. Die Gegend wird mit Messgeräten überwacht. Vielleicht wird sich bis zu Ihrem Besuch das Problem gelöst haben. Falls es noch immer Warnschilder gibt, so nehmen Sie diese ernst.

São Miguel ↓ Karte Umschlagklappe hinten

Rau und wild: Landschaft bei Lombadas

gewarnt. Nahebei gibt es auch Fumarolen und einen Grillplatz.

Verlässt man den Ort und folgt der Straße nach Lombadas, passiert man eine öffentliche *Cozido*-Stelle. Hier kann jeder mit dem eigenen Topf antanzen und seinen Cozido im geothermischen Dampf garen (Dauer 6 Std.). Auch Maiskolben kann man hinablassen. Der Wärter vor Ort hilft.

Verbindungen Es gibt **keine Busverbindung** nach Caldeiras. Taxi von Ribeira Grande ca. 10 €.

Essen & Trinken   Bar Restaurante Caldeiras, gegenüber dem Thermalbad. Touristenrestaurant, das nicht recht überzeugen will. Auf Vorbestellung *Cozido*, So Lunchbüfett für 13,50 €. Mo Ruhetag. ☎ 296474307.

Thermalbad Di–Sa 10–23 Uhr, So/Mo bis 22 Uhr. Außenpool 3 €. Massagen (ab 35 €) sollten am besten vorab gebucht werden. ☎ 962592737.

 **Wanderung 11:
Rundtour von Caldeiras zum Salto do Cabrito**   → S. 182
Schöne Wanderung mit einer abenteuerlichen Passage.

Lombadas

Von Ribeira Grande führt eine schmale Straße an Caldeiras vorbei bis nach Vila Franca do Campo. Etwa auf halbem Weg (nach ca. 7 km) taucht rechts die Abzweigung nach Lombadas auf – bei gutem Wetter ein lohnenswerter Abstecher. Auf einer holprigen Stichstraße geht es in das gleichnamige Tal inmitten der **Serra de Água de Pau**, einer eigenartigen, zerfurchten Landschaft mit Schluchten, rauschenden Bächen und Wasserfällen.

Lombadas selbst besteht aus den Ruinen zweier Gebäude, in denen von 1897–1999 das *Água Mineral Carbo-Gasosa das Lombadas* abgefüllt wurde, einst das beste Mineralwasser des

Archipels. Um die Wende vom 19. zum 20. Jh. wurde es seiner heilenden Qualitäten wegen bis nach Lissabon exportiert. Bis zu 17.000 l sprudelten pro Stunde aus der Quelle, abgefüllt wurden aber nur wenige Kisten. Erdrutsche und Hochwasser zerstörten schließlich den Betrieb, zurück blieb ein fast gruseliger Trümmerhaufen. Künftig jedoch, so die Planungen, will man die Quelle wieder anbohren und eine Abfüllanlage aufbauen. Geht man links an den beiden Gebäuden vorbei, gelangt man an den Zusammenfluss zweier Bäche; der

eine ist klar, der andere eisenhaltig und deshalb rostbraun.

Wer mag, kann (gutes Schuhwerk vorausgesetzt) dem Bachbett hinter der alten Abfüllanlage noch etwas weiter folgen – eine beeindruckende Strecke durch ein sich stetig verengendes Tal. Der Weg war bis vor wenigen Jahren Teil eines herrlichen Wanderwegs, doch Hangrutsche sorgten dafür, dass nicht nur dieser, sondern sämtliche offiziellen Wanderwege rund um Lombadas gesperrt werden mussten.

Der Inselosten entlang der Küste

Manche Schönheit liegt bekanntlich versteckt, auf São Miguel ist das nicht anders: Die Buchten bei Porto Formoso oder der Strand von Lombo Gordo werden noch immer als Geheimtipp gehandelt. Und die Picknickplätze zwischen Salga und Achada oder zwischen Nordeste und Povoação kommen dem Paradies schon ganz schön nahe.

Bevor es die inselumrundende Küstenstraße gab, war die Region so isoliert, dass sie *Decima Ilha* („zehnte Insel") oder gar „Ferner Osten" genannt wurde. Heute ist die Region zwar spielend mit dem Fahrzeug zu erreichen, Touristen lassen das dünn besiedelte Gebiet auf ihren Inseltouren trotzdem häufig links liegen. Ganz im Gegensatz zu den Açoreanos: Unter ihnen gilt es mittlerweile als schick, sich einen Zweitwohnsitz in der Region Nordeste zuzulegen – kein anderer Concelho der Insel zeigt sich so gepflegt. Und so verwundert es nicht, dass es mittlerweile gar eine Schnellstraße von Ribeira Grande nach Nordeste gibt, mit der höchsten Brücke Portugals. Wer die Schönheiten der Region aber kennenlernen will, sollte die Schnellstraße *Estrada Nacional* bei São Bras verlassen und auf der kaum mehr befahrenen alten Küstenstraße weitertuckern.

Die Landschaft des Ostens ist geprägt von den hohen Bergzügen vulkanischen Ursprungs im Inselinnern. Die höchsten Erhebungen sind von West nach Ost der **Monte Escuro** (889 m), **Pico das Vacas** (578 m), **Pico Gafanhoto** (715 m), **Salto do Cavalo** (805 m) und der **Pico da Vara** (1103 m), São Miguels höchster Berg, der aus dem Gebirgsrücken des Planalto dos Graminhais aufsteigt. Zur Küste hin fallen die Hänge sanft ab, bevor sie unmittelbar vor dem Meer steil abbrechen. Im Lauf der Jahrtausende haben die Bäche tiefe Taleinschnitte gegraben, die zwar idyllisch, jedoch jahrhundertelang nahezu unüberwindbar waren. Einst wurde diese Gegend von Lorbeerbäumen dominiert, die heute wieder aufgeforstet werden. Darüber hinaus sieht man Japanische Sicheltannen, in höheren Lagen gedeihen Wacholder, Zeder und Baumheide.

São Miguel → Karte Umschlagklappe hinten

São Bras/Lagoa de São Bras

Von Ribeira Grande kommend, passiert man auf dem Weg nach São Bras zunächst den Aussichtspunkt **Santa Iria** hoch über der Küste – ein kurzer Stopp lohnt sich. Danach folgt die **Teeplantage Chá Porto Formoso** (→ Kasten S. 144/145). Von der Schnellstraßenausfahrt nach São Bras ist auch der gleichnamige See ausgeschildert (von da noch 4 km), der allerdings nicht allzu spannend ist. Gleiches gilt eigentlich auch für das Örtchen São Brás mit seinen zwei auffälligen roten Kirchturmspitzen. Wäre da nicht ein überaus empfehlenswertes Restaurant …

mein.Tipp **Essen & Trinken   Cantinho do Cais**, eine verdammt gute Wahl. Einfaches Restaurant mit Bar unter Leitung von Jorge, einem Französisch sprechenden Inseloriginal. Frischester Fisch und beste Meeresfrüchte, Spezialität ist *Molho de peixe*, eine Art Bouillabaisse (hervorragend, 15 €). Große Portionen! Mi Ruhetag. An der Durchgangsstraße in São Bras, nicht zu verfehlen. Rua Ramal 1, ✆ 296442631, www.restaurante-cantinhodocais.pt.

Porto Formoso

Das Fischerstädtchen Porto Formoso, „Schöner Hafen", trägt seinen Namen zu Recht: Das Zentrum thront über einer geschützten halbrunden Sandbucht. Allmorgendlich legen hier die Fischer mit ihren Booten ab, allabendlich sitzt auf dem kleinen Platz darüber die Jugend zusammen, diskutiert und schmiedet Pläne. Porto Formoso ist ein gemütlicher Ort und auf jeden Fall einen Abstecher wert. Das Gleiche gilt für die westlicher gelegenen Badestrände **Praia Ilhéu** (von Porto Formoso kommend der erste Strand) und **Praia dos Moinhos** (der zweite, ca. 30 Fußminuten vom Zentrum). Letzterer zählt zu den besten Stränden der Nordküste. Er ist von Klippen umgeben, die meisten der wenigen Häuser in der kleinen Bucht sind malerisch ineinander verschachtelt. Achtung, der Zugang zum Strand ist etwas versteckt, folgen Sie der Beschilderung zur Snackbar O Moinho.

Nochmals eine Bucht weiter westlich gibt es eine Warmwasserquelle, die **Ladeira da Velha**, die einst ein Thermalbad speiste (→ Wandertipp). Die Ruine des Thermalbads sieht man auch vom Aussichtspunkt Santa Iria hoch über der Küste zwischen Ribeirinha und Porto Formoso.

Verbindungen   Mit dem **Bus** von Ponta Delgada (Nr. 108, 110, 113) über Ribeira Grande 5-mal tägl. zu erreichen. In die andere Richtung fahren die Busse Nr. 102, 107, 108 u. 113.

Essen & Trinken   O Moinho (The Mill), um eine alte Wassermühle gebaute, verglaste Snackbar mit schöner Gartenterrasse über der Praia dos Moinhos. Die freundlichen Inhaber Manuela Pereira und José Soares servieren gute Snacks (Spezialität des Hauses sind die Burger, kosten Sie den Baconburger), in der Saison frischen Fisch. Im Winter Mo Ruhetag, im Hochsommer tägl. bis 23 Uhr, sonst bis 20 Uhr. Ausgeschildert. ✆ 296 442110.

Restaurante Maré Cheia, auch dieses Restaurant an der Durchgangsstraße hinter der Praia dos Moinhos ist zu empfehlen. Das meinen auch Leser. Klein und günstig, super *Lapas*, der gegrillte Fisch ist in der Saison fangfrisch. Im Sommer tägl. durchgehend geöffnet. Rua dos Moinhos 21, ✆ 296446625.

🚶 **Wandertipp**   Von der Praia dos Moinhos führt der 7 km lange (Dauer 2:30 Std.) Rundwanderweg *TM 04* zum oben beschriebenen alten Thermalbad. Wandertafel am Weg zum Strand. Weitere Infos auf www.ribeira grande.pt/trilhos.

Weiter zum **Lagoa das Furnas**? Dabei passieren Sie den **Miradouro do Pico do Ferro**, → S. 165.

Maia

Knapp 17 km östlich von Ribeira Grande liegt auf einem Landvorsprung das knapp 2000 Einwohner zählende, gemütliche Städtchen Maia (nicht zu verwechseln mit dem höher gelegenen Lomba da Maia → Praia da Viola). Die Beliebtheit des Ortes manifestiert sich in mehreren Neubausiedlungen. Viele der Zugezogenen sind Pendler und arbeiten in Ribeira Grande oder Ponta Delgada. Das herausgeputzte Zentrum mit seinen schachbrettartig angelegten, gepflasterten Gassen ist jedoch nett. Es gibt Kneipen, Läden, Banken, Ärzte – fast alles, was man zum Leben braucht. Am kleinen **Fischerhafen** im Osten findet man ein paar Meter Sandstrand und eine sporadisch geöffnete (in manchen Jahren auch gar nicht geöffnete) Snackbar mit Terrasse. Baden kann man auch in **Naturschwimmbecken** weiter westlich – von der Straße nach São Bras mit „Piscinas naturais" und dann mit „Zona balnear do Frade" ausgeschildert.

Die Straße nach São Bras führt vorbei an der einstigen **Tabakfabrik** des Ortes, die von 1871–1988 in Betrieb war und heute das **Museu do Tabaco** beherbergt. Hier wurden Marken wie *Colonel*, *Dili*, *Aurora*, *Aviadores* oder *El-Rei* produziert, dazu die Marke *Benfica*, die Fankippe für die Fußballfans des gleichnamigen Lissabonner Vereins. Führungen (Dauer ca. 40 Min.) sind recht interessant – leider ist nicht immer ein Führer da, und ohne erfährt man nicht allzu viel. Man sieht u. a. Erntewagen zum Abtransport der Blätter, Wiegestellen, den Trockenraum (dunkle Tabake wurden über Feuer getrocknet) und kurze Info-Filmchen

(Mo–Fr 9–16.20 Uhr, Sa 9.30–12 u. 12.30–16 Uhr; 2,50 €; www.museutabaco maia.webcindario.com).

Fährt man hingegen gen Osten nach Lomba da Maia, passiert man das Örtchen Lombinha. Direkt an der Durchgangsstraße steht dort ein Natursteinhaus mit blauen Fensterläden: die **Tecelagem O Linho**, wo man einen Einblick in die traditionelle Leinenweberei erhält (falls geschlossen, einfach klopfen). Angeschlossen ist eine Bar.

Verbindungen Bus bis zu 6-mal tägl. nach Ribeira Grande (Nr. 102, 106, 107, 108, 110, 112M, 113), viele der Busse fahren nach Ponta Delgada weiter. 2-mal tägl. (Sa/So 1-mal) nach Nordeste (Nr. 105 u. 106).

Mein Tipp Übernachten **Solar de Lalém**, der einstige Adelssitz aus dem 18. Jh. mit Hauskapelle ist eine der schönsten und sympathischsten Unterkünfte auf São Miguel. Geschmackvoll renoviert und seit 1995 mit Engagement von Gerd und Gabriele Hochleitner geführt, die viel Wert auf Qualitätstourismus legen. Angenehmes Ambiente, sehr freundlicher Service: Gäste werden individuell mit Tipps zu Wanderungen und Ausflügen versorgt. 10 stilvolle Zimmer inkl. einer Suite. Dazu ein Pool und eine Bar mit hübscher Terrasse, auf der auch gefrühstückt wird. Golfplatznähe. Viele zufriedene Stammgäste, von Lesern hochgelobt. Wurde schon für nachhaltigen Tourismus auf den Azoren ausgezeichnet. Von São Bras kommend, am Ortseingang linker Hand, der rosafarbene Herrensitz ist nicht zu übersehen. EZ 106–124 €, DZ 124–140 €, Suite 180 €. Estrada de São Pedro, ✆ 296442004, www.solardelalem.com.

Essen & Trinken **O Sagitário**, Restaurant und Bierkneipe (im EG) mit schöner Terrasse. Fisch (lassen Sie sich zeigen, was frisch da ist) und dicke Fleischlappen. Hg. 7,50–20 €, Meeresfrüchte i. d. R. nach Gewicht. Im Zentrum bei der Kirche, Rua de Santa Catarina 27, ✆ 962894770.

In den Teeplantagen von Chá Gorreana

Plantações de Chá Gorreana und Chá Porto Formoso – die letzten Teeplantagen von São Miguel

62 Teeplantagen zählte man einst an der Nordküste São Miguels mit ihrem idealen Mikroklima. Die Teegärten waren lange Zeit eines der wirtschaftlichen Standbeine der Insel, doch der Zweite Weltkrieg brachte das Aus für den Teeanbau im großen Stil, da die Schiffsverbindungen in die Abnehmerländer unterbrochen waren. Die ersten Versuche, gewinnbringend Tee anzubauen, wurden in der zweiten Hälfte des 19. Jh. unternommen, nachdem die Orangenplantagen durch Laus- und Pilzbefall zerstört worden waren. Anfangs kamen die Pflanzen aus Brasilien, bald darauf, zusammen mit dem Know-how zur Weiterverarbeitung der Blätter, über Macao aus China.

Von allen Teefabriken der Azoren hielt nur eine den krisengeschüttelten Zeiten stand: die **Plantações de Chá Gorreana**. Das Unternehmen von Hermano Ataide Mota, ein Familienbetrieb in der fünften Generation, liegt zwischen São Brás und Lomba da Maia an der Schnellstraße.

1883 wurde auf dieser Plantage das erste Kilo Tee produziert, heute sind es 50–60 t pro Jahr. Die Teeplantage, die sich rund um die Teefabrik erstreckt, hat eine Fläche von 45 ha; hindurch führt ein schöner anderthalbstündiger markierter Rundwanderweg (*PRC 28 SMI*, Länge 3,4 km), Einstieg am Parkplatz vor der Fabrik. Am spannendsten ist die Tour zur Erntezeit von April bis September, dann sieht man nicht nur Ziegen als Unkrautvernichter im Einsatz, dann machen sich auch etwa 30 Arbeiter alle

14 Tage daran, die Triebspitzen der gepflegten Pflanzungen von Hand nachzuschneiden. Da dies nicht maschinell geschieht, spricht man von orthodoxem Tee. Dabei werden nur die Endknospe und die ersten zwei Blätter geschnitten. Endknospe und das oberste kleinste und leichteste Blatt ergeben zusammen den *Orange Pekoe*, den besten Tee. Produziert wird schwarzer, grüner und mittelfermentierter Tee. Nach dem sog. Welken (einem künstlichen Trocknungsprozess, bei dem die Blätter rund 30 % ihrer Feuchtigkeit verlieren) werden die Blätter gerollt. Dabei öffnen sich die Zellwände und die Blätter verlieren ihre bitteren Geschmacksstoffe.

Azoreanischer Tee weist im Vergleich zu Tee aus China oder Indien weniger Gerbsäure auf, was ihn sehr beliebt macht. Der Großteil der Produktion wird auf den Azoren vertrieben, nur ein kleiner Teil ins Ausland exportiert. In Deutschland wird der Tee als pestizidfreier Biotee vermarktet.

Die zweite Teefabrik, **Chá Porto Formoso**, sieht deutlich weniger Touristen und liegt oberhalb des gleichnamigen Städtchens ebenfalls an der Schnellstraße. Mit starken EU-Spritzen wurde diese einst ebenfalls traditionsreiche Teefabrik im Jahr 2000 wieder zum Leben erweckt. Bislang erfolgt der Anbau auf einer Fläche von lediglich 6 ha, produziert wird ausschließlich schwarzer Tee.

Die beiden Plantagen waren bis vor wenigen Jahren die einzigen Teeplantagen Europas. Heute wird – der Klimawandel macht's möglich – auch in Schottland Tee angebaut.

◾ Die **Plantações de Chá Gorreana** sind Mo–Fr von 8–18 Uhr und Sa/So ab 9 Uhr geöffnet. In dem kleinen Betrieb, in welchem die Blätter mittels alter englischer Maschinen verarbeitet werden, kann man alle Produktionsschritte verfolgen (jedoch gibt es keine Führungen für Individualtouristen). Außerdem gibt es einen kurzen Film (englisch untertitelt), und es darf Tee gekostet werden, auch ein Verkaufsstand ist vorhanden. www.gorreanatea.com.

Chá Porto Formosa, bietet einen gemütlichen Teeraum und eine schöne Terrasse. Der Produktionsprozess wird hier zunächst auf Video gezeigt (Dauer 5 Min.) und dann an einzelnen Maschinen kurz vorgeführt. Zum Schluss darf auch hier degustiert werden. Mai–Okt Mo–Sa 9–18 Uhr, sonst bis 17 Uhr. www.chaportoformoso.com.

Fim de Seculo, Bar im EG, Restaurant im OG. In manchen Sommern normaler Restaurantbetrieb, in manchen nur nach Vorbestellung. Solide Küche. Riesenportionen. *Lapas* 10 €. Vom Wirt empfohlene Desserts: Mousse au Chocolat oder süßer Reis. Beim Largo do Guilherme Fraga Gomes, neben der Apotheke, ☎ 296442787.

Wandertipp Über dem Hafen Maias beginnt ein markierter Wanderweg in die Praia da Viola. Dauer ca. 45–60 Min. Der Weg ist identisch mit Wanderung 12 auf S. 184, in diesem Fall aber verläuft er in entgegengesetzter Richtung.

Wanderung 12: Von Ribeira Funda nach Maia   → S. 184
Die schöne Küstenwanderung bietet Bademöglichkeiten und passiert auch die Praia da Viola.

Praia da Viola/Baden

Unterhalb der Ortschaft Lomba da Maia lädt die herrliche, dunkle Sandbucht Praia da Viola zum Sonnen und Baden ein – bei Ebbe ist der Strand recht groß, bei Flut eher schmal. Die Straße dorthin ist von Lomba da Maia ausgeschildert. Vom Parkplatz läuft man noch rund zehn Minuten auf einem Treppenweg hinab in die Bucht – es geht vorbei an zwei aufgegebenen Mühlenruinen (ein Mühlstein dient heute als Treppenabsatz) und einem Wasserfall. Halten Sie dabei unmittelbar hinter der ersten Ruine, die Sie passieren, nach einem gelb-roten Kreuz für „falscher Weg" Ausschau und merken Sie sich diese Stelle. Falls Sie unten auf Meereshöhe wegen Flut oder hoher Wellen nicht zum Strand gelangen, folgen Sie diesem „falschen Weg". Bei der nächstmöglichen Abzweigung geht es in diesem Falle nach rechts zum

Hoch über der Praia da Viola

Strand. Auch von Maia aus kann man auf einem schönen Pfad zum Strand wandern (s. o.). Der Weg ist markiert und Teil des offiziellen Wanderweges *Percurso Pedestre PR 27 SMI* von Maia nach Lomba da Maia.

Essen & Trinken O Cordeirinho, in Lomba da Maia an der Durchgangsstraße nahe der Kirche. Einfaches Lokal, in dem die Mama traditionell kocht. Kleine Karte. Lecker der *Bacalhau na telha* und der *Polvo assado* (gibt's meist am Sonntag aus dem Steinofen). So abends und Mo geschl. Rua das Casas Telhadas 51, ✆ 296446573.

Fenais da Ajuda

Die 1250-Einwohner-Gemeinde im äußersten Osten des Kreises von Ribeira Grande wird von Feldern und Weiden umrahmt. Auf der alten inselumrundenden Straße passiert man lediglich die ehemalige Milchsammelstelle und die Bushaltestelle des Ortes. Folgt man von der Milchsammelstelle der Beschilderung ins Dorf, gelangt man zur **Kapelle Nossa Senhora da Ajuda** (mit Friedhof), die einst zu einem Franziskanerkonvent gehörte. Vom Vorplatz hat man eine nette Aussicht. Auf dem Weg ins Dorf passiert man auch die Wandertafel samt Einstieg in den 5,5 km langen **Rundwanderweg** *PRC 34 SMI* (Dauer 2:30 Std.). Den ersten Abschnitt des Weges können Sie mit dem Auto fahren. Parken Sie bei dem Picknickplatz, bevor die Straße hinab zum kleinen Hafen im Tal des Ribeira do Mato führt. Ab dem Hafen ist der Wanderweg recht nett und bringt Sie zum Aussichtspunkt Miradouro da Rocha und nach Lomba de São Pedro.

■ **Bus** 4-mal tägl. über Ribeira Grande nach Ponta Delgada (Nr. 105, 106, 107, 113), bis zu 4-mal tägl. nach Nordeste (Nr. 105, 106).

Salga

Auch das Zentrum von Salga liegt abseits der alten inselumrundenden Küstenstraße, im Gegensatz zu Fenais da Ajuda jedoch nicht dem Meer zugewandt, sondern landeinwärts. Auf der alten Küstenstraße passiert man das **Restaurante Moagem**. Das unspektakuläre Lokal existiert schon seit Ewigkeiten, und die Geschichte seiner Inhaber ist beispielhaft für das Schicksal vieler Azoreaner. Wir beginnen beim vorvorletzten Besitzer: Bis kurz vor der Jahrtausendwende gehörte das Lokal Leonel Lima. Einst war er aus wirtschaftlichen Gründen nach Kanada ausgewandert, mit Geld in der Tasche und Heimweh im Herzen kam er zurück und kaufte das Restaurant. Doch von den daheim gebliebenen Verwandten lebten nicht mehr viele, die meisten Freunde aus den Jugendjahren waren in alle Winde verstreut. Sein Bekannten- und Verwandtenkreis in Übersee war größer als der in Salga, und so kehrte er nach Kanada zurück. Dort tauschte er sein Restaurant gegen die Bar des Azoreaners Joe de Melo ein. Fortan schenkte Joe den Bauern von Salga den Schnaps ins Glas, dann aber hatte auch bei ihm die Sehnsucht nach Kanada über das Heimweh nach São Miguel gesiegt. Seitdem stehen Fernando Pereira und seine Familie hinter der Theke. Acht Jahre lang haben sie in Massachusetts gelebt; weil sie sich dort aber einsam fühlten, kehrten sie nach São Miguel zurück.

An der Straße zum Salto do Cavalo (ausgeschildert, → S. 164) am oberen Ortsende von Salga befindet sich im letzten Haus rechts der **Souvenirladen A Folha de Milho**, der hübsche Strohpuppen und -hüte verkauft, die die gute alte Teberia (2018 bereits 88 Jahre alt!)

im Hinterhof bastelt (Mo–Sa 9–16 Uhr, falls geschlossen, einfach klingeln).

1 km östlich von Salga liegt der Aussichtspunkt und Picknickplatz **Miradouro do Salto da Farinha** hoch über der Küste. Er zählt zu den schönsten von São Miguel. Im Schatten kleiner Hütten lässt es sich herrlich grillen, mit Blick auf einen Wasserfall zur einen Seite und auf das Meer zur anderen. Im Sommer liegen meist Holzscheite parat, auch sanitäre Anlagen sind vorhanden.

Zur unten liegenden Bucht führt ein schmales, extrem steiles Sträßlein (35 % Gefälle!). Unten gibt es zwar einen Parkplatz, dennoch läuft man besser, da dort hin und wieder Scheiben eingeschlagen werden. In der Bucht gibt es einen kleinen von einer Süßwasserquelle gespeisten Planschpool, zudem Grillmöglichkeiten und Toiletten – ein idyllisches Plätzchen.

▪ **Bus** werktags bis zu 5-mal tägl. nach Nordeste (Nr. 105, 106, 115), 3-mal tägl. über Ribeira Grande nach Ponta Delgada (Nr. 105, 106, 107).

🚶 Wandertipp In der Bucht zu Füßen des Miradouro do Salto da Farinha kann man in den Wanderweg *PR 21 SMI* einsteigen (dort auch eine Wandertafel, insgesamt 5 km, 2 Std.). Man braucht aber gar nicht den ganzen Weg gehen – auf etwa halber Strecke liegt der Badewasserfall Poço Azul, ein schönes Ziel einer schönen Tour.

Hymne an die Liebe

Am 28. Oktober 1949 zerschellte ein Air-France-Flugzeug auf dem Flug von Paris nach New York am Planalto dos Graminhais, jenem Gebirgszug, der sich auf der Fahrt von Salga nach Achada rechter Hand erhebt. In der Maschine starb der Boxer Marcel Cerdan im Alter von 33 Jahren. Der Weltmeister im Mittelschwergewicht war zu jener Zeit der Geliebte Édith Piafs (1915–1963), Frankreichs großer Chansonsängerin. Nach dem Unglück plünderten die Micaelenses das Flugzeug – sie nahmen mit, was sie finden konnten. In den Medien nannte man sie „barfüßige Piraten", da zu jener Zeit hier noch kaum einer Schuhe hatte. Ihren Schmerz über den Verlust des Geliebten verarbeitete Édith Piaf später in dem Lied *Hymne à l'Amour*. Die Berge der Azoren wurden schon mehreren Flugzeugen zum Verhängnis.

Ribeira dos Caldeirões, Achada und Feteira Grande

Als sich im 16. Jh. an den weiten Ausläufern des Salto do Cavalo die ersten Siedler niederließen, entwickelte sich Achada zu einem der bedeutendsten Zentren der Region. Der Grund war Achadas kleiner Hafen. Bevor man die Insel mit Straßen erschloss, war dieser für die Siedler das Tor zur Welt. Über ihn verschifften sie ihre Ernte nach Ponta Delgada und erhielten dafür all das, was sie selbst nicht ernten oder herstellen konnten. Heute unterscheidet sich der Ort mit seinen Siedlungen drum herum kaum mehr von anderen der Gegend, auch die Fahrt zum Hafen hinab ist kein Muss.

Das Highlight der Ortschaft liegt 700 m westlich vor der eigentlichen Gemeinde Achada an der alten inselumrundenden Straße: ein Picknickplatz, der dem Miradouro do Salto da Farinha trotz nicht wirklich vorhandenem Meeresblick kaum nachsteht. Im für Touristen aufgebrezelten Bachtal des **Ribeira dos Caldeirões** gibt es Wasserfälle, eine Wassermühle, blühende Beete, ein Café, einen Kunsthandwerksladen, Grillgelegenheiten und sanitäre Einrichtungen.

Beim östlich von Achada gelegenen Feteira Grande ist ein weiterer schöner Picknickplatz mit Aussichtspunkt ausgeschildert, der **Miradouro dos Pesqueiro** hoch über der Steilküste. Noch weiter östlich auf der alten Küstenstraße passiert man unmittelbar hinter einer Brücke den **Heiligenschrein Gruta de Oração do Romeiro a Nossa Senhora**. Die Romeiros von São Miguel (→ Kasten) machen hier jedes Jahr halt, die Maria ist mit Rosenkränzen behängt.

Idyll am Bach: Picknickplatz am Ribeira dos Caldeirões

Verbindungen Bus werktags bis zu 5-mal tägl. nach Nordeste (Nr. 105, 106, 115), 3-mal tägl. über Ribeira Grande nach Ponta Delgada (Nr. 105, 106, 107).

Essen & Trinken Poço Azul, im 2 km westlich von Achada gelegenen Dorf Achadinha. Einfaches, aber gepflegtes Lokal mit einem sehr guten und vielfältigen Mittagsbüfett zu 7 €, abends Fisch- und Fleischstandards zu 8– 15 €. Freundlicher, zügiger Service. Mo abends geschl. Von der alten inselumrundenden Straße mit „Restaurante" ausgeschildert. Rua Caminho Fundo 14, ✆ 296452151.

🥾 Wandertipp Am Parkplatz neben der Kirche von Achadinha steht die Wandertafel zum Rundwanderweg *PRC 38 SMI* (2 Std., 4,4 km), der durch das Bachtal des Ribeira do Lenho und auf die Anhöhe Lomba d'el Rei führt.

Romeiros – die Pilger der Insel

Jedes Jahr vor Ostern sieht man zuweilen singende Pilgergruppen über die Insel wandern. Darunter sind Männer jeglichen Alters, aber keine Frauen. Bei allen Kapellen der Insel machen sie halt, die der Nossa Senhora, Unserer Lieben Frau, geweiht sind. Eine Woche dauert ihr Marsch, eine entbehrungsreiche Woche des inneren Suchens, Schritt für Schritt. Sie alle haben ein Gelübde abgelegt oder beten für kranke oder verstorbene Angehörige. Der Ursprung der Pilgerwoche reicht weit zurück. Angeblich machten sich die ersten Männer nach dem Erdbeben von Vila Franca do Campo im Jahr 1522 auf den Weg, um Buße zu leisten.

Algarvia, Santo António de Nordestinho und São Pedro de Nordestinho

Die Siedlungen erinnern ein wenig an Orte an der Algarve, bevor dort der Bauboom einsetzte. Auch hier locken schöne Aussichtspunkte und Picknickplätze wie der **Miradouro Vigia das Baleias** in Algarvia, auf den ein blecherner Pottwal aufmerksam macht. Neben Grillstellen gibt es hier auch einen Walausguck, einen Kinderspielplatz und einen Heiligenschrein.

Reizvoll in der Landschaft steht die **Einsiedlerkapelle Nossa Senhora do Pranto** östlich von São Pedro, die 1895 erbaut wurde und damit ein Andachtsbild aus dem Jahr 1523 ablöste. Der Legende zufolge erschien einem Schäferjungen an jenem Ort die Jungfrau Maria. Der Junge war auf dem Weg nach Ponta Delgada, um für ein Kloster zu spenden, als die Gottesmutter ihm von seinem Vorhaben abriet. Wenige Tage später brach in Ponta Delgada die Pest aus, der Nordosten der Insel aber blieb verschont.

■ **Wegbeschreibung zur Kapelle**: Die Abzweigung zur Einsiedlerkapelle ist ausgeschildert, der Weg dahin führt an 14 Stationen eines Kreuzwegs vorbei. Die Kapelle ist zwar meist verschlossen, durch ein kleines Fenster in der Tür kann man jedoch hineinschauen.

Wanderung 13: Zum höchsten Berg der Insel   → S. 186
Von Algarvia auf den Pico da Vara

Nordeste

Nordeste ist zwar Kreisstadt des gleichnamigen Concelhos und größter Ort im Nordosten der Insel, aber mit gerade mal rund 1300 Einwohnern im Grunde nichts anderes als ein etwas größeres, adrettes Dorf.

Am Ende der kleinen Welt von São Miguel gelegen, führte das Städtchen über Jahrhunderte hinweg ein ärmlichabgeschiedenes Dasein. Fördergelder der EU haben jedoch zu bescheidenem Wohlstand geführt. Heute präsentiert sich Nordeste als ein sympathischer Ort, der sich seine Ruhe bewahrt hat.

Klein, aber fein, so lässt sich das Zentrum von Nordeste beschreiben. Dennoch sollte man die Erwartungen nicht zu hoch schrauben. Hingucker ist die **Ponte de Sete Arcos** im Zentrum, eine siebenbogige Brücke mit beinahe romanischem Einschlag. Es gibt auch ein kleines Volkskundemuseum hinter der Kirche in der Rua D. Maria do Rosário, das **Museu de Nordeste**, das alte Kleider und Trachten, Geschirr und Töpferware sowie den obligatorischen Webstuhl zeigt. Es wirbt damit, dass man für seine Besichtigung maximal zehn Minuten benötigt ... (Mo–Fr 8.30–12.30 u. 13.30–16.30 Uhr, Eintritt frei). Besuchenswert sind vielmehr der Fischerhafen im Süden der Stadt und das **Tal des Ribeira da Guilherme** im Norden, die beiden einzigen Zugänge zum Meer an der in dieser Region steil abfallenden Küste. Das Flusstal mit seinem schön angelegten Picknickplatz um eine alte, restaurierte Wassermühle passiert man an der Straße nach Lomba da Fazenda. In dem wildromanti-

São Miguel → Karte Umschlagklappe hinten

Hübsches Örtchen an der Nordostküste: Nordeste

schen Tal liegt flussabwärts ein Campingplatz und an der Mündung das städtische Schwimmbecken (→ Baden).

Verlässt man das Zentrum in Richtung Süden, taucht nach etwa einem Kilometer die Abzweigung zum kleinen **Fischerhafen** unterhalb des Leuchtturms am Kap Ponta do Arnel auf. Der Leuchtturm hat eine Reichweite von 25 Seemeilen und kann mittwochs besichtigt werden (im Sommer 14–17 Uhr, im Winter 13–16.30 Uhr). Zu dem eindrucksvollen Postkartenmotiv geht es steil hinab (25 % Gefälle). Wer seinem schwach motorisierten Leihwagen den Rückweg nicht zutraut, kann auch von dem weiter südlich gelegenen Aussichtspunkt **Miradouro da Vista dos Barcos** auf die Boote im Hafen blicken.

Information/Verbindungen/Adressen/Baden/Wandern

Information **Posto de Turismo**, Mo–Do 9.30–17 Uhr, Fr–So 10–15 Uhr. Rua António Alves de Oliveira (Durchgangsstraße), ℘ 296488320, www.cmnordeste.pt.

Verbindungen Bushaltestelle am großen Platz nahe der Kirche. **Bus** nach Ponta Delgada (Nr. 105, 106, 107) werktags 3-mal tägl. über Ribeira Grande, Nr. 106 u. 107 fahren auch über Maia. Di und Do um 8.14 Uhr Bus Nr. 115 nach Povoação (Stand 2018). **Taxi**-Standplatz am zentralen Platz.

Ärztliche Versorgung **Städtisches Krankenhaus** etwas außerhalb des Zentrums an der Straße nach Lomba da Fazenda auf der rechten Seite. ℘ 296480090.

Öffentliche Toiletten Unter der Brücke (kein Scherz!).

Baden An der Mündung des Ribeira da Guilherme liegt die **Piscina da Boca da Ribeira** (ausgeschildert), ein Schwimmbecken, das von der Flut gefüllt wird. Im Meer ist das Schwimmen nur bei ruhiger See möglich. Toiletten und Duschen vorhanden.

🚶 **Wandertipp** Im nördlichen Nachbarort Lomba da Fazenda beginnt ein zweieinhalbstündiger markierter **Rundwanderweg** *(PRC 31 SMI)*, der auch das **Tal des Ribeira da Guilherme** passiert. Einstieg in den Weg samt Wandertafel beim Parkplatz nahe der Kirche.

Übernachten/Camping/Essen & Trinken

Übernachten ****The Lince Nordeste, freundliches Komforthotel mit 28 recht stylishen Zimmern. Fast alle mit Balkon, von dem man über die Stadt hinweg aufs Meer blickt. Nix für Langschläfer – frühmorgens kräht der Hahn. Gehobenes Restaurant. DZ 130 €, Suite 160 €. Rua dos Clerigos 1, ✆ 296101390, www.thelince-nordeste.com.

Hospedaria S. Jorge, 5 einfache, aber saubere Zimmer mit Bad. Nach 17 Uhr und an Wochenenden geschl., dann bei Hausnr. 10 in der Nachbarschaft fragen. EZ 25 €, DZ 35 €. In Nordeste am Largo da Ponte (unter der Brücke), ✆ 916921365.

Außerhalb Teils traumhafte **Ferienhäuser** rund um Nordeste findet man auf www.casas dofrade.com, www.aldeiadopriolo.com, www. tradicampo.pt und www.casadamadrinha.com.

Camping Parque de Campismo da Feira, bei sonnigem Wetter schöner, schattiger Platz, idyllisch an Ribeira da Guilherme gelegen, bei tiefhängenden Wolken jedoch ein dunkles Loch. Ca. 1,5 km außerhalb von Nordeste. Ohne fahrbaren Untersatz bereitet der Platz wenig Freude – jeder größere Einkauf setzt einen schweißtreibenden, gut viertelstündigen Aufstieg voraus (vor Ort gibt es aber Bier, Wein, Zigaretten und Kleinigkeiten zu kaufen). Einfache, aber ordentliche Sanitäranlagen. Grillgelegenheiten, nahebei eine alte Wassermühle. Zu Fuß ca. 10 Min. zum Freibad. Ganzjährig. Wer mit dem Pkw anreist, sollte der Beschilderung von Nordeste folgen, nicht der von Lomba da Fazenda. 2 Pers. mit Zelt und Auto 10,50 €, ohne Auto 7,50 €. Boca da Ribeira, ✆ 925094028.

Essen & Trinken Gastronomisch ist in Nordeste nicht viel geboten.

The Lince Nordeste → Übernachten.

Restaurante Tronqueira, ein großes Touristenlokal mit netter Gartenterrasse. Mittags gibt es ein zwar umfangreiches, aber nicht unbedingt hochwertiges Büfett für 10 €, abends Grillfisch und Steaks zu 12–17,50 €. An der Rua da Tronqueira etwas außerhalb des Zentrums (von der Straße nach Pedreira ausgeschildert), ✆ 296488292.

O Forno, Snackbar mit kleinem Außenbereich. Sandwiches, süße Teilchen und Salate, auch Tagesgerichte. Schließt um 19 Uhr. Rua D. Maria do Rosário 2 (hinter der Kirche).

Außerhalb Casa de Pasto O Cardoso, die beste Adresse der Gegend, an der Durchgangsstraße in Lomba da Fazenda, ca. 3,5 km nördlich von Nordeste. Gibt's schon seit Ewigkeiten (1983 gegründet). Steht man davor, führt die linke Tür in die Bar, die rechte zum Lokal (vorne einfach, hinten etwas gehobener). Gute Tagesgerichte (6,50–10 €), abends etwas teurer. Do–Sa gibt's i. d. R. frischen Fisch. Estrada Regional 19/20, ✆ 296486138, www.casadepastocardoso.pt.

Routen durch den Südosten: Für Touren Richtung Povoação bestehen 2 Möglichkeiten. Zum einen gibt es eine geteerte Straße entlang der Küste, wo herrliche Picknickplätze zu ausgiebigen Pausen einladen. Zum anderen führt eine weitestgehend ungeteerte Straße durchs Inselinnere bzw. durch das Naturschutzgebiet der **Serra da Tronqueira**, vorbei am gleichnamigen Aussichtspunkt und am 931 m hohen **Pico Verde**. Diese Route ist nur bei Sonnenschein ein herrliches Erlebnis. Fahren Sie langsam, Unterbodenschäden sind nicht versichert.

Ostküste Nordeste bis Povoação

Pedreira und Pico Bartolomeu

4 km südlich von Nordeste liegt Pedreira, eine weit verstreute Häuseransammlung rund um die **Pfarrkirche Nossa Senhora da Luz.** Pedreira selbst hat wenig zu bieten, von Pedreira führt jedoch eine Stichstraße (ausgeschil-dert) zu den Sendeantennen auf dem 887 m hohen **Pico Bartolomeu.** Das letzte Stück der 7,5 km langen Anfahrt verläuft auf einem Grat mit grandiosem Ausblick auf die Südostküste São Miguels. Auf dem Weg zum Pico Bartolomeu passiert man den hiesigen **Parque Florestal mit dem Centro Ambiental do**

Priolo, das über den seltenen Azoren-vogelinformiert. Wer mag, bekommt eine ausführliche Führung (→ S. 482; Feb.–April und Okt./Nov. Sa/So 12–17 Uhr, Mai–Sept. tägl. außer Mo 10–18 Uhr, www.centropriolo.spea.pt).

Miradouro da Ponta do Sossego

Der Aussichtspunkt und Picknickplatz liegt nur 1,5 km südlich von Pedreira unmittelbar an der EN 1 (ehemals R 1-1°). Einen ganzen Tag könnte man auf dem gepflegten Platz zwischen Blumenbeeten hoch über den Klippen der Ostküste São Miguels verstreichen lassen. Von hier ist auch der Küstenabschnitt bei Lombo Gordo zu sehen (s. u.). Sanitäre Anlagen und Grillmöglichkeiten sind vorhanden. Wer nicht an Steaks oder Würste gedacht hat, muss an den Imbisswagen am Parkplatz (nur im Sommer) ausweichen.

Miradouro da Ponta da Madrugada

Nur 3 km weiter südlich, auf der anderen Seite des tiefen Taleinschnitts, liegt das Pendant zum Miradouro da Ponta do Sossego, ein ebenfalls herrlich angelegter Picknickplatz und Aussichtspunkt hoch über der steil abfallenden Küste. Frühaufsteher können hier einen Traumsonnenaufgang erleben. Südlich des Miradouro endet der Concelho von Nordeste und damit die Strecke der schönsten Picknickplätze.

Praia Lombo Gordo

Rund 250 m südlich des Miradouro da Ponta da Madrugada zweigt in einer Rechtskurve eine abenteuerliche, steil bergab führende Straße zur Praia Lombo Gordo ab. In manchen Jahren gehört der Strand zu den attraktivsten und idyllischsten Sandstränden der Insel (wie 2018), in anderen Jahren besteht die Bucht ausschließlich aus kindskopfgroßen Steinen – auf den Azoren ist das möglich. Sanitäre Anlagen sind vorhanden. Die letzten Meter zum Strand müssen zu Fuß bewältigt werden.

Água Retorta und Umgebung

Die 500-Einwohner-Ortschaft, die östlichste Gemeinde des Concelhos von Povoação, gibt nicht viel her. Erwähnenswert ist nur das *+ KAFÉ* – ein deutlich zu hipper Name für die örtliche Dorfkneipe mit Minimercado. An ihr gibt es kein Vorbeikommen – meist parken ein oder zwei Milchautos davor und blockieren die Straße. Erzählenswert ist jedoch die Geschichte, die sich

Den Strand von Lombo Gordo hat man oft für sich allein

um die Ortskirche rankt. Eigentlich sollte sie in **Fagundas** errichtet werden, heute ein unscheinbares Dorf unterhalb Água Retortas. Aber in der lauen Sommernacht des Jahres 1872, der Nacht, bevor die Grundsteinlegung in einer großen Zeremonie vonstatten gehen sollte, soll sich ein Wunder ereignet haben. Als die Einwohner am Morgen zum Bauplatz pilgerten, waren all die Steine, die man mühsam mit Eselskarren herangeschleppt hatte, verschwunden. An der Stelle, wo heute die Kirche steht, fand man sie wieder. Der Legende nach schreibt man das Wunder der Nossa Senhora da Penha de França zu – keinem bösen Schlingel. Und da es offenbar ihr Wunsch war, die Kirche an einem anderen Ort als dem vorgesehenen zu bauen, kam man dem nach.

Von Fagundas führt ein neues, fast spektakulär in den Fels gehauenes Sträßlein hinab in die **Fajã do Calhau** mit ihren alten *Adegas* (Weinkellern). Unsummen verschlang der Bau dieser Straße. Dabei wohnt dort kein Mensch ganzjährig – alles nur, weil ein paar der alten Katen zu Wochenendhäusern umgebaut wurden.

■ **Bus** werktags 2-mal nach Povoação (Nr. 326), nur Di und Do am Nachmittag nach Nordeste (Nr. 115).

Faial da Terra und Umgebung

Das Küstenörtchen Faial da Terra (360 Einwohner) liegt abseits der Inselhauptstraße EN 1 am Ende eines malerischen, tiefen und langen Tals. Der Ortskern, den der gleichnamige Fluss in zwei Hälften teilt, ist mit seinen lilafarbenen Straßenlaternen ganz nett anzusehen. Die Bademöglichkeiten sind allerdings nicht der Hit. Dafür gibt es schöne Wanderwege in die Umgebung. Die Wanderungen Nr. 14 und 15 führen vorbei am nahe gelegenen Dorf **Sanguinho**, das lange Zeit nur zu Fuß erreichbar war. Einst zählte es 200 Seelen, in den 1970er-Jahren wurde es aufgegeben. Erst vor einigen Jahren begann man, die Katen liebevoll zu restaurieren und zu stilvollen Ferienhäuschen umzubauen.

Folgt man vom Hafen dem Schotterweg unmittelbar an der Küste entlang gen Osten, gelangt man zur **Fajã do Calhau** (→ Água Retorta). Achtung, es kommt hier immer wieder zu gefährlichen Hangrutschen, gehen Sie nicht bei Flut und Sturm los!

Verbindungen **Bus** werktags 2-mal nach Povoação (Nr. 326), nur Di und Do am Nachmittag um 16.30 Uhr nach Nordeste (Nr. 115).

Übernachten **Maison d'hôte Archipels**, in einem historischen Gebäude, das einst zugleich ein Laden-Café war (teils ist noch die Originaleinrichtung vorhanden!). Mit Liebe restauriert und umgebaut. Unter der Leitung des französischen Künstlers Grégory le Lay von der Galerie Brüi in Ponta Delgada (→ S. 72). 7 charmante Zimmer mit Gemeinschaftsbad. DZ 50 €. Rua de Avenida 17 (recht zentral, an bzw. leicht zurückversetzt von der Hauptstraße), ✆ 296586001, www.sejouracores.com.

Essen & Trinken **Snackbar Faialense**, gepflegt-gemütliche Snackbar im Zentrum, im 1. Stock das Restaurant. Ordentliche Hausmannskost, große Portionen. Serviert wird nur mittags. „Absolut empfehlenswert", meinen Leser. Rua da Ribeira 29, ✆ 296586050.

São Miguel → Karte Umschlagklappe hinten

🚶 **Wanderung 14: Von Faial da Terra zum Wasserfall Salto do Prego**   →S. 188
Kleiner Rundwanderweg zum Wasserfall Salto do Prego

🚶 **Wanderung 15: Rundtour von Faial da Terra nach Àgua Retorta**   →S. 190
Große Rundwanderung nach Água Retorta

Povoação

Povoação ist die mäuschenstille Kreisstadt des gleichnamigen Concelhos im
Südosten von São Miguel.

In der Bucht ließen sich im 15. Jh.
die ersten Siedler São Miguels nieder.
Angeblich hatten sie zuvor einen Ziegenbock an einen Baumstamm gebun-
den und vom Schiff aus sein Schicksal
verfolgt. Als dieser nach Tagen immer
noch lebte, wählten sie den Ort zu ihrer
neuen Heimat – sie waren nun sicher,
dass ihnen hier keine Gefahr durch
böse Tiere, Wilde und sonstige Ungeheuer drohte. Im **Stadtgarten (Largo do**
Jardim Municipal) und am **Hafen** erinnern Denkmäler daran. Schon bald
wurde mit dem Bau der Festung Mãe de
Deus begonnen, die spärlichen Reste
sind heute im Fundament eines gewöhnlichen Hauses eingemauert. Auch
die erste Kapelle der Insel existiert
nicht mehr. Sie fiel wie die ganze Stadt
am 2. September 1630 einem starken
Erdbeben infolge eines Vulkanausbruchs zum Opfer. Kein Stein lag damals mehr über dem anderen. An der
Stelle, wo einst die Kapelle stand, wurde später die Kirche Nossa Senhora dos
Anjos errichtet, die heute nach unzäh-
ligen Um- und Anbauten den Namen
Nossa Senhora do Rosário trägt. Die
Fassade mit dem reich verzierten Portal
ist ein typisches Beispiel für die azoreanische Kirchenarchitektur des 17. Jh.

Das Gotteshaus steht im Südwesten
der Stadt und blickte früher mehr oder
weniger direkt zur See. Davor erstreck-
te sich einst ein weiter Sandstrand, von
dem jedoch infolge der jüngsten Umgestaltung des Küstenbereichs nur ein
paar Meter übrig blieben. Die neue
Uferbefestigung hat in erster Linie den
Zweck eines Schutzwalls, um Sturm-
fluten nicht mehr hilflos ausgeliefert zu
sein. Auslöser für die Baumaßnahmen
war die Sturmflut vom Oktober 1997
(→ Ribeira Quente, S. 158), die mehrere
Häuser zerstörte und so in der ersten
Reihe Platz für ein paar moderne Gebäude schuf, darunter eine Hotelanlage
und eine Mehrzweckhalle. Dazu spen-
dierte die EU auch einen neuen Hafen.
Wenn die EU noch ein paar Boote hin-
terherschiebt, ist er komplett, bislang
wird er als Freibad genutzt.

Das adrette Zentrum erstreckt sich
zwischen dem Gericht und dem Largo
do Jardim Municipal, dazwischen findet man eine kleine Fußgängerzone,
dazu mehrere Bars. Westlich des Stadt-
parks schließt ein frei zugänglicher,

Beschaulich: Zentrum von Povoação

São Miguel → Karte Umschlagklappe hinten

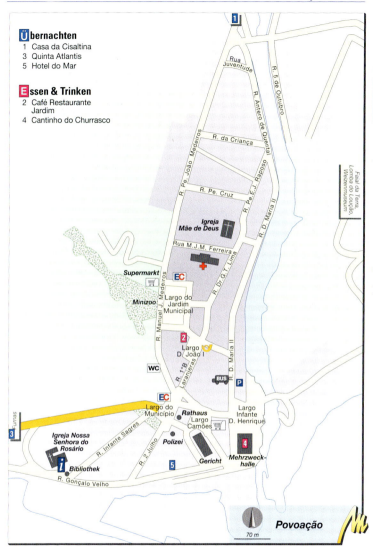

Ü bernachten
1 Casa da Cisaltina
3 Quinta Atlantis
5 Hotel do Mar

E ssen & Trinken
2 Café Restaurante
   Jardim
4 Cantinho do Churrasco

Povoação

70 m

kleiner Tiergarten mit ein paar Volieren und Minigehegen an.

Von der Küste streckt Povoação seine Finger weit ins Inselinnere aus – endlose Straßenzüge ziehen sich **sieben Lombas** (Hügelrücken) entlang: Lomba do Botão, Lomba do Carro, Lomba do Cavaleiro, Lomba do Pomar, Lomba dos Pós, Lomba do Loução und Lomba do Alcaide. Dennoch zählt Povoação alles in allem nur knapp 2200 Einwohner, der gesamte Bezirk 6300 – in den 1960ern waren es fast dreimal so viel. In den Tälern zwischen den Hügelrücken gedeihen Bananen, Melonen und was der Boden sonst noch hergibt.

Bei Lomba do Loução kann man dem **Museu do Trigo** einen Besuch abstatten (Weizenmuseum, im Osten von Povoação von der Straße nach Faial da Terra ausgeschildert). Es residiert in einer Mühle aus dem 19. Jh., die noch bis in die zweite Hälfte des 20. Jh. in Betrieb war. Bis auf das Wasserrad ist alles im Originalzustand erhalten. Das Rad trieb jedoch keinen Mühlstein zum Mahlen an, hier wurde lediglich die Spreu vom Weizen getrennt. Angeschlossen ist ein Souvenirshop mit Produkten der Insel wie Likör oder Keksen (Mo–Fr 9–17 Uhr, Sa/So 11–16 Uhr, auf Wunsch englischsprachige Führungen, Eintritt frei).

Information Posto de Turismo, Infostelle und Kunsthandwerksverkauf. Im Sommer Mo–Fr 10–18 Uhr, Sa/So bis 17 Uhr, im Winter tägl. 10–17 Uhr. Neben der Kirche Nossa Senhora do Rosário, ℡ 296559050, www.cm-povoacao.pt.

Verbindungen Die **Busse** starten in der Rua Dona Maria II. nahe der Mehrzweckhalle. Werktags fahren sie nach Furnas und Vila Franca nach Ponta Delgada (Nr. 318). Mo–Fr werktags 3-mal nach Faial da Terra (Nr. 326), Di und Do zudem nachmittags um 16 Uhr über Nordeste nach Salga (Nr. 115).

Taxistandplatz am Largo do Jardim Municipal und hinter dem Gericht.

Ärztliche Versorgung Städtisches Gesundheitszentrum an der Rua Mons. João Maurício A. Ferreira (ausgeschildert). ℡ 296550150.

Öffentliche Toiletten Nahe dem Largo do Jardim Municipal an der Rua Manuel J. Medeiros.

Veranstaltung Festival da Povoação, Mitte Aug. (aber nicht jedes Jahr). 3 Tage voller Events, die Bühne wird an der Mole aufgebaut.

Übernachten ★★★★ **Hotel do Mar 5**, im Zeichen der Seefahrt dekoriertes, sonst sehr konventionelles Hotel. 36 Zimmer mit bequemen Betten, großen Balkonen, Laminatböden und Safe. Nehmen Sie ein Zimmer vorne raus: Meeresrauschen als Wiegenlied. Pool, Jacuzzi. Nur April–Okt. DZ 100 €. Rua Gonçalo Velho, ℡ 296550010, www.hoteldomar.com.

Quinta Atlantis 3, in Lomba de Botão, ca. 5 Fahrmin. oberhalb des Zentrums (von Furnas kommend ausgeschildert). Unter luxemburgisch-portugiesischer Leitung. 5 stilvoll ausgestattete Zimmer (3 mit eigenem Bad, 2 mit Gemeinschaftsbad) in einem über 100 Jahre alten Anwesen, das einst auch eine Schule beherbergte. Schöne Küche, in der allmorgendlich ein leckeres Frühstück zubereitet wird. Terrassen und Garten. DZ ab 75 €. Lomba de Botão 87, ℡ 296559172, www.quintaatlantis.com.

Casa da Cisaltina 1, in Lomba do Loução. Altbau, kombiniert mit einem modernen Anbau. 3 Zimmer und 2 Apartments, alle unterschiedlich eingerichtet, doch alle freundlich-hell und zeitgemäß ausgestattet. Dazu eine Terrasse mit Grill und Weitblick über den Parkplatz hinweg. Gutes Frühstück. Für 2 Pers. ab 65 €. Rua 3° Visconde Botelho 37, ℡ 296585202, www.casadacisaltina.com.

Essen & Trinken Cantinho do Churrasco **4**, wie der Name schon vermuten lässt: Fisch (weniger) und Fleisch (mehr) vom Grill. Im 1. Stock des zentralen Mehrzweckgebäudes, netter Blick auf den Hafen. Lichtdurchflutet, aber gleichzeitig ziemlich nüchtern. Die Gerichte sind auch ins Deutsche übersetzt, kosten Sie z. B. die „Durchstochene Fleischlende des jungen Stieres". Hg. 6–19 €. Largo de Gonçalo Velho, ℡ 296559880.

Café Restaurante Jardim 2, die azoreanischen Klassiker zwischen *Carne assado* und *Bacalhau*, Lesern schmeckt es hier. Einfach, aber gepflegt, mit Außenbestuhlung und freundlichem Service, sehr populär. Gute Desserts. Hg. 8,50–15 €. Largo Dom João I., ℡ 296585413.

Ribeira Quente

Von Povoação kommend, zweigt kurz vor dem Ortseingang von Furnas eine 7 km lange Stichstraße zum Fischerort Ribeira Quente ab. Der Weg führt entlang des üppig-grünen Tals des Ribeira Quente, vorbei an kleinen und größeren Wasserfällen (der größte zwischen den zwei aufeinanderfolgenden Tunnels) und etlichen Picknickplätzen.

Noch vor einem Jahrzehnt kennzeichneten braune Schneisen in den steilen Hängen das Landschaftsbild.

Traumbucht Praia do Fogo

Heute hat die Natur sie zurückerobert. Die Schneisen entstanden als Folge der massiven Regenfälle vom 31. Oktober 1997, dem schwarzen Freitag für Ribeira Quente. Die Erdrutsche hatten künstliche Staudämme gebildet. Als diese barsten, traf eine Flutwelle die Stadt. Unter der Überschrift „29 Tote nach Unwetter auf den Azoren" las man in der *Süddeutschen Zeitung*: „Sintflutartige Niederschläge mit bis zu 100 l Wasser pro Quadratmeter in wenigen Stunden hatten am Freitag v. a. die Insel São Miguel getroffen. Eine Schlamm- und Steinlawine ergoss sich über das im Südosten gelegene Fischerdorf Ribeira Quente, in dem 1000 Menschen leben (...) Das Dorf Ribeira Quente sei praktisch verschwunden, berichtete ein Pilot, die Insel São Miguel biete ein Bild der Verwüstung, sie sei von einem riesigen braunen Ring aus Schlamm und Trümmerteilen umgeben."

Zwar war Ribeira Quente nicht komplett von der Bildfläche verschwunden, wie berichtet, trotzdem bot es Augen-zeugen ein Bild des Grauens. Kameraleute taten sich schwer, die Zerstörungen einzufangen. Denn dort, wo nichts mehr steht, wo Häuser und Straßen samt parkenden Autos und Laternen einfach im Meer verschwunden sind, als hätte es sie nie gegeben, dort sieht man einfach nichts. Das Fernsehen zeigte Bilder von Furnas, die zerstörten Brücken der Ortschaft ließen die Katastrophe besser erahnen.

Wenige Tage später folgte der zweite Teil der Katastrophe. Ein neues Unwetter war vor São Miguel aufgezogen, ein brausender Sturm, der schließlich den gesamten Hafen von Ribeira Quente zerstörte und weite Küstenabschnitte verwüstete. Die meterhohen Wellen, die über das Ufer preschten, wären gar nicht so schlimm gewesen, auf den Azoren ist das nichts Unbekanntes. Aber diesmal brachten die Wellen all die Baumstämme und Trümmer zurück, welche die Schlammlawinen zuvor ins Meer gespült hatten. Bis zu 150 m weit waren sie mancherorts alles zermalmend in die Ortschaft Ribeira

Quente vorgedrungen. Die Einwohner konnten sich zum Glück in Sicherheit bringen.

Seit der Katastrophe hat Ribeira Quente sein Gesicht, v. a. im Küstenbereich, deutlich verändert. Ein neuer Hafen und eine neue, mächtige vorgelagerte Uferbefestigung schützen nun die Stadt, kratzen aber auch an ihrem Charme. Dennoch: Das lebendige, mit Bars bestückte Eck um den Fischerhafen ist immer eine Pause wert.

Im Westen des Orts liegt in einer weiten Bucht die **Praia do Fogo**, ein herrlicher Sandstrand mit Terrassenbar, den das stürmische Meer in manchen Wintern verschwinden lässt. Heiße Quellen knapp unterhalb des Strands versprechen insbesondere bei Ebbe ein warmes Bad. Den Ribeira Quente („Warmer Fluss"), der dem Dorf den Namen gab, speisen übrigens ebenfalls heiße Quellen. Bei seiner Mündung ins Meer weist er jedoch kaum noch höhere Temperaturen auf.

Verbindungen Bus werktags 5-mal nach Furnas (Nr. 317), Sa/So nur 3 Fahrten.

Übernachten/Essen & Trinken Ponta do Garajau, bei Lesern und Insulanern gleichermaßen beliebtes, hübsches Terrassenlokal, mit Fischernetzen dekoriert. Leckere Küche (1-a-Fischgerichte, vorzüglich die *Chícharros*), gute Vorspeisen, Hg. 8–20 €. Kein Innenbereich, deswegen nur vom Anfang Mai bis Mitte Okt. geöffnet. Rua Dr. Frederico Moniz Pereira (am Flusslauf), 📞 296584678, www.restaurante pontadogarajau.com.

MeinTipp **Casas do Caminho do Garajau**, ein idyllisch gelegener, liebevoll restaurierter Natursteinkomplex am östlichen Ende von Ribeira Quente. 4 Häuser mit Terrasse und Meeresblick, unterschiedlich groß, unterschiedlich ausgestattet (das größte mit Pool davor, zu dem aber alle Zugang haben). Je nach Größe 100–165 €. Rua do Caminho do Garajau, 📞 296584080, www.casasdaribeiraquente.com.

MeinTipp **Restaurante Costaneira**, einfacheres Fischlokal mit großer Terrasse. Spezialität des Familienbetriebs sind gegrillte *Lapas* (Portion 11 €), aber auch die gegrillten Sardinen mit Pellkartoffeln und Salat sind klasse. Durchgehend geöffnet. Im Westen des Orts an der Uferstraße, Rua Castelo 4, 📞 296584123.

Veranstaltung Festival do Chicharro, das Rockfestival in der ersten Julihälfte verwandelt Ribeira Quente alljährlich für 4 Tage in eine kleine Zeltstadt.

🚶 **Wandertipp** Von Ribeira Quente führt der markierte Wanderweg *PR 12 SMI* nach Povoação (7,6 km, 3 Std.). Auf dem ersten Teil des Weges geht es überwiegend bergauf (anstrengend und relativ aussichtslos), der zweite Teil verläuft vielfach auf Sträßlein hinab nach Povoação.

Das Tal von Furnas
(Vale das Furnas)

Ein Besuch des Tals von Furnas, eines schon lange erloschenen Kraters, zählt zu den Höhepunkten São Miguels. Das von herrlichen Parkanlagen umgebene Städtchen darin ist eine Mischung aus Kurort und verschlafenem Bauerndorf. Am Ufer des nahen Waldsees wird das traditionelle Eintopfgericht Cozido in heißen Erdlöchern gegart.

Wer die Landschaft in ihrer ganzen Pracht betrachten will, sollte einen Abstecher zum Aussichtspunkt **Miradouro do Pico do Ferro** (→ S. 165) unternehmen. Von dort genießt man einen grandiosen Ausblick über die weit verstreute Ortschaft Furnas, den gleichnamigen See, auf die Anhöhe Pico do Gaspar und den Lagoa Seca. Halten Sie bei letzterem nicht nach einer Wasserfläche Ausschau. Der Lagoa Seca, der „trockene See", ist ebenfalls

Aussichtspunkt Pico do Ferro

ein Tal, das landwirtschaftlich intensiv genutzt wird. Zu den Attraktionen von Furnas gehören weitläufige Parks voller exotischer Bäume und 22 heiße Quellen – in Badebecken kann man ihre Wärme genießen. Zwei Flüsse durchziehen das Tal, einer ist rostfarben und warm, der andere klar und kalt. Beide sorgen dafür, dass Furnas ganz oben auf der Liste der wasserreichsten Gegenden Europas steht. Im Dorf und am See beeindrucken dampfende Fumarolen, hier **Caldeiras** genannt, bei deren Besuch man sich mit dem Ausspruch Mark Twains trösten kann: „Der Geruch von Schwefel ist für einen Sünder nicht unangenehm." Wer Ruhe und Erholung sucht, kann trotz vieler Bustouristen kaum einen besseren Ort als Furnas wählen, auch im Winter ist die Atmosphäre hier ganz speziell. Der nahe gelegene **Golfplatz** ist zudem der schönste der Azoren.

Tal-Geschichte: Die Besiedlung von Furnas und Umgebung geht bis ins 16. Jh. zurück. Der einstige Inselhäuptling Dom Manuel da Câmara war von dem Tal so angetan, dass er schon 1513 ein kleines Haus samt Kapelle an jenem Ort errichten ließ, an dem heute die Igreja Santa Ana steht. Nach dem

verheerenden Erdbeben von Vila Franca do Campo im Jahr 1522 zog es die ersten Siedler ins Tal. Für den Neuaufbau der Stadt wurde Holz gebraucht, die gerodeten Flächen eigneten sich gut für die Landwirtschaft. Doch bereits 1630 wurde der Ort wieder aufgegeben – ein Vulkanausbruch forderte über 200 Menschenleben und vernichtete alles Land und Vieh. Angeblich soll damals der heutige Lagoa das Furnas trocken und besiedelt gewesen sein und sich das Wasser stattdessen im höher gelegenen Lagoa Seca, heute eine Trockenfläche, gestaut haben. Beim Vulkanausbruch brach jedoch die Außenwand des Sees, das Wasser füllte das tiefer gelegene Tal. Die Nächsten, die eine Besiedlung des Vale das Furnas wagten, waren Jesuitenmönche, die die Heilkräfte des Mineralwassers schätzten und bekannt machten. Ende des 18. Jh. kam Furnas in den elitären Kreisen São Miguels groß in Mode: Die Orangenbarone wählten den Ort zu ihrer Residenz, bauten Paläste und Villen und legten die noch heute beeindruckenden Gärten an. Einer der Wegbereiter dieser Entwicklung war der Nordamerikaner Thomas Hickling (1743–1834). Anfang des 20. Jh. entwickelte sich Furnas schließlich zu einem Kurort. 1930 wurden das Hotel Terra Nostra, ein Kurhaus und ein Casino gebaut. Mit dem Zweiten Weltkrieg geriet Furnas wieder in Vergessenheit. Seitdem bezeichnet man sich gern, wie im Prospekt des Hotels Terra Nostra zu lesen ist, als eines der „bestgehüteten Geheimnisse der Welt". Auf São Miguel hingegen ist Furnas die Attraktion, im Sommer trudelt hier ein Touristenbus nach dem anderen ein.

Furnas

Das beschauliche Furnas gehört zu den wenigen Orten São Miguels, die weit abseits der Küste inmitten eines paradiesischen Tals liegen. Seine Straßenzüge sind voller Überraschungen – wirkt der eine bäuerlich-schlicht, prunken im nächsten aristokratisch anmutende Villen.

Furnas (1439 Einwohner) ist ein gepflegter Ort, der sich dem Besucher, sofern dieser mit dem Auto unterwegs ist, nicht ganz freiwillig vorstellt: Ein im ersten Moment undurchsichtiges Einbahnstraßensystem schickt den Autofahrer im Kreis herum, und will man dem entkommen, landet man dennoch oft in den letzten Winkeln. Schöner lässt sich der Ort zu Fuß erkunden, er lädt förmlich zum Spazierengehen ein, insbesondere wegen der Parkanlagen. Ein Muss ist der **Terra-Nostra-Park** des gleichnamigen Hotels, wo ein großes **Warmwasserbecken** unvergesslichen Badespaß bietet. Besuchenswert (sofern geöffnet) sind zudem die beiden **Parkanlagen** mit den Namen **Beatrice do Canto** und **José do Canto**, die Pflanzenvielfalt der Gärten ist beeindruckend. Am nördlichen Ortsrand liegen die vor sich hindampfenden **Caldeiras** von Furnas.

Nicht nur für einen Tagesausflug ist Furnas ein lohnendes Ziel, der Ort bietet sich auch als Standort für Reisen durch die Inselosten an. Es gibt Unterkünfte in verschiedenen Kategorien, zudem einen guten Zeltplatz.

Furnas: ein Dorf im grünen Bett

Nostalgiebecken im Parque Terra Nostra

Ein Stück vom Paradies: Parque Terra Nostra

Der Terra-Nostra-Park ist eine der schönsten Parkanlagen der gesamten Azoren, nicht zuletzt wegen seines charmanten, alten, teichgroßen Schwimmbeckens mit konstant 38 °C warmem Wasser, von dem man sich nur wünscht, dass es nie restauriert wird. Drum herum werden selbst studierte Botaniker auf noch nie gesehene Bäume und Pflanzen aus allen Teilen dieser Erde stoßen.

1780 errichtete der aus Boston stammende Kaufmann Thomas Hickling auf dem Hügel, wo heute die herrschaftliche Villa Casa do Parque steht, ein einfaches Sommerhaus, das sich bald wegen wilder Partys den Spitznamen „Yankee Hall" erwarb. Drum herum ließ der amerikanische Orangenbaron verschiedene Bäume pflanzen, überwiegend Arten aus seiner Heimat. 1848 ging das damals noch kleine Anwesen in den Besitz des Visconde da Praia über, unter dessen Leitung 1854 die Casa do Parque erbaut wurde. Seine Frau widmete sich dem Garten und ließ die ersten Wasserläufe anlegen. Ihr Sohn kaufte weiteres Land hinzu und vergrößerte ihn zu einer Parkanlage. Zudem beauftragte er ausländische Gartenbauer von internationalem Rang mit Ausbau und Pflege. Kurz nach dem Bau des Hotels Terra Nostra 1935 erwarb die Hotelleitung den gesamten Park, gestaltete ihn um und ließ den Swimmingpool auf seine heutige Größe erweitern. Noch heute sind Park und Pool im Besitz des Hotels. Bei der letzten Umgestaltung des Parks 1990 zählte man auf dem 12 ha großen Gelände 2485 Bäume – sie stammen aus Nord- und Südamerika, aus Australien, Neuseeland, China und Südafrika, daneben gedeihen hier noch eine Reihe endemischer Pflanzen, es gibt eine Azaleensammlung, einen Farn- und Rhododendrengarten wie auch diverse andere exotische Gewächse aus aller Welt.

April–Sept. tägl. 10–19 Uhr, Feb./März bis 17.30 Uhr, Okt.–Jan. bis 17 Uhr. 8 €, erm. 4 €. www.parqueterranostra.com. Zugang von der Rua do Parque aus (→ Stadtplan).

Furnas/Sehenswertes und Umgebung

Caldeiras und Umgebung: Die Dampf-quellen von Furnas, Zeugen der vulka-nischen Tätigkeit der Insel, liegen am östlichen Dorfrand und sind wegen den aufsteigenden Schwaden kaum zu übersehen. Die größte, die *Caldeira Grande*, fördert 61 l Wasser pro Minute mit einer Temperatur von 98 °C. Das mineralhaltige Wasser wurde früher zum nahe gelegenen Kurhaus (heute das Furnas Boutique Hotel) gepumpt und speiste dort die Thermalbadebe-cken. Der graue Schlamm der anderen Quellen fand als Fangopackung Ver-wendung. Weitere Caldeiras sprudeln am Nordufer des Lagoa das Furnas (s. u.).

Nahebei steht ein altes Badehaus, heute das *Observatório Microbiano dos Açores (OMIC)*, das eine kleine Aus-stellung über Mikroorganismen beher-bergt, auch kann man hier Tees und Kaffees probieren, die mit unterschied-lich heißem Quellwasser zubereitet werden. Das OMIC hält auch einen Flyer mit ein paar Infos zu den wichtigsten Quellen von Furnas bereit. Von den diversen warmen und kalten Trinkwasserquellen rund um das OMIC soll das heiße *Água de Padre José* gut gegen Kater sein und das kalte *Água Azeda do Rebentão* den nervösen Darm beruhigen. Und bei allen anderen Problemen hilft das *Água Santa* …

■ **OMIC**, Juli/Aug. Di–Fr 10–17 Uhr, Sa/So 14.30–18 Uhr, sonst Sa u. Mo geschl. 1 €. www.omic.centrosciencia.azores.gov.pt.

> **Achtung**: Personen mit Herzleiden soll-ten sich von den Schwefeldämpfen fern-halten! Trinken Sie nur von beschilderten Quellen – nur deren Wasser ist wissen-schaftlich untersucht!

Parque Florestal: Der Park liegt im Westen von Furnas und ist von der Straße zur Quinta Vista do Vale ausge-schildert. Mit seinen vielen Pflanzen und Vögeln, einer Baumschule, Wildge-hege und Fischzuchtstation ist er ganz nett, aber kein Muss.

■ Mo–Fr 9–18 Uhr, Sa/So 10–18.30 Uhr.

 Wanderung 16: Um den Lagoa das Furnas   → S. 191
Eher ein längerer Spaziergang als eine klassische Wanderung

Parque Beatrice do Canto und Parque José do Canto: Die Gartenkunst auf den Azoren erreichte in der zweiten Hälfte des 19. Jh. ihren Höhepunkt. Unter den

> **Abstecher über den Salto do Cavalo an die Nordküste**: Von Furnas führt eine Straße über das Gebirge des Salto do Cavalo (805 m) nach Salga an der Nordküste São Miguels. Die Strecke ist bei gutem Wetter ein unbeschreibliches Erlebnis, das man sich nicht entgehen lassen sollte, auch wenn es wie immer nur an Weiden, Wäldern und Milchsammelstellen vorbeigeht. Die Aus-sicht unterwegs ist oft mehr als grandios. Bis auf 800 m steigt die Straße an.

wohlhabendsten Familien herrschte eine spezielle Form nachbarschaftli-cher Konkurrenz, jeder wollte sich mit dem herrlichsten Park schmücken. Die Familie de Canto z. B. erwarb in Gärt-nereien rund um den Globus – in Deutschland und Belgien, in London und Rio de Janeiro – seltene und erlesene Pflanzen, um ihren Anlagen noch mehr Pracht und Farbe zu verleihen. Der Parque Beatrice do Canto liegt im Herzen von Furnas, der Parque José do Canto mit einem kleinen Badewasserfall am Südufer des Lagoa das Furnas (s. u.).

■ Der **Parque Beatrice do Canto** ist nur im Aug. an Wochenenden von 9–17.30 Uhr der Öffentlichkeit zugänglich. Eintritt frei. Der **Par-**

Riechen nach Hölle: die Caldeiras von Furnas

que José do Canto ist tägl. 10–18 Uhr geöffnet, im Winter mehr nach Lust und Laune oder nach Vereinbarung unter ☎ 914460159. Eintritt 3 €, zusammen mit dem **CMIF** 5 € (s. u.).

Miradouro do Pico do Ferro: Einen herrlichen Blick über den fast 6,5 km langen und maximal 290 m tiefen Einsturzkrater, über Furnas und den Lagoa das Furnas genießt man von dem 544 m hohen Berg und Aussichtspunkt Pico do Ferro. Um dorthin zu gelangen, verlässt man Furnas in Richtung Ribeira Grande/Golfplatz; die Abzweigung ist ausgeschildert, von dort noch ca. 1 km. Vom Pico do Ferro führen markierte Wanderwege hinab zum See (→ Wanderung 16, S. 192).

Lagoa das Furnas: Verlässt man Furnas Richtung Vila Franca do Campo, passiert man das Ostufer des 176 ha großen Sees. In ihm spiegeln sich die umliegenden Wälder und an seiner Südseite die schlanke, neogotische Kapelle *Ermida da Nossa Senhora das Vitoriás*. José de Canto ließ sie 1884–85 in Frankreich erbauen, per Schiff hierher transportieren und in seiner Parkanlage, dem heutigen *Parque José do*

Canto (s. o.), aufstellen. Das Ehepaar de Canto liegt darin begraben. Seit Jahren ist die fotogene Kapelle leider vom Verfall bedroht. Wie die Kapelle ist auch der See ein trügerisches Idyll. Das erfährt man im nahen Infozentrum des *Centro de Monitorização e Investigação das Furnas* (kurz *CMIF*), das in einem fast u-förmigen Quader mit einer fensterlosen Basaltsteinfassade untergebracht ist, entworfen von dem Lissabonner Architektenduo Aires Mateus. Das „Überwachungs- und Forschungszentrum" informiert per kurzer Führung und Film (Dauer 17 Min.) über die Entstehungsgeschichte des Lagoa das Furnas, die hiesige Flora, über Vulkane und Geologie und über Projekte, die verhindern sollen, dass der See umkippt und verlandet. Im Sommer 2011 stand der See bereits kurz vor dem Kollaps: Er verfärbte sich gelblich und begann zu muffeln, die Wassertemperatur stieg auf 37 °C. Um den See zu retten, wurde u. a. bereits die Viehzucht drum herum verboten, außerdem wurden Monokulturen gerodet und Wiederaufforstungsprojekte

Lagoa das Furnas

mit endemischen Gewächsen eingelei-tet. In 15–20 Jahren, so hoffen die Wis-senschaftler, kann man wieder im See baden. Für Botaniker: Im Wäldchen hinter dem CMIF „versteckt" sich die mit 50 m höchste Araukarie Europas, vielleicht sogar der Welt.

Gegenüber, an der Nordseite des Sees, steigen von Weitem sichtbar Dampfschwaden auf, sie stammen von den *Caldeiras* am Ufer. Daneben befin-det sich ein großer Picknickplatz (Ein-tritt 2 €, Parkgebühr extra), auf dem an Wochenenden Familienclans den in

den heißen Erdlöchern gegarten *Cozido das Caldeiras* verspeisen. Auch werden in den brodelnden Quellen zuweilen Maiskolben gegart und anschließend verkauft – köstlich. Es gibt Toiletten und einen Tretbootverleih.

▪ **CMIF**, Juni–Sept. tägl. 10–18 Uhr, ansonsten Di–So 10–17 Uhr. 3 €, erm. die Hälfte. Kombiti-cket mit Park 5 €, erm. 2,50 €. Das CMIF und den Parque José do Canto kann man nicht mit dem Auto anfahren, gebührenpflichtiger Park-platz an der Straße nach Vila Franca im Südos-ten des Sees. Von dort ca. 7 Min. zu Fuß. www.siaram.azores.gov.pt.

Information/Verbindungen/Parken

Information Turismo-Büro, im Sommer Mo–Fr 9–18 Uhr, Sa/So 9.30–17.30 Uhr, im Winter stets bis 17.30 Uhr. An der Rua Dr. Frederico Moniz Pereira, ☎ 296584525.

Verbindungen Bus werktags bis zu 5-mal nach Ribeira Quente (Nr. 317), 5-mal nach Po-voação (Nr. 318), 6-mal nach Ponta Delgada (4-mal mit Nr. 318 über Vila Franca, 2-mal mit Nr. 110 über Ribeira Grande). Da die Busse auch mal deutlich früher fahren können, sollte man

sich rund 10 Min. vor der offiziellen Abfahrts-zeit an der Haltestelle einfinden.

Taxis stehen am Largo do Teatro bereit. Nach Povoação 12 €, Ribeira Quente 11 €, Vila Franca 20 €, Pico do Ferro 8 €.

Parken Egal, ob vor den Caldeiras oder am See – die Parkplätze bei den Attraktionen sind im Hochsommer gebührenpflichtig. Kostenlos parkt man in den Nebengassen.

Adressen/Baden/Sonstiges → Karte S. 169

Baden Ein Erlebnis und Genuss – auch bei schlechtem Wetter – ist ein Bad im **Warmwasserbecken des Terra-Nostra-Parks** (→ Kasten S. 163), das zum gleichnamigen Hotel gehört.

Ebenfalls im Freien badet man in der **Poça da Dona Beija** im Süden der Stadt (bestens ausgeschildert). Dabei handelt es sich um 5 kleine ummauerte Badebecken (Wassertemperatur ca. 39 °C) an einem rostbraunen, begradigten Bachbett. Daneben gibt es auch ein kleines natürliches, grottenartiges Becken, das über Generationen hinweg gewissermaßen die Rücksitzbank der Liebespaare von Furnas war. Leider ist, seitdem es die neuen Becken gibt, das Baden darin verboten. Tagsüber ist ein Besuch der Poça da Dona Beija gegenüber einem Bad im Terra-Nostra-Park die zweite Wahl, am späten Abend dennoch herrlich. Tägl. 7–23 Uhr. 4 €. Lomba das Barracas, www.pocadona beija.com.

Für ein Fußbad nach einer anstrengenden Wanderung bietet sich hingegen die **Poça da Tia Silvina** an. Das Becken an der Avenida M. Arriaga (→ Karte S. 169) kostet keinen Eintritt, die Wassertemperatur beträgt bis zu 50 °C.

Von einem Bad im **Lagoa das Furnas** sollte man absehen. Der See ist noch immer so überdüngt, dass er, damit er nicht umkippt, künstlich mit Sauerstoff versorgt wird. Zudem ist ein Bad wegen heißer Quellen nicht ungefährlich. Der Nächstgelegene Strand befindet sich in Ribeira Quente.

> **Hinweis**: Helle Badeanzüge sind in Furnas wegen der Schwebstoffe im Wasser fehl am Platz!

Einkaufen   Queijaria Furnense 🔟, die kleine Käserei produziert aus der Milch der Kühe aus dem Tal des Lagoa Seca mit Kräutern versetz-

ten Hartkäse. Ein beliebtes Ziel von Busgruppen. Tägl. 11–20 Uhr. Rua do Caminho Novo 1.

Feste Am 1. Sonntag nach Ostern wird die **Festa dos Enfemos** zum Gedenken an die Hilfsbedürftigen und Kranken zelebriert. Bei der Prozession sind die Straßen mit einem Blumenteppich geschmückt. Eine ähnlich prächtige Prozession wird auch am letzten Sonntag im Juli abgehalten.

Golf Bereits 1939 legte man 5 km westlich von Furnas den **Furnas Golf Course** an, den besten und anspruchsvollsten Platz der Azoren. Die 18-Loch-Anlage weist Par 72 auf, das HDCP für Männer liegt bei 28, für Frauen bei 36. Putting Green und Chipping Area, Restaurant und Bar. Green Fee identisch mit dem von Batalha Golf Course (→ S. 80). Achada das Furnas, ✆ 296584651, www.azoresgolf islands.com.

Kanu Picos de Aventura organisiert 2-stündige Kanutrips auf dem See (30 €/Pers.). 296283288, www.picosdeaventura.com.

Reiten Die **Quinta d'Agua** am Südufer des Furnas-Sees (dort ausgeschildert, → Wanderkarte S. 193) bietet Ausritte an (35 € für 1:30 Std.). ✆ 911922135.

Wellness und Kurbehandlungen Massagen (ab 45 €) und Beautykuren (ab 55 €) werden für jedermann im **Furnas Thermal Spa** des Furnas Boutique Hotels (→ Übernachten) von 9–21 Uhr angeboten. Die hiesigen Wässerchen lindern übrigens Bronchitis und Rheumatismus, zudem unterstützen sie den Heilungsprozess bei Hauterkrankungen.

Auch kann man sich in der Casa do Parque im Terra-Nostra-Park bei 10-tägigen sog. **Slevoyre-Thermalkuren** neue Vitalität holen. Mehr dazu unter www.slevoyre.de.

Zweiradverleih   Mountainbikes vermietet **Worlds Nest** (→ Übernachten) für 10 €/Tag, dazu 125-ccm-Scooter für 25 €/Tag.

Übernachten → Karte S. 169

In Furnas World's Nest 🔟, etwas versteckt gelegene, hinter hohen Mauern verschanzte Anlage, 2017 eröffnet. Vermietet werden 4 architektonisch spannende Bungalows, allesamt mit verkorkter (!) Fassade. Garten mit Hängematten, drum herum wächst Gemüse, und es rauscht ein Bach. Für bis zu 4 Pers.

200 €. Canada das Pedras ✆ 918252571, buchbar über www.booking.com.

MeinTipp ****** Hotel Terra Nostra Garden** 🔟, ein Traditionshotel (seit 1935), zuletzt umfangreich restauriert. 86 gemütliche Zimmer, dazu 5 Suiten im Retro-Art-déco-Stil. Wählen Sie unbedingt eines mit Balkon bzw. Terrasse

Futuristisch: Centro de Monitorização e Investigação das Furnas

zur Parkseite hin! Fitnessraum, kleines Spa-An-
gebot, schöner Innenpool samt Sauna und türkischem Bad. Dazu kostenlose Nutzung des
Thermalbeckens im Terra-Nostra-Park, und
zwar auch außerhalb der gewöhnlichen Öffnungszeiten. Wer sich's leisten kann, kann in
einer der beiden Suiten in der alten Villa im
Park wohnen. Gutes Restaurant, Lounge mit
Kamin für kalte Tage, sehr zuvorkommendes
Personal. DZ ab 174 €. Rua Padre José J. Botelho 5, ℘ 296301880, www.bensaude.pt.

> Wer in Furnas aufwacht, findet sich recht
> häufig unter Wolken wieder. Wie das
> Wetter an der Küste ist, verraten dann
> Webcams, → S. 475.

Furnas Boutique Hotel **12**, im alten Kurhaus (erbaut 1930), ebenfalls vor wenigen Jahren restauriert. Modern ausgestattete Zimmer,
jedoch recht klein und ohne Balkon. Dafür
tolles Restaurant und eigener Spa-Bereich mit
Innen- und Außenpool. Die Becken werden aus
der hauseigenen Thermalquelle gespeist. DZ
160 €. Avenida Dr. Manuel Arriaga,
℘ 296249200, www.furnasboutiquehotel.com.

Quinta da Mó **14**, niveauvolle Anlage mit
üppig-grünem Garten. Darin 3 moderne Holzhäuser und eine restaurierte alte Wassermühle
mit 3 Schlafzimmern. Geschmackvoll ausgestattet.
Grillmöglichkeiten. Haus für 2 Pers. ab 145 €/Tag.
Minimum 4 Nächte. Im Süden von Furnas; der
Straße zur Poça da Dona Beija folgen, ca.
200 m dahinter rechter Hand (Anlage mit gelb-
blauem Eingang), Rua Água Quente 66,
℘ 917800281, www.quintadamo.com.

Residencial Vista do Vale **1**, am Ortsrand.
Von innen viel, viel schöner als von außen. 3-
stöckiger Hotelbau mit 24 großen Zimmern, alle
mit Balkon und schöner Aussicht. Freundlich gestaltete Gemeinschaftsräume, kleiner Pool. Netter
Service. Restaurant. EZ ab 69 €, DZ ab 80 €. Rua
da Palha 56 (letztes Gebäude auf der linken
Seite), ℘ 296549030, www.vistadovale.com.

** Hotel Vale Verde **6**, in einem historischen Stadthaus in bester Lage. 10 Zimmer,
der Sternezahl entsprechend ausgestattet. Die
7 ruhigen Zimmer nach hinten hinaus haben
Zugang zu einer Veranda. Restaurant angeschlossen (2018 aber nicht bewirtschaftet). EZ
65 €, DZ 75 €. Rua das Caldeiras 3,
℘ 296549010, www.hotelvalverde.com.

Privatzimmer Rosa Ponta **5**, die Familie
vermietet seit über 40 Jahren Zimmer. Alle mit
eigenem Bad, z. T. jedoch außerhalb des Zimmers. Bäder, Gänge usw. gut gekachelt – sau-
berer geht's nicht. Rosenkränze und Madon-
nenfiguren satt. Kleiner Garten mit Grill und
Zwergen-Pool. DZ 55 €. Rua Padre José J.
Botelho 10, ℘ 962634233.

Silvestre Cordeiro Carreiro **3**, 5 Zimmer
im OG, die sich 2 Bäder im EG teilen. Ein Zimmer mit eigener Terrasse. DZ 40 €. Rua dos
Moinhos 52, ℘ 296584569.

Camping Parque de Campismo, Furnas
besitzt einen der gepflegtesten Plätze der Azoren. Strom, gute Sanitäranlagen, Grillmöglichkeiten, Restaurant. Ganzjährig geöffnet. Kein
WLAN. Von der Straße von der Igreja Nova zum
Kurhaus ausgeschildert. 2 Pers. mit kleinem
Zelt 10,50 €. Caminho das Queimadas, ℘ 296
584910, restaurantevaledasfurnas@gmail.com.

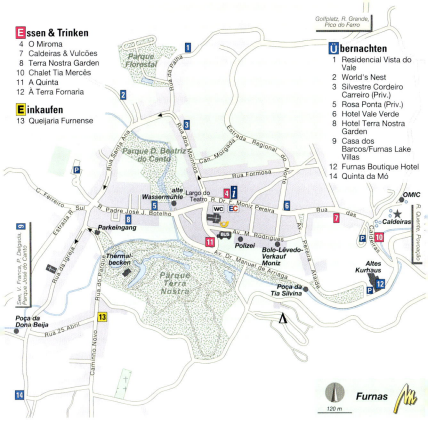

Golfplatz, R. Grande,
Pico do Ferro

E ssen & Trinken
- 4 O Miroma
- 7 Caldeiras & Vulcões
- 8 Terra Nostra Garden
- 10 Chalet Tia Mercês
- 11 A Quinta
- 12 À Terra Fornaria

E inkaufen
- 13 Queijaria Furnense

Ü bernachten
- 1 Residencial Vista do Vale
- 2 World's Nest
- 3 Silvestre Cordeiro Carreiro (Priv.)
- 5 Rosa Ponta (Priv.)
- 6 Hotel Vale Verde
- 8 Hotel Terra Nostra Garden
- 9 Casa dos Barcos/Furnas Lake Villas
- 12 Furnas Boutique Hotel
- 14 Quinta da Mó

Furnas

120 m

Am Furnas-See Casa dos Barcos 9, ein Idyll direkt am Lagoa das Furnas. Das alte Bootshaus neben der Ermida da Nossa Senhora das Vitórias, das einst zum Park José do Canto gehörte, wurde mit Liebe restauriert und bietet bis zu 4 Pers. Platz. 250 €/Nacht. Falls Ihnen dieses Haus zu klein ist, vermietet der Besitzer auch die **Casa da Lagoa**, eine wunderschöne historische Villa mit 3 Schlafzimmern direkt im Parque José do Canto. ℂ 296285895, www.casadosbarcos.com.

Furnas Lake Villas 9, Anlage auf einer Fläche von über 100 ha. Nicht unmittelbar am See, sondern etwas abseitig gelegen mit Wiesenblick. 13 würfelförmige, holzverkleidete Appartements, modern eingerichtet und mit großen Fensterfronten versehen. Die Einheiten stehen recht eng beieinander, z. T. über einem künstlichen Kanal. Diverse Sportangebote, dazu Fahrrad- und Kanuverleih. Pool. Für 2 Pers. 155 €, für 4 Pers. 215 €, Frühstück 14 €/Pers. extra. Estrada Regional do Sul, ℂ 296584107, www.furnaslakevillas.pt.

Essen & Trinken

Furnas verfügt über eindeutig zu viele Restaurants – was zur Folge hat, dass man außerhalb der Saison am Abend oft der einzige Gast ist. Zudem tun die vielen Reisegruppen der Qualität nicht gut.

Restaurants Terra Nostra Garden 8, Hotelrestaurant im gehobenen Art-déco-Ambiente (→ Übernachten). Die Spezialität ist wie überall im Dorf *Cozido* (24 € für 1 Pers. bzw. 40 € für 2 Pers.) – neben dem „normalen" gibt

es auch solchen mit Stockfisch und einen vegetarischen. Cozido vorbestellen!

À Terra Fornaria 12, das trendige, sehr urbane Restaurant des Furnas Boutique Hotels (→ Übernachten). Offene Küche mit Holzofen, aus dem azoreanische Köstlichkeiten (oder der Versuch einer Köstlichkeit), aber auch Pizza kommen (meist sehr gut). Nette Terrasse. Hg. 18–20 €, den *Cozido* gibt es nur mit Stockfisch.

O Miroma 4, gepflegtes, großes Touristenlokal. Neben *Cozido* (13,50 €) gibt es die typische regionale Kost. Lecker ist der Tintenfischeintopf mit Kartoffeln (*Polvo guisado à Miroma*, 14 €). Im Winter Mi Ruhetag. Rua Dr. Frederico Moniz Pereira 15, ℰ 296584422.

Caldeiras & Vulcões 7, hier bekommt man teils kunstvoll präsentierte, innovative Gerichte (kosten Sie z. B. den auf einem Olivenölspiegel servierten *Bacalhau*). Im Winter Di Ruhetag. Rua das Caldeiras 36, ℰ 296584312, www.caldeirasevulcoes.com.

Cafés/Bar Chalet Tia Mercês 10, bei den Caldeiras am östlichen Ortsrand. Café mit kleiner Terrasse (schöne Aussicht), das auch herzhafte Snacks serviert. Von Lesern hochgelobt. Freundlicher Service. Ab 15 Uhr, Di/Mi geschl. Rua das Caldeiras.

A Quinta 11, nette Open-Air-Location, man sitzt in einem recht lauschigen Gärtchen auf Baumstämmen oder unter einer Holzkonstruktion. Ab und zu Livemusik. Gute Cocktails mit *Pitú* aus Brasilien. Snacks. Der beste Platz für den Abend. Nur im Hochsommer. Avenida M. Arriaga.

Maria da Glória Moniz → „Leckereien". Der Bolo-Lêvedo-Verkauf ist gleichzeitig eine super Frühstücksadresse (ab 9 Uhr geöffnet).

Leckereien aus Furnas: Die Spezialität von Furnas ist der **Cozido**, in der klassischen Version ein Eintopf aus Rind- und Schweinefleisch, Huhn, Würstchen, Kartoffeln, Yams und Kraut, der in den heißen vulkanischen Erdlöchern gegart wird. Die freigesetzten Mineralstoffe verleihen dem Gericht die besondere Geschmacksnote. Um einen echten Cozido kosten zu können, bestellen Sie ihn am besten vorher, ansonsten bekommen Sie einen aufgewärmten (ganz okay) oder einen aus dem Backofen (Fehlgriff). Am besten schmeckt der Cozido im Winter, im Hochsommer ist das Gericht einfach zu schwer. Probieren sollte man auch das süßliche, kreisrunde, muffinartige Brot **Bolo Lêvedo**, das auf Eisenplatten im Holzofen gebacken wird – die Zutaten sind Zucker, Weizenmehl, Eier und Milch. Zu den besten Bolo Lêvedos des Ortes zählen die von **Maria da Glória Moniz**, gebacken in der Rua Victor Manuel Rodrigues 16. Wer Glück hat, kann sogar beim Backen zusehen. Im angeschlossenen Café bekommt man die Bolos verschiedenartig belegt, u. a. mit Frischkäse und Thunfisch.

Morgennebel über Furnas

Wanderungen auf São Miguel

GPS-Wanderung 5

Zum Höllenfenster über Remédios   → Karte S. 172

Route: Rundwanderweg von Remédios zum Janela do Inferno („Höllenfenster") im Tal des Ribeira Seca. Achtung: Auf São Miguel gibt es zwei Dörfer mit dem Namen „Remédios". Startpunkt dieser Wanderung ist jenes, das zwischen Lagoa und Água de Pau von der Südküste zurückversetzt im Inselinneren liegt.

Länge/Dauer: 7,6 km, ca. 2:30 Std.

Einkehr: Unterwegs keine Möglichkeit.

Besonderheiten: Der markierte Rundwanderweg ist identisch mit dem offiziellen Wanderweg *PRC 37 SMI* und landschaftlich sehr reizvoll. Anfangs begleitet einen das Muhen der Kühe und das Rattern der Melkmaschinen, später im Wald Vogelgezwitscher. Der Weg ist insgesamt einfach, nicht allzu schweißtreibend (da man nicht allzu viel aufsteigt) und oft auch noch machbar, wenn die Berge in Wolken sind. Jedoch sollte man mit Schwindel keine Probleme haben: Immer wieder geht es, wenn auch nur für kurze Strecken, auf Aquädukten mit wenig vertrauenserweckenden Geländern entlang. Zudem müssen mehrere Tunnel in gebückter Haltung passiert werden, nehmen Sie eine Taschenlampe mit. Die Aquädukte und Tunnel wurden übrigens einst für eine Alkoholfabrik in Lagoa angelegt.

An- und Weiterfahrt: Von Ponta Delgada starten werktags von 10–14 Uhr fünf Busse (Nr. 312 u. 313) nach Remédios, letzter Bus zurück um 17 Uhr. Selbstfahrer nehmen von der Schnellstraße Ponta Delgada – Vila Franca die Ausfahrt „Lagoa do Fogo/Remédios" und folgen dann der Beschilderung, bis es rechts nach Água de Pau abgeht. Genau an der Abzweigung befindet sich ein Picknick- und Parkplatz, wo auch die Wandertafel steht.

Wegbeschreibung: Von der **Wandertafel 1** beim kleinen Picknickplatz von Remédios folgt man der Straße Richtung Água de Pau, die schon nach wenigen Schritten in einen Schotterweg übergeht. Es geht vorbei an Weiden und Feldern. Nach ca. 15 Min. verlässt man die Schotterstraße **2** und zweigt nach links in einen anfangs von Mauern gesäumten Feldweg ab (bestens markiert). Nun geht es stets leicht bergauf, weiter an Weiden und Feldern vorbei. Bei gutem Wetter hat man eine schöne Sicht auf den Westen São Migu-

els. Nach ca. 20 Min. auf diesem Weg fordert eine Markierung dazu auf, nach rechts abzuzweigen. Dabei passiert man ein **Gatter 3** und quert eine Weide (für ein kurzes Stück auf einem Viadukt).

Hinter der Weide passiert man ein Tal auf einem V-förmigen Treppenbrückchen. Danach verläuft der Pfad wieder über eine Weide und trifft auf einen Feldweg, der rechts an einem Wasserspeicher vorbeiführt. Etwa 50 m weiter bzw. 20 m vor dem nächsten Wasserspeicher zweigt man nach links auf einen Pfad ab. Hölzerne Markierungs-

São Miguel ↓ Karte Umschlagklappe hinten

Lagoa do Fogo

Nossa Senhora dos Remédios

Höllenfenster (Janela do Inferno)

7

5

Aquädukt

Remédios

8

Túnel da Grota

6

Aquädukt

Start/Ziel 1

3

4

Schnellstraße Ponta Delgada, Vila Franca do Campo

2

Água de Pau

Wanderung 5: Zum Höllen-fenster über Remédios

300 m

pfosten weisen nun den Weg zum ersten **Tunnel** **4** am Pico da Cova, der 72 m lang und nur 1,5 m hoch ist. Hinter dem Tunnel stößt man auf einen Feldweg, links halten. Der Weg wird nun schattig und unterquert nach etwa 5 Min. ein Aquädukt. Dahinter schwenkt der Weg nach rechts ab. Es folgt der nächste Tunnel, dieses Mal etwa 15 m lang. Kurz darauf quert man einen Bach und gelangt zu einer Weggabelung: Nach rechts führt ein Pfad nach Água de Pau/Ribeira Chá, nach links sind es laut Hinweisschild noch 245 m bis zum sog. „Höllenfenster" *(Janela do Inferno)* – unser Ziel.

Aber nun aufgepasst: Wenige Schritte weiter passiert man ein Wasserhäuschen. Bei der Gabelung dahinter hält man sich rechts. Kurz darauf führt der Pfad durch den Bogen eines Aquädukt. Der Rückweg verläuft hingegen *auf* diesem Aquädukt. Dazu muss man ein paar Schritte hinter dem Aquädukt nach rechts aufsteigen. Doch zuvor schaut man sich noch das **Höllen-fenster 5** an. Bei diesem märchenhaften Ort handelt es sich um einen Wasserfall, der sich aus einem Felsenfenster ergießt und einen Teich füllt.

Der Rückweg ist bestens markiert und führt **über** all die Aquädukte, die man zuvor durch- bzw. unterquert hat. In rund 15 Min. gelangen Sie so zum **Túnel da Grota 6**, dem letzten zu durchquerenden Tunnel, 49 m lang und 1,5 m hoch. Hinter dem Tunnel endet die Waldpassage. Es geht zunächst auf einem Wiesenweg, dann auf einem Schotterweg über Weideland zu einer T-Kreuzung. Hier hält man sich rechts, bei der nächsten T-Kreuzung hält man sich links. 2–3 Min. später trifft der Feldweg auf ein betoniertes Sträßlein, abermals hält man sich links. 10 Min. später erreichen Sie die **Straße 7** zum Lagoa do Fogo. Diese wird überquert, dahinter geht es auf einem Schotterweg vorbei an bimmelnden Kühen weiter.

5 Min. später, vor einer **Stallung**, wählt man den Weg nach links bergab. Am unteren Ende der Stallung gabelt sich der Weg, rechts halten. Ein Pfad bringt Sie nun nach Remédios. Dort folgt man der Straße durch den Ort bergab, bis man auf die **Rua da Igreja 8**

trifft. Nach rechts bietet sich ein Abstecher zur **Kapelle Nossa Senhora dos Remédios** (→ S. 95) an. Hält man sich hingegen links und gleich wieder links, gelangt man zurück zum **Ausgangspunkt der Wanderung 1**.

Das Tal des Ribeira da Praia entlang zum Lagoa do Fogo

→ Karte S. 174

Route: Östlich des Flusstals des Ribeira da Praia bergauf zum Lagoa do Fogo (→ S. 138) und auf der anderen Seite des Tals wieder zurück.

Länge/Dauer: 11,3 km, ca. 3:45 Std. Für alle, die mit dem Bus anreisen, verlängert sich die Wanderung um etwa 2:45 Std. (4,2 km).

Einkehr: Unterwegs keine Möglichkeit.

Besonderheiten: Die Wanderung gliedert sich in zwei Etappen: einen mühseligen Aufstieg bis zum Lagoa do Fogo und einen gemütlichen Abstieg zurück nach Praia. Der Rückweg (und nur der!) ist mit dem offiziellen Wanderweg *Percurso Pedestre PRC 2 SMI* identisch. Unterwegs genießt man herrliche Ausblicke über die bewaldete Küstenregion hinweg aufs Meer. Evtl. muss man über ein ca. 1,30 m hohes Tor klettern. Wer in den Wochen zuvor zufällig Hitchcocks *Vögel* gesehen haben sollte, kann sich am Ufer des Sees (Naturschutzgebiet) wegen der hier heimischen Möwen auf einen Adrenalinkick gefasst machen, insbesondere während der Brutzeit im April und Mai. Bei den Möwen handelt es sich genau genommen um den atlantischen Vertreter der Mittelmeermöwe *(Larus michahellis atlantis)*. Angeblich ist von Attacken der Möwen nichts bekannt, aber wenn das Federvieh kamikazeartig auf einen herabstürzt, um Eindringlinge in sein Brutrevier zu verscheuchen, und keine 30 cm über den Scheitel hinwegfegt, wird es einem schon mulmig. Damit die Möwen nicht gestört werden, wird der Wanderweg möglicherweise irgendwann einmal gesperrt. Um die wunderschöne Landschaft bis dahin so weit wie möglich für sich zu haben – der Wanderweg ist einer der populärsten São Miguels –, sollte man so früh oder so spät wie möglich starten.

An- und Weiterfahrt: Selbstfahrer, die von Ponta Delgada auf der alten Küstenstraße kommen, zweigen zwischen Praia und Água d'Alto 500 m hinter der Zufahrt zum Hotel Pestana Bahia Praia bei dem braunen Hinweisschild mit der Aufschrift „Lagoa do Fogo" links ab. Nach etwa 1,5 km bergauf erreicht man eine größere Weggabelung mit einer Wandertafel. Sollten hier alle Parkplätze belegt sein, halten Sie sich rechts, etwa 500 m weiter gibt es weitere Parkplätze. Lassen Sie keine Wertsachen im Auto!

Wer mit dem Bus, der zwischen Ponta Delgada und Vila Franca verkehrt (Nr. 315 u. 318), anreist, steigt bei Água d'Alto an der Abzweigung nach Trinta Reis (Hinweisschild „Lugar de Praia/ Trinta Reis") aus und folgt dem Sträßlein ins Dorf. Dort, wo sich das Sträßlein bei einem Brunnen gabelt, rechts halten. Nach den letzten Häusern folgt man dem gelb-rot markierten Pfad entlang des Ribeira da Praia bergauf (zugleich ein offizieller Wanderweg, → Wandertipp S. 100) und der unten beschriebenen Wanderung ab Waypoint 2.

São Miguel ↓ Karte Umschlagklappe hinten

Wegbeschreibung: An der Gabelung mit der **Wandertafel** 1 hält man sich rechts, auch wenn die Wegmarkierungen nach links weisen. Die hier beschriebene Tour ist ein Rundwanderweg – der markierte *Percurso Pedestre PRC 2 SMI* nicht! Auf dem linken Weg werden Sie später vom Lagoa do Fogo zurückkommen, auf dem rechten wandern Sie nun leicht bergab.

Sie überqueren bei einem kleinen Staubecken den Ribeira da Praia. Dort befindet sich eine weitere Wandertafel 2, die den Wanderweg *PR 39 SMI* vor-

vulkanologische Messstation 4

Lagoa do Fogo

500 m

Staumauer 5

Lombo 731

Ribeira da Praia

600

599 Pico da Praia

Lagos

6

400

Eira da Roça

Gehöft 3

verlassenes Gehöft 7

Clemente da Costa

2

Loural 307

Tränke 8

Wandertafel

200

Start/Ziel 1

PR 39 SMI

Água d'Alto

Eira Praia   Trinta Reis

Praia

Ponta Delgada

Vila Franca do Campo

Bahia Palace Hotel

**Wanderung 6
Das Tal des Ribeira da Praia
entlang zum Lagoa do Fogo**

stellt. Wer in Trinta Reis gestartet ist, steigt hier in den Trail ein und hält sich rechts. Von der Wandertafel folgen Sie noch für rund 200 m der betonierten Straße. In einer Rechtskurve von fast 180° zweigen Sie nach links auf einen unbefestigten, anfangs schneisenartig verlaufenden Weg ab 3. Kurz darauf erreichen Sie vor einem **grauen Gehöft** ein hüfthohes grünes Tor, das mal geschlossen (drüberklettern!) und mal geöffnet (Glück gehabt!) ist. Danach folgt man dem Weg stets bergauf, er bringt Sie bis zum Südufer des Sees, kleinere Abzweigungen lässt man unbeachtet. Der z. T. in Serpentinen ansteigende Weg bietet herrliche Ausblicke bis zur Küste und auf ein Nachbartal des Ribeira da Praia mit einem Wasserfall. Hat man den höchsten Punkt des Aufstiegs überwunden, kündigen kreischende Möwen das Ziel an, und es geht bequem bergab mit Blick auf den **See** – im April und Mai, wie schon erwähnt, unter Aufsicht einer wild flatternden Möwenschar.

Bei einer Wetter- und vulkanologischen **Messstation** 4 schwenkt der Feldweg nach links ab und führt in das anfangs noch breite **Tal des Ribeira da Praia**. Auf einer kleinen Brücke passiert man einen der künstlichen Wasserläufe und wandert das sich verengende Tal weiter.

An einer **Staumauer** 5 endet der Weg, rechts dahinter beginnt ein Pfad parallel zu einem etwa 80 cm breiten **Kanal**. Diesem folgen Sie für ca. 25 Min. bis zu seinem Ende. Am Ende des Kanals 6, wo das Wasser in ein Rohr umgeleitet wird, folgt man den Markierungen an dem nahen Gebäude vorbei und dann dem Waldweg dahinter. Auf diesem hält man sich stets bergab – alle bergauf führenden Abzweigungen bleiben unbeachtet. Der Weg bringt Sie nach einer Weile aus dem Wald heraus in gerodetes Gelände, das einst mit Eukalyptusbäumen bepflanzt war und nun mit Lorbeer wieder aufgeforstet wird. Dabei passieren Sie ein altes, verlassenes **Gehöft**  aus der Zeit, als auf der Insel noch Hanf angebaut wurde. Auch auf dem weiteren Weg, der wieder in ein Waldstück führt, bleiben sämtliche Rechts- und Linksabzweigungen unbeachtet. Am unteren Rand des Waldstücks gelangt man an eine **Tränke** 8, links halten. Bald darauf erreichen Sie die Weggabelung 1, an der Sie beim Aufstieg nach rechts abgebogen sind.

GPS-Wanderung 7

Über die Klippen von João Bom   → Karte S. 176

Route: Rundwanderweg um die Anhöhe Mafra mit Start in João Bom.

Länge/Dauer: 5,1 km, ca. 2 Std.

Einkehr: Unterwegs keine Möglichkeit.

Besonderheiten: Schöne Rundwanderung mit tollen Küstenblicken, schweißtreibende Aufstiege lassen sich aber auch hier nicht ganz vermeiden. Die Tour lässt sich mit einem herrlichen Picknick über den Klippen verbinden. Falls Sie eine Flasche Wein mitnehmen wollen, so köpfen Sie diese erst, wenn Sie die Passagen an den Klippen gemeistert haben, für ein kurzes Wegstück ist absolute Schwindelfreiheit vonnöten. Nicht nach stärkerem Regen gehen. Der Weg ist mit dem offiziellen Wanderweg *PRC 33 SMI* identisch.

An- und Weiterfahrt: → Ponta Delgada/Verbindungen und João Bom/Verbindungen.

Wegbeschreibung: Ausgangspunkt der Wanderung ist der kleine Picknickplatz mit Pavillon in João Bom an der inselumrundenden Straße. Daneben auch eine **Wandertafel** 1 und eine Bushaltestelle. Von hier nimmt man das von der inselumrundenden Straße bergab führende Sträßlein, zweigt 80 m weiter links ab und folgt der Straße am Minimercado vorbei. Auf dieser passiert man auch eine **Kapelle**. Kurz hinter der Kapelle 2 geht es rechts ab in die **Rua da Relvinha**, die eine Linkskurve beschreibt und kurz darauf ihre Asphaltschicht verliert. Nun folgt man für ca. 7 Min. dem Feldweg (alle Abzweigungen bleiben unbeachtet) und hält dann linker Hand nach einer gelb-roten

Kuhler Wanderweg

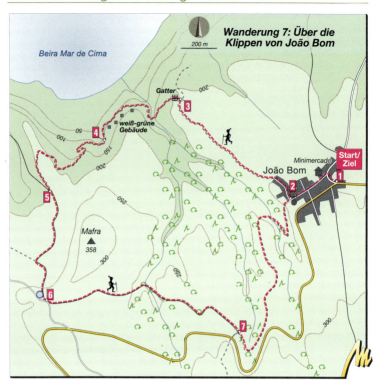

Wanderung 7: Über die
Klippen von João Bom

Beira Mar de Cima

Gatter

weiß-grüne
Gebäude

Mafra
▲
358

João Bom

Minimercado

Start/
Ziel

Markierung an einem kleinen hölzernen **Gatter** 3 Ausschau. Hier verlassen Sie den Feldweg, kreuzen das dahinterliegende Feld und stoßen so automatisch auf der anderen Seite des Feldes auf einen Pfad, der anfangs in Stufen bergab führt.

Der Pfad verläuft relativ hoch über der Küste und bietet immer wieder Ausblicke auf Mosteiros. Man passiert eine geschwungene Schlucht mit der Abbruchkante eines Wasserfalls ins Meer und stößt dann auf **niedrige, weiß-grüne Gebäude** in einer Felswand, die der Trinkwasserverteilung dienen. Hier lässt es sich herrlich picknicken. Bei einem der Häuser, das nicht größer als ein Toilettenhäuschen ist und an das eine gemauerte Bank anschließt, auf die wiederum ein Mauerstück mit sechs Absätzen 4 folgt, ste-

hen mehrere Wege zur Auswahl. Hier nimmt man jenen, der entlang der Bank und der Mauer mit den sechs Absätzen bergauf führt und kurz darauf in einen befahrbaren Feldweg übergeht. Nach einem 15-minütigen Aufstieg treffen Sie auf ein betoniertes **Sträßlein** 5, dem Sie vorbei an Weiden und Feldern weiter bergauf folgen. Alle Abzweigungen bleiben unbeachtet. Bei der **Kreuzung mit Brunnen** 6 hält man sich links und folgt der Rua da Casa Velha, wieder ein Schotterweg. Wieder bleiben für ca. 15 Gehminuten alle Abzweigungen unbeachtet. Dann aber aufgepasst: Bei der Weggabelung 7 hinter einem steileren Anstieg und nachdem man eine Stromleitung unterquert hat, hält man sich links bergab. So gelangen Sie zurück nach **João Bom** 1.

GPS-Wanderung 8

Rund um Sete Cidades   → Karte S. 178

Route: Sete Cidades – Lagoa Verde – Vista do Rei – Caldeira Seca – Caldeira do Alferes – Lagoa Azul – Sete Cidades.

Länge/Dauer: 12 km, ca. 4 Std.

Einkehr: Unterwegs keine Möglichkeit.

Besonderheiten: Traumhafter Weg auf dem Kratergrat mit Blick auf die Seen zur Rechten und das Meer zur Linken! Ab dem Aussichtspunkt Vista do Rei ist die Wanderung bis auf die letzten Meter mit dem offiziellen Wanderweg *Circuito Pedestre PR 3 SMI* identisch.

An- und Weiterfahrt: → Ponta Delgada/Verbindungen und Sete Cidades/Verbindungen.

Wegbeschreibung: Vom Ausgangspunkt der Wanderung, der **Pfarrkirche von Sete Cidades ▌1▐**, geht man die Rua da Igreja entlang, die am Restaurante Esplanada S. Nicolau, einer Kapelle und der Bushaltestelle vorbeiführt. Bei der kurz darauf folgenden Kreuzung hält man sich rechts und folgt der Vorfahrtsstraße, die nun den Namen Rua de Baixo trägt. Auf dieser gelangt man, alle Abzweigungen ignorierend, zum Lagoa Verde. Dort, wo unmittelbar vor dem Lagoa Verde die Straße nach links abschwenkt, hält man sich jedoch rechts und nimmt den **Weg zwischen zwei steinernen Pfosten ▌2▐** hindurch. Ca. 70 m weiter, an der Stelle, wo sich der Weg gabelt, hält man sich erneut rechts, auch hier geht es zwischen zwei Steinpfosten hindurch und in den Wald hinein. Nach rund 8 Min. auf dem bergauf führenden Waldweg – linker Hand erblickt man durch die Bäume hindurch immer wieder den Lagoa Verde – schwenkt dieser Weg nach rechts bergab. Hier wählen Sie den Weg geradeaus

Caldeira das Sete Cidades

Wanderung 8:
Rund um Sete Cidades
Wanderung 9: Nordostumrundung
der Caldeira das Sete Cidades

650 m

und erreichen so, alle kleineren Abzweigungen ignorierend, nach 20–25 Min.
in einem Rodungs- und Aufforstungsgebiet einen quer verlaufenden, ausgewaschenen **Schotterweg** 3. Hier hält
man sich links. Nun geht es für rund
30 Min. nochmals recht steil durch das
Rodungsgebiet bergauf, bis Sie das
Schottersträßlein auf dem Kratergrat der
großen Caldeira erreichen. Hier hält man
sich rechts (nach links sind es keine
100 m bis zum **Aussichtspunkt Vista do
Rei** 4) und passiert so eine Sendeanlage,
die sich linker Hand erhebt. Für knapp
1 Std. genießen Sie nun zur Linken
eine herrliche Aussicht auf die West-

küste São Miguels und zur Rechten auf
den Lagoa Verde, den Lagoa Azul und
die davor liegende Caldeira Seca.

Der Weg endet schließlich an der geteerten **Straße** 5, die von Sete Cidades
nach Várzea führt, hier rechts halten.
Nach ca. 500 m zweigt man nach links
auf einen **Schotterweg** 6 ab (rot-gelb
markiert, erste Möglichkeit). Nun umrundet man die **Caldeira do Alferes**. Die
erste Rechtsabzweigung bleibt unbeachtet; bei der zweiten (mit einer Tränke ums Eck) 7 beginnt Ihr Rückweg
nach **Sete Cidades**.

Lassen Sie nun alle kleineren Abzweigungen unbeachtet. Der Weg führt stellen-

weise steil bergab bis zum Ufer des La-goa Azul **8**, wo man auf eine geteerte **Straße** trifft. Hier hält man sich rechts (man ignoriert also die Markierung für „falschen Weg") und gelangt so zurück zum Ausgangspunkt der Wanderung **1**.

São Miguel → Karte Umschlagklappe hinten

GPS-Wanderung 9

Nordostumrundung der Caldeira das Sete Cidades

Route: Mata do Canário – Pico da Cruz – Miradouro da Cumeeira – Sete Cidades.

Länge/Dauer: 11 km, 3 Std.

Einkehr: Am Ende der Wanderung in Sete Cidades.

Besonderheiten: Die Wanderung, die in weiten Abschnitten auf dem Grat des Kraterrunds verläuft, zählt zu den Highlights São Miguels. Der Wanderweg ist traumhaft, bietet grandiose Ausblicke und ist mit dem *Percurso Pedestre PR 4 SMI* bis auf die letzten Meter identisch. Jeepsafaritouristen und Quadfahrer (v. a. am Wochenende) können das Wandervergnügen aber beeinträchtigen. Zudem ist der Weg im Sommer so beliebt, dass man zuweilen das Gefühl von Entenmarsch hat. Die Wanderung lässt sich zu einer größeren Tour ausbauen, → Kasten „Umrundung der Caldeira das Sete Cidades", S. 180.

An- und Weiterfahrt: Zum Ausgangspunkt der Wanderung fahren keine öffentlichen Busse, jedoch passiert der Yellow Bus (→ S. 77) den Einstieg in den Wanderweg. Für Busverbindungen zurück von Sete Cidades → Sete Cidades/Verbindungen. Ein Taxi zum Ausgangspunkt der Wanderung kostet von Ponta Delgada ca. 13 €, von Sete Cidades ca. 10 €. Sagen Sie dem Fahrer, dass Sie im Waldgebiet von Canário („Mata do Canário") beim Aquädukt („Aqueduto") aussteigen wollen. Selbstfahrer finden den Einstieg in die Wanderung, wenn sie der Straße von Ponta Delgada über Relva und Covoada nach Sete Cidades folgen, ca. 1 km hinter der Abzweigung zum Parque Lagoas Empadadas. Der Parkplatz mit Wandertafel liegt neben der Abzweigemöglichkeit nach Capelas und S. António (est. secundária). Von Sete Cidades kommend, liegt der Parkplatz rund 600 m hinter der Abzweigemöglichkeit zum Parque Lagoa do Canário.

Wegbeschreibung: Von dem Parkplatz **1** folgt man einem Schotterweg, der in die Straße nach Capelas/S. António mündet und hält sich hier links. Sogleich geht man an einem über 100 Jahre alten, zweistöckigen Aquädukt vorbei. Kurz hinter dem Aquädukt dreht die Straße nach rechts ab, Sie aber wandern geradeaus auf einem unbefestigten Forstweg weiter, der durch ein jüngst gerodetes Waldgebiet führt. Dann passiert man Wiesen und Weiden, und schon bald wandert man auf einem betonierten Wegabschnitt steil bergauf zum **Pico da Cruz**, mit 845 m die höchste Erhebung des Kraterrunds **2**, die gekrönt ist von einer Anlage zur Flugüberwachung. Von hier oben eröffnet sich eine tolle Aussicht auf den Nordosten São Miguels.

Danach geht es in einer Serpentine etwas bergab. Schließlich verläuft der Weg auf dem Grat der Kraterwand, die fast senkrecht zum Lagoa Azul abfällt. Die Aussicht ist fantastisch. Alle Abzweigungen nach rechts bleiben unbeachtet. Etwa eine Stunde nach dem Pico da Cruz passiert man den Aussichtspunkt **Miradouro da Cumeeira 3**. Bald darauf endet das Wegstück mit dem Wahnsinnsblick auf die Seen von Sete Cidades. Der Weg führt in ein Seitental am Rande der großen Caldeira. Alle Abzweigungen zur Küste bleiben weiterhin unbeachtet. Kurz nachdem man eine einsam stehende alte Villa passiert hat, tauchen **Wanderweghinweisschilder** **4** auf: Nach links, an einer Tränke vorbei, geht es Richtung Sete Cidades und damit zum Ziel der

Wanderung (geradeaus setzt sich der Weg zum Aussichtspunkt Vista do Rei fort). Lassen Sie nun alle kleineren Abzweigungen unbeachtet. Der Weg führt stellenweise steil bergab bis zum Ufer des Lagoa Azul, wo er auf eine geteerte **Straße** trifft. Hier hält man sich rechts (ignoriert also die Markierung für „falscher Weg") und gelangt so in den Ort **5**.

Umrundung der gesamten Caldeira das Sete Cidades: Die Tour ist traumhaft, bietet grandiose Ausblicke und dauert je nach Kondition 5–6 Std. (Länge 19,7 km). Für die Umrundung der gesamten Caldeira folgt man zuerst der Wanderung 8. Um die Tour zu verkürzen oder zu erleichtern, können Sie auch am Aussichtspunkt Vista do Rei einsteigen (Waypoint **4**). Ab Waypoint **7** der Wanderung 8 folgt man Wanderung 9 in entgegengesetzter Richtung bis zum Waypoint **2** auf dem Pico da Cruz. Dann steigt man den betonierten Weg bergab, jedoch nur bis zu dem Strommast mit der Aufschrift „EDA MLC 1262 0025". Hier zweigt man nach rechts auf einen Pfad ab, der Sie oberhalb der Abbruchkante des Kraters entlang einer Weide zum Parque Lagoa do Canário bringt. Dort folgen Sie dem Treppenweg zum ausgeschilderten „Miradouro", der weiter entlang der Abbruchkante verläuft. Dort, wo der Weg nach rechts zum Aussichtspunkt abschwenkt – ein lohnenswerter Abstecher –, halten Sie sich links und wandern auf dem Pfad entlang des Waldrands weiter. Dieser trifft auf die Straße von Ponta Delgada zum Aussichtspunkt Vista do Rei, hier hält man sich rechts. Nun folgt ein etwas unschönes Stück, denn nun müssen Sie für mind. 2,5 km der Straße folgen (abschnittsweise verläuft parallel dazu ein Pfad). So erreichen Sie einen mit „Parque de longa duração" ausgeschilderten Parkplatz. Vom Parkplatz, so sagte man uns bei der letzten Recherche, soll ein Fußweg zum Miradouro de Vista do Rei durch den Wald geschlagen werden. Falls dieser noch nicht existiert, müssen Sie nochmals für 900 m die Straße weiter entlanggehen, bis Sie wieder den Aussichtspunkt Vista do Rei erreichen.

GPS-Wanderung 10

Durch die Serra Devassa

Route: Parque Lagoa do Canário – Lagoa das Éguas – Pico das Éguas – Lagoa Rasa – Parque Lagoa do Canário.

Länge/Dauer: 4,3 km, ca. 1:30 Std.

Einkehr: Keine Möglichkeit.

Besonderheiten: Kurze und leichte Rundwanderung mit grandiosen Ausblicken bei gutem Wetter. Bei tief hängenden Wolken – der Weg verläuft zwischen 750 und 873 m ü. d. M. – nicht empfehlenswert. Der beschriebene Wanderweg ist bis auf einen Abstecher zu den Lagoas Empadadas nahezu identisch mit dem offiziellen *Percurso Pedestre PRC 5 SMI*.

An- und Weiterfahrt: Nur mit Mietwagen, Yellow Bus (→ S. 77) oder Taxi möglich, keine Busanbindung.

Wegbeschreibung: Der Einstieg zur Wanderung liegt genau gegenüber dem

Eingang zum **Parque Lagoa do Canário**, hier auch eine Wandertafel **1**. Von hier folgt man dem Schotterweg, der in entgegengesetzter Richtung zum Parque Lagoa do Canário verläuft. Er führt durch baumloses Gelände zwischen Hügeln hindurch. Bereits nach wenigen Metern sieht man linker Hand die erste Wandermarkierung (Holzpfosten). Nach ca. 5 Min., dort, wo sich der Weg unter einer Stromleitung gabelt, hält man sich links und bei der kurz darauffolgenden Gabelung erneut. Der Weg beschreibt daraufhin eine 180°-Kurve und führt auf eine Anhöhe zu. Um auf die Anhöhe zu gelangen, nimmt man nicht den direkten Weg, sondern folgt anfangs noch dem schneisenartigen Weg, bis ein **Hinweisschild „Lagoas"** **2** auf einen Pfad weist, der rechts bergauf führt. Oben angekommen, wählt man den breiten Weg nach rechts bergab. 150 m weiter gelangt man zu einem Aussichtspunkt, der einen ersten Blick auf den **Lagoa das Éguas** in einem tiefen Kesselrund freigibt. Dahinter folgt man dem markierten Weg auf dem Grat zum nächsten Aussichtspunkt auf dem Gipfel des **Pico das Éguas**, des mit 873 m höchsten Berges des Inselwestens **3**.

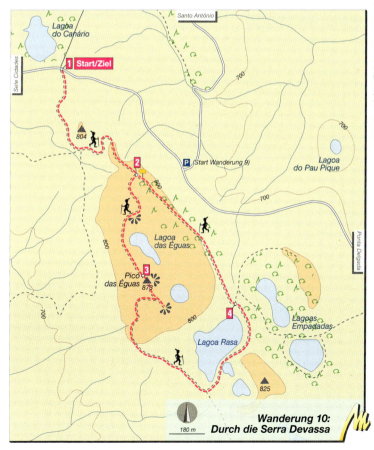

Wanderung 10:
Durch die Serra Devassa

Von hier hat man auch einen Blick auf einen kreisrunden Tümpel einen Kraterkessel weiter. Anschließend wandert man auf dem Grat bergab zum nächsten Aussichtspunkt, der auch einen Blick auf den Lagoa Rasa bietet. Rund 40 m vor diesem **Aussichtspunkt** aber hält man sich rechts und wandert gen Küste. Bei der nächsten Gabelung wählt man den linken, teils ausgewaschenen Weg (bestens markiert), der zum Südufer des **Lagoa Rasa** führt. Dort trifft Ihr Weg auf einen rötlichen Schotterweg, hier links halten. Auf dem Schotterweg umrunden Sie den halben See. Bei der nächsten **Wegkreuzung 4** können Sie nach rechts einen Abstecher zu den Lagoas Empadadas unternehmen (etwa 350 m bis zu den dortigen Seen). Falls Sie den Abstecher auslassen wollen, wandern Sie einfach geradeaus auf einem Pfad weiter. Kurz darauf wird aus dem Pfad jener schneisenartige Weg, an dem das Hinweisschild „Lagoas" **2** steht und wo Sie den Rundkurs begonnen haben. So gelangen Sie zurück zum **Ausgangspunkt der Wanderung 1**.

GPS-Wanderung 11

Rundtour von Caldeiras zum Salto do Cabrito

Route: Caldeiras – Wasserkraftwerk von Fajã do Redondo – Salto do Cabrito – geothermisches Kraftwerk – Caldeiras.

Länge/Dauer: 6,8 km, 2:15 Std.

Einkehr: Am Beginn und am Ende der Wanderung in Caldeiras.

Besonderheiten: Westlich von Caldeiras erstreckt sich das **Tal des Ribeira Grande**, stellenweise als imposante Schlucht, durch die ein **abenteuerlicher Weg zum Wasserfall Salto do Cabrito** führt. Die Tour ist nicht für Kinder geeignet! Auch sollte man keine Probleme mit Schwindel haben. Zwei Bäche werden gekreuzt, nach viel Regen ein nasses Unterfangen. Der markierte Wanderweg ist weitestgehend mit dem *PRC 29 SMI* identisch.

An- und Weiterfahrt: → Caldeiras, S. 140.

Wegbeschreibung: Die Wanderung beginnt am **Thermalbad von Caldeiras**, wo auch eine Wandertafel **1** steht. Laufen Sie von dort die Stichstraße, über die Sie in den Ort gelangt sind, wieder zurück und halten Sie sich bei der kurz darauffolgenden Kreuzung links. So gelangen Sie auf die bergauf führende Straße nach Lombadas. Nach ca. 1 km biegen Sie vor einem grünen Rohr nach rechts ab **2** (zugleich die erste Möglichkeit). Nun folgen Sie für ca. 10 Min. dem Schotterweg bergab und zweigen bei der nächsten Möglichkeit nach links auf einen Waldweg ab (blaues Tor, Wegmarkierung). In Serpentinen schlängelt sich der Waldweg nun zum **Wasserkraftwerk von Fajã do Redondo 3** hinab, das 1927 seinen Betrieb aufnahm. Beim Wasserkraftwerk überquert man den Ribeira Grande auf einer Metallbrücke über einem Rohr. Dahinter hält man sich rechts und folgt dem Weg (zunächst als Pfad entlang des Rohres, dann als Metallsteg auf dem Rohr) mit dem Fluss zur Rechten. Schon bald verläuft der Weg hoch über der Schlucht, absolute Schwindelfreiheit ist trotz des Geländers nötig! Schließlich führt der Weg vorbei am Wasserfall **Salto do Cabrito** hinab zu einem kleinen Wasserkraftwerk. Das Becken **4**, in welches sich der Salto do Cabrito ergießt, ist übrigens ein Treffpunkt für Verliebte.

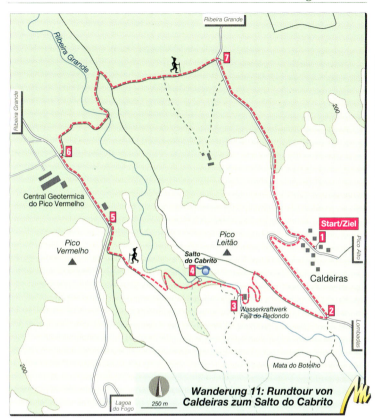

São Miguel ↓ Karte Umschlagklappe hinten

Wanderung 11: Rundtour von Caldeiras zum Salto do Cabrito

Vom Wasserfall setzt man die Wanderung auf dem Zufahrtssträßlein zum Wasserkraftwerk fort, dabei überquert man gleich zu Beginn ein Brückchen. Nach einem steilen 5-minütigen Aufstieg trifft das Sträßlein bei einem Wasserspeicher auf eine quer verlaufende Schotterstraße; hier hält man sich rechts bergab. Bei der Weggabelung 2 Min. später hält man sich abermals rechts, grüne Rohre begleiten Sie nun zur Rechten. So erreicht man beim geothermischen Kraftwerk die **Straße von Ribeira Grande zum Lagoa do Fogo 5**. Auch hier hält man sich rechts. Kurz darauf passiert man ein aufgegebenes Restaurant. Etwa 200 m weiter verlässt man die Straße auch schon wieder und zweigt erneut nach rechts (Markierungen an einem Telefonmast) auf einen Feldweg ab **6**. 150 m weiter kreuzt der erste Bach den Feldweg – ggf. Schuhe ausziehen. Etwa 5 Min. später wiederholt sich das Spiel. 3 Min. nach dem zweiten Bach trifft man auf eine T-Kreuzung. Hier hält man sich rechts, 150 m weiter jedoch links. Ein Asphaltsträßchen bringt Sie nun zur gepflasterten Zufahrtsstraße **7** nach Caldeiras. Hier hält man sich rechts und erreicht nach 1,2 km den Ausgangspunkt der Wanderung **1**.

Von Ribeira Funda nach Maia

Route: Ribeira Funda (Ort) – Ribeira Funda (Tal) – Praia da Viola – Maia.

Länge/Dauer: 6,6 km, 3 Std.

Einkehr: Unterwegs keine Möglichkeit.

Besonderheiten: Abwechslungsreicher Küstenwanderweg, einer der schönsten der Insel, mit Bademöglichkeit an der Praia da Viola. Der Wegverlauf ist eine Kombination aus den Wanderwegen *PRC 35 SMI* (ein Rundwanderweg um Ribeira Funda), *PR 27 SMI* (ein Wanderweg, der von Lomba da Maia nach Maia führt) und *TM 03* (ein lokaler Wanderweg).

An- und Weiterfahrt: Von Ponta Delgada fahren Busse (Nr. 105 u. 106) werktags 4-mal tägl. über Ribeira Grande nach Ribeira Funda. Von Nordeste erreichen Sie Ribeira Funda 3-mal tägl. (Nr. 105, 106 u. 107). Für die Weiterfahrt von Maia → Maia/Verbindungen. Von Maia können Sie Mo–Fr um 17.15 und 19.30 Uhr mit Bus Nr. 105 (Abfahrt vom Largo S. António) und Sa/So um 17.20 Uhr mit Bus Nr. 107 (Abfahrt von der Schule) zurück nach Ribeira Funda fahren (Stand 2018).

Wegbeschreibung: Ausgangspunkt der Wanderung ist die **Bushaltestelle von Ribeira Funda** ◻ an der alten inselumrundenden Straße (daneben auch ein Café). Von dort folgt man dem Sträßlein (Rua Direita) in die Ortschaft hinab (mit „Ribeira Funda" ausgeschildert). Die Ortschaft selbst besteht aus nicht viel mehr als einem langen Straßenzug mit niedrigen Häusern. Man passiert auch die Kirche (davor die Wandertafel zum *PRC 35 SMI*). Etwa 200 m unterhalb der Kirche verliert die Straße an einer **Wendeplatte** ◻ ihre Asphaltdecke. Dahinter geht es auf dem Feldweg weiter, aber nur für etwa 150 m. Vor dem 6. Leitungsmast (ab Wendeplatte) zweigt man nach links ab und folgt dem Pfad, der links am vorausliegenden Feld entlang verläuft. Der Pfad führt auf das **Tal des Ribeira Funda** zu, schwenkt dann nach rechts ab und verläuft schließlich in Serpentinen hinab. Vorsicht: Der Pfad ist zuweilen glitschig! Begleitet von Vogelgezwitscher erreicht man nach ca. 10 Min. eine Pfadgabelung. Nach links bietet sich ein kurzer Abstecher zu den ausgeschilderten Wassermühlenruinen

Moinhos do Crim ◻ an. Um die Wanderung aber fortzusetzen, hält man sich bei der Pfadgabelung rechts. So gelangt man etwa 10 Min. später zu einer anderen, größeren **Mühlenruine** ◻. Rechts davon führt der Pfad weiter. Aber schon nach wenigen Schritten fordert das Hinweisschild „Praia da Viola" zum Überqueren des Bachlaufes des Ribeira Funda auf einem Betonbrückchen auf (geradeaus führt der Rundwanderweg *PRC 35 SMI* zur Steilküste und, vorbei an den Felsen Rochas do Padre do Norte, zurück in den Ort Ribeira Funda).

Nach der Bachüberquerung steigt man den Pfad zur Küste hin bergauf, alle schmaleren Abzweigungen bleiben unbeachtet. Nach rund 10 Min. tun sich Ausblicke auf die Praia da Viola auf, Maia sieht man im Hintergrund. Der Pfad trifft schließlich auf einen Feldweg, rechts halten. Schon nach wenigen Schritten auf dem Feldweg hat man einen Parkplatz vor einem Picknickplatz ◻ an der Zufahrtsstraße zur Praia da Viola erreicht. Dort wechselt man auf einen mit „Praia da Viola 1,2 km" ausgeschilderten Pfad. Dieser Pfad führt hinab in das **Bachtal des Ri-**

*Wanderung 12:
Von Ribeira Funda nach Maia*

São Miguel → Karte Umschlagklappe hinten

beira do Preto und auf der anderen Seite als Treppenpfad wieder hinauf. Wer dazwischen der Beschilderung „Barquinha" folgt – ein kurzer Abstecher –, gelangt zu einer Felszunge aus vulkanischem Gestein, ein beliebter Angelplatz an der Mündung des Ribeira do Preto.

Über den bereits erwähnten Treppenpfad gelangt man wieder zum Zufahrtssträßlein zur Praia da Viola **6**, wo man sich rechts hält. Das Sträßlein selbst endet kurze Zeit später an einer Art **Parkplatz 7**. Hier beginnt ein Treppenpfad, der an zwei **Mühlenruinen** (ein Mühlstein dient heute als Treppenabsatz) und an einem Wasserfall vorbei zum Meer führt. Halten Sie dabei unmittelbar hinter der ersten Ruine, die Sie passieren, nach einem gelb-roten Kreuz für „falscher Weg" Ausschau und merken Sie sich diese Stelle. Falls Sie unten auf Meereshöhe wegen Flut

oder hoher Wellen nicht zum Strand gelangen, folgen Sie diesem „falschen Weg".

Nach der verdienten Pause an der **Praia da Viola** müssen Sie ungefähr in der Mitte des Strandes nach einem **Treppenpfad 8** Ausschau halten. Vorbei an verfallenen Mühlen geht es den Hang hinauf. Oben mündet der Treppenpfad in einen quer verlaufenden Pfad, wo man sich rechts hält (von links kommen alle, die den Strand auslassen mussten). Nach etwa 10 Min. sehen Sie wieder Maia vor sich liegen. Nach weiteren ca. 10 Min. fordert Sie eine Markierung auf, bei einem kleinen überdachten **Rastplatz 9** nach rechts abzuzweigen. Über einen neu angelegten schönen Treppenweg gelangt man so in ca. 15 Min. zum **Hafen von Maia 10**, wo im Sommer eine gemütliche Snackbar auf Sie wartet.

Was haben Sie entdeckt?

Haben Sie ein besonderes Restaurant, ein neues Museum oder ein nettes Hotel entdeckt? Wenn Sie Ergänzungen, Verbesserungen oder Tipps zum Buch haben, lassen Sie es uns bitte wissen!

Schreiben Sie an: Michael Bussmann, Stichwort „Azoren"
c/o Michael Müller Verlag GmbH | Gerberei 19, D – 91054 Erlangen
michael.bussmann@michael-mueller-verlag.de

GPS-Wanderung 13

Zum höchsten Berg der Insel – von Algarvia auf den Pico da Vara

Route: Algarvia – Pico da Vara –Algarvia.

Länge/Dauer: Von der Wandertafel bis zum Gipfel und zurück sind es 6,8 km, von Algarvia bis zur Wandertafel rund 4 km einfach. Ab der Wandertafel 3–3:30 Std., ab Algarvia je nach Kondition 5–6 Std.

Einkehr: Keine Möglichkeit.

Besonderheiten: Die herrliche, aussichtsreiche Wanderung ist mit dem markierten Wanderweg *PR 7 SMI* identisch. Aufgrund extrem matschiger Passagen empfehlen sich Wanderschuhe mit guter Profilsohle. Bleiben Sie auf den Pfaden, ganz besonders oberhalb der Baumgrenze, abseits können sich von Moos überwucherte Löcher als Stolperfallen entpuppen. Wanderstöcke sind hilfreich. Gehen Sie nicht alleine und wandern Sie nur bei guter Wetterlage. Sollten plötzlich Wolken aufziehen, so besteht i. d. R. dennoch keine Gefahr, der Pfad ist bestens ausgetreten und auch bei Nebel noch zu finden.

An- und Weiterfahrt: Der eigentliche Einstieg in die Wanderung liegt hoch über Algarvia auf rund 680 m ü. d. M. in einem Sicheltannenwald. Bis zum Einstieg in die Wanderung kann man mit dem Auto fahren. Für alle, die Algarvia mit dem Bus ansteuern (werktags vier bis fünf Busse zwischen Nordeste und Ponta Delgada via Ribeira Grande), verlängert sich der Weg um insgesamt rund 8 km. Um den Einstieg in den Wanderweg zu finden, folgt man der Straße durch den Ort an der Kirche vorbei bergauf. Bei der dreieckigen Verkehrsinsel am Ortsende zweigt man rechts ab Richtung Nordeste, 100 m weiter beim Kreisverkehr links ab (wiederum Richtung Nordeste). Nun unterquert man die Schnellstraße, hält sich gleich dahinter rechts (Hinweisschild „Pico da Vara") und folgt für ca. 3,7 km diesem Weg bergauf (die letzten 2,5 km sind ungeteert), bis eine Wandertafel den Beginn der Wanderung markiert.

Von der Schnellstraße (aus Richtung Ribeira Grande kommend) nimmt man die Ausfahrt „Algarvia" und biegt dahinter bei der ersten Möglichkeit (noch vor der Unterquerung der Schnellstraße) links ab. Dann weiter wie gehabt.

Wegbeschreibung: Bei der **Wandertafel** **1** verlässt man den befahrbaren Waldweg und folgt dem Pfad bergauf. In den Lehm gegrabene Stufen erleichtern das Vorankommen. Der Weg wird mal breiter, mal schmaler, es geht stets bergauf, aber nie steil. Nach rund 30 Min. führt der Weg, nun wieder als Pfad, aus dem Wald heraus, man befindet sich nun oberhalb der Baumgrenze. Kurz darauf erreicht man einen Grat, auf dem ein **Hinweisschild** **2** nach links den weiteren Weg zum Pico da Vara (1103 m) weist. Bis zum Gipfel wandert man von hier aus noch ca. 45–60 Min. Bei gutem Wetter tun sich herrliche Ausblicke zur Nord- und Südküste São Miguels auf. Unterwegs passiert man nach rund 15 Min. ein **Denkmal für die Opfer des Flugzeugabsturzes von 1949** **3** (→ Kasten S. 148), rund 30 Min. später ein **Denkmal für den Kampfflieger Manual Cardoso** **4**, der hier 1943 mit einer *Gloster Gladiator* aus unbekannten Gründen verunglückte. Rund 5 Min. nach dem 2. Denkmal hat man den **Gipfel** **5** erreicht. Nun erhascht man auch eine Aussicht über den Osten São Miguels. Auf demselben Weg, der einen zum Gipfel geführt hat, gelangt man wieder zurück zum Ausgangspunkt der Wanderung **1**.

Achtung: Das einst dicht mit Lorbeer bewachsene Gebirge um den Pico da Vara, den mit 1103 m höchsten Berg der Insel, wurde 1982 unter Naturschutz gestellt. Hier brütet der *Priolo,* der Azorengimpel, eine seltene Vogelart mit schwarzer Kopfkappe, die mit dem mitteleuropäischen Dompfaff verwandt ist (→ S. 482). Aus diesem Grund bedarf es für die Besteigung des Berges einer **Genehmigung**, die man am einfachsten online unter www.servicos-sraa.azores.gov.pt/doit/mdls/fill.asp?id_modelo=1451 erhält – Antrag ausfüllen und abschicken. Den Link zum Antrag finden Sie auch unter www.trails.visitazores.com bei den Infos zum Wanderweg *PR 7 SMI.* Andernfalls muss man sich an das Serviço de Ambiente in Ponta Delgada wenden, Av. Antero de Quental 9c (gleiches Gebäude wie die Post): Mo–Fr 9–12.30 und 14–17.30 Uhr, ℡ 296206700. Die Genehmigung ermöglicht die Besteigung des Berges in einem Zeitfenster von 2 Tagen.

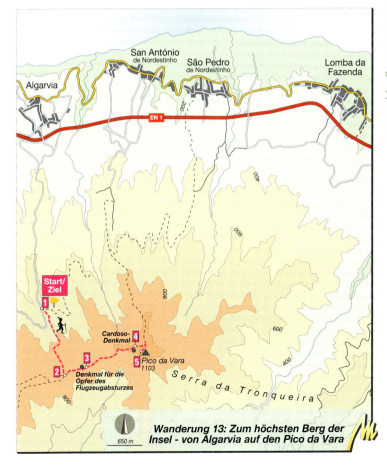

Wanderung 13: Zum höchsten Berg der Insel - von Algarvia auf den Pico da Vara

São Miguel → Karte Umschlagklappe hinten

Von Faial da Terra zum Wasserfall Salto do Prego

Route: Faial da Terra – Sanguinho – Salto do Prego – Faial da Terra.

Länge/Dauer: 4,7 km, ca. 1:45 Std.

Einkehr: In Faial da Terra; unterwegs bislang keine Möglichkeit, vielleicht irgendwann einmal in Sanguinho.

Besonderheiten: Die Wanderung zum Wasserfall Salto do Prego ist eine leichte Tour, nur der Einstieg ist etwas schweißtreibend. Der Weg ist durchgängig gelb-rot markiert und identisch mit dem *Percurso Pedestre PRC 9 SMI*, nur begehen wir ihn in entgegengesetzter Richtung. Achtung: Nach Regen können diverse Wegabschnitte sehr glitschig werden. Der Weg ist bis kurz vor dem Salto do Prego mit der weiter unten beschriebenen Wanderung 14 identisch. Wer also Letztere geht, kann sich diese Wanderung sparen.

An- und Weiterfahrt: → Povoação/Verbindungen und Faial da Terra/Verbindungen.

Wegbeschreibung: Ausgangspunkt ist die **Bushaltestelle mit einer Infotafel** 1 zur Wanderung bei der obersten Brücke von Faial da Terra. Hier steht auch ein Heiligenschrein – von Povoação kommend am Ortseingang nicht zu übersehen. Von hier folgt man der Rua do Burguete links des Flusslaufes bergauf. Kurz hinter dem Sackgassenschild, hinter Hs.-Nr. 55, zweigt man links ab

Sanguinho: Idylle pur

São Miguel → Karte Umschlagklappe hinten

alte Mühle

EN 1

6

P ★ Parque Florestal

5

EN 1

Salto do
Cagarrão

7

Água
Retorta

8

4
5 Salto do Prego

3

9

Fagundas

Pico da
Água Retorta
613

2 Sanguinho

Start/Ziel
W14 und W15

1 BUS

10

Melk-
station

Faial da Terra

Fajã do Calhau

Friedhof

**Wanderung 14: Von Faial da Terra
zum Wasserfall Salto do Prego
Wanderung 15: Rundtour von
Faial da Terra nach Água Retorta**

400 m

und folgt dem alten, aber neu gepflasterten Eselsweg in steilen Serpentinen bergauf. Nach einer halben Stunde erreicht man die einst aufgegebene und wieder zum Leben erweckte Siedlung **Sanguinho 2**, durch die der Weg – nun befahrbar– führt. Am oberen Ende der Siedlung verlässt man den Weg und folgt rechts dem Pfad zum Salto do Prego (markiert). Der Pfad verläuft anfangs hoch am Hang, fällt dann ab, überquert einen Bachlauf und steigt dann wieder an. Ca. 10 Min. nachdem man Sanguinho verlassen hat, erreicht man eine Weggabelung, hier weist ein **Schild 3** nach links zum Salto do Prego

(800 m). Der Pfad geradeaus weiter ist später Ihr Rückweg nach Faial da Terra. Auf dem Weg zum **Salto do Prego** passiert man die Linksabzweigung nach Água Retorta **4** (Hinweisschilder „Salto do Cagarrão 1,9 km" und „Ribeira do Faial da Terra 3,5 km"; zugleich Beginn der Beschreibung von Wanderung 15), diese bleibt unberücksichtigt. Der **Wasserfall 5** liegt reizvoll in einer üppig-grünen Landschaft. Von einem Bad sollte man nach stärkeren Regenfällen absehen, dann stürzen häufig auch Steine und Äste den Wasserfall herab.

Rundtour von Faial da Terra nach Água Retorta

→ Karte S. 189

Route: Faial da Terra – Sanguinho – Salto do Prego (Abstecher) – Ribeira do Faial da Terra – Água Retorta – Faial da Terra.

Länge/Dauer: 15,6 km, ca. 4:30 Std.

Einkehr: Am Startpunkt in Faial da Terra und in Água Retorta (das dortige Café liegt jedoch nicht auf dem direkten Weg).

Besonderheiten: Der offizielle Wanderweg *PR 11 SMI*, der Teil dieser beschriebenen Rundwanderung ist, gehört zu den schönsten Wanderwegen São Miguels – nicht wegen grandioser Küstenszenarien, sondern wegen seines überaus idyllischen Verlaufs durch das Tal des Ribeira do Faial da Terra. Dieser Vorzeigeweg wird vielfach von geführten Wandergruppen begangen. Diese werden beim Einstieg in den Weg, im Nirgendwo an der inselumrundenden Straße zwischen dem Miradouro do Pôr-do-Sol (östlich von Povoação) und Água Retorta, abgesetzt und in Faial da Terra wieder abgeholt. Damit sind wir auch schon beim Haken dieses offiziellen Wanderweges: dem Startpunkt im Nirgendwo. Für Individualreisende ist der Weg eigentlich nur interessant, wenn man ihn zu einer Rundtour ausbaut. Das Manko dann: Sie wandern insgesamt rund 6 km auf asphaltierten Straßen – nur 1,3 km jedoch entlang der inselumrundenden Straße, der Rest der Route verläuft auf einem asphaltierten Feldweg mit schönen Ausblicken. Ist man sich über diese Haken im Klaren, ist die Tour aber noch immer schön – gute Kondition vorausgesetzt, da den Weg von Faial da Terra nach Água Retorta ein paar schweißtreibende Aufstiege kennzeichnen. Nach Regen ist dieser Abschnitt stellenweise auch matschig.

An- und Weiterfahrt: → Povoação/Verbindungen und Faial da Terra/Verbindungen.

Wegbeschreibung: Für den ersten Abschnitt der Wanderung bis kurz vor dem Wasserfall **Salto do Prego** (ein Abstecher ist lohnenswert) → Wanderung 14. Unmittelbar hinter der **Linksabzweigung nach Água Retorta** ☑ (Hinweisschilder „Salto do Cagarrão 1,9 km" und „Ribeira do Faial da Terra 3,5 km") gabelt sich der Weg, Sie wählen den steil bergauf führenden links einer Felswand. Wenn Sie 10 Min. später komplett verschwitzt sind, sind Sie richtig. Danach wird der Weg gemütlicher und führt durch ein tropisch anmutendes Waldgebiet. Der Weg ist bestens markiert, ein Verlaufen nahezu unmöglich, Bachläufe überquert man über Holz-brücken. Unterwegs bietet sich ein kurzer Abstecher zum Wasserfall **Salto do Cagarrão** an. Ca. 1 Std. nach Waypoint 4 verlässt der Weg am rauschenden Bachlauf des Ribeira do Faial da Terra bei einer alten aufgegebenen **Mühle** ☑ für ein paar Meter den Wald. Hinter der Mühle (die Sie rechter Hand umgehen) führt der Weg als Pfad weiter entlang des Bachlaufs bergauf, bis man die **inselumrundende Straße** ☑ erreicht. Hier hält man sich rechts. Nach ca. 1,3 km auf der inselumrundenden Straße erreichen Sie die Rechtsabzweigung nach Faial da Terra (Hinweisschild „Faial da Terra est.^da secundária"), diese bleibt unbeachtet, Sie gehen noch für rund 70 m geradeaus weiter, bis die Straße nach links abschwenkt. Nun müssen Sie rechter Hand nach zwei bergabführenden Wegen Ausschau halten **7**. Der rechte von beiden, der unter der Stromleitung hindurchführt, ist Ihrer. Vorbei an Kühen und Weiden gelangt man so nach ca. 15 Min. auf eine asphaltierte Straße **8**. Hier hält man sich abermals rechts (nach links geht es ins „Zentrum" von Água Retorta und damit zum Dorfcafé) und folgt kurz darauf der Beschilderung „Igreja". 200 m weiter, noch vor der **Kirche** (= *Igreja*), folgen Sie der asphaltierten Straße nach rechts bergauf (gekacheltes Schild mit der Aufschrift „Caminho Rural do Pico"). Bei der T-Kreuzung **9** nach ca. 900 m links halten, auch diese Straße ist asphaltiert. Etwa 3,5 km wei-

ter führt ein Pfad nach links in den Wald **10** (Hinweisschild „Pedra Torta"). Dieser schöne **Waldpfad**, zugleich eine Mountainbikestrecke (machen Sie bitte den Weg frei, sollte mal ein Radler kommen), bringt Sie in ca. 30 Min. hinab nach **Faial da Terra 1**. Für den Fall, dass das hölzerne Hinweisschild nach Faial da Terra fehlt oder umgefallen ist, hier die Beschreibung der letzten 400 m der Straße bis zum Pfadbeginn: An einer Melkstation (linker Hand) mit Tränke und grüner Tür macht die Straße eine Rechtskurve. Ca. 200 m weiter taucht rechter Hand ein gemauerter Abwasserschacht mit Gitter auf. Nochmals 200 m weiter folgt der nächste Abwasserschacht mit Gitter rechter Hand. Nur wenige Schritte vor diesem führt linker Hand der Pfad hinab.

GPS-Wanderung 16

Um den Lagoa das Furnas   → Karte S. 193

Route: Furnas – Poça da Dona Beija – Lagoa das Furnas – nun entweder am Ufer entlang oder mit einem Schwenk zum Miradouro Pico do Ferro – Centro de Monitorização e Investigação das Furnas – Ermida da Nossa Senhora das Vitoriás – Furnas.

Länge/Dauer: 9,9 km, ca. 3 Std. Mit Abstecher zum Pico do Ferro ca. 13,3 km bzw. 4:30 Std.

Einkehr: Keine Möglichkeit. Am besten packt man seinen Proviant am Picknickplatz am See aus.

Besonderheiten: Insgesamt einfacher Weg, längere Passagen verlaufen jedoch auf asphaltierten, betonierten oder gepflasterten Straßen – sofern Sie den Abstecher zum Pico do Ferro auslassen, gleicht die Tour eher einem längeren Spaziergang als einer klassischen Wanderung. Der Streckenverlauf folgt den offiziellen Wanderwegen *PRC 6 SMI* und in Teilen dem *PR 22 SMI*.

An- und Weiterfahrt: → Ponta Delgada/Verbindungen u. Furnas/Verbindungen.

Wegbeschreibung: Ausgangspunkt der Wanderung ist der Largo do Teatro vor der **Igreja Nova 1** (auch „Igreja das Furnas" genannt), von wo man der Rua Maria Eugénia Moniz Oliveira folgt (also entgegen der Einbahnstraße). Nachdem man einen Bach überquert hat, ändert die Straße ihren Namen in

Rua J. R. Botelho (es geht weiter entgegen der Einbahnstraße). An ihrem Ende, hinter dem **Hotel Terra Nostra**, stößt man auf die Rua Santa Ana (hier geradewegs voraus auch eine **Wandertafel 2**), links halten. Nun folgt man der Beschilderung zur Igreja Santa Ana und ignoriert die Abzweigung zum

São Miguel → Karte Umschlagklappe hinten

Parque Terra Nostra. Nach rund 250 m passiert man die Kirche, nach weiteren rund 250 m die **Poça da Dona Beija** (→ S. 167) und nach nochmals 250 m – dort, wo die Straße nach links abschwenkt – die **Quinta da Mó** (rechter Hand, gelb-blauer Eingang). Hier geht es geradeaus weiter, also in die für den Verkehr gesperrte **Einbahnstraße 3** (Wanderhinweisschild „Lagoa das Furnas").

Nach ca. 10 Min. auf diesem stetig bergauf führenden Sträßlein entlang eines rauschenden Baches gelangt man an das querende Asphaltsträßlein zum Lagoa das Furnas, wo man sich links hält. Kurz darauf erreicht man das See-

ufer und hält sich dort rechts (Hinweisschild „Caldeiras").

Variante am Seeufer entlang: Entlang des Seeufers passiert man die Zugangsschranke zu den **Caldeiras**, kurz darauf die „Rezeption" 4 des Areals (ein weißes Gebäude), den Parkplatz zu den Fumarolen und schließlich die Fumarolen selbst, deren durchdringender Schwefelgeruch in der Luft hängt. Hinter den Fumarolen geht es weiter am Seeufer entlang. So findet man automatisch den Einstieg in den Waldweg, der an der Westseite des Sees verläuft und von ein paar märchenhaften Holzskulpturen gesäumt wird. Ab Waypoint 7 ist der Weg wieder mit der Variante über den Pico do Ferro identisch.

Variante mit Abstecher zum Pico do Ferro: Am Seeufer passiert man die Zugangsschranke zu den Fumarolen. Noch bevor das Pflastersträßchen an den Fumarolen sein Ende findet, zweigt man bei der „Rezeption" 4 des Areals, einem weißen Gebäude, nach rechts zum Aussichtspunkt Pico do Ferro ab (Hinweisschild). Es geht ganz schön bergauf, und zwar auf einem steilen, bestens markierten, aber nach Regen extrem matschigen und glitschigen Treppenpfad durch den Wald. Zur Belohnung aber winkt eine grandiose Aussicht.

Von der **Wandertafel 5** auf dem gepflegten Aussichtsareal des Pico do Ferro folgt man dem Sträßlein hinab zum Parkplatz und zweigt dort nach links auf den Schotterweg ab, der durch ein grünes Eisentor für den Verkehr gesperrt ist. Nach 5 Min. passiert man eine Brücke, 50 m weiter stehen **Wanderwegweiser 6**. Hier halten wir uns links und folgen dem Pfad nach „Grená". Es geht über jüngst aufgeforstetes Land, dann über eine Wiese und an der Abbruchkante des Kraters entlang – genießen Sie den spektakulären Ausblick auf den See! Schließlich führt der Pfad zum See hinab, dabei passiert

Caldeiras am
Lagoa das Furnas

Wanderung 16:
Um den Lagoa das Furnas

São Miguel ↓ Karte Umschlagklappe hinten

man die sog. **Casa da Grená**. Von dem einst prächtigen Herrenhaus aus dem 19. Jh., das auch schon als Hotel diente, ist lediglich eine Ruine mit eingestürztem Dachstuhl geblieben. Vom Portal der Ruine setzt sich der Weg zum See hinab fort. Bei einer hölzernen Statue, die einen Wanderer darstellt **7**, trifft man schließlich auf den Uferweg, hier hält man sich rechts.

Nach einer Weile kommt man an mehreren Quintas vorbei, darunter die Quinta d'Água, ein rot-weißes Gebäude (→ Furnas/Reiten). Dahinter führt der Weg, inzwischen als Pflastersträßlein, am **Centro de Monitorização e Investigação das Furnas 8** (→ S. 165) und am Parque José do Canto mit der Kapelle **Ermida da Nossa Senhora das Vitoriás** vorbei und mündet schließlich in die

ebenfalls gepflasterte **Straße 9**, die am Ostufer entlangführt. Hier links halten.

Bei der nächsten Möglichkeit (nach ca. 1,5 km) zweigt man rechts ab (Hinweisschild „Lagoa Seca" **10**). Die asphaltierte Straße führt vom See ins Tal Lagoa Seca. Dort, wo die Straße nach einer Weile nach rechts abschwenkt, gehen Sie auf einem asphaltierten Weg geradeaus weiter (Hinweisschild „Miradouro Pico dos Milhos" **11**). Kurz vor dem Aussichtspunkt mit Antennenmasten (steiler Aufstieg!) zweigt man linker Hand auf eine schmale, betonierte Straße steil nach unten ab. Hält man sich nach den ersten Häusern von Furnas links, gelangt man zu **3** und von dort aus rechter Hand zurück ins Zentrum des Orts.

Terceira

Terceira heißt „die Dritte". Der Name wurde der Insel zuteil, weil sie als dritte des Archipels entdeckt wurde. Zufällig ist Terceira auch die drittgrößte Insel der Azoren. Drittklassig aber ist Terceira nicht – die Renaissancestadt Angra do Heroísmo ist ein wahres Schmuckstück.

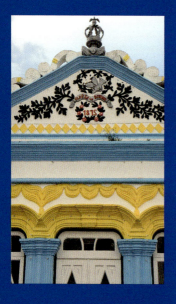

Wussten Sie, dass in Angra Paulo da Gama bestattet ist, der Bruder des berühmten Kap-Umrunders Vasco? Sein Grab befindet sich in der Kirche Igreja Nossa Senhora da Guia.
→ S. 205

Beim Anflug auf Terceira ist von der typischen Azorenidylle wenig zu spüren: Über eine weitläufige Hafenanlage, Öltanks und militärische Einrichtungen hinweg setzt die Maschine zur Landung an. Keine Bange – nur der äußerste Ostzipfel der Insel präsentiert sich so. Spätestens beim Schlendern durch die Gassen von Angra do Heroísmo sind die Eindrücke aus der Luft vergessen. Zweimal war die Inselmetropole in der Geschichte Portugals Hauptstadt des Landes, heute zählt ihre Altstadt zum Welterbe der UNESCO. Jahrhundertelang profitierte Terceira wie keine andere Insel der Azoren von den spanischen und portugiesischen Galeonen, die beladen mit Kostbarkeiten aus aller Welt in der geschützten Bucht von Angra vor Anker gingen. Etliche prächtige Bauten erinnern noch heute an die glanzvolle Epoche.

Außerhalb der Inselhauptstadt zeigt sich Terceira von Viehwirtschaft geprägt. Man sagt, auf jeden Einwohner der Insel kommen zwei Rinder. Ausgedehnte, von Trockenmauern eingefasste Weideflächen überziehen Terceira. Nahezu jeder Quadratmeter wurde für den Ackerbau oder die Viehzucht gerodet, nur im Westen der Insel blieb ein größeres Waldgebiet erhalten. Auf den Weiden Terceiras grasen aber nicht nur Milchkühe. Auch ganz schön kräftige Stiere sind darunter, die für die *Tourada à Corda*, den Stierkampf auf der Straße, gezüchtet werden – eine Besonderheit der Insel (→ Kasten S. 231).

Entlang der inselumrundenden Hauptstraße ziehen sich endlose Straßendörfer – Terceira zählt zu den am dichtesten besiedelten Inseln des Archipels. Einhergehend mit der höheren

Bevölkerungszahl gibt es auf der Insel auch die besten Einkaufsmöglichkeiten der gesamten Zentralgruppe. Außerdem locken Bars für verschiedene Geschmäcker und mehrere gute Restaurants: In kulinarischer Hinsicht stellt Terceira alle anderen Inseln der Azoren mit Ausnahme São Miguels in den Schatten. Spektakuläre An- und Ausblicke bietet Terceira im Vergleich zu den anderen Azoreninseln dafür weniger.

An der Entstehung der Insel waren vier Vulkane beteiligt, darunter der Guilherme Moniz, dessen Caldeira mit 15 km Umfang die größte der Azoren ist. Die höchste Bergkette, die Serra de Santa Bárbara, ebenfalls ein Vulkan, ragt über 1000 m in die Höhe. Im Vergleich zu den anderen Inseln des Archipels ist Terceira dennoch relativ flach, 55 % der Inseloberfläche liegen unter 300 m Höhe.

Die schönsten Orte

Angra do Heroísmo ist das Highlight der Insel. Für die Erkundung der Stadt sollte man sich mindestens einen halben Tag Zeit nehmen.

Wahnsinnsblicke

Tolle Ausblicke über die schroffe Küste und das Meer – zuweilen zieht dort ein Wal vorbei – hat man von der **Ponta do Raminho** und der **Ponta do Queimado**. Einen Megarundumblick genießt man von der **Serra de Santa Bárbara** – sofern man nicht in den Wolken steht. Toll ist auch der Skywalk auf der **Serra do Cume** – Instagramer sollten hier den Marker zücken. Unvergessliche Einblicke ins Innere der Erde bzw. der Insel gewinnt man in der **Algar do Carvão** – hinab geht's durch einen Vulkanschlot.

Plätze fürs Picknick

Zum Beispiel im Schatten des Waldparks **Mata Serreta**, am **Lagoa da Falca** oder im **Viveiro da Falca**.

Wohin zum Baden?

Gute Strände sind Mangelware, fast eine Schande bei so viel Küste. Der größte Sandstrand liegt vor **Praia da Vitória**, allzu viel Charme aber hat er nicht. Der kleine Sandstrand von Angra ist dagegen ganz nett. Zudem findet man rund um die Insel künstliche und natürliche Schwimmbecken an der rauen Lavaküste, die besten bei **Biscoitos** und **Quatro Ribeiras**.

Und was tun bei Regen?

In die Museen von **Angra do Heroísmo** oder ins **Weinmuseum nach Biscoitos** – ohnehin soll dort die Sonne öfters scheinen als anderswo auf der Insel. Aber bloß nicht den Fehler machen und den Museumsschildern in den Dörfern hinterherfahren; die Museen gibt es zwar, weil es EU-Subventionen für deren Bau gab – an die Unterhaltskosten hingegen denkt die EU nicht, und so fehlt das Personal, das auf- und zuschließt. Die bessere Wahl: Höhlenbesichtigungen im Inselinneren, eine **Käsereibesichtigung** in Cinco Ribeiras und danach **Fischessen** in São Mateus. Wer bei Regen picknicken will, findet überdachte Möglichkeiten bei Santa Bárbara.

1 Reserva Florestal de
Recreio da Serrata

2 Reserva Florestal Natural Parcial da
Serra de Santa Barbara e dos Mistérios Negros

Terceira

5 km

Inselgeschichte

Einst sicherten Terceira rund 50 Bollwerke, die rund um die Insel
verteilt waren. Ihre Überreste erinnern noch heute daran, wie wichtig, wie begehrt und wie bedroht diese Insel durch ihre Lage zwischen den Kontinenten einmal war.

Möglicherweise war Terceira bereits in
der Bronze- oder Eisenzeit besiedelt,
seit Kurzem gehen Archäologen dieser
Frage nach (→ Kasten S. 214). Bis zu
deren Klärung wird die Entdeckung
bzw. Wiederentdeckung der Insel Vicente de Lagos am 1. Januar 1445 zugeschrieben. Aber auch das ist umstritten. Auf jeden Fall erhielt die Insel den
Namen *Ilha de Jesus Cristo*, erst später
setzte sich Terceira durch, die „dritte"
Insel. Der erste Siedler war angeblich
Fernando d'Ulmo, dessen Aufenthalt
auf der Insel allerdings nur ein Jahr ge-
dauert haben soll. Warum er sie wieder
verließ, ist nicht bekannt. Unter dem

flämischen Adeligen Jácome de Bruges,
dem ersten Legatskapitän Terceiras,
begann jedenfalls die Besiedlung. Land
wurde gerodet, Felder wurden bestellt,
und wie auf den meisten anderen Inseln auch setzte man auf den Anbau
der Färbepflanze Pastell.

Geschützte Häfen sind auf den Azoren rar, und da Angra einen der besten
natürlichen Ankerplätze aufweist, ergab es sich fast zwingend, dass aus ein
paar Häusern im Schutz des Monte
Brasil bald eine Ortschaft wurde, die
man bereits 1478 zur Gemeinde erklärte (Praia erhielt den Status 1480).
Die Schiffe, die zwischen Portugal und

Afrika, Indien und Amerika segelten, bescherten der Stadt Wohlstand und Reichtum. Die Besatzungen brauchten Wasser und Verpflegung – nicht selten wurde mit reinem Gold oder Silber bezahlt, in Diamanten oder in Gewürzen. Die Versorgung der Schiffe machte Angra zum ersten Dienstleistungszentrum der Azoren. Handel und Handwerk blühten, während auf allen anderen Inseln nur die Landwirtschaft Erträge brachte. Doch die Besatzungen schleppten aus fernen Häfen auch Seuchen und Epidemien ein.

1534 wurde Angra zur Stadt erklärt und von Papst Paul III. zum Bischofssitz erhoben. Die Kathedrale, Paläste und Klöster wurden gebaut, aber auch Festungsanlagen, um sich vor Piraten zu schützen. Einer der berühmtesten Piraten, der vor der Küste auftauchte, war Sir Francis Drake.

Als 1580 Spaniens König Philipp II. Anspruch auf die portugiesische Krone erhob (→ Geschichte, S. 497), unterstützte Terceira den portugiesischen Thronanwärter Dom António, den Prior do Crato, der nach der Schlacht von Alcântara nach Terceira geflohen war. Dom António ernannte Angra zur Hauptstadt des portugiesischen Königreichs und ließ auf der Insel sogar Münzen prägen, was Spanien natürlich herausforderte. Am 25. Juli 1581 landeten spanische Schiffe mit 800 Soldaten in der Bucht von Salga (bei São Sebastião), doch die Truppen wurden von den Bewohnern mit über 1000 Stieren in die Flucht geschlagen. Die portugiesische Post widmete dem nationalen Ereignis sogar eine Briefmarke. 1583 versuchten es die Spanier erneut, diesmal erfolgreich: An der Einnahme Terceiras sollen über 80 Schiffe mit über 10.000 Mann Besatzung teilgenommen haben. Die sechs Jahrzehnte während spanische Herrschaft bedeutete für Terceira aber weder

Terceira ↓ Karte S. 196

Corte Real – die Entdeckerfamilie

Corte Real ist ein großer Name unter den portugiesischen Seefahrern des 15. Jh. João Corte Real wurde 1474 Lehnsherr von Angra, später von ganz Terceira und São Jorge. Bevor er jedoch auf den Azoren zur Ruhe kam, war ein bewegtes Leben voller Abenteuer vorausgegangen. Auf seinen vielen Entdeckungsfahrten sah er als einer der ersten Europäer die Küste Neufundlands (1472). Seine Söhne hatten den Drang, nach neuen Ländern zu suchen, von ihrem Vater geerbt. Der ältere, Gaspar Corte Real, erreichte 1500 Grönland, die Hudson Bay und segelte entlang der kanadischen Küste bis zum Sankt-Lorenz-Strom. Ein Jahr später, bei Gaspars zweiter Erkundungsfahrt, verschwand dessen Karavelle. Sein Bruder Miguel organisierte daraufhin eine Hilfsexpedition, an der er selbst teilnahm. Aber auch sein Schiff sollte nie wieder in den Hafen von Angra zurückkehren. Wenige Jahre später berichteten Seefahrer, dass sie Miguel Corte Real in der Gegend von Providence als Indianerhäuptling erkannt hätten.

Obwohl beider Schicksale nie sicher geklärt wurden, nimmt man an, dass Gaspar und sein Bruder Miguel die ersten neuzeitlichen Europäer waren, die nordamerikanischen Boden betreten haben.

Terceira im Überblick

Daten und Fakten

Hauptorte: Angra do Heroísmo, Praia da Vitória

Bevölkerung: 55.833 Einwohner (141 pro km², Stand 2011)

Größe: 397 km², bis zu 18 km breit, bis zu 29 km lang

Küstenlänge: 85 km

Höchste Erhebung: Serra de Santa Bárbara mit 1021 m

Position: 38°38′ N und 38°48′ N, 27°02′ W und 27°23′ W

Distanzen zu den anderen Inseln: Santa Maria 261 km, São Miguel 170 km, Graciosa 81 km, São Jorge 93 km, Pico 111 km, Faial 124 km, Flores 352 km, Corvo 364 km

Wissenswertes vorab

Aktiv: Neben São Miguel und Faial bietet Terceira das größte Sportangebot des Archipels! Selbst einen Golfplatz findet man hier. Was aber Wandermöglichkeiten anbelangt, ist die Insel nicht mit anderen Inseln der Zentralgruppe zu vergleichen, zumal viele Routen durchs Hochland wegen der Gefahr durch weidende Kampfstiere nicht begehbar sind.

Wohnen: Ein großes Hotel- und Privatzimmerangebot bietet v. a. Angra do Heroísmo. Rund um den Hauptort laden auch schöne Quintas zum Übernachten ein. Eine Jugendherberge gibt es in São Mateus. Campingmöglichkeiten bestehen in der Baia da Salga bei Porto Judeu, an der Küste bei Biscoitos, in Cinco Ribeiras, im Parque de Merendas de São Bras und an der Ponta do Raminho.

Kulinarisch: Mit den Galeonen kamen schon früh Gewürze und Gemüsesorten, die man anderswo in Europa noch gar nicht kannte (man denke nur an die Süßkartoffel), aus aller Welt nach Terceira. Eine Delikatesse der Insel sind *Alcatra*, ein im Tontopf zubereitetes Rinderschmorgericht, und die auf einem Tonziegel servierten *Telha*-Gerichte. Eine Kostprobe wert sind zudem die Nachspeisen der Insel wie *Arroz Doce* (süßer Reis). Auch gibt es einen guten lokalen *Verdelho* und – natürlich – leckeren Käse.

Feste und Festivals: Im März das *Festival de Gastronomia da Ilha Terceira*, bei dem etliche Insellokale ein ganz spezielles Menü aus regionalen Produkten anbieten. Im April gibt es den Musikwettbewerb *AngraRock*. Um Pfingsten stehen die *Festas do Espírito Santo* im Mittelpunkt, sie werden aber auch noch bis in den

Blick auf Altares vom Hügel Matias Simão

Okt. gefeiert. Den Sommer über finden auch die meisten Stierkämpfe am Strick auf der Straße statt. Das größte Inselfest ist die *Festa Sanjoaninas* um den 24. Juni (→ Angra/Veranstaltungen), parallel dazu findet auch eine Autorallye statt, die *Rali Sanjoaninas*. Anfang Aug. gehen die *Festas da Praia* über die Bühne (→ Praia), im Okt. steigt das *Angra Jazz Festival* (www.angrajazz.com). Das *Weinfest von Biscoitos* wird am ersten September-Wochenende begangen.

An- und Weiterreise mit Flugzeug oder Schiff

Flughafen: Nahe der Ortschaft Lajes im Osten Terceiras (ca. 20 km von Angra do Heroísmo entfernt) – wer von Ponta Delgada anfliegt, wählt am besten einen Fensterplatz auf der linken Seite. Im Terminal gibt es Schließfächer, Schalter etlicher Autoverleiher (s. u.), eine Post, Geldautomaten, ein Turismo (℡ 295513140, bis 21 Uhr besetzt) und ein SATA-Office (℡ 295540047). Fürs Warten bei verspäteten Abflügen empfiehlt sich die Bar Esperança gleich gegenüber dem Terminal: gutes Essen für wenig Geld.

Flughafentransfer: Busse werktags von etwa 7–19 Uhr alle 60–90 Min. über Praia (dort umsteigen) nach Angra do Heroísmo, häufigere Fahrten direkt nach Praia und Biscoitos. Die Busse halten vor dem Flughafenterminal. Infos auf www.evt.pt, beim Turismo oder in der Bar Esperança (s. o.).

Wer schneller weiterkommen will, nimmt ein **Taxi** direkt nach Angra (20 €) oder Praia (6 €, mit Gepäck 8,50 €).

Seehäfen: Terceira hat zwei Häfen. Cabo da Praia im Süden der weiten Bucht von **Praia da Vitória** steuern im Sommer die großen Autofähren *(Linha Amarela)* der *Atlânticoline* an. Zur Anlegestelle gelangt man mit den Bussen, die zwischen Praia da Vitória und Angra do Heroísmo verkehren. Aus- bzw. zusteigen kann man vor der Kirche in Cabo da Praia (von da aus noch ca. 20 Min. zu Fuß). Wer nach 19 Uhr ankommt, muss auf ein Taxi ausweichen. Den Hafen von **Angra do Heroísmo** hingegen steuern von Mitte Juni bis Mitte Sept. die kleinen Autofähren der *Atlânticoline* (*Linha Lila*, 2018 jedoch ausgesetzt, → S. 509) an, die im Triângulo unterwegs sind.

Unterwegs mit Bus oder Mietwagen

Bus: Im Vergleich zu manch anderen Azoreninseln recht gute Verbindungen entlang der Küste, jedoch gibt es keine Busse, die die Insel umrunden. Die Busse verkehren zwischen Angra und Praia, zwischen Praia und Biscoitos sowie zwischen Biscoitos und Angra. Das heißt: Wer die Insel umrunden will, muss mehrmals umsteigen. Durch das Inselinnere gibt es nur einen Bus am Tag (→ Angra/Verbindungen). Aktuelle Fahrpläne halten das Turismo und die Busgesellschaft EVT (℡ 295217001, www.evt.pt) bereit.

Mietwagen: An einem Tag die Insel mit dem Mietwagen zu umrunden, geht einfach. Will man aber auch bei den Highlights im Inselinneren (Öffnungszeiten beachten!) einen Stopp einlegen, kann das in Stress ausarten. Rund zehn Autovermietungen gibt es auf der Insel, in der NS sorgt die Konkurrenz für gute Sonderangebote. Am Flughafen sind u. a. vertreten: **Ilha Verde** (zugleich die Vertretung von *Avis* und *Europcar*, ℡ 919555880, www.ilhaverde. com), **Autatlantis** (℡ 295515800, www. autatlantis.com), **Hertz** (℡ 296205070, in Angra in der Rua de Cima da Santa Luzia, ℡ 962136036, www.hertz.com) und **Ilha 3** (℡ 295512309, sofern Sie spontan buchen wollen, einer der preiswertesten Anbieter, in Angra in der Rua dos Minhas Terras 23/27, ℡ 295213115, www.ilha3.com).

Stillstand noch Rückschritt, sondern das Gegenteil. Denn auch die Spanier schätzten den Hafen von Angra und ließen ihn wie auch die Stadt ausbauen und sichern. Den linearen Grundriss Angras und fast 80 % der historisch wertvollen Gebäude verdankt die Renaissancehochburg der Azoren der spanischen Regentschaft. Praia dagegen wurde 1614 bei einem Erdbeben zerstört, der Wiederaufbau zog sich hin, fortan stand Praia im Schatten Angras.

Die Rückeroberung des portugiesischen Throns durch Dom João IV. erfolgte 1642. Bis ins 18. Jh. konnte sich Terceira den Status als wichtigster Stützpunkt und Seehandelshafen inmitten des Atlantiks bewahren.

1819 ließen sich mehrere deutsche Siedler in Praia nieder. Eigentlich waren sie auf dem Weg in die Neue Welt, doch auf hoher See erlitten sie Schiffbruch und konnten mit Müh und Not noch den rettenden Hafen von Praia erreichen.

Während des portugiesischen Bürgerkriegs in der ersten Hälfte des 19. Jh. kam Terceira erneut eine entscheidende Rolle in der Geschichte des Landes zu. Die Einwohner der Insel schlugen sich auf die Seite Dom Pedros, der für eine liberalere konstitutionelle Monarchie stand. 1829 konnte ein Landungsversuch der Truppen Dom Miguels (Pedros erzkonservativem Bruder, → Geschichte Portugals und der Azoren, S. 499) bei Praia abgewehrt werden, was der Stadt später den Beinamen „da Vitória" – die Siegreiche – einbrachte. Nach der Niederlage der konservativen Monarchisten schlossen sich die anderen Inseln des Archipels der liberalen Haltung Terceiras an. 1833 siegten die Liberalen auch auf dem Festland, 1834 wurde eine neue konstitutionelle Monarchie ausgerufen mit Pedros Tochter, Königin Maria II. an der Spitze. Sie schenkte Angra den Beinamen „do Heroísmo" – „die Heldenhafte."

Mitte des 19. Jh. verlor der Hafen von Angra an Bedeutung, Terceiras große Zeit war vorbei. Eine neue Generation von Dampfschiffen konnte nun den Atlantik ohne Zwischenstopp überqueren. Auch in der Geschichte Portugals sollte das Eiland keine entscheidende Rolle mehr spielen. Selbst unter den Inseln des Archipels konnte Terceira seine herausragende Stellung nicht mehr wahren, Ponta Delgada auf São Miguel stieg zur heimlichen Hauptstadt des Archipels auf.

Im Zweiten Weltkrieg erinnerte man sich wieder an die Insel mitten im Atlantik. Die Royal Air Force errichtete einen Militärflughafen. 1947, nach Aufgabe des US-Stützpunkts auf Santa Maria, wurde der britische Airport von den Amerikanern übernommen, die ihn bis heute als Militärflughafen halten. Mit den Amerikanern kam der US-Dollar auf die Insel, was die Wirtschaft förderte, aber auch erhebliche Umweltprobleme schuf. Boden und Trinkwasser rund um die Air Base sind mit Schwermetallen verunreinigt, die Krebsrate auf Terceira ist erheblich höher als auf den anderen Inseln.

Mit der Autonomie der Azoren wurde Angra neben Ponta Delgada und Horta eines der drei Verwaltungszentren der Autonomen Region der Azoren.

In der Silvesternacht 1979/80 krachte es – Sektkorken, Böllerschüsse, Raketen, Feuerwerk. Und als am darauffolgenden Nachmittag elf Sekunden lang die Erde bebte, krachte es erneut, Häuser fielen in sich zusammen, Kirchtürme stürzten ein. Am schlimmsten traf es den Südwesten Terceiras – in dem Dorf Doze Ribeiras blieben ganze fünf Häuser unbeschädigt, und in der Inselhauptstadt Angra do Heroísmo wurden 65 % der Häuser unbewohnbar (über 60 % der Fassaden wurden originalgetreu wiederaufgebaut). Auslöser war ein gewaltiger tektonischer Einbruch zwischen Terceira und São Jorge mehrere tausend Meter unter dem Meeresboden – ein Fischer, der zu diesem Zeitpunkt gerade auf See war, berichtete, dass der Meeresspiegel plötzlich um mehrere Meter abgesackt sei. Aber nicht nur auf Terceira richtete das Beben gewaltige Schäden an, auch São Jorge und Graciosa waren betroffen. Auf den drei Inseln wurden über 60 Tote und mehr als 5400 völlig zerstörte Häuser gezählt, außerdem wurden über 20.000 Menschen obdachlos.

Eine gewisse Bedeutung erlangte das Jahr 2003 für die Insel, als auf dem Militärflughafen in Lajes jener Gipfel stattfand, auf dem Präsident Bush seine Kollegen Blair und Aznar auf den Irakkrieg einschwor.

Mit dem Ende des Space-Shuttle-Projekts 2011 verlor Terceira seine potenzielle Rolle als Landeplatz für Flüge aus dem All. Im Anflug auf Terceira war das Space-Shuttle zwar nie gewesen, doch der hiesige Flughafen war von der NASA als Ausweichflughafen auserkoren worden.

Zwei Jahre später eröffnete in Angra das erste Fünf-Sterne-Hotel der Azoren, ein trostloser Koloss. Größtes Zukunftsprojekt: Wie in Ponta Delgada und Horta bereits vorhanden, will man auch in Angra einen Kai für Kreuzfahrtschiffe errichten. Bislang müssen die Schiffe nach Praia ausweichen, 2017 waren es 24 mit 32.000 Passagieren an Bord.

Der Südküste Terceiras sind zwei kleine Inselchen vorgelagert

Terceira → Karte S. 196

Igreja da Misericórdia

Angra do Heroísmo

Angra do Heroísmo erstreckt sich in einer geschützten Bucht am Fuß des Monte Brasil, bewacht von den Festungen São Sebastião und São João Baptista.

Angra (= Bucht), so die übliche Kurzform, zählt mit den angrenzenden Vororten über 18.000 Einwohner. Das schmucke historische Zentrum, gespickt mit Boutiquen und Cafés, erstreckt sich rund um die geschützte Bucht. Vom Hafen führt die Rua Direita, die einstige Hauptstraße Angras, zur Praça Velha, dem zentralen Platz. Den Platz tangiert auch die Rua da Sé, die innerstädtische Hauptachse mit Banken, Geschäften und Snackbars. Der Verkehr ist dort an Werktagen oft so rege, dass Polizisten mit der Regelung der Vorfahrt beschäftigt sind. Im Vergleich zu anderen Zentren der Azoren wirkt Angra also keineswegs verschlafen. Lediglich nach Feierabend und an Sonntagen geht es ruhiger zu, in der Oberstadt immer.

Am Hafen selbst haben Segeljachten aus aller Welt die hier einst ankernden Galeonen abgelöst. Der Bau der **Marina** für 260 Jachten zog sich übrigens über Jahre hin, immer wieder stieß man auf gesunkene Galeonen. Auf dem Meeresgrund vor der Insel werden noch zahllose von Piraten aufgebrachte Schiffe vermutet, viele davon mit unbekannten Schätzen an Bord.

Westlich der Stadt liegen die Nobelvororte **São Pedro** und **São Carlos**, wo das obere Hundert der Insel in prächtigen Villen und alten Herrenhäusern lebt. Dort hat auch die landwirtschaftliche Fakultät der Universität der Azoren ihren Sitz.

Sehenswertes

Die Aufnahme von Angra do Heroísmo in die UNESCO-Welterbeliste (1983) wurde damit begründet, dass die Stadt bei der Erforschung der Weltmeere im 15. und 16. Jh. ein bedeutendes Bindeglied zwischen den Kulturen Afrikas, Amerikas, Asiens und Europas war, was sich bis heute in ihrer Architektur widerspiegelt. Wer durch Angras Straßen schlendert, vorbei an Palästen, Herrenhäusern, Klöstern und Kirchen, wird dem zustimmen. Und wer die Sehenswürdigkeiten der Stadt in einer Art Rundgang erleben möchte, besucht die aufgelisteten Plätze, Gebäude und Kirchen einfach der Reihe nach.

Palácio dos Capitães Generais: Der einstige Amtssitz der Generalkapitäne liegt über dem Largo Prior do Crato. Ursprünglich war der Palast Teil eines

Alle sind eingeladen – die Festas do Espírito Santo

Überall auf Terceira fallen die kleinen, bunt gestrichenen Heilig-Geist-Kapellen auf – sog. *Impérios*, deren Giebel eine Taube oder Krone schmückt. Sie stehen im Mittelpunkt der Festas do Espírito Santo, der Heilig-Geist-Feste, die einst an Ostern begannen und stets am Pfingstsonntag oder dem Sonntag danach ihren Höhepunkt erlebten. Mittlerweile aber werden Heilig-Geist-Feste den ganzen Sommer über veranstaltet, schließlich soll ja die Verwandtschaft aus Übersee auch daran teilhaben können, und zur Unterhaltung wird dann meist noch ein Stierkampf geboten.

Isabella von Aragon (ca. 1270–1336) führte die Feierlichkeiten auf dem portugiesischen Festland ein, der Franziskanerorden auf den Azoren. Ihren Ursprung haben die Feste vermutlich im 10. oder 11. Jh. in Frankreich, Italien oder in den deutschen Landen – die Wissenschaft ist darüber uneins. Im Vordergrund der Heilig-Geist-Feste stand einst die Speisung der Armen und Kranken sowie der Brauch, einem Bauern einen Tag lang die Kaiserkrone aufzusetzen. Noch heute werden die Ausrichter der Feste symbolisch zu „Kaisern" gekrönt, wobei ihnen die Insignien des Heiligen Geistes, Krone und Zepter, auf einem Silbertablett überreicht werden. Bis vor wenigen Jahren war es der Traum vieler Azoreaner, sich einmal in ihrem Leben *Imperador* nennen zu dürfen. Ein teurer Wunsch, denn zum eigentlichen Höhepunkt der Feierlichkeiten, der Armenspeisung, ein heute eher irreführendes Wort, ist das ganze Dorf eingeladen.

Wegen der Abgeschiedenheit und Rückständigkeit der Inseln bis in jüngste Zeit blieb die Tradition der Heilig-Geist-Feste auf den Azoren bis in die Gegenwart erhalten: Wen, wenn nicht den Heiligen Geist, konnte man in seiner Not um Hilfe bitten und versprechen, bei Erfüllung der Bitte wohltätig zu sein? Mittlerweile aber hat der Heilige Geist Konkurrenz bekommen: den Geldsegen der EU.

Terceira → Karte S. 196

Street-Art in Angra

Jesuitenkonvents, zu dem auch die angrenzende Kirche *Igreja do Colégio* gehörte. 1776 ließ der erste Generalkapitän der Azoren, Dom Antão de Almada, den Konvent für seine Zwecke repräsentativ umgestalten. Zweimal bereits bewohnten Könige die Gemäuer: 1832 Dom Pedro und 1901 Dom Carlos, vorletzter Monarch Portugals. Heute beherbergt der Palast Ämter des Präsidenten der Azoren. Die Gesellschaftsräume können besichtigt werden, sofern kein hoher Gast zu Besuch weilt.

■ Di–So 10–17 Uhr, 2 €. Eingang an der Rua do Palácio.

Jardim Público (auch: Jardim Duque de Terceira): Der Stadtpark von Angra do Heroísmo, der sich vom Hotel Angra Garden den Hang hinauf bis zum Alto da Memória (s. u.) erstreckt, ist ein liebevoll angelegter Garten mit verschlungenen Wegen, Springbrunnen, Lauben, einem Denkmal für den Dichter und Staatsmann Almeida Garrett, einem Kinderspielplatz und immer blühenden Blumen aus aller Welt.

■ Im Sommer 8–21.30 Uhr, April u. Okt. bis 19.30 Uhr, im Winter bis 17.30 Uhr. Eingänge findet man u. a. an der Ladeira de São Francisco und am Alto da Memória.

Alto da Memória: Der Obelisk zu Ehren Dom Pedros, der 1832 in Angra weilte und hier seine Truppen gegen den despotischen Bruder und Thronräuber Dom Miguel formierte, wurde Mitte des 20. Jh. hoch über der Stadt errichtet. Zuvor stand an diesem Ort die erste Festungsanlage Terceiras, die 1474 João Vaz Corte Real, Ahnherr der berühmten Entdeckerfamilie (→ S. 197), erbauen ließ. Von dem Denkmal genießt man eine herrliche Aussicht über die Stadt hinweg auf das Meer und zum Monte Brasil. Nach Sonnenuntergang wird der Obelisk angestrahlt; leider ist die Aussichtsplattform dann geschlossen.

■ Vom Zentrum ist der Alto da Memória in ca. 10 Fußmin. zu erreichen. Der kürzeste Weg führt durch den Jardim Público.

Museu de Angra do Heroísmo: Das sehenswerte Museum ist im einstigen Convento São Francisco aus dem 15. Jh. untergebracht, das nach der Säkularisierung vorübergehend eine Hochschule beherbergte. Es informiert über die Geschichte der Stadt, der Insel, ihre Bräuche, alte Handwerksberufe, die Feldarbeit u. v. m. Zu den Exponaten gehören u. a. nautische Geräte und Logbücher, alte Seekarten, Militaria, azoreanische Tafelbilder, Möbel und Münzen, Zigarettenetiketten aus der Zeit, als auf Terceira noch Tabakfabriken in Betrieb waren, eine Kutschensammlung mit Exemplaren aus Portugal und Frankreich, ein 4 m langes Boot mit Spanten aus Holz und Planken aus Pappmaschee (so baute man früher Boote auf den Inseln!) und ein Fass mit der Aufschrift „Germany/Brunsholm/ Hamburg", das wie eine Boje vor der Küste verankert war und als Briefkasten diente. Das Highlight jedoch: ein alter Zelluloidstreifen über Angra aus dem Jahr 1927. Zudem bietet das Museum Raum für temporäre Ausstellungen.

In der zur Klosteranlage gehörenden und mit kostbaren Azulejos ausgeschmückten Kirche *Igreja Nossa Senhora da Guia* wurde 1499 Paulo da Gama bestattet. Er war der Bruder des berühmten Kap-Umrunders Vasco da Gama, dessen Schiff Terceira 1499 auf dem Rückweg von einer zweijährigen Indien-Seereise anlief. Als das Schiff in Angra vor Anker ging, waren zwei Drittel der Besatzung gestorben, darunter auch Paulo. Aber nicht nur Paulo da Gama ruht hier, der ganze Boden der Kirche besteht aus Grabplatten, die mit Nummern versehen sind. Leider ist die Liste verloren gegangen, auf der die Namen der Toten den Nummern zugeordnet sind.

■ Ladeira São Francisco. Okt.–März Di–So 9.30–17 Uhr, im Sommer 10–17.30 Uhr. 2 €, So freier Eintritt. www.museu-angra.azores.gov.pt.

Núcleo de História Militar: Die militärgeschichtliche Abteilung des städtischen Museums (s. o.) belegt die Räumlichkeiten eines ehemaligen Militärkrankenhauses aus dem 16. Jh. Im Erdgeschoss erinnert man an Manuel Coelho Baptista de Lima (1920–1996), den Begründer des Museums von Angra. Die Ausstellung im Obergeschoss trägt den Titel „Menschheit, Waffen und Krieg. Vom Pfeil zur Drohne" und ist der Versuch eines Parcoursritts durch die internationale Kriegsgeschichte bis zu den Kriegen der Neuzeit wie

dem Syrienkonflikt. Zu den Exponaten gehören eine Rüstung aus dem 17. Jh., Modelle von Kriegsschiffen, Pistolen und Gewehre aus aller Herren Länder und – am spannendsten – eine portugiesische Feldküche aus dem Jahr 1940. Die Azoren selbst kommen leider viel zu kurz. Alles in allem kein Must-see.

■ Rua da Boa Nova. April–Sept. tägl. (außer Mo) 10–17.30 Uhr, sonst tägl. (außer Mo) 9.30–17 Uhr. 2 €, So freier Eintritt. www.museu-angra.azores.gov.pt.

Igreja da Misericórdia: Die unmittelbar am alten Zollkai von Angra do Heroísmo gelegene Kirche aus dem 18. Jh. steht an jenem Ort, an dem das erste Hospital der Azoren im Jahr 1492 gegründet wurde. Freundlich blickt ihre barocke, blau-weiße Fassade über die Bucht aufs Meer. Im Innern lohnt der mühevolle Aufstieg zur Galerie. Das gelb-weiße Gebäude daneben war die *Alfândega*, das alte Zollhaus. Den Handelsschiffen schmälerte es den Gewinn, während es Angra seinen Reichtum bescherte. Die Fenster des einstigen Cafés Lisboa auf der anderen Seite, die alle paar Jahre von Künstlern umgestaltet werden, verzierte zuletzt der Marokkaner Enrique Valero, der über 20 Jahre auf Terceira lebte (heute in Madrid).

■ Kirche, Mo–Fr 10–13 u. 14–17 Uhr, Sa 13–17 Uhr, So 16–18 Uhr. 1,50 €.

Museu Vulcanoespeleológico Machado Fagundes Os Montanheiros: 1963 gründeten sich die „Os Montanheiros", um ihr bergiges, vulkanisches Eiland genauer zu erkunden. Nachdem sie in sämtliche erloschenen Krater und sagenumwobenen Höhlen Terceiras vorgedrungen waren, nahmen sie São Jorge und Pico ins Visier. Ein altes Stadthaus in der Rua da Rocha 8 dient dem Verein heute als Sitz, das kleine geologische Museum darin wird seit mehreren Auflagen dieses Buchs restauriert.

■ Wann das Museum wieder eröffnet, stand zuletzt noch in den Sternen. www.montanheiros.com.

Terceira → Karte S. 196

Sehenswert: Museu de Angra do Heroísmo

Sé Catedral: Die Kathedrale aus dem 16. Jh., die mit vollem Namen *Igreja de Santíssimo Salvador da Sé* heißt, ist das größte Gotteshaus der Azoren und zeigt deutlich spanischen Einfluss. Das Innere des dreischiffigen Baus besitzt unter seiner schweren Kassettendecke wenig Prunk. Ein Blickfang ist jedoch das *Lesepult* (17. Jh.) aus tropischen Hölzern, das mit Intarsienarbeiten aus Walknochen verziert ist. 1991 besuchte Papst Johannes Paul II. die Kathedrale, seitdem grüßt er links vom Portal den Verkehr auf der Rua da Sé. Auf der Rückseite der Kirche führen Treppen zur „Schatzkammer" der Kathedrale *(Capela de Santíssimo Sacramento)*, einer Sammlung mehr und weniger kostbaren Kirchengutes (Porträts der Bischöfe, silberne Messgeräte usw.).

Im Rücken des Doms, an der Rua da Rosa/Ecke Rua Carreira Cavalos, steht der barocke *Palácio Bettencourt* aus dem Ende des 17. Jh.; 2018 wurde er restauriert, zuvor beherbergte er eine Bibliothek.

▪ **Kathedrale und Schatzkammer**, Mo–Fr 9.30–17.30 Uhr, Sa 9.30–17 Uhr. Eintritt Kathedrale 2 €, Schatzkammer 2 € extra. Wer auch noch einen der Türme besteigen will, zahlt nochmals 2 €.

Convento e Igreja de São Gonçalo: Das Kloster des Klarissenordens, das älteste und größte der neun Klöster, die es einst auf Terceira gab, wurde 1545 gegründet. Zuletzt lebten hier noch fünf Nonnen, zudem Seniorinnen und allein erziehende Frauen. Das heutige Klostergebäude stammt aus dem 17. Jh. Die Klosterkirche zeigt im Inneren barocke Züge, sehenswert sind der goldverzierte Altar, die Deckenmalereien und die Azulejos. Auf dem hinteren, durch ein Eisengitter abgetrennten oberen Chor steht eine hübsche kleine Orgel. Lassen Sie sich das Verlobungsbild von Josef und Maria zeigen, ein seltenes Motiv.

▪ **Klosterkirche**, Mo–Fr 9.30–11.30 u. 14–16.30 Uhr, Sa 9.30–12 Uhr. Zugang von der Rua Tomé Belo de Castro.

Castelo de São João Baptista und Castelo de São Sebastião: Die imposante Festungsanlage am Fuß des Monte Brasil, um deren 2 km lange Wälle heute Kühe grasen, ließ Philipp II. von Spanien errichten, Baubeginn war 1592. Im 17. Jh. entwickelte sich die Anlage zu einem der bedeutendsten Kastells inmitten des Atlantiks. Es bot den königlichen Schiffen, die schwer beladen mit Gold und Gewürzen aus der Neuen Welt zurück zur Iberischen Halbinsel segelten, Schutz vor Piraten. Später wurde das Kastell als Gefängnis berühmt-berüchtigt: So musste König Alfonso VI. fünf Jahre lang hier einsitzen, nachdem er 1667 auf Betreiben seiner Gattin abgedankt hatte (die Königin heiratete später übrigens seinen Nachfolger und Bruder Pedro II.). In der Salazar-Zeit saßen hier politische Oppositionelle ein, heute wird die Festung vom portugiesischen Militär genutzt. Im Inneren sind die *Kirche São João Baptista* und der *Palast der Befehlshaber* sehenswert.

Das kleine Pendant auf der Ostseite des Hafens ist das Castelo de São Sebastião. Es entstand ebenfalls im 16. Jh., allerdings noch vor seinem Gegenstück und in Anlehnung an italienische Festungsanlagen. Heute ist darin ein schickes Hotel untergebracht.

▪ **Castelo de São João Baptista**, Führungen (der eine Soldat hat was zu erzählen, der andere lässt Sie nur herein) Juni–Sept. um 10 und 11 Uhr sowie stündl. von 14–18 Uhr, sonst letzte Führung um 17 Uhr. Eintritt frei.

Monte Brasil: Vom 205 m hohen Hausberg genießt man eine herrliche Aussicht auf Angra do Heroísmo und die Südküste der Insel. Ein Spaziergang hinauf lohnt, auch führt der offizielle Wanderweg *PRC 4 TER* auf den Berg und wieder hinunter (Dauer ca. 2:30 Std.). Am höchsten Punkt des Kraterbergs erinnert ein *Säulenmonument* an die Entdeckung Terceiras, die Geschütze stammen aus dem Zweiten Weltkrieg. Darunter wurde ein *Park* angelegt mit Picknickplätzen, einem Kinderspielplatz, Vogelvolieren und Tiergehegen. Die kleine *Kapelle* (Ermida de Santo António) am Berg war früher ein beliebter Trauungsort. Warum hier nicht mehr geheiratet werden darf, weiß keiner. Der Krater des Monte Brasil wird im Sommer gelegentlich als natürliche *Stierkampfarena* genutzt. Rund um den Berg liegen mehrere kleine Fortifikationen und Walausgucke, ausgeschilderte Pfade führen hin. Der Name des Berges soll übrigens daher rühren, dass ein Inselbewohner, der in Brasilien sein Glück gemacht hatte und dort zu Wohlstand gelangt war, bei seiner Rückkehr nach Angra den Kraterhügel kaufte und ihn Monte Brasil taufte.

▪ **Anfahrt/Fußweg**: Von der Festung João Baptista gelangt man mit dem Auto wie auch zu Fuß auf den Monte Brasil; dazu muss man sich bei der Schranke im Fort links halten. Zutritt nur bis 21.15 Uhr.

Terceira → Karte S. 196

Information/Verbindungen/Parken

Information Turismo, sehr hilfsbereit. Mo–Fr 9–19 Uhr, Sa 9–16 Uhr, So geschl. Rua Direita 74, ☎ 295404800. Viele Infos zur Insel auf www.exploreterceira.com, die Seite des Rathauses von Angra heißt www.cmah.pt.

Verbindungen Fast alle **Busse** verkehren entlang der Küste (durchs Inselinnere fährt nur vormittags um 9 Uhr Bus Nr. 11 von Biscoitos nach Angra und nachmittags um 16 Uhr zurück). Die Busse Richtung Praia (Bus Nr. 2, werktags 6–19 Uhr nahezu stündl., So nur 6-mal) fahren an der Praça Velha ab. Bus Nr. 1 entlang der Küste über Raminho nach Biscoitos (werktags 7-mal tägl., So 3-mal) startet beim Parkeingang in der Rua do Marquês.

Taxis stehen u. a. an der Praça Velha vorm Hotel Angra Garden bereit. Nach Praia da Vitória oder zum Flughafen ca. 20 €, nach São Mateus 6 €, nach Serreta 17 €, nach Biscoitos 15–17 €. Die Tagesrundfahrt mit dem Taxi kostet ca. 80–100 €.

Parken Im Zentrum nicht einfach, zudem gebührenpflichtig (achten Sie auf die Buchstaben: A = sehr teuer, E = recht billig). Ein großer, zentrumsnaher, kostenloser Parkplatz befindet sich z. B. beim Hallenbad, ein weiterer nahe der Feuerwehr (→ Stadtplan).

Adressen

Ärztliche Versorgung Hospital Espírito Santo, weit außerhalb (Canada do Briato, Alfarroco, Santa Luzia), von der Schnellstraße nach Praia da Vitória ausgeschildert, ☎ 295403200, www.hseit.pt.

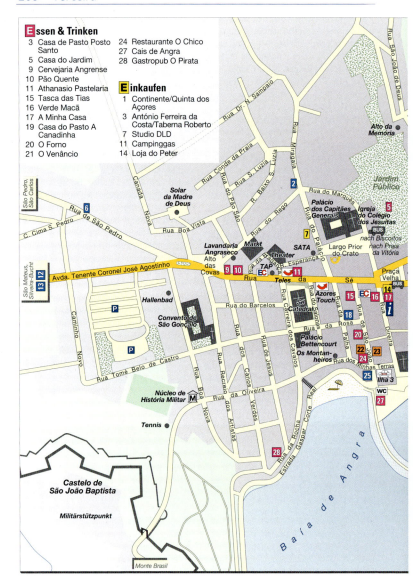

Essen & Trinken

3 Casa de Pasto Posto Santo
5 Casa do Jardim
9 Cervejaria Angrense
10 Pão Quente
11 Athanasio Pastelaria
15 Tasca das Tias
16 Verde Macã
17 A Minha Casa
19 Casa do Pasto A Canadinha
20 O Forno
21 O Venâncio
24 Restaurante O Chico
27 Cais de Angra
28 Gastropub O Pirata

Einkaufen

1 Continente/Quinta dos Açores
3 António Ferreira da Costa/Taberna Roberto
7 Studio DLD
11 Campinggas
14 Loja do Peter

Fluggesellschaft SATA, Mo–Fr 9–18 Uhr. Rua da Esperança, ☎ 707227282.

Öffentliche Toiletten Unter anderem unterhalb des Eingangs zur Igreja do Cólegio dos Jesuitas (gegenüber dem Eingang zum Stadtpark) und bei der Marina.

Reisebüro Agência de Viagens Teles, für Flug- und Fährverbindungen. Mo–Fr 9–

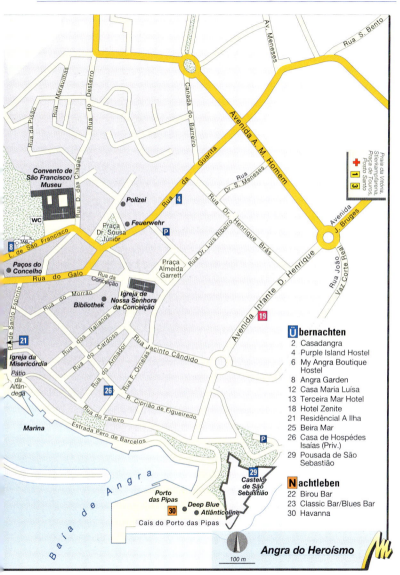

Terceira → Karte S. 196

Übernachten

2 Casadangra
4 Purple Island Hostel
6 My Angra Boutique Hostel
8 Angra Garden
12 Casa Maria Luísa
13 Terceira Mar Hotel
18 Hotel Zenite
21 Residéncial A Ilha
25 Beira Mar
26 Casa de Hospédes Isaías (Priv.)
29 Pousada de São Sebastião

Nachtleben

22 Birou Bar
23 Classic Bar/Blues Bar
30 Havanna

Angra do Heroísmo

100 m

18 Uhr. Rua da Sé 138, ☎ 295213236, www. telestravel.com.

Wäsche **Lavandaria Angraseco**, 1 kg Wäsche 2,50 €, Dauer 1 Tag. Rua de Rego 33.

Zweiradverleih Zum Beispiel über **Azores Touch**, Mountainbikes 15 €/Tag, Scooter 125 ccm 30 €/Tag. Rua de Sé 51, ☎ 915275997, www.azorestouch.com.

Einkaufen
→ Karte S. 208/209

Campinggas Bekommt man in dem namenlosen **Laden** 11 gegenüber der Kathedrale an der Rua da Sé 124/126.

Einkaufszentrum Continente 1, größter Supermarkt der Insel. Tägl. 8.30–22 Uhr. An der 4-spurigen Umgehungsstraße von Angra, Rua Cambalim 116.

Markt Zwischen Rua do Rego und Rua de Bragança. Obst, Gemüse, Fleisch, Fisch, Souvenirs und dazwischen etwas Trödel. Mo–Fr 7–16 Uhr, Sa bis 14 Uhr.

Souvenirs Quinta dos Açores 1, weit außerhalb der Stadt, am Beginn der Schnellstraße nach Praia in einem Neubau. Darin zum einen ein etwas steriles, aber gutes Schnellrestaurant (Burger, Suppen, Sandwiches, Salate und geniales hausgemachtes Eis) mit superber Aussicht über Angra. Zum anderen werden hier regionale Produkte verkauft (auch eine Metzgertheke ist vorhanden), das meiste kommt von der Zentralgruppe. Ideal für Mitbringsel kulinarischer Art. Tägl. 10–22 Uhr. Pico Redondo São Bento, www.quintadosacores.com.

Loja do Peter 14, ein Ableger aus Horta auf Faial (→ S. 289). Nette T-Shirts und alle möglichen anderen nützlichen und weniger nützlichen Dinge, auf die das Emblem eines Pottwals passt. Rua da Sé 194.

Mein Tipp **António Ferreira da Costa** 3, der letzte seiner Art auf Terceira, der Kuhglocken in allen Größen von Hand fertigt, dazu unkaputtbare Hirtenstöcke. Zudem rollt António Zigarren, die er auch gerne selbst raucht (und das mit 83 Jahren!). Wer freundlich fragt, dem zeigt António auch sein kleines Museum, das *Museu Ti António*. Es gibt keine Öffnungszeiten, man kann kommen, wann man will, nur mittags und am frühen Nachmittag hat António gerne seine Ruhe. Grota do Medo 1 (Werkstatt im Rücken der Taberna Roberto), Anfahrt → Essen & Trinken/Anfahrt Posto Santo.

Studio DLD 7, handgeschneiderte Abendroben der lokalen Designerin Daniela Lopes. Teils sehr edel, teils auch ein wenig kitschig. Rua do Palácio 23.

Kultur/Freizeit/Baden/Sport

Baden In der Bucht von Angra gibt es neben der Marina einen über 100 m langen Sandstrand mit Duschen und Sonnenschirmen. Die Wasserqualität ist gut. Beliebt ist auch die **Silveira-Bucht** westlich des Monte Brasil (beim Hotel do Caracol). Sonnenbaden ist hier aber nur auf Betonplattformen möglich. Snackbar. Im Winter oder an verregneten, windigen Tagen ist das **Inatel**, das etwas abgewirtschaftete **städtische Hallenbad**, eine Alternative.

Bootsausflüge Bootsausflüge zu den vorgelagerten Inselchen Ilhéus das Cabras und in die Baia da Salga veranstaltet im Sommer u. a. **Ocean Emotion** (Office an der Marina, von wo auch die Boote ablegen). Unterwegs sieht man oft Delfine. Ca. 25 €/Pers., in der NS nur, wenn mind. 4 Pers. zusammenkommen. ☎ 295098119, www.oceanemotion.pt.

Golf Der **Clube de Golfe da Ilha da Terceira** liegt etwa 10 km außerhalb von Angra do Heroísmo (an der Schnellstraße nach Praia da Vitoria aus beschildert). Gepflegter 18-Loch-Platz, Par 72 und SSS 70. Green Fee 50 €, ca. 20 % billiger Mitte Okt.–April, auch großzügige

Frühling am Stadtstrand von Angra

Rabatte für alle, die mehrmals spielen wollen (nachfragen!). Equipmentverleih (20 €). Der Club verfügt über eine nette Bar und Cafeteria. ☎ 295902444, www.terceiragolf.com.

Kunstausstellungen/Theater Im **Centro Cultural** an der Rua Boavista und im **Teatro Angrense** an der Rua da Esperança hin und wieder Theateraufführungen und Konzerte. Temporäre Ausstellungen präsentiert das **städtische Museum** im Convento de São Francisco (→ Sehenswertes). Infos beim Turismo (s. o.).

Reiten Ausritte (80 €/2 Std.) kann man über den **Basalto Clube de Campo** in São Bartolomeu unternehmen. Englischsprachig, supernett. Rua Mártires da Pátria 39, ☎ 961016488, www.basaltoclubedecampo.com.

Segeln Mitsegelmöglichkeiten (70 €/halber Tag) und Jachtcharter (ab 1600 €/Woche) bietet **Sailtours Yachtcharter**. Kiosk an der Marina, ☎ 961132213, www.sailtours.pt.

Stierkampf In der **Praça de Touros** (Stierkampfarena) finden das ganze Jahr über Stierkämpfe statt. Der Großteil der Veranstaltungen, auch mit Toreros aus dem Ausland, geht jedoch im Sommer über die Bühne. Eintritt je nach Platz 20–50 €. **Auf der Straße** finden von Mai–Okt. regelmäßig Kämpfe statt (→ S. 231).

Tauchen **Deep Blue**, bietet neben Bootstauchgängen vor Terceira (55 €) auch Tauchfahrten zur João Castro Bank an (150 €/Pers., wenn 4 Pers. zusammenkommen). Zudem Tauchkurse. Am Cais do Porto das Pipas, ☎ 962 772199, www.deepblueazores.com.

Veranstaltungen **Festa Sanjoaninas**, das bedeutendste Inselfest findet um den 24. Juni an verschiedenen Orten statt, überwiegend jedoch in Angra. Höhepunkt des einwöchigen Festes ist die Nacht vom 23. auf den 24. Juni, dann gibt es Trachtenumzüge, Stierkämpfe und diverse kulturelle Veranstaltungen. Mit von der Partie sind oft internationale Größen, selbst die Simple Minds spielten schon auf. Für weitere Veranstaltungen → S. 198.

> **Achtung**: Wer zur Festa Sanjoaninas nach Terceira reist, sollte frühzeitig ein Zimmer reservieren!

Wandern und Adventure Spannende Wandertouren abseits der markierten Routen bietet das junge Team von **ComunicAir**. Tagestouren mit Picknick 55–65 €/Pers., Minimum stets 2 Pers. Haben mal hier ihr Büro, mal dort, den aktuellen Stand erfährt man unter ☎ 9190503800 und auf www.comunicair.pt.

Whalewatching Von Mai–Okt. (bei gutem Wetter und Nachfrage auch ganzjährig) bieten mehrere Veranstalter an der Marina Ausfahrten an, u. a. **Ocean Emotion** (☎ 967806964, www.oceanemotion.pt) und **Picos de Aventura** (☎ 918377926, www.picosdeaventura.com). Fast alle Anbieter verfügen über größere Hartschalenboote (die bei großer Nachfrage eingesetzt werden), aber auch über wendigere Schlauchboote. Der Walausguck, der die Position der Wale weitergibt, befindet sich auf dem Monte Brasil. Ca. 50 € für eine 2- bis 3-stündige Tour, oben genannte Anbieter geben das Geld zurück, wenn man keine Wale oder Delfine sieht. Schwimmen mit Delfinen kostet 70 €.

Übernachten
→ Karte S. 208/209

Hotels/Pensionen   ****** Terceira Mar Hotel 13**, am Fuße des Monte Brasil auf dem Weg in die Silveira-Bucht (10 Fußmin. ins Zentrum). 139 klassische Hotelzimmer in warmen Farben, viele mit Meeresblick. Innen- und Außenpool, Tennisplätze. Ordentliches Restaurant. Die schattenlose, etwas sterile Gartenanlage ist der Lage so nah am Meer (Stürme) geschuldet. Eigene Tennisplätze. EZ ab 125 €, DZ ab 140 €. Portões de São Pedro 1, ☎ 29540280, www.bensaude.pt.

**** Angra Garden 8, direkt am zentralen Hauptplatz. Der hiesigen Baustruktur angepasstes Haus aus den Endsechzigern – keine Sorge, schon mehrmals restauriert, zuletzt 2018. 120 gepflegte Zimmer, z. T. mit Blick auf den Stadtpark. Sehr freundliches Personal. DZ ab 94 €. Praça Velha, ☎ 295206600, www.azoris hotels.com.

Pousada de São Sebastião 29, auch Pousada de Angra do Heroísmo. Spannende moderne Architektur im historischen Fort. 28 Zimmer mit Safe, Minibar und schönen Holzböden, die meisten mit kleinem Balkon oder Terrasse zum Garten. Dazu eine Suite. Ruhe pur. Lichtes, modernes Restaurant. Pool im sterilen Außenbereich. DZ ab 120 €. Rua de Castelinho, ☎ 295 403560, www.pousadas.pt.

*** Beira Mar 25, Mittelklasse in bester Lage. 23 Zimmer, davon 14 mit Meeresblick. Geräumig,

Terceira → Karte S. 196

mit Aircondition, Minibar und praktischer Standardausstattung. Etwas ältlich, aber sehr gepflegt und sauber. Ordentliches Restaurant mit toller Terrasse und Hafenblick. EZ 65 €, DZ 80 €. Vermietet zudem nahebei im **Hotel Ilha 21**, der Dependance in der Rua Direita 24, auch einfachere DZ für 50 €. Largo Miguel Corte Real, 📞 295215188, www.hotelbeiramar.com.

** Hotel Zenite 18, 14 kleine, neu eingerichtete Zimmer mit Klimaanlage, Laminatböden und modernen Bädern. Lediglich die Lobby wirkt etwas popelig. EZ 55 €, DZ 65 €. Rua da Rosa 12, 📞 295212260, www.hotelzenite.com.

Casa Maria Luísa 12, B & B in einem wunderschönen hellblauen Landhaus aus dem 18. Jh. 6 klassische, bürgerlich-nostalgische Zimmer, alle mit Balkon oder Terrasse. Pool im großen Garten, Radverleih. Achtung: nach vorne zur Straße hin ein wenig laut! DZ 80 €. Caminho do Meio 38 (zwischen der Silveira-Bucht und dem Villenvorort São Carlos, ca. 20 Fußmin. ins Zentrum), 📞 965182775, www.casa-maria-luisa.negocio.site.

MeinTipp Hostels   **My Angra Boutique Hostel 6**, sehr sympathisches Haus, von Lesern hochgelobt. Nur 6 Zimmer (die Dorms recht schlicht, die DZ recht charmant) und ein Apartment. Hinten raus zum Garten eine helle, gemütliche Frühstücksküche. Hilfsbereiter Service – Inhaber José kennt die Insel wie seine Westentasche. Bett im Dorm (mit 4 o. 6 Betten) ab 18 €, DZ mit Bad 45 €. Rua de São Pedro 168, 📞 963505087, www.myangra.com.

Purple Island Hostel 4, sehr sauber, ebenfalls supernetter Service. Zur Straße hin leider etwas laut. Es gibt 2- und 6-Bett- Zimmer mit Gemeinschaftsbad und ein 4-Bett-Zimmer mit eigenem Bad. Bett im Dormitory mit Frühstück 17 €, 4-Bett-Zimmer 60 €. Wer nicht vor verschlossener Tür stehen will, sollte vorab buchen. Rua da Guarita 82, 📞 295628135, www.purpleislandhostel.pt.

Privatzimmer Casadangra 2, gepflegtes, liebevoll restauriertes Stadthaus mit Geranien am Balkon. Nur 3 charmante Zimmer, alle mit privatem Bad (teils aber außerhalb des Zimmers) und Balkon oder Terrasse. Wohnküche und Terrasse für alle. Keine dauerhaft besetzte Rezeption, also besser reservieren. EZ 45 €, DZ 55 € ohne Frühstück. Rua da Miragaia 9, 📞 295628038, www.casadangra.wixsite.com.

Casa de Hóspedes Isaías 26, eher eine kleine Pension. 18 einfache, teils etwas biedere Zimmer in 2 Gebäuden, 6 davon mit Gemeinschaftsbad, der Rest mit privaten Bädern. Zudem Apartments, es wird laufend ausgebaut. Zum Teil mit Meeresblick. Einen kleinen Punktabzug gibt's für die Unzuverlässigkeit bei Reservierungen. Ungezwungene Atmosphäre. Falls niemand anzutreffen ist, kann man sein Glück in der Casa de Pasto Isaias in der gleichen Straße probieren. DZ mit Gemeinschaftsbad 30 €, mit eigenem Bad 35 €, gutes Preis-Leistungs-Verhältnis. Kein Frühstück. Rua Ciprião de Figueiredo 35, 📞 914397705 (englischsprachig), www.cometoacores.pt.

Essen & Trinken/Nachtleben → Karte S. 208/209

Essen & Trinken   Cais de Angra 27, Mischung aus Café, Restaurant und Bar in allerbester Lage direkt an der Marina. Im verglasten Lokal gibt es portugiesisch-mediterrane Küche: Salate, Tapas, Bruschette, Sandwiches, aber auch mal überraschend anders interpretierte Fisch- und Fleischgerichte. Für die Lage und das Gebotene zahlt man nicht doppelt und dreifach mit: Hg. 9–18 €. Zuweilen leider etwas überforderter Service. Tägl. 11–2 Uhr. 📞 295628458.

Gastropub O Pirata 28, Mischung aus Restaurant mit toller Terrasse und Pub mit fröhlicher Stimmung (ab ca. 22.30 Uhr). Essen sowohl die Qualität (guter Grillfisch, Meeresfrüchtereis oder *Alcatra*) als auch die Preise betreffend etwas über dem Durchschnitt. Freundlicher Service. Fr/Sa bis 2 Uhr, So geschl. Rua da Rocha 64, 📞 295705658.

O Venâncio 21, ein uriger, authentischer Familienbetrieb mit Platz für nicht mehr als 20 hungrige Gäste. Mittags viel los, abends kocht und bedient der schwerhörige Opa mit seinem Gehilfen – dann besonders lustig. Ordentliche Hausmannskost zwischen Bohnen- und Oktopus-Eintopf zu 5–8 €, da kann man nicht meckern, oder? Rua de Espírito Santo 7–9, 📞 295215054.

Tasca das Tias 15, das nett gestylte Restaurant ist einer der *places to be* in Angra. Traditionelle, aber modern aufgepeppte Inselküche, auch *Petiscos* (Tapas), Azoren-Thunfisch, Blutwurst, Garnelenpasta, Krautsuppe u. v. m. Hg. 10–20 €. Tägl. durchgehend geöffnet. Rua de São João 117, 📞 295628062.

Casa de Pasto A Canadinha 19, eine Leserentdeckung. Rustikale, lang gezogene Wirtsstube, in der grundsolide, inseltypische Gerichte auf den Tisch kommen (kaum eines ist

Terceira → Karte S. 196

Warten auf Kundschaft

teurer als 8 €). Tägl. durchgehend geöffnet. An der Avenida Infante Dom Henrique 97 zwischen Autoreparaturwerkstätten, ✆ 295216373.

Restaurante O Chico 🎱, hübsches Lokal mit Kachelschmuck, Bildern aus alten Zeiten und einsehbarer Küche. Sehr beliebt bei Touristen. Lange Speisekarte, Hg. 9,50–13 €. Zu empfehlen sind die Tagesgerichte (handfeste Hausmannskost; mit Getränk und Kaffee 6 €, nur Mo–Fr), aber auch die Blutwurst mit Ananas ist gut. So Ruhetag. Rua de São João 7, ✆ 295333286.

Cervejaria Angrense 🎱, einfaches Bierlokal. Gemütlicher Außenbereich, wo man beim Mittagessen das städtische Treiben beobachten kann. Tagesgerichte mit Getränk und Kaffee 7 €, Hg. abends 5,50–15 €. So Ruhetag. Am Alto das Covas, ✆ 295217140.

Pão Quente 🎱, hervorragende Frühstücksadresse und noch mehr. Viele verschiedene süße Teilchen, dazu kann man sich Sandwiches belegen lassen. Das Beste aber ist das reichhaltige Mittagsbüfett: neben Fleisch und Gemüse auch Salate und leckere Fischgerichte. Gezahlt wird nach Gewicht – ein Tipp für Budgetreisende. Rua da Sé 186.

Cafés   A Minha Casa 🎱, Kaffeehaus für junge Leute im 1. OG. Buntes Design, liebenswertes Personal. Lecker belegte Toasts, Tagessuppen, Salate und Kuchen. Das völlige Gegenprogramm zu vielen Bars der Stadt. Tägl. (außer Di) ab 12 Uhr. Rua Direita 80.

Verde Macã 🎱, gleich gegenüber. Sehr angenehmes, zeitgemäß gestyltes, luftiges Café-Restaurant. Hier isst man Snacks, Sandwiches, große Salate, aber auch die azoreanischen

Klassiker zu 9–15 €. Auch an Vegetarier wird gedacht. Tägl. (außer So) 8–24 Uhr. Rua Direita 111–113, www.verdemaca.pt.

🦐 **Casa do Jardim** 🎱, Café-Restaurant, von der Bio-Kooperative *Bio Azórica* betrieben. Eine wunderschöne Location inmitten des Jardim Público. Der rundum verglaste Kubus, der fast funktionalistisch wirkt, ist innen licht-modern eingerichtet. Alles ist bio und vegetarisch (Fisch steht jedoch auf der Karte), Alkohol gibt es nicht. Tägl. wechselndes Mittagsgericht zu 6 €, außerdem Suppen, Kuchen, Burger und Pasta. Di–Sa 10–18 Uhr im Winter bzw. bis 19 Uhr im Sommer. www.bioazorica.wixsite.com.

O Forno 🎱, etwas steriles Stehcafé, jedoch ein Muss für Liebhaber zuckersüßer Torten und Kuchen. Spezialität: D.-Amélia-Törtchen, benannt nach der letzten portugiesischen Königin, gebacken nach uralten Rezepten. Die lecker gewürzten Teilchen schmecken ein wenig nach Weihnachten. Außenbereich. So Ruhetag. Rua de São João 67.

Athanasio Pastelaria 🎱, kleines Café mit Kuchen, Torten, Süßspeisen und Konfekt ohne Ende. Rua da Sé 130.

Nachtleben Grundsätzlich gilt: Im Sommer, wenn die Insel Feste über Feste feiert, haben viele Clubs geschlossen.

Zu einer kleinen Barmeile hat sich die **Rua de São João** entwickelt. Dort gibt es z. B. die **Classic Bar** 🎱 (Cocktails, Hausnr. 38, www.classic-bar.negocio.site), die **Blues Bar** 🎱 (Craft Beer, Hausnr. 42) und die sehr urban wirkende **Birou Bar** 🎱 (auch Essen, Hausnr. 27).

Beliebt, v. a. bei Studenten, sind auch die Bars am **Cais do Porto das Pipas**, seit Jahren angesagt ist dort der Club **Havanna 30**.

Außerdem gibt es noch den **Gastropub O Pirata 28** (→ Essen & Trinken).

meinTipp **Außerhalb Casa de Pasto Posto Santo 3**, etwas außerhalb in Posto Santo. Das Restaurant ist einer Bar im Zeichen des Stierkampfs angeschlossen. Beste Hausmannskost. Keine Karte, man isst, was auf den Tisch kommt. Meist wird vor den Gästen ein kleines Büfett aufgetischt, das für 3 Toreros reichen würde. Preiswert. Von Lesern sehr gelobt. Nur mittags, So Ruhetag. Ohne fahrbaren Untersatz kaum zu erreichen. Anfahrt s. u.; Largo Terreiro 32, ✆ 295628596, www.casapastopostosanto.pai.pt.

Posto Santo ist von der Umgehungsstraße Angras ausgeschildert. Alternativ dazu kann man von Angras Stierkampfarena der Beschilderung zum Flughafen folgen, beim nächsten Kreisverkehr geht es geradeaus weiter, schließlich bei einem Toyota-Händler links ab und dann immer geradeaus, bis die Straße einen Berg hinaufführt und die Häuseransammlung Posto Santo erreicht. Gleich im ersten Gebäude rechter Hand befindet sich die **Taberna Roberto**. Im Rücken der Taberna, über den Hof zu erreichen, befindet sich die **Werkstatt von António Ferreira da Costa** (→ Einkaufen). Lässt man hingegen die Taberna Roberto rechts liegen, taucht etwa 50 m weiter, wo die Straße nach rechts abschwenkt, ein Brunnen mit zwei Löwen darauf auf. Nimmt man die Straße links des Brunnens und orientiert sich dann auf die Kirche zu, gelangt man zur **Casa de Pasto Posto Santo** (das Lokal befindet sich wenige Meter hinter der Kirche).

Taberna Roberto/Casa de Vinhos 3, ebenfalls in Posto Santo. Gehört nicht zu den heimelig-gemütlichsten Lokalen der Insel, wohl aber zu den originellen. Hier werden Spezialitäten aus dem Holzofen gezaubert wie Ziegenbraten, Ente mit Orange oder ein Stück Thunfisch. Dazu gute Weinauswahl. Hg. 10–15 €. Um eine frühzeitige Reservierung wird gebeten. Lunch und Dinner, Mo Ruhetag. Anfahrt s. o.; Grota do Medo 1, ✆ 966431126.

Steine der Steinzeit: die Megalithbauten von Posto Santo

Die Azoren werden immer wieder mit dem mythischen Inselreich Atlantis in Verbindung gebracht. Gegenwärtig aber wird die Entdeckung der Inseln noch den Kapitänen unter Heinrich dem Seefahrer (15. Jh.) zugeschrieben. Mittlerweile jedoch verdichten sich die Hinweise, dass die Azoren schon deutlich früher besiedelt waren. Archäologische Studien dazu unternahm António Felix Rodriguez von der Universität der Azoren u. a. in Posto Santo auf Terceira, in deren Rahmen er Megalithbauten und Grabanlagen entdeckte, die aus der Bronze- oder Eisenzeit stammen könnten. Rodriguez schließt nicht aus, dass bereits im Neolithikum Schiffe zu den Azoren fuhren, und zwar wegen des vulkanischen Gesteinsglases Obsidian. Sollte Rodriguez seine Thesen untermauern können, muss die Geschichte der Azoren neu aufgerollt werden.

■ Die archäologische Stätte bei Posto Santo nennt sich Grota do Medo. Wer sie aufsuchen möchte, stellt sich mit dem Rücken zur Taberna Roberto (→ Anfahrt Posto Santo) und blickt nach links voraus: Die Megalithbauten verstecken sich auf dem bewaldeten Hügel auf etwa 23 Uhr (hinter dem leuchtend grünen Haus).

Zwischen Angra und Praia

Um von Angra do Heroísmo nach Praia da Vitória zu gelangen, kann man die Schnellstraße V. R. (Via Rápida) durchs Inselinnere nehmen – oder den Weg an der Küste. Fährt man am Meer entlang in Richtung Osten, so ziehen bald hinter Angra die **Ilhéus** das Cabras den Blick auf sich. Diese zwei aus dem Meer ragenden imposanten Felsen sind Reste eines erloschenen Kraters. Ab Feteira verlaufen mehrere Straßen parallel zur Küste, als Grundregel gilt: je näher am Meer, desto schmaler die Straße.

Porto Judeu

Etwas mehr als 2500 Einwohner zählt der knapp 11 km östlich von Angra do Heroísmo gelegene Küstenort. Friedlich geht es rund um den beschaulichen Hafen zu. Der Ort gilt als der älteste Terceiras, in der Bucht soll sich Jácome de Bruges zusammen mit den ersten Siedlern niedergelassen haben. Die **Gruta das Agulhas** ist die Attraktion von Porto Judeu. Aber man muss schon ein echter Höhlenfreak sein, um der rund 150 m tiefen Grotte, in der man sich vorkommt wie in einem gigantischen Abwasserrohr, etwas abgewinnen zu können.

Verbindungen Bus Nr. 7 Mo–Fr 6-mal tägl. (Sa/So nur 3-mal) nach Angra do Heroísmo.

Essen & Trinken Boca Negra, ein Klassiker seit 1986. Vorne die Bar mit Terrasse (ein beliebter Altherrentreff), hinten (tägl. mittags und abends) das einfach-rustikale Restaurant. Zu empfehlen: die *Alcatras* und der Oktopus. Hg. 9–14 €. Am Largo de Santo António im Zentrum von Porto Judeu, ☏ 295905182.

Weg zur Grotte Von Angra kommend durch Porto Judeu fahren und vor einer Brunnenanlage in Bootsform rechts abbiegen. Am Ortsende von Porto Judeu müssen Sie nach einem kleinen Hinweisschild Ausschau halten (der Weg zur Grotte beginnt zwischen einer Bushaltestelle und einem beigefarbenen Haus). Der Eingang zur Höhle befindet sich unmittelbar an der Küste (auf der dem Meer zugewandten Seite). Ein paar Stufen führen über die Klippen hinab. Bei Sturm kann die Besichtigung der Gruta das Agulhas eine feuchte Angelegenheit werden.

Nur für den Hausgebrauch: Weingarten an der Südküste

Bucht von Salga/Baden: Knapp 2 km östlich von Porto Judeu liegt die geschichtsträchtige *Baía da Salga*. Heute ist sie ein beliebtes Ausflugsziel mit kleinem Meerwasserschwimmbecken, einer Wiese zum Sonnenbaden, Bar und einem Campingplatz. Im Sommer herrscht hier Freibad-Atmosphäre.

Camping **Parque de Campismo**, gepflegter Zeltplatz direkt am Meer, saubere sanitäre Einrichtungen, Stromanschluss. Bis zum nächsten Laden muss man allerdings weit laufen – Proviant mitbringen! Anfang Juni bis Mitte Sept. 2 Pers. mit kleinem Zelt 5,50 €. Salga, ✆ 295905 451 (englischsprachig, falls der freundliche Jorge noch da ist).

São Sebastião

Das 2000 Einwohner zählende große Dorf liegt etwa auf halber Strecke zwischen Angra do Heroísmo und Praia da Vitória. Wer von den Einwohnern keinen Job in Angra oder Praia hat, lebt von der Landwirtschaft. Das kleine Zentrum erstreckt sich rund um die baumbestandene Praça da Vila de São Sebastião. In den drei angrenzenden Cafés vertreibt man sich am Abend die Zeit. Auffallend ist die gedrungene **Pfarrkirche** des Ortes mit ihrem gotischem Portal, die Ende des 15. Jh. entstand. Das Innere ist ausgeschmückt mit sehenswerten Fresken. Die schräg gegenüberliegende **Heilig-Geist-Kapelle** zählt zu den schönsten Terceiras.

Verbindungen Die tagsüber fast stündl. verkehrenden **Busse** zwischen Angra do Heroísmo und Praia da Vitória halten in São Sebastião.

Essen & Trinken **Os Moinhos**, kleines Lokal in einer alten Mühle, gediegen und urgemütlich zugleich. Sehr gute Regionalküche, zu empfehlen sind die *Telha*-Gerichte vom heißen Ziegel. Di Ruhetag. Rua Arrebalde (von der Straße nach Salgueiros ausgeschildert), ✆ 295904508.

A Ilha, eher einfaches Restaurant bei der Pfarrkirche. Ein Gaumenschmaus sind die Heilig-Geist-Gerichte. Ansonsten gibt es konventionelle Hg. zu 8,80–12,50 €. Mo/Di geschlossen. Rua da Igreja 47, ✆ 295904166, www.ailha.pt.

Bucht von Salgueiros: Wie die Baía da Salga ist auch die Bucht von Salgueiros ein beliebtes Ausflugsziel im Sommer. Zwar gibt es auch hier keinen Strand, dafür Einstiegshilfen ins Meer, einen provisorischen Kiosk im Sommer, zudem Picknick- und Grillgelegenheiten. Zu erreichen ist die Bucht von Salgueiros über São Sebastião und entlang der Küste vom Baía da Salga (vorbei am Kap Ponta das Contendas, einem Naturschutzgebiet, das von einem Leuchtturm dominiert wird).

Porto Martins

6 km südlich von Praia da Vitória liegt Porto Martins, eine weit verstreute, künstliche Feriensiedlung ohne echten Ortskern. Ausländische Touristen kommen wenige, in erster Linie machen hier die Insulaner Urlaub, viele Einwohner Angras besitzen in Porto Martins ein Ferienhaus. Auch US-Soldaten vom Luftwaffenstützpunkt in Lajes mieten sich hier gerne ein. Ein langer Abschnitt der Lavaküste wurde zu einer großen Badeanstalt (mit „piscinas naturais" ausgeschildert) umgewandelt; auf Betonplattformen sonnt man sich und springt von dort ins kühle Nass. Das Restaurant O Búzius dahinter (Mo Ruhetag, ✆ 295515555) kredenzt auch italienische Küche (gehobene Preise, langsamer Service).

Verbindungen 5- bis 6-mal tägl. (außer So) Verbindungen von Praia da Vitória mit Bus Nr. 8.

Klein, aber fein: Zentrum von Praia da Vitória

Praia da Vitória

Praia da Vitória ist die zweitwichtigste Stadt Terceiras. Praia heißt Strand, und in der Tat galt der 1 km lange Sandstrand der Ortschaft bis in die Mitte der Achtziger nicht nur als einer der schönsten der Insel, sondern der gesamten Azoren. Heute trennen zwei mächtige Dämme die Bucht vom offenen Meer, zu Lasten der Ästhetik und zum Nutzen der Wirtschaft.

Neben dem adretten Angra war das nicht einmal halb so große Praia lange Zeit eine graue Maus. Mittlerweile wurde vieles restauriert, das Städtchen bekam Farbe und Charme. Viele Gassen wurden neu gepflastert, Promenaden mit Palmen und Cafés angelegt, zudem wurde eine **Marina** für 200 Boote gebaut. Das alles unter den wohlwollenden Blicken der Muttergottes, die seit der Jahrtausendwende von der Landzunge Ponta da Má Merenda über die Stadt wacht. Abends strahlt sie im Glanz der Scheinwerfer, dann ist der Aussichtspunkt zu ihren Füßen, der **Miradouro da Facho**, ein Treffpunkt der Verliebten.

Das Stadtzentrum erstreckt sich von der Praça F. Ornelas da Câmara entlang der Fußgängerzone Rua de Jesus bis zum Largo do Conde da P. Vitória. Geschäfte, Banken und Snackbars liegen dicht an dicht. Dazwischen befinden sich der nette kleine **Markt** (Gemüse und Souvenirs, vormittags auch Fisch) und ihm gegenüber der Stadtpark **Jardim Silvestre Ribeiro**, dessen Namensgeber von einer Säule grüßt; der Ratsherr machte sich um den Wiederaufbau Praias nach einem Erdbeben 1841 verdient. Viele Händler und Kneipiers sprechen fließend Englisch, was den im Nachbarort Lajes stationierten US-Soldaten geschuldet ist.

Berühmtester Sohn der Stadt: Vitorino Nemésio

Vitorino Nemésio und die Wehmut der Azoreaner

Vitorino Nemésio (1901–1978) zählt zu den bedeutendsten Lyrikern der modernen portugiesischen Literatur. Seine Kindheit verbrachte er auf Terceira und Faial, sein Studium (Jura und Romanistik) absolvierte er an der Universität von Coimbra auf dem portugiesischen Festland. Als Dozent war er in Paris, Montpellier, Brüssel, in Brasilien und in verschiedenen Kolonien Portugals tätig, später erhielt er eine Professur an der geisteswissenschaftlichen Fakultät in Lissabon. Nebenbei arbeitete er als Journalist und schrieb und schrieb und schrieb: diverse Gedichtbände (*Canto Matinal* aus dem Jahr 1916 zählt zu den bekanntesten), Romane (*Mau Tempo no Canal* aus dem Jahr 1944 war einer der erfolgreichsten), Erzählungen, Geschichtsbände, Kritiken, Reiseberichte, Tagebücher und mehr als 9000 Briefe. Zudem soll er den Begriff *insularidade* geprägt haben, der das Lebensgefühl der Azoreaner in der ersten Hälfte des 20. Jh. kennzeichnet: die Trauer darüber, rückständig und von der Welt isoliert zu sein, die Schwierigkeiten, wegzukommen – und auf der anderen Seite das Heimweh jener Azoreaner, die ihre Inseln verlassen hatten. In Nemésios Geburtshaus an der Rua de São Paulo 5–9 befindet sich eine kleine Gedenkstätte, in der man u. a. seine Gitarre und seinen Kinderstuhl bewundern kann (Mo–Fr 9–18 Uhr, Eintritt frei).

Wer sich für Kunstgeschichte interessiert, wird die weiß-gelbe **Igreja Matriz de Santa Cruz** sehenswert finden. Ihr Grundstein wurde bereits Mitte des 15. Jh. gelegt, doch erst 1517 wurde sie eingeweiht. Spätere Um- und Anbauten lassen Stilrichtungen verschiedener Epochen erkennen. So mutet das Portal noch eher gotisch an (der Kalkstein dafür kam vom portugiesischen Festland), während die Seitentüren eher die Züge des Emanuelstils aufweisen. Das dreischiffige Innere ist reich geschmückt, insbesondere die Sakristei. Eine weitere Kirche von kulturhistorischem Wert ist die nahe **Igreja de Senhor Santo Cristo** mit den auffälligen blau-weißen Kirchturmspitzen. Ursprünglich stammt das Gotteshaus aus dem 16. Jh., nach einem Brand musste es im 20. Jh. jedoch vollständig wiederaufgebaut werden. Überraschend ist die Helligkeit im Inneren, fast alles ist weiß getüncht, auch der Doppelaltar. Beide Kirchen haben Mo–Fr von 9–16 Uhr und Sa von 9–12 Uhr geöffnet.

Der **Sandstrand** vor der Tür wird von der Marina unterbrochen. Die mächtigen Dämme vorm Horizont kratzen leider am Flair, es herrscht ein wenig Hafenbeckenatmosphäre. Der nördliche Wall ist rund 500 m lang, der südliche 1300 m. Im Schutz des nördlichen Damms legen Versorgungsschiffe der US-Armee an, die dort neben dem Hauptstützpunkt am Flughafen eine kleine Basis unterhält. Den Süden der Bucht steuern Fischerboote, Container- und Fährschiffe an. Vorbei an der Nachbargemeinde **Cabo da Praia**, an Industrieanlagen und dem **Forte de Santa Catarina** aus dem 16. Jh. (nicht zugänglich) gelangt man zum südlichen Damm. Unmengen an Beton wurden verarbeitet, um die Schutzmauer zu befestigen. Im Oktober 2004 und im März 2005 peitschten derartig mächtige Wellen darüber, dass Abschnitte des Damms ins Meer gespült wurden und der Leuchtturm zur Insel wurde. Mit eigens aus Norwegen importierten, besonders schweren Steinen wurde der Damm wieder instand gesetzt.

Terceira ↓ Karte S. 196

Information/Verbindungen/Parken

Information Turismo, in einem Kiosk bei der Marina und in einem Kiosk am Largo de Conde da Praia da Vitória. Mo–Fr 8–17 Uhr. Falls beide Kioske nicht besetzt sein sollten: Auch im Nemésio-Geburtshaus sitzt auskunftsfreudiges Personal. ☏ 295540106, www.cmpv.pt.

Verbindungen Bushaltestelle an der Rua Comendador Francisco J. Barcelos (nördlich des Largo do Conde da P. Vitória neben der Feuerwehr). Werktags von 6–19 Uhr fast stündl.

Bus Nr. 2 nach Angra do Heroísmo, zudem 6-mal tägl. (So nur 3-mal) mit Bus Nr. 3 die Küste entlang nach Biscoitos. Bus Nr. 151 fährt nach Lajes und vorbei am Flughafen, werktags von 7–19 Uhr fast stündl., So nur 4-mal tägl.

Taxis findet man am Largo Francisco Ornelas da Câmara. Nach Angra do Heroísmo 18 €, zum Flughafen 6 € (mit Gepäck 8,80 €), zur Algar do Carvão (retour) 40 €, nach Biscoitos 20 €.

Parken Gute Möglichkeiten an der Marina.

Adressen/Sonstiges   → Karte S. 220

Ärztliche Versorgung Krankenstation (Centro de Saúde) an der Rua da Artesia. ☏ 295545000.

Einkaufen Supermarkt Continente 🟩, tägl. 8.30–22 Uhr. Am Ortsrand oberhalb der Stadt, Estrada da Circunvalação.

Marina Souvenirs 🟥, T-Shirts, Kacheln, Fruchtmarmelade, Taschen in Kuhform usw.

Tägl. 9–21 Uhr. An der Uferpromenade, www.marina-souvenirs.com.

Markt, → Einleitungstext.

Feste/Veranstaltungen Anfang Aug. findet jährlich ein Fest mit Gesangs- und Tanzaufführungen, Paraden und großem Feuerwerk statt. Zudem wird ein Stierkampf am Strand veranstaltet. Das Tier wird dabei mit vereinten

Praia da Vitória

80 m

Kräften ins Wasser getrieben, nicht selten ereilt einen unbeteiligten Zuschauer das gleiche Schicksal. Über das Programm informiert www. festasdapraia.com.

Öffentliche Toiletten Oberhalb des Rathauses an der Rua de São Paulo und neben dem Hotel Praiamarina an der Uferpromenade.

Reisebüro Agência de Viagens Teles, Flug- und Fährtickets. Mo–Fr 9–18 Uhr. Av. Alvaro Martins Homen 15 (beim Hafen), ℡ 295 512044, www.telestravel.com.

Wäsche Lavanderia Da Fonte, Reinigung, die auch wäscht. Abgerechnet wird nach Stück. Mo–Fr 9–12 und 13.30–18 Uhr, Sa halber Tag. Etwas zurückversetzt von der Rua da Artesia.

Tauchen Im Sommer mit **Octopus Diving** möglich, Basis schräg gegenüber dem Infokiosk am Hafen (hinter dem wellenförmigen Zaun). Tauchgang mit Equipment 55 €. ℡ 965431985, www.octopusportugal.com.

(Übernachten

Die Lärmbelästigung durch den nahen Flughafen hält sich in Grenzen.

Hotels/Pensionen **** Hotel Praia Marina 5, nur durch die Uferstraße vom Strand getrennt. Stylish eingerichtet. Sehr freundlicher Service. Besonders empfehlenswert sind die Studios zur Seeseite hin. Studio für 2 Pers. 114 €, DZ 97 €. Avenida Álvaro Martins Homem 1, ℡ 295540055, www.hotelpraiamarina.com.

**** Aparthotel Atlântida mar 11, im Süden des Städtchens hinter der Uferpromenade, ca. 10 Fußmin. ins Zentrum. Etwas nüchternes Komforthotel mit 28 zeitgemäß ausgestatteten Zimmern und Suiten, alle mit Balkon, viele mit Meeresblick (und Blick auf den Industriehafen von Cabo de Praia). Nette Poolanlage. Ausgesprochen freundliches Personal. DZ mit Meeresblick ab 100 €, in der NS große Preisnachlässe. Boavista 9, ✆ 295545800, www.atlantidamarhotel.com.

*** Varandas do Atlântico , ein kleineres Haus mit 29 Zimmern. Farbenfroh-jugendlich gestaltet. Zimmer vorne raus mit schönem Buchtblick (8 € extra), aber auch kleiner als die nach hinten. EZ 79 €, DZ 93 €. Rua da Alfândega 19, ✆ 295540050, www.hotelvarandas.com.

*** Hotel Residencial Teresinha , 53 Zimmer auf 2 Gebäude verteilt – jene im Neubau geräumiger und mit Balkon. Pool. Sehr sauber, aber ohne besondere Note. EZ 64 €, DZ 74 €. Praceta Dr. Machado Pires 45, ✆ 295 540060, www.hotel-teresinha.com.

Pensão Branco , alteingesessene Pension in einem typischen Stadthaus mit gelb gestrichenen Fensterumrahmungen. 13 einfache, aber ordentliche Zimmer mit TV und Bad. EZ 33 €, DZ 48 €, das dürftige Frühstück kostet 2,50 €/Pers. extra. Estrada 25 de Abril 2, ✆ 295516075, www.residencial-branco.com.

Essen & Trinken/Nachtleben

Essen & Trinken O Pescador , Fischliebhaber schwören auf das alteingesessene Lokal. Greifen Sie z. B. zu *Bacalhau grelhado à Pescador*. Für hiesige Verhältnisse nicht billig: Hg. 15–23 €. So Ruhetag. Rua Conselheiro José Cardoso 11, ✆ 295513495.

R 3 , supermoderner Glasbetonbau schräg gegenüber dem Hotel Atlântida mar (→ Übernachten) in 2. Reihe hinter dem Meer. Ambiente in etwa so minimalistisch wie der Name. Der Schwerpunkt liegt auf außergewöhnlichem Meeresgetier wie Amêijoas (Herzmuscheln) von São Jorge, Lapas, Cracas oder Seespinnen. Zudem auch tolle Salate und vegetarische Gerichte. Hg. 12–20 €. Di Ruhetag. Boa Vista 40, ✆ 295513878, www.r3-restaurante.com.

La Barca , recht schickes Bar-Restaurant am Ende der Uferstraße, etwa 1 km südlich des Zentrums. Pizza, Pasta und Fleisch (weniger Fisch) zu 7–15 €. Von der breiten Fensterfront blickt man aufs Meer, gleichzeitig aber auch auf den Industriehafen von Cabo da Praia. Avenida Marginal, ✆ 295542808, www.restaurante-labarca.com.

Etis , ein eher alternativer kirchlicher Jugendtreff mit gelegentlichen Ausstellungen und Projekten. Hier trinkt man für einen guten Zweck, da mit den Einnahmen Sozialprojekte unterstützt werden. Zudem gibt es Snacks und sättigende Tagesgerichte zum günstigen Preis. Hinterhofgarten. Rua de Jesus 26.

✎ Snackbar der Cooperativa Bio Azórica , das „Biozentrum" an der Cirular Interna nahe der Marina von Praia erinnert von außen an ein Gewächshaus. Drinnen Mischung aus Bioladen und Bio-Snackbar (Kuchen, Tages-

gerichte, Sandwiches). Meist Vegetarisches. Nur Do–Sa 8–17 Uhr, So 10–16 Uhr. www.bioazorica.wixsite.com.

Nachtleben   Praia ist v. a. bei den Thirtysomethings der Insel beliebt. Treffpunkte sind die urban wirkenden Bars im Glaspalast **Edifício Beira Mar** an der Uferpromenade. Tagsüber dienen die Spots als Cafés zum Peoplewatching. Recht populär sind das **up & down** und die **Blues Sound Bar** nebenan, die ganz im roten Plastiklook gehalten ist. Hier werden regelmäßig Konzerte veranstaltet.

Etwas abseits des Zentrums, aber direkt am Meer (nahe dem Hotel Atlântida mar) liegen die in einem recht coolen Betongebäude zusammengefassten Locations **Delman Bar & Lounge** (Tapas und Cocktails) und **Marginal Club** (Fr/Sa Partys). Avenida Marginal.

Die Marina von Praia da Vitória

Praia da Vitória/Umgebung

Lajes

Ein Ort mit zwei Gesichtern – verantwortlich dafür ist der Flughafen, der die Stadt in zwei Hälften teilt. Östlich der Landebahn, auf der Seite zum Meer im Ortsteil Santa Rita, sieht es aus wie in einem US-amerikanischen Provinzstädtchen. Für die hier stationierte *65th Air Base Wing* der *U.S. Forces* wurde eine eigene kleine Welt geschaffen mit breiten Straßen, Tennis- und Baseballplätzen, eigenen Schulen, Geschäften und sogar einem Krankenhaus. Bis 2012 lebten hier noch rund 1000 GIs mit ihren Familien, während des Kalten Krieges waren es rund 3000. Doch in den letzten Jahren wurde der Stützpunkt auf ca. 150 Soldaten heruntergefahren und sogar über eine komplette Schließung nachgedacht. Dazu wird es wohl aber doch nicht kommen, denn China hat Interesse am See- und Flughafen angemeldet, und es ist unwahrscheinlich, das die US-Regierung China den strategisch bedeutsamen Flughafen überlassen will. Das Areal ist für Touristen nicht zugänglich. Westlich des Flughafens liegt der alte Stadtkern mit seinen gepflasterten Straßen. Im Zentrum ragt das dunkelblau-weiße Kirchturmdach der **Pfarrkirche São Miguel Arcanjo** hervor, ihr gegenüber steht eine schöne **Heilig-Geist-Kapelle** aus dem Jahr 1916. Egal aber, auf welcher Seite des Flughafens man steht, in Lajes sind die Fenster wegen des Fluglärms meist geschlossen, und je nach Windrichtung zieht über einen der Stadtteile zuweilen unangenehmer Kerosingeruch.

> Alles Wichtige zur An- und Abreise mit dem **Flugzeug** sowie zum Transfer nach Angra do Heroísmo auf S. 199.

Fontinhas

Die 1500-Einwohner-Gemeinde liegt am Fuß der **Serra do Cume** (→ S. 236); die zahlreichen hier entspringenden Quellen gaben der Ortschaft ihren Namen. Wegen seiner idyllischen Lage gilt Fontinhas als eine der schönsten Gemeinden des Nordostens. An manchen Häusern fallen die breiten, dreizackigen Kamine auf, einst typisch für diese Ecke der Insel (im Südwesten hingegen dominierten zylindrische Formen) – wegen ihres Aussehens nennt man sie *mãos postas*, „betende Hände". In den Gärten sieht man zuweilen noch die *Burras de milho*, pyramidenförmige Gestelle, auf denen Maiskolben zum Trocknen festgebunden werden. Darunter steht meist noch eine Hundehütte als Rattenschreck.

Glück im Unglück: Air-Transit-Flug 236

Am 24. August 2001 startete der Air-Transit-Flug 236 von Toronto nach Lissabon. Der Flug schrieb Geschichte als längster Gleitflug eines Strahlflugzeugs: In einer Höhe von 34.500 Fuß über dem Atlantik ging der Maschine aufgrund eines Lecks der Treibstoff aus. Knapp 20 Min. (ca. 120 km) segelte der Airbus A 330 antriebslos auf Terceira zu und setzte schließlich mit 370 km/h zur Landung an. Alle 293 Passagiere und die 13 Besatzungsmitglieder überlebten, erst beim Verlassen des Fliegers über die Notrutschen kam es zu Verletzten.

Ansonsten unterscheidet sich der Ort kaum von anderen der Gegend. Nahe Fontinhas liegt der Picknickplatz Parque de Merendas de São Brás (Anfahrt → Wanderung 17) mit Grill- und Campingmöglichkeiten (gepflegtes Wiesenstück, jedoch keine Duschen, ganzjährig zugänglich, kostenlos).

🥾 **Wanderung 17:**
Auf den Spuren der Karrenspuren   → S. 237
Kurze Rundwanderung auf alten Ochsenkarrenwegen

Weiter die Küste entlang

Alle Ortschaften Terceiras liegen in Küstennähe, die eine näher am Meer, die andere weiter weg, keine jedoch weiter als 4 km landeinwärts. Fast alle entpuppen sich als endlos lange Straßendörfer, die teils fließend ineinander übergehen, nur das Ortsschild trennt sie zuweilen voneinander. Der Verkehr vor der Tür ist heute die Kehrseite der EU-Straßenbauförderung.

Große Sehenswürdigkeiten sollte man bei der Inselumrundung nicht erwarten, die Fahrt lohnt in erster Linie der Landschaft und der Badebuchten wegen. Die einzige „richtige" Ortschaft, die mehr oder weniger nicht nur aus einer Häuserzeile rechts und links der Straße besteht, ist **Biscoitos**, der wohl

Terceira → Karte S. 196

Blick von der Ponta do Raminho auf die Nordküste Terceiras

schönste Ort der Nordküste. Das dortige Weinmuseum lädt zu einer Kostprobe ein und ein nett angelegtes Badegelände zum Schwimmen.

Ansonsten blickt man entlang der Inselhauptstraße EN 1 (ehemals R 1-1°), die rund um die Insel führt, auf Felder und Weiden. Die Kühe darauf werfen seit dem Ende der Milchquote (2015) kaum mehr Gewinn ab – viele Milchbauern auf Terceira produzieren die Milch nicht für die Käseproduktion, für die ein erheblich höherer Rohmilchpreis bezahlt wird, sondern für die Milchpulverindustrie, die unter einem Preisverfall leidet. Die Trendwende ist aber eingeleitet, nun steht mehr und mehr die Fleischproduktion im Vordergrund.

Eine nette Pause lässt sich in der **Mata da Serreta** einlegen, einem Eukalyptuswald im Inselwesten mit einem romantischen Picknickplatz.

Alagoa da Fajãzinha

Zwischen Agualva und Quatro Ribeiras zweigt von der Inselstraße EN 1 ein Sträßlein zur Alagoa da Fajãzinha ab (Hinweisschild), einem Naturschutzgebiet und Nistplatz von Seevögeln. Das Gebiet umfasst eine hufeisenförmige, von steilen Klippen aus Basaltlava umgebene **Bucht**, in der sich das Meer (je nach Sonneneinstrahlung) in einem einzigartigen blauen Farbton präsentiert – der Fußweg vom Parkplatz zu dem der Bucht gegenüberliegenden Aussichtspunkt ging leider in die Brüche. Um zum Parkplatz zu gelangen, fährt man die Straße von der EN 1 rund 800 m hinab und hält sich dann links. Oben an der Abzweigung von der EN 1 kommen die Busse von Praia nach Biscoitos vorbei.

> ⫯ **Wanderung 18: Buchtenwanderung bei Agualva**   → S. 240
> Eine Tour über die Klippen der Nordküste

Quatro Ribeiras/Baden

Der Name des rund 430 Einwohner zählenden Dorfs leitet sich von den vier Bächen ab, die (zumindest nach Regenfällen) durch die Ortschaft plätschern. An der **Ponta das Quatro Ribeiras**, dem östlichen Kap, das die gleichnamige Bucht begrenzt, liegt einer der idyllischsten Badeplätze an der rauen Inselküste (mit „Zona balnear/Miradouro" ausgeschildert, obwohl von einem Aussichtspunkt keine Rede sein kann). Entlang eines Bachlaufs, vorbei an einem kleinen Wasserfall und einer alten Mühle, gelangt man zur Küste. Aus dem Meer ragen Lavafelsen, die über betonierte Stege und Treppen miteinander verbunden sind und natürliche Schwimmbecken bilden. Auch gibt es einen kleinen künstlichen Salzwasserpool, im Sommer hat ein kleines Café geöffnet.

Etwa 1 km weiter westlich an der **Ponta da Furna** thront auf einer Landzunge hoch über dem Meer ein Aussichtspunkt mit Picknickmöglichkeit (schon von der Straße aus zu sehen).

▪ Werktags 6-mal tägl. **Bus** Nr. 3 nach Praia da Vitória und Biscoitos.

Naturpools in Biscoitos

Biscoitos

Im kleinen Ortskern des mit 1425 Seelen größten Ortes der Nordküste steht eine der schönsten Heilig-Geist-Kapellen Terceiras, hier findet man auch ein paar Restaurants und Läden.

Nicht selten scheint in Biscoitos die Sonne, wenn sich auf der Südseite der Insel die dunklen Wolken an der Serra de Santa Bárbara stauen. Aus zwei Gründen lohnt dann ein Ausflug in das Städtchen: Zum einen bietet der Ort nahe dem alten Walfängerhafen (mit „Porto das Biscoitos/Zona balnear" ausgeschildert) gute **Bademöglichkeiten** zwischen schwarzen sich ins Meer erstreckenden Lavazungen. Die Badezone wurde ansprechend gestaltet, es gibt ein kleines Café und im Sommer Verkaufsstände mit lokalem Kunsthandwerk.

Zum anderen ist auch das **Weinmuseum der Adega Brum** (**Museu do Vinho**, im Zentrum an der Canada do Caldeiro 3, ausgeschildert) einen Besuch wert, das auf anschauliche Weise die Geschichte des Weinbaus auf Terceira erzählt. Allen Anfang machte im 19. Jh. der Flame Francisco Maria Brum, der die aus Sizilien stammende weiße Rebsorte Verdelho einführte und das erste Weingut der Insel gründete. Hüfthohe Steinmauern schützen die Rebstöcke vor den salzhaltigen Nordostwinden, und die schwarze Biskuitlava über den Wurzeln spendet Wärme. Davon ist auch der Name des Orts abgeleitet: „Biscoitos" sind Biskuits, womit die besonders „bröselige" Lavaform der Gegend umschrieben wird, die an Kekse erinnert. Der Betrieb wird bis heute fortgeführt, mittlerweile in der fünften Generation, und nur Verdelho-Reben werden angebaut. Allerdings wird heute nur noch so viel gekeltert, wie ausreicht, um das Weinmuseum aufrechtzuerhalten (nicht mehr als 12.000 l pro Jahr, früher waren es über 100.000 l). Wer das Glück hat, Ende August zur Weinlese vor Ort zu sein, kann zusehen, wie die Trauben noch mit den Füßen zerstampft werden. Den Abschluss des Museumsbesuchs bildet eine Kostprobe des schweren, süßen Weines oder eines Aperitifs, der mindestens drei Jahre in Fässern reift.

Verbindungen   Bus Nr. 1 werktags 6-mal tägl. (So 3-mal) tägl. über Serreta nach Angra do Heroísmo, zudem Bus Nr. 11 um 9 Uhr durchs Hochland nach Angra. Bus Nr. 3 fährt werktags 6-mal tägl. (So 3-mal) entlang der Küste nach Praia da Vitória.

Übernachten   Quinta do Rossio, hoch über Biscoitos im grünen Abseits. Die freundlichen, englischsprachigen Betreiber Alberto und Isabel vermieten 4 recht kleine, aber liebevoll gestaltete Zimmer, zudem ein Haus in Biscoitos. Weitläufiger Garten mit Pool. Anfahrt: Biscoitos Richtung Altares verlassen, gegenüber der Schule links ab (= Rua dos Boiões) und für 1,1 km bergauf fahren, dann ausgeschildert (vom Schild noch 300 m). EZ 60 €, DZ 80 € (Mindestaufenthalt 2 Nächte). Lugar do Rossio 20, ☎ 910457873, www.quintadorossio.com.

Camping   Parque de Campismo Biscoitos, östlich des Badegeländes, ca. 1 km abseits des Zentrums. Recht großer, parzellenartig angelegter Platz, leider von einem weniger romantischen Zaun umgeben. Bislang noch sehr schattenlos, die Sanitäranlagen (Warmwasserduschen) sind dafür okay. Mit Snackbar und Grillmöglichkeiten, zudem mit Radverleih und Outdoor-Aktivitäten im Angebot. Je nach Pächter mal ganzjährig oder nur in den Sommermonaten geöffnet, 2018 von Mitte Mai bis Ende Sept. Zelt aufstellen 5 € (einmalig), 3 €/Pers. und Nacht, Mietzelt 15 € für 2 Pers. Caminho de Santo António (in Biscoitos ausgeschildert), ☎ 295701111.

Essen & Trinken   O Pedro, einfaches, aber nettes Lokal mit gutem Preis-Leistungs-Verhältnis. Fisch und Fleisch (gute *Alcatra*) ab 9 €. Innenhof, Bar, herziger englischsprachiger Wirt. Im Winter So Ruhetag. Caminho do Concelho (im Zentrum an der Durchgangsstraße), ☎ 961434988.

Feste/Veranstaltungen   Die Festa do Vinho dos Biscoitos des örtlichen Museums findet stets am 1. Septemberwochenende statt, wenn die Weinlese abgeschlossen ist und der neue Wein probiert werden kann. Vielleicht haben Sie Glück und können hier den *Velhas* lauschen, einer Art Wechselgesang, der meist von Gitarren begleitet wird. Noten oder Texte dazu gibt es keine, alles ist improvisiert. Oft nimmt man den Nachbarn auf die Schippe oder übt ironisch Kritik an den Zuständen. Je später der Abend und je üppiger der Weinverbrauch, desto unterhaltsamer die Gesänge. Auch wenn man kein Wort versteht, schon die Reaktionen der Zuhörer begeistern.

Weinmuseum Adega Brum Di–Sa 13.30–16 Uhr. Eintritt frei. Tafelwein wird in größeren Mengen nur in guten Jahren gekeltert (Flaschenpreis ab 11 €), Aperitifs kosten je nach Jahrgang bis zu 45 €.

Altares

Zwischen Biscoitos und Altares verläuft die Kreisgrenze zwischen den Concelhos von Angra do Heroísmo und von Praia da Vitória. Im schmucken Altares selbst leben rund 900 Einwohner an der inselumrundenden Küstenstraße EN 1 (ehemals R 1-1°). Das Weideland ist wie fast überall auf Terceira durch Steinmauern parzellenartig unterteilt. Einen herrlichen Blick über die eigenwillig strukturierte Landschaft genießt man vom Hügel **Matias Simão** (153 m) unmittelbar an der Küste. Hinter dem darauf errichteten Kreuz fällt die Insel in steilen Klippen zum Meer hin ab. Der Weg zum Hügel ist ausgeschildert, die letzten Meter müssen zu Fuß zurückgelegt werden. Im Zentrum des Ortes kann man dem netten kleinen **Heimatmuseum Núcleo Museológico dos Altares** neben der blau-weißen Kirche einen Besuch abstatten (tägl. außer Mo 14–17 Uhr, Eintritt frei).

Mein Tipp Essen & Trinken   **Restaurante Caneta**, rustikal dekoriertes Restaurant. Bestuhlter Hof im Sommer. Sehr gute regionale Spezialitäten, darunter *Alcatra* mit süßem Brot und Blutwurst, die einen brillanten Ruf genießen. Super Angus-Steaks (eigene Rinderzucht). Lesermeinung: „Sehr zu empfehlen." Hg. 8,50–15 €. Mo Ruhetag. An der Durchgangsstraße, Às Presas 13, ☎ 295989162, www.restaurantecaneta.com.

Raminho

Auf Altares folgt Raminho mit 600 Ein-wohnern. Es ist noch kein Jahrzehnt her, da gab es hier noch viele leer ste-hende, halb verfallene Häuser, die die Geschichte der Emigration erzählten. Mittlerweile wurden fast alle renoviert, in der Hauptsache von jungen Fami-lien, die in Angra arbeiten, sich dort aber keine Wohnung leisten können (Angras Mietpreise zählen zu den höchsten der Azoren). Die Landschaft drum herum prägen saftige Weiden voller Rinder. Der Blick auf die bewal-deten Hänge der **Serra de Santa Bárbara** lässt den Besucher fast glau-ben, er sei im Allgäu, wäre da nicht auf der anderen Seite das Meer.

Kurz hinter den letzten Häusern Ra-minhos (an der Straße nach Serreta) passiert man an der **Ponta do Raminho** einen der schönsten Aussichtspunkte Terceiras (mit „Miradouro do Ra-minho" ausgeschildert). Besonders am Abend, wenn die Sonne den Horizont küsst und in der Ferne Graciosa und São Jorge auszumachen sind, ist es hier herrlich. Vom Parkplatz beim Aus-sichtspunkt führt zudem ein befahr-barer Weg zu einem **Walausguck** aus den 1950ern. Mit Glück sieht man von dort die Riesensäuger vor der Steilküste vorüberziehen. Im Wäldchen neben dem Walausguck gibt es einen sparta-nischen, aber überaus idyllischen Cam-pingplatz. Ein Pfad führt von dort hi-nunter zum Meer.

Verbindungen Bus Nr. 1 werktags 6-mal tägl. (sonntags 3-mal) nach Biscoitos und nach Angra do Heroísmo.

Camping Außer traumhaften Ausblicken von der Ponta do Raminho bietet der kostenlose Platz Grillstellen und nur eine Toilette und eine Kaltdusche pro Geschlecht – je nach Sauber-keit ist das Campen hier ein Traum oder eine Katastrophe (2018 waren die Sanitäranlagen sauber, aber das Wasser der Dusche abge-stellt). Einen kleinen Laden gibt's in Raminho bei der Kirche (rund 3,5 km zu Fuß).

Terceira → Karte S. 196

Angst und Schrecken aus der Tiefe

Anfangs sah es fast so aus wie die Fontäne eines Wals: In den Jahren 1998, 1999 und 2001 stieg ca. 10 km westlich von Ter-ceira heißer Wasserdampf aus der See empor. Dazu schossen immer wieder Lavabrocken in die Höhe, manche so groß wie Autos, teils explodierten sie wegen des enormen Temperatur-schocks. Danach schwammen sie kurz auf der Oberfläche und verschwanden anschließend wieder in der Tiefe. Ursache für dieses Naturschauspiel waren die Eruptionen eines unterseei-schen Vulkans in ca. 500 m Tiefe, dessen Aktivität Angst und Schrecken verbreitete, aber auch Faszination. Vulkanologen der Universität der Azoren und Wissenschaftler vom Festland unter-suchten das seltene Naturereignis und gaben dem Vulkan den Namen „Serreta". Die Fischer machen bis heute einen großen Bogen um den Ort.

Mata da Serreta

Folgt man von Raminho der inselum-rundenden Küstenstraße EN 1 (ehe-mals R 1-1°) weiter in Richtung Süden, erreicht man Mata da Serreta, einen Picknickplatz (mit überdachten Grill-plätzen) wie aus dem Bilderbuch. Ein nach Eukalyptus duftender Ort mit plätscherndem Brunnen und Blumen – so farbenfroh, dass er als Kulisse für eine Walt-Disney-Verfilmung herhal-ten könnte. Der nahegelegene, aber hinter Bäumen versteckte und leer ste-hende Gebäudekomplex etwas oberhalb der EN 1 (Zufahrt vom Parkplatz des Picknickareals in Richtung Raminho) war einst ein Vier-Sterne-Hotel, in dem sich Anfang der 1970er-Jahre Präsident Nixon mit seinem franzö-sischen Kollegen Pompidou traf. Trotz dieser prominenten Begegnung muss-te das Hotel aus Gästemangel schlie-ßen; danach diente es einige Jahre als Therapiestätte für Drogenabhängige. Eine Renovierung und Wiederaufnah-me des Hotelbetriebs ist seit Jahrzehn-ten im Gespräch.

 Wanderung 19:
Von Serreta zum Kratersee Lagoinha → S. 242
Schweißtreibender Aufstieg zum See, relaxter Abstieg mit Blick aufs Meer

---

Ponta do Queimado

Nördlich des Straßendorfs **Serreta** er-streckt sich die Landzunge Ponta do Queimado (auch **Ponta da Serreta** ge-nannt) ins Meer. Wie die Ponta do Ra-minho ist auch sie ein beliebter Platz für Sonnenuntergänge – bei guter Sicht sind nicht nur Graciosa und São Jorge im Abendrot zu sehen, sondern dahin-ter auch die Silhouetten Picos und Fai-als. Zugleich ist die Landzunge einer der besten Angelplätze der Insel. Die Landschaft ist bizarr, von der Aus-sichtsplattform beim einstigen Walaus-guck beeindrucken die Farbabstufun-gen der Steilküste: unten am Meer grauer Fels, darüber rötliche und tief-schwarze Erdschichten, zur Abbruch-kante hin ist schließlich alles grün überwuchert. Zum Baden ist die Bucht leider nicht geeignet.

Wem danach der Sinn nach einem Picknick steht: Luftlinie keine 10 km südlich der Ponta do Queimado, beim Straßendorf **Santa Bárbara**, gibt es ei-nen gemütlichen Grillplatz über der Küste mit überdachtem Picknick-bereich. Nebenan befindet sich eine al-te Stierkampfarena, die einem Amphi-theater ähnelt (in Santa Bárbara mit „Zona de lazer" ausgeschildert).

Anfahrt zur Ponta do Queimado Von Bis-coitos kommend, zweigt man am Ortsbeginn von Serreta nach rechts auf die Straße zum Leuchtturm ab, also der Beschilderung „Farol" folgen. Am Leuchtturm vorbei geht es dann steil zur Küste hinab.

mein Tipp **Essen & Trinken   Ti Choa Res-taurante Tipico**, rustikales Lokal in einem lie-bevoll restaurierten Haus. Deftige Inselkost mit selbst gebackenem Brot, nach Lesermeinung „extralecker" und dazu günstig. Mo, Mi u. Fr/Sa Dinner, Mo–Sa Lunch, So stets Ruhetag. Rund 200 m südlich der Kirche an der Durchgangs-straße von Serreta, Grota do Margarida 1, ℘ 295906673.

An der Ponta do Queimado

Terceira → Karte S. 196

Cinco Ribeiras

Etwas über 700 Einwohner zählt die Ortschaft im Südwesten der Insel. Und da sie ein typisch azoreanisches Straßendorf ist, leben ca. 350 davon rechts der Straße und 350 links davon. Dabei können sich die Bewohner rechts der Küstenstraße (von Mata da Serreta kommend) zweier „Attraktionen" rühmen. **Casa eco-museu** nennt sich ein Hof aus dem 16. Jh., der in den 1990ern restauriert wurde und heute als ethnografisches Museum an das Inselleben von einst erinnert – sofern es mal geöffnet ist. Das eigentliche Zugpferd des Dorfs ist die **Queijaria Vaquinha** (ebenfalls ausgeschildert), die Vorzeigekäserei der Insel, die zur Besichtigung mit Kostprobe einlädt. Im dazugehörigen Café wird auch hausgemachter leckerer Joghurt verkauft.

Von der inselumrundenden Straße zweigt in Cinco Ribeiras ein ca. 2 km langes Sträßlein zum kleinen Kap **Ponta das Cinco** ab (Beschilderung „Porto das Cinco Ribeiras"). Unterhalb einer Kapelle kann man dort von einer Betonplatte und einem Steg ins Meer springen. Die Ponta das Cinco zählt zwar nicht gerade zu den attraktivsten Badeplätzen der Insel, aber wenn an Wochenenden überall viel Trubel herrscht, geht es hier meist noch beschaulich zu. 100 m westlich der Kapelle laden steinerne Tische und Bänke zum Picknicken ein.

Verbindungen **Bus** Nr. 1 werktags 6-mal tägl. (So 3-mal) nach Biscoitos und nach Angra do Heroísmo.

Übernachten **Quinta Espírito Santo**, im Dorf São Bartolomeu zwischen Cinco Ribeiras und São Mateus (nahe der Dorfkirche). Gepflegtes Landhaus aus dem 18. Jh., freundlicher Familienbetrieb. Vermietet werden rustikal-geschmackvoll ausgestattete Zimmer mit Balkendecken, schönen Fliesenböden und z. T. mit Meeresblick, dazu ein Apartment. Sehr gutes Frühstück, üppiger Garten. DZ 90–130 €, Reservierung nötig. Rua Dr. Teotónio Machado Pires 36, ☏ 295332373, www.quintado espiritosanto.com.

Essen & Trinken Restaurante Six, von Lesern gelobtes, freakig-alternatives Restaurant im Abseits. Hier gibt's mal nicht die Standards, sondern Pasta, Thaicurry oder Chicken Teriyaki. Hg. 11–16 €. Nette Gartenterrasse. Ab 19 Uhr, So geschl. Canada da Quinta 6 (von der landeinwärts durch das Dorf führenden Durchgangsstraße ausgeschildert), ✆ 967062504.

meinTipp Camping **Parque de Campismo Cinco Ribeiras**, sehr gepflegter Platz mit Meeresblick, z. T. schattig. Auch 2 „Hundehüttenbungalows" können gemietet werden. Sehr gute Sanitäranlagen. Grillstellen. In der HS Barbetrieb. Offiziell Anfang Juni bis Ende Sept. Nach vorheriger Anmeldung konnte bislang auch außerhalb der Saison gecampt werden, aber das kann sich ändern, da die Pächter hin und wieder wechseln. Bungalows für 2 Pers. 15 €/Nacht, 2 Pers. mit Zelt ca. 6 €. Direkt neben der Kapelle, Canada do Porto, ✆ 295907123.

Öffnungszeiten Käserei, Mo–Fr 9–22 Uhr, Sa/So meist erst ab nachmittags geöffnet. www.queijovaquinha.pt.

São Mateus da Calheta

Ziemlich dicht bebaut ist der knapp 5 km lange Küstenabschnitt, der sich von Angra do Heroísmo bis nach São Mateus da Calheta zieht, von den Einheimischen schlicht São Mateus genannt. Die Häuser des alten Fischerorts stehen auf einer zum Meer hin leicht abfallenden Landzunge. Der Hafen davor wurde mit EU-Mitteln ausgebaut – zum Wohle der Fischer, die nun ihre Boote nicht mehr allabendlich an Land ziehen müssen, und zum Wohle ihrer Kinder, die im nun sicheren Hafenbecken planschen können. Darüber thront die **Pfarrkirche** aus dem 16. Jh., die dem Hl. Matthäus geweiht ist. Nach dem Erdbeben von 1980 drohte ein Turm der Kirche einzustürzen, und man beschloss, ihn kurzerhand wegzusprengen. Dabei kippte er so ab, dass er zwei bis dahin verschont gebliebene Häuser unter sich begrub. Heute stehen beide Türme wieder.

Ein Besuch von São Mateus lohnt besonders am frühen Morgen, wenn die

Nicht unbedingt etwas für Tierfreunde: Stierkampf auf der Straße

Rinderwahnsinn – Stierkampf auf der Straße

Eine Besonderheit Terceiras sind die über den ganzen Sommer auf den Straßen stattfindenden Stierkämpfe, gemeinhin als Tourada à Corda, als Stierkampf am Strick bezeichnet. Das Spektakel reicht auf der Insel bis ins 16. Jh. zurück – schon damals grasten hier auf den Weiden über 10.000 Rinder.

Jedes Dorf veranstaltet Straßenstierkämpfe, in den meisten Dörfern gar jeder Straßenzug. Dabei wird der Stier von ein paar kräftigen Männern, den Mascardos da Corda, an einem Strick durch die Gassen am sensationslustigen Publikum vorbeigetrieben. Dieses steht geschützt hinter Zäunen oder verfolgt aus luftiger Höhe, an Telefonmasten geklammert, wie sich die Dorfjugend und ein paar Betrunkene mit dem Stier anlegen. Trotz der Leine ist der Aktionsradius des Tieres groß, die Mascardos lassen ihm viel Spiel, sodass für Spannung und Stimmung gesorgt ist, an der auch Hemingway seine Freude gehabt hätte. Ein beliebter Trick ist es, ganz nah an den Stier zu treten und ihn mit dem Regenschirm zu reizen, bis er mit den Hufen scharrt. Dann heißt es, den Schirm aufspringen lassen und Fersengeld geben. Ganz ungefährlich ist der Stierkampf an der Leine nicht, immer wieder kommt es vor, dass sich der Stier von den Mascardos losreißt – so mancher hat schon Narben davongetragen, auch tödliche Verletzungen sind immer wieder zu beklagen. Die Ambulanz steht deshalb immer vor Ort bereit. Aber auch für die Stiere geht das Spektakel nicht ohne Blessuren ab. Früher, als das Gros der Straßen noch ungeteert war, fanden die Tiere im erdigen Boden Halt. Heute hingegen schlittern sie, insbesondere nach Regen, über den glatten Asphalt, stürzen, verlieren dabei ihre Hörner oder ziehen sich Schürfwunden zu. Wer ein Herz für die Stiere hat, bleibt den Kämpfen auf der Straße besser fern. Eine neuere, erst in den letzten Jahrzehnten aufgekommene Form des Stierkampfs ist der an Stränden und Bootsstegen. Dabei wird der Bulle von der Dorfjugend ins seichte Wasser getrieben und an der Flucht zurück ans Land gehindert. Nicht selten werden dabei auch Unbeteiligte nass bis aufs Hemd.

Nach dem Kampf darf sich der Stier auf den Weiden im Inselinneren erholen, getötet wird er bei der azoreanischen Form des Stierkampfs nicht. Ganz nebenbei: Das Straßenspektakel ist auch eine Art lokale Wirtschaftsförderung. Denn die Kämpfe sind ein gesellschaftliches Ereignis ersten Ranges, zu dem man einlädt und das für manchen gar Anlass genug ist, die Fassade seines Hauses zu streichen.

Stierkämpfe gibt es zudem in der Arena von Angra do Heroísmo oder in erloschenen Kratern, quasi als natürliche Arena. Diese Variante ähnelt dem Stierkampf auf dem portugiesischen Festland. Die Regierung Salazars versuchte übrigens einmal, die Kämpfe per Dekret von den Werktagen auf das Wochenende zu verlegen – ohne Erfolg.

■ **Hinweis**: Wann und wo Straßenstierkämpfe stattfinden, erfährt man über die Touristeninformation in Angra und unter www.tourada scorda.ilhaterceira.net. Im Sommer findet fast täglich ein Stierkampf statt, an manchen Tagen sind es auch zwei oder drei. Den Beginn jeder Kampfrunde läutet ein Böllerschuss oder der Knall einer Rakete ein. Dann müssen Sie einen sicheren Platz gefunden haben. Setzen oder stellen Sie sich nicht auf oder hinter Mauern, wo Sie der Einzige sind! Die sicheren Plätze sind dort, wo sich die Locals aufhalten! Stiere können spielend eine Mauer von 1 m Höhe überwinden.

Fischer von ihrem nächtlichen Fang zurückkehren. Aber auch am Abend ist ein Ausflug nach São Mateus zu empfehlen, v. a. wegen der Restaurants (allzu viele sind es aber nicht), die ausgezeichnete Fischgerichte servieren und ohne ein aufgesetztes Ambiente auskommen.

Am Hafen kann man in der **Casa dos Botes Baleeiros** auch drei alte Walfangboote besichtigen und spannende alte Fotos sehen. Sechs Mann klammerten sich darauf einst an die Ruder. Die Casa dos Botes Baleeiros ist zugleich so etwas wie ein Altherrentreff; nicht wenige der Männer, die sich hier zum Plausch versammeln, fuhren selbst als Walfänger zur See. 1970 wurde auf Terceira übrigens das letzte Mal gejagt (gewöhnlich am Nachmittag geöffnet, Eintritt frei).

In westlicher Richtung zieht sich der Ort an der Küstenstraße EN 1 (ehemals

Am Hafen von
São Mateus da Calheta

R 1-1) bis nach **Porto Negrito**, einem Hafen, den im 16. Jh. eine Festung schützte, von der noch die Fundamente zu erkennen sind. Die zubetonierte Bucht ist heute ein beliebter, aber nicht unbedingt schöner Badeplatz.

Verbindungen   Bus Nr. 1 werktags 6-mal tägl. (So 3-mal) nach Biscoitos und nach Angra do Heroísmo.

Übernachten   Quinta do Martelo, ein altes Landgut 2 km landeinwärts mit über 90.000 m² Grund, eine Idylle mit Obstgärten, Weiden, Ställen, Brunnen und einem kleinen Bauernmuseum. Des Weiteren: Fitnessraum, Tennisplatz, schöner Pool, Restaurant. 10 Zimmer, nicht die größten, dafür freundlich eingerichtet. Dazu 4 komplett ausgestattete Häuser für 2–6 Pers. Leser kritisieren aber auch: „Zu museal-aufgeräumt, mageres Frühstück, keine Möglichkeit, draußen zu sitzen." DZ ab 80 €. Canada do Martelo 24, ✆ 295642842, www. quintadomartelo.com.

Mein Tipp **Quinta de Nossa Senhora das Mercês**, wunderschönes Herrenhaus, nur von der Küstenstraße vom Meer getrennt. Gemütliche Terrasse und stilvolle Salons zur Seeseite, hinten raus das Gros der komfortablen Zimmer. Dazu eine Suite. Tennisplatz, großer Garten, Pool mit Meeresblick, Kapelle usw. Abendessen nach Vorbestellung. DZ ab 135 €. Von Angra auf der EN 1 kommend, direkt hinter dem Ortsschild von São Mateus rechter Hand. Caminho de Baixo, ✆ 295642588, www.quintadasmerces.com.

Essen & Trinken   Adega de São Mateus, einfach-rustikales Restaurant mit Kachelschmuck und gutem Ruf. Fisch und Fleisch zu gleichen Teilen. Preise geringfügig niedriger als im Beira Mar (s. u.), bezüglich der Lage kann es aber nicht mithalten. Sa Ruhetag. Gegenüber der Kirche, Largo do Padre Manuel Maria da Costa, ✆ 295642345.

Mein Tipp **Beira Mar**, der Laden brummt zu Recht: Top-Fischlokal mit fairen Preisen. Meeresfrüchte und fangfrischer Fisch werden in einer großen Vitrine präsentiert. Außergewöhnliche Zubereitungsarten, sehr zu empfehlen: der gegrillte Oktopus mit Zwiebel-Petersilien-Vinaigrette. Lesermeinung: „Das beste Essen unserer Reise." Schmale Terrasse. Hg. 9,50–13,50 €. Für den Abend (sehr voll und laut) unbedingt reservieren. Mo Ruhetag. Blau-weißes Haus am Hafen mit Blick aufs Meer, Porto de São Mateus, ✆ 295642392.

Grasüberzogene Krater und Mooslandschaft: im Herzen Terceiras

Das Inselinnere

Das Inselinnere von Terceira ist die Heimat von Tausenden von Rindern. Außer ein paar Gehöften findet man keine Siedlungen. Die satt-grüne Landschaft ist zwar reizvoll, doch im Vergleich zu anderen Azoreninseln an berauschenden Szenerien eher arm. Anderseits besitzt Terceira mit der Höhle Algar do Carvão ein richtiges Highlight.

Ein gut ausgebautes Straßennetz führt an grasüberzogenen Kratern, an Aschehügeln und kleinen Seen vorbei, die auch im Sommer mit Wasser ge-füllt sind. Auf den Weiden grasen nicht nur Kühe, hier werden auch die schwarzen Stiere gezüchtet, die bei den Stierkämpfen auf der Straße zum Einsatz kommen. Überaus sehenswert ist die Höhle **Algar do Carvão**. Hinab steigt man durch einen Vulkanschlot. Die Schwefeldampfquellen **Furnas do Enxofre** dampfen im Gegensatz zu denen in Furnas auf São Miguel eher spärlich, sind aber dennoch einen kurzen Stopp wert. Die winzigen Seen sind zum Baden alle ungeeignet, an den Ufern lässt es sich jedoch herrlich picknicken. Nicht versäumen sollte man einen Abstecher auf die **Serra de Santa Bárbara**, von der bei guter Sicht alle In-seln der Zentralgruppe zu sehen sind, und einen auf die **Serra do Cume** mit einem Skywalk.

Serra de Santa Bárbara

Wer hoch hinaus will, kann auf die in der Westhälfte Terceiras liegende, mit 1021 m höchste Erhebung der Insel fahren – der Ausflug lohnt allerdings nur bei klarer Sicht. Die Abzweigung hinauf findet man an der ER 5 (ehe-mals R 5-2) auf etwa halber Strecke zwischen Doze Ribeiras und dem Lagoa das Patas. Die Straße führt anfangs durch dichte Wälder, unterwegs jagt man unzählige Kaninchen in die Flucht. Ganz oben, ähnlich wie auf der Serra do Cume im Inselosten (→ S. 236), ein kleiner Wald aus Antennen, Schüsseln und Sendemasten portugiesischer Telefonanbieter und der auf Terceira stationierten US-Base. Ansonsten finden sich in dieser Höhe nur noch Moose, Gräser und niedrige Sträucher. Der letzte Ausbruch des Vulkanbergs ereignete sich übrigens 1867. Damals ergoss sich die Lava aus einer Seitenflanke des Berges, die begleitenden Beben zerstörten die Ortschaft Serreta, wie durch ein Wunder kam niemand ums Leben.

Folgt man von der Abzweigung zum Gipfel der Straße zum Lagoa das Patas weiter, bietet sich noch ein Abstecher zum ausgeschilderten **Centro de Interpretacão da Serra de Santa Bárbara** an. Es beherbergt neben einer kleinen Ausstellung zur geomorphologischen Entwicklung und zur Flora der Insel auch ein Souvenirgeschäft.

■ **Centro de Interpretacão da Serra de Santa Bárbara**, Juni–Sept. tägl. 10–18 Uhr, sonst Di–Fr 10–17 Uhr, Sa 14–17.30 Uhr. 2,50 €, erm. 1,25 €. http://parquesnaturais. azores.gov.pt.

Lagoa da Falca/Lagoa das Patas

Der von Seerosen geschmückte kleine See, auch Lagoa das Patas (Ententeich) genannt, liegt in einem dicht bemoosten Zedernwald an der Straße, die von Doze Ribeiras zur Kreuzung beim Pico Bagacina führt. Zum Picknicken findet man kleine Steintische zwischen den Bäumen. Nahebei steht eine Kapelle. Alles hat etwas Märchenhaftes. Sollte der Platz am Wochenende überlaufen sein, kann man auch zum **Viveiro da Falca** ausweichen, bei dem es sich um einen überaus gepflegten baumbestandenen Grill- und Picknickplatz mit gestutzten Hecken, Brückchen über einen Bach und Kinderspielplatz handelt. Um dorthin zu gelangen, zweigt man von Doze Ribeiras kommend 800 m hinter dem Lagoa da Falca auf die Straße nach rechts ab, dann nach 700 m rechter Hand.

Lagoa do Negro/Gruta do Natal

Eingebettet in eine sattgrüne Landschaft liegt nahe dem 622 m hohen Pico Gordo der kleine Bergsee Lagoa do Negro. Unmittelbar neben dem quakenden Gewässer befindet sich der Eingang zur **Gruta do Natal**, einer tunnelähnlichen, rund 675 m langen Grotte, bei der es sich genau genommen um eine Lavaröhre handelt. Solche Röhren entstehen, wenn ein Lavastrom nur an seiner Oberfläche abkühlt und erstarrt und auf diese Weise einen isolierenden Mantel für die darunter weiterfließende Lava bildet. Lässt die Aktivität des Vulkans irgendwann nach und verebbt der Lavafluss, bleiben solche Röhren zurück. Alljährlich wird in der Gruta do Natal am ersten Weihnachtstag eine Messe gelesen, zuweilen finden in der Höhle auch Taufen und Hochzeiten statt. Ein der Öffentlichkeit nicht zugänglicher Teil der Höhle erstreckt sich direkt unter dem Lagoa do Negro. Südwestlich des Sees erheben sich die **Mistérios Negros**, Lavadome, auf denen sich langsam die erste Vegetation entwickelt.

Anfahrt　Die Abzweigung zum See ist von der Verbindungsstraße Angra do Heroísmo – Altares/Biscoitos ausgeschildert.

Öffnungszeiten　Grotte, 24. März bis 31. Mai 14–18 Uhr, 1. Juni bis 14. Okt. 14–18 Uhr. 6 €, Kombiticket mit der Algar do Carvão 9 €. www.montaneiros.com.

🚶 **Wanderung 20: In die Mistérios Negros**   → S. 244
Rundwanderweg mit längerer, etwas mühseliger Waldpassage

Furnas do Enxofre

An Terceiras vulkanischen Ursprung erinnern heute fast nur noch erloschene Krater. Der einzige Ort, an dem es noch ein wenig „raucht", sind die Schwefeldampfquellen Furnas do Enxofre nahe der Höhle Algar do Carvão, fast in der geografischen Mitte der Insel. Die Besichtigung der Fumarolen empfiehlt sich frühmorgens, wenn die Außentemperatur noch niedrig und der heiße Dampf gut sichtbar ist. Wie auf São Miguel gibt es auch auf Terceira ein geothermisches Kraftwerk. Es liegt etwa 1,5 km westlich von hier, in rund 600 m Tiefe herrschen dort Temperaturen von über 200 °C.

▪ **Anfahrt:** Von der inseldurchquerenden Straße bestens ausgeschildert. Die letzten Meter sind unbefestigt, fahren Sie durch bis zum Parkplatz. **Achtung:** Bleiben Sie auf dem vorgegebenen Rundweg. Wegen Kohlendioxidaustritts und giftiger Gase ist der Aufenthalt abseits der Wege gefährlich.

Höhle Algar do Carvão

Der spannende Ausflug in den Untergrund gehört zu den Highlights der Azoren. Gleichzeitig ist die Visite der 90 m tiefen und mehr als 2000 Jahre alten Höhle Algar do Carvão ein feuchtkühles Erlebnis: Die Temperatur im Innern der Höhle beträgt 12–13 °C, die Luftfeuchtigkeit ist so hoch, dass es von Wänden und Decken tropft.

Über einen von elektrischen Fackeln ausgeleuchteten Schacht steigt man in den Förderschlot eines erloschenen Vulkans. Insgesamt 338 Stufen führen in die Tiefen der Insel. Als die Höhle 1893 entdeckt wurde, seilte man sich durch den Schlot ab. Vorbei an Stalagmiten und Stalaktiten, die durch Kieselsäureablagerungen entstanden, gelangt man zu einem kleinen unterirdischen kristallklaren See, der von absickerndem Regenwasser gefüllt wird (zuweilen aber auch selbst versickert). Durch den Schlot (45 m hoch) dringt Sonnenlicht, was der Szenerie etwas ganz Eigenartiges verleiht. Die Wände der Höhle, die einen Durchmesser von bis zu 45 m aufweist, sind relativ dunkel, stellenweise pechschwarz, was ihr den Namen Algar do Carvão (Kohlengrube) einbrachte. Die Höhle ist zugleich Heimat einer Spinnenart (*Turinyphia cavernicola Wunderlich*), die sonst nirgendwo weltweit vorkommt. Auf Betreiben der Bergfreunde Os Montanheiros wurde das Gebiet um die Höhle zum Naturschutzgebiet erklärt. Aufgrund des starken Besucherandrangs im Juli und August gibt es Überlegungen, den Einlass in diesen Monaten zu beschränken.

Anfahrt Im Inselinneren bestens ausgeschildert. Taxi von Angra 15 € (retour mit Wartezeit 25 €).

Öffnungszeiten → Gruta do Natal. Hinein geht es wie in einen unterirdischen Bunker. 6 €, Kombiticket mit der Gruta do Natal 9 €. www.montaneiros.com.

Caldeira de Guilherme Moniz

Folgt man von der Höhle Algar do Carvão der Straße ER 5 (ehemals R 5-2) gen Osten, passiert man den nördlichen Rand der Caldeira de Guilherme Moniz, mit einem Umfang von 15 km der größte Vulkankrater der Azoren. Imposant wirkt der riesige Krater jedoch nicht, die Kraterwände sind größtenteils eingestürzt und die typische felsige Kesselwand rund herum ist als solche kaum mehr zu erkennen. Der einst von Schollenlava geprägte Boden ist weitgehend eben und lässt ein wenig Viehzucht zu. Zu einer Runde entlang der Kraterwand lädt der Wanderweg *Passagem das Bestas* ein (→ Wandertipp).

🚶 **Wandertipp** In einem Naturschutzgebiet auf der Caldeira de Guilherme Moniz wurde 2018 (leider nach unserer Recherche) ein neuer offizieller Wanderweg, der *PRC 7 TER* *Passagem das Bestas*, eröffnet. Dabei handelt es sich um einen 4 km langen Rundweg, für den man angeblich 2:30 Std. braucht. Wie bei Wanderung 17 sieht man auch hier Ochsenkarrenspuren, zudem bieten sich Ausblicke über die Caldeira de Guilherme Moniz an. Den Einstieg in den Weg samt Wandertafel finden Sie, wenn Sie von Angra kommend der West-Ost-Achse (ER 5) durchs Inselinnere gen Osten, also vorbei an den Abzweigungen zur Furnas do Enxofre und zur Algar do Carvão, folgen. Bei der Straßenkreuzung 4 km hinter der Algar do Carvão hält man sich rechts Richtung Furna d'Água. Etwa 600 m weiter beginnt rechter Hand der markierte Rundwanderweg.

Kein Wandertipp im Bergland ist hingegen der Wanderweg *Rocha do Chambre (PRC 6 TER)*. Der Weg ist zwar schön, aufgrund des Lärms des nahen Kraftwerks hat man jedoch zuweilen das Gefühl, neben startenden Flugzeugen zu wandern.

Serra do Cume

Im Osten Terceiras erhebt sich die Serra do Cume, ein grasbedeckter, an seinen Hängen mit Windrädern bestückter Bergrücken. Er erreicht eine Höhe von 545 m und bietet sensationelle Ausblicke in alle Himmelsrichtungen, u. a. auf die Bucht von Praia da Vitória im Osten und – von einem Skywalk aus – auf die grün-braune Fleckerlteppichlandschaft rund um den See **Lagoa do Junco** in westlicher Richtung. Die Gebäude auf der Serra nutzte im Zweiten Weltkrieg das Militär, die Sendeanlagen von heute dienen ebenfalls nicht nur zivilen Zwecken. An den nordöstlichen Ausläufern der Serra do Cume liegt Fontinhas (→ S. 222).

Skywalk auf der Serra do Cume

■ **Anfahrt**: Von der Schnellstraße (V. R.), die Angra do Heroísmo mit dem Flughafen und Praia da Vitória verbindet, ausgeschildert.

Inselinneres: Weiden und Hügel

Wanderungen auf Terceira

Auf den Spuren der Karrenspuren → Karte S. 238

Route: Rundwanderung mit Start- und Endpunkt am Parque de Merendas de São Brás. Keine nennenswerten Etappenziele.

Länge/Dauer: 5,2 km, ca. 1:30 Std.

Einkehr: Keine Möglichkeit.

Besonderheiten: Der Wanderweg ist identisch mit dem markierten *Percurso Pedestre PRC 8 TER*. Sofern nicht verwildert, ist der Weg eher ein netter Spaziergang durch die Natur denn eine Wanderung. Unterwegs sieht man auf dem steinernen Untergrund alte Ochsenkarrenspuren.

An- und Weiterfahrt: Ausgangspunkt der Wanderung ist der Picknickplatz **Parque de Merendas de São Brás.** Dieser ist nicht mit dem Bus zu erreichen. Der Picknickplatz liegt zwischen Fontinhas und Quatro Canadas südlich der *Via Rapida*. Um dahin zu gelangen, folgt man von Praia der Schnellstraße nach Angra do Heroísmo, nimmt die Ausfahrt „Agualva/Vila Nova/Fontinhas/São Brás", fährt über den Overfly und folgt dahinter der Beschilderung „Fontinhas". Ca. 500 m weiter rechts ab, Hinweisschild „Zona de lazer". Dann für ca. 1 km der Beschilderung „Zona de lazer" folgen, bis der Picknickplatz mit Park platz linker Hand auftaucht. Ein **Taxi** zum Wandereinstieg kostet von Angra ca. 18 €, von Praia 10 €.

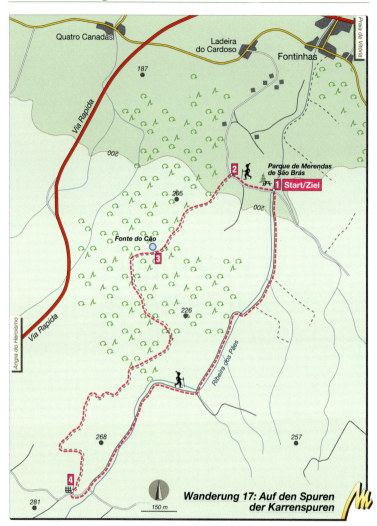

Wanderung 17: Auf den Spuren der Karrenspuren

Wegbeschreibung: Steht man mit dem Rücken zum Zaun des **Picknickplatzes 1**, verlässt man den Parkplatz nach rechts und folgt jener Straße, auf der man zum Picknickplatz gekommen ist.

Nach ca. 200 m zweigt man nach links in den unbefestigten **Caminho Primitivo** ab (Wegmarkierung). An der Abzweigung **2** steht auf einem runden Betonsockel die Achse eines alten Ochsenkarrens. Wo der Weg im Folgenden einen steinernen Untergrund aufweist, lassen sich Schleifspuren von Ochsenkarren entdecken. Die **Karrenspuren** gleichen dem Negativ eines Schienenstrangs und wurden durch Nägel (ähnlich den Spikes bei Winterreifen) an den Rädern der Ochsenkarren verursacht, die auf diese Weise besser Halt im Untergrund fanden.

Folgt man nun stets dem Hauptweg, passiert man nach ca. 10 Min. den **Fonte de Cão („Hundebrunnen")** **3**, einen Brunnen, der auf den ersten Blick aussieht wie eine Feuerstelle und an dem die Hunde der hier vorbeiziehenden Bauern einst ihren Durst löschten. Danach wird der Weg schmaler. Üppig-grün, fast dschungelartig präsentiert sich die Vegetation, dazwischen verlocken im Spätsommer immer wieder dunkelrote Brombeeren zum Naschen. Zudem passiert man strahlend gelbe Ingwerlilien, die sich wie Unkraut ausbreiten. Sollte der Weg nicht frei geschnitten sein (was hier regelmäßig nötig ist), so drehen Sie um! Wenn sich ein freier Blick auftut, sehen Sie das Pico-Alto-Massiv und die Serra do Cume.

Nach rund 45 Min. durch den Wald erreicht man an einem **eisernen Gatter** **4** eine unbefestigte Straße, links halten. Die Rechtsabzweigung auf dem kurz darauf folgenden Teerstück bleibt unbeachtet. Zur Rechten taucht nun durch Mauern parzelliertes Weideland auf. Die Straße bekommt vorübergehend wieder eine Teerschicht. Der Teerbelag endet kurz hinter einem Linksschwenk, hier hält man sich ebenfalls links (der Schotterweg nach rechts bleibt unbeachtet). Keine 15 Min. später gelangt man wieder zum Ausgangspunkt der Wanderung **1**.

Terceira → Karte S. 196

Wanderung 17: Mehr Spaziergang denn Wanderung

Buchtenwanderung bei Agualva

Route: Küstenwanderung zwischen Agualva und Quatro Ribeiras.

Länge/Dauer: 5,3 km, 2:30 Std.

Einkehr: Keine Möglichkeit.

Besonderheiten: Die schöne, kurze Küstenwanderung folgt dem markierten Wanderweg *PR 2 TER* und wurde lediglich um den Rückweg zum Ausgangspunkt der Wanderung (1,2 km entlang der inselumrundenden Küstenstraße) ergänzt. Der Weg ist auch bei Ornithologen beliebt. Unternehmen Sie diese Wanderung nicht nach Regen oder bei dichtem Nebel. Schwindelfreiheit ist Voraussetzung, zudem sind Abschnitte des Weges schwer zu gehen, hier muss man große Schritte machen können.

An- und Weiterfahrt: Der Einstieg in den Wanderweg liegt an der EN 1 (ehemals R 1-1), der inselumrundenden Straße rund 500 m südöstlich der Abzweigung zur Alagoa da Fajãzinha, hier auch eine Wandertafel (aber schlechte Parkmöglichkeiten, besser an der Abzweigung parken). Die Stelle passieren auch die Busse von Praia nach Biscoitos (→ Praia/Verbindungen).

Wegbeschreibung: Von der Wandertafel **1** folgt man dem von Mauern eingefassten Weg zwischen Weiden und Feldern hindurch aufs Meer zu. Nach einer Weile schlängelt sich der Weg in das Tal **Grota da Lagoa** hinab. An der tiefsten Stelle im Tal **2** hält man sich links und folgt dem schmalen Pfad, der durch die Grota da Lagoa führt, die allmählich zur Schlucht wird. Vorbei an einem Wasserhäuschen gelangt man in die Bucht von Fajãzinha. Bei der Weggabelung vor dem ersten Natursteinhaus **3** hält man sich links, keine 200 m weiter, vor dem nächsten Natursteinhaus, rechts. Nun führt der Weg wieder direkt aufs Meer zu. Unmittelbar vor den Felsbrocken, die hier den Küstensaum markieren, beginnt linker Hand ein bergauf führender Pfad. Nach etwa 3 Min. mündet der Pfad in einen Weg, der wieder rechts und links von Mauern begrenzt wird.

Mit dem Meer zur Rechten geht es weiter bergauf, und schon nach kurzer Zeit trifft man auf eine Schotterstraße **4**. Eine gelb-rote Wegmarkierung zeigt an, dass Sie sich links halten müssen. Es lohnt aber, noch einen Abstecher nach rechts zu unternehmen, um in eine von Basaltlava im Halbrund umschlossene Bucht schauen zu können. Zurück von diesem Abstecher trifft die Schotterstraße schon bald auf ein tausendfach geflicktes Sträßlein. Diesem folgt man nach rechts für ca. 3 Min. bergauf, bis das Sträßlein zu einer Linksserpentine ansetzt. Im Scheitel der Kurve hält man nach einem Pfad Ausschau, der noch etwas weiter bergauf führt, dann gen Westen abschwenkt und schließlich wieder bergab führt. Bei dem **Wanderpfosten mit der Ziffer 5 5** bietet sich nochmals ein Abstecher zur Steilküste an – ein guter Platz, um im Sommer Seeschwalben und Felsentauben zu beobachten. Nach dem Abstecher folgt man dem steil ansteigenden, mit Stufen versehenen Pfad. Nach dem Aufstieg verläuft der Pfad parallel zur Abbruchkante der Klippen hoch über dem Meer. Bei dem **Wanderpfosten mit der Ziffer 6 6** blickt man über die Landspitze Ponta do Mistério. Hinter dem Kap schwenkt der Pfad landeinwärts (achten Sie hier auf Markierungspfosten) und verläuft schließlich hoch über der nächsten

Wanderung 18: Buchten-
wanderung bei Agualva

Bucht. Der Pfad stößt auf einen quer verlaufenden Feldweg **7**, hier hält man sich links. Etwa 5 Min. später hat man die **inselumrundende Straße** **8** erreicht, das Ende der offiziellen Wanderung. Wer mit öffentlichen Verkehrsmitteln unterwegs ist, findet gleich gegenüber eine Bushaltestelle. Wer auf dem kürzesten Weg zurück zum Ausgangspunkt der Wanderung möchte oder an der Abzweigung zur Alagoa da Fajãzinha geparkt hat, muss etwa 800 m an der Küstenstraße entlang zurückgehen (also links halten).

Wer die Küstenstraße meiden möchte und noch Puste hat, hält sich für etwa 50 m links und steigt dann das Teersträßlein bergauf (also rechts halten). Nach ca. 1 km, dort, wo das Teersträßlein nach rechts abschwenkt, wählt man den Schotterweg nach links. Rund 15 Min. später, unmittelbar nachdem man ein Waldstück passiert hat, abermals. Nun geht es stets auf dem Weg am Waldrand entlang bergab (alle Abzweigungen ignorierend), bis man wieder die Küstenstraße erreicht.

Von Serreta zum Kratersee Lagoinha

Route: Serreta – Lagoinha – Serreta.

Länge/Dauer: 6,7 km, ca. 2:30 Std.

Einkehr: Keine Möglichkeit.

Besonderheiten: Die Wanderung ist mit dem markierten Rundwanderweg *Percurso Pedestre PRC 3 TER* identisch und gliedert sich in zwei Teile: in einen schweißtreibenden Aufstieg (teils durch Lorbeerwälder) bis zum See und in einen erheblich schöneren Abstieg (Rückweg) mit Ausblicken über Weiden auf das Meer. Nach Regen sind mehrere Passagen glitschig und matschig und Wanderstöcke empfehlenswert.

An- und Weiterfahrt: Um zum Einstieg in den Wanderweg zu gelangen, zweigt man in Serreta, auf der Durchgangsstraße von Angra kommend, 700 m hinter der Kirche beim Café Perola Serretense rechts ab (hier auch ein großes Hinweisschild „Trilho Turistico Walking Trail"). Bei der Weggabelung 50 m weiter links halten. Rund 700 m weiter bergauf (zu Fuß recht schweißtreibend) steht eine Wandertafel. Mit dem Mietwagen können Sie noch ein kurzes Stück weiter bergauf fahren, → Wegbeschreibung. Wer mit dem Bus anfährt, steigt an der inselumrundenden Straße an der Abzweigung aus (die Busse zwischen Angra do Heroísmo und Biscoitos passieren die Stelle) und startet hier.

Wegbeschreibung: Man folgt der Straße rechts der **Wandertafel** ❶ weiter bergauf. Auf dem **Parkplatz** 100 m weiter linker Hand können Sie Ihren Mietwagen abstellen. Vom Parkplatz folgt man dem rot-gelb markierten Hohlweg. Schon 2 Min. später stößt man auf eine Weggabelung, hier hält man sich rechts. Bei der Gabelung 30 m weiter biegt man links ab – alles ist bestens markiert. Nach weiteren rund 2 Min. taucht ein Schild auf, das auf ein Aufforstungsprojekt mit japanischen Sicheltannen und Scheinzypressen hinweist.

Rund 10 m hinter dem Schild folgt die nächste Weggabelung ❷. Von rechts werden Sie später zurückkommen. Sie schlagen also den Weg nach links ein – dieser wird sich in einen verwunschenen Pfad verwandeln, der u. a. durch **Lorbeerwald**, wie er einst typisch für die Inseln war, führt. Nach rund 40 Min. stoßen Sie auf einen grauen Schotterweg ❸, hier hält man sich rechts. Am Ende des Schotterweges

führen Stufen links bergauf zu einem Pfad. Diesem folgt man für rund 15 Min. und stößt dann auf einen rötlichen Schotterweg ❹. Auf diesem steigt man weiter bergauf, also rechts halten.

Keine 10 Min. später beginnt der Abstecher zum **Kratersee Lagoinha** ❺ – hoch und runter ca. 30 Min., aber Achtung: Der Pfad ist ausgewaschen und nicht leicht zu gehen! Nach dem Abstecher geht es auf dem roten Schotterweg noch für rund 500 m weiter, bis rechter Hand ein **Gatter** ❻ auftaucht. Hinter dem Gatter folgt man der Fahrspur über die Weide. Gehen Sie jedoch nicht zu weit! Nach rund 80 m, am tiefsten Punkt der Senke, müssen Sie links nach dem nächsten Gatter Ausschau halten. Dahinter beginnt ein Pfad, der parallel zu einem – abschnittsweise bedrohlich tief abstürzenden – Taleinschnitt bergab führt. Rechter Hand vereitelt der Stacheldrahtzaun zur Weide immer wieder jeglichen Leichtsinn. Nach rund 40 Min. zeigt ein gelb-rotes Kreuz an

Wanderung 19: Von Serreta zum Kratersee Lagoinha

einem Baum **7** für Sie das Ende auf dem hier bergab führenden Pfad an. Man überquert eine Weide zur Rechten, um auf einen befahrbaren Feldweg dahinter zu gelangen. Keine 10 Min. später erreicht man auf diesem Feldweg jene Weggabelung im Aufforstungsgebiet, wo Sie sich anfangs bergauf links hielten. Bald darauf hat man den Ausgangspunkt der Wanderung **1** erreicht.

Terceiras Highlight: die Höhle Algar do Carvão

Aufstieg auf den Pico do Gaspar

GPS-Wanderung 20

In die Mistérios Negros

Route: Gruta do Natal – Mistérios Negros – Gruta do Natal.

Länge/Dauer: 5 km, ca. 2:30 Std.

Einkehr: Keine Möglichkeit.

Besonderheiten: Die Rundwanderung ist mit dem markierten *Percurso Pedestre PRC 1 TER* identisch und führt zu drei Lavadomen *(Mistérios)* – fast pfropfenförmige Erhebungen, die durch rasche Abkühlung zähflüssiger Lava unmittelbar über Vulkanschloten entstanden und die die Natur erst so langsam zurückerobert. Eine längere Waldpassage (viel endemische Vegetation) ist etwas mühselig, da man zuweilen gebückt gehen und auch ein wenig kraxeln muss – nichts für ungelenkige Menschen. Für bessere Trittfestigkeit sind Wanderstöcke empfehlenswert. Gehen Sie die Wanderung nur bei schönem Wetter.

An- und Weiterfahrt: Am einfachsten mit einem Mietfahrzeug. Der 9-Uhr-Bus von Biscoitos nach Angra kommt an der Abzweigung zur Gruta do Natal vorbei (von da bis zum offiziellen Wandereinstieg noch ca. 700 m), der 16-Uhr-Bus von Angra nach Biscoitos ebenfalls. Ein Taxi zur Gruta do Natal kostet von Angra ca. 14 €.

Wegbeschreibung: Ausgangspunkt der Wanderung ist das Eingangshäuschen zur **Gruta do Natal** beim Lagoa do Negro **1**. Von diesem folgt man für 50 m der Straße, auf der man gekommen ist, bis diese nach links abschwenkt.

Hier hält man sich rechts und folgt dem rötlichen Schotterweg, der anfangs um den Lagoa do Negro herumführt und schließlich auf die dunkle Anhöhe, die Mistérios Negros, zuläuft. Aus dem Schotterweg wird nach einer Weile ein Wiesenweg, der an einer Tränke mit Wegmarkierung vorbei- und kurz darauf in den Wald **2** führt.

Nach etwa 15 Min. auf dem schmalen Waldpfad taucht eine **Weggabelung mit Hinweisschild 3** auf: Nach rechts zweigt ein Pfad zum „Lagoa" ab, nichts anderes als ein idyllischer Waldtümpel – Dauer des Abstechers keine 5 Min. Um die Wanderung fortzusetzen, hält man sich links (Hinweisschild „Pico Gaspar"). Mindestens 30 Min. müssen Sie sich nun durch das Unterholz und über das unwegsame Lavagestein der **Mistérios Negros** kämpfen, bevor Sie wieder aufrecht und gemütlich auf einem breiten, grasbewachsenen Waldweg weiterwandern können.

Nach ca. 10 Min. auf dem Waldweg muss man aufpassen und nach einer leicht zu übersehenden **Wegmarkierung 4** Ausschau halten, die nach links auf einen Waldpfad weist. Auf diesem Pfad passieren Sie Wald- und Wiesenabschnitte im stetigen Wechsel, dazu mehrere Gatter, die man so hinterlässt, wie man sie vorgefunden hat. Achten Sie in diesem Bereich sorgfältig auf Wegmarkierungen! So gelangen Sie zu dem Sträßlein **5**, das vom Lagoa das Patas zur Gruta do Natal führt – links halten. Kurz hinter Punkt **5** bietet sich nach rechts ein Abstecher (Hinweisschild) auf den 597 m hohen Vulkankegel **Pico do Gaspar** an, von wo sich ein netter Blick über das Inselinnere auftut. Für den Abstecher benötigt man retour keine 20 Min.

Nach dem Abstecher geht es auf dem Sträßlein zurück zur **Gruta do Natal 1**. Bleiben Sie stets auf dem Teersträßlein und ignorieren Sie alle Schotterwege.

Terceira ↓ Karte S. 196

Wanderung 20:
In die Mistérios Negros

Graciosa

Graciosa, die „Liebliche", ist die kleinste Insel der Zentralgruppe, im gesamten Archipel belegt sie den vorletzten Platz. Ohne jede Hektik spielt sich das Leben in Santa Cruz da Graciosa, dem Hauptort der Insel, ab. Außerhalb geht es noch beschaulicher zu.

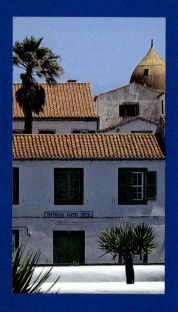

Wissen Sie, was die beliebtesten Souvenirs aus Graciosa sind? Süße Käsetörtchen! Man bekommt sie bei der Pastelaria Queijadas da Graciosa in Praia. → S. 262

Graciosa ist so etwas wie Frieden auf Erden, eine Insel auf Valium. Lediglich knatternde Mopeds sorgen für Unruhe.

Graciosa unterscheidet sich in vielerlei Hinsicht von den anderen Inseln des Archipels. Das Inselinnere ist besiedelt, nicht alle Dörfer liegen an der Küste. Der Grund ist einfach: Die Insel ist nicht allzu bergig, lediglich 5 % der Inselfläche liegen auf einer Höhe von über 300 m (auf São Jorge z. B. sind es 70 %). Bei einer Fahrt über Land fallen weitere Unterschiede ins Auge. So grenzen überwiegend Trockenmauern die Felder ab, Hortensienhecken sind eher die Ausnahme, und immer wieder sieht man Windmühlen. Zudem wird auf Graciosa viel Wein angebaut, der einst zu den besten des Archipels zählte. Dafür wird vergleichsweise wenig Viehwirtschaft betrieben, v. a. im trockenen Norden sind Rinder Fehlanzeige. Den Süden der Insel nimmt die große Caldeira ein, in deren Mitte die Attraktion Graciosas liegt: die Furna do Enxofre, eine einzigartige Höhle, zu der man durch einen Vulkanschlot hinabsteigen kann. Ein Besuch gleicht einer Reise in die Unterwelt, die Kulisse könnte durchaus für jeden fantastischen Film herhalten. Die letzten Ausbrüche liegen gottlob Ewigkeiten zurück – der Vulkan, der Graciosa aus den Fluten des Atlantiks hob, wird heute nicht mehr als aktiv eingestuft. Lediglich vor der Küste machen Unterwasservulkane immer wieder auf sich aufmerksam.

In touristischer Hinsicht führt Graciosa ein Schattendasein unter den Azoreninseln. Nur Corvo verzeichnet weniger Besucher. Aber nicht nur bezüglich der Übernachtungsstatistik hinkt Gra-

ciosa den meisten Inseln hinterher. Auch im digitalen Zeitalter ist Graciosa noch nicht so richtig angekommen. Internetadressen werden zwar auf Visitenkarten gedruckt, erreichen aber kann man die Webseiten oft nicht. So findet man im Netz auch keine Fahrpläne der lokalen Busgesellschaft.

Auf der anderen Seite ist Graciosa ein Leuchtturm des Fortschritts, wenn es ums Thema Energiegewinnung geht. Graciosa kann sich selbst komplett mit sauberem Strom versorgen, Öltanker adieu. Wind- und Solarenergie, ergänzt durch ein Energiespeichersystem, stellen die Stromversorgung für die gesamte Insel sicher. Ein Generator wird nur noch benötigt, falls Wind und Sonne ausbleiben und die Speicher leer sein sollten. Und dieser Generator kann mit Pflanzenöl betrieben werden, das auf Graciosa gewonnen wird. Federführend bei der Umsetzung dieses Projektes war die Firma *Younicos* aus Adlershof (Berlin). Nicht nur andere Azoreninseln wollen dem Beispiel folgen – Graciosas Unabhängigkeit in der Energiegewinnung schenkt man weltweit Beachtung.

Die schönsten Orte

Es gibt nur zwei Städtchen, außerdem eine Handvoll Dörfer. Kein Ort ist hässlich, keiner aber auch von unbeschreiblicher Schönheit. Selbst das Inselhauptstädtchen Santa Cruz ist nicht mehr als ein verträumtes Nest mit ein paar schmucken Kirchen und einem baumbestandenen Hauptplatz, auf dem Rentner ihre Gelassenheit zelebrieren.

Wahnsinnsblicke

Herrliche Ausblicke auf Santa Cruz genießt man vom **Monte da Ajuda**, einem Vulkankegel, der obenauf mit Kapellen gespickt ist. Ein wunderbarer Blick auf Praia hingegen eröffnet sich von der **Kapelle Nossa Senhora da Saúde**. Grandios ist die Aussicht auch von der **Serra das Fontes** über die gesamte Insel und von der **Furna da Maria Encantada** über die weite Caldeira. Von der **Serra Branca** kann man in den Vulkanschlot **Caldeirinha** gucken. Spektakuläre Einblicke in die Unterwelt Graciosas bietet die **Furna do Enxofre**.

Plätze fürs Picknick

Mit Meeresblick und Gelbschnabelsturmtauchergesängen (zumindest an Sommerabenden) kann man in **Carapacho** picknicken, außerdem am **Barro Vermelho** und in **Beira Mar**. Schattig und windgeschützt ist der Picknickplatz inmitten der großen **Caldeira**.

Wohin zum Baden?

Ab nach **Praia**, da gibt es einen Sandstrand. Bademöglichkeiten bieten auch **Carapacho** und **Barro Vermelho**.

Und was tun bei Regen?

Steigen Sie in die **Furna do Enxofre** ab, oder nehmen Sie ein warmes Bad im Thermalbad von **Carapacho**. Alternativ kann man das **Museum von Santa Cruz** da Graciosa besuchen und danach Sozialstudien in den hiesigen Bars betreiben.

Inselgeschichte

Das Schicksal von Graciosa war stets eng mit dem von São Jorge, Pico, Faial und Terceira verknüpft. Wegen seiner eher unbedeutenden Stellung unter den Inseln der Zentralgruppe blieb eine eigenständige historische Entwicklung aus.

Der Überlieferung nach entdeckte Jácome de Bruges 1450 von einer Anhöhe auf São Jorge das Eiland. Wegen ihres lieblichen, ja anmutigen Erscheinens am Horizont soll der Flame ihr den Namen Graciosa gegeben haben. Andere Quellen sagen, dass die Existenz der Insel weitaus früher bekannt war und Heinrich der Seefahrer bereits um 1440 Schafe auf Graciosa hat aussetzen lassen. Damals soll die Insel *Ilha Branca* („Weiße Insel") geheißen haben, wegen der hellen Felsküste im Südwesten, wo die Serra Branca steil ins Meer abfällt.

Den Beginn der Besiedlung leitete zwischen 1451 und 1454 der Portugiese Vasco Gil Sodré ein, der sich mit seiner Familie beim heutigen Carapacho niederließ. Erster Donatarkapitän und damit Lehnsherr der Insel wurde Pedro Correia da Cunha, der mit Christoph Kolumbus verschwägert war. Allerdings unterstand ihm anfangs nur der Nordteil der Insel, den Süden regierte Duarte de Barreto, ein Edelmann, der später bei einem Piratenüberfall ums Leben kam. 1486 wurde Santa Cruz dank guter Weizenernten und des damit einhergehenden wirtschaftlichen Aufschwungs zur Gemeinde erhoben, 1546 folgte Praia.

Der ertragreiche Anbau von Getreide und Wein führte sogar zu gewissem

Wohlstand, der aber eine ständige Bedrohung durch Piraten nach sich zog. Zum Schutz errichtete man etliche Verteidigungsanlagen, eine davon am Cais da Barra in Santa Cruz, deren Überreste noch heute zu erkennen sind. Als im 18. Jh. die Gefahr durch Piratenüberfälle nachließ, kehrte für mehr als ein Jahrhundert Frieden auf Graciosa ein. 1870 machte die Reblaus dem Weinbau im großen Stil ein Ende und raubte vielen Bauern die Existenzgrundlage. Unzählige Familien suchten ihr Glück in der Auswanderung. Graciosa wurde zu einer vergessenen Insel im Atlantik und konnte an den Wohlstand von einst aus eigener Kraft nie wieder anknüpfen.

Infolge des Erdbebens am Neujahrstag 1980, das auf Terceira die größten Verwüstungen anrichtete (→ S. 201), registrierte man auf Graciosa 152 zerstörte Häuser und Wohnungen. Erneut sahen sich viele Familien gezwungen, nach Amerika auszuwandern – um rund ein Viertel reduzierte sich die Einwohnerzahl der Insel daraufhin. Ein Jahr später wurde der Inselflughafen gebaut. Über diesen kehren heute die Auswanderer in den Sommermonaten auf einen Besuch in die alte Heimat zurück. Viele Emigranten haben mittlerweile genügend Geld gespart, um ihre Häuser oder die ihrer Eltern oder Großeltern als Sommer- oder Ruhesitze restaurieren zu lassen,

Graciosa → Karte S. 248

Wie man Geschichte schreibt

Da die Inselgeschichte wenig hergibt und Graciosas Geschichtsschreiber sich mit einer Seite nicht begnügen wollen, bauschen sie alles ein wenig auf. Ihr beliebtestes Mittel ist, auf Persönlichkeiten zu verweisen, die im Lauf der Jahrhunderte die Insel besuchten – i. d. R. verschweigen sie aber, dass die meisten nur der Zufall auf Graciosa trieb. Ganz oben auf der Liste der mehr oder minder bedeutenden Persönlichkeiten steht der Jesuitenpater und Dichter António Vieira (1608–1667). Sein Engagement gegen die Versklavung der Eingeborenen Brasiliens machte ihn berühmt. Holländische Piraten hatten den prominenten Pater auf Graciosa ausgesetzt. 1791 unterbrach der französische Schriftsteller François-René de Chateaubriand (1768–1848), der der Französischen Revolution den Rücken gekehrt hatte, auf Graciosa seine Reise nach Amerika. Er war in Praia an Land gegangen, weil er sich mit dem Kapitän seines Schiffs zerstritten hatte. Seine Eindrücke von der Insel verarbeitete der Romantiker in den *Mémoires d'outre tombe*. Ein weiterer Dichter, der 1814 für kurze Zeit auf Graciosa weilte, war Almeida Garrett (1799–1854). Im zarten Alter von 15 Jahren war er mit seinen Eltern zum Besuch seines Onkels, damals Landrat von Santa Cruz, hierher gekommen. Die letzte große Persönlichkeit trug sich 1879 in das Geschichtsbuch der Insel ein, das aber aus freien Stücken. Es war Prinz Albert von Monaco (1848–1922), der mit seiner Jacht vor Graciosa Anker warf, um auf seiner Forschungsreise einen Blick in die geologisch hochinteressante Furna do Enxofre zu werfen.

Graciosa im Überblick

Daten und Fakten

Hauptort: Santa Cruz da Graciosa

Bevölkerung: 4393 Einwohner (72 pro km², Stand 2011)

Größe: 61 km², bis zu 8 km breit, bis zu 12,5 km lang

Küstenlänge: 34 km

Höchste Erhebung: Caldeira 402 m

Position: 39°00′ N und 39°06′ N, 27°56′ W und 28°04′ W

Distanzen zu den anderen Inseln: Santa Maria 339 km, São Miguel 246 km, Terceira 81 km, São Jorge 61 km, Pico 78 km, Faial 85 km, Flores 280 km, Corvo 282 km

Wissenswertes vorab

Aktiv: Die Sportmöglichkeiten sind bescheiden. Die Insel eignet sich jedoch gut zum Radfahren, da sie nicht ganz so bergig ist und wenig Verkehr herrscht. Die meisten offiziellen Wanderungen verlaufen leider auf asphaltierten Wegen. So ist auch die *Grande Rota da Graciosa* (40 km Länge, www.trails.visitazores.com) bei Weitem nicht so spannend wie z. B. auf Santa Maria.

Wohnen: Von den wenigen Unterkünften stehen i. d. R. noch im Mai und bereits ab Sept. wieder viele leer. In der HS muss man jedoch gelegentlich Glück haben, überhaupt noch ein Zimmer zu bekommen. Einen einfachen, aber reizvoll gelegenen Campingplatz findet man bei Carapacho, einen weiteren bei Praia.

Kulinarisch: Eine Spezialität ist *Peixe à molho de pescador*, Fisch in saurer Soße. Eine Kostprobe wert sind die Weißweine wie der im Barrique-Fass ausgebaute Pedras Brancas. Bekannt ist Graciosa auch für seine *Queijadas da Graciosa*, überaus süße Teilchen. Leider mangelte es zuletzt an empfehlenswerten Restaurants.

Feste und Festivals: Bereits ab Weihnachten feiert man sich für den Karneval warm, von da an gibt es jedes Wochenende Tanzveranstaltungen. Wie überall auf den Azoren stehen auch auf Graciosa ab Ostern (Pfingsten Höhepunkt) die Heilig-Geist-Feste an. Meist Mitte Juli findet die *Rali Ilha Graciosa*, eine Autorallye, statt (www.tac.com.pt). Größtes Inselfest ist die *Festa do Senhor Santo Cristo* in der 2. Augustwoche; parallel dazu werden auch Stierkämpfe und ein Musikfestival *(Festival Ilha Branca)* veranstaltet.

An- und Weiterreise mit Flugzeug oder Schiff

Flughafen: 2 km von Santa Cruz da Graciosa entfernt. Im kleinen Flughafengebäude ein SATA-Schalter (✆ 295730170), eine Bar und die Stände der beiden lokalen Autoverleiher (s. u.). Egal wohin, alle Flüge führen über Terceira.

Flughafentransfer: Von Santa Cruz zum Flughafen fahren **Busse** Mo–Fr um 7.30, 12.30 und 15 Uhr, in entgegengesetzter Richtung um 10 und 17 Uhr (Stand 2018). Die Fahrt mit dem **Taxi** ins Zentrum kostet 5 €. Wer gut zu Fuß ist und wenig Gepäck dabeihat, kann den Weg auch laufen.

Seehafen: Fährhafen der Insel ist Praia an der Ostküste von Graciosa (6 km südlich von Santa Cruz). Im Sommer legen hier die großen Autofähren auf der *Linha Amarela* der *Atlânticoline* an.

Unterwegs mit Bus oder Mietwagen

Bus: Ausschließlich per Bus lassen sich nicht alle Flecken (und v. a. nicht die schönsten) der Insel erkunden. Hat man aber etwas Zeit und lehnt sich am Wochenende zurück (Sa kaum Busse, So keine Busse), wohnt nicht im Abseits, wandert oder radelt gerne oder greift auch mal auf ein Taxi zurück, ist ein Mietwagen nicht zwingend. Fahrpläne bekommt man bei der Touristeninformation oder bei der Busgesellschaft *Empresa Transportes Colectivos Ilha Graciosa* (✆ 295732363) in der Rua Boavista in Santa Cruz (nahe der Polizei). Mehr zu den Busverbindungen in den einzelnen Ortskapiteln.

Mietwagen: Trotz der bescheidenen Größe der Insel ist das Straßenwirrwarr vor Ort auf Anhieb nicht immer leicht zu durchschauen. Nur zwei Tankstellen (beide an der Straße nach Guadalupe) stehen zur Verfügung. Es gibt auch nur zwei Autovermietungen; beide haben ihren Schalter am Flughafen geöffnet, wenn ein Flieger eintrudelt: **Graciosa Rent a Car** (zugleich die *Autatlantis*-Vertretung, ✆ 967869218, www.rentacargraciosa.com) und **Medina & Filhos** (unterhält auch ein Office in Santa Cruz in der Rua da Misericórdio 9, ✆ 969996538, www.medinarent.net). Die mangelnde Konkurrenz sorgt dafür, dass die Mietfahrzeuge auf Graciosa die teuersten der Azoren sind. Bei einer Mietdauer von nur ein oder zwei Tagen geht unter 50 €/Tag inkl. CDW und unbegrenzten Kilometern fast gar nichts.

manche bauen sich gar neue Villen, was der lokalen Wirtschaft zugute kommt. Die EU schießt seit Jahren ebenfalls Mittel zu, was insbesondere die Infrastruktur verbesserte. Und mit den neuen Straßen verdoppelte sich in den letzten zwei Jahrzehnten – obwohl die Bevölkerung der Insel im gleichen Zeitraum um über 10 % zurückging – die Zahl der zugelassenen Fahrzeuge. 2007 nahm die UNESCO Graciosa in ihre Biosphärenreservatliste auf. 2009 öffnete das erste (und einzige) Vier-Sterne-Hotel Graciosas seine Pforten, 2011 das neue Inselmuseum. 2013 wurde eine Wetterstation für das *Atmospheric Radiation Measurement Program* (kurz ARM) des US-amerikanischen Energieministeriums eingeweiht. Die Anlage neben dem Flughafen dient der Erforschung des Klimawandels. Und in puncto Energiegewinnung wurde Graciosa 2018 schließlich autonom.

Santa Cruz da Graciosa

In Santa Cruz da Graciosa, schlicht Santa Cruz genannt, schlägt der Puls der Insel – gleichbleibend ruhig, nie außer Atem kommend. Jeder Tag wirkt hier wie ein Sonntag.

Gerade mal 1770 Einwohner zählt der sympathische, schnell zu überschauende Hauptort – wer länger als zwei Tage bleibt, kennt bereits die meisten Gesichter. Das Ortszentrum bildet die **Praça Fontes Pereira de Melo**, kurz **Rossio** genannt. Hier sitzen tagsüber die älteren Männer beim Plausch unter Araukarien zusammen, hier warten die Taxifahrer auf Kundschaft und lassen sich die Frischvermählten fürs Album ablichten, und an manch lauem

Santa Cruz: Beschaulichkeit at its best

Sommerabend spielt eine Blaskapelle auf. An den Platz grenzen zwei große wassergefüllte Becken, in denen sich die umliegenden Häuser und Bäume spiegeln. Einst dienten sie den Einwohnern und dem Vieh in Trockenperioden als Wasserreservoir. Drum herum: das Rathaus, Restaurants, Banken und Geschäfte – allzu viel sollte man aber nicht erwarten. Entlang der abgehenden Straßen findet man so manches herrschaftliche Haus aus dem 19. Jh., als die Insel als Kornkammer und Weinkeller des Archipels zu Wohlstand kam. Auch abends spielt sich das bisschen Leben in den Cafés und Bars rund um den Rossio ab, an Wochenenden haben viele bis früh in den Morgen geöffnet. Manche Cafés gehören Vereinen, die in Santa Cruz eine bedeutende gesellschaftliche Rolle spielen, nicht nur weil sie allzeit Tanzveranstaltungen organisieren.

Sehenswertes

Igreja do Misericórdia und **Igreja Matriz de Santa Cruz**: Beide Kirchen prägen das Stadtbild von Santa Cruz, beide sind Mo–Sa von 9–18 Uhr geöffnet. Die kleine *Igreja do Misericórdia* wurde im 16. Jh. errichtet, im 18. Jh. erneuert und ist wegen der im Hochaltar stehenden Christusfigur Santo Cristo dos Milagres auch unter dem Namen Igreja Santo Cristo bekannt. In der zweiten Augustwoche wird die Figur in einer Prozession durch die Straßen getragen. Das anschließende Fest hat sich zum größten Graciosas entwickelt, dann findet in der Stierkampfarena auch eine Tourada statt.

Die dreischiffige *Igreja Matriz de Santa Cruz* stammt ursprünglich aus dem 15. Jh. Erst 1701 erhielt die Kirche ihr heutiges Aussehen. Im Innern lassen Unterbrechungen bei der Bildfolge der Azulejos die nachträglichen Um- und Anbauten erkennen. Sehenswert ist der vergoldete, geschnitzte Hauptaltar, dessen Tafelbilder Cristovão de Figueiredo zugeschrieben werden und zu den wertvollsten Renaissancemalereien der Azoren gehören. Sie entstanden vermutlich gegen Ende des 15. Jh. und stellen den Leidensweg Christi dar.

Die dritte bedeutende Kirche der Stadt war einst die Nossa Senhora dos Anjos aus dem frühen 18. Jh. Leider wurde sie 1950 samt angrenzendem Franziskanerkloster abgerissen. Nur der *Glockenturm* etwas südlich des Rossio blieb stehen.

Museu da Graciosa: Das Volkskundemuseum, in Teilen in einem schicken Neubau untergebracht, präsentiert überwiegend Gebrauchsgegenstände, die einst nach Brasilien oder in die USA ausgewanderte Inselbewohner zurückgelassen haben. In einigen Haushalten auf dem Land gehören so manche der ausgestellten Objekte noch heute zum Alltag. Thematisiert werden u. a. der Weinbau, das traditionelle (Kunst-) Handwerk (Tischlergeräte, Schmiedeutensilien) und die Landwirtschaft (alte Pflüge). Im Ganzen aber könnte das Museum mehr Exponate

vertragen. Warum man nicht mehr zeigt, ist ein Rätsel, zumal das Museum über 2500 katalogisierte Ausstellungsstücke in seinem Fundus verfügt (darunter eine schöne Gehstocksammlung).

Ebenfalls zum Museum gehört ein paar Straßen weiter der *Barração das Canoas Baleeiros*, ein ehemaliger Lagerraum der Walfänger. Darin erinnern heute das Walfangboot *Restinga SG123B*, ein paar Walknochen, Funkgeräte und Flaggen an die Zeit, als vor der Küste Graciosas noch Jagd auf die Riesensäuger gemacht wurde. Eine ähnliche Exposition unterhält das Museum auch in Praia. Bei der Ortschaft Fontes ist das Museum zudem im Besitz einer liebevoll restaurierten und noch voll funktionsfähigen *Windmühle (Moinho de Vento)*. Die Mühle und die Ausstellungen außerhalb des Haupthauses sind jedoch nur nach Anmeldung und offiziell nur für Gruppen zu besichtigen (✆ 295712429, museu.graciosa.info@azores.gov.pt).

▪ Largo Conde de Simas 17; April–Sept. tägl. (außer Mo) 10–17.30 Uhr, sonst tägl. (außer Mo) 9.30–17 Uhr. 1 €.

Reservatório de Água do Atalho: Graciosa leidet im Sommer im wieder unter Wasserknappheit. 1844 war der Wassermangel so groß, dass Tiere verendeten und man Fässer voller Wasser mit Booten von Terceira und São Jorge heranschaffen musste. Daraufhin entstanden auf der gesamten Insel Zisternen. Im Jahr 1866 wurde das Reservatório de Água do Atalho gebaut, eine 1800 m³ Wasser speichernde Zisterne, die man heute trockenen Fußes betreten kann. Im Innern erinnert sie an eine leere Basilika. Gelegentlich finden Ausstellungen und Konzerte darin statt.

▪ Rua Engenheiro Manuel Rodrigues Miranda (an der Straße nach Guadalupe linker Hand, ca. 300 m vom Rossio entfernt). Mo–Fr 14.30–16.30 Uhr. Eintritt frei.

Monte da Ajuda: Einen herrlichen Blick über die Stadt genießt man von dem 130 m hohen Vulkankegel. Drei Einsiedlerkapellen verteilen sich auf dem halbkreisförmigen Krater, darunter die wehrhaft anmutende Ermida de Nossa Senhora da Ajuda aus dem 16. Jh. Das Nebengebäude diente einst Pilgern als Unterkunft. Sehenswert

Graciosa → Karte S. 248

Trutzige Ermida de Nossa Senhora da Ajuda

sind die Azulejos im Inneren. Um hineinzukommen, braucht man aber einen Schlüssel, den man sich zuvor beim Stadtpfarrer in der Igreja Matriz de Santa Cruz holen kann. Die anderen beiden Kapellen auf dem Monte da Ajuda, die Ermida de São João (ebenfalls aus dem 16. Jh.) und die Ermida de São Salvador aus dem 18. Jh., sind weniger interessant. Im Krater unterhalb der Kapellen, die zusammen ein Dreieck bilden, liegt die Stierkampfarena von Santa Cruz.

■ **Anfahrt/Fußweg**: Die Abzweigung auf den Monte Ajuda ist im Zentrum von Santa Cruz von der Rua Almeida Garrett ausgeschildert. Der Weg eignet sich auch als Spaziergang (retour ca. 1 Std.).

Cais da Barra: Eine Attraktion war der östliche Hafen bislang nicht, aber bis zu Ihrem Besuch soll dort eine Marina entstehen. Dazu gibt es ein paar alte Festungsmauern, die noch mit Kanonen bestückt sind. Anbei betreibt der Clube Naval eine Bar. Zudem beginnt am Cais da Barra die *Grande Rota*, der große Inselwanderweg, der zuerst nach Praia (kein schöner Abschnitt!) und dann kreuz und quer über die Insel führt.

An der Abzweigung zum Cais da Barra passiert man das *Cruz da Barra*, eine 5 m hohe Säule, die eine Kugel und ein Kreuz trägt. Früher stand das Kruzifix aus dem 16. Jh. noch direkt am Hafen. Aufgrund eines Gelübdes ließ es Antonio de Freitas errichten, weitere Exemplare angeblich auch auf Teneriffa und an der westafrikanischen Küste. Neben der Säule befindet sich ein altes Waschhaus.

Information/Verbindungen

Information Turismo, im Sommer für gewöhnlich in einem Kiosk am Rossio. Ansonsten etwa 500 m stadtauswärts (Richtung Guadalupe) an der Rua Boavista 11. Ganzjährig Mo–Fr 9–12 u. 13.30–17 Uhr, im Winter zudem Sa 12–13 Uhr und So 16–17.30 Uhr, im Sommer zudem Sa 12–13 u. 15–16 Uhr, So 8.30–10 u. 16–17 Uhr (sofern genügend Personal vorhanden ist). ℡ 295730254, www.cm-graciosa.pt (Rathaus).

Verbindungen Die **Busse** starten vor der Niederlassung der lokalen Busgesellschaft in der Rua Boavista (nahe der Polizei). Wochentags 6- bis 7-mal tägl. nach Praia, Canada Longa und Luz. Von Juli bis Mitte Sept. werktags um 10.30 und 15.45 Uhr ein Bus nach Carapacho, ansonsten nur Do um 8.30 Uhr. Zudem werktags bis zu 11-mal nach Guadalupe sowie 5-mal nach Vitória und Ribeirinha (in den Sommerferien weniger Fahrten). Keine Busse am So; Sa bedient ein Bus um 8.30 und um 12 Uhr die Ortschaften Praia, Luz und Guadalupe.

Taxis stehen am Rossio bereit. Zum Flughafen 5 €, nach Praia 7 €, nach Carapacho 10 €, zur Caldeirinha (Serra Branca) oder zur Caldeira 12 €.

Adressen/Einkaufen

Ärztliche Versorgung **Inselkrankenhaus** außerhalb des Zentrums, von der Straße nach Guadalupe ausgeschildert. ℡ 295730070.

Fluggesellschaft **SATA-Büro**, Mo–Fr 9–17.30 Uhr. Rua Dr. João de Deus Vieira, nahe dem Rossio, ℡ 295730160.

Einkaufen Größter **Supermarkt** der Insel ist **Filnor** ▮ am westlichen Ortsende an der Straße zum Flughafen. Tägl. (außer So) 8–20.30 Uhr.

Den städtischen **Markt** an der Rua do Mercado kann man eigentlich unter Ulk verbuchen, allerdings gibt es hier einen Fischverkäufer und einen guten Metzger.

Brot bekommt man bei **Santos Bakery** ▮ am westlichen Ortsende an der Rua Corpo Santo 18. So geschl.

Campinggas erhält man bei der Galp-Tankstelle am Kreisverkehr etwa 500 m stadtauswärts (Richtung Guadalupe) an der Rua Boavista.

Im **Kunsthandwerkszentrum** (*Feder Poseima Artesanato*, ▮) gibt es Stickereien und Häkeleien, die Frauen vor Ort fertigen. Mo–Fr 8.30–12 und 13–16.30 Uhr. Etwas außerhalb des Zentrums an der Rua Infante Dom Henrique 50 (EG, Seiteneingang).

Übernachten
3 Residencial Santa Cruz
5 Residencial Ilha Graciosa
8 Graciosa Resort

Essen & Trinken
2 Costa do Sol
4 Grafil Coffee Bar
6 Apolo 80
8 Remember Azores

Einkaufen
1 Filnor/Santos Bakery
7 Kunsthandwerkszentrum

Santa Cruz da Graciosa

100 m

Graciosa → Karte S. 248

Reisebüro **Via Graciosa Agência de Viagens e Turismo**, für Flug- und Fährtickets. Mo–Fr 9–12.30 und 14–18 Uhr. Rua Serpa Pinto 19, ☏ 295732981, geral@viagraciosa.com.

Wäsche Eine **Reinigung**, die auch dreckige Wanderhosen wäscht, gibt es an der Rua Infante Dom Henrique 1; Dauer 1–2 Tage, 5 €/kg.

Baden/Kultur & Freizeit/Sport

Baden Eine zentrumsnahe Badestelle an der rauen Küste findet man, wenn man die Rua Conselheiro Pedro Roberto Dias da Silva entlangspaziert. Die nächste Badebucht mit Picknickmöglichkeiten und sanitären Einrichtungen ist **Barro Vermelho** nahe dem Flughafen (→ S. 259). Auf dem Weg dorthin passiert man das **städtische Freibad** *(Piscina Municipal)* mit Liegewiese.

Bootsausflüge und Tauchgänge Bietet im Sommer **Diving Graciosa** an, Rua Corpo Santo 11, ☏ 917062029, www.diving-graciosa.com.

Bootsausflüge oder Tauchausfahrten finden nur statt, wenn mehrere Personen zusammenkommen – das ist meist nur im Juli und August der Fall, bei *Graci-pescas* (→ Praia) zuweilen auch in der Nebensaison, zumal dieser Anbieter auch über eigene Unterkunftsmöglichkeiten verfügt und damit ein höheres Gästeaufkommen hat.

Feste **Johannisfest** am 24. Juni, **Festa do Senhor Santo Cristo** in der 2. Aug.-Woche. Ausgangspunkt der Feierlichkeiten und der Prozession ist die Igreja do Misericórdia.

Käsereibesichtigung Es gibt 2 Käsereien: Die Molkereigenossenschaft **Pronicol** außerhalb der Stadt an der Straße nach Praia (exportiert ihren Käse nach Australien, England, Kanada, in die USA und selbst in die Schweiz) kann nicht besichtigt werden. Die im Industriegebiet darüber gelegene **Queijaria Teimosa** jedoch, ein kleinerer Betrieb, der nur etwa 1000 l Milch täglich verarbeitet, hat Mo–Fr von 9–12 u. 13–18 Uhr und Sa von 9–13 Uhr geöffnet. Hier kann man bei der Käseherstellung (Frisch- und Hartkäse, der bis zu 90 Tage reift) durch eine Glasscheibe zuschauen.

Stierkämpfe Finden im Juni/Juli auf der Straße statt (kostenlos), im Aug. in der **Arena**

auf dem Hügel Monte da Ajuda (Tickets kosten dann 12,50–17 €).

Wein Adega Cooperativa da Graciosa, aus den Fässern, die in einer nüchternen Werkhalle stehen, fließt der Likör *Angelica* (10 €/Flasche), der *Aguardente Vinica* (7,85 €/Flasche) und, sofern die Ernte ausreichend ist, auch der gute Weißwein *Pedras Brancas V.Q.P.R.D.* (6,50 €/Flasche). Mo–Fr 9–17 Uhr. Anfahrt: Vom Markt der stadtauswärts führenden Straße nach Bom Jesus folgen, nach 500 m linker Hand. Charco da Cruz, ✆ 295712169.

Zweiradverleih Über **Medina & Filhos,** → S. 250, Räder 9–11 €/Tag, hat auch Scooter für 25 €/Tag im Programm.

Übernachten   → Karte S. 255

🍃 ****** Graciosa Resort 8**, bestes Haus der Insel. Recht schicke Anlage aus dunkelgrauem Lavastein, die so gar nicht nach Santa Cruz passen will. Minimalistischer Touch. Komfortable, lichte Zimmer mit zeitgemäßem Mobiliar, alle mit Balkon und viele mit Meeresblick. Zudem würfelförmige „Villen" für 4 Pers. mit Küche und Dachterrasse. Restaurant (→ Essen & Trinken), Pool. Der Garten muss noch gedeihen. Ausgezeichnet mit der Green-Key-Zertifizierung für Nachhaltigkeit. EZ ab 115 €, DZ ab 120 €, Villa ab 195,50 €. Ca. 1 km außerhalb des Zentrums am Porto da Barra, ✆ 295730500, www.graciosaresorthotelsantacruz.com

Residencial Ilha Graciosa 5, ordentliches Hotel in einem alten Stadthaus mit gusseisernen Balkonen. Hat schon ein paar Jahre auf

dem Buckel und ist recht altmodisch, aber noch immer sehr gepflegt. Zimmer mit Flair und schönen Holzböden in der 1. Etage, die Zimmer im EG sind jedoch nichts Besonderes. EZ 49 €, DZ 59 €. Avenida Mouzinho de Albuquerque, ✆ 295730220, gracitur@gmail.com.

Residencial Santa Cruz 3, ältliche, aber in Schuss gehaltene, saubere Pension. Den Geruch von Weihrauch sollte man mögen. EZ 42 €, DZ 57 €. Largo Barão do Guadalupe, ✆ 29 5712345, santacruz@sapo.pt.

Hinweis: Zur Festa do Senhor Santo Cristo in der zweiten Augustwoche ist es schwierig, in Santa Cruz ein Zimmer zu bekommen. Reservieren Sie für diesen Termin lange im Voraus.

Essen & Trinken/Nachtleben   → Karte S. 255

Restaurants Remember Azores 8, das schick-zeitgemäße Restaurant des Graciosa Resorts (s. o.), das gehobenste der Insel, serviert internationale Küche, zuweilen gibt es gar Azoren-Ceviche! Hg. 10–12,50 €. Einziger Haken: Außerhalb der Saison oder wenn sich keine Gruppe eingebucht hat, oft leer.

Costa do Sol 2, düsterer, fensterloser Speisesaal, zudem ein wintergartenähnlicher Anbau. Freundlicher Service. Werktags preiswerte Mittagsgerichte, sonst Hg. 7–12 €. So Ruhetag. Am Largo da Calheta 4 nahe dem Hafen, ✆ 295712694.

Apolo 80 6, auch wenn es nicht so aussieht: eines der besten und beständigsten Restaurants der Insel! Vorne Snackbar (ordentliche Frühstücksadresse, Raucher- und Nichtraucherbereich), hinten Restaurant mit Kantinenambiente. Sättigende Mittagsmenüs zu 5 €, ansonsten isst man à la carte. Ein Fischgericht (das frische Tagesangebot liegt in einer Vitrine aus) gibt es für 12 €. Am Rossio, Rua de São João IV. 8, ✆ 295712660.

Café Grafil Coffee Bar 4, *das* Café der Insel, ein sehr authentischer Ort trotz des recht schicken Namens und der kürzlichen Renovierung. An Wochenenden bis spät in die Nacht geöffnet (dann auch mit DJs und Partystimmung!). Kein Schild über der Tür. Im hinteren Saal übt zuweilen die Blaskapelle (lustig!). Süße und deftige Teilchen. Praça Fontes Pereira de Melo (gegenüber dem Taxistand).

Diskothek Die einzige *Discoteca* der Insel ist die **Vila Sacramento**. Nur Fr/Sa, Einlass ab 21 Uhr, voll wird's meist erst gegen Mitternacht. Gespielt wird alles, was Laune macht, darunter viel Latin, House, zuweilen auch Techno. Gemischtes Publikum. Nahe dem Flughafen.

Außerhalb **Quinta das Grotas**, das einst beste Restaurant der Insel war z. Z. d. letzten Recherche 2018 geschlossen! Aber vielleicht macht es ja mal wieder auf. Die Location ist auf jeden Fall schön: ein mit Liebe restauriertes altes Landhaus samt gemütlicher Terrasse. Sollte Ihr Vermieter Ihnen das Lokal empfehlen, hier die Anfahrt: Von Santa Cruz (Rossio) die Straße an der Post vorbei Richtung Rebentão nehmen und dann für ca. 4 km stets geradeaus fahren. An der Kreuzung, wo es rechts nach Vitória geht, links ab nach Ribeirinha. Das Lokal liegt nach ca. 1 km rechter Hand. Caminho das Grotas 28.

Die Windmühlen von Graciosa

Malerisch wirken sie mit ihren weiß getünchten Steinunterbauten und den drehbaren, zwiebelförmigen Holzaufsätzen samt ihren großen Flügeln. Drei funktionstüchtige Windmühlen gibt es auf Graciosa noch, einst waren es fast dreißig. Für viele sind sie die schönsten des Archipels und zugleich Wahrzeichen und bekanntes Fotomotiv der Insel, besonders dann, wenn Tuch auf die Flügel gespannt ist, was allerdings nur noch selten verkommt. Manuel Bettencourt, der letzte hauptberufliche Müller, starb zur Jahrtausendwende, einen Nachfolger hatte er nicht gefunden. Elektrische Mühlen arbeiten auf Knopfdruck.

Die Bauart der Mühlen auf den Azoren ist von Insel zu Insel verschieden, Experten vergleichen die von Graciosa mit denen in Flandern. Graciosas erste Windmühle wurde zu Beginn des 19. Jh. errichtet, zuvor nutzte man zum Korn mahlen die Kraft des Wassers und der Ochsen. Eine Mühle ist auf der Insel noch zu besichtigen (wenn auch offiziell nur für Gruppen), sie gehört heute zum Museu da Graciosa (→ S. 252). Auch kann man noch in einer alten Mühle übernachten (→ Praia/Übernachten, S. 261).

Graciosa → Karte S. 248

Bootsgaragen am Porto Afonso

Weitere Ziele in der Nordhälfte

Drei Höhenzüge, die Serra Branca, die Serra Dormida und die Serra das Fontes, trennen den Norden vom Rest der Insel. Wein, Gemüse und Korn werden hier angebaut. Nur selten sieht man grasende Kühe. Ein Wirrwarr an Straßen durchzieht die dünn besiedelte Region und verbindet die kleinen Weiler und Ortschaften.

Für azoreanische Verhältnisse ist diese Region äußerst flach, nur wenige Hügel erreichen die 100-Meter-Grenze. Die vielen kreuz und quer verlaufenden Straßen sind oft von meterhohen Mauern gesäumt, die nicht ahnen lassen, was dahinter gedeiht. Ins Auge fallen dagegen immer wieder verlassene und dem Verfall preisgegebene Häuser und Anwesen am Straßenrand – stumme Zeugen der Auswanderung. Gepflegte Gärten samt gut bestückten Wäscheleinen und kunterbunten Fensterumrahmungen kennzeichnen dagegen die

noch bewohnten Gebäude. Die meisten Ziele, die einen Halt lohnen, findet man entlang der Küste. Im Westen, wo der Boden extrem trocken ist, fühlen sich Agaven wohl.

Guadalupe

Die zweitgrößte Ortschaft der Insel mit weit über 1000 Einwohnern liegt gerade 3 km von Santa Cruz entfernt im Inselinneren. In drei Himmelsrichtungen zieht sich der Ort, in Richtung Südwesten entlang der Straße nach Ribeirinha, nach Nordosten entlang der Straße nach Santa Cruz und nach Südosten Richtung Canada Longa (zugleich die Straße zur Caldeira). Wo die drei Straßen zusammentreffen, befindet sich das Herz des Ortes. Hier stehen die **Igreja Nossa Senhora da Guadalupe** mit einer für die Azoren typischen Barockfassade, eine Heilig-Geist-Kapelle und der Supermarkt. Zu mehr als zur Durchfahrt eignet sich Guadalupe nicht. Wer aber auf der Straße Richtung Ribeirinha unterwegs ist, kann etwa 200 m hinter der Kirche linker Hand nach dem **Casa Museu João Tomáz Bettencourt** Ausschau halten (Rua Eng. M. Bettencourt 3–9). Dahinter verbirgt sich das einstige Geschäft von João Tomáz Bettencourt – es war in der zweiten Hälfte des 19. Jh. die wichtigste Einkaufsadresse Graciosas und ist noch im Originalzustand erhalten! Eigentlich sollte es Mo–Fr von 8–12 und von 13–16 Uhr geöffnet haben. Wetten, es ist dicht?

▪ **Bus** werktags 11-mal tägl. nach Santa Cruz.

Barro Vermelho/Baden

2 km nordwestlich von Santa Cruz (nahe dem Flughafen) liegt Barro Vermelho, ein Picknickplatz mit Bademöglichkeit. Wie der Name andeutet, ist hier das Erdreich mit rötlichem Lehm durchsetzt, den einst die Töpfer der Insel abgetragen haben. Unmittelbar an der Küstenstraße findet man sanitäre Einrichtungen (Toiletten und Kaltwasserduschen, in der Nebensaison leider oft verschlossen) sowie Grillgelegenheiten, dazu Tische und Bänke unter Akazien. Hier wird auch gecampt. Ein paar vorgelagerte Felsen in der Brandung bilden ein großes natürliches Schwimmbecken. Gäbe es noch einen Sandstrand, wäre die Bucht zum Baden mehr als ideal. Keine Busverbindung.

Farol da Ponta da Barca

Den äußersten Nordwesten der Insel markiert der Leuchtturm an der Ponta da Barca über einer imposant zerklüfteten Steilküste. Im Sommer zeigt der Leuchtturmwärter sein Reich mittwochs von 14–17 Uhr, im Winter von 13.30–16 Uhr – sehr interessant. Östlich des Leuchtturms ragt ein dunkler, schroffer Fels aus dem Meer, der mit seiner Form an einen Wal erinnert und daher im Volksmund Ilhéu da Baleia genannt wird. Nur mit eigenem Fahrzeug zu erreichen, keine Busse.

Vitória

Die Ortschaft ist nicht mehr als ein großes langes Straßendorf, das sich von der Nordwestküste ins Inselinnere erstreckt. Der glorreiche Name der Ortschaft – die Siegreiche – geht auf ein Ereignis aus dem Jahr 1623 zurück. Damals wollten maurische Piraten in der Bucht bei Porto Afonso an Land gehen. Die Bauern des Orts schlugen sie jedoch mit Hacken und Sensen in die Flucht. Die unauffällige **Kapelle Nossa Senhora da Vitória** an der inselumrundenden Küstenstraße ER 1 (ehemals R 1-2) wurde zum Gedenken daran errichtet.

Porto Afonso/Baden

Porto Afonso, einst der Hafen von Vitória, liegt im äußersten Inselwesten in einer geschützten Bucht. Hier erhebt sich ein einsamer Felsen wie ein Obelisk aus der Brandung. Der Weg hinunter zum Hafen offenbart an der steilen Küste die verschiedenfarbigen Erdschichten. Die Vulkanschlacke ist hier so bröselig, dass man, anstatt Bootshäuser zu bauen, nur den Fels aushöhlte. Als Hafen hat Porto Afonso heute ausgedient, nur noch selten fahren Boote zum Fischen oder Algensammeln hinaus. Mittlerweile wird Porto Afonso fast ausschließlich zum Angeln aufgesucht. In den Sommermonaten ist der Hafen zudem ein beliebter Badeplatz, besonders wenn an der Ostküste die See zum Baden zu rau ist. Leider nehmen nicht alle Badegäste ihren Müll wieder mit nach Hause. Nur mit dem Wagen über einen Schotterweg zu erreichen, keine Busse.

Graciosa → Karte S. 248

Serra Branca

Im Westen Graciosas trennt der Höhenzug der Serra Branca die Insel in eine nördliche und eine südliche Hälfte. Darauf fällt ein **4,5-Megawatt-Windpark** ins Auge, der jüngst im Zusammenhang mit dem *Younicos*-Projekt (→ Inselgeschichte) erneuert wurde. Daneben liegt die **Caldeirinha** („kleine Caldeira"). Vom Kraterrand kann man einen Blick in den tiefen Schlot eines Vulkans werfen, der wie der Eingang zum Hades wirkt und in den ein Pfad ein Stück weit hinabführt.

■ **Anfahrt zur Caldeirinha**: Von Ribeirinha kommend, die Straße nach Luz nehmen und nach 2,5 km links abbiegen (die erste Möglichkeit, kein Hinweisschild). Eine Teerstraße führt auf den Hügel mit seinen Antennenmasten. Der Krater liegt gegenüber dem Eingang zur Antennenanlage. Von Luz kommend, geht es 4,4 km hinter der Abzweigung nach Ribeirinha rechts ab.

🚶 **Wanderung 21: Einmal quer über die Insel**   → S. 267
Von der Serra Branca in die Baía da Lagoa und weiter nach Praia

---

Der Inselsüden

Den Süden Graciosas bestimmt die mächtige Caldeira: In ihrem Inneren beeindruckt die Furna do Enxofre, wohl die faszinierendste Höhle der Azoren.

Rund um die Caldeira erstreckt sich überwiegend Weideland, Wein wird hier nur noch wenig angebaut. Von den Ortschaften zu Füßen der Caldeira ist v. a. Carapacho einen Abstecher oder gar einen Aufenthalt wert – man kann dort im Meer und in warmen Thermen baden. Praia, die größte Ortschaft der südlichen Inselhälfte, besitzt neben einem zweitklassigen Sandstrand den bedeutendsten Hafen von Graciosa.

Praia

(São Mateus da Graciosa)

Nach Praia gelangt man, wenn man der Beschilderung „São Mateus" folgt. Dem Hl. Matthäus ist die Pfarrkirche des Städtchens geweiht. Sämtliche Fähr- und Containerschiffe steuern hingegen Praia an. Fast alles, was die Insel importiert und exportiert, geht hier von oder an Bord.

Der Hafen prägt das Leben und das Bild der Stadt. Doch kein malerischer Fischerhafen mit dümpelnden Booten und gemütlichen Cafés zeigt sich hier dem Besucher, sondern eine große Mole aus feinstem grauen Beton. Gleich neben dem Hafen besitzt Praia – wie der Name schon vermuten lässt – einen **Sandstrand**. Dieser ist von der Uferstraße jedoch nicht zu sehen, eine hohe Mauer versperrt den Blick darauf und raubt dem Ort viel Charme; sie hat etwas von einer Festungsmauer, und deshalb wurde sie einst auch gebaut: Sie sollte vor Piraten und Flutwellen schützen. Das vorgelagerte Inselchen **Ilhéu da Praia** ist ein Vogelreservat, zu dem im Sommer Fischerboote übersetzen.

Dem Hafenstädtchen Praia ist eine kleine Insel vorgelagert

Im Winter 2001 lief das Containerschiff *Corvo* auf das Inselchen auf und brach auseinander. Der Navigationsfehler war, so sagt man, die Folge von zu viel Aguardente am Steuerrad.

Sehenswertes hat Praia mit seinen 840 Einwohnern wenig zu bieten. Eine rühmliche Ausnahme ist die **St.-Matthäus-Pfarrkirche**. Sie stammt aus dem 15. Jh. und erlebte mehrere Um- und Anbauten. Im Inneren beeindruckt ein fein geschnitzter Hochaltar und eine Schrankorgel aus dem 18. Jh. Der **Barração das Canoas** (→ Santa Cruz/Museu da Graciosa, S. 253) kann nur nach Vereinbarung und nur von Gruppen besichtigt werden. Einen herrlichen Blick über Praia und die Ilhéu da Praia genießt man von der **Kapelle Nossa Senhora da Saúde** hoch über der Stadt. Um zu ihr zu gelangen, nimmt man vom Zentrum in Praia die Straße zur Caldeira und zweigt in Fonte do Mato bei der Kirche links ab (Hinweisschild, 200 m weiter erneut links halten). Die Fahrt lohnt jedoch nur wegen der Aussicht, die Kapelle selbst ist meist verschlossen.

Tipp: Für die Weiterfahrt nach Santa Cruz bietet sich als Alternative zur Küstenstraße eine Fahrt über den Höhenzug der **Serra das Fontes** an (von der Küstenstraße ist die Abzweigung zwischen Praia und Santa Cruz ausgeschildert). Die Strecke ist komplett geteert und bietet grandiose Ausblicke.

Verbindungen **Bus** werktags 6- bis 7-mal tägl. nach Santa Cruz.

Übernachten **Moinho de Pedra**, hübsch restaurierte Windmühle mit Anbau. Darin und im Unterbau drum herum 4 schöne Appartements für 2–4 Pers., alle mit Küche. Nur nach Vorausbuchung. Von Lesern sehr gelobt. Für 2 Pers. ab 50 €, für 4 Pers. 90 €. Rua dos Moinhos de Venta 28, ☎ 917403791, www.moinho-de-pedra.pt.

Casa das Faias, 2-stöckiger Bau, die Außenmauern natursteinverkleidet, innen gelbe Wände. Darauf eine verglaste Dachterrasse als Aufenthaltsraum. Darunter geräumige Zimmer. Zum Frühstücken geht's in den Wintergarten. Die Betreiber bieten mit ihrem Unternehmen *Gracipescas* zugleich Wassersportmöglichkeiten an. DZ 80 €. Anfahrt: Von der Uferstraße Praias (Höhe Strandzugang) Richtung Norden (Windmühlen) halten und bei der ersten Möglichkeit links ab, dann gleich linker Hand. Rua Infante D. Henrique 10, ☎ 295732530, www.gracipescas.com.pt.

Camping **Parque de Campismo Pinheiro**, hoch über Praia, knapp 1 km vom Hafen entfernt. Baumbestandene Wiese mit Blick über Praia aufs Meer (eigener kleiner Aussichtspunkt). Kinderspielplatz, Picknickplätze, Grill, ordentliche sanitäre Anlagen (Warmwasser). Offiziell ganzjährig zugänglich, in der NS

Süße Mitbringsel – Queijadas da Graciosa

Die Inselspezialität Queijadas da Graciosa hat in jeder Konditorei-
auslage des Archipels ihren festen Platz. Auf dem Flughafen von
Graciosa sieht man sie in weiß-blauen Zwölferkartons gleich sta-
pelweise neben jedem zweiten Reisenden stehen. Kein Emigrant,
der *das* Mitbringsel aus der Heimat nicht im Gepäck hat.

So gehen sie von den Backblechen der *Pastelaria Queijadas da Graciosa* in Praia in die ganze Welt. Die Queijadas werden aus
Maismehl, Eiern, Milch und sehr viel Zucker gebacken. Obwohl
sie häufig als Käsekuchen bezeichnet werden, haben sie nichts
mit den sahnig-lockeren Gebilden von zu Hause gemeinsam.
Queijadas da Graciosa werden, sind sie erst einmal ein paar Tage
alt, recht steinige Teilchen, außerdem sind sie pappsüß. Ein Karton mit zwölf Stück kostet 7 €.

■ Zur **Pastelaria Queijadas da Graciosa** gelangt man, wenn man von der Uferstraße
nördlich des Hafendamms der Straße zwischen den Windmühlen hindurch folgt und 100 m
weiter links abbiegt. Mo–Fr 9–18 Uhr, Sa bis 16 Uhr. www.queijadasdagraciosa.webnode.pt.

sind die Sanitäranlagen jedoch oft zugesperrt
(werden aber aufgesperrt, wenn man anruft
und Bescheid gibt). Fahrbarer Untersatz ratsam. Anfahrt: nördlich des Hafendamms die
Straße zwischen den Windmühlen landeinwärts nehmen (Beschilderung „Pinheiro"). 2
Pers. mit Zelt 4 €. Praia, ✆ 914047898.

Essen & Trinken Snack-Bar José João, Mischung aus Bar, Backwarenverkauf (vorne) und
Restaurant (hinten). Man sitzt im Natursteinge-
mäuer. Mo–Fr Mittagstisch, sonst überlange
Speisekarte, auf der auch Pasta Carbonara, gebratene Nudeln mit Garnelen oder *Feijoada*
mit Meeresgetier zu finden sind – allzu hohe

Nossa Senhora da Saúde: Kapelle mit Logenblick

Ansprüche sollte man nicht haben (Lesermeinung: „Alles von bescheidener Qualität"), doch Alternativen gibt es nicht wirklich. Hg. für das Gebotene teure 7–14 €. Di Ruhetag. An der Uferstraße hinter der Strandmauer, Rua Fontes Pereira de Melo 148, ✆ 295732855.

Bootstouren/Tauchen Bieten **Gracispescas** (buchbar über die Casa das Faias, → Übernachten) und **Calypso Azores** (✆ 917566500, www.calypsoazores.com, in Praia bei der Kirche, Rua Rodrigues Sampaio 10). Einmal rund um die Insel kostet etwa 33 € (sofern 5 Pers. zusammenkommen), Schnorcheltrips 25 € (sofern 4 Pers. zusammenkommen). Auch bieten beide auf Anfrage Tauchausfahrten an.

Zweiradverleih Über **Calypso Azores** (s. o.) bekommt man Mountainbikes ab 5 €/Tag.

 Wanderung 22: Von Praia rund um die Caldeira   → S. 269
Die Tour führt von Praia nach Carapacho.

Luz und Umgebung

Im Südwesten der Insel, im Schatten der mächtigen Caldeira, liegt das rund 700 Einwohner zählende Luz – ein freundliches Örtchen ohne besondere Sehenswürdigkeiten. Daran ändert auch das Marienbild mit Jesulein in der Pfarrkirche nichts, welches das Meer an die Küste Graciosas spülte und das hier hoch verehrt wird. Vermutlich wurde das Heiligenbild von ungläubigen Piraten in die See geworfen, nachdem sie es irgendwo geraubt und kein „Lösegeld" dafür bekommen hatten. Nett: das Spiel der neun Kirchenglocken zu jeder vollen Stunde.

Folgt man vom Zentrum der inselumrundenden ER 1 (ehemals R 1-2) nach Nordwesten, zweigt linker Hand eine Stichstraße zur **Baía da Folga** ab, dem Hafen von Luz. Auf dem Weg dorthin passiert man eine Farm, auf der die Spirulina-Alge gezüchtet wird. Sie findet in Nahrungsergänzungsmitteln Verwendung und soll die Selbstheilungskräfte des Körpers aktivieren. Am Hafen selbst bringen frühmorgens die Fischer ihren Fang an Land. Wer zu spät kommt, kann nur noch zuschauen, wie die Boote über eine Winde aus dem Wasser gezogen werden.

Die nächste Bucht weiter nördlich ist die **Baía do Filipe** mit der Häuseransammlung **Beira Mar** (mit „Beira Mar do Sul" ausgeschildert). Viele der ruinösen Natursteinhäuser wurden in jüngerer Zeit zu Sommerresidenzen umgewandelt. Ein paar kann man auch mieten. Außerdem wurde ein Picknickplatz angelegt.

Verbindungen Bus werktags 6- bis 7-mal tägl. nach Santa Cruz sowie Juli–Sept. 2-mal tägl. nach Carapacho (ansonsten nur Do nach Carapacho).

Übernachten **Quinta Graciosa**, das Anwesen des Berliner Paars Heike und Michael Blaumeiser liegt etwas außerhalb von Luz und besteht aus dem alten Haus *Casa Velha* (für bis zu 3 Pers.) und dem neuen Anbau *Casa Bela Vista* (für 2 Pers.). Schöner Meeresblick, Garten, Grill, kleiner Fischteich (eine ehem. Zisterne). Für 2 Pers. ab 48 € zzgl. Endreinigung. Luz, ✆ 01794906765 (Deutschland), www.enjoyazores.com.

Essen & Trinken **Restaurante Estrela do Mar**, urige, verkachelte Fischtaverne. Innen manchmal lederhäutige alte Männer beim Kartenspielen, außen ein kleiner Verschlag mit ein paar Tischen und Aussicht über die Bucht. Gebratener, frittierter und gekochter Fisch zu angemessenen Preisen, i. d. R. frisch und nicht aus der Tiefkühltruhe – trotzdem nicht zu viel erwarten. In der Baía da Folga, ✆ 295712560.

Graciosa → Karte S. 248

🚶 **Wanderung 23: In die Baía da Folga**   → S. 271
Kurze Rundwanderung ab Luz

Die Caldeira

Die Caldeira von Graciosa ist die Attraktion der Insel schlechthin. Das, was sie von den anderen Caldeiras des Archipels unterscheidet, ist die Höhle Furna do Enxofre im Kraterinnern, die zum Besuch in die Unterwelt einlädt. Sogar einen Prinzen aus Monaco zog sie Ende des 19. Jh. in ihren Bann.

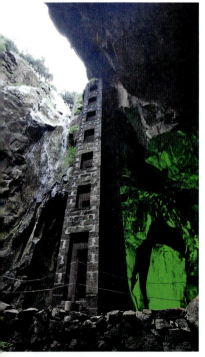

Treppenschacht zur
Furna do Enxofre

Rund 1200 m misst die Caldeira im Durchmesser, vor rund 12.000 Jahren entstand sie. Von Canada Longa gelangt man durch einen Tunnel ins Innere des imposanten Kraters, der teils bewaldet ist, teils als Weideland genutzt wird. Die Sonne strahlt erst ab dem späten Vormittag über die mächtige Kraterwand. Kurz hinter dem Tunnel zweigt links eine Straße zu einem Picknickplatz mit Grillmöglichkeiten (Parque de Merendas) und Wildgehege ab. Geradeaus nach unten führt der Weg zur Furna do Enxofre. Die Höhle ist ein einzigartiges Naturphänomen. Über einen Treppenschacht inmitten eines Vulkanschlots steigt man hinab in eine andere Welt, wo stechende Schwefeldämpfe die Luft durchziehen und sich ein See namens Styx ausbreitet. An den Krateraußenwänden der Caldeira sind noch weitere Höhlen zu besichtigen (s. u.).

🚶 **Wandertipp** Rund um die Caldeira und in die Caldeira hinein führt **Wanderung 22**, → S. 269.

Furna do Enxofre

Einst musste man sich in die Höhle abseilen, seit 1939 erleichtert ein Treppenschacht mit 184 Stufen den Zugang. Einst holten die Bauern aus dem Styx-

See Wasser für ihr Vieh, seit Jahrzehnten ist das verboten. Und einst wurde mit einem Kahn über den See gerudert, der 15 m tief war und einen Durchmesser von 150 m hatte; heute ist der See ein wenig geschrumpft und der Kahn undicht – er liegt am Ufer, das aus Sicherheitsgründen abgesperrt ist. Es sind die aufsteigenden Dämpfe und Gase (v. a. das geruchlose Kohlendioxid), die gefährlich werden können und schon Menschenleben gekostet haben. Daher wird die Höhle mit CO_2-Detektoren überwacht. Wegen überhöhter Kohlendioxidwerte ist die Furna do Enxofre auch hin und wieder geschlossen. Ist die Höhle aber geöffnet, erwartet Sie noch immer ein Erlebnis der besonderen Art – am besten zur Mittagszeit kommen, wenn das Sonnenlicht durch den Vulkanschlot fällt. Die Gewölbehöhe beträgt rund 50 m, die Gesamtlänge der Höhle rund 200 m. Auch gibt es Fumarolen mit 84,5 °C heißen, schlammigen Quellen. Der Ozeanforscher und Geologe Prinz Albert von Monaco segelte 1879 über den halben Atlantik, um hier ins Innere der Erde abzusteigen – seinerzeit noch über eine Strickleiter. Tickets bekommt man im schicken Besucherzentrum, wo ein paar wenige Schautafeln über die Geologie der Insel informieren.

Verbindungen Wer per **Bus** zur Höhle möchte, muss in Canada Longa aussteigen und den Rest des Weges laufen, ca. 40 Min. Der Weg ist mit „Caldeira" ausgeschildert, → Wanderung 22.

Öffnungszeiten Sofern es der Kohlendioxidgehalt zulässt: Nov.–März Di–Fr 10–17 Uhr, Sa 14–17.30 Uhr, April–Okt. tägl. 10–18 Uhr. 5 €, erm. 2,50 €.

Furna de Abel

An der Außenseite der Caldeira, zwischen Viehweiden und Schweineställen, liegt die Höhle Furna de Abel. Es handelt sich dabei um einen Hohlgang, der durch Gasbildung in der sich abkühlenden Lava entstand. In der Gegend gibt es noch ähnliche Höhlen, allerdings hält keine einzige einem Vergleich mit der Furna do Enxofre stand.

Anfahrt/Fußweg Von Canada Longa der Beschilderung zur Caldeira folgen und nach ca. 400 m rechts abzweigen. Nach weiteren 100 m liegt die Höhle etwa 15 m rechts der Straße (Hinweisschild). Vom Auto aus sieht man sie jedoch nicht, man muss schon aussteigen. Frei zugänglich.

Furna da Maria Encantada

Diese Höhle gleicht einer sich schlängelnden Röhre am Kraterrand und lohnt einen Besuch v. a. wegen der herrlichen Aussicht über die bewaldete Caldeira. Über einen ca. 15 m langen Hohlgang gelangt man von der Krateraußenseite in das Innere des Felsrunds. Hält man sich vor dem Hohlgang rechts und steigt für etwa 300 m den Grat der Caldeira bergauf, gelangt man zu einem Aussichtsturm hoch über der Caldeira.

Anfahrt/Fußweg Von Canada Longa der Beschilderung zur „Caldeira" folgen und nach ca. 400 m rechts abzweigen. Nach 500 m erreicht man die Straße, die die Caldeira umrundet; hier links halten. 150 m weiter ist der Beginn des Fußwegs zur Höhle ausgeschildert, keine 5 Min. Dauer.

Carapacho

Ganz im Süden von Graciosa liegt Carapacho zu Füßen der Caldeira und der Ponta da Restinga mit ihren imposanten Klippen, auf der ein Leuchtturm den Schiffen den Weg weist. Vor der Küste erhebt sich aus dem Meer die kleine Felseninsel **Ilhéu de Baixo**. Carapacho selbst, ein adrettes Straßendorf, war übrigens die erste Siedlung der Insel. Die Attraktion des Ortes ist das hiesige **Thermalbad (Termas do Carapacho)**. Das über 100 Jahre alte Badehaus wurde erst vor wenigen Jahren aufwendig restauriert und mit einem neuen Anbau versehen. Mittlerweile fällt aber schon so manches wieder aus den Angeln. Drinnen gibt es u. a. ein Bewegungsbecken mit 35–40 °C warmem Wasser, einen Jacuzzi und

Badewannen. Davor befindet sich ein Meeresschwimmbecken. Wer länger bleiben will, kann in Carapacho auch übernachten, dazu laden ein idyllischer Campingplatz und mehrere Quartiere ein.

Verbindungen Nach Carapacho fährt von Santa Cruz donnerstags (Abfahrt 8.30 Uhr) ein Bus hin und gleich wieder zurück (ca. 30 Min. später). Von Juli bis Mitte Sept. starten die Busse in Santa Cruz Mo–Fr um 10.30 u. 15.45 Uhr (Stand 2018).

Übernachten Ferienhäuser der Santa Casa da Misericórdia, die Kirchengemeinde aus Santa Cruz verwaltet 7 einfache Ferienhäuschen nahe der Snackbar Dolphin, alle mit Bad, Küche, Wohnzimmer und Terrasse. Im Juli/Aug. ist meist jemand vor Ort, der Rezeptionist spielt. Ansonsten bucht man in Santa Cruz im Seniorenheim (!) *Lar de Santo Cristo* an der Rua do Mercado 4 (Mo–Fr 9–12 und 14–18 Uhr). Je nach Größe der Häuser 25–60 €/Tag. ✆ 295712588, misericordiaseg@hotmail.com.

Quinta da Gabriele, das Anwesen der hilfsbereiten Deutschen Sibylle Vogel. Vermietet werden 2 freundliche Gästehäuser: ein überaus geräumiges für bis zu 5 Pers. und ein kleineres für bis zu 3 Pers., beide mit komplett ausgestatteter Küche. Schöne Terrasse mit Meeres-, Caldeira- und Leuchtturmblick. Grill, Außenpool und Sauna. Größeres Apartment für 2 Pers. 60 € (jede weitere Pers. 10 €), kleineres für 2 Pers. 40 €. Am westlichen Ortsende von Carapacho 50 m hinter dem Waschhaus, Nr. 52, ✆ 295714352, sibylle-vogel@sapo.pt.

Camping Parque de Campismo Carapacho, schöner, terrassierter und romantischer Platz mit viel Schatten, Grillgelegenheiten und relativ sauberen sanitären Einrichtungen (Warmwasser nur in der Saison). Ohne Mietwagen jedoch am Ende der Welt. Der Platz ist frei zugänglich (nicht umzäunt), offiziell aber nur von Juni–Sept. geöffnet. Azoreaner feiern hier gern auch mal kleine Partys. Zwischen dem Thermalbad und dem Café Dolphin. 1,50 €/Zelt (falls jemand zum Abkassieren kommt). ✆ 295 712959 (Rathaus Luz).

> **Hinweis**: Der nächste größere Laden befindet sich in Luz!

Essen & Trinken Snackbar Dolphin, Bar und Restaurant neben dem Campingplatz. Große Portionen zu günstigen Preisen, gut schmeckt die *Cataplana*. Gemütliche Terrasse mit Meeresblick. ✆ 295712014.

Thermalbad Di–Fr 12–19 Uhr, Sa/So 10–17 Uhr. Pool 2 €, Hydromassagebad 4 €, Ganzkörpermassage 32 €.

Das Thermalbad von Carapacho

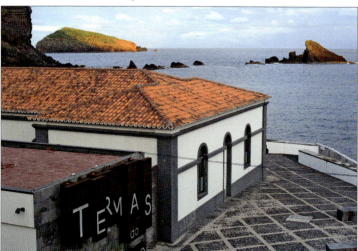

Wanderung 21: Ruinenidylle

Wanderungen auf Graciosa

Einmal quer über die Insel → Karte S. 268

Route: Von der Serra Branca vorbei an Wiesen und Weiden und durch Wälder in die Baía da Lagoa und weiter nach Praia.

Länge/Dauer: 8,9 km, 3 Std.

Einkehr: Unterwegs keine Möglichkeit.

Besonderheiten: Einfacher, markierter Weg, ab den Windrädern identisch mit dem *Percurso Pedestre PR 1 GRA*. Da der Weg mittlerweile in großen Teilen asphaltiert ist, sollte man die Tour eher als Inselerkundung per pedes denn als Wanderung sehen.

An- und Weiterfahrt: Ausgangspunkt der Wanderung ist die Abzweigung auf die Serra Branca an der Straße zwischen Ribeirinha und Luz (→ S. 260). Da dorthin keine Busse fahren, muss man entweder ein Taxi nehmen (von Santa Cruz ca. 12 €) oder den Bus bis Ribeirinha, was die Wanderung jedoch um anstrengende 2,5 km verlängert, da es auf diesen Metern überwiegend bergauf geht. Die Straße nach Luz ist bei dem kleinen Kreisverkehr in Ribeirinha (zugleich die Bushaltestelle) ausgeschildert. Von Praia bestehen verhältnismäßig gute Busverbindungen zurück nach Santa Cruz.

Wegbeschreibung: Vom Ausgangspunkt der Wanderung (s. o.) **1** folgt man dem Asphaltsträßlein, das entlang jüngst aufgeforsteter Bäume hinauf auf den Hügel mit den Antennenmasten und Windrädern führt (dort auch eine Wandertafel). Gegenüber dem Eingang zur Antennenanlage liegt die **Caldeirinha 2**, ein Vulkanschlot, dessen Anblick man sich nicht entgehen lassen sollte (→ S. 260). Danach geht es auf dem Sträßlein weiter, den Hang wieder bergab. Die erste Rechtsabzweigung bleibt unbeachtet. Bei der nächsten Möglichkeit **3** hält man sich rechts.

Ca. 70 m weiter (vorbei an einem Teich) zweigt rechts ein asphaltiertes Sträßlein ab, Ihr Weg für die nächsten 1,3 km. Nach einer Weile taucht die Ostküste Graciosas auf, schräg voraus die Ilhéu da Praia. Man verlässt das Sträßlein bei einer Linksabzweigung **4** (auf weiß-rote Markierungen achten), noch bevor die Ilhéu da Praia wieder aus dem Blickfeld verschwindet. Nun geht es auf einem Schottersträßlein (das zuletzt so aussah, als würde es geteert werden) relativ steil bergab.

An einer **aufgegebenen Grundschule** *(Escola Primaria)* **5** trifft man auf die Verbindungsstraße zwischen Guadalupe und Canada Longa, rechts halten. Nach ca. 300 m gelangt man an eine Abzweigung mit einem „Weihnachtsbaum" in der Mitte, einer Araukarie; hier links halten. Die Straße endet nach ca. 500 m an einer kleinen **Wendeplatte 6**. Zwei Feldwege führen von hier weiter, der linke ist Ihrer.

Nun wandern Sie auf einem uralten Weg und kommen vorbei an aufgegebenen Gärten und vor langer Zeit verlassenen Gehöften. Nach ca. 10 Min. gabelt sich der Weg, man hält sich weiterhin links (gelb-rot markiert). Schließlich trifft der Weg in einer Kurve auf die **Verbindungsstraße 7** zwischen Santa Cruz und Praia. Hier man sich für ca. 20 m rechts und dann wieder links – Ihr Weg in die Siedlung Lagoa. Alle Abzweigungen bleiben unbeachtet. In der Siedlung folgt man vorerst der Straße, die von Laternen an Betonpfeilern gesäumt ist. Bei Hausnummer 56 **8** jedoch zweigt man links ab, dem Meer entgegen. Die Straße schwenkt schließlich kurz vor der Küste nach rechts in Richtung **Praia 9** ab.

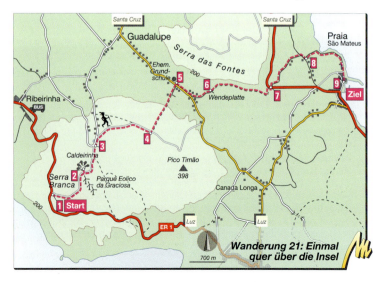

Wanderung 21: Einmal quer über die Insel

Blick in die Caldeira

Graciosa ↓ Karte S. 248

→ Karte S. 270

GPS-Wanderung 22

Von Praia rund um die Caldeira

Route: Praia – Furna da Maria Encantada (Abstecher ins Innere der Caldeira) – Praia.

Länge/Dauer: Ohne den Abstecher zur Furna do Enxofre 10,4 km, mit Abstecher 14,4 km. Dauer ohne Abstecher 3 Std., mit Abstecher 5:30 Std.

Einkehr: Unterwegs keine Möglichkeit.

Besonderheiten: Einfache, z. T. auf asphaltierten Wegen verlaufende Wanderung, die in Abschnitten dem *Percurso Pedestre PRC 2 GRA* folgt. Unterwegs genießen Sie herrliche Ausblicke.

An- und Weiterfahrt: Praia erreichen Sie problemlos per Bus von Santa Cruz (→ Verbindungen dort).

Wegbeschreibung: Man verlässt das Zentrum Praias **1** gen Süden auf der Küstenstraße Richtung Fenais/Carapacho. Ca. 200 m nachdem man eine **Kapelle** mit der Jahreszahl 1933 passiert hat, zweigt man direkt hinter einer Brücke **2** nach rechts in den Feldweg Caminho da Ventosa ab (rot-weiß markiert). Nun geht es stets bergauf, alle kleineren Abzweigungen bleiben unbeachtet, bis man nach ca. 30 Min. – im Sommer ziemlich verschwitzt – die die Caldeira umrundende Straße (an ihren Baumreihen zu erkennen) erreicht **3**.

Auf der Straße, die die Caldeira umrundet, hält man sich rechts. Nach rund 10 Min. führen links ein paar Stufen zur **Furna da Maria Encantada** (Hinweisschild, → S. 265), von wo sich ein imposanter Ausblick ins Kraterinnere auftut **4**. Folgt man der Schotterstraße weiter, erreicht man knapp 100 m

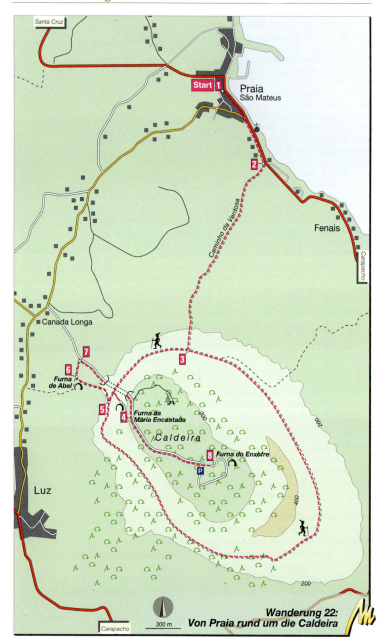

Santa Cruz

Start 1 Praia
São Mateus

2

Fenais

Carapacho

Caminho da Ventosa

Canada Longa

7

6
Furna
de Abel

3

5

4
Furna da
Maria Encantada

Caldeira

8 Furna do Enxofre

P

Luz

400

200

200

Carapacho

300 m

Wanderung 22:
Von Praia rund um die Caldeira

später die Abzweigung **5**, wo sich alle, die einen Abstecher ins Innere der Caldeira und zur **Furna do Enxofre** unternehmen wollen, rechts halten.

Für diesen **Abstecher ins Innere der Caldeira und zur Furna do Enxofre** muss man inkl. Besichtigung mit ca. 2:30 Std. rechnen. Nach ca. 350 m liegt linker Hand die Höhle Furna de Abel **6**. 100 m weiter zweigt man rechts ab **7**. In den Krater gelangt man durch einen Tunnel. Bei der Weggabelung dahinter hält man sich rechts (links geht es zu einem Picknickplatz). Knapp 1 km nachdem man den Tunnel passiert hat, endet die Straße für den Autoverkehr an einem Parkplatz. Vom Parkplatz führt der gelb-rot markierte Weg als Treppenpfad zum Besucherzentrum **8**.

Bleibt man jedoch auf der Straße, die teils asphaltiert, teils als Schotterpiste den Krater umrundet, genießt man aus der Vogelperspektive herrliche Ausbli-cke auf die darunter liegenden Ortschaften und Küstenabschnitte. Vorbei geht es an Luz mit Kirchturm und Sportplatz, den Hintergrund bestimmt die Serra Branca. Bei klarer Sicht kann man sogar in der Ferne hinter São Jorge den Pico erkennen. Hinter einem kleinen Waldstück erscheint am Fuß des Kraters die Siedlung Alto do Sul, danach die Ortschaft Carapacho unterhalb des mächtigen und von einem Leuchtturm gekrönten Felsens Restinga. Nach den spärlich besiedelten Südosthängen der Caldeira tauchen schließlich die Häuser von Fenais auf, dahinter liegt die Ilhéu da Praia und westlich der Insel das gleichnamige Städtchen mit seiner großen Kaimauer.

Auf der Nordostseite der Caldeira verlässt man schließlich den Rundweg über jenen Weg, den man von **Praia** heraufgekommen ist. So gelangen Sie zurück zum Ausgangspunkt der Wanderung **1**.

Graciosa → Karte S. 248

GPS-Wanderung 23

In die Baía da Folga   → Karte S. 272

Route: Luz – Baía da Folga – Luz.

Länge/Dauer: 3,5 km, ca. 1–1:15 Std.

Einkehr: Restaurant in der Baía da Folga.

Besonderheiten: Einfache, schöne und kurze Rundwanderung. Der herrliche erste Abschnitt in die Baía da Folga ist identisch mit dem offiziellen Wanderweg *Percurso Pedestre PR 3 GRA*. Der nüchternere Rückweg verläuft auf einer kaum befahrenen Straße.

An- und Weiterfahrt: → Luz/Verbindung.

Wegbeschreibung: Von der zentralen Kreuzung in **Luz** mit dreieckiger Verkehrsinsel **1** und blau-weißer Heilig-Geist-Kapelle folgt man der bergab führenden Straße (rechts vorbei am Gebäude mit der Aufschrift „Largo 1 de Dezembro"), bis es nach rund 500 m rechts abgeht – hier ein Wanderhin-weisschild mit der Aufschrift „Portinho da Folga" **2**. Sollte dieses aus irgendwelchen Gründen nicht mehr vorhanden sein, achten Sie auf die betonierten Straßenlaternen linker Hand. Vor jener, die ein gelb-rotes Kreuz ziert (die Markierung für „falscher Weg"), müssen Sie rechts ab. Nun geht es auf einem

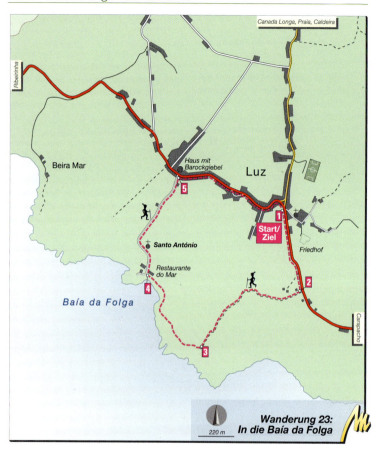

Canada Longa, Praia, Caldeira

Ribeirinha

Beira Mar

Haus mit
Barockgiebel

Luz

5

Santo António

1

Start/
Ziel

Friedhof

Restaurante
do Mar

4

2

Baía da Folga

Carapacho

3

220 m

*Wanderung 23:
In die Baía da Folga*

Feldweg weiter. Dieser verläuft anfangs mehr oder weniger parallel zur
Küste, schließlich auf die Küste zu.
Die alten Natursteinmauern, die ihn
rechts und links flankieren, sind zuweilen mehr als mannshoch. Dahinter
wird z. T. Wein angebaut. Der Feldweg
ist bestens rot-gelb markiert. Kurz bevor man das Meer erreicht, schwenkt
der Weg nach rechts ab **3** und wird
anschließend zum Pfad. Weiter geht
es, mit dem Meer zur Linken, entlang
der schroffen Lavaküste. Nach ca.

10 Min. auf dem Pfad hat man die
Baía da Folga **4** bereits erreicht. Hinter dem dortigen Restaurante do Mar
hält man sich rechts und folgt dem gepflasterten Sträßlein bergauf an der
Kapelle Santo António vorbei. Kurz
hinter der Kapelle geht das Pflastersträßlein in eine asphaltierte Straße
über und endet nach 700 m an einem
Stoppschild bzw. vor einem Haus mit
Barockgiebel **5**. Hält man sich hier
rechts, gelangt man zurück zum Ausgangspunkt der Wanderung **1**.

Faial

Die Ilha Azul, wie Faial wegen der vielen blauen Hortensienhecken auch genannt wird, ist ohne Zweifel eine der reizvollsten Inseln der Azoren. Nicht ohne Grund: Neben einem charmanten Hauptstädtchen bietet es eine imposante Caldeira und das Vulkangebiet von Capelinhos.

Wussten Sie, dass in Horta einst eine deutsche Siedlung existierte?
→ S. 286

Faial, die fünftgrößte Insel der Azoren, ist alles andere als ein Mauerblümchen. Die Inselschönheit zieht Besucher an, und das schon lange. Globuswunder Martin Behaim kam, fand hier die Liebe und blieb zehn Jahre. Aussteiger aus ganz Europa machen es ihm bis heute nach – kein Wunder bei dieser Anmut. Schon Mark Twain (1835–1910), der im Sommer 1867 vorbeischaute, notierte: „Wir ankerten auf der offenen Reede vor Horta, eine halbe Meile vor der Küste. Die Stadt hat acht- bis zehntausend Einwohner. Ihre schneeweißen Häuser kuscheln sich behaglich in einem Meer von frischen grünen Pflanzen, und kein Ort könnte hübscher oder einladender aussehen." (aus: *Reise durch die Alte Welt*).

In seiner Geschichte war Faial nur selten ein abgeschiedenes Eiland „irgendwo im Blauwasser", so das Seglerdeutsch. Vielmehr war Faial meist mit der Außenwelt verbunden, z. B. als Stopover für Transatlantikflüge – selbst die Lufthansa legte mit ihren Wasserflugzeugen im Hafen von Horta Zwischenstopps ein. In Kontakt mit dem Rest der Welt war die Insel aber auch als Zentrum des Fernmeldewesens zwischen Alter und Neuer Welt. Als die Deutsch-Atlantische Telegraphengesellschaft noch in Horta aktiv war, ging jedes Telegramm von Berlin nach New York über Faial. Heute ist der Jachthafen von Horta die erste Adresse für Atlantiküberquerer.

Zu den landschaftlichen Höhepunkten Faials zählen die mächtige, das Inselinnere beherrschende Caldeira und das Vulkangebiet von Capelinhos, eine Aschewüste, die durch den letzten Vulkanausbruch der Azoren zwischen 1956 und 1958 entstanden ist. Caldeira

und Capelinhos verbindet der *Trilho dos Dez Vulcões,* der „Weg der zehn Vulkane", einer der attraktivsten Wanderwege der Azoren.

Faial bietet auch gute Strände, die meisten sogar in bzw. nahe der Inselmetropole, dazu eine touristische Infrastruktur, wie sie ansonsten nur auf São Miguel oder Terceira zu finden ist. Regelmäßige Schiffsverbindungen im *Triângulo* – so bezeichnet man das „Dreieck", das Faial, Pico und São Jorge bilden – machen Horta zudem zu einem interessanten Ausgangspunkt für Erkundungen der Nachbarinseln.

Der schönste Ort

Herrschaftliche Gebäude, ein kunterbunter Jachthafen und viel Weltenbummleratmosphäre: Horta ist ein lebendiges Städtchen, das seine Besucher mit offenen Armen empfängt. Dank hübscher Unterkünfte und guter Restaurants auch als Standort überaus empfehlenswert.

Wahnsinnsblicke

Einen traumhaften Blick auf Horta hat man frühmorgens vom **Miradouro Nossa Senhora da Conceição**. Spannende Ausblicke bieten zudem der **Miradouro Ribeira das Cabras** auf die Nordküste oder den Aussichtspunkt am Grat der **Caldeira** in deren tiefen Kessel. Und ganz spektakulär ist der Blick vom **Leuchtturm** an der Ponta dos Capelinhos über die Aschewüste des Vulkans.

Plätze fürs Picknick

Ganz idyllisch sind die Picknickplätze an der **Ponta da Ribeirinha**, im gepflegten Waldpark von **Capelo**, zudem hoch über der Küste von **Ribeira Funda**.

Wohin zum Baden?

Mehrere gute Bademöglichkeiten rund um die Insel, man kann zwischen Sandstränden und Felsbuchten wählen. Beliebt und im Sommer rege besucht ist **Porto Pim**, der Hausstrand von Horta in einer geschützten, kreisrunden Bucht. Wo heute Kinder planschen, brachten bis in die 1970er-Jahre Walfangboote ihre Beute an Land. Der Gestank war damals bestialisch, das Meer rot vom Blut der Säuger und voller Haie. Nördlich von Horta kann man an der **Praia do Almoxarife**, einem weiten dunklen Sandstrand, alle Fünfe gerade sein lassen. Raue Naturschwimmbecken findet man am Hafen von **Salão** und bei **Varadouro**. Wildromantisch ist der Beach in der **Baía da Ribeira das Cabras**, ein großer schwarzer Sandstrand am Fuß einer imposanten Steilküste.

Und was tun bei Regen?

Mit dem Besuch des **Centro de Interpretação do Vulcão** an der Ponta dos Capelinhos und der **Museen von Horta** kann man locker einen nassen Tag überbrücken. Und wenn's dann immer noch regnet: Sailorwatching im **Peter Café Sport** beim besten Gin weit und breit. Viele Segler langen nach zwei Wochen Blauwasser mal wieder kräftig zu. Wer am richtigen Tisch sitzt und dem Seemannsgarn lauscht, schaut nicht mehr auf die Uhr – versprochen!

① Reserva Florestal Natural Parcial do Vulcão dos Capelinhos
② Zona de Proteção Especial da Caldeira e Capelinhos

Inselgeschichte

Die Geschichte Faials spiegelt in gewisser Hinsicht die Geschichte der gesamten Azoren wider. Wie keine andere zeigt die Insel, dass alle historischen Entwicklungen auf dem Archipel von außen beeinflusst wurden.

Vermutlich wurde die Insel von Jácome de Bruges entdeckt, wenige Tage nachdem er am 23. April 1450 auf São Jorge an Land gegangen war. Der Sage nach soll der erste Siedler ein Abenteurer gewesen sein, der hier fernab jeglicher Zivilisation sein Glück versuchte. Die Besiedlung Faials im großen Stil leitete 1466 der Flame Josse van Hurtere ein, der durch Heirat gute Beziehungen zum portugiesischen Königshaus unterhielt. Damals vermutete man reiche Zinn- und Silbervorkommen auf der Insel. Deshalb war es für van Hurtere leicht, zur Zeit des Hundertjährigen Kriegs zwischen Frankreich und Eng-

land im Not leidenden heimatlichen Flandern annähernd 1000 Landsleute zu finden, die bereit waren, mit ihm nach Faial auszuwandern. *Ilha da Ventura*, „Glücksinsel", hieß Faial damals noch. Die Menschen, die kamen, zeigten sich dem edlen Spender für die Überfahrt dankbar und nannten ihr neu gegründetes Fischerdorf am Nordufer der Bucht „Porto Pim" nach ihm. Über die Jahrhunderte hinweg wurde schließlich „Horta" daraus – das portugiesische Wort für Gemüsegarten.

Als man aber kein Zinn und Silber fand, obwohl man unzählige Wälder gerodet und das Erdreich darunter umgepflügt hatte, setzte sich der Inselname „Fayal" durch (*faia* sind im Portugiesischen Buchen, und dafür hatte man die hiesigen Bäume zunächst gehalten). 1468 erhielt van Hurtere den Lehnsbrief von König Afonso V. In seiner alten Heimat warb er weiter um Siedler, die sich eine neue Existenz aufbauen wollten. 1490 sollen bereits 1500 Flamen auf der Insel gelebt haben. Auch ein berühmter Nürnberger hatte sich unter sie gemischt: Martin Behaim, der mit einer Tochter van Hurteres vermählt war und über zehn Jahre in Horta lebte, bevor er sich an seinen weltberühmten Globus machte. In der Kirche Nossa Senhora das Angústias erinnert ein Gedenkstein an seine Zeit auf Faial.

Die neuen Siedler zimmerten ihre Häuser im Inselinnern rund um das heutige Flamengos, das von See aus nicht zu sehen war und so meist von Piratenüberfällen verschont blieb. Durch den Anbau von Weizen und den gewinnträchtigen Export der Färberpflanzen Pastell und Urzela nach England und Flandern kam Anfang des 16. Jh. etwas Wohlstand auf die Insel. Und durch den Bau von Verteidigungsanlagen im 16. und 17. Jh. entwickelte sich aus dem Fischerdorf in der Bucht von Porto Pim eine kleine Stadt.

Als 1580 Spaniens König Philipp II. Portugal in seinen Besitz eingliederte, unterstützte Faial wie Terceira den portugiesischen Thronanwärter Dom António. 1583 aber fielen Faial und Terceira nach schweren Kämpfen in die Hände der Spanier. Trotz französischer Unterstützung konnten die spanischen Schiffe nicht an der Einfahrt in den Hafen von Porto Pim gehindert werden.

Unter den Spaniern und danach wieder unter den Portugiesen bescherten die reich beladenen Galeonen auf dem Weg zwischen den Kolonien und der iberischen Halbinsel Horta einen gewissen Reichtum – ähnlich wie Angra auf Terceira, wenn auch nicht in diesem Maße. Und ähnlich wie Angra lockte auch Horta bis zum Ende des 17. Jh. immer wieder Korsaren an. Am grausamsten brandschatzte der Freibeuter Sir Walter Raleigh 1596. Allerdings konnte das nicht die Entwicklung der Stadt bremsen, die im 17. Jh. besonders von den Klöstern vorangetrieben wurde.

1672 verschwand die Insel nach dem Ausbruch des Cabeço do Fogo unter einer grauen Ascheschicht, eine Serie schwerer Erdbeben hinterließ Tod und Verwüstung. Von allen Schicksalsschlägen erholten sich die Bewohner

Faial → Karte S. 276

Faial im Nebel

der Insel aber rasch, übrigens nicht selten auf Kosten der Nachbarinsel Pico, die von Faial aus verwaltet und ausgebeutet wurde.

Im 18. Jh. liefen die ersten amerikanischen Walfangschiffe die Bucht von Porto Pim an. Sie führten nicht nur den Walfang auf der Insel ein, sondern sorgten auch für das Aufblühen von Gewerbe rund um die Jagd: Im Hafen von Porto Pim wurden Schiffe gewartet, Besatzungen ergänzt, Proviant aufgenommen und mit Waltran gehandelt. Zeitweise lagen bis zu 100 Fregatten vor Anker. 1775 ging der berühmte britische Entdecker Captain Cook in Porto Pim vor Anker. Dabei war er einigermaßen erstaunt über die Festungsanlagen der Stadt und die vielen Kanonen. Am meisten aber verwunderte ihn deren Zustand. Seinen Salut hatte man nicht erwidern können – die Zeit der Piratenüberfälle war vorbei, und die Geschütze waren verrostet.

Der wirtschaftliche Aufschwung im 19. Jh. war in erster Linie das Verdienst des Dabney-Familienclans. Was die Familie Hickling für São Miguel war, waren die Dabneys für Faial, Pico und São Jorge. Den Anfang machte John Bass Dabney. Bereits 1804 hatte er sich in Horta niedergelassen, zwei Jahre später wurde er zum Konsul der USA ernannt. Er investierte in den Walfang, in die Jagd, in die Versorgung der Jäger und in die Wal-Verarbeitung. Und hatte Erfolg. Und Charles William Dabney gewann 1858/59 schließlich die Sympathien der Insulaner, nachdem er monatelang kostenlos Mais an die hungernden Bauern hatte verteilen lassen, denen ein Unwetter die Ernte zerstört hatte – in die Inselchronik ging er als „Vater der Armen" ein. Bald aber musste er mit ansehen, wie nicht nur ein wirtschaftliches Standbein der Familie, sondern eines der ganzen Insel – der Orangenanbau und -handel – wegen Laus- und Pilzbefall verloren ging.

1876 wurde auf Initiative der Dabneys der Hafen östlich des Monte Guia gebaut, mit dem Hintergedanken, am zukunftsträchtigen Transatlantikverkehr der Dampfschiffe kräftig mitzuverdienen. Einer der Herrensitze der Dabney-Dynastie, die Villa Cedars an

Blick vom Hafen hinüber nach Pico

Als die Erde bebte

Am 9. Juli 1998 überraschte ein Erdbeben der Stärke 5,8 auf der Richterskala die Einwohner Faials im Schlaf. Die Erdstöße dauerten 30 Sekunden, das Epizentrum lag 15 km vor der Küste, die Erschütterungen waren auch auf Pico und São Jorge zu spüren. Zehn Menschen starben, über 90 erlitten z. T. schwere Verletzungen. Rund 500 Häuser stürzten ein, über 1500 Menschen wurden obdachlos. Am schwersten traf es den Nordwesten, besonders die Ortschaften Ribeirinha und Salão, sie wurden weitgehend zerstört. An der Südseite der Insel war Castelo Branco am stärksten betroffen – 1700 Nachbeben wurden gezählt. Allein der Sachschaden betrug über 50 Mio. Euro. Zerstörte Häuser und in Trümmern liegende Kirchen sind z. T. noch immer gegenwärtig. Noch mehr aber fallen die vielen Neubauviertel ins Auge – ebenfalls eine Folge dieser Nacht.

der Rua Consul Dabney, steht übrigens noch. Sie gehört heute zum Parlament.

Um die Jahrhundertwende stieg Faial zum Zentrum der telegrafischen Kommunikation zwischen Europa und Amerika auf (→ Kasten S. 287). 1885 wurde das erste Kabel von Lissabon nach Horta verlegt, 1900 eine Leitung nach Nova Scotia (Kanada). Internationale Telegrafengesellschaften ließen sich in Horta nieder, in kürzester Zeit mauserte sich Faial zur fortschrittlichsten Insel der Azoren. 1919 setzte das erste Wasserflugzeug im Hafen von Horta auf und leitete damit ein weiteres Kapitel in der Inselgeschichte ein – die Zwischenlandung vor Faial stand bis zum Zweiten Weltkrieg auf dem Flugplan sämtlicher Transatlantikflüge (→ Kasten S. 290). 1926 suchte ein schweres Erdbeben die Insel heim.

Während des Zweiten Weltkriegs kam dem Hafen von Horta auch als Militärstützpunkt im Atlantik eine wichtige Rolle zu, ab 1943 nutzten ihn die Alliierten. Mehr als 1500 britische und amerikanische Schiffe machten an den Kaimauern fest, beladen mit Kriegsmaterial, das für den Einsatz in der Normandie nach England gebracht wurde. Mehrere britische Kriegsschiffe sollen übrigens rund um Faial und Pico von deutschen U-Booten versenkt worden sein. Nach dem Krieg kamen noch ein paar US-Kriegsschiffe mit Hilfsgütern für Berlin vorbei, dann fiel Faial in den Dornröschenschlaf. Unter Salazar lag Faial wie der gesamte Archipel im vergessenen Abseits. Nur ein paar heitere Weltumsegler sorgten im Peter Café Sport beim ersten Gin nach Tausenden von Seemeilen für Stimmung.

Infolge des Vulkanausbruchs des Capelinhos (1957–1958) verließen viele Familien die Insel (→ S. 305). Erst 1976, nachdem die Azoren zur autonomen Region geworden waren und man Horta als einem der drei Verwaltungszentren den Sitz des Parlaments zugesprochen hatte, begann die Insel wieder aufzublühen. Auch die Schreibweise änderte sich: Aus „Fayal" wurde „Faial".

In den letzten Jahren förderte man mit EU-Subventionen u. a. den Neubau des Parlaments (in der Rua Marcelino Lima) und den Ausbau des Tourismussektors. Die Marina wurde erweitert, ein großer Kai für Kreuzfahrtschiffe gebaut.

Faial → Karte S. 276

Faial im Überblick

Daten und Fakten

Hauptort: Horta

Bevölkerung: 15.038 (87 pro km², Stand 2011)

Größe: 173 km², bis zu 21 km breit, bis zu 14 km lang

Küstenlänge: 80 km

Höchste Erhebung: Cabeço Gordo 1043 m

Position: 38°31' N und 38°39' N, 28°36' W und 28°50' W

Distanzen zu den anderen Inseln: Santa Maria 356 km, São Miguel 276 km, Terceira 124 km, Graciosa 85 km, São Jorge 39 km, Pico 9 km, Flores 246 km, Corvo 257 km

Wissenswertes vorab

Aktiv: Vielfältiges Sport- und Freizeitangebot, dazu tolle Wanderwege. Außerdem befindet sich auf Faial einer der besten Reitställe der Azoren (→ Cedros). Einen kleinen Golfplatz gibt es auch. Und bei Tauchunfällen steht im Krankenhaus von Horta ein Kompressionsraum bereit.

Wohnen: Horta verfügt über ein großes Zimmerangebot in den verschiedensten Kategorien und Preisklassen, zudem werden rund um die Insel schnuckelige Ferienhäuser vermietet. Campingplätze findet man in Praia do Almoxarife, in Varadouro, am Porto de Salão und in Castelo Branco nahe dem Flughafen. Zudem bestehen Campingmöglichkeiten an der Ponta da Ribeirinha.

Kulinarisch: Zu den regionalen Spezialitäten gehören, obwohl die Insel von Meer und Fischen umgeben ist, in erster Linie Würste wie die *Morcela* (Blutwurst) oder die *Linguiça*, eine Räucherwurst, die gerne mit Yams *(com inhames)* gegessen wird. Sehr beliebt ist auch die *Molha de Carne*, ein würziger Rindfleischeintopf, für dessen besondere Note Zimt und Kümmel verantwortlich sind.

Feste und Festivals: Von Ostern bis Aug. (Höhepunkt Pfingsten) finden auf Faial wie auf allen anderen Azoreninseln die traditionellen Heilig-Geist-Feste statt, neuerdings – wie auf Terceira – zuweilen auch mit einem Stierkampf auf der Straße. Die größte Prozession von Horta führt am 6. Sonntag nach Ostern durch die Straßen, am 1. Sonntag im Aug. übers Wasser. Zudem Ende Mai der *Azores Trail Run* (ein Cross-Country-Rennen in verschiedenen Kate-

160 km, www.azorestrailrun.com), Anfang Juni die *Rali Ilha Azul,* eine Autorallye (www.caf-faial.com), Ende Juli der *Atlantis Cup,* eine Regatta, die auch Station in Ponta Delgada und Angra do Heroísmo macht (www.cnhorta.org), und in der Woche vor dem 2. Sonntag im Aug. die feuchtfröhliche *Semana do Mar* („Woche des Meeres"), ebenfalls mit Regatten (www.semanadomar.net). Für weitere Veranstaltungen → Horta/Feste.

An- und Weiterreise mit Flugzeug oder Schiff

Flughafen: Der Insel-Airport liegt ca. 10 km westlich von Horta nahe der Ortschaft Castelo Branco (→ S. 309). Im Terminal ein Turismo (tägl. ab ca. 8.30 Uhr bis zur Landung der letzten Maschine, ☎ 292943511), ein SATA-Schalter (☎ 2922 02310), eine Bar (gut), ein Geldautomat und die Schalter zweier Autovermietungen (s. u.).

Flughafentransfer: **Bus**, vom Flughafen nach Horta werktags 4-mal tägl. (7.30, 8.40, 13.15 u. 16.15 Uhr, Stand 2018), Sa nur um 8.30 Uhr. In die andere Richtung 3-mal tägl. (8.15, 11.45 u. 18.10 Uhr), Sa nur um 13.15 Uhr, So keine Busse. Abfahrt in Horta von der Rua Vasco da Gama nahe dem Kastell, Halt am Flughafen nicht direkt vorm Terminal, sondern an der Straße darüber. **Taxifahrt** mit Gepäck 12 €.

Seehafen: Alle Fähren von oder nach Faial steuern Horta an, die Schiffe legen am Kreuzfahrtschiffskai im Norden der Bucht an bzw. ab. Im

Terminal befindet sich ein Turismo (tägl. 8.30–12.30 u. 14–17 Uhr, ☎ 292293097), ein Schalter der *Atlânticoline* (öffnet i. d. R. 30–60 Min. vor Abfahrt der Schiffe, ☎ 292200381) sowie Büros der Autovermietungen *Auto Turística Faialense* und *Ilha Verde* (→ Unterwegs mit Bus oder Mietwagen). Im Sommer steuern die großen Autofähren der *Atlânticoline* auf der *Linha Amarela* von Horta die Inseln der Zentral-, Ost- und Westgruppe an. Ganzjährig verbinden die kleinen Autofähren auf der *Linha Verde* die Inseln im Triângulo.

Durch den „Canal" nach Pico: Von **Horta** nach **Madalena** bestehen von Mitte Sept. bis Mitte Juni Fährverbindungen um 7.30, 10.45, 14.15 und 17.15 Uhr, von Mitte Juni bis Mitte Sept. um 7.30, 9.15, 10.45, 13.15, 15.15, 17.15 und 20.15 Uhr, im Juli/Aug. Fr–So zudem um 22.15 Uhr. Einfache Fahrt 3,60 € (Stand 2018). Infos auch unter ☎ 292200380 und www.atlanticoline.pt.

Unterwegs mit Bus oder Mietwagen

Bus: Faial lässt sich eingeschränkt per Bus erkunden – vorausgesetzt, man hat mehrere Tage zur Verfügung (Sa kaum Busse, **So keine Busse**) und wandert und radelt noch ein wenig. Von Horta aus sind Touren, für die man auf einen Bus angewiesen ist, jedoch schlechter zu organisieren als von den Dörfern rund um die Insel: Von den Dörfern kann man frühmorgens nach Horta fahren und am späten Nachmittag oder frühen Abend wieder zurück. Das Zeitfenster, das sich aber auftut, wenn man morgens in Horta startet, ist dagegen deutlich kleiner. Der letzte Bus gen Horta entlang der Westküste startet in Ribeira Funda Mo–Fr bereits um 12.45 Uhr, der letzte Bus entlang der Ostküste gen Horta startet in Cedros Mo–Fr um 16.10 Uhr. Zur Caldeira fahren keine Busse, aber man kann auch mit dem Rad dorthin gelangen (gute Kondition vorausgesetzt oder man bucht die simple Variante über Peter Café Sport, siehe dort). Aktuelle Fahrpläne bei den Turismos und auf der Seite der Busgesellschaft www.farias.pt.

Mietwagen: Mit dem Mietwagen kann man die schönsten Orte Faials spielend an einem Tag abfahren. Dabei ist es fast egal, welche Richtung man einschlägt, denn bis auf die Stichstraße zur Caldeira führen nahezu alle Straßen rund um die Insel. Es gibt zig Anbieter, aber nur die folgenden beiden Vermietungen haben ein Office am Flughafen:

Auto Turística Faialense, zuständig auch für *Autatlantis,* zudem Office in Horta in der Rua Conselheiro Medeiros 12, ☎ 292292308, www.autoturisticafaialense.com.

Ilha Verde, zugleich die Vertretung von *Europcar* und *Avis.* Office in Horta hinter dem Hotel do Canal in der Rua das Angústias 70, ☎ 292 392786, www.ilhaverde.com.

Die anderen Verleiher der Insel stellen, sofern Reservierungen vorliegen, Fahrzeuge am Flughafen zu.

Bunt und kreativ: Kaimauer von Horta

Horta im Abendlicht

Horta

In der Bucht von Horta reihen sich vornehme Stadthäuser, Kirchen und Paläste aneinander. Dazwischen liegt die Festung Castelo de Santa Cruz und vor ihr der Jachthafen. Ihn steuern Segelboote aus aller Welt an, was dafür sorgt, dass über Horta ein Hauch der großen weiten Welt weht.

Außer Angra do Heroísmo (Terceira) kann keine Stadt der Azoren Horta das Wasser reichen – Horta hat ganz besonderen Charme. An lauen Sommerabenden spielen in dem knallroten Pavillon der Praça da República Blaskapellen auf, wenn nicht, wird auf der Uferpromenade flaniert. In den Bars und Cafés herrscht reges Treiben. Dafür sorgt nicht nur der „Jachtset" beim Landgang, sondern auch die kleine einheimische Studenten- und Akademikerszene: Über mehrere Gebäude der Stadt verteilt sich das große Forschungsinstitut für Ozeanografie und Fischerei der Universität der Azoren. Beliebt bei allen ist der Sandstrand vor der Haustür, genauer vor dem alten Hafentor in der Bucht von **Porto Pim**.

Rund 6400 Einwohner zählt Horta, das sich aus drei Pfarrgemeinden zusammensetzt: **Angústias** nennt sich der Teil um Porto Pim, **Matriz** das Viertel um die Kirche São Salvador und **Conceição** der nördliche Stadtteil, wo einst die Matrosen ihr lang ersehntes Glück fanden. Das Zentrum erstreckt sich vom Hafen vorbei am **Castelo de Santa Cruz** und der angrenzenden, baumbestandenen Praça do Infante bis zur Praça da República. Reich geschmückte Fassaden alter Bürgerhäuser prägen es, dazu viele kleine Läden, für hiesige Verhältnisse gar vornehme Boutiquen – selbst von Pico und São Jorge kommt man nach Horta zum Einkaufen –, einfache Bars und schicke Cafés. Dahinter klettern die Häuser die Hänge hinauf, auf den einmaligen Anblick des Pico muss niemand verzichten. Auch lohnt stets ein Blick zu Boden – die aus weißem Kalkstein und schwarzem Basalt gestalteten Mosaiken auf den Gehwegen gehören zu den schönsten der Azoren. Übrigens bietet sich der Inselhauptort auch bestens als Ausgangspunkt für den Besuch der Nachbarinsel an.

Sehenswertes

Porto Pim: Die geschützte, kreisrunde Bucht mit ihrem schönen Sandstrand, gepflegten Sanitäranlagen dahinter und einem türkis schimmernden Wasser davor ist *der* Badespot der Stadt. Das war nicht immer so. Bis zur Fertigstellung des neuen Hafens östlich des Monte Guia im Jahr 1878 war Porto Pim der Stadthafen. Zum Schutz der Bucht und des Hafens errichtete man bereits im 17. Jh. umfangreiche Befestigungsanlagen, von denen heute außer dem Hafentor *Portão Fortificado de Porto Pim* und dem kleinen *Forte São Sebastião* (vom Hof mit seinen verrosteten Kanonenrohren schöner Blick auf den Strand) kaum noch etwas zu sehen ist. Hier legten die mit Gold und Silber beladenen Schiffe aus der Neuen Welt an, hier brachten die Walfangboote bis Mitte der 1970er-Jahre ihre Beute an Land. Die *alte Walfabrik* im Süden der Bucht ist heute ein Museum und kann besichtigt werden. Etwas weiter warten die *Casa dos Dabney* und das *Aquário de Porto Pim* auf Ihren Besuch (s. u.).

Fábrica da Baleia: 1943 nahm die mit deutschen Geldern finanzierte Walfabrik den Betrieb auf, 50 bis 60 Pottwale wurden hier jedes Jahr zerlegt, der letzte 1974. 25 Arbeiter, die in zwei Schichten malochten, fanden in der Fabrik ihr Auskommen. Bis heute erhalten sind die riesigen Fleischmühlen und Dampfmaschinen; sie dienten der Ölgewinnung aus Walfett, das nach Deutschland exportiert wurde. Die Verarbeitung eines 15 m langen Wal ergab

rund 25 Fässer à 210 l Öl, aus den Fleisch-, Haut- und Knochenresten wurde Dünger hergestellt, den man aufs portugiesische Festland und nach Italien verschiffte. Die Walfabrik ist heute ein Industriemuseum, das alle paar Jahre von Grund auf restauriert wird (z. Z. d. letzten Recherche waren schon wieder Arbeiten im Gange) und bis zu Ihrem Besuch hoffentlich wieder geöffnet hat.

▪ Okt.–Mai Di–Fr 10–17.30 Uhr, Sa 14–17.30 Uhr, Juni–Sept. tägl. 10–18 Uhr. 4 €, erm. 2 €.

Casa dos Dabney und Aquário do Porto Pim: Das Museum *Casa dos Dabney* steht auf den Überresten eines ehemaligen Lagerhauses des Dabney-Clans und erweist der Familie mit einer kleinen Ausstellung die Reverenz. Über fast ein Jahrhundert hinweg, bis zu ihrer Rückkehr in die USA 1892, prägten die Dabneys das wirtschaftliche und gesellschaftliche Leben auf der Insel maßgeblich (→ Horta/Inselgeschichte). Daneben, in einem der einstigen Sommersitze der Dabneys, ist die Naturparkverwaltung untergebracht. Im nächsten Gebäude, keine 100 m weiter, wo bis 1942 Walöl extrahiert wurde, befindet sich das *Aquário do Porto Pim*. In sechs Tanks werden hier Fische aus den Gewässern rund um die Azoren für alle möglichen Aquarien der Welt gezüchtet. Zudem gibt es einen Infofilm über das Tauchboot „Lula 1000" zu sehen, das für die Suche nach Riesenkalmaren entwickelt wurde (→ Marina da Horta).

▪ Casa dos Dabney und Aquário, Okt.–Mai Di–Fr 10–17.30 Uhr, Sa 14–17.30 Uhr, Juni–Sept. tägl. 10–18 Uhr. 4 €, erm. 2 €. http://parques naturais.azores.gov.pt.

Igreja Nossa Senhora das Angústias: Die Kirche an der Rua Vasco da Gama wurde im 17. Jh. auf den Fundamenten einer Kapelle aus dem 15. Jh. errichtet. Die Kapelle soll die Gemahlin von Josse van Hurtere gestiftet haben, aus Dank und Erleichterung darüber, dass es auf Faial keine Schlangen und gefährlichen Tiere gab; das Ehepaar van Hurtere

Faial → Karte S. 276

wurde auch in der Kapelle beigesetzt. Heute ist die Kirche Mittelpunkt des westlichen Stadtteils *Angústias*, des ältesten von Horta. Beim Erdbeben im Juli 1998 wurde sie stark in Mitleidenschaft gezogen. Die Decke des Chors ist mit Wappen einflussreicher Familien der Stadt geschmückt, darunter auch das des Nürnbergers Martin Behaim (→ Kasten unten), der hier 1486 die Tochter van Hurteres heiratete. In einer Seitenkapelle fällt eine hübsche Weihnachtskrippe aus dem 18. Jh. ins Auge, die der Schule Machado de Castros zugeschrieben wird.

Observatório Príncipe Alberto do Mónaco: Von der Kirche Nossa Senhora das Angústias führt die Rua Príncipe Alberto do Monaco zum Observatorium auf dem 60 m hohen Monte das Moças. Es wurde 1915 als Wetterstation eröffnet, heute dient es in erster Linie als vulkanologische Mess- und Frühwarnstation. Benannt wurde die Forschungseinrichtung nach dem Ozeanforscher und Geologen Prinz Albert von Monaco (1848–1922), der in der zweiten Hälfte des 19. Jh. die Azoren besuchte und u. a. die Höhle Furna do Enxofre auf Graciosa erkundete. Das Observatorium war zuletzt für die Öffentlichkeit nicht mehr zugänglich.

Castelo de Santa Cruz: Die von Efeu umrankte Festungsanlage neben der Praça do Infante, auf die eine Büste an Heinrich den Seefahrer erinnert, entstand Mitte des 16. Jh. Im Inneren steht eine dem Hl. António geweihte Kapelle aus dem 17. Jh. Einst bot die Festung den Einwohnern Hortas Schutz vor Piraten. Stark umkämpft war sie u. a. in der Zeit der Machtübernahme durch Spaniens Könige Philipp II. Ende des 16. Jh. Heute befindet sich im Inneren des Kastells die *Pousada Forte Horta Santa Cruz*, Hortas am schönsten gelegenes Hotel (→ Übernachten), das abends herrlich beleuchtet ist.

Martin Behaim – sein Globus und sein Leben

Das Leben des Kaufmanns Ritter Martin Behaim (1459–1507) lässt sich anhand von Briefen, Schuldscheinen (oft konnte er seine Rechnungen nicht bezahlen) und Strafakten vage rekonstruieren, ansonsten gibt es kaum Quellen. Behaim stammte aus einer alten Nürnberger Patrizierfamilie, seine Tuchhändlerlehre absolvierte er in Antwerpen. Zwischen 1484 und 1485 nahm er angeblich an einer Entdeckungsfahrt entlang der westafrikanischen Küste bis nach Benin teil, von wo die Expedition eine neue Pfefferart mitbrachte. Vermutlich deshalb wurde er 1485 vom portugiesischen König João II. zum Ritter geschlagen. Ein Jahr später heiratete er auf Faial Joanna, die Tochter des Donatarkapitäns van Hurtere. Aus der Ehe ging ein Sohn hervor. Wegen Erbstreitigkeiten hielt sich Behaim 1490–93 erneut in Nürnberg auf. In dieser Zeit ließ er die älteste erhaltene Darstellung der Erde in Kugelgestalt anfertigen, die im Germanischen Nationalmuseum in Nürnberg ausgestellt ist. (Der weltweit erste Globus, der rund 15 Jahre zuvor von Papst Sixtus IV. in Auftrag gegeben wurde, ist nicht mehr erhalten.)

Die Kosten für den nach Behaims Plänen gestalteten Globus, auf dem u. a. Lissabon, Paris, Rom und Venedig fast schon richtig eingezeichnet waren (mit den Küstenverläufen Europas haperte es noch), hatte die Stadt Nürnberg

Marina da Horta: Aus aller Welt liegen hier die Jachten der Atlantiküberquerer vor Anker. Rund 300 Liegeplätze stehen zur Verfügung, rund 5000 Segler gehen hier jährlich für ein paar Tage von Bord. Ab Oktober laufen v. a. Schiffe aus Europa mit Ziel Karibik ein, im Mai und Juni (vor der Hurrikansaison in der Karibik) sind sie auf der entgegengesetzten Route unterwegs. Der Törn von der Karibik bis Horta dauert etwa 15–18 Tage, von der iberischen Halbinsel bis Horta ca. acht Tage. Treffpunkt der Crews ist neben Peter Café Sport (→ 289) die Bar Marina (→ Essen & Trinken). Hätte sie ein Gästebuch, enthielte es die Namen Tausender Millionäre – erstaunlich, dass das Bier gar nicht so teuer ist. Zwischen ihnen sitzen junge Hand-gegen-Koje-Segler und alle, die sich einem Überführungstörn angeschlossen haben und damit einen Lebenstraum verwirklichen – was den Gipfelstürmern der Kilimandscharo, ist den Seglern die Atlantiküberquerung. Aber auch so manche Schmuggler sind darunter, 2015 entdeckte man auf einer Jacht eine Tonne Kokain.

Es ist ein Erlebnis, an all den Booten vorbeizuschlendern und die Mole zu begutachten, auf der sich unzählige Besatzungen verewigt haben. In den 1970ern soll erstmals jemand die kahle Betonwand mit einem Bild bemalt haben, auf dem der Name des Boots, der Besatzungsmitglieder und die Jahreszahl notiert waren. Andere Segler taten es ihm gleich, und bald verbreitete sich die Mär, wer sich nicht auf der Mole verewigt, werde den Hafen von Horta niemals wieder sehen. Viele der farbenfrohen Bilder sind zu wahren Kunstwerken geworden.

Im Westen des Hafens kann man zudem nach dem Tauchboot *Lula 1000* Ausschau halten. Es steht hier zuweilen aufgebockt an Land. 7,5 m ist es lang, 1000 m tief kann es tauchen, einem

übernommen. Die fränkischen Patrizier waren an der Finanzierung von Fahrten an die Küsten Indiens, Chinas und Afrikas interessiert, da diese hohe Gewinne versprachen – deshalb war auf dem Globus auch vermerkt, wo Gewürze, Edelsteine oder Gold zu finden waren.

1494 geriet Behaim auf einer Reise nach Flandern in Gefangenschaft. Er wurde nach England verschleppt, erkrankte dort schwer, konnte aber nach Frankreich fliehen, von wo er weiter nach Lissabon reiste. Dort aber war er nach dem Tod König João II. (1495) bei Hofe in Ungnade gefallen. Seine Frau auf den Azoren besuchte er angeblich nie mehr. Diese hatte ein Verhältnis mit dem obersten Gefängniswärter der Insel angefangen, woraufhin der wegen Ehebruchs selbst einsitzen musste. 1507 starb Martin Behaim völlig verarmt in Lissabon. Die Nazis machten ihn später zum Kolonialpionier, zu einem deutschen Helden. Sie stilisierten ihn zum Entdecker, Seefahrer und Wissenschaftler, der in den einst berühmten portugiesischen Christusorden aufgenommen wurde, die Entdeckungsfahrt zur Kongomündung begleitet habe u. v. m. Historische Belege dafür fehlen aber. Behaims Interesse an der Kartografie war niemals wissenschaftlicher Natur, sondern allein von dem Motiv gewinnbringender Fahrten an fremde Küsten geprägt.

Eine Tradition – Segler verewigen sich auf der Kaimauer von Horta

Druck von 100 bar muss es dann standhalten. Das deutsche Ehepaar Jakobsen von der Stiftung „Rebikoff-Niggeler" (www.rebikoff.org) ist damit u. a. für das Ozeanografische Institut der Azoren, das Meeresmuseum Stralsund und das Paläontologische Institut der Uni Erlangen unterwegs, sammelt Daten und macht Filmaufnahmen in der Tiefsee. 2016 entdeckten die Jakobsens vor Pico in 870 m Tiefe das Wrack des deutschen U-Boots *U581*, das im Februar 1942 versenkt wurde. Einen Infofilm zur Lula 1000 präsentiert man im *Aquário do Porto Pim* (s. o.).

Colónia Alemã: Etwas zurückversetzt von der Uferfront (Zugang u. a. über die Rua Consul Dabney) liegt die einstige deutsche Siedlung – die Wohn- und Verwaltungsgebäude der *Deutsch-Atlantischen-Telegraphengesellschaft* aus dem frühen 20. Jh. (→ Kasten). Im sog. *Transatlantischen Haus*, an der Uhr zu erkennen, erinnern bis heute die mit Einlegearbeiten verzierten Fensterscheiben an die Colónia Alemã, geschmückt mit den farbenfrohen Wappen der Königreiche Bayern, Sachsen, Württemberg und Preußen, mit verschiedenen Stadtwappen und dem Reichsadler. Heute sind in dem Gebäude u. a. Amtsräume des Ministeriums für Landwirtschaft untergebracht. Wer freundlich fragt, bekommt Zutritt.

Igreja de São Francisco: Etwas abseits der Rua Conselheiro Medeiros steht die von außen schlicht wirkende Kirche aus dem 17. Jh., die einst zu einem Franziskanerkonvent gehörte. Im Inneren überrascht sie durch ihre prunkvolle Ausstattung – wertvolle exotische Hölzer, wuchtige Gemälde, ein eindrucksvoller Schnitzaltar, herrliche Azulejos und eine imposante Kassettendecke. In einem Nebengebäude links der Kirche, dem *Lar de São Francisco*, pflegen Schwestern Bedürftige. Über diesen Trakt gelangt man auch ins Kircheninnere. Gegenüber liegt die ehemalige *Banco de Portugal*, heute die *Banco de Artistas*. In der schönen historischen Schalterhalle werden wechselnde Ausstellungen gezeigt.

Casa Manuel de Arriaga: Blickt man auf die Igreja de São Francisco und folgt der schmalen Gasse rechts an der Kirche vorbei, gelangt man zur Casa Manuel de Arriaga. Sie ist benannt nach Manuel José de Arriaga, der 1840 in Horta geboren wurde und von 1911–1915 Präsident Portugals war. Das Museum zeigt im Erdgeschoss temporäre Ausstellungen (zuweilen auch moderne Kunst) und im Obergeschoss eine kleine

Am Strang zwischen Alter und Neuer Welt

Noch heute erinnern viele Gebäude an die Zeit, als auf Horta Nachrichten und Mitteilungen aus der ganzen Welt einliefen und weitergeleitet wurden. So waren die Bauten des Hotels Fayal einst Unterkünfte der Mitarbeiter der amerikanischen Gesellschaft *Western Union Telegraph Company*. Auch die Gebäude der Deutsch-Atlantischen-Telegraphengesellschaft stehen noch (s. o.).

Hortas Aufstieg zum Zentrum der telegrafischen Kommunikation leitete die britische *Europe & Azores Company* mit der Verlegung eines Unterwasserkabels von Carcavelos (nahe Lissabon) nach Horta ein. 1885 wurden die ersten Meter zu Wasser gelassen, 1893 startete der Betrieb, Wetterdaten waren die ersten Meldungen, die verschickt wurden. Sieben Jahre später verlegte die Deutsch-Atlantische-Telegraphengesellschaft ein Kabel von der Insel Borkum nach Horta – das modernste Kabel der damaligen Zeit, das mehr als 500 Wörter pro Minute übertragen konnte. Gleichzeitig siedelte sich die amerikanische Gesellschaft *Commercial Cable Company* in Horta an, ihre Leitung ging nach Nova Scotia (Kanada) und bald bis nach New York.

Damit war Hortas große Kabelzeit eingeleitet, weitere Gesellschaften mit immer neuen Kabeln kamen wegen des sprunghaft wachsenden Telegrafenverkehrs in den folgenden Jahren hinzu. Die erste Zeitung der Stadt trug den passenden Titel *O Telegrafo*. In den 1930er-Jahren schließlich verbanden 15 Kabelstränge Horta mit dem Rest der Welt. Die Kabelunternehmen förderten auch die Entwicklung der Stadt, die vielen ausländischen Angestellten gaben ihr ein internationales Flair. Und weil zwischen den Ländern der verschiedenen Gesellschaften nicht selten politische Differenzen herrschten, soll es in dieser Zeit in Horta von Agenten nur so gewimmelt haben.

In den Weltkriegen wurden jedoch viele Kabel gekappt; hatte man sie nach 1918 noch repariert, unterließ man dies nach dem Zweiten Weltkrieg größtenteils, der Aufwand lohnte nicht mehr: Funktechnik und Luftpost hatten den Niedergang der Relaisstation im Atlantik eingeleitet. 1969 verabschiedete sich die letzte Kabelgesellschaft aus Horta. Eine Ausstellung zu Hortas Kabelzeit soll irgendwann einmal im sog. *Trinity House* in der Rua Consul Dabney eingerichtet werden.

Faial → Karte S. 276

bildungspolitische Ausstellung zu Manuel José de Arriaga im Kontext der Zeit, jedoch leider nur auf Portugiesisch.

■ Zugang von der Rua Monsenhor José de Freitas Fortuna. April–Sept. tägl. (außer Mo) 10–18 Uhr, sonst 9.30–17.30 Uhr. 2 €, So freier Eintritt.

Igreja Matriz São Salvador: Die imposante Pfarrkirche mit ihrer aufs Meer blickenden Barockfassade beherrscht den Largo Duque D'Avila. 1680 wurde mit dem Bau begonnen, 1719 legte man den Grundstein für das angrenzende Jesuitenkolleg. Nach dem Erdbeben von 1926 wurde die Kirche aufwendig restauriert. Im Innern beeindruckt sie durch ihre reiche Ausschmückung: vergoldete Schnitzereien (kunstvoll die Seitenaltäre und der Hauptaltar) und herrliche Azulejos. Stets am 22. November, wenn Santa Cecília, die Schutzheilige der Musikanten, geehrt wird, versammeln sich in der Kirche die besten Musiker der Insel und spielen u. a. auf traditionellen Instrumenten wie der *Viola de Arame* (→ S. 531). Hinein geht es durch ein relativ schlichtes Portal, das pompösere linker Hand führt zum Museum. Rechts der Kirche sind heute Ämter und das Rathaus untergebracht.

■ Mo–Sa 8–18.45 Uhr, So 8–12.30 u. 16–19 Uhr.

Museum da Horta: Das Stadtmuseum befindet sich neben der Igreja Matriz im ehemaligen Konvent, in dem bis 1760 Jesuiten auf ihre Missionarstätigkeit in Brasilien vorbereitet wurden. Es zeigt u. a. Fotografien, Gemälde, eine Sänfte, eine englische Tauchausrüstung, die beim Bau des Hafens Verwendung fand, eine Sammlung von Heiligenfiguren aus dem 15. bis 19. Jh., sakrale Silberarbeiten, zwei Pianos und den Propeller einer *Dornier Wall*. Zudem informiert man über Hortas Zeit als Knotenpunkt der telegrafischen Kommunikation und des europäisch-amerikanischen Flugverkehrs. Ein Raum zeigt filigrane Miniaturen des 1901 auf Faial geborenen Künstlers Euclides Silveira da Rosa, der 1979 in Brasilien verstarb.

Er fertigte seine Arbeiten, darunter Windmühlen, Stadthäuser, Segelschiffe, Landschaften mit Palmen u. v. m., aus dem weißen Mark des Feigenbaums. Faial ist bekannt für solche Miniaturarbeiten aus Feigenmark, sie werden auch in diversen Souvenirshops angeboten.

■ April–Sept. tägl. (außer Mo) 10–18 Uhr, sonst 9.30–17.30 Uhr. 2 €, erm. die Hälfte, So frei.

Igreja Nossa Senhora do Carmo: Ihre Fassade hoch über den Häusern der Inselmetropole prägt das Stadtbild von der Seeseite aus, für viele ist sie die schönste Kirche der Stadt. Fast das gesamte 18. Jh. war man mit dem Bau der Kirche des einstigen Karmeliterklosters beschäftigt. Nach dem Erdbeben von 1998 wurden Notrestaurierungen durchgeführt, um sie vor dem Einsturz zu bewahren. Zuletzt fanden umfangreiche Sanierungsarbeiten statt, vielleicht ist die Kirche bis zu Ihrem Besuch wieder der Öffentlichkeit zugänglich. Von ihrem Vorplatz genießt man einen herrlichen Blick über Horta und die Meerenge hinweg auf Pico und São Jorge.

Kapelle Império dos Nobres: Die kleine Kapelle gabelt die Rua E. Rebelo nördlich der hübschen Praça da República in die Rua Tenente Aragão und die Alameda Barão de Roches. Sie zählt zu den ältesten Impérios (Heilig-Geist-Kapellen) des Archipels. 1672 wurde sie nach einer Erdbebenserie errichtet, die in einem Vulkanausbruch bei Praia do Norte gipfelte, die die Insel zentimeterhoch mit Asche bedeckte. Die zwei weißen Tauben über dem Eingang und die Aufschrift „Memoria do Vulcão da Praia do Norte EM 1672" erinnern daran.

Torre do Relógio: Über die Rua Tenente Aragão erreicht man vom Império dos Nobres den einsam stehenden Turm mit Uhr, der einst zu einer Kirche gehörte, die einem Erdbeben zum Opfer fiel. Dort, wo früher die Messe gelesen wurde, spielen heute Kinder Fußball. Oberhalb des Turms befindet sich die nette kleine *Jardim de Florêncio Terra*

Peter Café Sport – internationaler Treffpunkt unterm Museum

Das Peter Café Sport ist kein gewöhnliches Café, es ist eine Institution mit langer Tradition. 1918 wurde es von Henrique Azevedo als *Café Sport* gegründet, schnell avancierte es zum internationalen Treffpunkt in Horta. In den Anfangsjahren saß hier ein buntes Publikum beim Gin beisammen: einfache Seeleute neben raubeinigen Walfängern, Angestellte der internationalen Telegrafengesellschaften neben abenteuerlustigen Transatlantikpiloten, dazwischen Geheimdienstagenten der damals verfeindeten Länder. Zu dieser Zeit war Horta Umschlagplatz und Versorgungshafen der Walfangindustrie, und es war Knotenpunkt der interkontinentalen Telekommunikation. Mit Henriques Sohn José (2005 gestorben) wurde aus dem Café Sport das Peter Café Sport – ein englischer Kapitän hatte im Zweiten Weltkrieg José den Spitznamen Peter gegeben, weil dieser ihn an seinen Sohn Peter erinnerte.

Unter „Peter" wurde das Café dann zur Institution für Weltenbummler und Segler. Als Poststelle für die Atlantiküberquerer bewahrte er Briefe und Päckchen auf, tauschte exotische Währungen und vermittelte bei Bedarf Segelmacher, Bootsbauer und Mechaniker. Bis heute tut es ihm Sohn José Henrique gleich, doch in Zeiten elektronischer Kommunikation und bargeldlosen Zahlungsverkehrs wird der Post- und Geldwechselservice nur noch selten in Anspruch genommen. Die farbenfrohen Flaggen und Wimpel aus aller Welt im holzvertäfelten Inneren (nur ein Bruchteil baumelt von der Decke) sind Ausdruck des Danks für erhaltene Hilfe oder erteilten Rat. Selbst das auffällige Himmelblau der Fassade war einst ein Geschenk: 1918 bekam Henrique Azevedo ein paar Eimer von einer holländischen Schiffscrew überreicht, seither wird das auffällige Blau regelmäßig originalgetreu erneuert. 2003 kürte das Magazin *Newsweek* das Café zu einer der besten Bars der Welt. Mittlerweile steht Peter Café Sport nicht mehr nur für eine Bar; der Name ist zu einer Marke geworden, die kommerziell ausgeschlachtet wird: Auf Schlüsselanhänger und Jacken wird der Schriftzug mit dem Pottwal-Emblem gedruckt und in eigenen Läden vertrieben. Dependancen der Bar gibt es in Lissabon und Porto.

Im ersten Stock überrascht den Besucher ein Museum der besonderen Art: das *Scrimshaw-Museum*. Seit 1888 sammelt die Familie Azevedo Kunst auf Walfischzähnen, dem Elfenbein der Meere. Zum teuren Sammlerobjekt wurden die gravierten Walfischzähne aber erst mit John F. Kennedy. Er war leidenschaftlicher Scrimshaw-Sammler, und Millionen Amerikaner wollten es ihm plötzlich gleichtun. Filigrane Porträts verwegener Seefahrer, sich durch peitschende Wogen kämpfende Segelschiffe, sanfte Palmenlandschaften und exotische Schönheiten zieren die Pottwalzähne. Die kleinen Kunstwerke auf den gelblichen, auf Hochglanz polierten Zähnen lösen beim Betrachter ein seltsames Empfinden aus, lassen die Abenteuergeschichten von Jack London und Herman Melville lebendig werden und geben Anlass zum Träumen, am besten einen Stock tiefer bei einem Glas Gin – angeblich der beste im Umkreis von mehreren Tausend Seemeilen ... À sua saúde!

Katja Ferwagner

▪ **Café**, tägl. 8–1 Uhr (So erst ab 9 Uhr). **Museum**, im Sommer Mo–Sa 10–17.30 Uhr, So 10–12 und 15–17.30 Uhr, im Winter So geschl. 2,50 € (inkl. Führung). Ein paar Türen weiter der Souvenirshop; ein T-Shirt mit dem Schriftzug des Lokals ist für Segler ein Muss, sozusagen als Nachweis der Atlantiküberquerung – in einem Mittelmeer-Jachthafen das Emblem von Peter Café Sport stolz auf der Brust zu tragen, sagt mehr als tausend Worte. www.petercafesport.com.

mit uralten und ganz jungen Drachenbäumen. Dahinter erhebt sich das alte
Stadtkrankenhaus, ein hübscher Bau
aus dem Jahr 1901, der heute die
meeresbiologische Fakultät der Universität der Azoren beherbergt.

Stop-over Horta

Der erste Flughafen Hortas musste gar nicht gebaut werden,
Albert Reid erklärte den Seehafen einfach dazu – auf dem ersten
Transatlantikflug der Geschichte. Am 22. Mai 1919 war er von der
amerikanischen Trepassey Bay mit einer viermotorigen *NC 4* der
US-Marine gestartet. 20 Stunden später setzte er im Hafen von
Horta auf, dort, wo andere den Anker warfen. Sein Ziel war das
englische Plymouth, die weitere Route führte über Ponta Delgada
und Lissabon. In den 1920er-Jahren erfolgten weitere Versuche,
per Flugzeug den Atlantik zu überqueren, aber erst zehn Jahre
später steuerte die nächste Maschine den Hafen von Horta an. Es
war das zwölfmotorige Flugboot *Dornier Wal*, auch unter dem Namen *DO-X* bekannt, das damals größte Wasserflugzeug der Welt,
in dem über 70 Passagiere Platz fanden. 1930 tauchte ein Zeppelin
am Horizont auf, 1933 landeten 24 *Savoia Machetti*-Flugboote auf
dem Rückflug von der Weltausstellung in Chicago nach Rom in
Horta zwischen. Wenige Tage später sollen es auch ein paar UFOs
probiert haben. Augenzeugen zufolge – betrunkene amerikanische
Walfänger – gingen sie jedoch kurz darauf unter.

Ebenfalls 1933 flog Charles Lindbergh im Auftrag der PanAm mit
einer *Lookheed Sirius* den Seehafen von Horta an und erklärte diesen, nachdem er weitere Inselhäfen der Azoren begutachtet hatte,
als den geeignetsten für Zwischenlandungen im Transatlantik-
flugverkehr. Hortas große Wasserflughafen-Ära begann. Doch
noch bevor 1938 die erste PanAm-Maschine aufsetzte, war die
Lufthansa im Hafenbecken Hortas zur Stelle. Mit dem Flugboot
Zephir nahm sie 1936 den planmäßigen Flugverkehr nach New
York auf, per Katapultstart ging es von den Schiffen *Schwaben-
land* und *Friesland* aus dem Hafen von Horta weiter. Bis zum
Zweiten Weltkrieg flogen Lufthansa und PanAm über 700-mal
Faial an, über Imperial Airways (Vorgänger der British Airways)
und Air France liegen keine Zahlen vor. Mit dem Weltkrieg war
es jedoch mit der Zweckentfremdung des Hafens durch den Flug-
verkehr vorbei. Zum einen hatten die Amerikaner einen modernen
Landflughafen auf Santa Maria errichtet, zum anderen hatte der
erste Non-Stop-Flug von Berlin nach New York mit dem
Landflugzeug *Brandenburg* im Jahr 1938 das Ende der Wasserflug-
zeug-Ära angekündigt.

Information/Verbindungen

Information **Turismo-Büro**, im Kiosk neben dem Kastell (Praça do Infante). Hilfsbereit und kompetent. Juni–Sept. Di–Do 8.30–18 Uhr, Fr–Mo 8.30–12 u. 13.30–17 Uhr. ✆ 292292237, www.turismo.cmhorta.pt.

Verbindungen Die Haltestelle für die **Inselbusse** der Süd-West-Route (vorbei am Flughafen) liegt nahe dem Kastell in der Rua Vasco da Gama. Die Bushaltestelle für die Ost-Nord-Route befindet sich weiter nördlich an der Uferstraße (vor dem Mid Atlantic Jachtservice). Sa nachmittags, So und feiertags kein Busverkehr.

> **Inselumrundungen per Bus** sind Mo–Fr um 11.45 Uhr möglich (Stand 2018, Abfahrt an der Rua Vasco da Gama). Manchmal fährt der Bus durch, manchmal muss man in Ribeira Funda umsteigen. Erkundigen Sie sich vor Antritt der Fahrt beim Turismo.

Verbindungen Mo–Fr 2-mal tägl. nach Flamengos, 3-mal tägl. nach Praia do Almoxarife, 3-mal tägl. über Ribeirinha/Salão nach Cedros, wovon 2 Busse bis Ribeira Funda weiterfahren. 4-mal tägl. am Flughafen vorbei nach Castelo Branco und 2-mal tägl. weiter über Capelo und Norte Pequeno nach Ribeira Funda. Sa vormittags fahren 2 Busse zum Flughafen, zu allen anderen Orten nur ein Bus.

Taxis stehen am Hafen, an der Uferpromenade und am Markt bereit. Zum Flughafen ca. 12 €, nach Cedros oder Varadouro 15 €, zur Caldeira (retour) 25 € und nach Capelinhos (retour) 35 €.

Schiff → An- und Weiterreise, S. 281.

Adressen

Ärztliche Versorgung **Inselkrankenhaus**, 1 km außerhalb an der Straße nach Flamengos. ✆ 292201000, www.hospitalhorta.pai.pt.

Fluggesellschaft **SATA**, Mo–Fr 9–18 Uhr. Largo do Infante, ✆ 292202291.

Mietwagen → S. 281.

Öffentliche Toiletten Unter anderem an der Praça da República beim Markt.

Reisebüro **Aerohorta**, Flüge, Fährtickets, Autoverleih, Inseltouren (auch nach Pico und São Jorge). Mo–Fr 9–12.30 und 14–18.30 Uhr, Sa halber Tag. Rua Cons. Medeiros 2, ✆ 29220 8130, www.aerohorta.com.

Wäsche **Horta Laundry**, Mo–Fr 9–18 Uhr, Sa/So geschl. Rua Cons. Medeiros 6.

Zweiradverleih Mountainbikes bei **Base Peter Zee** (neben Peter Café Sport, → Whalewatching) für 15 €/Tag.

Scooter z. B. über **Scooter Rental** in einem Kiosk in der Praça do Infante. Außerhalb der HS selten besetzt. 125 ccm 35 €/Tag. ✆ 9655 16252.

Das waren noch Zeiten ... (um 1930)

Fajal → Karte S. 276

Einkaufen   → Karte S. 294

Lebensmittel Continente 21, in dem großen Supermarkt gibt es alles, i. d. R. auch **Campinggas**. Tägl. 8.30–21 Uhr. Vom Zentrum ca. 15 Fußmin., an der Rua Príncipe Alberto do Mónaco (der Straße nach Flamengos).

Schöner und zentraler kauft man auf dem kleinen baumbestandenen **Mercado Municipal** in der Praça da República ein (wurde 2018 frisch restauriert). Es gibt Fleisch, Obst und Gemüse von Faial, Pico und São Jorge, zudem vormittags fangfrischen Fisch. Mo–Sa 7–15 Uhr.

🌿Regionale Produkte (Brot, Obst und Gemüse, Wurst, Käse, Wein, Liköre, dazu etwas Kunsthandwerk) verkauft die **Loja do Triângulo 4** in der Rua Serpa Pinto.

Putu 19, die schönen, bunten Stoffschals, die man hier kaufen kann, werden in angeschlossenen Lädchen geschneidert. Rua Vasco da Gama 20, www.meuputu.com.

Loja do Peter 18, → Kasten S. 289.

Kultur/Freizeit/Baden/Sport

Baden In der Bucht von Porto Pim liegt im Schutz der Halbinsel Monte Guia der Hauptbadestrand von Horta, ein ca. 300 m langer, hellbrauner Sandstrand, im Sommer mit Wassersportangeboten und Bar, dahinter Sanitäranlagen. Auch am nördlichen Ende der Bucht von Horta kann man baden: im Sommer an einem wenig attraktiven kleinen Sandstrand, an kalten Tagen in der **Piscina Municipal** mit Innenpool.

Birdwatching Abendliche Gelbschnabelsturmtaucherbeobachtungen (von Land aus) bietet **Endemic Acores** für 25 €/Pers. Kiosk am Hafen, ✆ 918191180, www.endemicazores.

com. **Naturalist** (s. u.) bietet Vogelbeobachtungstouren auf dem Wasser an (ab 70 €/Pers.).

> **Skull- und Dollenbruch**: Im Hafen von Horta trainieren im Sommer montags, mittwochs und freitags um 18.30 Uhr die Ruderer aus Salão für Walbootregatten. Wenn ein Platz im Boot frei ist, können sich auch Touristen in die Riemen legen.

Feste/Veranstaltungen Am 6. Sonntag nach Ostern steht die Kirche **Nossa Senhora das Angústias** im Mittelpunkt ausgiebiger Feierlichkeiten (Prozession, Jahrmarkt usw.).

Porto Pim, Hortas schöner Hausstrand

Ein weiteres großes Fest ist das **St.-Johannis-Fest** am 24. Juni am Largo Jaime de Melo mit Musik und Tanz. Am 1. Sonntag im Aug. wird die **Senhora da Guia**, die Schutzheilige der Fischer, geehrt. Dabei gibt es eine Bootsprozession von Porto Pim um den Monte da Guia in den Hafen von Horta. Für weitere Veranstaltungen → Faial im Überblick.

Golf Clube de Golfe do Faial, der 9-Loch-Platz mit einem Zickzack-Greenway (PAR 27) auf engem Raum (einer ehemaligen Kuhweide) liegt hoch über Castelo Branco (ausgeschildert). Angeschlossen das Restaurant *Campo dos Sabores*. Green Fee 10 €, Driving Range 2 €. ℡ 292700946, rustigolfe@gmail.com.

Hochseefischen Für rund 950–1200 €/Tag mit **Brasilia** (℡ 966783101, www.azores-fishing.com). **Faial Terra Mar** hingegen bietet Hochseeangeln an, halber Tag 250 € für max. 6 Pers. Wer Glück hat, kann sich anderen anschließen (℡ 969736181, www.faialterramar.net). Beide Anbieter sind mit einem Kiosk am Hafen vertreten.

Inseltouren → Reisebüro/Aerohorta. Des Weiteren bieten **Endemic Acores** (s. o.) und **Naturalist** (s. u.) Inseltouren an.

Kino Internationale Filme im **Teatro Faialense** in der Alameda Barão de Roches, www.urbhorta.pt.

Radtouren Eine besondere Radtour bietet die **Base Peter Zee**. Für 20 € wird man mit dem Auto bis zur Caldeira, dem höchsten Punkt der Insel, gefahren und kann dann von dort gemütlich bergab rollen. Fahrtwind statt Schweiß! Auch andere Touren inkl. Transfer im Angebot. Neben Peter Café Sport, Rua José Azevedo 9, ℡ 292392897, www.petercafesport.com.

Reiten → Salão.

Segeln/Jachtcharter Die **Vila Bélgica** (→ Übernachten) bietet ganztägige Segeltörns an, inkl. Essen 75 €/Pers. (Minimum 4 Pers.), aber auch 2-wöchige Segeltrips. Halbtagestörns, Sunsettrips (55 €/Pers.) und Tagesausflüge (95 €/Pers.) bietet zudem **Yachtaçor**, Kiosk am Hafen, ℡ 965435925, www.sailboatazores.com.

Tauchen Die renommierteste Tauchbasis der Zentralgruppe ist **Diver Norberto** (→ Whalewatching). Pro Boottauchgang mit Blei und Flasche 50 €, mit komplettem Equipment 70 €. Auch Nacht- und Höhlentauchgänge. Des Weiteren bieten **Central Sub** (℡ 966507226, www.centralsub.com) und **Diveazores** (℡ 9125 85803, www.diveazores.net) Tauchausfahrten an. Alle sind mit Kiosken am Hafen vertreten.

Wandern Spannende Touren wie den Abstieg in die Caldeira, der nur mit einem lizenzierten Guide erlaubt ist, führt Anja von **Pátio Horse & Lodge** durch (deutschsprachig, Minimum 2 Teilnehmer, 50 €/Pers., → S. 304). Ein weiterer Guide, der den Abstieg anbietet, ist **Mario Carlos** (Kiosk am Hafen, ℡ 919977637).

Wandertouren (mit Transfer) bieten zudem **Naturalist** (s. u.) und **Endemic Acores** (s. o.) an.

Whalewatching/Delfinschwimmen Es gibt mehrere Anbieter auf Faial, die von April–Okt. Trips anbieten. Von Lesern gelobt werden **Naturalist** (℡ 968327633, www.naturalist.pt) im alten Hafenterminal gegenüber dem Hotel do Canal, **Horta Cetaceos** (℡ 292391942, www.hortacetaceos.com) und **Diver Norberto** (℡ 962824028, www.norbertodiver.com), die beiden Letztgenannten sind mit einem Kiosk am Hafen vertreten. Alle fahren mit kleinen, wendigen Schlauchbooten (mit Hartboden), *Diver Norberto* hat zudem einen größeren Katamaran im Angebot – gut für Familien mit kleinen Kindern und für Rückenkranke, sonst weniger zu empfehlen. Naturalist hat fast immer Wissenschaftler von der Fakultät für Meeresbiologie aus Lissabon mit an Bord. Juli/Aug. ist bei allen eine Reservierung dringend angeraten, in der NS müssen mindestens 4 Pers. zusammenkommen. Werden von den Spähern an den Walausgucken keine Tiere gesichtet, finden auch keine Ausfahrten statt. Die Wahrscheinlichkeit, tatsächlich Wale oder Delfine zu sehen, liegt deswegen bei ca. 80 %. Ausfahrten (Dauer ca. 3–4 Std.) kosten bei allen Anbietern 50–60 €, Schwimmen mit Delfinen kostet um die 65 €.

Princess Alice Bank – ein Tauchparadies

Rund 45 Seemeilen südwestlich von Faial liegt die Princess Alice Bank, der Gipfel eines mächtigen unterseeischen Berges. Wäre dieser 35 m höher, würde er über die Wasseroberfläche hinausragen und eine Insel bilden. An sonnigen Tagen und bei glatter See ist er vom Boot aus erkennbar. Wie die Formigas nahe Santa Maria ist die Princess Alice Bank wegen ihres Reichtums an Großfischen weltweit eines der Top-Hochseefisch- und Tauchreviere – nahezu alle Tauchanbieter Faials und Picos bieten nach Vereinbarung Dives dort an. Für einen Tauchgang (Mantas, Mantas, Mantas) sollte man mit 250 € rechnen.

Übernachten

1 Vila Bélgica
2 Estrela do Atlântico
4 Residência Lima
5 A Casa do Lado
7 Manta Ray Lodge
11 Vila Odette (Apartments)
13 Residencial São Francisco
16 Pousada Forte Horta Santa Cruz
19 Casa da Baía
20 Fayal Resort Hotel
22 Casa Buonvento
25 Hotel do Canal
28 Porto Pim Bay

Essen & Trinken

3 Bar do Teatro
6 Casa do Chá
8 Cervejaria Jackpote
9 Ponto Come
10 Gelados do Atlântico
12 Bar Marina
14 Café Internacional
15 Bico Doce
16 Pousada Forte Horta Santa Cruz
17 Oceanic Café
18 Peter Café Sport
23 Princípe
23 Pizzaria Trigo Azul
26 Canto da Doca
27 Atlético
29 Genuíno
30 Taberna de Pim

Einkaufen

4 Loja do Triângulo
18 Loja do Peter
19 Putu
21 Continente

Horta

200 m

Übernachten

Hotels **** **Pousada Forte Horta Santa Cruz** 🄯, in der gleichnamigen Festungsanlage über der Marina. Old school, aber sehr charmant. 28 komfortable, hübsche, wenn auch teils winzige Zimmer. Die nach vorne mit Balkon zum Meer sind ihr Geld absolut wert (toller Blick über die Marina und das Meer nach Pico), die nach hinten nicht. Pool, Restaurant. DZ mit Meeresblick ab 225 €, großzügige Rabatte in der NS. Rua Vasco da Gama, ☎ 210 407670, www.pousadas.pt.

**** **Fayal Resort Hotel** 🄴, älteres Semester hoch über dem Hafen. Weitläufige Anlage, fast schon Vorortcharakter. 131 geräumige Zimmer mit Klimaanlage, Minibar etc. Entscheiden Sie sich für eines mit Meeres- und Hafenblick – sehr schön! Hübsche Lobby. Gutes Frühstücksbüfett, das Abendbüfett ist eher arm, à la carte aber gut. Außen- und Innenpool, türkisches Bad etc. EZ 155 €, DZ 165 €. Rua Consul Dabney (zu Fuß auch vom Hafen von der Rua Vasco da Gama 38 über eine Treppe zu erreichen), ☎ 292207400, www.azorishotels.com.

**** **Hotel do Canal** 🄵, nahe dem Fährhafen. 103 Zimmer, komfortabel ausgestattet, aber nicht die größten. Steriler Innenhof. Bar, Jacuzzi, türkisches Bad, kein Pool. Freundlicher Service, gutes Abendbüfett. Garage. DZ ab 125 €. Largo Dr. Manuel de Arriaga, ☎ 292202 120, www.bensaude.pt.

Estrela do Atlântico 🄿, eine kleine charmante Oase in Horta, unter deutscher Leitung. 3 liebevoll und individuell gestaltete Zimmer und 2 Suiten, fast alle mit Balkon oder Terrasse. Großer Garten mit Minipool und Liegestühlen. Zuvorkommende Hausherrin, bei der sich Leser stets sehr aufgehoben fühlen. Lediglich die Gebäude in der Nachbarschaft könnten schöner sein. DZ 95 €, Suite ab 115 €. Calçada Santo António Apartado 196 (am oberen Ende der Rua Advogado Garça), ☎ 292943003, www.edatlantico.com.

Manta Ray Lodge 🄷, neueres Haus, recht stylish und schön gemacht. Nur 7 Zimmer, der Favorit ist die „Suite" unterm Dach mit Terrasse und Blick über die Stadt. Junge, unkomplizierte Leitung, netter Gemeinschaftsraum, der zugleich als Frühstückssalon dient. DZ ab 85 €. Rua Médico Alevar 14, ☎ 968609726, www.mantaraylodge.com.

Residencial São Francisco 🄭, gegenüber der gleichnamigen Kirche. Etwas abgehaltertes Haus. 32 geräumige Zimmer, z. T. mit alten, aber nicht antiken Möbeln, z. T. mit knarrenden Holzböden, z. T. mit Laminat. Lassen Sie sich ein Zimmer mit Balkon und Meeresblick geben. EZ 55 €, DZ 65 €. Rua Conselheiro Medeiros 13, ☎ 292200980, www.residencialsfrancisco.com.pt.

A Casa do Lado 🄻, 14-Zimmer-Unterkunft in zentraler Lage. Viele Zimmer mit Dielenboden, viele mit (französischem) Balkon, jene unterm Dach sind komplett holzverkleidet (aber ohje im Hochsommer!). Schlicht, sauber, ordentlich und mit einfachen Mitteln charmant aufgepeppt. Nette Frühstücksterrasse. Tee und Kaffee gibt es den ganzen Tag gratis. Das Frühstück ist für eine Unterkunft dieser Kategorie außerordentlich gut, viele lokale Produkte. DZ 60 €. Rua D. Pedro IV 23, ☎ 292700351, www.acasadolado.com.

Casa da Baía 🄹, nettes Guesthouse in einem restaurierten Altstadthaus in bester Lage. Die 8 Zimmer, nach Meeresbewohnern benannt, sind schlicht-spärlich möbliert und überraschen durch nette Details. Oben eine Küche, in der man sich am großen Tisch zum Frühstück trifft, dazu eine Dachterrasse für Raucher. DZ 65 €. Rua Vasco da Gama 20, ☎ 969656355, www.casadabaia.com.

Casa Buonvento 🄺, ein marineblau gestrichenes Altstadthaus mit weißen Fensterläden in einer so ruhigen wie zentralen Gasse. Charmante Zimmer, teils mit Pico-Blick, im Boutique-Hotel-Style. Gemeinschaftsküche. Nicht alle Zimmer mit eigenem Bad. Leser loben die Freundlichkeit der italienischen Gastgeber. DZ ab 65 €. Rua da Ladeira 9, ☎ 292701169, www.facebook.com/casabuonvento.

Residência Lima 🄯, kleine, saubere Bruchbude in zentraler Lage. Zimmer z. T. um einen kleinen grünen Innenhof, spartanisch eingerichtet, gut abgewohnt, erfüllen für Budgetreisende aber ihren Zweck und sind für den Preis okay. Freundlicher Inhaber (englischsprachig). Viele Dauergäste. Rezeption selten besetzt, daher vorab reservieren. DZ mit Bad 30 €. Rua Serpa Pinto 36, ☎ 292293575 o. 966847538, residencialima@hotmail.com.

Appartements **Porto Pim Bay** 🄼, angenehme Lage zwischen Porto Pim und Zentrum. 5 zeitgemäß und gut ausgestattete Einheiten, teils mit Terrasse oder Balkon. Studios für 2 Pers. ab 100 €, Appartements für 4 Pers. ab

125 €. Rua Nova 7, ☎ 967040637, www.porto
pimbay.com.

Vila Odette 🔟, ein Häuschen mit 2 Schlaf-
zimmern, Wohnzimmer, Küche sowie ein 2-
Pers.-Appartement mit Wohnküche und eine
Suite mit Küchenzeile vermietet die freundliche
englischsprachige Maria de Lurdes da Silva Nu-
nes hoch über der Stadt. Herrliche Aussicht!
Geschmackvolle Ausstattung und sehr gepflegt.
Ruhige Lage, von Lesern immer wieder gelobt.
Das 6000 m² große Anwesen diente im 19. Jh.
als Orangenhain. Für 2 Pers. ab 60 €, für 4
Pers. ab 100 €. Rua Ilha do Pico 5, ☎ 91772
4130, www.vilaodette.com.

Außerhalb   Vila Bélgica ◻, ca. 3 km außerhalb von Horta nahe der Estrada de Caldeira.
Die gastfreundliche Yvette aus Belgien vermietet 6 gepflegte Zimmer, 3 mit privaten Bädern,
3 mit Gemeinschaftsbad. Dachterrasse mit herrlichem Panoramablick, großer Garten, gutes
Frühstück. Spezielle Angebote für Singles. Anfahrt: In Horta die Straße nach Praia do Almoxarife nehmen. Auf dem Bergrücken Espalamaca
der Beschilderung zur Caldeira folgen, dann ausgeschildert. DZ mit Bad je nach Größe 75–89 €,
ohne Bad 60 €. Caminho Velha da Caldeira 13,
☎ 292392614, www.azoresvilabelgica.com.

Essen & Trinken/Nachtleben   → Karte S. 294

Restaurants   Príncipe 🔢, lichtes, freundliches, junges Lokal, das Gerichte auch einmal
anders zuzubereiten weiß. Es gibt u. a. *Coco-
nut Fish*, einen tollen Burger und immer eine
Überraschung für Vegetarier. Tagesgericht ab
6 €, sonst Hg. 8–18 €. Dinner tägl., Lunch nur
Mi/Do. Rua Príncipe Alberto do Monaco,
☎ 967173184.

Mein Tipp **Genuíno** 🔢, das 2-stöckige Lokal
des 2-fachen Weltumseglers Genuíno Madruga
ist voller Genuíno-Souvenirs aus aller Herren
Länder, jeder Tisch ist einer anderen Station
gewidmet – da wird die Wartezeit aufs Essen

nicht lang. Und das ist von sehr guter Qualität:
Der Salat mit frischem Thunfisch und die Thun-
fischklopse sind grandios, es gibt aber auch
gute Pasta und Risotto. Hg. 9–31 €, lokaler
Lobster und andere Meeresfrüchte nach Gewicht. Mi Ruhetag. Areinha Velha 9, ☎ 29270
1542, www.genuino.pt.

Taberna de Pim 🔢, gegenüber. Besitzt eine
unglaublich schöne Terrasse. Auf der Karte zuletzt 3 Fleischgerichte (u. a. *Filet Mignon*), 3
Fischgerichte (u. a. ein Oktopus-Risotto) und
zudem das eine oder andere Gericht für
Vegetarier. Bevor Sie hier aber etwas zu essen

Einfach kultig: Peter Café Sport

bestellen, trinken Sie erst mal ein Glas und beobachten den Nebentisch: Immer wieder steht das Lokal unter neuer Leitung – und in der Vergangenheit waren richtige Katastrophen darunter. Hg. 12–18 €. Do Ruhetag. Rua Nova 3, ✆ 292700905.

Pousada Forte Horta Santa Cruz 16, im gleichnamigen Hotel (→ Übernachten). Außergewöhnliche Küche in gepflegtem Ambiente, die die Azoren mit der Welt verbindet. Hg. 13–18 €, auch an Vegetarier wird gedacht. Seit Jahren beschweren sich Leser jedoch immer wieder über den unprofessionellen Service.

Canto da Doca 26, ein etwas originelleres Restaurant – das Essen bereitet man auf einem heißen Stein zu. Hg. 14,50–22 €. Abends Reservierung empfehlenswert. Rua C. F. Costa/ Ecke Rua Nova (nahe der Igreja Angústias), ✆ 292292444.

Atlético 27, abseits der Flaniergassen. Fisch und Fleisch vom Holzkohlengrill. Sehr nett und sehr gut. Portion mit Salat und Pommes 9–22 €. Mo Ruhetag. Rua Filipe de Cavalho, ✆ 292292492.

MeinTipp **Ponto Come 9**, Selfservice-Restaurant mit einer Theke, an der man zwischen täglich wechselnden Fisch-, Fleisch- und Pasta-Gerichten wählen kann. Sehr abwechslungsreich und von ordentlicher Qualität. Dazu Salate und diverse Beilagen. Bezahlung nach Gewicht (preiswert). Mo–Fr 8.30–16 Uhr (Mittagsbüfett ab 12 Uhr, kommen Sie nicht zu spät), Sa Ruhetag, So 12.30–15.30 Uhr. Rua Dr. M. Simas.

Pizzaria Trigo Azul 24, stylisher Pizza-Takeaway, auch Mozzarella kommt zum Zuge. Pizza 8–9 €, außerdem Knoblauchbrot und Chicken Wings. So nur abends, Mi Ruhetag. Rua das Angústias 66.

Bars/Cafés/Nachtleben Bar Marina 12, Treffpunkt von Skippern, ihrer Crew und allen, die dazugehören wollen. Internationales Flair, mäßige Snacks, aber gutes WIFI. Am Jachthafen.

Peter Café Sport 18, im Sommer ist die Kultkneipe überlaufen und das überforderte Personal genervt. In der NS geht es gemütlich zu, wenngleich sich hier kontaktfreudige Segler i. d. R. wohler fühlen als müde Urlauber in Wanderschuhen. Snacks und warme Mahlzeiten (Hg. 9,50–18 €) auch noch nach 22 Uhr. Keine Angst übrigens vor der *Whale Soup* – dabei handelt es sich um eine kräftige Fleischbrühe mit Gemüse, obwohl einem die Kellner gerne weismachen, es handle sich um importierten Wal aus Japan. Draußen auf der Terrasse werden 10 % mehr verlangt. Unübersehbar an der Uferstraße (→ Kasten S. 289).

Oceanic Café 17, eine schicke wie gemütliche Bar, die sehr gut ankommt. Es gibt *Craft Beer* und dazu Kleinigkeiten wie Oktopus-Salat oder Wurst, die man sich am Tisch selbst brutzeln kann. Außerdem Cocktails und *Cagarro Famoso*, Azorenwhiskey. Am Wochenende gegen 23 Uhr oft Livekonzerte. Ganztägig geöffnet, Di Ruhetag. Rua Vasco da Gama 46A, www.azores-oceanic.com.

Cervejaria Jackpote 8, in dem Pavillon mit nettem Außenbereich wird Bier vom Fass serviert, dazu gibt es Kleinigkeiten wie *Bifana*, manchmal auch Oktopus-Salat oder geschmorten Oktopus – nach den Tagesangeboten fragen. Avenida 25 de Abril.

Bar do Teatro 3, mit roten Corbusier-Ledersofas aufgepeppt. An Wochenenden zuweilen Partystimmung. Dem Theater und Kino an der Alameda Barão de Roches angegliedert.

Café Internacional 14, wunderschönes, alteingesessenes Café mit Kaffeehausatmosphäre von anno dazumal. Tolles Ambiente, leider aber auch ein Touri-Laden mit überhöhten Preisen. Frühstück, Snacks, aber auch richtiger Restaurantbetrieb. Oberhalb der Marina an der Avenida Diogo de Teive.

MeinTipp **Gelados do Atlântico 10**, in diesem netten, kleinen Laden gibt es nicht nur fantastisches Eis (viele Sorten mit Früchten der Azoren bzw. Früchten von Faial, unbedingt die „Rote Guave" probieren), sondern auch Waffeln und Crêpes. Zum Fingerablecken! Rua José Azevedo.

MeinTipp **Casa do Chá 6**, keine esoterische Teestube, sondern ein Café mit lauschigem Garten und grandioser Dachterrasse. Eine ideale Adresse zum Entspannen. Rund 90 verschiedene Teesorten, hausgemachter Kuchen, Snacks. Abends Barbetrieb, zuweilen Jazz-Konzerte. Von Lesern hochgelobt. Mo und Do 11–21 Uhr, Fr 11–24 Uhr, Sa 16–24 Uhr, So 16–22 Uhr, Mi geschl. Zugang von der Rua de São Bento.

Bico Doce 15, *die* Frühstücksadresse schlechthin! Einfache Mischung aus Bäckerei und Café mit großer Auswahl an Sandwiches, Kuchen und süßen Teilchen. Großer Andrang, wenn die gegenüberliegende Schule Pause hat. Mo–Fr 7–20 Uhr, Sa/So bis 14 Uhr. Rua Consul Dabney (nahe der *SATA*).

Faial → Karte S. 276

Horta/Umgebung

Monte da Guia: Die Halbinsel, die sich südlich der Stadt ins Meer erstreckt, ist nach einem erloschenen Vulkan benannt, dessen Krater sich hufeisenförmig zum Meer hin öffnet. Weite Teile der Halbinsel stehen unter Naturschutz, den höchsten Punkt (145 m, nicht zugänglich) beschlagnahmt technisches Gerät zur Flugsicherung. Ein Spaziergang hinauf zur *Kapelle Nossa Senhora da Guia* lohnt besonders am späten Nachmittag, wenn einem die Sonne im Rücken steht. Dann blickt man über die Dächer Hortas hinweg bis zur nordöstlich gelegenen Insel São Jorge. Der allgegenwärtige majestätische Pico auf der gleichnamigen Nachbarinsel wird angestrahlt, unten in der Bucht von Porto Pim zeigt sich das Meer ganz in Türkis.

■ **Anfahrt/Wandern**: Auf den Monte da Guia kann man sowohl mit dem Auto als auch per pedes gelangen. Die Straße hinauf führt zwischen den Lagerhallen am Hafen vorbei. Der ausgeschilderte Fußweg auf den Berg beginnt in der Bucht von Porto Pim südwestlich der alten Walfabrik. Bei der Walfabrik beginnt auch ein markierter Rundwanderweg, der *PRC 8 FAI* (3,4 km, Dauer 1:30 Std.).

Monte da Espalamaca: Der mit Windmühlen und Sendemasten bestückte Bergrücken erhebt sich im Norden von Horta, schiebt sich weit ins Meer vor und trennt die Stadt von der Praia do Almoxarife. Auf ihm liegt der *Miradouro Nossa Senhora da Conceição*, ein Aussichtspunkt unter einem mächtigen Kreuz. Frühmorgens genießt man von hier eine fantastische Aussicht über die Bucht von Horta mit dem Monte Guia und Porto Pim im Hintergrund. Auf den Monte da Espalamaca lässt sich auch ein etwas schweißtreibender Spaziergang unternehmen.

■ **Fußweg**: Im Norden Hortas folgt man der Rua Calçada da Conceição (links vorbei an der gleichnamigen Kirche) und zweigt dann bei Hausnr. 35 rechts auf einen gepflasterten Weg ab. Kurz darauf hält man sich wieder rechts und gelangt über den Canada da Praia, der bei der Quinta da Ermitagem in einen Pfad übergeht, auf den Monte da Espalamaca. Festes Schuhwerk ist ratsam.

Miradouro Monte Carneiro: Im Rücken Hortas erhebt sich der 267 m hohe Monte Carneiro mit Aussichtspunkt. Die Aussicht von dort über Horta und die Meerenge hinweg auf den mächtigen Pico ist herrlich. Der Spaziergang hinauf ist recht mühselig, man kann jedoch auch mit dem Auto anfahren.

■ **Fußweg**: Von der Praça do Infante geht es zuerst die Avenida Consul Dabney bergauf, nach ca. 300 m rechts ab in die Rua Marcelino Lima, dann nach ca. 200 m links in die Rua Ilha do Pico und kurz darauf rechts in den Canada das Dutras (ab hier Hinweisschilder). Diesem folgt man bis zum Gipfel. Zu Fuß hin und zurück ca. 1:30 Std.

Flamengos: Auf dem Weg von Horta zur Caldeira passiert man nach rund 4 km Flamengos, einen weitläufigen, verschlafenen Ort mit 1600 Einwohnern. Das Erdbeben von 1998 raubte ihm die schönsten Häuser. Für Hobby-Botaniker ist der ausgeschilderte *Jardim Botânico do Faial* (ausgeschildert, an der kürzesten Verbindungsstraße nach Horta) eine Visite wert. Dabei handelt es sich um einen kleinen botanischen Garten mit einem Gewächshaus und ein paar Teichen. Die Kultivierung endemischer und gefährdeter Pflanzen kann man hier verfolgen.

■ April–Okt. tägl. 10–18 Uhr, sonst Di–Fr 10–17 Uhr, Sa 14–17.30 Uhr. 4 €, erm. 2 €. www.parquesnaturais.azores.gov.pt.

Die Caldeira von Faial

Die Caldeira

Die mächtige Caldeira von Faial, an deren Hängen Zedern, Wacholderbüsche, Buchen und Farne gedeihen, beherrscht das menschenleere Inselinnere. Nur Kühe grüßen den Besucher am Straßenrand.

Der imposante Vulkankegel, der am **Cabeço Gordo** auf 1043 m ansteigt, weist einen Durchmesser von 1,5 bis 2 km auf – vom Rand der Caldeira fallen die Kraterwände steil ab, der Boden des Kessels liegt rund 400 m tiefer. Der Anblick des Kraters ist faszinierend, wenn nicht gerade Wolken darüberfegen und die Sicht versperren. Bis zum Ausbruch des Capelinhos 1958 schimmerte ein tiefblauer See im Krater, ein Teich blieb übrig. Ein Erlebnis – nur bei guter Wetterlage – ist die Umrundung des Kraters zu Fuß (→ Wanderung 24). Die Begehung des Pfades hinunter zum sumpfigen Kraterboden ist nur mit einem lizenzierten Guide möglich (→ Horta/Wandern, S. 293), Infos auch bei der Naturparkverwaltung in der Casa dos Dabney in Horta. Im Krater lassen sich rund 50 endemische Pflanzenarten ausmachen.

Anfahrt/Verbindungen Die Caldeira ist nicht mit öffentlichen Verkehrsmitteln zu erreichen. Von Flamengos führt die 8 km lange Teerstraße vorbei an meterhohen Hortensienhecken zum Kraterrand; durch einen Stollen gelangt man ins Innere des Kraters.

Radtouren Lassen Sie sich per Auto samt Fahrrad von der Base Peter Zee (→ Horta/Sport, S. 293) zur Caldeira bringen, von dort können Sie dann gemütlich bergab radeln.

Faial → Karte S. 276

 Wanderung 24: Umrundung der Caldeira   → S. 311
Einfacher Weg mit herrlichen Ausblicken auf den Pico und São Jorge

🚶 **Wanderung 25: Von der Caldeira nach Capelo (Weg der zehn Vulkane, Teil I)**   → S. 314
Tolle, abwechslungs- und aussichtsreiche Wanderung

Rund um die Insel

Ohne Abstecher muss man rund 60 km fahren, um einmal die Insel zu umrunden. Die Ortschaften und Attraktionen sind im Folgenden entgegen dem Uhrzeigersinn aufgelistet.

Entlang der EN 1 (ehemals R 1-1), die rund um die Insel führt, reiht sich ein langes Straßendorf an das nächste. Das Zentrum der meisten Ortschaften wird von der Kirche oder dem Dorfcafé markiert, in dem man in den Sommermonaten in den USA lebende Azoreaner trifft, die bei ihren Verwandten zu Besuch sind. Die Zerstörungen durch das Erdbeben von 1998 sind mancherorts noch immer zu sehen. Die Küste bietet mehrere schöne Badegelegenheiten, v. a. an der Praia do Almoxarife, bei Salão, in der Baía da Ribeira das Cabras und bei Varadouro. Das Highlight ist der Besuch der Vulkanlandschaft an der Ponta dos Capelinhos. Auf dem Weg dorthin wird die üppig grüne Landschaft mit den kleinen Weingärten zunehmend steppenartig, bis sich schließlich eine vegetationslose, einer Mondlandschaft gleichende Staub- und Steinwüste auftut. Diese steht im starken Kontrast zum Rest der Insel. Hier, vor der Westküste Faials, spuckte der Vulkan Capelinhos von 1957–1958 mehr als 30 Mio. Tonnen Asche und Lava aus. Ein sehenswertes Museum erinnert heute daran.

Praia do Almoxarife/Baden

Nördlich der Ponta Espalamaca (ca. 8 km von Horta entfernt) erstreckt sich die Praia do Almoxarife, ein an Wochenenden beliebtes Ausflugsziel. Die Bucht besitzt einen weiten, dunklen Sandstrand, der in manchen Jahren aber von großen Steinen durchsetzt ist und dann nur bei Ebbe zum Baden einlädt. Aber Achtung: starke Strömung! Im Norden der Bucht, am **Porto da Praia**, existiert eine kleine Siedlung. Die dazugehörige Kirche wirkt überproportioniert. Im leicht ansteigenden Hinterland liegen weit verstreut Residenzen wohlhabender Rückkehrer und ein paar Ferienhäuser.

Ebenfalls schön baden lässt es sich eine Bucht weiter hinter dem Hafen an der **Praia dos Inglêses**, einem kleinen idyllischen Sandstrand. Man erreicht ihn, wenn man am nördlichen Ende der Praia do Almoxarife an einem Brunnen vorbei der Rua Alberto Ávila de Vargas folgt und bei einem Haus, dessen Balkon Rauten zieren, rechts abzweigt (Fußweg).

Verbindungen Bus Mo–Fr um 7.35, 13.05 u. 18.35 Uhr nach Horta, von Horta um 7.10, 12.40 u. 18.10 Uhr, Sa fährt nur der Morgenbus (Stand 2018).

Camping Parque de Campismo, großer umzäunter Platz mit noch jungen, aber schon

Schatten spendenden Bäumen im Süden der Bucht. Nur durch eine Straße vom Strand getrennt, auf der die Jugend zeigt, was die frisierten Mofas hergeben. Grillgelegenheiten, Warmwasserduschen, gepflegt. In der HS sehr voll. Zum nächsten Supermarkt ist es leider eine Ewigkeit zu Fuß. Offiziell nur Juni–Sept. (oft aber auch länger). 2,50 €, kleines Zelt 4 €. Von der R 1-1 ausgeschildert, ✆ 292949855, www.urbhorta.pt.

Essen & Trinken O Cagarro, der „Gelbschnabelsturmtaucher" ist ein gepflegtes und originell eingerichtetes Restaurant, einen Blick verdienen die aus Waschmaschinentrommeln gebastelten Deckenlampen. Kleine Terrasse.

Leckere Fischgerichte der mittleren Preisklasse. Di Ruhetag. Nahe der Kirche, Avenida Unânime Praiense, ✆ 292948828.

Mein Tipp **Praya Restaurante**, schickes, urban wirkendes Restaurant in außen wie innen spannender Architektur – hier hat jemand viel Geld in die Hand genommen. Tolle Terrasse nach vorne zum Meer. Kleinigkeiten wie Käseteller oder Falafel gibt es genauso wie Großigkeiten (Spaghetti mit Garnelen oder Filetsteaks mit verschiedenen Soßen). Von Lesern hochgelobt. Hg. 9–17 €. Mo Ruhetag. Largo Coronel Silva Leal 1, ✆ 292701037, www.prayarestaurante.pt.

Pedro Miguel/Ribeirinha

Über Pedro Miguel führt die EN 1 in das etwas abseits der inselumrundenden Straße gelegene Ribeirinha im Nordosten Faials. Früher prägten hier Milchkannen und Blumentöpfe vor den Häusern das Bild. Doch Pedro Miguel und Ribeirinha wurden bei dem Erdbeben im Juli 1998 stark in Mitleidenschaft gezogen. Seitdem ist das liebliche Idyll dahin. Die Kirchen liegen noch immer in Trümmern, drum herum stehen vereinzelt noch ein paar Ruinen. Das Gros der zerstörten Häuser wurde mittlerweile eingeebnet und durch Neubausiedlungen ersetzt.

Eine Sehenswürdigkeit Pedro Miguels ist die **Casa Etnográfica**, ein schwarzes Natursteinhäuschen mit grünen Türen an der Durchgangsstraße. Wer es einmal offen vorfindet, kann uns erzählen, was er darin vorgefunden hat.

Besuchenswert ist auf jeden Fall der **alte Hafen** mit einer kleinen Kapelle an der **Ponta da Ribeirinha** (vor Ort mit „Boca da Ribeira" ausgeschildert), ein fast schon verwunschenes Örtchen, wo man picknicken und grillen kann. Für Camper wurde eine Wiese angelegt – eine Toilette und je eine Kaltwasserdusche pro Geschlecht sind vorhanden. Und neben Idylle pur gibt es einen alten, restaurierten Ofen, um Dachziegel zu brennen. Bademöglichkeiten bieten sich an einem Felsstrand.

Faial → Karte S. 276

Vom Erdbeben verwüstet: Farol da Ribeirinha

Weiter nördlich wies der 1915 erbaute Leuchtturm **Farol da Ribeirinha** (von Ribeirinha und von der weiter nordwestlich gelegenen Ortschaft Espalhafatos ausgeschildert) bis 1998 nachts den Schiffen den Weg durch die Meerenge zwischen Pico, São Jorge und Faial. Auch ihn hat das Erdbeben erwischt, die Ruine steht einsam und traurig in der Landschaft.

Wandertipp An der Ponta da Ribeirinha beginnt der 15,5 km lange markierte Wanderweg PR 7 FAI, der teils auf alten Wegen in rund 5 Std. hinauf auf die Caldeira von Faial führt. Zusammen mit dem *Trilho dos Dez Vulcões (PR 6 FAI)* bildet dieser Wanderweg den *GR 1 FAI,* auf welchem man die Insel in ihrer Gänze überquert (Länge der Tour von der Ost- zur Westküste 36 km).

Salão

Die Inschrift auf dem Brückenpfeiler auf dem Weg nach Salão hat mittlerweile etwas von einem Gedenkstein, der an all die Katastrophen erinnert, die diese Küstenregion heimsuchten: 1883, 1938 und 1998 musste die Brücke nach Zerstörungen wiederaufgebaut werden. Salão selbst ist ein verschlafenes, friedliches Dorf, das sich die EN 1 (ehemals R 1-1) entlangzieht. Der alte Ortskern befand sich einst weiter inseleinwärts. Lohnenswert ist ein Abstecher zum **Porto do Salão**, dem alten Hafen unter der Steilküste. Bei ruhiger See kann man hier baden, der Weg hinab ist je-

doch recht abenteuerlich. Traurig stimmt auch hier die Ruine der einst so gemütlichen Snackbar A Canoã.

Verbindungen/Anfahrt Mo–Fr 3-mal tägl. **Busse** von und nach Horta. Der Weg zum Hafen und zum Campingplatz ist ausgeschildert.

Camping Parque de Campismo, der wildromantische, wunderschöne Campingplatz von Salão, hoch über der steil abfallenden Küste beim alten Hafen, ist weitaus idyllischer als der in Praia do Almoxarife, allerdings auch weniger komfortabel (einfache, oft nicht sonderlich gepflegte Sanitäranlagen mit Kaltwasserduschen). Meeresrauschen und Gelbschnabelsturmtauchergesänge als Wiegenlied. Grillgelegenheiten, Kinderspielplatz. Frei zugänglich, kein Zaun.

Badespot bei Salão

Falls die Sanitäranlagen außerhalb der Saison geschlossen sind, im Rathaus von Salão (Casa do Povo, ✆ 292946042) nach jemandem fragen, der aufschließen kann. Achtung: kein Laden in Salão! Kostenlos.

MeinTipp **Essen & Trinken** **Restaurante Pasquinha**, hoch über Salão und dem Meer. Vielfach gelobtes Restaurant, das Ambiente eine Mischung aus trendig und rustikal, breite Fensterfronten erlauben eine tolle Aussicht. Nur kleine Karte, zu den Spezialitäten gehören die *Sopa Portuguesa*, dazu das Thunfischsteak mit Shrimpssoße und der *Mix Grill*. Hg. 10,50–14 €. Di Ruhetag. Vom Rathaus *(Casa do Povo)* ausgeschildert, Canada do Mestre 31, ✆ 292946911.

Cedros

Auf den ersten Blick unterscheidet sich der Ort kaum von den anderen Straßendörfern rund um die Insel. Auch hier ging das Erdbeben nicht spurlos vorüber. Trotzdem, Cedros ist anders: Cedros ist die größte Ortschaft (900 Einwohner) an Faials Nordküste und besitzt einen richtigen Ortskern mit einer Kirche in der Mitte. Drum herum findet man ein paar Cafés und eine Bank.

Am östlichen Ortsende zweigt eine Straße zum **Porto da Eira** mit einem Naturschwimmbecken ab (Hinweisschild). Der alte Hafen von Cedros ist aber bei Weitem nicht so idyllisch wie der von Salão. Es gibt eine Snackbar und einen Fußballplatz – wer den Ball ins Meer kickt, muss eine Runde zahlen.

Am westlichen Ortsende hat die **Molkereigenossenschaft** der Insel *(C.A.L.F.)* ihren Sitz (mit Laden). Jeden Nachmittag pilgern die Bauern von Faial dorthin, zu Pferd, per Moped oder Pickup, aber immer vollbeladen mit Milchkannen. 35.000 bis 40.000 l Milch werden hier täglich zu Butter und Käse *(Queijo Ilha Azul)* verarbeitet. Im Molkereiladen (Mo–Fr 8–16.30 Uhr, Sa bis 11.45 Uhr) bekommt man übrigens auch den Schlüssel für die Windmühle nebenan. Unmittelbar hinter der Genossenschaft (westlich, zur Küste hin) beginnt ein Weg (besser zu Fuß) zum alten **Walausguck Cabeço da Vigía** auf der Anhöhe Alto da Baleia.

Verbindungen **Bus** Mo–Fr 3-mal tägl. von und nach Horta.

Übernachten **Casa na Ponte**, in der Abgeschiedenheit hoch über Cedros. Hinter der Casa na Ponte verbirgt sich ein liebevoll restauriertes altes Bauernhaus mit Schlafzimmer, Wohnraum, Bad, Küche und Grillmöglichkeiten im Garten. 50 m weiter steht die etwas größere, ebenfalls schön hergerichtete Casa Covões mit 2 Schlafzimmern. Leser fühlten sich bei den deutschen Besitzern Silvia Schunke und Uwe Petsch sehr gut aufgenommen. Für 2 Pers. ab 60 €, bis 4 Pers. 70 €. Rua Joana Pires 54, ✆ 292946681, www.casanaponte.com.

Essen & Trinken **Bico Doce**, die beste Frühstücksadresse der Nordküste. Snackbar, Eisdiele, Bäckerei und Konditorei in einem. Kleine Terrasse mit Meeres- und Straßenblick. An der Durchgangsstraße in Cedros.

Ordentlich zu Mittag essen lässt sich dagegen in der **Snackbar Xavier** (✆ 292946157) und in der dem gleichnamigen Supermarkt angegliederten **Snackbar Aldina** (schon eher ein Restaurant, So Ruhetag, ✆ 292946155). Beide befinden sich an der Durchgangsstraße. Erstere bietet ein solides Mini-Büfett, Letztere gute, an einer Tafel angeschriebene Tagesgerichte, die auch Busgruppen zu schätzen wissen.

Pizza Nova, niedlicher Take-away mit echt italienischer Pizza (tatsächlich!) zu 6–9 €, ebenfalls an der Durchgangsstraße. Mai–Sept. tägl. (außer Mo), Okt.–April Do–Sa 17–22 Uhr, So stets 12–22 Uhr. Estrada Regional 80/C, ✆ 969146698.

MeinTipp **Restaurante O Esconderijo**, das versteckt in den Hügeln von Cedros gelegene Lokal des liebenswerten Chiemseers Hans ist etwas ganz Besonderes. Wer hierher kommt, sollte wissen, dass es sich um ein veganes, gluten-, alkohol-, rauch- und kaffeefreies Restaurant handelt. Für 20 € bekommt man ein Wahnsinns-4-Gänge-Menü (angerichtet wie in der Sternegastronomie) inkl. Wasser und „Getränk des Tages". Vieles ist bio und von der Insel, manches auch aus dem eigenen Garten.

Faial → Karte S. 276

Innen sehr gemütlich-charmant eingerichtet. Außen verwunschene Terrasse über einem Bach, der nur im Winter Wasser führt. Reservierung erwünscht. Mai–Sept. tägl. (außer Di) ab 18 Uhr, Okt.–April nur Fr–So ab 18 Uhr. Die Küche schließt um 20 Uhr. Von Salão kommend kurz hinter der Kirche links abzweigen, dann immer der breitesten Straße bergauf folgen (ausgeschildert). Rua Janalves 3, ✆ 292946505.

Pátio Horse & Lodge ist *die* Adresse für Reiten in der Zentralgruppe. Auf Lusitano-Pferden werden mit deutsch- und englischsprachigen Guides Halbtagesausritte entlang der Küste angeboten (59 €/Pers., hierbei werden auch Anfänger mitgenommen, sofern sie nicht schwerer als 95 kg sind), Tagestouren mit Picknick (109 €), aber auch mehrtägige Touren rund um die Insel inkl. Barbecue am Strand. Zudem Vermietung von Zimmern und Appartements (DZ 90 €) in der Lodge mit Garten zum Chillen. Unter deutscher Leitung. Von Lesern gelobt. Rua da Igreja (bestens ausgeschildert), ✆ 917428111, www.patio.pt.

🚶 **Wanderung 26: Levada-Trail –
von Cedros nach Capelo**   → S. 316
Aussichtsreiche Wanderung entlang eines alten Wasserkanals

Ribeira Funda und Umgebung

Die kleine Siedlung Ribeira Funda liegt knapp 6 km westlich von Cedros. Über das gleichnamige grüne Tal hinweg aufs blaue Meer kann man von einem **Aussichtspunkt** nahe Mimys Rockbar an der inselumrundenden Straße blicken. Der dazugehörige Picknickplatz mit Tischen, Bänken und Grillgelegenheiten präsentiert sich in einem tadellosen Zustand.

Wenige Kilometer weiter in Richtung Praia do Norte lag einst der Aussichtspunkt Miradouro Costa Brava knapp 400 m über dem Meer. Beim Erdbeben von 1998 stürzte er zu großen Teilen ins Meer ab, die Küste Faials wurde auf diesem Abschnitt stellenweise neu geformt. Unversehrt blieb hingegen der noch weiter südwestlich gelegene Aussichtspunkt **Miradouro Ribeira das Cabras**, an dem man ebenfalls picknicken kann.

Übernachten Casas d'Arramada, komfortable Anlage mit 6 terrassiert und etwas eng stehenden Ferienhäusern für 2–7 Pers. Farbenfroh-rustikale Einrichtung, z. T. mit Kamin und Meeresblick, alle mit Außenbereich. Eselstouren, Rad- und Angelverleih, Driving Range nahebei. Zudem ein Pool, der bei schlechtem Wetter ein Glasdach bekommt. Von Lesern gelobt. Haus für 2 Pers. mit Frühstückskorb 110 €, für 4 Pers. 180 € (oft günstigere Angebote auf der Webseite). In Ribeira Funda ausgeschildert, ✆ 292946200, www.ruralturazores.com.

Praia do Norte/Baden

Der Ort selbst ist ein unspektakuläres Straßendorf hoch über dem Meer. Den Strand aber, den der Name verspricht, sucht man hier oben vergebens. Dafür muss man am Ortsende die Abzweigung nach **Fajã** nehmen (mit „Praia da Fajã" ausgeschildert), einer kleinen netten Siedlung mit Ferienhäusern an der **Baía da Ribeira das Cabras**. Der große schwarze Sandstrand am Fuß der imposanten Steilküste ist einer der schönsten Faials. Sanitäre Einrichtungen und Grillmöglichkeiten sind vorhanden. Im Sommer hat auch hier eine Snackbar geöffnet, die dicke Pizza und leckeres Knoblauchbrot serviert (auf dem Weg zum Strand; Di–Fr ab 17 Uhr, Sa/So ab 12 Uhr, Achtung: lange Wartezeiten!).

Übrigens havarierte im Dezember 2005 keine 100 m vor der Baía da Ribeira das Cabras das 177 m lange Containerschiff *CP Valour*, das auf dem Weg von Kanada nach Spanien war. An Bord befanden sich u. a. giftige Chemikalien, die per Hubschrauber geborgen wurden. Das Wrack sollte eigentlich zum Abwracken nach Lissabon gebracht werden, sank aber beim Abtransport bereits nach wenigen Kilometern, was Kosten sparte …

Verbindungen **Bus**, Mo–Fr 2-mal tägl. über Cedros nach Horta, zudem Mo–Fr 2-mal tägl. über Capelo nach Horta. Keine Busverbindung zur Küste hinunter.

meinTipp Übernachten **Casa Bela Vista**, das Gästehaus des freundlichen Ehepaars Wolfgang und Gudrun Thiem. Moderner, kleiner Würfel mit großen Fenstern, die einen tollen Meeresblick bieten – wie sollte es bei einem Häuschen mit solch einem Namen auch anders sein. Oben die komplett ausgestattete Küche, unten das Schlafzimmer (für 2 Pers.). Nett möbliert, Fußbodenheizung für kalte Tage, Terrasse mit Grillgelegenheit. Von Lesern hochgelobt. Von Cedros kommend am Ortseingang linker Hand. 65 €/Nacht. Praia Cima 11, ℡ 965770553, wugthiem@web.de.

Essen & Trinken Café Snackbar Rumar, populäres, einfaches Lokal, tolle Meeresblicke – leider hat man die Terrasse vergessen. Unbedingt probieren: den köstlichen Oktopus-Salat (8,50 €), dazu gibt es selbst gebackenes Brot. Sonst eher Standardküche, aber sehr gute Nachspeisen. Durchgehend geöffnet. In Praia do Norte an der Durchgangsstraße schräg gegenüber der Kirche, ℡ 292945170.

🚶 **Wanderung 27: Von Praia do Norte in die Baía da Ribeira das Cabras**   → S. 318
Schattige Wanderung, bei Regen allerdings mit glitschigen Passagen

---

Ponta dos Capelinhos/Capelo

Der Westzipfel der Insel ist beeindruckend: hier die Asche- und Steinwüste, dort die ockerrot und schwarz gestreifte Lavasteilwand, dazwischen die Ruine eines Leuchtturms, der einst den Schiffen den Weg wies. Ursprünglich thronte er unmittelbar an der Küste, sein Nachfolger steht heute an der Uferstraße nach Varadouro. In Nachbarschaft der Turmruine gibt es ein unterirdisches Informationszentrum mit grandioser Architektur (s. u.), das zu den besten Museen der Azoren zählt. Das gesamte Gebiet ist eine Touristenattraktion ersten Ranges.

Ein Jahr lang hielt der Vulkan Capelinhos die Einwohner der Insel in Atem. Dem Ausbruch war eine Serie von über 200 Erdbeben vorausgegangen. Am 16. September 1957 wurde das erste Beben registriert, am Morgen des 27. September erfolgte eine submarine Explosion ungefähr 1 km vor der Westküste Faials. Kurz darauf stieg eine Rauchwolke auf – man wusste, ein neuer Vulkan war geboren. Das Meer vor der Küste begann zu kochen, Asche wurde über 1400 m hoch in die Atmosphäre und Lava bis zu 500 m hoch geschleudert, der Westen Faials wurde evakuiert. Ende Oktober waren bereits

Aschewüste an der Ponta dos Capelinhos

ganze Landstriche unter einer 1,5 m dicken Ascheschicht begraben, drei Tote gab es zu beklagen. Rund 250 Familien aus dem Westen der Insel, von deren Häusern nur noch die Giebel zu sehen und deren Felder verschwunden waren, verließen daraufhin Faial für immer. John F. Kennedy nahm an ihrem Schicksal besonderen Anteil und erleichterte ihnen die Emigration in die USA. Am 12. Mai setzte eine so heftige Erdbebenserie ein, dass sich vielerorts im Erdreich Risse von bis zu 70 cm Breite auftaten. Der Westen der Insel hob sich um einen halben Meter. Am 14. Mai drohte noch Schlimmeres: In der großen Caldeira von Faial zeigten sich Fumarolen. Panik brach auf der ganzen Insel aus, die Angst vor einem gigantischen, alles zerstörenden Vulkanausbruch ging um. Doch die aufsteigenden Dämpfe verflüchtigten sich bald wieder. Bis zum 24. Oktober 1958 ereigneten sich ständig neue Eruptionen, nach kurzen Pausen meist umso heftiger. Aus dem Atlantik tauchte schließlich eine kleine Insel auf, die sich in der letzten Eruptionsphase mit

dem „Festland" verband. Faial wuchs damit um 2,4 km². Durch Brandung, Regen, Wind und umherspazierende Touristen sind inzwischen allerdings schon mehr als drei Viertel des „Neulands" wieder im Meer verschwunden.

Sehenswertes

Centro de Interpretação do Vulcão: Um die einmalige Szenerie an der Ponta dos Capelinhos nicht zu stören, baute man das Informationszentrum nicht ober-, sondern unterirdisch – allein das futuristische Foyer ist sehenswert. Das Besucherzentrum, das von Architekt Nuno Ribeiro Lopes stammt, informiert über den Ausbruch des Capelinhos 1957/58, über die Entstehung des azoreanischen Archipels (Film), über Unterseevulkane vor den Inseln und über bedeutende Vulkane weltweit. Auch kann die Ruine des Leuchtturms bestiegen werden.

Spaziert oder fährt man vom Besucherparkplatz zum alten Hafen (Porto Comprido) hinab, kann man linker Hand noch die Giebelreste verschütteter Häuser aus Sand und Asche ragen sehen. Vom Hafen führt eine Piste nach Varadouro (→ S. 308). In entgegengesetzter Richtung befindet sich der einstige Walausguck *Vigia das Capelinhos*, der einem kleinen Bunker ähnelt. Dahinter jagen heute Motocross-Fahrer durch das staubige Gelände.

▪ 16. Sept. bis 14. Juni Di–Fr 9.30–16.30 Uhr, Sa/So 14–17.30 Uhr, Mo geschl., sonst tägl. 10–18 Uhr. Eintritt 8 €, Film 4 € extra, für den Leuchtturm 1 €, Ticket für alles 10 €. www.parquesnaturais.azores.gov.pt.

Auf den Vulkan: Ein Pfad führt durch die Aschewüste des Capelinhos zu dessen höchster Erhebung. Die hiesige Asche ist v. a. das Resultat der submarinen Eruptionen. Sie werden aber auch vulkanische Bomben und erkaltete 'A'ā-Lava-Ströme sehen (der Name kommt aus dem Hawaiianischen und ist dem Laut entlehnt, den man von sich gibt, wenn man barfuß über die scharfkantige Lava spaziert).

Der Weg beginnt zu Füßen des Leuchtturms (Hafenseite). Offiziell darf der Weg nur in Begleitung eines lizenzierten Guides begangen werden – was aber kein Tourist weiß, da darüber nicht informiert wird. Guides sind u. a. über *Pátio Horse & Lodge* buchbar (→ S. 304, deutschsprachig, 20 €/Pers. inkl.

Nationalparkgebühren). Zudem ist der Zutritt in der Hauptsaison, um weitere Erosionsprozesse zu vermeiden, zuweilen limitiert. Auch über eine komplette Schließung des Pfades zum Schutz der Landschaft wird von Seiten der Nationalparkverwaltung diskutiert. Erkundigen Sie sich auf jeden Fall vor Antritt der Tour im Informationszentrum über den aktuellen Stand der Dinge. Sofern der Pfad noch zu begehen ist, unternehmen Sie die Tour aber nicht bei starkem Wind – dann bläst es einem Staub und Sand schmerzhaft ins Gesicht. Bleiben Sie auf den vorgegebenen Wegen, halten Sie Abstand zu den Klippen und stören Sie die hier nistenden Rosenseeschwalben und Mittelmeermöwen nicht (die heißen wirklich so, auch wenn sie hier über dem Atlantik fliegen).

Achtung: Baden ist in dieser Gegend wegen starker Strömungen gefährlich! Selbst die Fischer umschiffen die Ponta dos Capelinhos in großem Abstand.

Escola de Artesanato: Die lokale Kunsthandwerkschule präsentiert in einem weiß-roten Gebäude samt Kitschturm im Stil der Tudorgotik im Zentrum von Capelo Skurriles aus Feigenmark,

Faial → Karte S. 276

Im spektakulären Inneren des Centro de Interpretação do Vulcão

Strohschmuck, Holzminiaturen usw. Beim Basteln kann zugeschaut werden.

▪ Falls geschlossen, stehen am Fenster diverse Telefonnummern, die man wählen kann, um eingelassen werden.

Cabeço Verde: Im Gegensatz zur staubtrockenen Westspitze der Insel ist der knapp 500 m hohe Vulkankegel Cabeço Verde von üppiger Vegetation überzogen, dazu gedeihen auf ihm seltene Antennenarten. Rund um seinen Krater führt ein Sträßlein, das schöne Ausblicke bietet.

▪ **Anfahrt**: Die Abzweigung zum Cabeço Verde befindet sich, von Praia do Norte auf der EN 1 (der Straße durchs Inselinnere) kommend, ca. 100 m nach dem Ortsschild von Capelo rechter Hand (hier auch das weiße Hinweisschild „Cabeço Verde 5,5 km"). Von Castelo Branco kommend, fahren Sie in Capelo hinterm Café O Vulcão rechts ab Richtung Praia do Norte. Das weiße Hinweisschild taucht dann nach ca. 300 m linker Hand auf. Bei der Straßengabelung 400 m hinter der Abzweigung links halten, den roten Schotterweg nehmen. Ca. 1 km weiter nach rechts abzweigen, dann noch 1,5 km steil bergauf zum Kraterrund.

🥾 **Wanderung 28: Von Capelo zur Ponta dos Capelinhos (Weg der zehn Vulkane, Teil II)** → S. 320
Faszinierende Tour durch üppiges Grün und graue Wüste

Parque Florestal: Der ausgeschilderte Parque Florestal am östlichen Ortsende von Capelo ist eines der schönsten Picknickareale der Insel, wenn auch ohne Meeresblick. Die Mondlandschaft an der Ponta dos Capelinhos ist auf dem paradiesischen Gelände wieder vergessen. Grillgelegenheiten und Toiletten sind vorhanden. Das geteerte Sträßlein am oberen Ende des Parks führt hinauf zum Cabeço Gordo, der höchsten Erhebung des Kraterrunds der Caldeira von Faial.

Verbindungen Bus, Mo–Fr 2-mal tägl. von Capelo nach Horta. Von Horta kommt der

11.45-Uhr-Bus an der Abzweigung zum Centro de Interpretação do Vulcão und zum Leuchtturm (Farol) vorbei. Von dort noch rund 1 km zu Fuß – oder Sie steigen schon in Capelo aus und wählen Wanderung 28 zum Leuchtturm. Der Haken: Es fahren am gleichen Tag keine Busse mehr nach Horta zurück, Sie müssen also trampen oder ein Taxi nehmen.

Übernachten Casal do Vulcão, kleine Anlage, bestehend aus 4 Gebäuden (3 davon aus Naturstein), allesamt zu freundlichen Appartements bzw. Zimmern für 2–6 Pers. umgebaut und komplett ausgestattet. Je nach Größe 60–180 €. Nur nach Vorausbuchung. Lugar do Canto, ✆ 963082595, www.casaldovulcao.net.

Varadouro

In **Areeiro** zweigt von der EN 1 (ehemals R 1-1) eine Stichstraße nach Varadouro ab, einem hübschen, in der Nebensaison aber trostlosen Ferienort, in dem reiche Ausländer und Heimkehrer Sommerresidenzen unterhalten. Das Meer trotzte hier der zerklüfteten Küste ein herrliches **Naturschwimmbecken** ab, das nachträglich befestigt wurde und fast als kleine Badeanstalt

durchgeht. In Varadouro steht auch das morbide Gebäude eines ehemaligen **Thermalbads**. Seit dem Erdbeben von 1998, bei dem die Pumpanlagen zerstört wurden, ist es geschlossen. Wann es wieder öffnet und ein Bad im heißen Thermalwasser wieder möglich wird, steht in den Sternen. Nahe dem Thermalbad befindet sich ein kleiner öffentlicher Grillplatz.

Begegnung

Verbindungen Mo–Fr 2-mal tägl. **Busse** von Horta nach Areeiro; nach Varadouro keine Busverbindung (von der Abzweigung ca. 15 Gehmin. bergab, zurück anstrengend).

Übernachten **Casas do Capelo**, hinter dem Namen verbergen sich 9 Häuser in Varadouro und Areeiro, z. T. alte, renovierte Natursteinhäuser, z. T. Neubauten, z. T. mit Meeresblick, z. T. an der Straße. Allesamt mit Garten und Grill, freundlich-modern und nicht überladen ausgestattet. Für 2 Pers. 81 €. ℘ 916164677, www.casasdocapelo.pt.

Camping **Parque de Campismo Varadouro**, schattiger Platz mit guten Sanitäranlagen. Parzellenartig unterteilt, leider sehr harter Boden – krummer Hering garantiert. Juni bis Ende Sept. 2,50 €/Pers., kleines Zelt 4 €. Anfahrt → Wandertipp, der Platz liegt gleich neben dem Hintereingang zu den Residências Varadouro. Ca. 20 Fußmin. bis zur nächsten Bushaltestelle! ℘ 292945339, www.urbhorta.pt.

Essen & Trinken **Restaurante Bela Vista**, gepflegtes Restaurant mit netter Meeresblickterrasse. Snackbar angegliedert. Der Fischspieß und die gefüllten *Lulas* sind zu empfehlen. Hg. 9–13 €. Di Ruhetag. An der Hauptstraße in Areeiro, ℘ 292945204.

🚶 Wandertipp Für die **kleine Wanderung von Varadouro die Küste entlang bis zur Ponta dos Capelinhos** folgt man vom Restaurante Vista da Baía Varadouro dem Sträßlein (= Caminho Varadouro Comprido), das schräg gegenüber zu den Residências Varadouro führt. Die Abzweigung zur Rua Amorin bleibt unbeachtet. Bald darauf verwandelt sich die geteerte Straße in einen unbefestigten, breiten Feldweg, der entlang der Küste bis nach Capelo (unterwegs Picknickplätze ohne Grillmöglichkeit) und weiter bis zur Ponta dos Capelinhos führt. Der Weg kann auch mit dem Auto abgefahren werden.

Castelo Branco

Die Ortschaft nahe dem Flughafen (ca. 10 km westlich von Horta) ist nicht mehr als ein langes Straßendorf, dessen Kern sich rund um die Kirche ausbreitet. Der Name des Orts leitet sich von der Ponta de Castelo Branco ab, einer Halbinsel, die sich westlich des Flughafens ins Meer erstreckt. Nicht selten begrüßen dort ganze Familien die Heimkehrenden winkend beim Anflug auf Faial. Doch Achtung: Von einem Aufstieg auf den Felsen sollte man zu seiner eigenen Sicherheit absehen. Nimmt man die Straße, die direkt westlich an der Landebahn vorbeiführt, gelangt man zu einem Picknickgelände mit Camping- und Bademöglichkeit.

Verbindungen **Bus** Mo–Fr 5-mal tägl. von Castelo Branco nach Horta, andersrum 4-mal tägl.

Übernachten/Camping **Parque de Campismo**, ideal für alle, die spätabends mit dem Flieger ankommen und kein Auto haben, nichts aber zum Längerbleiben. In Nachbarschaft der Zeltwiese ein Picknickgelände und ein Naturschwimmbecken. Sanitäranlagen neu, sogar recht schick, aber einfach (Kaltwasserduschen). Kostenlos. Wegbeschreibung: Flughafen nach links verlassen, für ca. 700 m der inselumrundenden Straße folgen, dann noch mal links ab.

mein Tipp **Quinta da Meia Eira**, eine der stilvollsten Unterkünfte der Insel und dazu auch noch überaus gemütlich. Anwesen mit 2 Häusern aus dem 19. Jh., darin 6 individuell eingerichtete, komfortable, mit Antiquitäten bestück-

te Zimmer und 2 Suiten mit Wohnzimmer und Kitchenette. Davor ein Garten mit Liegestühlen und Sitzecken, von dem man über Weiden aufs Meer blickt. Schöner Gemeinschaftsraum, Innenpool, der sich im Sommer zum Garten hin öffnet. Sehr freundliche englischsprachige Betreiber, die liebe Haushündin heißt Kunigund. Von Lesern ebenfalls sehr gelobt. Von der Durchgangsstraße in Castelo Branco zur Seeseite ausgeschildert. DZ 110 €, Suite 125 €. Rua dos Inocentes 1 (westl. des Flughafens), ℡ 965435925, www.meiaeira.com.

Wandertipp Um zum **Morro de Castelo Branco** zu gelangen, zweigt man von Horta kommend ca. 2 km nordwestlich der Kirche von der Durchgangsstraße bei einer Heiliggeist-Kapelle nach links ab, Hinweisschild „Morro de Castelo Branco" (von Areeiro kommend nicht sichtbar). Nun stets auf dem Sträßlein bleiben, bis dieses auf eine Querstraße stößt. Dort rechts halten und parken. Von hier noch ca. 15 Min. zu Fuß – folgen Sie einfach den gelb-roten Markierungen des offiziellen Wanderwegs dorthin, des *Percurso Pedestre PRC 5 FAI*, der in seiner Gesamtheit jedoch wenig reizvoll ist. Wer's nicht glauben mag: Einstieg mit Wandertafel an der Durchgangsstraße ca. 200 m weiter Richtung Areeiro linker Hand.

Feteira

Die Küste bei Feteira, die Costa da Feteira, ist v. a. wegen ihrer Höhlen bekannt. Die reizvolle Steinformation **Ponta Furada**, eine Art Torbogen, kann man vom Miradouro Lajinha aus sehen. Achtung: Der Aussichtspunkt liegt an der Straße nach Horta, etwa 1 km hinter der Parkausbuchtung gleichen Namens. Am schönsten ist es, diesen Küstenabschnitt mit dem Boot abzuschippern. Angler ziehen hier Brassen, Rochen, Makrelen, Muränen und Thunfische an Land.

Verbindungen **Bus** Mo–Fr 4-mal tägl. von Feteira nach Horta, andersrum 3-mal tägl.

Übernachten **Casa da Japoneira**, kleine Herberge (nur 4 Zimmer) in einem schönen Gebäude aus dem 19. Jh. Mit teils schweren Möbeln ausgestattete Zimmer, die die Namen von Blumen tragen. Alle mit Klimaanlage. Üppi-

ges Frühstück mit Pico-Blick. Großer Garten. Sehr gepflegt, freundliche Wirtin. Nur April–Sept. DZ 70 € (Mindestaufenthalt 2 Nächte). Rua da Igreja 67 (die Straße, die an der Kirche vorbeiführt, gelbes Haus mit roten Toren), ℡ 292392165, www.casadajaponeira.com.

Azul Singular, ein Glampingspot im absoluten Abseits. In einem üppigen grünen Palmengarten verstecken sich liebevoll ausgestattete „Zelte" (mehr aus Holz als aus Stoff und mit Bad und Küche, aber ohne Türen) und Jurten (Bäder und Kochgelegenheit außerhalb, was bei Regen nicht gerade von Vorteil ist), alle mit kleiner Gartenterrasse. Schöne Gemeinschaftsterrasse mit Meeresblick über der Lounge beim Haupthaus. Bei tollem Wetter ein Paradies. Für 2 Pers. ab 95 €. Anfahrt: Von Horta kommend in Feteira hinter dem Café Vieira rechts ab, dann für 1 km den Buckel hoch, dann rechter Hand (Schild). Rua da Granja 61, ℡ 960069890, www.azulsingular.pt.

Bei gutem Wetter sollte man sich die Umrundung der Caldeira nicht entgehen lassen

Wanderungen auf Faial

Wanderung 24

Umrundung der Caldeira   → Karte S. 312/313

Route: Umrundung der Caldeira im Uhrzeigersinn, Ausgangspunkt ist der Parkplatz vor der Caldeira.

Länge/Dauer: 7 km, ca. 2:30 Std.

Einkehr: Keine Möglichkeit.

Besonderheiten: Sofern trocken, einfacher Weg, bei dem man jedoch teils kniehohe Schritte machen muss. Unterwegs herrliche Ausblicke auf Pico und São Jorge, nicht selten sieht man sogar Graciosa in der Ferne. Der Wanderweg ist identisch mit dem *Percurso Pedestre PRC 4 FAI.* Nicht bei Nebel gehen! Schwindelfreiheit ist auf manchen Passagen erforderlich.

An- und Weiterfahrt: → Caldeira/Anfahrt.

Wegbeschreibung: Vom **Parkplatz vor der Caldeira** steigt man unmittelbar vor dem Tunnel ❶, der zur Innenseite des Kraters führt, linker Hand die Treppe hinauf. Auf dem Grat der Caldeira passiert man ein kleines Gatter. Ein relativ breiter Pfad führt nun auf den höchsten Punkt der Insel, dem **Cabeço Gordo** zu, der sich durch einen Sendemast und Antennen klar zu erkennen gibt. Aber noch unterhalb des Gipfels schwenkt der Pfad nach Westen ab und verläuft

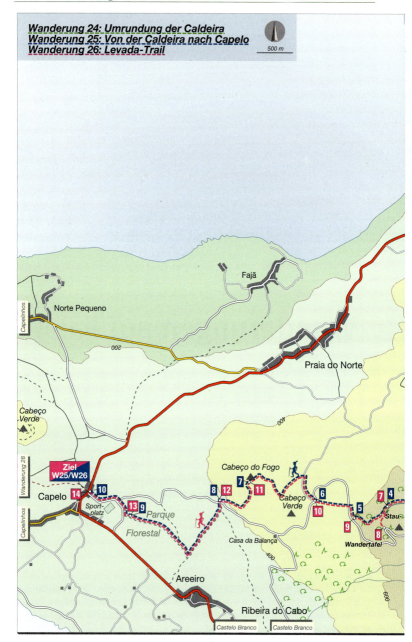

Wanderung 24: Umrundung der Caldeira
Wanderung 25: Von der Caldeira nach Capelo
Wanderung 26: Levada-Trail

500 m

Fajã

Capelinhos

Norte Pequeno

200

Praia do Norte

400

Cabeço
Verde

Wanderung 28

Cabeço do Fogo

Ziel
W25/W26

Cabeço
Verde

Capelo

Capelinhos

Sport-
platz

Parque

Florestal

Casa da Balança

400

Wandertafel

Stau

Areeiro

600

Ribeira do Cabo

Castelo Branco   Castelo Branco

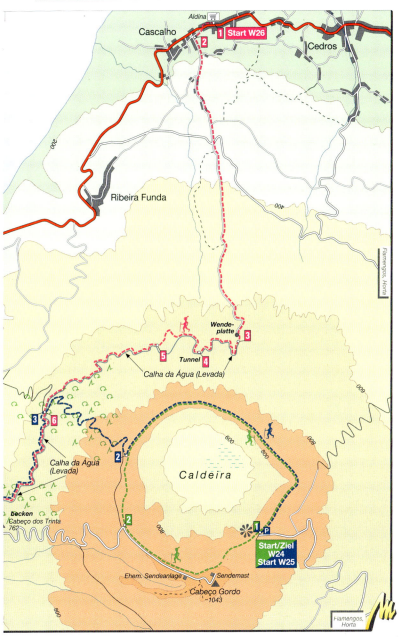

Cascalho

Aldina

1 Start W26

2

Cedros

Ribeira Funda

Wende-
platte

3

5

Tunnel **4**

Calha da Água (Levada)

3 **6**

Calha da Água
(Levada)

2

C a l d e i r a

becken
Cabeço dos Trinta
762

2

1 P

Start/Ziel
W24
Start W25

Ehem. Sendeanlage

Sendemast

Cabeço Gordo
~1043

*Flamengos,
Horta*

Faial → Karte S. 276

nach einer Weile parallel zu einem Teersträßlein, der Zufahrtsstraße zum Cabeço Gordo. Nach ca. 45 Min. Gesamtlaufzeit trifft Ihr Pfad schließlich auf besagtes Teersträßlein, das hier nach Westen abschwenkt. Statt dem Sträßlein zu folgen, beachten Sie die Markierung **2**, die Sie dazu auffordert, sich rechts zu halten und dem breiten Weg (an einem alten Mauerrest vorbei) zu folgen. Dieser Weg wird kurz darauf zu einem schmalen Pfad, der weiter rund um die Caldeira führt – von einem geodätischen Messpunkt zum anderen, bis Sie am Ausgangspunkt der Wanderung **1** herauskommen.

Wanderung 25

Von der Caldeira nach Capelo (Weg der zehn Vulkane, Teil I)
→ Karte S. 312/313

Route: Parkplatz vor der Caldeira – halbe Caldeira-Umrundung auf dem Kratergrat – Abstieg zum Levada-Trail – Calha da Água (Levada) – Cabeço do Fogo – Capelo.

Länge/Dauer: 13,4 km, ca. 4:30–5 Std.

Einkehr: Unterwegs keine Möglichkeit.

Besonderheiten: Tolle, abwechslungs- und aussichtsreiche Wanderung. Der Weg ist insgesamt einfach zu gehen, man muss jedoch in Abschnitten in der Lage sein, kniehohe Schritte zu machen, zudem gibt es gegen Ende der Wanderung kurze, aber steile Auf- und Abstiege zu bewältigen. Denken Sie an genügend Wasser! Entlang der Calha da Água (Levada), eines künstlichen Wasserkanals, kann es matschig sein.

An- und Weiterfahrt: → Caldeira/Anfahrt. Das Ende der Wanderung liegt im Parque Florestal von Capelo. Von Capelo fährt Mo–Fr gegen 13 Uhr der letzte Bus gen Horta, gegen 18.30 Uhr nach Ribeira Funda (lassen Sie sich die genauen Abfahrtszeiten der letzten Busse vor Antritt der Wanderung bestätigen). Mit dem Taxi kostet der Weg zum Ausgangspunkt der Wanderung ca. 15 €, von Capelo zurück nach Horta oder zurück zum Ausgangspunkt der Wanderung ca. 20 €.

Wegbeschreibung: Vom **Parkplatz an der Caldeira** **1** steigt man das Treppchen zum Grat der Caldeira auf und hält sich oben rechts. Hinter dem **Heiligenschrein** (rechts umgehen) beginnt der Pfad rund um die Caldeira. Linker Hand fällt der Blick in den imposanten Krater, rechter Hand sieht man in der Ferne Pico, dann São Jorge und Graciosa.

Ein Weg, zehn Krater – Trilho dos Dez Vulcões

Der *Trilho dos Dez Vulcões* (PR 6 FAI) ist einer der schönsten Wanderwege der Azoren. Er führt von der großen Caldeira hinab zur Ponta dos Capelinhos. Die hier beschriebene Wanderung 25 umfasst den ersten Abschnitt von der Caldeira hinab nach Capelo, Wanderung 28 den Abschnitt von Capelo bis zum Leuchtturm auf der Ponta dos Capelinhos. Die Weglänge wird offiziell mit 19,3 km und einer Dauer von 5 Std. angegeben. Wir haben 22,2 km gemessen und würden allen, die keine Wandercracks sind, eher raten, 7 Std. Gehzeit einzuplanen.

Nach ca. 1 Std., die Caldeira hat man nun etwas mehr als zur Hälfte umrundet, weisen Wanderwegschilder der Routen „GR 1 FAI" und „PR 6 FAI" nach rechts bergab **2**. Hier verlässt man den Pfad rund um die Caldeira und steigt zu der rötlichen, etwas tiefer gelegenen, recht breiten Schotterstraße ab. Nun folgt man stets der Schotterstraße bergab. Nach rund 30 Min. auf der Schotterstraße überquert diese die **Calha da Água**, einen ca. 50 cm breiten, künstlichen Wasserkanal, hier links halten (Hinweisschild „Levada") **3**. Nun folgt man stets dem Kanal durch den Wald, mal auf Trittsteinen, mal rechts davon, mal links davon. Tauchen Lichtungen auf, sieht man rechter Hand voraus die Vulkankegel des Cabeço do Fogo, des Cabeço Verde und des Cabeço do Canto.

Nach rund 35–40 Min. auf dem Levada-Trail erreicht man ein quakendes **Staubecken** **4** am Fuß des Berges Cabeço dos Trinta. Hinter dem Staubecken zweigt man auf den gelb-rot-weiß markierten Waldpfad nach rechts ab (Hinweisschild „10 Vulcões 9 km"). Der schön angelegte Waldpfad mündet in eine bergab führende Straße **5**, hier hält man sich abermals rechts, verlässt die Straße aber schon nach rund 100 m wieder. Es geht links auf einem Wiesenpfad weiter. An Weiden entlang führt der Pfad bergab, voraus erblickt man ein Kieswerk. 10 Min. später erreicht man das Asphaltsträßlein wieder **6**, das man hier nur überquert. Wir wandern geradeaus auf dem roten

Schottersträßlein (Richtungshinweis „Praia do Norte") für rund 300 m weiter. Dann zweigt nach links ein Pfad ab (Markierungen beachten). Nun geht es über Wiesen und durch Wald auf den Cabeço do Fogo. Achtung, teils sehr steile Passagen! Am Ostersonntag 1672 erhielt der Vulkan seinen Namen, der Ausbruch zerstörte viele Häuser. Die Anstrengung belohnt mit herrlichen Ausblicken. Obenauf befindet sich ein geodätischer Messpunkt **7**, drum herum wachsen *Erica azorica* und Thymian.

Wo es steil hinaufging, geht es meist auch steil wieder bergab – Vorsicht Rutschgefahr! Nach einem etwa 20-minütigen Abstieg erreicht man beim **Fonte das Areais**, einem ehemaligen Waschhaus, ein Asphaltsträßchen **8**. Dieses überquert man und folgt auf der anderen Seite dem Waldweg bergab (Markierungen beachten). Nach 30 Min. endet der Weg an einem der Parkplätze des Parque Florestal von Capelo **9**. Nun folgt man der Zufahrtsstraße zum Parkplatz und erreicht so keine 100 m weiter eine T-Kreuzung. Will man zur Bar von Capelo, hält man sich hier links und dann wieder rechts. Will man zu den Toiletten der Parkanlage, hält man sich bei der T-Kreuzung rechts.

Rechts hält man sich auch, wenn man die Tour auf dem *Trilho dos Dez Vulcões* fortsetzen will. Dabei durchquert

Der Levada-Trail gehört zu den schönsten Wanderwegen der Azoren

Faial → Karte S. 276

man den Waldpark und wandert an dessen oberem Ende das Sträßlein in 11-Uhr-Richtung weiter (also nicht nach links zum Spielplatz abzweigen und nicht nach rechts bergauf).

So erreicht man die Verbindungsstraße von Capelo nach Praia do Norte **10**. Hier hält man sich für rund 20 m rechts, dann wieder links, und erreicht so den Einstieg in die Wanderung 28 (Teil II des Weges der zehn Vulkane, → S. 320).

GPS-Wanderung 26

Levada-Trail – von Cedros nach Capelo   → Karte S. 312/313

Route: Cedros – Calha da Água (Levada) – (Cabeço dos Trinta) – Cabeço do Fogo – Capelo.

Länge/Dauer: 16 km, ca. 5 Std. Wer nur entlang des rund 7 km langen Wasserkanals gehen möchte, des Highlights der Tour, ist etwa 2:15 Std. unterwegs.

Einkehr: Unterwegs keine Möglichkeit.

Besonderheiten: Der schöne, aussichtsreiche Weg entlang des Wasserkanals Calha da Água (Levada) ist mit dem offiziellen Wanderweg *PR 3 FAI* identisch. Der Wasserkanal wurde 1964 nach 4-jähriger Bauzeit eingeweiht, ein Wasserkraftwerk sollte damit betrieben werden. Wer nur den Abschnitt entlang des Kanals gehen möchte, muss sich am Ende des Kanals mit dem Taxi abholen lassen oder denselben Weg wieder zurückgehen. Weite Abschnitte des Weges sind auch ohne vorherigen Regen matschig. Der Weg führt durch einen Tunnel (Taschenlampe!).

Der hier beschriebene Weg umfasst neben der Tour entlang des Kanals auch den Weg von Cedros zum Kanal (ein mühseliger Aufstieg zu Beginn der Wanderung). Wer den Ausgangspunkt der offiziellen Wanderung mit dem eigenen Fahrzeug oder dem Taxi ansteuert, kann sich diesen Abschnitt sparen. Der Wegverlauf nach Kanalende hinab nach Capelo ist ebenfalls nicht Teil des offiziellen Wanderwegs. Hier folgen wir einem Abschnitt des *Trilho dos Dez Vulcões* und damit Wanderung 25 (s. o.) ab Waypoint 4.

An- und Weiterfahrt: Cedros ist von Horta aus Mo–Fr mit dem 11.45-Uhr-Bus zu erreichen, samstags mit dem Bus um 13.15 Uhr. Steigen Sie an der Bushaltestelle nahe dem Supermarkt Aldina aus. Das Ende der Wanderung liegt im Parque Florestal von Capelo, von wo Sie am gleichen Tag mit dem Bus nicht mehr zurück nach Horta kommen. Ein Taxi von Horta bis zur Calha da Água hoch über Cedros kostet ca. 20 €, von der Calha da Água hoch über Capelo zurück nach Horta ebenfalls ca. 20 €, von Capelo zurück nach Cedros ca. 10 €.

Wegbeschreibung: Ausgangspunkt ist der **Supermarkt Aldina 1** ganz im Westen von Cedros (Ortsteil Cascalho) an der EN 1 (ehemals R 1-1) ca. 400 m östlich der Molkerei *(Cooperativa Agrícola de Lacticínos Faial)*. Vom Supermarkt folgt man der Küstenstraße Richtung Ribeira Funda und zweigt nach ca. 100 m links in die bergauf führende Rua Professor José da Rosa Aica ab

(Hinweisschild „Levadas"). Keine 150 m weiter biegt man erneut links ab in den **Canada Larga 2**, eine insgesamt steil bergauf führende Straße, die für die nächste Stunde Ihr Weg ist. Dabei hält man sich stets auf der geteerten Straße, lässt alle Abzweigungen unbeachtet, auch die Verbindungsstraße Ribeira Funda – Flamengos.

Levada-Trail: immer am Kanal entlang

Am Ende der Straße, das eine Wendeplatte markiert (hier auch eine Wandertafel), geht es auf einem unbefestigten Waldweg geradeaus weiter (fortan markiert). So erreicht man nach 70 m die **Calha da Água (Levada)** ❸, jenen ca. 50 cm breiten künstlichen Wasserkanal, an dem entlang nun die Nordwestflanke der Caldeira umgangen wird, also rechts halten. Dabei wandert man, stets am Kanal entlang, immer unmerklich bergab, passiert kleine Brücken und durchläuft nach 20 Min. einen Tunnel, durch den der Wasserkanal läuft ❹. 10 Min. hinter dem Tunnel muss man einen **Hangrutsch** umgehen. Der „Umleitungspfad" ist markiert, nach 10–15 Min. treffen Sie wieder auf den Kanal ❺, entlang dem es wieder weitergeht. Ca. 50 Min. später quert den Kanal eine **Schotterstraße** ❻, diese bleibt unbeachtet. (Von links kommt der Wanderweg von der Caldeira herunter; Schnittpunkt mit Wanderung 25, s. o.). Es geht weiter den Kanal entlang, der Weg ist nun gelb-rot-weiß markiert. Der Kanal endet schließlich nach rund 40 Min. am Fuß des Berges

Cabeço dos Trinta in einem **Staubecken** ❼, das man rechter Hand umgeht.

Wer sich **mit dem Taxi** abholen lässt, folgt hinter dem Staubecken dem bergauf führenden Schotterweg (Hinweisschild „Levada PR 03 FAI"). An dessen höchstem Punkt bietet sich ein Abstecher zum **Cabeço dos Trinta** an. Dafür hält man sich hier links (Hinweisschild „Cabeço dos Trinta") und steigt weiter bergauf, bis es durch einen Tunnel ins Innere des Kraters geht. Wer den Abstecher auslässt, bleibt auf der rötlichen unbefestigten Straße und erreicht kurz darauf die asphaltierte Zufahrtsstraße zum Cabeço Gordo. Hier befindet sich eine Wandertafel ❽, und hier warten zuweilen schon Taxis, denn hier endet der offizielle Levada-Trail.

Wer sich **nicht mit dem Taxi** abholen lässt, zweigt hinter dem Staubecken auf den gelb-rot-weiß markierten Waldpfad nach rechts ab (Hinweisschild „10 Vulcões 9 km"), der Weg ist fortan mit der Wanderung 25 ab Waypoint ❹ identisch.

GPS-Wanderung 27

Von Praia do Norte in die Baía da Ribeira das Cabras

Route: Praia do Norte – Baía da Ribeira das Cabras – Porto da Fajã – Praia do Norte.

Länge/Dauer: 5,1 km, ca. 2:30 Std.

Einkehr: In Praia do Norte. Die Snackbar in der Baía da Ribeira das Cabras (→ S. 305) hat nur am Wochenende mittags geöffnet.

Besonderheiten: Schattige, einfache Wanderung. Nicht nach Regen gehen, da die Passagen durch den Wald dann sehr glitschig sind. Der Wegverlauf ist mit Ausnahme des Einstiegs und des Endes der Wanderung mit dem markierten *Circuito Pedestre PRC 2 FAI* identisch.

An- und Weiterfahrt: → Praia do Norte/Verbindungen. Achtung: Falls Sie von Horta mit dem 11.45-Uhr-Bus anfahren, kommen Sie nur noch mit ausgestrecktem Daumen oder mit dem Taxi zurück.

Wegbeschreibung: Ausgangspunkt der Wanderung ist das **Café Rumar** 1 an der Durchgangsstraße von Praia do Norte schräg gegenüber der Kirche. Von dort folgt man für ca. 50 m der Durchgangsstraße gen Nordosten (also Richtung Kirche) und zweigt dann nach links (gegenüber der Kirche) auf das asphaltierte Sträßlein bergab ab. Am Ende des Sträßleins hält man sich rechts. Nun folgt man dem Sträßlein, das sich am unteren Ortsrand von Praia do Norte gen Nordosten schlängelt. Die Rechtsabzweigung in den Canada do Marau bleibt unbeachtet. Es geht weiter auf der Rua da Ponte. Schon bald tauchen die ersten Wegmarkierungen auf. Etwas weiter, hinter einem Brunnen 2, geht es links ab. Man überquert ein meist ausgetrocknetes Bachbett. 150 m weiter nimmt man die erste mögliche Linksabzweigung 3 – ein roter Feldweg, der auf das Meer zuführt.

Der Weg führt zunächst an Maisfeldern vorbei und schwenkt keine 5 Min. später nach rechts ab 4, wo er sich als verwunschener Pfad durch den **Wald** fortsetzt. Von einem kleinen **Aussichtspunkt** unterwegs genießt

man einen herrlichen Blick auf die Siedlung Fajã und die Baía da Ribeira das Cabras. Bei den ersten Häusern von **Fajã** stößt der Pfad auf ein geteertes Sträßlein 5, rechts halten. Auf dem Sträßlein gelangt man zum Parkplatz 6 über dem **Strand der Baía da Ribeira das Cabras**. Hier hält man sich links, 100 m weiter, hinter einem Brückchen und einem Grillplatz, rechts. Nun folgt man noch ca. 150 m der Rua do Porto entlang der Küste, bis sich das Sträßlein nach einem kurzen Anstieg gabelt. Rechts voraus geht es zum alten Hafen. Wir jedoch halten uns links. Das Sträßlein verliert nach 50 m seine Asphaltschicht und setzt sich als Wiesenweg zwischen Weiden und Feldern fort. Schließlich geht der Weg in ein bergauf führendes Asphaltsträßlein über. Man passiert ein paar Häuser und die Kapelle **Ermida de Nossa Senhora da Penha de França** 7. Bei der T-Kreuzung am Ende des Asphaltsträßleins hält man sich links (Hinweisschild „Praia da Fajã") und zweigt nach ca. 150 m bei einem **Brunnen** 8 rechts ab in die Rua Portugal (auch: Caminho da Quinta; erste Möglichkeit). Nun folgt man für rund

500 m dem asphaltierten Sträßlein, das hinter einem einsam stehenden, weißen, umzäunten Wasserspeicher (linker Hand) in einen Schotterweg übergeht. Ca. 100 m hinter dem Wasserspeicher verlässt man den roten Schotterweg und zweigt nach links auf einen grasbewachsenen Waldweg ab **9**, hier auch ein Wanderwegschild. Der Weg wird bald darauf zu einem streckenweise recht verwachsenen Pfad und führt stetig bergauf.

Nach einem ca. 20-minütigen schweißtreibenden Anstieg erblickt man die ersten Häuser von **Praia do Norte** und erreicht kurz darauf ein Asphaltsträßlein. Hier hält man sich rechts und gelangt so zurück zum Ausgangspunkt der Wanderung **1**.

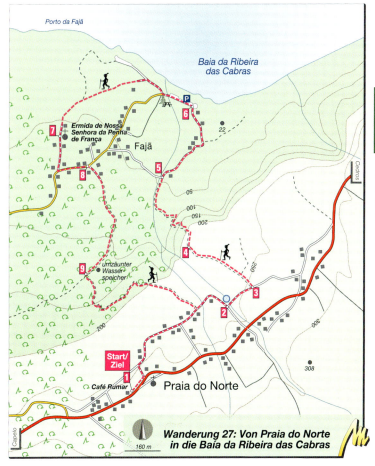

Wanderung 27: Von Praia do Norte in die Baía da Ribeira das Cabras

Von Capelo zur Ponta dos Capelinhos
(Weg der zehn Vulkane, Teil II) → Karte S. 322

Route: Capelo – Cabeço Verde (Abstecher) – Furna Ruim – Caldeirão – Cabeço do Canto – Gruta do Cabeço do Canto – Ponta dos Capelinhos.

Länge/Dauer: 8,8 km, 2:30 Std.

Einkehr: Keine Möglichkeit.

Besonderheiten: Der zweite Abschnitt des *Weges der zehn Vulkane* ist ab dem Cabeço Verde z. T. identisch mit dem markierten *PRC 1 FAI*, der drei Krater miteinander verbindet. Der *Weg der zehn Vulkane* passiert diese drei Krater ebenfalls, umrundet diese aber nicht. Dadurch kommt es an den Kratern teils zu Doppelmarkierungen. Wenn nicht anders angegeben, folgen Sie der weiß-roten Markierung, diese bringt Sie nach Capelinhos.

An- und Weiterfahrt: Der Einstieg in den Wanderweg liegt in Capelo an der EN 1 (ehemals R 1-1, der Straße durchs Inselinnere) nach Praia do Norte. Kommt man von Praia do Norte, liegt der Einstieg ca. 100 m nach dem Ortsschild von Capelo rechter Hand (weißes Hinweisschild „Cabeço Verde 5,5 km"). Von Castelo Branco kommend, biegen Sie in Capelo hinterm Café O Vulcão rechts ab Richtung Praia do Norte. Das Hinweisschild „Cabeço Verde 5,5 km" taucht dann nach ca. 300 m linker Hand auf. Falls Sie mit dem 11.45-Uhr-Bus von Horta anreisen, müssen Sie in Capelo beim Café „O Vulcão" aussteigen. Keine Rückfahrt am gleichen Tag möglich!

Wegbeschreibung: Von dem weißen **Hinweisschild „Cabeço Verde 5,5 km"** **1** folgt man dem asphaltierten Sträßlein gen Nordwesten, zweigt aber schon nach rund 100 m nach links auf einen Schotterweg ab. Dieser stetig bergauf führende Weg mündet nach rund 15 Min. in eine rote Schotterstraße **2**, wo man sich abermals links hält. Nach rund 400 m wird die Schotterstraße durch eine Teerschicht unterbrochen, hier geht es rechts ab **3**. Nun folgt man der Straße hinauf auf den **Cabeço Verde**, jenen Vulkankrater, dessen Caldeira-Grat von Antennen geziert wird. Auf etwa halber Strecke hinauf tauchen in einer Rechtsserpentine nach links zeigende Hinweisschilder **4** auf, u. a. zur Furna Ruim und nach Capelinhos. Um die Wanderung zur Ponta dos Capelinhos fortzusetzen, müssen Sie hier nach links auf den markierten Pfad abzweigen.

Diese Ausblicke genießt man …

Zuvor aber können Sie noch einen Abstecher auf den Cabeço Verde unternehmen. Bis zum Grat der Caldeira sind es noch rund 750 m. Auf dem Grat dreht ein Schottersträßlein eine Schleife.

Schon nach wenigen Metern auf diesem schönen, bergab führenden Wanderpfad kann man einen Blick in die links des Weges gelegene **Furna Ruim** werfen, einen über 50 m tiefen Vulkanschlot – aufpassen! Kurz darauf gabelt sich der Weg. Es ist egal, ob Sie den Pfad nach rechts voraus (gelb-rot markiert) oder nach links bergab (weiß-gelb-rot markiert) nehmen. Beide Wege führen im Halbrund um den Kraterkessel **Caldeirão** und treffen auf der gegenüberliegenden Seite des Kraters wieder zusammen. Der Caldeirão gehört zu den ältesten Kratern der Insel, in ihm wächst Klebsame, drum herum tummeln sich azoreanische Glockenblumen. Bei der Umgehung können Sie herrliche Ausblicke auf den Cabeço do Canto und die Küste genießen.

Nachdem sich beide Wege wieder vereinigt haben, geht es weiter bergab. Der Pfad führt vorbei an einer imposanten **Azoreanischen Stechpalme 5** (für Laien an dem danebenstehenden Pfosten mit der Ziffer 5 zu erkennen) und trifft keine 3 Min. später auf eine Schotterstraße. Auf der anderen Seite der Schotterstraße beginnt der gut markierte Aufstieg auf den **Cabeço do Canto**. Für die 300 m bis zum kleinen Kraterrund braucht man ca. zwölf schweißtreibende Minuten.

Oben, am Grat des Kraterrunds angekommen, hält man sich links. Schon bald genießt man wieder herrliche Ausblicke, u. a. in den Kraterkessel des Cabeço do Canto selbst und auf die Aschewüste bei der Ponta dos Capelinhos. Bereits nach 4 Min. auf dem Pfad mit dem Kraterkessel zur Rechten gelangt man an eine Weggabelung **6** mit dem Hinweisschild „Capelo/Capelinhos 2,4 km", das nach rechts weist. Den Weg nach rechts ignorieren Sie! Sie gehen geradeaus weiter und leiten so den

Faial ↓ Karte S. 276

... bei der Wanderung von Capelo zur Ponta dos Capelinhos

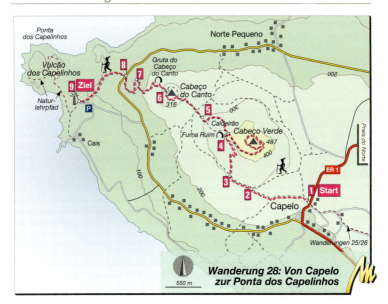

Wanderung 28: Von Capelo zur Ponta dos Capelinhos

Abstieg vom Cabeço do Canto ein. Dieser erfolgt zunächst über steile, hohe Erdstufen, später auf einem Feldweg. Unterwegs weist ein Schild bei zwei runden Wasserbecken nach rechts zur Höhle **Gruta do Cabeço do Canto**, deren Eingang nur wenige Meter abseits des Weges liegt.

Der Weg trifft schließlich vor einer Freifläche auf einen Schotterweg – Motocrossfahrer gehen hier ihrem Hobby nach. Eine weiß-rote Markierung fordert Sie zum Linksabbiegen **7** auf. Weiter den Markierungen folgend, passiert man einen erhöht liegenden **Wal-**ausguck. Der Leuchtturm an der Ponta dos Capelinhos rückt näher. Hinter dem Walausguck führt der Weg hinunter zur Verbindungsstraße Capelo – Praia do Norte **8**. Diese überquert man (Hinweisschild „10 Vulcões 1,2 km") und folgt dem Pfad durch die Staubwüstenlandschaft nach links bergab – weiß-gelb-rot markierte Pfosten weisen Ihnen den Weg zum **Leuchtturm von Capelinhos 9**. Vom Leuchtturm sind es zur inselumrundenden Straße, die nach Norte Pequeno führt, noch 800 m, bis nach Capelo 4 km.

Was haben Sie entdeckt?

Haben Sie ein besonderes Restaurant, ein neues Museum oder ein nettes Hotel entdeckt? Wenn Sie Ergänzungen, Verbesserungen oder Tipps zum Buch haben, lassen Sie es uns bitte wissen!

Schreiben Sie an: Michael Bussmann, Stichwort „Azoren"
c/o Michael Müller Verlag GmbH | Gerberei 19, D – 91054 Erlangen
michael.bussmann@michael-mueller-verlag.de

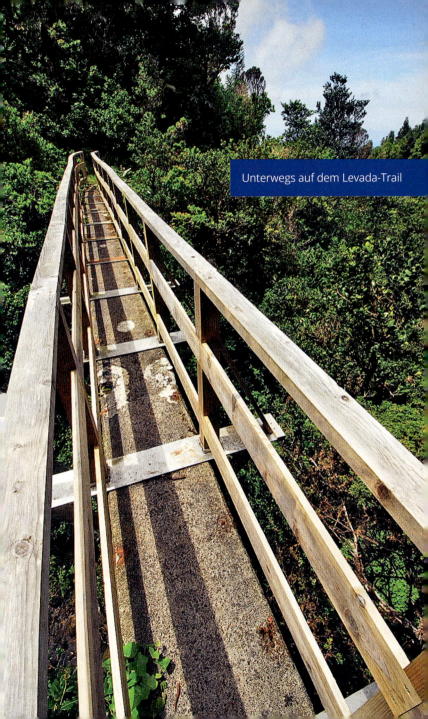

Unterwegs auf dem Levada-Trail

Pico

Pico, die Insel, und Pico, der Berg, der höchste Portugals, sind eine Reise wert. Die Besteigung des 2351 m hohen Vulkans ist ein unvergessliches Erlebnis. Zudem ist Pico eine der besten Adressen für Whalewatching-Ausfahrten – nicht nur auf den Azoren, sondern weltweit.

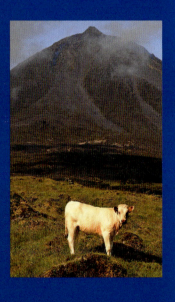

Wussten Sie, dass der Penis eines Pottwals im erigierten Zustand über 2 m misst? Mehr dazu im Pottwal- und Tintenfischmuseum – wenn es denn einmal wieder aufmacht ...
→ S. 331

Pico ist eine Perle unter den Azoreninseln und mit einer berauschenden Landschaft gesegnet. Allgegenwärtig ist der Vulkan Pico Alto, kurz Pico genannt – ein Berg von majestätischer und einzigartiger Schönheit, ein Berg, wie ihn Kinder malen würden. Er nimmt den gesamten Westen der Insel ein, und seine Gipfel, im Winter von einer weißen Haube überzogen, küssen die Wolken. Zu seinen Füßen breiten sich weite Weinanbaugebiete aus, die seit 2004 auf der UNESCO-Welterbeliste stehen.

Gen Osten erstreckt sich das Planalto da Achada, ein bis auf 1000 m Höhe ansteigendes Hochland, das gespickt ist mit Hunderten von Vulkankegeln und gesäumt von Wiesen, Weiden und Wäldern – jedes Grün, das der Malkasten zaubern könnte, ist hier zu finden. Mal steil, mal sanft fallen die Hänge zur Küste hin ab. Hier grasen Kühe, hier werden Obst und Wein angebaut. Von den drei Kreisstädten auf Meereshöhe sollte man aber nicht zu viel erwarten, sie sind nicht viel mehr als große Dörfer. Madalena ist dabei noch am geschäftigsten. In dem Städtchen kann man ein Weinmuseum besichtigen, zudem gibt es so etwas wie ein kleines Nachtleben. Und: Street-Art! Wer daran Gefallen findet, bekommt beim Turismo einen Plan mit Informationen zu den Werken und den Künstlern (die überwiegend vom portugiesischen Festland stammen). Die Arbeiten sind das Resultat vergangener *Fringe Festivals*. Diese Events organisiert *MiratecArts* (www.mirateca.com) aus dem Dorf Mirateca, ein Verein, der sich die Förderung von Kulturprojekten und Kunstfestivals zur Aufgabe macht.

Auch São Roque do Pico (Cais do Pico) an der Nordküste besitzt ein spannendes Museum: Im Museu Industrial da Baleia in der aufgegebenen Walfabrik erfährt man allerhand über die Zeit des Walfangs.

Der Geburtsort des Whalewatchings auf den Azoren ist hingegen Lajes do Pico an der Südküste. Der Franzose Serge Viallelle zeichnete dafür verantwortlich. Seine Walbeobachtungstouren locken Wissenschaftler, Journalisten und Fotografen aus aller Welt an, ihre Filme, Fotos und Publikationen wiederum Tausende von Touristen. An die Zeiten, als die Wale noch mit Harpunen gejagt wurden, erinnert in Lajes das Walfang-Museum.

Die schönsten Orte

Die alten Weindörfer der **Zona das Adegas**. Die bildhübschen Dörfer lassen sich mit dem Auto und dem Rad erkunden. Sie zu durchwandern, macht hingegen nicht mehr so viel Freude, seit die Verbindungswege asphaltiert wurden.

Wahnsinnsblicke

Die Ausblicke vom **Pico Alto** sind umwerfend – mehr Weitblick geht nicht. Aber auch wer den Berg selbst nicht besteigt, bekommt auf Pico ein unvergessliches Fern-Seh-Programm, v. a. bei Touren auf dem bergigen Inselrücken. Die Panoramen, die sich dort auftun, sind überwältigend – egal ob auf grüne, grasüberzogene Krater oder tiefblaue Seen. Spektakulär ist zudem der Blick vom **Miradouro Terra Alta** über den Kanal hinweg nach São Jorge. Und auch ins Innere der Erde kann man schauen: Einblicke in eine Lavaröhre bietet die **Gruta das Torres**.

Plätze fürs Picknick

Charmant ist die Gartenanlage der **Quinta das Rosas** bei Madalena, Bilderbuchwaldparks findet man bei **São João und Prainha**.

Wohin zum Baden?

Sandstrände sind bis auf ein paar Meter bei **Prainha do Norte** Fehlanzeige. Rund um die Insel gibt es jedoch Naturschwimmbecken, sehr schöne z. B. bei **Calheta de Nesquim**, **Terra do Pão** (→ São Caetano) oder an der **Zona balnear Laja das Rosas** (→ Criação Velha).

Und was tun bei Regen?

Eine **Museentour** im Zeichen des Wals und des Weins. Oder Sie veranstalten ihre private **Weinverkostung**: Dafür besuchen Sie die *Cooperativa Vitivinícola da Ilha do Pico* und decken sich dort ein (→ S. 334). Dazu besorgen Sie sich noch ein paar Fläschchen von *Curral Atlântis* und *Azores Wine Company* – diese beiden Winzereien haben leider keinen Verkauf vor Ort, die Weine gibt es nur im Supermarkt. Unbedingt kosten sollten Sie den *Vinho de Cheiro*, einen Wein aus der erdbeerigen Isabella-Rebe. Beim ersten Schnüffeln erinnert er an *Bazooka Joe*, beim ersten Schlückchen an Pennerglück – aber wirklich nur beim jeweils ersten! Der beste *Vinho de Cheiro* ist der süffig-fruchtige *Proibida*, – er ist recht rar und leider auch recht teuer (20 € kann die Flasche kosten, www.azores winecompany.com). Mehr zum Wein auf Pico → S. 339.

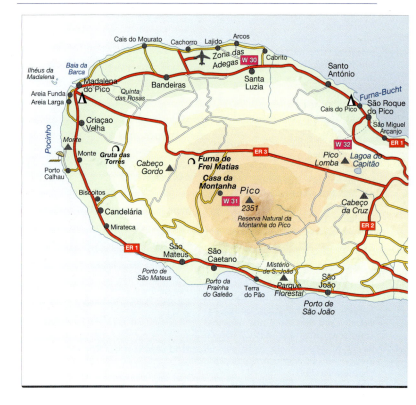

Inselgeschichte

Entdeckt wurde das Eiland von Jácome de Bruges – angeblich am selben Tag wie São Jorge, nämlich am 23. April 1450. Wegen des mächtigen Vulkans taufte er es *Pico*, auf Deutsch „Bergspitze" oder „Gipfel".

Anderen Quellen zufolge wusste man von der Existenz der Insel schon weitaus früher, anfangs soll sie den Namen *São Denis* getragen haben. Einigkeit herrscht aber über das Jahr der Inselbesiedelung: 1460. Die ersten Bewohner kamen aus den nördlichen Provinzen Portugals und ließen sich in der Gegend von Lajes nieder. Mit von der Partie war der Geistliche Frei Pedro Gigante, der die Verdelho-Rebe aus Madeira einführte und damit den Grundstock für den Weinbau auf Pico legte. Von Madeira kam auch der erste Donatarkapitän und Lehnsherr der Insel, Alvaro de Ornelas. Er hatte an Pico wenig Interesse, nur zweimal soll er die Insel betreten haben. Bereits Ende des 15. Jh. wurde Pico an das Donatarkapitanat von Faial angeschlossen, aber auch der dortige Lehnsherr Josse van Hurtere hatte nicht viel für Pico übrig.

Das Leben der Siedler war bis zum Ende des 16. Jh. von Hungersnöten ge-

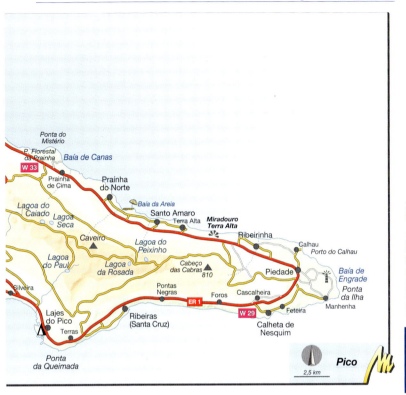

prägt. Erst die Einführung der Yamswurzel stellte eine ausreichende Versorgung
sicher. Ständige Piratenüberfälle verbreiteten bis ins 17. Jh. Angst und Schrecken. Die Vulkanausbrüche in den Jahren 1718 und 1720 führten zudem zu den
ersten größeren Auswanderungswellen.
Bis in die zweite Hälfte des 19. Jh. war
neben dem Fischfang der Weinanbau
einer der Haupterwerbszweige. Das große Geld mit dem Pico-Wein wurde jedoch in Horta gemacht, von wo man die
Fässer unter dem Namen „Faial-Wein"
bis nach Russland exportierte. Der Mehl-
tau (1852) und eine eingeschleppte
Reblausplage (1853) bedeuteten das
Aus für den Weinbau in großem Stil.
Als neuer Wirtschaftszweig entwickelte
sich der Walfang (1983 eingestellt).

Bis 1976 wurde Pico von Horta
(Faial) aus verwaltet und ausgenutzt:
So blieben z. B. nur 30 % der Zollein-
nahmen auf Pico, der Rest musste nach
Faial abgeführt werden. Mit dem Bau
des Flughafens 1982 löste sich Pico ein
wenig aus dem Schattendasein von
Faial. Aber noch immer fuhr man,
wenn man nicht gerade das Alltäg-
lichste benötigte, mit der Fähre zum
Einkaufen nach Horta. Erst 2003 eröffnete der erste größere Supermarkt
der Insel – zuvor gab es Fleisch nur
aus der Tiefkühltruhe oder mittwochs
am Schlachttag beim Metzger. Heute
ist Pico eine aufstrebende Insel, der es
augenscheinlich gut geht. Die EU
schenkte neue Straßen, vielerorts
sprießen Luxusvillen aus dem Boden.

Pico im Überblick

Daten und Fakten

Hauptorte: Madalena, Lajes do Pico und São Roque do Pico

Bevölkerung: 14.144 Einwohner (32 pro km², Stand 2011)

Größe: 447 km², bis zu 46 km breit, bis zu 15 km lang

Küstenlänge: 110 km

Höchste Erhebung: Pico Alto 2351 m

Position: 38°23' N und 38°34' N, 28°02' W und 28°32' W

Distanzen zu den anderen Inseln: Santa Maria 330 km, São Miguel 246 km, Terceira 111 km, Graciosa 78 km, São Jorge 19 km, Faial 9 km, Flores 265 km, Corvo 274 km

Wissenswertes vorab

Aktiv: Lajes do Pico ist *die* Whalewatching-Adresse des Archipels. Darüber hinaus ist Pico ideal zum Radfahren (wenig Verkehr, gute Straßen, auch größere Touren möglich – jedoch anspruchsvoll), zum Wandern (dabei muss es nicht die Picobesteigung sein) und zum Reiten (durch den Osten der Insel führen herrliche Touren).

Wohnen: Im Juli und Aug. ist vieles ausgebucht und eine rechtzeitige Reservierung zu empfehlen. Neben Hotels und Pensionen gibt es jede Menge herrlich gelegener Ferienhäuser,

teils in liebevoll restaurierten alten Katen in den Weinbergen. Eine Jugendherberge findet man in São Roque, Campingplätze in Madalena, in Lajes do Pico und in der Nähe von São Roque.

Kulinarisch: Eine Delikatesse auf Pico ist der *Polvo guisado em vinho de cheiro*, in Vinho de cheiro gedünsteter Tintenfisch. Als Vorspeise ist Käse aus Prainha do Norte, São João oder Criação Velha zu empfehlen. Kosten Sie dazu die hiesigen Weine, mehr dazu auf S. 339.

Feste und Festivals: Die drei größten Events sind die *Cais Agosto* in São Roque Ende Juli/Anfang Aug. (www.caisagosto.net), das *Fest Bom Jesus Milagroso* am 6. Aug. in São Mateus und die Walfängerwoche *Festa dos Baleeiros* in Lajes do Pico in der letzten Augustwoche (www.semanadosbaleeiros.cm-lajesdopico.pt). Wie auf allen Azoreninseln finden auch auf Pico ab Ostern (Höhepunkt an Pfingsten) die Festas do Espírito Santo, die Heilig-Geist-Feste, statt. Dabei werden Brote verteilt, jeder Besucher bekommt eines geschenkt. Ein genreübergreifendes Kunst- und Kulturevent ist das *Azores Fringe Festival* im Juni, das in Madalena seinen Ursprung hat und mittlerweile alle neun Inseln der Azoren bespielt. Im Oktober gibt es den *Azores Trail Run* von Madalena auf den Gipfel des Pico (www.azorestrailrun.com). Und sollten Sie zufällig zum Sankt-Martins-Tag, also am Abend des 11. Nov. da sein, dann ziehen Sie am besten los, und zwar in die Weinanbau-

Auf der anderen Seite grüßt São Jorge

gebiete rund um São Roque und Calheta de Nesquim. In den Adegas geht es dann feucht-fröhlich zu, es gibt jungen Wein und geröstete Esskastanien – fast kommt man sich vor wie beim Törggelen in Südtirol.

An- und Weiterreise mit Flugzeug oder Schiff

Flughafen: Der Insel-Airport liegt bei Bandeiras zwischen Madalena und São Roque an der Nordküste. Es gibt einen SATA-Schalter (☎ 292 628380), eine Bar, ein Turismo (für gewöhnlich von 8 Uhr morgens bis zum letzten Abflug geöffnet), einen Geldautomaten und Schalter mehrerer Autoverleiher (s. u.).

Flughafentransfer: Mo–Sa halten der 10-Uhr- und der 17.45-Uhr-Bus von Madalena über São Roque nach Piedade am Flughafen, genauso der 6.15-Uhr- und der 13.30-Uhr-Bus in entgegengesetzter Richtung. Wer trampen will: Vom Insel-Airport bis zur Verbindungsstraße São Roque – Madalena sind es ca. 2 km zu Fuß. **Taxi** nach Madalena mit Gepäck ca. 12 €.

Seehäfen: Pico hat zwei Fährhäfen: Madalena und São Roque (Cais do Pico). Die großen Autofähren der *Atlânticoline,* die im Sommer auf der *Linha Amarela*, also zwischen der Ost-, West- und Zentralgruppe unterwegs sind, steuern nur São Roque an. Die kleinen Autofähren auf der *Linha Verde,* die ganzjährig im Triângulo verkehren, steuern mal Madalena, mal São Roque, mal beide Städte an.

Durch den „Canal" nach Faial: Von **Madalena** nach **Horta** bestehen von Mitte Sept. bis Mitte Juni Fährverbindungen um 8.15, 11.30, 15 u. 18 Uhr, von Mitte Juni bis Mitte Sept. um 8.15, 10, 11.30, 14, 16, 18 und 21 Uhr, im Juli/Aug. Fr–So zudem um 22.45 Uhr. Einfache Fahrt 3,60 € (Stand 2018; Infos unter ☎ 292 200380 und www.atlanticoline.pt).

Unterwegs mit Bus oder Mietwagen

Bus: Ausschließlich per Bus lässt sich zwar die Küste Picos abfahren, die Insel aber nicht wirklich erkunden. Denn das Bussystem funktioniert ganzjährig Mo–Sa so: Im äußersten Osten der Insel starten sehr früh am Morgen zwei Busse nach Madalena, der eine fährt die Südküste entlang (Dauer ca. 2:15 Std.), der andere die Nordküste (Dauer ca. 1:45 Std.). Gegen 10 Uhr fahren die Busse die Strecke wieder zurück. Gegen Mittag wiederholt sich das Spiel: Entlang der Nordküste und entlang der Südküste fährt ein Bus nach Madalena, gegen 17.45 Uhr wieder zurück. Das bedeutet: Wer im Osten der Insel wohnt, hat ganz gute Karten, wer im Westen der Insel wohnt, nicht. Sonntags bedient nur ein Bus jede Strecke, während der Schulzeit verkehren zudem noch ein paar Busse von den Dörfern entlang der Küste zur nächsten Kreisstadt. Durch das Inselinnere fahren gar keine Busse. Prinzipiell aber lässt sich auf Pico abseits von Madalena gut trampen.

Aktuelle Fahrpläne beim Turismo in Madalena und auf der Internetseite der Busgesellschaft: www.cristianolimitada.pt.

Mietwagen: Pico bezaubert v. a. im Inselinneren, dort ist die Landschaft am reizvollsten. Bedenken Sie aber, dass eine Fahrt ins zentrale Hochland nur bei gutem Wetter zu einem Erlebnis wird. Ziehen Wolken auf, empfiehlt es sich, die Insel entlang der Küste zu umrunden.

Ilha Verde, zugleich die Vertretung von *Europcar* und *Avis*. Am Flughafen und in Madalena hinter dem Fährterminal. ☎ 292622601, www.ilhaverde.com.

Autatlantis, am Flughafen und in Madalena an der Avenida Machado Serpa. ☎ 292629900, www.autatlantis.com.

Oásis, bei einer Buchung vor Ort einer der preiswertesten Anbieter. Hauptsitz in São Roque an der Durchgangsstraße (☎ 292642372), zudem mit einem Kiosk am dortigen Hafen vertreten, am Flughafen und in Madalena am alten Hafen (☎ 292623770). www.rentacaroaisis.com.

Sie sind jedoch weniger Ausdruck des neuen Wohlstands der Insulaner – die meisten sind in Besitz von Emigranten. Auch immer mehr schmucke Unterkünfte entstehen, v. a. in alten umgebauten Katen und Adegas. Es ist aber zu befürchten, dass riesige Hotelanlagen hinzukommen – Pico boomt. Mit Unterstützung der EU wird weiter in den Tourismus investiert, zumal die herausragenden Whalewatching-Möglichkeiten und der Vulkan Pico Alto die Insel zu einer der attraktivsten des Archipels machen. Selbst in die beschauliche *Zona das Adegas* sollen Clubanlagen geklotzt werden – bleibt nur zu hoffen, dass die UNESCO Einspruch erhebt.

Madalena do Pico

Im Volksmund heißt die Stadt schlicht Madalena. Mit knapp 2600 Einwohnern ist sie die größte Stadt Picos und zugleich das Tor nach Faial.

Setzt man mit dem Boot vom schmucken Horta auf Faial nach Madalena über, ist man auf den ersten Blick ein bisschen enttäuscht. Etwas nüchtern und zweckmäßig wirkt das Zentrum, lediglich die von zwei Araukarien flankierte **Pfarrkirche** mit ihrer verkachelten Fassade zieht den Blick auf sich. Im Inneren des Gotteshauses aus dem 17. Jh., das der Hl. Magdalena geweiht ist, heben sich die Seitenaltäre und der Hauptaltar von den leeren weißen Wänden prunkvoll ab.

Madalena ist kein Schmuckstück, aber auch nicht trostlos, schließlich erfreuen hier und dort Murals das Auge. Rund um die Kirche laden auch ein paar freundliche Cafés auf ein Getränk ein. Am gemütlichsten sitzt man am **alten Hafen** mit netter Aussicht über die beiden vorgelagerten Felsinselchen Deitado („die Liegende") und Em Pé („die Stehende") hinweg nach Faial. Zuletzt jedoch roch es hier im Sommer ein wenig streng – seit dem Bau der neuen Kaimauer ist der Wasseraustausch im alten Hafenbecken nicht mehr der beste.

Hinter dem **neuen Hafen**, wo die Fähren nach Horta ablegen, sind den Winter über die Boote der lokalen Thunfischfangflotte aufgedockt. Von Mai bis Oktober stechen sie in See. Doch die Zukunft des Thunfischfangs sieht auf Pico düster aus, obwohl mit Unterstützung der Meeresbiologischen Fakultät der Universität der Azoren neue Fangmethoden entwickelt wurden, die ohne Schleppnetze (seit 2005 verboten) höhere Erträge bringen. In schlechten Jahren sind die Fangmengen dennoch so bescheiden, dass sie so manchen Bootseigner an den Rand des Ruins treiben und die Wirtschaftlichkeit der Konservenfabrik im südlich angrenzenden Areia Larga bedrohen. In Areia Larga sitzt auch die **Cooperativa Vitivinícola da Ilha do Pico**, die mittlerweile unter dem Namen *Picowines* guten Weiß- und Rotwein keltert (s. u.). Dem Weinanbau auf Pico hat man in Madalena auch ein Museum gewidmet.

Sehenswertes

Museu do Vinho: Das Museum in den Räumlichkeiten eines ehemaligen Karmeliterkonvents informiert ein wenig über die Geschichte des Weinbaus auf Pico (→ Kasten S. 339). Zu sehen gibt es ein paar alte Weinpressen, Fässer, Körbe für den Abtransport der Trauben,

Eigenwillige Architektur: die Cella Bar in Madalena

alte Fotos aus der Zona das Adegas (→ S. 358) usw. Im Hof steht der angeblich größte Drachenbaum Europas. Weinprobe möglich.

■ Rua do Carmo (ca. 1 km außerhalb, von der Straße nach São Roque ausgeschildert). April–Sept. tägl. (außer Mo) 10–17.30 Uhr, sonst tägl. (außer Mo) 9.30–17 Uhr. 2 €, So Eintritt frei.

Museu de Cachalotes e Lulas: Das skurril-faszinierende Pottwal- und Tintenfischmuseum ist dem 2013 verstorbenen englischen Meeresbiologen Dr. Malcolm Clarke gewidmet. Clarkes Forschungsschwerpunkt galt der Tiefseekrake, die aber, wie der Name schon sagt, in schwer zugänglichen Tiefen lebt. So wandte er sich ihren Jägern zu und studierte deren Mageninhalt, u. a. den von Pottwalen, wodurch er mehr über die Tiefseekraken in Erfahrung zu bringen versuchte. Stets war Dr. Clarke mit Gummistiefeln, Regenjacke und Machete als Erster zur Stelle, wenn irgendwo im Triângulo ein toter Pottwal strandete. So weiß man, dass die größte je von einem azoreanischen Pottwal vertilgte Krake die stattliche Länge von 18 m aufwies. Leider wurde das Museum im Februar 2017 bei einem schweren Sturm stark beschädigt, auch wurden diverse Exponate zerstört – seitdem ist es geschlossen. Eine Wiedereröffnung ist jedoch geplant. Ob dann aber noch der Pottwal im Querschnitt mit allen Organen (Penislänge im erigierten Zustand übrigens 2 m) zu sehen sein wird, ist ungewiss.

■ Avenida Machado Serpa.

Quinta das Rosas: An Sommerwochenenden ist die ca. 3,5 km außerhalb von Madalena gelegene Quinta das Rosas ein beliebtes Ausflugsziel. Dahinter verbirgt sich kein aristokratischer Landsitz, sondern ein wunderschöner blühender Garten mit gepflegtem Picknickplatz, einer Vielzahl botanischer Spezies, Spielplatz, Kapelle und Aussichtspunkt.

■ Der Straße Richtung São Roque folgen, dann ausgeschildert. Okt.–April nur Mo–Fr 8–16 Uhr, Sept. u. Mai Mo–Fr 8–19 Uhr, Sa/So ab 10 Uhr, Juni–Aug. Mo–Fr 8–20 Uhr, Sa/So ab 10 Uhr.

Information/Verbindungen

Information **Turismo-Büro**, sehr hilfsbereit. Tägl. 8–18 Uhr, im Winter Do–So Mittagspause. Im Hafenterminal, ☎ 292623524, www.madalenaturismo.com bzw. www.cm-madalena.pt.

Verbindungen **Bushaltestelle** nahe dem Fährterminal. Entlang der Südküste werktags um 10 u. 17.45 Uhr (So um 9.30 Uhr, Stand 2018) über Criação Velha, São Mateus, Lajes, Calheta und Piedade nach Ribeirinha. Ebenfalls werktags um 10 u. 17.45 Uhr (So um 9.30 Uhr, Stand 2018) verkehren Busse auf der Nordroute von Madalena über Santa Luzia, Cais do Pico und Santo Amaro nach Piedade. Während der Schulzeit zudem Mi u. Fr um 13.35 Uhr, Mo/Di u. Do um 15.25 Uhr und Mo/Di u. Do/Fr um 16.15 Uhr ein Bus bis São Caetano. Keine Busverbindung durch das Inselinnere! Wer die Insel umrunden will, wechselt in Piedade den Bus.

Taxis, stehen an der Kirche parat. Zum Airport ca. 12 €, nach Lajes do Pico 27 €, nach São Roque 16 €.

Schiff, → An- und Weiterreise mit dem Schiff, S. 329.

Eine kuriose Whiskysammlung und ihre Geschichte

In den Kellern der Familie Quaresma aus Madalena schlummert eine der umfangreichsten Whiskysammlungen der Welt – über 1200 Flaschen aus aller Herren Länder. Ins Leben rief sie der inzwischen verstorbene Senhor João Quaresma, einstiger Hafenkapitän von Horta und Madalena. Noch Mitte des letzten Jahrhunderts half er mit seinem kleinen Frachter Schiffen, die in die Häfen von Faial oder Pico wegen ihrer Größe bzw. ihres Tiefgangs nicht einlaufen konnten, beim Löschen der Ladung auf See. Als Dank bekam er von den Kapitänen oft eine Flasche Whisky geschenkt, manchmal eine ganze Kiste. Den einfachen Fusel reichte Quaresma an seine Mannschaft weiter, die besten Tropfen behielt er für sich. Ein paar Flaschen trank er, das Gros aber sammelte er. So kam er zu Whisky aus China, Indien, Thailand, Australien, Taiwan, Brasilien, England, Schottland, den Vereinigten Staaten und weiß der Henker, wo sonst noch Whisky destilliert wird. Weil Senhor Quaresma den Kapitänen der Meere seine Sammlung auch zeigte, sprach sich herum, dass da einer auf Pico sitzt, der in seinem Keller mehrere Hundert Whiskyflaschen gebunkert hat. Und weil sich Senhor Quaresma auch merken konnte, von wem er welche bekommen hatte, war es den Kapitänen eine Ehre, nur noch die erlesensten Tropfen aus der Heimat mitzubringen und in Quaresmas Sammlung zu wissen – schließlich wollte man den anderen in nichts nachstehen. So wuchs und wuchs die Sammlung, und seit Jahren wird diskutiert, ihr mit einem Museum einen würdigen Rahmen zu verleihen. João Quaresma selbst ehrte man jüngst, indem man das neue Fährterminal von Madalena nach ihm benannte.

Fähren verbinden Pico mit Faial

Adressen/Einkaufen

→ Karte S. 335

Ärztliche Versorgung Städtische Kranenstation, Rua da Misericórdia, von der Straße nach Lajes do Pico ausgeschildert. ℘ 292240570.

Campinggas Im Sommer mit Glück in den beiden Supermärkten (s. u.) erhältlich.

Einkaufen Der größte Supermarkt der Insel ist der **Compre Bem 8** ca. 2,5 km außerhalb des Zentrums an der Rua do Colégio (der Straße nach São Roque). Gutes Mittagsbüfett in der angegliederten Snackbar. So nur vormittags.

Auch nicht schlecht ist der zentrale **Solmar 13** an der Rua Secretário Teles Bettencourt. So ganztags geöffnet.

Peixaria Picoceano 20, guter Fischladen, gute Meeresfrüchte, *Lapas* satt! Estrada Longitudinal (neben dem Campingplatz an der Straße zum Pico). Sa/So geschl.

Kleiner **Obst- und Gemüsemarkt** mit ausschließlich einheimischen Produkten jeden Sa im ehemaligen Fischmarkt am alten Hafen.

Fluggesellschaft SATA, Mo–Fr 9–12 u. 13–17.30 Uhr. Rua D. Maria da Glória Duarte, ℘ 292628391.

Mietwagen → S. 329.

Öffentliche Toiletten Hinter der Kirche in der Rua Dr. Urbano Prudêncio da Silva.

Reisebüro Picotur, Infos und Tickets zu Flügen und Fähren. Mo–Fr 9–17.30 Uhr. Rua Carlos Dabney 9 A, ℘ 292622499. Fährtickets für die *Atlânticoline* bekommt man auch bei **RIAC**. Mo–Fr 9–12 u. 13.30–17 Uhr. Rua Carlos Dabney 12 B, ℘ 800500501.

Wäsche Lavandaria Secmatic Soares, Trockenreinigung, die auch wäscht. Dauer 1 Tag. Mo–Fr 9–18 Uhr, Sa nur vormittags. Im UG eines hellgrünen Wohnhauses an der Rua Dr. Urbano Prudêncio da Silva.

Zweiradverleih Scooter (125 ccm) für 30 €/Tag und Fahrräder für 17–20 €/Tag verleiht u. a. **Pico 477** in der Kioskzeile gegenüber dem Hafenterminal. Mai–Okt., außerhalb der Saison anrufen: ℘ 961101404. Des Weiteren hat der Autoverleiher **Oásis** (→ Mietwagen, S. 329) Scooter im Programm. 50 ccm 20 €/Tag, 125 ccm 25 €/Tag.

Baden/Sport/Kultur/Freizeit

Adventure Naturfactor aus Candelária bietet Mountainbiketouren durchs Bergland und die Weinanbaugebiete (ab 30 €) an, außerdem Kajaktouren entlang der Küste (ab 25 €), Abseiling (45 €) und Höhlentouren (ab 30 €). ℘ 914234941, www.naturfactor.com.

Baden Gepflegtes **Badeareal mit Pool** an der Südwestspitze der Hafenbucht von Madalena. Ca. 800 m nördlich des Stadions gibt es zudem die **Zona balnear da Barca**, eine Badestelle mit Naturschwimmbecken zwischen Lavafelsen. Snackbar und schickes Restaurant (→ Essen & Trinken). Die schönsten Bademöglichkeiten aber bietet die **Zona balnear Laja das Rosas** an der rauen Lavaküste ca. 3 km südlich (→ Criação Velha).

Feste/Veranstaltungen   Patronatsfest um den 22. Juli, geht über mehrere Tage.

Tauchen Bootstauchgänge (45 €) bietet u. a. **CW Azores** (untergebracht in einem Hüttchen vor dem Fährterminal). Deutschsprachig, April/Mai–Okt. geöffnet. Auch Tauchen mit Mako- und Blauhaien (Juli/Aug., ca. 175 €) und Tauchfahrten zur Princess Alice Bank (→ S. 293). ✆ 292622622, www.cwazores.com.

Weinprobe   Cooperativa Vitivinícola da Ilha do Pico/Picowines, kann besichtigt werden, auch darf man Weine kosten – den Charme einer Weinprobe à la Toskana hat das Ganze aber nicht. Neben dem einfachen, süffigen Tafelwein *Cavaco* werden hier auch edlere Tropfen gekeltert und abgefüllt. Ein Teil der Produktion geht ins Ausland, besonders in die USA. Die bekanntesten Weißweine der Kooperative sind der *Frei Gigante* und der weiße *Ter-*

ras de Lava, großartig ist der *Espalamaca* (vor Ort 18,83 €/Flasche). Unter den Rotweinen ist der *Basalto* sehr populär, einer der besten aber ist der *Terras de Lava Reserva* (Flasche 10,08 €). Beliebt ist zudem der *Verdelho Lajido,* ein Aperitif, der mindestens 3 Jahre in Holzfässern ausreift. Ein Besuch der Winzergenossenschaft ist v. a. ab Ende Sept. interessant, wenn die Ernte verarbeitet wird, sonst sieht man nur ein paar Frauen Etiketten aufkleben. Besichtigung mit Probe (3 Weine) 3,80 €. Mo–Fr 10.30–17 Uhr. Mai–Sept. finden auch Führungen durch den Betrieb und die Weingärter statt, in englischer Sprache müssen diese 24 Std. im Voraus gebucht werden. Anfahrt: Vom Zentrum Madalenas zuerst Richtung Lajes do Pico halten, auf Höhe der Escola Profissional do Pico (linker Hand) rechts abbiegen. Nach 300 m auf der linken Seite. www.picowines.net.

Whalewatching/Delfinschwimmen *Die* Adresse auf Pico ist **Espaço Talassa** (→ Lajes). In Madalena werden Whalewatching (ca. 65 €) und Delfinschwimmen (ca. 75 €) u. a. von **Aqua Açores** (verfügt über Kabinen- und Hartschalenschlauchboote für 12 und 30 Pers., Büro gegenüber dem Hafenterminal, ✆ 917569 453, www.aquaacores.com.pt) und **CW Azores** (die Tauchbasis, s. o., verfügt über Hartschalenschlauchboote für 12 und 24 Pers.) angeboten.

Übernachten/Camping

Hotels   ★★★★ Jeirões do Mar 🔟, gepflegte Anlage beim städtischen Badeareal. 10 in Reihe gebaute 2-Pers.-Ferienhäuschen mit Kitchenette samt Terrassen und seitlichem Meeresblick. Komfortable Ausstattung, insgesamt jedoch ziemlich steril. Da die Rezeption außerhalb der HS nicht immer besetzt ist, besser reservieren. 139 €/Nacht. Rua Alexandre Herculano, ✆ 292 628310, www.jeiroesapartamentos.com.

★★★★ Hotel Caravelas 🔟, eines der größten Gebäude der Stadt, bestehend aus einem alten Teil und einem steril-modernen Anbau. 137 konventionelle Zimmer mit Balkon auf Fast-4-Sterne-Niveau, jene im alten Trakt haben den schöneren Hafenblick und wurden jüngst renoviert. Aber Achtung: Dort gibt es auch Zimmer nach hinten zur Straße – nur nicht andrehen lassen! Poolanlage. EZ 100 €, DZ ab 110 €. Rua Conselheiro Terra Pinheiro 3, ✆ 292628550, www.hotelcaravelas.com.pt.

Pensionen   Residência Mini Bela 🔟, lang gezogene weiß-rote, zweistöckige Anlage. 15 in

die Jahre gekommene Zimmer mit Bad und Balkon bzw. Terrasse. Als Billigquartier akzeptabel. EZ 28 €, DZ 33–36 €. Avenida Machado Serpa 18, ✆ 292622286, 📱 292623521.

Mein Tipp Joe's Place 🔟, nicht zentral gelegenes, aber unglaublich charmantes Guesthouse. Von Lesern sehr gelobt. Unter portugiesisch-französischer Leitung. 5 liebevoll-farbenfroh bis ins Detail gestylte Zimmer mit Bad und Dielenböden, teils recht geräumig. 2 Terrassen, süßer Frühstücksraum. Der Haushund heißt Nutella. April–Okt. DZ je nach Zimmer 60–70 € mit vegetarischem Frühstück. Anfahrt: Der Straße am Supermarkt Solmar vorbei ca. 700 m stadtauswärts folgen, dann auf der rechten Seite. Rua Sec. Teles Bettencourt 54, ✆ 292623 586, www.joesplaceazores.com.

Appartements   Alma do Pico 🔟, dschungellodgeartige Anlage ca. 2 km vom Zentrum entfernt. Unter italienischer Leitung. 14 gepflegte Holzhäuschen in einem Wäldchen, alle mit kleiner Küche. Meeresblick gibt es leider

nur auf der Restaurantterrasse (→ Essen & Trinken). Pool, Yoga und Massagen. Ganzjährig. Für 2 Pers. 95 €, für 4 Pers. 140 €. Von der Straße Richtung São Roque ausgeschildert. Rua dos Biscoitos 34, ☎ 914231436, www.almadopico.com.

Vivenda Oliveira/Villa Barca 1, 2 benachbarte Häuser unter der Leitung der überaus freundlichen Familie Oliveira, ca. 15 Fußmin. vom Zentrum entfernt. Der Steinbruch dahinter stört nicht. Naturpool nahebei. Vermietet werden Appartements und Zimmer (im älteren Gebäude, der Vivenda Oliveira, eher einfach und zweckmäßig ausgestattet, in der neuen Villa Barca recht zeitgemäß). Unbedingt eines mit Balkon und Meeresblick wählen. Für 2

Pers. ab 80 €. Caminho da Barca (vom Stadion für ca. 700 m der Küstenstraße gen Norden folgen, dann rechter Hand), ☎ 915457152, www.vivendaoliveira.com bzw. www.vilabarca.com.

Camping Parque de Campismo 19, umzäunter Platz in wenig attraktiver Lage ca. 700 m vom Fähranleger entfernt. Super Grill, gute Sanitäranlagen. Ganzjährig, wird von der Snackbar nebenan gemanagt. Da dort häufig der Pächter wechselt, weiß man nie, was einen erwartet. 2018 leider recht ungepflegt und nicht unbedingt freundlich geführt. 2 Pers. mit Zelt 6,94 € (!). Anfahrt: den Wegweisern nach Lajes folgen, dann ausgeschildert. Estrada Longitudinal, ☎ 292622338.

Essen & Trinken/Nachtleben

Restaurants Restaurante Ancoradouro 15, im südlich gelegenen Vorort Areia Larga (ca. 1,5 km von Madalena entfernt). Populäres Fischlokal, nicht nur wegen der Küche (konventionellordentlich, Spezialitäten: *Lapas* und gegrillter Oktopus), sondern auch wegen des Ambientes. Liebevoll dekoriertes Interieur, dazu ein Wintergarten, außerdem eine kleine baumbestandene Terrasse mit Blick aufs Meer. Der Koch scheint

aber leider nicht immer in Hochform zu sein – neben viel Lob erreichen uns zuweilen auch weniger erfreute Zuschriften. Hg. 11–16 €. Mo Ruhetag. Anfahrt: Vom Zentrum Madalenas zuerst Richtung Lajes do Pico halten, auf Höhe der Escola Profissional (linker Hand) rechts abbiegen, dann immer der Straße folgen. Kurz nach dem Ortsschild von Areia Larga auf der rechten Seite. Rua Rodrigo Guerra 7, ☎ 292623490.

A Parisiana , beim Badegelände. Großer Speisesaal, Wintergartenlounge und Meeresblickterrasse. Mittagsbüfett (8 €), abends à la carte (azoreanische Klassiker zu 13.50–15 €, Meeresfrüchte nach Gewicht). Auch zu diesem Lokal gab es zuletzt nicht immer nur gute Kritiken – ausprobieren! Di Ruhetag. Rua Alexandre Herculano 11, ✆ 292623771.

Taberna do Canal , uriges Lokal mit lockerer Atmosphäre in einem Natursteinhäuschen mit kleiner Terrasse davor. Hoch im Rennen stehen der medium gebratene Thunfisch und die Steaks. Es gibt auch eine gute Vorspeisenplatte. Mittlere Preisklasse. So Ruhetag. Anfahrt → Cooperativa Vitivinícola da Ilha do Pico, die Taberna befindet sich im 2. Haus hinter der Weinfabrik linker Hand. Avenida Padre Nunes da Rosa, ✆ 918409397.

Atmosfera , dem Hotel Alma do Pico (→ Übernachten) angehörend. Überschaubare Karte mit leckeren, hausgemachten Pastagerichten (die Betreiber sind Italiener), guten Steaks mit Rotweinsoße und anderen feinen Dingen der lokalen und italienischen Küche. Meeresblickterrasse. Nur März–Sept., nur abends, Di geschl. 2 Pers. sollten mit 40–60 € für ein komplettes Essen inkl. Wein rechnen. Reservierung in der HS empfehlenswert.

Cella Bar Wine & Food , in wunderschöner Lage an der Zona balnear da Barca (→ Baden). Architektonisch überaus spannender Bau mit geschmackvoll-gediegener Innenausstattung und herrlicher Dachterrasse. Zu essen gibt es interessante azoreanisch-internationale Gerichte (auch vegetarisch), aber auch Tapas oder Bruschette. Hg. 8–18 €. Auch als Nightspot angesagt. Leider ist der Service zuweilen grottig, und leider ist nicht immer all das zu haben, was die Speisekarte erträumen lässt. Lugar da Barca, ✆ 292623654, www.cellabar.pt.

Tasca do Petisca , viel gelobtes, rustikal angehauchtes Restaurant. Hier isst man authentisch-gut, hervorzuheben sind die Kleinigkeiten *(Petiscos)* wie Oktopus-Salat oder *Favas guisadas* (gedünstete dicke Bohnen). Sehr freundlicher Service. Hg. 8–19 €. Mittagsbüfett. So Ruhetag. Anfahrt wie zur Cooperativa Vitivinícola da Ilha do Pico (→ Weinprobe), 200 m weiter linker Hand. Avenida Padre Nunes da Rosa, ✆ 292622357.

Snackbars/Cafés   Linu , Mischung aus Café, Bäckerei und Snackbar, in grün-weißem Trenddesign gehalten. Sehr gute Frühstücksadresse, außerdem Pizza (zum Abgewöhnen), Omeletts und diverse Tellergerichte zu 6–9 €. Schließt um 20 Uhr. Im Zentrum direkt neben der *SATA*, Largo Jaime Ferreira.

Simpatia , Café und Snackbar. Tagesgerichte um die 6,50 €. Außenbestuhlung am Platz – eine gute Adresse zum Peoplewatching. Nur ein paar Türen weiter am Largo J. Ferreira.

Caffe 5 , sympathisches, kleines Café mit weißer Bestuhlung. Überschaubare, häufig wechselnde Karte mit Gerichten von 8,50–12 €, die auf einer Kreidetafel angeschrieben sind. So Ruhetag. Rua Carlos Dabney 5.

Bars   Sehr nett sitzt man in den **Bars am alten Hafen**, die allerdings so häufig Name und Betreiber wechseln, dass wir es aufgegeben haben, sie namentlich aufzuführen.

Bar Ilhéus , wenn es auf Pico so etwas wie eine halbseidene Unterwelt gibt, dann trifft sie sich in dieser Nachtbar. Man macht auf diskret (blickdichte Vorhänge). Nicht jedermanns Geschmack. Tägl. 22–4 Uhr. Mindestverzehr 10 € – fast eine Herausforderung bei den Alkoholpreisen hier … Zentralste Lage am alten Hafen, Rua Dr. Freitas Pimentel.

Café Concerto , ca. 2 km von Madalena entfernt in Areia Larga – dort, wo man richtig schön Krach machen kann und keiner hört's. Konzertlocation zwischen Gebüsch und Weinfeldern. Cocktails und *Petiscos*, witzig-alternativ-schrabbelig. Di–Fr ab 15 Uhr, Sa/So ab 12 Uhr. Anfahrt: Man fährt am Restaurant Ancoradouro (s. o.) vorbei und hält sich dort, wo es rechts ins Weinanbaugebiet geht, links Richtung Criação Velha. Caminho do Rosário.

Die Pfarrkirche von Madalena

Beschaulichkeit ist Trumpf im Anbaugebiet des Verdelho-Weins

Zwischen Madalena und Lajes do Pico

Unterwegs auf der Küstenstraße nach Lajes zieht an wolkenfreien Tagen der imposante Pico die Blicke auf sich. Ihm zu Füßen liegt das Weinbaugebiet des Verdelho. Wer es im Spätsommer durchstreift, wenn die Lese stattfindet, wird zuweilen in einer Adega auf ein Glas eingeladen. In sicherem Abstand zur Küste reihen sich kleine Straßendörfer aneinander. Zur Rechten schimmert das Meer mit Faial am Horizont. So manche der alten Häfen eignen sich heute gut zum Baden.

Criação Velha und die Gruta das Torres

Gerade mal 2,5 km südlich von Madalena passiert man das 770-Einwohner-Dorf Criação Velha. Von der inselumrundenden ER 1 (ehemals R 1-2) ist von Criação Velha kaum mehr als die Kirche mit ihrem alleeartigen Vorplatz zu sehen, daneben steht eine 1902 errichtete Heilig-Geist-Kapelle. Die Ortschaft selbst erstreckt sich dahinter hangaufwärts dem Pico entgegen. Hoch darüber breitet sich die **Gruta das Torres** aus, ein beeindruckendes Lavaröhrensystem (→ Gruta do Natal, S. 234), das vor 1000–1500 Jahren entstand. Es hat eine Gesamtlänge von über 5 km, wovon rund 250 m im Rahmen einer 60- bis 90-minütigen Führung begangen werden können. Zuvor gibt es ein kurzes

Briefing, Helme und Lampen werden gestellt, festes Schuhwerk ist ratsam. Der Weg zur Höhle ist von Madalena kommend am Ortsende von Criação Velha von der ER 1 ausgeschildert, es geht links für rund 3 km bergauf.

In die andere Richtung, zur Küste hin, erstreckt sich Picos Welterbe, das alte **Verdelho-Anbaugebiet** – endlose schwarze Mauern, die kleine Parzellen bilden, die die Reben schützen und Wärme speichern (→ Kasten S. 339). Dazwischen stehen *Adegas*, die privaten Weinkeller der Bauern, in denen sie die Reben keltern und den Saft in Fässern lagern. Folgt man der Beschilderung „Património Mundial", gelangt man mitten ins Anbaugebiet. Darin steht pittoresk die **Moinho do Frade**, eine alte Windmühle mit rotem Dach und weißen Flügeln (im Sommer gelegentlich zur Besichtigung geöffnet). Nahe der Küstenstraße kann man Ochsenkarrenspuren im Lavagestein entdecken, die vom Weinfasstransport herrühren (mit „Relheiras" beschildert), zudem gibt es künstliche Schneisen, die in die Lavaküste geschlagen wurden, um den Fasstransport zu den Booten zu erleichtern (dem Schild „Rola-Pipas" folgen). Dazwischen versteckt sich auch die **Zona balnear Laja das Rosas**, ein schöner Badeplatz mit einem Naturpool. Am besten erkundet man das Weinanbaugebiet am späten Nachmittag, wenn die Sonne den Pico und das Meer anstrahlt. Das Gebiet ist spielend mit dem Rad von Madalena aus zu erreichen, hindurch führt auch Wanderweg *PR 5 PIC* (→ S. 340).

Verbindungen Bus werktags 2-mal nach Madalena und Lajes do Pico.

Öffnungszeiten Gruta das Torres Im Sommer Führungen tägl. um 10.30, 12, 13.30, 15 u. 16.30 Uhr. Im Winter Di–Fr um 10.30, 12, 14 u. 15.30 Uhr, Sa um 14.30 u. 16 Uhr. Achtung: Wann Winter und wann Sommer ist, wird jedes Jahr neu entschieden, daher vor dem Besuch besser die Webseite checken und/oder beim Turismo in Madalena anfragen. 8 €, erm. 4 €. Reservierung 48 Std. im Voraus ratsam, da nicht mehr als 15 Pers./Führung zugelassen werden. ☏ 924403921, www.parquesnaturais. azores.gov.pt.

Einkaufen In Criação Velha wird in der **Käserei Manuel da Silva Leal** einer der besten Käse der Insel produziert. Mo–Fr 9–13.30 und 14.30–17.30 Uhr. Die Käserei liegt an der Straße zur Gruta das Torres, ca. 1 km nach der Abzweigung rechter Hand.

Pocinho/Baden

Die kleine Bucht von Pocinho ist von der ER 1 ausgeschildert. Der kratzig-grobe Kiesstrand (Duschen vorhanden) taugt zum Sonnenbaden eigentlich nicht besonders – die Azoreaner scheint dies jedoch nicht zu stören, er wird sehr gut angenommen. Eine Badeplattform erleichtert den Zugang zum Meer, außerdem gibt es ein von Felsen geschütztes natürliches Becken. Hinter dem Strand versteckt sich eine der stilvollsten Hotelanlagen der Insel.

Übernachten **Pocinhobay**, hinter dem Strand. Überaus stilvolle Anlage mit nur 6 sehr komfortablen, schicken Zimmern, verteilt auf mehrere liebevoll restaurierte Natursteinhäuser. Ein kleines Paradies, absolut ruhig. Hängematten zum Relaxen, Pool im Garten. EZ 155 €, DZ 215 €. Pocinho, ☏ 292629135, www.pocinho bay.com.

Porto Calhau/Baden

Am Ortsausgang des Straßendorfs Monte zweigt von der ER 1 (ehemals R 1-2) ein 1,2 km langes Sträßlein zum Hafen Calhau ab. Die Bucht ist ein beliebter Angelplatz, der Strand wie der von Pocinho zum Sonnenbaden

Der Wein der Lava – Picos Welterbe

Weinbau hat auf Pico eine jahrhundertelange Tradition. Bereits 1460, im Jahr der Besiedlung der Insel, wurden die ersten *Verdelho*-Reben gepflanzt, aus denen man sowohl leicht süßliche als auch trockene, charaktervolle Weißweine gewinnt. Später kamen die Rebsorten *Arinto* (frisch-duftige, trockene Weißweine) und *Terrantez* (eine muskatähnliche Rebsorte für trockene Weißweine) hinzu. Im großen Stil begann man mit dem Weinanbau auf Pico jedoch erst nach den Ausbrüchen des Pico in den Jahren 1718 und 1720. Die Felder, auf denen einst Obst, Getreide und Gemüse geerntet wurden, waren unter einer dicken Lavaschicht verschwunden. In mühevoller Handarbeit wurden daraufhin die rauen Lavafelder in kleine Parzellen für den Weinanbau umgewandelt. Daran erinnern noch heute die *Moroiços*, aus Lavabrocken aufgetürmte Steinhaufen, sowie die *Currais*, aus Lavasteinen aufgeschichtete Wälle, welche die Anbaugebiete rund um den Pico prägen. Diese Wälle schützen die Reben und Trauben vor heftigen, mit salziger Meeresgischt gesättigten Winden. Die Mauern spenden zugleich Wärme, die dem Geschmack des Weins zugutekommt; kein Wunder also, dass der Verdelho einst in aller Welt geschätzt war. Zur Blütezeit des Weinbaus wurden Verdelho-Weine von Pico über Horta in die Herren- und Königshäuser Europas exportiert, sogar an der Tafel des Zaren von Russland wurde er kredenzt, auch Tolstoi erwähnte ihn.

Der Niedergang des Weinbaus auf Pico, Graciosa, Terceira und São Miguel setzte Mitte des 19. Jh. ein – amerikanische Handelsschiffe hatten die Reblaus „eingeführt". Die Verdelho-Reben gingen größtenteils zugrunde und wurden durch in Amerika gezüchtete Isabella-Reben ersetzt, die gegen das Ungeziefer resistent waren. Die Österreicher kennen die Isabella-Rebe vom *Uhudler*, die Italiener vom *Fragolino*. Auf den Azoren wird aus den Reben der *Vinho de Cheiro* gekeltert, ein süffiger, fruchtiger Rotwein, der kühl getrunken wird. Sein charakteristischer Geschmack wird im Fachjargon auch als „foxy" bezeichnet. Vielerorts wurde der Weinanbau infolge des Reblausbefalls aber auch komplett eingestellt. Waren 1850 auf den Inseln noch rund 16.000 ha mit Reben bepflanzt, sind es heute keine 2000 ha mehr. Um wieder hochwertigere Weine zu keltern, setzte man in den letzten Jahren vermehrt auf den Anbau der Rebsorten *Castelão* (auch *Periquita* genannt; für feste, himbeerige Rotweine), *Bual* (hochwertige, süße Rotweine), *Baga* (tanninreiche, tiefrote Weine), *Malvasia* (weiche Rot- und Weißweine), *Fernão Pires* (reif-aromatische, würzige Weißweine) und *Sercial* (vermutlich eine Rieslingsorte, für trockene Weißweine). Die alten Weinanbaugebiete Picos wurden 2004 als bewahrenswertes Welterbe in die Liste der UNESCO aufgenommen.

eher ungeeignet (Kiesel größer als Fußbälle!), die Küste davor jedoch ein beliebtes Schnorchelrevier. Dahinter entstand z. Z. d. letzten Recherche das Hotel Vinhas do Calhau.

Tourentipp Von Porto Calhau die Küste entlang nach Madalena: Der Weg ist asphaltiert und am späten Nachmittag ein herrlicher Spaziergang (Dauer ca. 2:30 Std.). Sie können die Strecke aber auch mit dem Fahrrad oder Mietwagen abfahren. Dabei passieren Sie das alte Anbaugebiet des Verdelho-Weines (→ Criação Velha) und genießen immer wieder schöne Blicke hinüber nach Faial und auf die in der Meerenge thronenden Felsen Deitado und Em Pé. Sofern Sie spazieren wollen und die Tage noch lang sind, nehmen Sie den 17.45-Uhr-Bus von Madalena bis zur Abzweigung zum Porto Calhau, andernfalls den 10-Uhr-Bus (aber nicht an heißen Sommertagen, dann heizt sich der schwarze Asphalt auf!). Von der Abzweigung an der inselumrundenden Straße bis zum Hafen sind es ca. 15 Min. zu Fuß. Dort halten Sie sich rechts und folgen dem markierten Wanderweg *Percurso Pedestre PR 5 PIC*, der entlang der Küste in die Bucht von Pocinho führt. Von dort folgt man der landeinwärts führenden Straße und hält sich nach ca. 300 m links (erste Möglichkeit). Nun stets auf dem asphaltierten Sträßlein bleiben, das um den Hügel Monte wieder zum Meer führt (also alle Rechtsabzweigungen ignorieren). Stets entlang der Küste gelangen Sie über Areia Larga und vorbei am Restaurante Ancoradouro nach Madalena.

São Mateus

Über Candelária, Mirateca und Areeiro und vorbei an ewigen Weinfeldern erreicht man 15 km südöstlich von Madalena das hübsche, 780 Seelen zählende São Mateus, das zu den ältesten Orten Picos gehört. Bereits Ende des 15. Jh. ließen sich hier die ersten Siedler nieder, auch spielte die Gemeinde eine Pionierrolle in Sachen Walfang. Seit 1572 ist São Mateus zudem Wallfahrtsort. Da in der kleinen Kirche aber zu wenig Platz für die vielen Pilger war, weihte man dem Hl. Matthäus 1842 eine neue, größere Kirche, die direkt an der Durchgangsstraße liegt. Im Inneren des dreischiffigen Baus kann man in einer Kapelle auf der rechten Seite das Bildnis *Bom Jesus Milagroso* besichtigen. Jedes Jahr am 6. August steht es im Mittelpunkt des *Festes Bom Jesus Milagroso*, zu dem ganz Pico kommt und auch Gläubige von Faial, São Jorge und Emigranten aus den USA anreisen. Brotlaibe werden dann vor der Kirche ausgelegt und nach der Messe an die Besucher verteilt. Am Ortsausgang von São Mateus passiert man das **Artesanato Picoartes** (linker Hand), in dem lokales Kunsthandwerk aus Keramik und Holz sowie Stickereien und Häkeleien angeboten werden (Mo–Sa 9–12 und 14–18 Uhr).

Verbindungen Bus werktags 2-mal nach Madalena und 2-mal tägl. nach Lajes do Pico.

São Caetano und Porto de São Caetano/Baden

Auf ungefähr halber Strecke zwischen Madalena und Lajes do Pico passiert man São Caetano. Die 480 Einwohner des Ortes sind stolz darauf, die beste Blaskapelle der Insel in ihren Reihen zu wissen (was die Leute von São João ein paar Kilometer weiter ebenso für sich reklamieren).

Im 16. Jh. baute hier ein Mann namens Garcia Gonçalves Madruga in jahrelanger Arbeit ohne fremde Hilfe eine Galeone, um sich von seinen Schulden bei Dom João III. freizukaufen. Er legte damit den Grundstein der Schiffbautradition auf Pico. Am Hafen **Porto de São Caetano** (auch: **Porto da**

Prainha do Galeão, ausgeschildert), wo er die Galeone zu Wasser ließ, wird heute gebadet. Eine Top-Badeadresse ist die Bucht jedoch nicht. Sie verfügt zwar über einen sanddurchsetzten, groben Kiesstrand (Duschen vorhanden) – ins Meer aber springt man am besten von der Hafenplattform. Oberhalb davon gibt es ein Café, das nur im Sommer geöffnet ist (zuletzt sehr freundlich bewirtschaftet und mit ordentlicher Küche). Bessere Bademöglichkeiten findet man in der Nachbargemeinde **Terra do Pão**, ebenfalls mit netter Sommerbar – folgen Sie dort der Beschilderung zum „Porto das Baixas".

São João

Das 423-Seelen-Dorf liegt zwischen zwei *Mistérios* – Lavafelder, die durch einen Vulkanausbruch 1718 entstanden und den Landstrich unter sich begruben. Von São João blieb damals kaum ein Haus stehen. Die sich zu Tal wälzenden Lavaströme wurden von den Bauern Mistérios („Geheimnisse") genannt, weil sie sich nicht erklären konnten, warum ausgerechnet sie die Strafe Gottes ereilte. Mittlerweile sind die Mistérios weitgehend unter üppigem Grün verschwunden, und der Ort hebt sich äußerlich kaum mehr von anderen Picodörfern ab. Zu seinen Füßen gibt es mehrere Bademöglichkeiten an der rauen Lavaküste.

An der ewigen Durchgangsstraße steht gegenüber dem Rathaus die **Socie-dade de Produção de Lacticinios**. Eine lokale Käserei wäre für die Azoren keine Sensation – doch wer sich hier mit einem Stück Käse versorgt, kann am Ortseingang (von Madalena kommend) im schön angelegten **Parque Florestal** mit Wildgehege und Grillmöglichkeiten unter schattigen Bäumen picknicken. Bei der Käseproduktion kann man durch ein Fliegengitter zusehen.

Verbindungen **Bus** werktags 2-mal nach Madalena und Lajes do Pico.

⚐ Wandertipp Am Parque Florestal von São João beginnt der offizielle, gelb-rot markierte **Wanderweg PR 15 PIC**. Er führt die Küste entlang und vorbei an verschiedenen Bademöglichkeiten gen Osten bis nach Silveira. Dauer ca. 3 Std.

Pico ↓ Karte S. 326/327

Lajes do Pico

An keinem Ort der Azoren dreht sich so viel um den Wal wie in Lajes do Pico. Das Städtchen ist heute fast ein Synonym für den Walfang von einst und die Walbeobachtungen von heute. So wundert es auch nicht, dass man sich auch *Capital da Cultura da Baleia* nennt.

Schon auf der Fahrt in das Städtchen, egal ob von Westen oder Osten, stößt man auf Relikte des Walfangs. Am Ortseingang, von Madalena kommend, steht rechter Hand die alte, am 30 m hohen Schornstein erkennbare **Walfabrik**, in der die Riesensäuger einst verarbeitet wurden. Auf dem Areal ist heute das Museum **Centro de Artes e de Ciências do Mar** untergebracht (→ Kasten S. 344/345).

In der anderen Richtung (an der Straße nach Piedade) befindet sich auf der **Ponta da Queimada** der alte Walausguck. Hier hisste man das Signal zum Auslaufen der *Canoas*, der Walfangboote. Im Städtchen selbst werden in jedem zweiten Laden Andenken verkauft, die mit dem Wal zu tun haben, in manchen Bars wie im O Baleeiro an der Rua Capitão-Mor E. G. Madruga erinnern Fotos an die Zeit der Harpuniere. Heute zieht es Touristen und Naturfreunde aus aller Welt nach Lajes zum Whalewatching. Kein anderer Ort Picos sieht mehr ausländische Besucher als die 1800 Einwohner zählende Kreisstadt, übrigens die älteste der Insel. Bereits 1460 ließen sich hier die ersten Siedler nieder. Auch Picos erste Kapelle wurde in Lajes errichtet, es ist die kleine, weiß getünchte **Ermida de São Pedro** mit einer winzigen Glocke (am Ortsausgang Richtung Piedade auf der linken Seite). Ein weiterer erwähnenswerter Sakralbau ist die Kirche des ehemaligen Franziskanerklosters **Nossa Senhora da Conceição** an der Straße nach Madalena. In ihrem Inneren steht eine kostbare Marienstatue aus Alabaster. In dem Gebäudetrakt rechts der Kirche haben heute die Stadtverwaltung und die Polizei ihren Sitz.

Das **Zentrum** erstreckt sich auf einer Ebene unmittelbar an der Küste. Die Gassen und Straßen wurden einst so angelegt, dass bei starken Stürmen über das Ufer getretenes Meerwasser schnell wieder zurückfließen konnte. Die häufigen Überflutungen gehören mittlerweile dank einer neuen Schutzmauer, die leider etwas am Charme des Städtchens kratzt, der Vergangenheit an. Am Hafen begegnet man dem Thema „Wal" erneut: Im **Museu dos Baleeiros**, dem zweiten Museum der Stadt, erinnert man eindrucksvoll an die Zeit des Walfangs (→ Kasten S. 344/345). Zudem setzte der Lissabonner Künstler Pedro Cabrita Reis den einstigen Walfängern am Ende der Hafenmole mit dem **Monumento dos Baleeiros** (2001) ein Denkmal. Und auch die temporären Ausstellungen der **Städtischen Galerie** (Galerie Municipal, Mo–Fr 9–18 Uhr) widmen sich hin und wieder dem Wal.

Information/Verbindungen

Information Turismo, im Forte Santa Catarina im Norden des Städtchens (auf dem Weg zur alten Walfabrik ausgeschildert). Mo–Fr 9–17.30 Uhr. Umzug in die Nähe des Walfänger-museums geplant. ✆ 292672486, www.cm-lajesdopico.pt.

Verbindungen Bus: Werktags um 6.45 u. 14.05 Uhr, So um 13.40 Uhr über São Mateus

Abendstimmung steht Lajes gut

Lajes do Pico

100 m

Übernachten

2 Aldeia da Fonte
10 Hotel Whale' come ao Pico

Essen & Trinken

3 Pic'Eat
5 Restaurante Lagoa
6 Pastelaria Aromes e Sabores
8 Ritinha
9 Iguarías Bagaço
10 Whale' come ao Pico

Einkaufen

1 âncora Parque
4 Repsol-Tankstelle
7 Manuel Alves Gonçalves
11 Camilo Simões da Costa

---

nach Madalena. Während der Schulzeit Mo–Fr zudem noch um 16.20 Uhr ein Bus nach São João. Über Santa Bárbara und Calheta nach Piedade fährt werktags ein Bus um 11 u. 18.55 Uhr, So um 10.35 Uhr. Während der Schulzeit zudem noch Mo–Fr um 13.40 und 16.25 Uhr ein Bus nach Piedade (Stand 2018).

Haltestelle zwischen dem Museum dos Baleeiros und dem Largo Edmundo Ávila.

Taxistand vor dem Krankenhaus. Zum Flughafen 32 €, nach São Roque 22 €, nach Madalena 27 €.

Adressen/Baden/Einkaufen/Kultur & Freizeit/Sport

Ärztliche Versorgung Städtisches Krankenhaus am Largo Edmundo Ávila. ☎ 292 679400.

Baden Möglichkeiten südlich und nördlich des Zentrums. Im Süden gelangt man über Einstiegshilfen ins Meer. Im Norden sonnt man sich auf der Rampe vor dem Clube Nautico und jagt auf einer Rutsche ins Wasser. Dort gibt es in manchen Sommern auch eine Bar. Zudem bestehen Bademöglichkeiten vor der alten Walfabrik.

Einkaufen âncora Parque 1, an der Straße nach Madalena. In dem großen, hässlichen Klotz versteckt sich nicht viel mehr als ein mittelmäßiger Supermarkt. Auch So geöffnet.

Campinggas bekommt man für gewöhnlich bei der **Repsol-Tankstelle 4**.

Feste/Veranstaltungen In der letzten Augustwoche steigt die einwöchige **Festa dos Baleeiros**, das Fest der Walfänger. Dann ist

Lajes knallvoll, jeder Verein betreibt ein Zelt mit Essständen, und die Bands spielen bis weit in die Nacht hinein.

Öffentliche Toiletten Vor dem Museum dos Baleeiros und in dem festungsartigen Bau hinter der Uferbefestigung.

Radverleih Über **Espaço Talassa** (s. u.). Ganzer Tag 25 €, halber Tag 15 €.

Souvenirs/Kunsthandwerk Im Ort finden sich zwei Kunsthandwerker, die sich auf das Schnitzen, Gravieren und Bemalen von Walknochen spezialisiert haben. Beide betreiben ein Souvenirgeschäft: **Manuel Alves Gonçalves 7** in der Rua Vila Nova Lagoa (falls geschlossen, einfach klingeln) bearbeitet mittlerweile auch Kuhknochen. Und **Camilo Simões da Costa** (auch: **Artesanato Lajense**, **11**) in der Rua Pesquira neben Espaço Talassa. Simões da Costa kann man auch bei der Arbeit zusehen.

Wale – einst mit Harpunen gejagt, heute mit Kameras

Von den *Vigias de baleia*, den Walausguckern hoch über der Küste, hielt man früher Ausschau nach den Riesensäugern. Hatte man einen erspäht, ließ man das die Walfänger im Ort durch den Abschuss einer Rakete oder durch ein Fahnensignal wissen. „Baleia, Baleia!" hallte es dann durch die Gassen, über das Land und die Felder. Und die Männer ließen die Arbeit liegen – hauptberufliche Walfänger gab es wenig –, eilten zum Hafen und brachten ihre *Canoas*, die Walfangboote, zu Wasser. In der Regel hatte eines dieser schmalen Boote sieben Mann Besatzung. Stand der Wind günstig, konnte man sich unter Segeln dem Tier nähern, andernfalls musste man rudern. Im Bug saß der Harpunier, *Trocador* genannt. War man nahe genug am Wal, schleuderte dieser von Hand die Harpune tief in das Fleisch des Wals. Das war der entscheidende Moment, und nicht immer war das Tier der Verlierer. Denn nun wurde es gefährlich, der Wal tauchte ab, blitzschnell. An den Harpunen hingen bis zu 1000 m Seil, die der getroffene Wal in Sekunden abrollte. Nicht selten verhedderte sich ein Mann in dem Seil, nicht selten wurden dabei Gliedmaßen abgerissen, und nicht selten wurde einer mit in die Tiefe gezogen. Tauchte der Wal zu weit ab, musste das Seil sofort mit der bereitliegenden Axt gekappt werden, damit das Boot nicht von der Meeresoberfläche verschwand. Meist aber begann jetzt eine wilde Fahrt im Schlepptau des Wals. Dieses Treiben dauerte so lange, bis das Tier müde war und zum Luftholen wieder heraufkam (Pottwale können länger als eine Stunde tauchen → S. 486). War der Wal an der Wasseroberfläche, hieß es für die Besatzung, möglichst schnell an das Tier heranzukommen, damit es der Harpunier mit einem gezielten Lanzenstoß in die Lunge töten konnte.

Rund um die Azoren sollen in Rekordjahren bis zu 20.000 Pottwale erlegt worden sein, einen großen Anteil daran hatten amerikanische Walfangboote. Die Fangquoten der Azoreaner waren vergleichsweise gering, nicht zuletzt deshalb, weil sie stets von Hand jagten. 1983 wurde der Walfang auf den Azoren aufgegeben, er war unrentabel geworden. Nach der Gesetzeslage könnte der nichtautomatisierte Walfang aber noch heute betrieben werden. So war es möglich, dass 1987 nach vierjähriger Pause nochmals drei Pottwale erlegt wurden. Der Grund dafür war nicht wie früher der Tran, sondern einzig und allein die Zähne, das „Elfenbein der Meere", ein beliebtes Mitbringsel gut betuchter Touristen. Ein unbearbeiteter Zahn ist mittlerweile rund 1000 € wert.

An die Waljagd erinnert in Lajes das eindrucksvolle **Museu dos Baleeiros**. Dort wird der Walfang vergangener Zeiten wieder lebendig, man schlendert vorbei am knapp 11 m langen Walfangboot *Sta. Teresinha*, an Harpunen, Navigationsinstrumenten und anderem, dazu bringt ein Dokumentarfilm dem Besucher die Eigenheiten des Walfangs auf den Azoren näher. Die wertvollsten Ausstellungsstücke sind die geschnitzten und gravierten Zähne der Pottwale.

Ein weiteres Museum, das sich den Riesensäugern widmet, ist das **Centro de Artes e de Ciências do Mar** in der alten, modern restaurierten Walfabrik im Norden von Lajes. Zwischen 1955 und 1982 wurden hier jährlich rund 200 Wale von etwa 20 Arbeitern zerlegt. Die alten Maschinen sind z. T. noch erhalten, sie stammen u. a. aus dem schweizerischen Winterthur. Ein Industriemuseum wie das von São Roque (→ S. 354) ist das Centro de Artes e de Ciências do Mar aber nicht. Die Prozesse der Walverarbeitung werden hier u. a. mithilfe von computeranimierten Darstellungen illustriert, an Bildschirmen kann man sich zudem über das Leben der Wale informieren. Außerdem dient das Museum als Kulturzentrum.

Bis heute wird Jagd auf die Wale gemacht, bis heute ist der Walausguck an der Ponta da Queimada (Vigia da Queimada, von der Straße aus zu sehen) südöstlich von Lajes besetzt. Heute jedoch funkt der Späher (er kann bis zu 20 Meilen weit sehen) den professionellen Whalewatching-Teams, wo und welche der 28 verschiedenen Walarten vor der Küste Picos aufgetaucht sind.

Wer eine garantiert naturverträgliche Walbeobachtungstour unternehmen will, für den sollte *Espaço Talassa* die erste Wahl sein. Das Team arbeitet seit Jahren mit Meeresbiologen und Naturschützern zusammen und ist sorgsam darauf bedacht, die Wale in ihrem natürlichen Umfeld so wenig wie möglich zu stören. Wenn z. B. Delfine mit der Schwanzflosse auf das Wasser schlagen, so ist das ein Zeichen für Stress. Während so manch anderem Anbieter das Wohlbefinden der Meeressäuger egal ist, drehen die Bootsführer von *Espaço Talassa* in einem solchen Fall ab. Auch hält man hier einen Mindestabstand zu den Walen ein, insbesondere wenn Kälber in der Herde sind, und Verbote wie frontal auf einen Wal zuzusteuern, werden gewissenhaft befolgt. Nähern sich die Wale aber aus Neugier, so ist das okay – derartige Begegnungen erleben aber in erster Linie Passagiere der kleinen Schlauchboote mit Hartschalenboden, wie sie eben auch von *Espaço Talassa* verwendet werden, große Kabinenschiffe können Wale sogar erschrecken.

Espaço Talassa wurde 1989 von dem Franzosen Serge Viallelle gegründet. Der Pionier unter den Whalewatching-Anbietern gilt heute als „Wal-Papst" der Azoren. Viallelle kam zufällig nach Pico und blieb der Liebe wegen. Seine Touren leiteten den Walrausch ein und zählen zu den besten überhaupt, zu seinem Team gehören immer wieder auch deutschsprachige Guides. Espaço Talassa bietet zudem stets ein gutes Briefing an. Infos zu Adressen und Preisen → Lajes do Pico/Whalewatching. Schwimmen mit den Riesensäugern ist übrigens verboten.

▪ **Museu dos Baleeiros**, April–Sept. tägl. (außer Mo) 10–18 Uhr, im Winter bis 17.30 Uhr. 2 €, So kostenlos. **Centro de Artes e de Ciências do Mar**, Mo–Fr 9–18 Uhr. 2,50 €, erm. die Hälfte. Der Walausguck an der Ponta da Queimada, ein kleiner weißer Turm, ist ebenfalls zu besichtigen. Er liegt ca. 1 km südöstlich von Lajes nahe der Küstenstraße nach Ribeiras. Tipp: Bringen Sie Schokolade (!) für Marcelo, den Späher von Espaço Talassa, mit – für diese kleine Bestechung gibt er gerne einen Einblick in seinen Job …

Tauchen/Segeln BrizAçores bietet neben ganz gewöhnlichen Tauchgängen (40 €) auch Segeltörns im Triângulo, außerdem Törns zur Princess Alice Bank, wo man mit Mantas taucht und vor Ort übernachtet (250 €/Pers.). Zudem Tauchkurse. Rua João Paulino de Azevedo e Castro 5, ✆ 916778823, www.brizacores.com.

Whalewatching Halbtägige Ausfahrten kosten im Schnitt 65 € (in der NS ca. 55 €) und werden von April–Okt. angeboten. Es gibt mehrere Anbieter.

meinTipp **Espaço Talassa**, → Kasten „Wale – einst mit Harpunen gejagt, heute mit Kameras". Die Ausfahrten finden mit wendigen 12-Pers.-Hartboden-Schlauchbooten statt (Horror für Leute mit Rückenproblemen!), die die Wale nicht erschrecken. Kein anderer Anbieter der Azoren wird von Lesern so gelobt. Auch Pakete buchbar, die mehrere Ausfahrten, Übernachtungen, Transfer vom Flughafen etc. beinhalten. Office im Caminho de Baixo 17 (neben dem Walfangmuseum), ✆ 292672010, www. espacotalassa.com.

Übernachten/Camping
→ Karte S. 343

Übernachten Hotel Whale' come ao Pico 🔟, unter Leitung der Whalewatching-Agentur Espaço Talassa, neben dem Office an der Uferfront. Gemütlich-modernes 10-Zimmer-

Nicht verpassen: Walbeobachtungstour mit Espaço Talassa

Haus im IKEA-Stil, alle Zimmer mit Holzböden und privaten Bädern, eines mit Pico-Blick von der Toilette aus. Weitere Zimmer mit Bad werden in der sog. **Casa do Flores** ca. 200 m oberhalb des Hafens vermietet, zudem gibt es noch ein stilvoll-urgemütliches **Haus** mit 2 Bädern direkt an der Uferstraße, wo bis zu 8 Pers. unterkommen können. Nettes Restaurant (s. u.). Von Lesern gelobt. DZ ab 75 € (Aufschlag für Meeresblickzimmer), Haus für 4 Pers. 124 € (ohne Frühstück). Lajes do Pico, ✆ 292672010, www.espacotalassa.com.

🌿 ****** Aldeia da Fonte 🔢**, dem Baustil der Insel angepasster Hotel- und Appartementkomplex mit unverputzten Lavasteinhäuschen. Mit dem Green Key Award für Nachhaltigkeit ausgezeichnet. Ein Ort der Ruhe und Erholung. Charmante Zimmer und Suiten. Schöner, romantischer Garten, viel Bewegungsfreiheit. Gutes, auch von Lesern gelobtes Restaurant mit Gartenterrasse und aufgepepperter azoreanische Küche, auch Vegetarier werden bedacht, aber sonst eher Fleisch als Fisch. Hg. 11,50–16 €. Bar. Nahebei Bademöglichkeiten im Meer. DZ ab 90 €, Suite für 2 Pers. 145 €. In Silveira, ca. 6 km nordwestlich von Lajes, dort ausgeschildert, ✆ 292679500, www.aldeiada fonte.com.

Camping Parque de Campismo, zentrales Wiesenstück mit einfachen, aber ordentlichen Sanitäranlagen (Warmwasser), die im Winter aber nur nach Anmeldung unter ✆ 292679700 zugänglich sind. Offiziell hat der Platz von Juni–Sept. geöffnet. Kochmöglichkeiten. 2 Pers. mit Zelt 6,30 €. Anfahrt: Von Madalena kommend dem Einbahnstraßensystem durch den Ort folgen, Lajes Richtung Osten verlassen und ca. 50 m hinter der kleinen, weißen Kapelle links ab.

Neben den hier gelisteten Restaurants ist auch das Restaurant des Hotels Aldeia da Fonte (s. o.) mit einem herrlichen Garten einen Besuch wert.

Restaurants Restaurante Lagoa 5, mal à la carte, mal Büfett (meist im Sommer abends, 10 €, gut und reichlich), mal beides. Solide, authentisch. Mittlere Preisklasse. Nette Terrasse, allerdings ohne nennenswerte Aussicht. Largo de São Pedro, ✆ 292672272.

Whale' come ao Pico 10, das Restaurant des gleichnamigen Hotels (s. o.). Gemütliches Interieur, nette Außenbestuhlung auf dem Gehweg. Wer schon länger auf den Azoren unterwegs ist, wird die Karte zu schätzen wissen: Pasta, Toasts, große Salate und Vegetarisches. Dazu aber auch die azoreanischen Klassiker. Versucht wird, vorrangig regionale Produkte zu verwenden. Hg. 9–16 €.

Ritinha 8, Bar mit Restaurant, geführt von einer freundlichen Fischerfamilie. Die Gerichte sind an einer Tafel angeschrieben (Hg. 8,50–12 €). Zu empfehlen: *Lulas grelhadas*. Das Preis-Leistungs-Verhältnis allerdings könnte besser sein. Überdachte Terrasse. Avenida Marginal, ✆ 292672271.

Pic'Eat 3, war z. Z. d. letzten Recherche 2018 keine 2 Wochen alt. Ein heimelig-hipsteriges Lokal, in dem junge Leute leckere Toasts, Salate, Frühstück und Burger kredenzen. Auf gute Zutaten wird Wert gelegt, das Gros der Gerichte ist fleischlos. *Craft Beer*. Günstig. Tägl. (außer Mo) durchgehend ab 10 Uhr. Largo Edmundo Machado Ávila, ✆ 292672189.

Cafés Iguarías Bagaço 9, die Bar des hiesigen Sportclubs kommt seit ihrer letzten Renovierung im hellgrün-weißen American-Diner-Style daher. Viele Pokale, viele Locals. Sehr leckere Backwaren, Snackküche, Tagessuppen und Bier vom Fass. An der Uferpromenade, im Sommer mit ein paar Tischen davor.

Pastelaria Aromes e Sabores 6, nettes Café an der Rua Capitão-Mor E. G. Madruga 9. Große Auswahl an Kuchen, Baguettes, süßen und herzhaften Teilchen usw. Zudem Marmelade und Kompott aus eigener Herstellung – schöne Mitbringsel. Mittags wird gekocht und gebrutzelt, dann gibt es z. B. Suppen, Burger oder Pasta. Sehr freundlicher Service. Nur Mo–Fr.

Zwischen Lajes und São Roque do Pico

Die Küstenregion der östlichen Inselhälfte ist spärlich besiedelt, auch wenn die manchmal endlosen Straßendörfer einen anderen Eindruck erwecken. Das Gros der Neubauten sind Sommersitze von Emigranten, weniger ein Zeichen neuen Wohlstands auf der Insel. Die Zentren der Siedlungen markieren die Dorfkirche und die Dorfkneipe, in der die Pokale der lokalen Fußballmannschaft verwahrt werden. Viel zu sehen oder zu unternehmen gibt es nicht. *As terras*, „die Felder", nannte man den Osten Picos früher. Obst, Wein, Mais, Kartoffeln und Gemüse wurden in großem Umfang angebaut. Heute liegen viele Felder brach, und Kühe weiden darauf. Versteckt in den Wäldern um Piedade aber gedeiht, so hört man es flüstern, das beste Marihuana des Archipels. Die Pflanzen erreichen Höhen von bis zu 3 m.

Ribeiras/Santa Cruz

Etwas über 900 Einwohner zählt die Gemeindeansammlung Ribeiras, deren Zentrum der Fischerort Santa Cruz (nicht Cruz!) ist. Santa Cruz selbst liegt rund 8 km östlich von Lajes do Pico; zu dessen Zentrum am kleinen Hafen schlängelt sich eine Straße von der höher gelegenen Küstenstraße ER 1 hinab. Rechter Hand, hinter der großen Kaimauer, liegt das Freibad mit Swimmingpool, schräg gegenüber der Kirche der *Clube Nautico*, hinter dessen blauen Toren sich drei alte Walfangboote verbergen. Auf den beiden Bänken davor treffen sich im Sommer die Alten, während die Jungen rauchend danebenstehen. Im Winter trifft man sich im nahen Café O Emigrante. Es ist, der Name lässt es vermuten, im Besitz von früheren Auswanderern, die in den 90er-Jahren aus Kanada in die lang vermisste Heimat zurückkamen.

Verbindungen Bus werktags 2-mal nach Lajes do Pico und weiter nach Madalena.

Übernachten Casas de Incensos, die in den 1940er-Jahren aufgegebene Siedlung aus 8 Katen wurde jüngst wiederbelebt: modernes Design, heimelig-zeitgemäß. Dazu ein Traumpool (nur etwas klein). 2 Nächte (Mindestaufenthalt)

345 €. Ca. 1,5 km östlich von Santa Cruz, nahe Pontas Negras, Rua do Bravo 38, ℡ 292678042, www.casadeincensos.pt.

Manuela Frey, eine Hamburgerin, die die Insel aus dem Effeff kennt (Reiseleiterin), lebt ca. 2 km östlich von Santa Cruz in Pontas Negras. Sie vermietet 5 Ferienhäuser, alle gut ausgestattet und geräumig. Das Wichtigste aber: Terrassen mit Megameeresblick samt Liegestühlen, auf denen man seinen ganzen Urlaub verbringen könnte. Frau Frey kümmert sich rührend um ihre Gäste, bietet Inseltouren, Wanderungen und Segeltörns an. Von Lesern hochgelobt. Mindestaufenthalt 5 Tage. Haus für 2 Pers. ab 75 € zzgl. Endreinigung. Pontas Negras, ℡ 292678397, www.azorenurlaub.net.

🚶 **Wandertipp** An der inselumrundenden Straße oberhalb von Ribeira Seca beginnt der markierte Wanderweg *PR 17 PIC*. Er führt über Pontas Negras nach Ribeiras und dreht dort eine Runde. Dauer 4 Std., Länge 12,5 km. Checken Sie www.trails.visitazores.com, bevor Sie starten, 2018 war der Weg gesperrt.

Calheta de Nesquim

Verlässt man, von Ribeiras kommend, die inselumrundende Straße und zweigt nach Calheta de Nesquim ab, taucht kurz darauf das Hinweisschild „Zona balnear da Poça das Mujas" auf. Dahinter verbirgt sich ein netter **Badeplatz** an

Beschaulich: Calheta de Nesquim

der rauen Küste mit Sanitäranlagen und einem Naturschwimmbecken; im Sommer gibt es zudem eine gemütliche Bar mit gutem Speiseangebot (s. u.) und ein „Beachvolleyballfeld".

Lässt man den Abstecher aus, gelangt man vorbei am Fußballplatz und an einer Windmühle in den beschaulichen Ortskern der weitverstreuten Siedlung. Hier merkt man schnell, dass Calheta einst ein Zentrum des Walfangs auf Pico war. Am kleinen Hafen, von wo einst die Walfänger in See stachen, erinnern in der **Casa dos Botes** (Mo–Fr 9–12.30 u. 14–17.30 Uhr, Eintritt frei) drei alte, liebevoll instand gehaltene Walfängerboote (die heute noch bei Dorffest-Regatten zu Wasser gelassen werden) und Fotos an die vergangenen Zeiten. Über dem Hafen mit seinen markierten „Bootsparkplätzen" erhebt sich die barocke **Pfarrkirche** aus dem Jahr 1856. Daneben liegt der schmucke Dorfplatz Largo do Terreiro Capitão Anselmo Baleeiro mit Brunnen und Pavillon – die Büste des Walfängers blickt respektvoll zur See. An den Platz grenzt eine urige Bar, in der heute die früheren Waljäger Domino spielen – die Bar wäre es wert, unter Denkmalschutz gestellt zu werden.

Gen Osten schließt an Calheta die Siedlung **Feteira** mit einer kleinen Badestelle am ausgeschilderten **Portinho** an.

Verbindungen Bus 2-mal tägl. nach Lajes do Pico und weiter nach Madalena.

Übernachten **Casa do Bernardo**, das freundliche Paar Raul (deutschsprachig, hat in Hamburg gelebt) und Susi (englischsprachig) vermietet in idyllischer Lage in Feteira ein liebevoll hergerichtetes, altes Natursteinhaus für 4 Pers. inkl. Steinbackofen (es gibt aber auch modernere Küchengeräte) und windgeschützter überdachter Terrasse mit herrlichem Meeresblick. Daneben vermietet es auch noch die Casa da Alicia, ebenfalls für 4 Pers. Mietwagen vonnöten. Auf Wunsch Grillabende. Von Lesern hochgelobt. Für 4 Pers. 75–95 €. Feteira, ☎ 967 920899, susiraulferienhaus@gmail.com.

Essen & Trinken Bar da Poça, an der Badezone. Von Lesern hochgelobte Bar mit gutem Essen, leckerem Hauswein und hipsteresken Paletten zum Sitzen. Schnuckelig! ☎ 910774215.

Faia Restaurante, unter deutscher Leitung, auch Rösti sind hier zu haben. Außerdem: Oktopus in scharfer Tomatensoße, frischer Fisch oder Schweinesteak mit Pommes. Sehr schöner, terrassierter Außenbereich. Hg. 8,50–14 €. Mi–Fr ab 17 Uhr, Sa/So ab 12 Uhr. Rua Feteira de Baixo (auf dem Weg in die Nachbarbucht Feteira, ausgeschildert), ☎ 292701066.

Pico ↓ Karte S. 326/327

🏃 **Wanderung 29: Rund um Calheta de Nesquim**   → S. 362
Kurze Rundwanderung, bei der man ins dörfliche Leben eintauchen kann.

Manhenha

Manhenha bestand früher hauptsächlich aus Adegas, im letzten Jahrzehnt entstanden hier aber zahlreiche Emigrantenvillen. An der Hafenmole kann man baden. Den östlichsten Zipfel der Insel Pico, die **Ponta da Ilha**, markiert ein Leuchtturm, der besichtigt werden kann – falls jemand anzutreffen ist. Keine Busanbindung.

🦐 **Essen & Trinken** **Restaurant Ponta da Ilha**, das luftige Restaurant wird von der *Associação de Armadores de Pesca Artesanal do Pico* betrieben – für Frischfisch aus den azoreanischen Fanggründen ist also gesorgt. Der *Prato do dia* kommt i. d. R. in Büfettform daher (10 €), ansonsten Hg. 9–16 €. Gute Qualität und freundlicher Service. Mo Ruhetag. In Manhenha ausgeschildert, Caminho de Baixo, ☎ 292666708.

🏃 Wandertipp Von Manhenha aus kann man eine etwa anderthalbstündige **Rundwanderung** unternehmen. Der Weg folgt anfangs dem markierten Wanderweg *Percurso*

Pedestre PR 3 PIC, der nicht einfach zu gehen ist, da er teils über schroffes Lavagestein führt (gutes Schuhwerk!). Startpunkt ist die Badeanlage von Manhenha. Von dort geht es stets die Küste entlang und, vorbei am Leuchtturm an der Ponta da Ilha, in die Baía da Engrade. In der Baía da Engrade, zu erkennen an einem Treppchen, das auf einen steinernen Tisch mit zwei steinernen Bänken zuläuft, schwenkt man nach links (inseleinwärts) ab. Der von Mauern gesäumte Weg endet an einer T-Kreuzung, hier links halten. Vorbei an Gärten und Weinparzellen gelangt man auf Straßen zurück nach Manhenha, dabei passiert man auch das Restaurant Ponta da Ilha (s. o.). Wer sich bei der T-Kreuzung rechts hält und weiter den Markierungen folgt, gelangt entlang der Küste zum Porto do Calhau, dem Hafen von Piedade (Dauer insgesamt ca. 3 Std., ab der Baía da Engrade aber sehr schwierig zu gehen). **Achtung**: Der Wanderweg zwischen Manhenha und dem Porto do Calhau ist von Mitte Mai bis Mitte Juli wegen hier brütender Seeschwalben gesperrt!

Pause in Manhenha

Piedade

Ganz im Osten der Insel, abseits des Meeres, liegt Piedade, ein knapp 850 Einwohner zählendes, weit versprenkeltes Örtchen ohne große Attraktionen, aber immerhin mit ein paar Bars an der inselumrundenden Straße. Rund um den Ort findet man ein paar wunderschöne Unterkünfte. Folgt man im Ort den Schildern „Oleiro-Potter" bzw. „O Zimbreiro", gelangt man zur **Töpferei** des Belgiers François Le Bon, der seine Besucher stets mit freundlichem Lächeln empfängt. Unterhalb von Piedade liegt der kleine Hafen **Porto do Calhau** und ca. 200 m nördlich davon ein Meerwasserschwimmbad samt unregelmäßig geöffneter Snackbar, wo man sehr nett sitzt.

In der Ortschaft **Ribeirinha** weiter gen Nordwesten wird ebenfalls getöpfert: Folgt man dort der Beschilderung **Barro & Barro**, gelangt man zum Atelier der Holländerin Marjella Vermazeren. Zusammen mit ihrem Mann bietet sie auch Raku-Keramik-Workshops an. Neben Schmuck und Vasen begeistern v. a. die Pottwalkacheln! Barro & Barro vermietet auch ein charmantes Ferienhaus (www.casadaspedras.eu).

Verbindungen Bus Mo–Sa 2-mal tägl. über Lajes do Pico (der letzte Bus um 13.15 Uhr) und 2-mal tägl. über São Roque (letzter Bus um 13.30 Uhr) nach Madalena. Sonntags startet der einzige Bus auf der Südroute um 12.55 Uhr, auf der Nordroute um 13.15 Uhr (Stand 2018).

mein Tipp Übernachten   **L'Escale de l'Atlantic**, in jahrelanger mühevoller Kleinarbeit haben Jean-Claude René Jaccoud und seine Frau Monique (beide deutschsprachig) dieses kleine Paradies aufgebaut. Unglaublich viel Liebe zum Detail – hier und dort Mosaike, die Gaudí begeistert hätten! Ein Ort zum Relaxen und Wohlfühlen. Vermietet werden 3 Zimmer, alle unterschiedlich eingerichtet, jedes mit Bad und herrlicher Veranda bzw. Terrasse mit Meeresblick. Lauschiger Garten. Nur Mitte Mai bis Mitte Sept. DZ mit großem Frühstück 85–94 €. Caminho do Morro, unterhalb von Piedade in Calhau (ausgeschildert), ☎ 292666260, www.escale-atlantic.com.

MeinTipp O Zimbreiro, ein weiteres Idyll. Die belgische Familie Le Bon (englischsprachig, Vater François ist der oben erwähnte Töpfer) vermietet auf ihrem Anwesen 5 liebevoll-individuell eingerichtete, auf 3 Häuser verteilte Zimmer. Alle mit Terrasse, z. T. mit schönem Blick über den Canal hinweg nach São Jorge. Dazu ein in die Landschaft integrierter Pool. Abendessen auf Wunsch. DZ mit leckerem Frühstück 75–85 €. Nur Mai–Okt. Im Ort ausgeschildert, Caminho do Cruzeiro, ☎ 292666709, www.zimbreiro.com.

Wunderschöne kleine Unterkunft: L'Escale de l'Atlantic in Piedade

Reiten Quinta do Cavalo, 2-stündige Ausritte in die Berge 40 € mit kleinem Lunch – sehr freundlich und auch von Lesern gelobt. Außerhalb von Piedade, an der Straße nach Santo Amaro ausgeschildert, ☎ 919890485, www.turispico.pt.

Miradouro Terra Alta

Zwischen Ribeirinha und Santo Amaro taucht an der Küstenstraße ER 1 rechter Hand bei einer Bushaltestelle ein spektakulärer Aussichtspunkt auf. Der vordere Teil des Aussichtspunktes ragt wie ein Sprungbrett über die hier 415 m steil abfallende, teils bewaldete Küste. Von ihm genießt man einen herrlichen Blick auf São Jorge und über den 20 km breiten Kanal, der sich zu Füßen wie in See vor einem ausbreitet. Der Kanal, der Pico von São Jorge trennt, ist über 1000 m tief.

🚶 **Wandertipps** Vom Aussichtspunkt Terra Alta kann man eine ca. 2-stündige Wanderung (Länge 6,3 km) nach Santo Amaro unternehmen – unterwegs immer wieder schöne Ausblicke. Der markierte Weg (Einstieg westlich des Aussichtspunkts, zuletzt wegen eines Hangrutschs aber gesperrt) ist identisch mit dem offiziellen Wanderweg *PR 7 PIC*, der ab der Siedlung Terra Alta jedoch weitestgehend geteert ist.

In die entgegengesetzte Richtung beginnt rund 500 m östlich des Aussichtspunktes an der inselumrundenden Straße der markierte Wanderweg *PR 18 PIC*, der über Ribeirinha zum Porto do Calhau, dem Hafen von Piedade, führt. Das Stück unmittelbar entlang der Küste ist herrlich. Dauer ca. 4 Std., Länge 10 km.

Santo Amaro

In Santo Amaro (290 Einwohner) werden die typischen azoreanischen Holzschiffe für den Thunfischfang gezimmert. Schiffsbau ist bekanntlich etwas für harte Männer, und so verwundert es nicht, dass in Santo Amaro 1867 einer der stärksten Männer der Welt geboren wurde: Manuel Paulo da Silveira, 11-maliger Weltmeister im Gewichtheben. Aber noch kein Museum erweist ihm die Reverenz. Dafür erinnert das kleine, private, liebevoll eingerichtete

Museu Maritimo Construção Naval bei der Werft an den azoreanischen Schiffsbauer Manuel Joaquim Melo (unregelmäßig geöffnet, Spende erwünscht).

Der Dorfkern liegt etwas östlich der Werft und ist durch eine hohe Mauer entlang der Küste vor Flutwellen geschützt. Nahe der Kirche befindet sich die **Escola de Artesanato**, in der Frauen jeden Alters – die jüngste ist meist um die 15 Jahre alt, die älteste weit über 60 –

das traditionelle Kunsthandwerk der Insel pflegen: Sie kreieren Blumen aus Fischschuppen, sticken und basteln schöne Strohpuppen. Bei der Arbeit kann man zuschauen und danach die fertigen kleinen Kunstwerke im darunter liegenden Laden erstehen (April–Okt. tägl. 9–18 Uhr, im Winter Mo–Fr bis 17 Uhr). Der Escola de Artesanato ist ein winziges Heimatmuseum angegliedert.

Noch weiter östlich ziehen sich Weingärten mit verträumt gelegenen Adegas von der Küste die Hänge hoch. Dazwischen liegt die kleine Badestelle **Caisinho** (Toiletten und Duschen vorhanden).

Verbindungen **Bus** werktags 2-mal nach Cais do Pico (während der Schulzeit 3-mal) und 2-mal nach Madalena.

Prainha do Norte und Umgebung

4 km westlich von Santo Amaro liegt die knapp 550 Einwohner zählende, weitverstreute Siedlung Prainha do Norte. Der Ortskern mit der Kirche oben am Berg ist nicht allzu spannend. Und auch die kleine **Ausstellung** im Gebäude der *Sociedade Recreiro União Prainhense* am Kreisverkehr lässt eher wundern als begeistern. Sie erinnert an den Waffennarr Manuel Neves Júnior (1939–1984), der Hellebarden und andere mittelalterliche Waffen nachbaute – als Werkzeug diente ihm u. a. ein Waschmaschinenmotor, der einen Schleifstein antrieb. Aus Deutschland, wo er in den 1970er-Jahren in einer Mine arbeitete, brachte er jede Menge Nazi-Devotionalien mit (Mo–Fr 9–12 und 13–17 Uhr).

Jedoch besitzt Prainha do Norte mit der **Baía da Areia** den einzigen Sandstrand der Insel. Er ist keine 40 m lang, in schlechten Jahren aber auch mal sandlos. Der Strand ist ganz im Südosten von Prainha (direkt vor der Landzunge Ponta da Rocha) mit „Praia" ausgeschildert. Zudem kann man in Prainha in einem **Naturschwimmbecken** („Piscina") ein Bad nehmen, dort gibt es auch sanitäre Anlagen und Grillmöglichkeiten. Die Häuser am etwas weiter westlich gelegenen Küstenabschnitt **Poça Branca** besitzen fast alle einen Weinkeller.

Lässt man Prainha do Norte rechts liegen und fährt auf der inselumrundenden Straße ER 1 (ehemals R 1-2) weiter, passiert man den westlichen

Ortsteil **Prainha de Cima** und die **Queijaria Artesanal Bettencourt** (Mo–Fr 8–17 Uhr), wo man sich mit dem leicht säuerlichen Weichkäse *Queijo curado* eindecken kann. Verzehren lässt er sich am besten im noch etwas weiter westlich gelegenen **Parque Florestal da Prainha**. Der herrlich angelegte, riesige Forstpark samt Grillmöglichkeiten, Wildgehege und hübsch restaurierter Windmühle erstreckt sich auf dem heute bewaldeten Lavafeld **Mistério da Prainha**. An heißen Sommerwochenenden herrscht hier buntes Treiben, Großfamilien versammeln sich zum Picknick, abends spielt gelegentlich eine Kapelle auf. Das einstige Lavafeld entstand bei dem Ausbruch des Pico do Caveiro 1562. Zwei Jahre lang hielten die Eruptionen an, die ausgespuckte Lava floss bis zur heutigen Ponta do Mistério und vergrößerte so die Insel um mehrere Quadratkilometer. Eine Eruption soll nach Angaben des Azorenchronisten Gaspar Frutuoso so stark gewesen sein, dass der erleuchtete Himmel über Pico noch auf São Miguel wahrgenommen werden konnte und kurz darauf ganz São Jorge unter einem Ascheregen versank. Heute hat die üppig grüne Vegetation die Lavafelder schon weitestgehend besetzt.

2 km unterhalb des Parque Florestal (von dort ausgeschildert) liegt die ruhige Siedlung **Baía de Canas**. Von den hiesigen alten Adegas wurden viele zu kleinen Ferienhäusern umgebaut.

Verbindungen Bus werktags 2-mal nach Cais do Pico (während der Schulzeit 3-mal) und 2-mal nach Madalena.

Übernachten Adegas do Pico, hinter dem Namen verbergen sich 12 Häuser rund um Prainha do Norte, fast alle sind alte, hübsch restaurierte Adegas. Für 2 Pers. ab 95 €. ℡ 933-256277, www.adegasdopico.com.

meinTipp **Refúgio do Pico**, die schöne, terrassierte, üppig grüne Anlage des freundlichen jungen Ehepaars Tobias Wittmann und Silke Piotrowski aus Augsburg. 4 Gästehäuser für jeweils 2 Pers. Von den großzügigen Terrassen und selbst vom Bett aus herrlicher Blick auf Prainha und das Meer. Im studioartigen Inneren Kaminöfen für kalte Tage (Holzservice), bestens ausgestattete Küchen (Spülmaschine) und hochwertiges Mobiliar. Dazu private Grillplätze. Von Lesern hochgelobt. 95–125 €/Tag. Ladeira dos Castanheiros 50/B, ℡ 915800509, www.refugio-do-pico.com.

Essen & Trinken Pizzaria Snackbar Alvernaz, in der einfachen Snackbar bekommt man sättigende Pizza und ordentliche Burger. Authentisch, ehrlich und günstig. An der inselumrundenden Straße, Estrada Regional.

meinTipp **Canto do Paço**, von der Hauptstraße ausgeschildert, dann nach 300 m linker Hand. Hübsches 2-stöckiges Lokal in einer alten Natursteinkate. Interieur zwischen rustikal und stylish, sehr angenehm. Auf der Karte zeitgemäß-azoreanische Gerichte, zudem sehr guter Grillfisch. Preise leicht gehoben. Nur abends geöffnet. Rua do Ramal 4, ℡ 960224498.

🚶 Wandertipp Die Baía de Canas ist Endpunkt einer herrlichen Wanderung, die im Hochland von Pico beginnt (→ **Wanderung 33**, S. 372). In Prainha do Norte beginnt zudem der offizielle **Rundwanderweg PRC 9 PIC**, alles in allem aber mehr ein netter Dorfspaziergang auf überwiegend geteerten Straßen. Ausgangspunkt ist der Largo José Machado de Serpa, der kleine Stadtgarten bei der unübersehbaren Pfarrkirche von Prainha. Ums Eck, oberhalb der Heilig-Geist-Kapelle, befindet sich auch die Wandertafel zum Trail.

São Roque do Pico (Cais do Pico)

Spricht man von São Roque do Pico, ist in aller Regel Cais do Pico gemeint, der bedeutendste Güter- und zweitgrößte Fischerhafen der Insel.

Die dritte Kreisstadt der Insel (1300 Einwohner) besitzt alles, was dazugehört: ein Rathaus, ein Krankenhaus, eine Post und eine Polizei, zudem gibt es eine Radiostation *(Radio Cais)*. Tatsächlich ist São Roque aber nicht mehr als ein weites Dorf. Das größte Treiben herrscht am Hafen Cais do Pico, wenn die Ladung eines Containerschiffes gelöscht wird oder ein Fährschiff anlegt. Dort gibt es auch ein nettes Café. Von der schützenden Kaimauer, an der Jung und Alt abends die Angelroute auspacken, genießt man einen schönen Blick über das Städtchen im Schatten des alles überragenden Pico Alto. Aus der Silhouette ragt das alte **Franziskanerkloster São Pedro de Alcântara** heraus. Die Franziskaner waren es übrigens einst, die den Weinanbau zur Blüte führten. Vor wenigen Jahren wurde der herrliche Gebäudekomplex samt angegliederter Kirche restauriert, heute beherbergt der Klostertrakt eine der schönsten Jugendherbergen der Azoren.

Am Hafen befindet sich auch das **Museu Industrial da Baleia**, das in der 1983 aufgegebenen Walverarbeitungsfabrik

Mehr Dorf als Stadt: São Roque do Pico

namens „Vitaminas Oleos Farinhas Adubos Armaçoes Baleeiras Reunidas" residiert (→ Kasten). Daneben verkauft das sporadisch geöffnete „Old Whaler's" Souvenirs, die an den Walfang erinnern. Etwas landeinwärts liegt das Stadion – bestens besucht, wenn das Lokalderby gegen den Prainha FC ansteht.

Beim Stadtpark weiter östlich liegt das **Strandbad** mit sanitären Einrichtungen. Als die Fabrik noch in Betrieb war, war an ein Bad im Meer rund um den Hafen nicht zu denken. Es wimmelte nur so von Haien, angelockt durch das Blut der zerlegten Säuger. Noch weiter östlich, auf Höhe des Restaurants Montanha (Anfahrt s. u.), findet man die Badestelle **Poças**: Auf einen Sprung ins kühle Nass lädt dort ein natürliches Meerwasserbecken ein, dahinter gibt es Duschen und Toiletten. Auch in der knapp 2 km westlich gelegenen **Furna-Bucht** bei Santo António kann man baden. Dort gibt es nicht nur Naturschwimmbecken an der schroffen Basaltküste, sondern auch richtige kleine Pools und etwas zurückversetzt einen Campingplatz.

Wo der Lebertran herkommt – Museu Industrial da Baleia

Die Walfabrik von Cais do Pico, 1946 gegründet, war die letzte auf den Azoren, die ihre Tore schloss. Auch ohne Walfangverbot hätte man den Betrieb stillgelegt, die Walverarbeitung war längst unrentabel geworden. 1994 wurde das Museum eingerichtet, das im Gegensatz zum schick restaurierten Museum in der Walfabrik von Lajes do Pico (→ S. 345) noch „Industrietouch" besitzt. Die alten Maschinen und Kessel, die zur Gewinnung von Öl, Wachs, Tran und Knochenmehl benötigt wurden, sind noch erhalten. Verarbeitet wurden ausschließlich Pottwale, denn nur diese ließen sich mit den kleinen azoreanischen Fangbooten an Land bringen, da tote Pottwale noch längere Zeit an der Wasseroberfläche schwimmen. Andere Wale sinken sehr schnell, und ein toter Blauwal hätte das Boot mit in die Tiefe gezogen. Der größte Pottwal, der je vor der Fabrik zerlegt wurde, hatte eine Länge von 22 m und das Gewicht mehrerer Sattelschlepper. 14 *Canoas* waren für das Unternehmen im Einsatz. Der Rekord eines Fangbootes lag bei 35 Walen im Jahr. Die ausgestellte Kanone zum Abschießen der Wale kommt aus den USA und wurde auf den Azoren nur einmal ausprobiert: Sie war zu groß und zu schwer für die kleinen, wackeligen Boote. Vor dem Museum hat man den Walfängern von einst ein Denkmal gesetzt.

In der Fabrik arbeiteten rund 100 Beschäftigte rund um die Uhr und hielten die Kessel auf Temperatur, alles in einem fürchterlichen Gestank, der damals über ganz Cais do Pico lag. 1974 explodierte ein Kessel, ein Arbeiter wurde durch die Wucht der Detonation zum Dach der Fabrik hinausgeschleudert, landete auf einer dicken Schwarte Walfett und blieb fast unverletzt. Das hier gewonnene Öl wurde exportiert und diente vorrangig als Grundlage zur Seifen- und Margarineherstellung.

▪ Tägl. (außer Mo) 10–17.30 Uhr. 2 €.

São Roque do Pico/
Cais do Pico

180 m

Ü bernachten
5 Casa das Barcas
7 Pousada de Juventude
    do Pico
9 Casa do Comendador/
    Casa do Fereiro

E ssen & Trinken
3 Clube Naval
4 Casa Ancora
8 Restaurante Montanha

N achtleben
1 Discoteca Skipper

E inkaufen
2 Hiper
6 Casa das Tisanas

Pico → Karte S. 326/327

Information/Verbindungen/Adressen

Information/Internet Turismo, im Centro Multimedia in der Rua do Cais 25. Angeschlossen ein Ausstellungsraum mit einem Walfangboot. Mo–Fr 9–12.30 u. 14–17.30 Uhr, im Sommer auch Sa/So. ℰ 292642507, www.cm-saoroquedopico.pt.

Verbindung Bus, Mo–Sa um 7.10 und um 14.25 Uhr in Richtung Westen über Santa Luzia nach Madalena (während der Schulzeit Mo–Fr zudem noch ein Bus um 17 Uhr, So nur ein Bus um 14.10 Uhr); Busse Richtung Osten über Santo Amaro nach Piedade tägl. um 10.50 Uhr, Mo–Sa zudem um 18.40 Uhr, während der Schulzeit Mo–Fr noch um 17 Uhr ein Bus bis Santo Amaro.

Schiff → An- und Weiterreise mit dem Schiff, S. 329. Tickets für die *Atlânticoline* bekommt man bei **RIAC**. Mo–Fr 9–12 u. 13.30–17 Uhr. Rua do Cais 5, ℰ 800500501.

Ärztliche Versorgung Kleines städtisches **Krankenhaus** etwas außerhalb Richtung Santo António. ℰ 2926480070.

Autoverleih → Mietwagen, S. 329.

Einkaufen Hiper ❷, Supermarkt stadtauswärts an der Straße nach Santo António (Estrada Regional). So Nachmittag geschl.

Adega A Buraca, an der inselumrundenden Straße im westlich gelegenen Santo António. Hier kann man sich mit Wein, Likör und selbst gebranntem Aguardente eindecken. Angeschlossen ein privates Heimatmuseum mit nachgestellten Werkstätten (Eintritt 2,50 €). Mo/Di 9–13 Uhr, Mi–Sa 9–13 u. 14–18 Uhr. Estrada Regional 35, www.adegaburaca.com.

Casa das Tisanas ❻, Mischung aus alternativem Bioladen (es gibt gar *Lammbräu*!) und Café mit hausgemachten Muffins und azoreanischem Tee (auch grüner Tee von Pico). Mo–Do bis 20 Uhr, am Wochenende bis 21 Uhr. Rua do Cais 3C.

Tauchen Kann man in den Sommermonaten mit **Twin Peaks Diving**. Basis beim Campingplatz, ℰ 910634403, www.divetheazores.com.

Veranstaltungen/Feste Zur 4-tägigen **Cais Agosto** Ende Juli/Anfang Aug. gibt es Regatten mit Walfangbooten, Konzerte etc. www.caisagosto.net.

🚶 **Wandertipp** Etwa 100 m südöstlich der Pfarrkirche von Sao Roque (einfach der Straße an der Kirche vorbei bis zum Brückchen folgen) beginnt Wanderung *PRC 8 PIC*, ein Ortsrundgang vorbei an mehreren alten Mühlen (Länge 3,4 km, Dauer 1:15 Std.).

Zweiradverleih Scooter (50 ccm 20 €/Tag, 125 ccm 25 €/Tag) verleiht **Oásis**, → Mietwagen, S. 329.

Übernachten/Camping/Essen & Trinken/Nachtleben   → Karte S. 355

Übernachten Casa das Barcas 5, an der Uferstraße nahe dem Hafen beim Diniz-Denkmal. 4 sparsam, aber stilvoll-elegant ausgestattete Zimmer in einem schön renovierten, alten Stadthaus mit offenem Kamin. Lauschiger Garten mit Weinreben. Zudem Vermietung von 7 weiteren teils schnuckeligen Häuschen rund um São Roque. DZ 100 €. Rua do Cais 15, ☎ 962476447, www.cazasdopico.com.

Casa do Comendador 9, im 4 km südöstlich von São Roque gelegenen Dorf São Miguel Arcanjo. In dem 2-stöckigen Haus aus dem 19. Jh. werden 8 gepflegte Zimmer, teilweise mit Meeresblick, vermietet. Auf Wunsch Dinner. DZ 85 €. Anfahrt: São Roque do Pico Richtung Prainha verlassen, bei der Snackbar Refúgio (rechter Hand) links ab und durch die Bäume hindurch (!), nach 300 m linker Hand. Rua de Baixo 17, ☎ 292642950, www.casadocomendador.com.

🐚 **Casa do Ferreiro** 9, ebenfalls in São Miguel Arcanjo. Das Ferienhaus ist eine architektonische Meisterleistung, bei der Betonwände in die Ruinen eines alten Bauernhauses integriert wurden. Moderne, minimalistische Einrichtung, Meeresblickterrasse, 4 Schlafzimmer, 2 Bäder. Auf Nachhaltigkeit wird Wert gelegt: Verwendet wurden vornehmlich lokale Rohstoffe, Regenwasser wird gesammelt. Ca. 300 €/Nacht. ☎ 911553466, www.atlanticdays.net.

Pousada de Juventude do Pico 7, Jugendherberge im alten Kloster. Sehr schön restauriert. Platz für 44 Pers. in freundlichen 2- bis 6-Bett-Zimmern. Küchenbenutzung möglich, Bar und Cafeteria. Das Gros des Publikums ist außerhalb der HS deutlich jenseits des Jugendherbergsalters, also keinen fröhlichen Hosteltreff erwarten – die Atmosphäre ist dann eher ruhig und fast steril. Im Mehrbettzimmer 19 €/Pers., DZ ohne Bad 43 €, mit Bad 58 €. Sao Roque do Pico, ☎ 292648050, www.pousadasjuvacores.com.

Camping Parque de Campismo da Furna, ca. 2 km nordwestlich von São Roque in Santo António. Gepflegte, schattige Anlage mit Kochmöglichkeiten und Bar. Allerdings Krummer-Hering-Boden! Nahe gelegene Bademöglichkeit in der Furna-Bucht (dort auch ein Restaurant), Supermarkt ca. 10 Fußmin. Richtung São Roque. Juni–Sept. Umzäunt, mit Rezeption (falls nicht besetzt, anrufen). 2 Pers. mit Zelt 12 €. Vom Hafen Cais do Pico immer die nächstmögliche Straße zum Meer Richtung Madalena wählen, beim Restaurant O Rochedo links ab, ☎ 912379279 o. 914205060.

Essen & Trinken Restaurante Montanha 8, helles, luftiges Lokal bei der Badestelle Poças, recht populär. Hier gibt es Klassiker wie Oktopus-Salat oder Grillfisch. Hg. 10–15 €, mittags Büfett. Mo/Di kein Abendessen. Anfahrt: von São Roque Richtung São Miguel Arcanjo fahren, dann mit „Poças" und „Restaurante" ausgeschildert. Rua das Poças 4, ☎ 292655131.

Mein Tipp **Casa Ancora** 4, an der Uferstraße in Nachbarschaft zur Post. Hochgelobt. Urban daherkommendes, minimalistisch und stilsicher eingerichtetes Lokal. Zum Meer hin, auf der anderen Seite der Straße, die dazugehörige Terrasse. Auf der Karte Innovatives wie Bruschetta mit Shrimps, Rote-Bete-Gazpacho, Pasta mit Rinderbäckchen oder gegrillter Oktopus mit Süßkartoffelpüree. Nicht billig: Hg. 13–20 €. Unter russischer Leitung. Di Ruhetag, Sa/So nur Lunch. Rua do Cais 29B, ☎ 292644496, www.casaancora.eu.

Clube Naval 3, beliebter Treffpunkt, nette Terrasse. Am Wochenende oft kleinere Partys oder Konzerte. Am Hafen.

Discoteca Skipper 1, beliebteste Disco der Insel. Musik quer durch den Garten. I. d. R. nur am Wochenende geöffnet, ab 3 Uhr wird's rappelvoll. Im Westen der Stadt, *Rua* de Acesso ao Porto Comercial.

São Roque do Pico ist **Endpunkt von Wanderung 32** (→ S. 369), die im Hochland der Insel nahe dem Lagoa do Capitão startet.

Kuhparty vor der mächtigen Kulisse des Pico

Zwischen São Roque do Pico und Madalena

Oberhalb der inselumrundenden Küstenstraße ER 1 (ehemals R 1-2) erstrecken sich zwischen São Roque do Pico und Madalena Wälder, Wiesen und Weiden dem Pico entgegen. Dazwischen sieht man viele aufgegebene Gehöfte und Felder, die oft nur noch an der Ummauerung zu erkennen sind – stumme Zeugen der Emigration.

Hinter Santa Luzia, der einzigen nennenswerten Ortschaft in diesem Abschnitt, breitet sich entlang der Küste die **Zona das Adegas** aus, die als Welterbe in die UNESCO-Liste aufgenommen wurde: Schwarze hüft- bis schulterhohe Mauern schützen die Weingärten und spenden den Reben Wärme. Auch die Häuser der kleinen Weiler dazwischen wurden aus schwarzem Lavastein gebaut, die meisten sind alte *Adegas* (Weinkeller). Ihre leuchtend rot oder grün gestrichenen Türen und Fensterläden sind beliebte Fotomotive. Als der Weinbau auf Pico noch von Bedeutung war, reisten ganze Familien zur Weinlese aus weiter entfernten Orten und oft auch aus Faial an, die Adegas dienten ihnen als Unterkunft. Daneben lagerte man in den Kellern das landwirtschaftliche Gerät und die Weinfässer. Heute sind die meisten Adegas zu Wochenendhäusern umgebaut, zur Lese fährt man kurz mit dem Auto an. An den Fässern im Keller hat sich aber nichts geändert. Während der Weinlese im Herbst hat man oft das Glück, auf ein Glas eingeladen zu werden.

Die optische Einheit der Dörfer des Landstrichs stören ein paar moderne Ferienhäuser. Zu Reichtum gekommene Auswanderer ließen sie auf geerbtem Grund errichten. Mittlerweile schreiben die Baubestimmungen vor, dass alle Gebäude der Gegend mit schwarzem Lavastein verkleidet werden müssen.

Santa Luzia und Umgebung

8 km westlich von São Roque do Pico säumen die Häuser Santa Luzias die inselumrundende Hauptstraße ER 1. Freundlich wirkt der Ort mit seinen knapp 430 Einwohnern. Wegen seines guten Blasorchesters kennt man Santa Luzia übrigens nicht nur auf Pico. Noch vor Ortsbeginn (von São Roque kommend) zweigt rechter Hand eine Straße zu dem hübschen Weiler **Cabrito** an der Ponta Negra ab (ausgeschildert). Von dort führt eine schmale Straße mehr oder weniger parallel zur Küste durch die **Zona das Adegas**. Vorbei an der Kapelle São Mateus geht es über die Weiler Arcos, Lajido und Porto Cachorro bis nach Cais do Mourato – eine herrliche Route (s. u.).

🚶 **Wanderung 30: Rund um Santa Luzia**   → S. 364
Durch die Zona das Adegas (s. u.) und in den Wald darüber

Porto Cachorro und die Zona das Adegas

Alle Siedlungen der **Zona das Adegas** (von Madalena kommend in der Reihenfolge Cais do Mourato, Porto Cachorro, Lajido, Arcos, Cabrito) sind von der inselumrundenden Straße ausgeschildert. Das parallel zur Küste verlaufende Verbindungssträßlein zwischen den Dörfern ist komplett geteert – schön als Autotour oder mit dem Rad, aber nicht zum Wandern.

Die hübscheste Häuseransammlung ist **Porto Cachorro**, wo im Sommer ein kleiner Souvenirladen in einer alten Adega hiesige Liköre, Weine und Aguardentes verkauft. Der Name des Ortes leitet sich von einer Felsformation im Meer ab, die einem Hundekopf (*Cachorro*) ähnelt. Die Küste gleicht hier einem wundersamen Labyrinth aus Höhlen, Bögen, Brücken, Schluchten und Becken. Den bizarren Küstenstreifen prägte der Pico-Ausbruch von 1718. Mehrere Wochen lang ergossen sich damals die Lavaströme ins Meer. Den Hund – die Ohren aus Stein sind nachträglich angeklebt – findet man übrigens, wenn man sich oberhalb des Hafens nach Westen zur Kiesbucht wendet. In entgegengesetzter Richtung fällt an der Lavaküste vor Porto Cachorro ein bunkerähnliches Gebäude aus Beton auf. Ursprünglich diente es dem Versuch, aus Wellenhub Elektrizität zu erzeugen. Doch die Wellen waren zu kräftig, mehrmals ging das **Wellenkraftwerk** kaputt. Schließlich führte ein Sturm dazu, dass die Küste etwas abbrach – seitdem steht es ausgeknockt da.

Hiesigen Wein und Likör bekommt man auch in **Lajido** in der *Bar do Lajido*, einem urigen Laden mit tollem Kicker (an der Durchgangsstraße, von Porto Cachorro kommend 50 m hinter dem Brunnen auf der linken Seite). Schräg gegenüber der Bar befindet sich das **Centro de Interpretação da Paisagem da Cultura da Vinha da Ilha do Pico**. Schautafeln informieren dort rund um eine alte Weinpresse über das Welterbe, zudem über Flora, Fauna und die Geologie Picos. Wer mag, kann von hier aus mit einem Guide eine Tour durch Lajido unternehmen und dabei u. a. die örtliche Destille und die Lagerräume für die Weinfässer besichtigen.

Nahebei steht zudem die **Casa dos Vulcões** – 2018 noch eine Baustelle. Das Informations- und Besucherzentrum (Kostenpunkt mehr als 2 Mio. Euro) wird in die Welt der Vulkane einführen. Mittels eines Simulators wird man außerdem ein Erdbeben miterleben und per Kapsel zum Mittelpunkt der Erde reisen können. Wie Letzteres funktionieren soll, wissen wir zwar nicht, aber wir sagen einfach mal: Vorsicht, heiß!

Übernachten **Paraíso do Triângulo**, das „Paradies" besteht in diesem Fall aus gut ausgestatteten Natursteinhäuschen mit leuchtend orangefarben gestrichenen Fensterläden in der rau-grauen Lavalandschaft. Alle mit toller Terrasse. Für 2 Pers. ab 80 €. Rua do Lajido, ✆ 912195331, buchbar über www.booking.com.

Auch über www.homepico.pt, www.familyhouses-cachorro.weebly.com und www.altodabonanca.com findet man hübsche Häuser in der Gegend.

Essen & Trinken **Baco's Corner Bar**, zwischen Lajido und Arcos ausgeschildert, dann noch 400 m auf einem Schottersträßlein leicht bergauf, in einem Natursteinhäuschen mit grünen Fensterläden. Von der Terrasse blickt man über Weinfelder hinweg aufs Meer. Neben dem, was Weingott Bacchus mag, gibt es Suppen, Snacks und Sandwiches. Zudem werden Apartments für viel Geld vermietet. Tägl. (außer Mo) 10–19 Uhr. Rua do Lajedo de Baixo, ✆ 918 611916, www.bacoresort.com.

Öffnungszeiten **Centro de Interpretação de Paisagem da Cultura da Vinha do Pico**, Okt.–Mai Di–Fr 10–17 Uhr, Sa ab 13.30 Uhr, So geschl., Juni–Sept. tägl. 10–18 Uhr. Eintritt 3 €, ein Glas Wein inkl.; mit einer geführten Tour durch Lajido (45–60 Min.) 5 €. Es wird auch Wein verkauft, darunter der *Lajido Seco* (feiner Likörwein), ab 14 €/Flasche. www.parquesnaturais.azores.gov.pt.

Zona das Adegas

Das Inselinnere

Im Westen bestimmt der Pico, Portugals höchster Berg, das Inselinnere, im Osten erstrecken sich ausgedehnte Wiesen und Weideflächen zwischen Wacholderbäumen, grasbewachsenen Kratern, kleinen Seen und Tümpeln. Keine Menschenseele lebt hier, nur Rinder und Nebelschwaden ziehen durch die Einsamkeit des Hochlands.

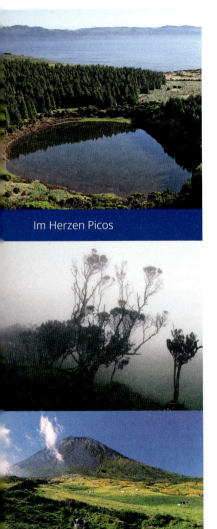

Im Herzen Picos

Eine ausgesprochen gute Straße führt durch das unbewohnte Hochland, das weitgehend zum Naturschutzgebiet erklärt wurde. Entgegenkommende Fahrzeuge sind selten, die Vorfahrt missachtende Rinder nicht – hier ist man zuweilen im Kuhtempo unterwegs. Die meist sattgrüne Landschaft mit ihren Seen und Kratern ist grandios, dazu überwältigt der Anblick des Pico. Während der Wintermonate, wenn der dunkle Basalt des Bergs ein weißes Kleid bekommt, zieht er magisch den Blick auf sich. Aber auch die Aussichten über Picos Küsten hinweg auf das Meer und São Jorge, dessen grüner Gebirgskamm sich parallel erstreckt, lassen eine Fahrt durchs zentrale Hochland zu einem unvergesslichen Erlebnis werden. Erkunden kann man das Inselinnere auch mit dem Fahrrad und zu Fuß (nur Busse verkehren hier leider nicht). Gutes Wetter ist für eine Fahrt durch die Region aber Voraussetzung.

Pico Alto

2351 m Höhe misst der höchste Berg Portugals – ab Meeresniveau. Vom Meeresgrund zwischen Pico und São Jorge ragt der Stratovulkan 3500 m in die Höhe, 300 km südlich des Archipels ist das Meer über 4000 m tief. Der letzte Ausbruch wurde 1963 registriert, es handelte sich dabei um eine Flankeneruption unter Wasser vor der Baía do Cachorro. Den Vulkan bei gutem Wetter zu erklimmen, ist eines der schönsten Azorenerlebnisse, auch wenn der Weg mühselig ist (aber nicht schwierig). Am Krater unterhalb des **Pico Piquinho**, des eigentlichen Gipfels, kann man auch übernachten – Zelt und Isomatte mitbringen, der Boden ist steinhart. Wer von dort den Sonnenauf-

gang und -untergang erlebt, wird dies nie mehr vergessen. Bei guter Sicht zeigen sich alle Inseln der Zentralgruppe am Horizont. Ziehen aber Wolken auf, vielleicht sogar Regenwolken und es wird windig, nass und kalt – dann viel Spaß ...

 Wanderung 31: Besteigung des Pico   → S. 367
Auf den höchsten Berg Portugals

Die Lagoas im Hochland

Das Hochland der Insel Pico überrascht mit einer Vielzahl von Seen, teils wirken sie wie künstlich angelegte Teiche, teils sind sie einfach runde Kraterseen. An den Ufern nisten Fischreiher und andere Vögel – Baden ist verboten. Der **Lagoa do Capitão**, der erste See, den man (von Madalena kommend) auf der fast geradlinig das Hochland durchziehenden ER 3 (ehemals R 3-2) passiert, ist von der Straße aus nicht zu sehen. Er liegt etwas abseits am Fuß des Pico Lomba (861 m), ein Hinweisschild macht auf ihn aufmerksam. Ungefähr in der Inselmitte, nahe dem **Cabeço da Cruz** (804 m), trifft die ER 3 auf die ER 2 (ehemals R 2-2), die São Roque do Pico mit Lajes do Pico verbindet. Hält man sich hier rechts und nach knapp

1 km links (Hinweisschild „Piedade/ Lagoas"), geht es weiter durch das Hochland des Inselostens. Ca. 5 km hinter der Abzweigung liegt links der Straße auf 800 m Höhe der **Lagoa do Caiado**. Zweigt man hinter dem See auf das Sträßlein nach links ab, erblickt man nach ca. 400 m den **Lagoa Seca**. Zurück auf der Seenstraße gen Osten, zweigt nach weiteren 1,6 km ein Sträßlein nach rechts ab, das zum **Lagoa do Paul** führt (holprige 2,5 km). Fährt man hingegen nochmals 5 km weiter auf der Seenstraße, taucht hinter dem knapp 1000 m hohen **Cabeço do Carveiro** rechter Hand der quakende **Lagoa da Rosada** auf. Weiter gen Osten, kurz hinter der Abzweigung nach Prainha, liegt schließlich noch der **Lagoa do Peixinho**.

Pico → Karte S. 326/327

 Wanderung 32: Vom Lagoa do Capitão nach São Roque do Pico   → S. 369

Wanderung 33: Vom Hochland hinab in die Baía de Canas   → S. 372
Zwei Touren, auf denen es nur bergab geht. Wer nur eine davon machen möchte, wählt Wanderung 33, sie ist die schönere.

Wanderungen auf Pico

GPS-Wanderung 29

Rund um Calheta de Nesquim

Route: Calheta de Nesquim – Cascalheira – Vigia da Baleia do Gigana – Canadas – Calheta de Nesquim.

Länge/Dauer: 6,8 km, ca. 2:30 Std.

Einkehr: Am Beginn und am Ende der Wanderung in Calheta de Nesquim.

Besonderheiten: Die Rundwanderung, in großen Teilen ein netter Dorfspaziergang auf geteerten Wegen, ist bis auf eine kleine Schleife durch die Siedlung Feteira identisch mit dem offiziellen gelb-rot markierten Wanderweg PRC 11 PIC.

An- und Weiterfahrt: Von Madalena oder Lajes do Pico gelangt man mit dem Bus nach Calheta de Nesquim, aber nicht mehr am gleichen Tag zurück. Taxi nach Lajes ca. 17 €.

Wegbeschreibung: Ausgangspunkt der Wanderung ist der Largo do Terreiro Capitão Anselmo Baleeiro vor der **Kirche von Calheta 1** (hier auch eine Wandertafel). Von dort folgt man dem Sträßlein zwischen Kirche und Heilig-Geist-Kapelle bergauf, abschnittsweise ist die Straße sehr steil. Nach rund 500 m biegt man links ab in die Rua das Torresmas (blau-weiß gekacheltes Schild **2**). Auch der Weg geradeaus

Idyllisch gelegene Adegas nahe Calheta de Nesquim

weist eine Markierung auf. Diese bezieht sich auf eine kleine Schleife, die der offizielle Wanderweg durch die Nachbargemeinde Feteira macht. Diese lassen wir, wie bereits angesprochen, jedoch außer Acht.

Nach rund 400 m auf der Rua das Torresmas, einem Sträßlein, das immer wieder seine Asphaltschicht verliert, zweigt man nach rechts auf einen Treppenweg ab **3** – Markierungen beachten. Der Treppenweg geht schon bald in einen Wald- und Wiesenweg über. Nach etwa 7 Min. auf diesem Weg trifft man auf einen nach rechts abzweigenden, bergab führenden Weg, der unbeachtet bleibt. Ihr Weg mündet schließlich in die **inselumrundende Straße 4**, wo man sich für ca. 50 m rechts hält und dann nach links in die Ladeira Manuel Silveira Furtado (blau-weiß gekacheltes Schild) abzweigt.

Das Sträßlein führt an bewohnten und aufgegebenen Häusern vorbei. Bei der **T-Kreuzung mit Verkehrsspiegel 5** nach ca. 400 m hält man sich links und wandert auf einem asphaltierten, von Mauern gesäumten Sträßlein weiter. Rechts voraus liegt der Vulkanhügel

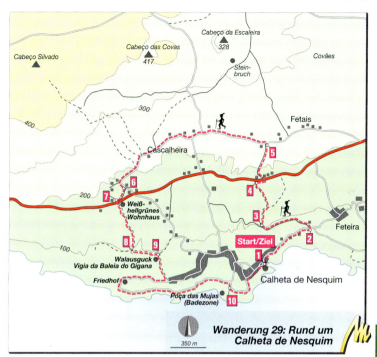

Cabeço da Escaleira
328

Cabeço das Covas
417

Cabeço Silvado

Covães

Stein-
bruch

Fetais

300

400

Cascalheira

5

6

4

7

200

3

Weiß-
hellgrünes
Wohnhaus

Feteira

8

9

Start/Ziel

2

100

1

Walausguck
Vigia da Baleia do Gigana

Friedhof

Calheta de Nesquim

Poça das Mujas
(Badezone)   10

*Wanderung 29: Rund um
Calheta de Nesquim*

350 m

Pico → Karte S. 326/327

Cabeço Silvado (540 m ü. d. M.). Ca.
100 m hinter einer Kuppe schwenkt der
Weg nach rechts ab und führt in die
Siedlung **Cascalheiras**. Bei der Weggabelung dort hält man sich links (markiert) und keine 100 m weiter **6** rechts.
Der Wiesenweg bringt Sie zur inselumrundenden Straße. Dort hält man sich
rechts, biegt aber schon nach 15 m,
hinter einem weiß-hellgrünen Wohnhaus **7**, nach links auf einen Schotterweg ab. Erneut keine 15 m weiter hält
man sich rechts (noch vor dem Natursteinhäuschen).

Nun geht es auf einem Wiesen- und
Waldweg, der mal schmaler und mal
breiter ist, vorbei an Weiden, Feldern
und verwilderten Gärten dem Meer
entgegen. Nach ca. 10 Min. trifft der
Weg auf einen Feldweg **8**. Hier hält
man sich links, geht für rund 5 Min.

parallel zum Meer gen Osten und biegt
dann nach rechts auf einen steinigen
Pfad wieder gen Meer ab (Hinweisschilder „Vigia da Baleia" und „Circuito
Pedonal Canadas" **9**). Der steile Pfad
führt vorbei an dem **Walausguck Vigia
da Baleia do Gigana** und an Weingärten
hinab in die Siedlung **Canadas**. Man erreicht ein Asphaltsträßlein, hält sich
rechts und folgt nun dem Sträßlein
durch die Siedlung Canadas mit terrassierten Weingärten, Adegas und selbst
kleinen Bananenhainen. Das Sträßlein
beschreibt schließlich eine Schleife um
den Friedhof (man beachte den Grabschmuck aus Plastik) und windet sich
dann wieder entlang der Küste vorbei
an der Badezone **Poça das Mujas** **10**
und an einer alten, wieder aufgebauten
Windmühle zurück nach **Calheta de
Nesquim** **1**.

Wanderung 30: Rund um Santa Luzia

Route: Teil 1: Santa Luzia – Lajido – Santa Luzia. Teil 2: Santa Luzia – verwilderte Gärten – Santa Luzia.

Länge/Dauer: Länge insgesamt 8,9 km. Teil 1 durch die Zona das Adegas ca. 1:30 Std., Teil 1 u. 2 zusammen ca. 3 Std.

Einkehr: Snackbar Freitas in Santa Luzia, von Madalena kommend ca. 150 m hinter der Kirche an der ER 1 (ehemals R 1-2).

Besonderheiten: Die Wanderung, nahezu identisch mit dem markierten *Percurso Pedestre PR 1 PIC,* besteht aus einer Tour durch die küstennahe Zona das Adegas (UNESCO-Welterbe) und einer dem Pico entgegenführenden Rundtour, vorbei an verwilderten Gärten.

An- und Weiterfahrt: Sowohl die Busse von Madalena über São Roque do Pico nach Piedade als auch die in entgegengesetzter Richtung passieren Santa Luzia. Steigen Sie, von Madalena kommend, an der ersten Bushaltestelle hinter dem Café Montanha aus. Von hier müssen Sie rund 200 m entlang der inselumrundenden Straße wieder vorbei am Café Montanha zurückgehen, um zum Einstieg in die Wanderung zu gelangen.

Wegbeschreibung: Der Startpunkt der Wanderung **1** befindet sich an der inselumrundenden Straße in Santa Luzia (Ortsteil Miragaia) auf Höhe der Hausnr. 139/141. Von hier folgt man der Rua da

Dem Pico entgegen

Eira vorbei an der Wandertafel Richtung Lajido bergab. Nach ca. 500 m verlässt man die Teersträßlein **(Holzpfosten mit Wandermarkierung 2)** und zweigt nach rechts in einen von Mauern gesäumten Weg ab, der an verwilderten und neu bewirtschafteten Gärten vorbeiführt. Zuweilen wirkt die Vegetation mediterran. Es geht stetig leicht bergab, immer wieder fällt der Blick rechts voraus auf São Jorge. Nach ca. 20 Min. mündet der gepflasterte Weg – stets geradewegs aufs Meer zuhalten – in einen breiteren Schotterweg und schließlich in ein geteertes Sträßlein. Man passiert nun auch gepflegte Gärten und kleine Adegas – die ersten Häuser von **Lajido** (→ S. 358). Sämtliche Abzweigungen bleiben unbeachtet. Das Sträßlein endet vor einem weißen einstöckigen **Haus mit Veranda 3**. Wer das *Centro de Interpretação da Paisagem da Cultura da Vinha da Ilha do Pico* (→ S. 358) besichtigen möchte, zweigt hier links ab. Alle anderen halten sich vor dem Haus mit Veranda scharf rechts (die geteerte Straße entlang der Lavaküste bleibt unbeachtet!) und biegen auf einen schneisenartig zwischen Mauern hindurchführenden, breiten Weg über Lavagestein hinweg ab.

Am Boden lassen sich alte Karrenspuren ausmachen, die beim Abtransport des Weines entstanden. Der Weg trifft keine 5 Min. später auf die **Verbindungsstraße Lajido – Santa Luzia 4**. Hier hält man sich links, nach 15 m rechts und setzt die Wanderung auf dem alten Lavaweg fort. Der leicht bergauf führende Weg trifft ca. 20 Min. später erneut auf die Verbindungsstraße Lajido – Santa Luzia **5**, wo man sich rechts hält. Ca. 100 m weiter, schräg

gegenüber der Abzweigung nach Arcos (= Rua dos Arcos), geht es nochmals rechts ab. Nun folgt man dem bergauf führenden Feldweg. Dieser bringt Sie, auf den letzten Metern geteert, wieder zur inselumrundenden Straße **6**. **Ende des 1. Teils der Wanderung**. Wer zurück zum Ausgangspunkt (ca. 700 m) oder zur nächsten Bushaltestelle möchte, hält sich hier rechts.

Wer noch den **2. Teil der Wanderung** gehen möchte, hält sich hier links und folgt der inselumrundenden Straße für ca. 700 m in Richtung São Roque. Bei der ersten Möglichkeit hinter der **Pfarrkirche 7** zweigt man nach rechts ab.

Pico → Karte S. 326/327

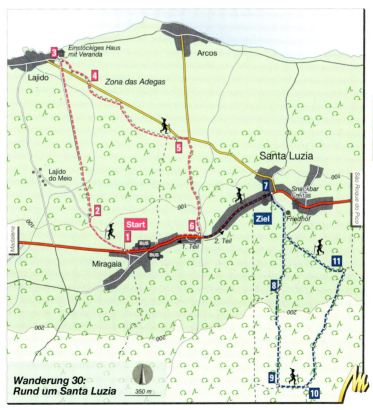

Wanderung 30:
Rund um Santa Luzia   350 m

Die Straße (= Rua do Outeiro) führt zum nahe gelegenen **Friedhof**, hier endet auch der geteerte Weg. Nun folgt man dem Schotterweg, dem Pico entgegen. Die Linksabzweigung nach rund 250 m bei einem Natursteinhaus mit der Hausnr. 7 bleibt unbeachtet – in rund einer Stunde werden Sie von dort zurückkommen. Es geht stetig leicht bergauf dem Pico entgegen.

Nach 10–15 Min. gabelt sich der Weg, der linke (gelb-rot markiert) **8** ist Ihrer. Es geht weiter bergauf. Hinter den Mauern rechts und links des Weges wurden einst Weizen, Yams, Wein und Gemüse angebaut – in einer Zeit, als die Insel noch doppelt so viele Einwohner hatte und noch keine Nahrungsmittel per Schiff vom Festland kamen. Heute sind die **Gärten** verwildert.

Rund 5 Min. nach der Weggabelung wird der Feldweg zu einem z. T. mit großen Natursteinen gepflasterten Weg. Es geht nun steiler bergauf, wobei der Weg Richtung Südosten ab-

schwenkt. Nachdem man einen Hohlweg passiert hat, fordert eine gut sichtbare Wegmarkierung **9** dazu auf, nach links abzuzweigen. Nun befindet man sich auf einem uralten Weg, rechts und links sind die Mauern von Moos überzogen.

Der Weg verwandelt sich schließlich in einen recht idyllischen Pfad, der weiterhin von Mauern gesäumt ist. Nach ca. 7 Min. trifft der Pfad auf einen Wald- und Wiesenweg **10**, den man nach links bergab geht, bis dieser, kurz nachdem man den Wald verlassen hat, bei ein paar verfallenden Häusern auf eine T-Kreuzung **11** trifft. Hier hält man sich links. Der Feldweg bringt Sie zurück zu jenem Weg, auf dem Sie dem Pico entgegengestiegen sind. Zwischen den von der Natur zurückeroberten Gärten liegen versteckt weitere Häuserruinen. Eine Snackbar finden Sie etwa 150 m östlich der Kirche **7** (also der inselumrundenden Straße Richtung São Roque folgen).

Im Lavagestein lassen sich teils noch alte Karrenspuren ausmachen

Besteigung des Pico   → Karte S. 368

Route: Casa da Montanha (1200 m. ü. d. M.) – Kraterrand – Pico Piquinho (Gipfel).

Länge/Dauer: Planen Sie 5–8 Std. ein, allein für den Aufstieg bis zum Gipfel (3,8 km, 1150 Höhenmeter sind zu bewältigen) ist mit 2:30–4 Std. zu rechnen – schlichtweg eine Frage der Kondition.

Einkehr: Snackbar in der Casa da Montanha.

Hinweis: Bringen Sie ein Ausweisdokument mit! Für die Besteigung des Pico benötigen Sie eine Genehmigung. Kostenpunkt bis zum Gipfel 20 €. Im Gegenzug bekommen Sie einen GPS-gestützten Notrufsender und am Ende der Tour ein Zertifikat. Die Genehmigung wird in der Casa da Montanha (☎ 967303519) von Juni–Sept. rund um die Uhr erteilt, im Mai und Okt. Mo–Do 8–20 Uhr u. Fr–So rund um die Uhr, von Nov.–April tägl. von 8–18 Uhr (Stand 2018). Außerhalb dieser Zeiten erteilt die Feuerwehr von Madalena (ca. 2 km außerhalb des Zentrums, der Rua Carlos Dabney Richtung São Roque folgen, ☎ 292628300) die Genehmigung. Keine Genehmigung wird an Jugendliche unter 16 Jahren ohne Begleitung erteilt. Die Besteigung wird zudem untersagt, falls mehr als 160 Personen auf dem Berg sind (was im August durchaus vorkommen kann). Campen (10 € extra) ist nur auf ausgewiesenen Stellen erlaubt, Feuermachen ist verboten.

Besonderheiten: Starten Sie frühmorgens, nachmittags ist der Berg oft schon wolkenverhangen. Der Weg hinauf ist steil und mühsam, aber für jedermann zu bewältigen, der kniehohe Schritte machen kann. Wirklich in sich haben es nur die letzten 70 m auf den Gipfel, den Pico Piquinho, hier sind Schwindelfreiheit und festes Schuhwerk Grundvoraussetzung. Wer nicht absolut trittsicher ist, keine Stöcke dabei hat und sich deshalb beim Aufstieg zuweilen mit den Händen abstützen will, sollte Handschuhe tragen. Eine Windjacke ist ratsam – oben kann es fürchterlich blasen, der Temperaturunterschied zwischen Gipfel und Casa da Montanha beträgt ca. 10° C. Wer am Gipfel übernachten möchte, (max. Aufenthaltsdauer am Berg 24 Std.) kann Zelte, Schlafsäcke, Isomatte und Wanderstöcke über **Pico Pack** leihen, www.azoreseasycamp.com.

Geführte Bergtouren: Bietet z. B. **Naturfactor** (→ S. 333). Ein lizenzierter deutschsprachiger Guide ist **Andreas Stüwe** (☎ 292642970), der seit Ewigkeiten auf Pico lebt.

Achtung: Verlassen Sie nie den markierten Weg! Wandern Sie auf keinen Fall bei schlechtem Wetter, bei Nebel kann der Berg zur Gefahr werden! Die Wegmarkierungen (durchnummerierte Signalpfosten) sind dann nicht mehr zu erkennen, da sie sich von der Umgebung nicht abheben. Auch die alten gelb-roten Farbkleckse lassen sich bei Nebel nur noch schlecht ausmachen. Drehen Sie bei einem Wetterumschwung zu Ihrer Sicherheit lieber um.

An- und Weiterfahrt: Von der ER 3 (ehemals R 3-2), der Straße, die das Hochland durchquert, ist die Abzweigung zur Casa da Montanha mit „Reserva natural montanha do Pico" ausgeschildert. Von der Abzweigung sind es noch rund 5 km bis zur Berghütte, dem Ausgangspunkt der Wanderung. Eine Busverbindung dahin gibt es nicht. Taxi von Madalena 20–25 € pro Weg.

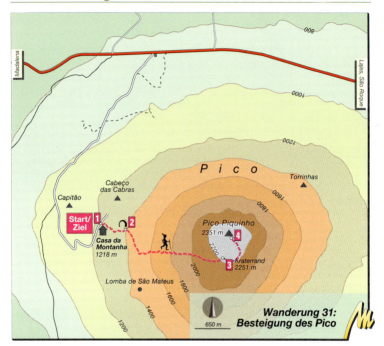

Wegbeschreibung: Von der **Casa da Montanha** 1 führt der klar zu erkennende Pfad links an einem Seitenkrater

Auf dem Pico

des Pico vorbei. Nach ca. 15–20 Min. steigt man zu einem kleinen Felskamm auf. Dort sehen Sie tiefe, grubenartige **Höhlen** 2, einstige Vulkanschlote, die von Steinen ummauert sind – bevor es die Straße zur Casa da Montanha gab, übernachteten hier die Picobesteiger. Von dort verläuft ein Pfad zu dem Felskamm rechter Hand, wo der steile Anstieg beginnt.

Sehen Sie die Markierungspfosten lediglich als Orientierungshilfe an, wählen Sie nicht den direkten, schweißtreibenden Weg von Pfosten zu Pfosten. Schauen Sie sich um, und Sie werden einen Pfad finden, der im Zickzack bergauf führt. Auf ca. 2250 m erreichen Sie den **Kraterrand** 3 (Umfang ca. 1700 m) des Pico. Auf dem dortigen ausgetretenen Weg wandert man in südöstlicher Richtung (entgegen dem Uhrzeigersinn) weiter, steigen Sie nicht zum Boden des Kraters ab. So gelangen Sie automatisch an die Südseite des Pico Piquinho, dem abschließenden Gipfel des Picos, der sich von dort am einfachsten besteigen lässt. Es sieht schwieriger und steiler aus, als es in Wirklichkeit ist. Sollte sich aber herausstellen, dass lose Geröllmassen hier einen Aufstieg unmöglich oder gefährlich machen, so halten Sie nach einem anderen Pfad auf den Gipfel Ausschau. Durch Wind und Sturm, aber auch durch den Aufstieg vieler Besucher, werden immer wieder einst sichere Pfade zerstört, zugleich aber auch anderswo neue ausgetreten. Ein Gipfelkreuz und ein Gipfelbuch gibt es nicht, nur einen langweiligen **Pfosten** **4** und ein paar Namen, die mit Farbe auf die Steine geschmiert wurden. Dennoch ist es ein Erlebnis, den höchsten Berg Portugals erklommen zu haben; und dass man auf einem Vulkan ist, merkt man erst recht am Gipfel, von wo man aus manchen Felsspalten Dämpfe aufsteigen sieht.

GPS-Wanderung 32

Vom Lagoa do Capitão nach São Roque do Pico   → Karte S. 370

Route: Hochland (Abzweigung zum Lagoa do Capitão) – Lagoa do Capitão (Abstecher) – Cabeço do Piquinho – São Roque do Pico.

Länge/Dauer: 8,8 km, ca. 3:30 Std.

Einkehr: Nur am Ende der Wanderung in São Roque do Pico.

Besonderheiten: Die schöne, aber anspruchsvolle Wanderung ist identisch mit dem offiziellen, gelb-rot markierten Wanderweg *PR 13 PIC* und bietet tolle Ausblicke. Unterwegs muss man ein wegloses Wiesenstück passieren, wo v. a. bei Nebel die Orientierung schwerfällt. Darauf folgt ein einstündiger, steiler und steiniger Abstieg durch einen naturbelassenen Lorbeerwald – hier hat man gute Chancen, Wintergoldhähnchen zu (über-)sehen, → S. 484. Wanderstöcke sind hilfreich, nach Regen können Abschnitte sehr schlammig und rutschig sein.

An- und Weiterfahrt: Zum Einstieg in die Wanderung (an der Abzweigung zum **Lagoa do Capitão** im Hochland von Pico, → S. 361) gelangen Sie nur mit dem Taxi, von Madalena 25 €, von Lajes do Pico 13 €. Für die Weiterfahrt von São Roque → Verbindungen dort.

Pico ↙ Karte S. 326/327

Wegbeschreibung: Von der Abzweigung zum **Lagoa do Capitão** (hier auch eine Wandertafel **1**) führt ein 500 m langes, asphaltiertes Sträßlein zum See **2** – ein Abstecher. Wer den Abstecher auslässt, zweigt auf halber Strecke zum See nach links (erste Möglichkeit) auf einen Schotterweg ab. Dieser führt durch das Hochland Picos mit seinem niedrigen Buschwerk und windgekrümmten Wacholder. Nach ca. 10 Min. auf diesem Schotterweg passiert man einen **Unterstand samt Melkstation**. Weitere 20 Min. später knickt der Schotterweg nach links ab – Ihr Weg!

Hält man sich jedoch rechts, gelangt man schnell zum Aussichtspunkt beim **Cabeço do Piquinho 3**, von wo man einen grandiosen Ausblick über São Jorge hinweg bis nach Graciosa genießt.

Kurz hinter dem Linksknick taucht ein **Cattlegrid** mit einer Wegmarkierung auf. Und – aufgepasst! – ca. 8 Min. nach diesem Cattlegrid fordert Sie eine gelb-rote Markierung an der Mauer eines weiteren Rinderrosts auf, nach rechts abzuzweigen. Die Abzweigung selbst erfolgt aber erst 20 m weiter. Dabei passiert man ein **Metalltor 4**. Hinter dem Metalltor wählt man den Weg

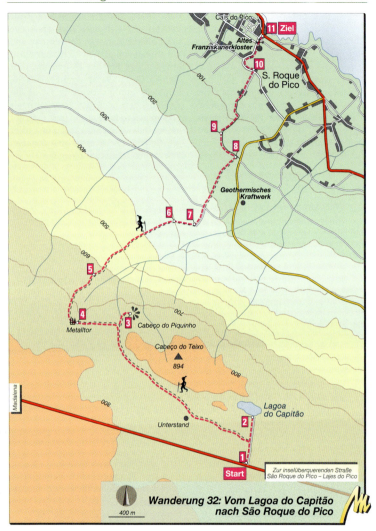

Wanderung 32: Vom Lagoa do Capitão nach São Roque do Pico

400 m

links an einem Wasserbecken vorbei. Nun liegt ein etwa 10-minütiger weg-, aber nicht markierungsloser Abschnitt vor Ihnen. Dabei passieren Sie eine Wiese hangabwärts. Markierungen finden Sie auf Steinen, zudem auf hölzernen Pfosten (die zuweilen aber umfallen). Hangeln Sie sich aufmerksam von Markierung zu Markierung, so gelangen Sie, zum Schluss mit einer Mauer zur Linken, zu einem **Waldrand**, wo Sie nach einem Mauerdurchlass **5** Ausschau halten müssen (Wegmarkierung).

Hinter dem Durchlass setzt man die Wanderung auf dem verwunschenen, aber steilen Waldpfad fort. Nach ca.

1 Std. lichtet sich der Wald, gibt den Blick frei auf Felder, das Meer und kurz auf das geothermische Kraftwerk von São Roque (das sich schon vorher durch autoverkehrsähnliche Geräusche ankündigt).

Nach dem Wald geht Ihr Weg in einen schneisenartigen Wiesenweg über **6**, der weiter bergab führt und schließlich an einem Asphaltsträßchen endet **7**, wo man sich links bergab hält. 5 Min. später kreuzt ein weiteres Asphaltsträßlein Ihren Weg; hier gehen Sie geradeaus weiter und folgen dem vielfach von Mauern gesäumten, bergab führenden Waldweg. Es tauchen einige **kleinere Gebäude** auf, die landwirtschaftlich genutzt werden; diese umgeht man rechter Hand. Sämtliche Abzweigungen bleiben unbeachtet, man bleibt stets auf dem von Mauern gesäumten Weg. Ca. 5 Min. hinter den Gebäuden – Markierungen sind hier rar – verwandelt sich der Weg schließlich in einem verwachsenen Pfad und endet an einem rötlichen Schotterweg **8**, wo man sich links hält. Bei einem **Lavasteinhäuschen mit grüner Tür 9** bekommt der Weg einen Asphaltbelag und schwenkt nach rechts bergab. 400 m weiter geht das Sträßlein wieder in einen Schotterweg über. Bei den ersten Häusern von **São Roque** trifft der Weg auf eine Straße, der man geradewegs bergab folgt. Bei der **T-Kreuzung 10** 200 m weiter hält man sich links. So gelangt man, vorbei am alten **Franziskanerkloster**, zur Küstenstraße **11**.

Trübe Aussichten

Pico → Karte S. 326/327

GPS-Wanderung 33

Vom Hochland hinab in die Baía de Canas

Route: Hochland – Cabeços do Mistério – Parque Florestal da Prainha – Baía de Canas.

Länge/Dauer: Ca. 3:15 Std. für die gesamte Strecke (ca. 9 km); ca. 2:15 Std., falls man die Wanderung an der inselumrundenden Straße zwischen Prainha do Norte und São Roque do Pico (kurz vor dem Parque Florestal) enden lässt.

Einkehr: Keine Möglichkeit. Seine Brotzeit kann man an den Picknicktischen des schönen Parque Florestal da Prainha auspacken.

Besonderheiten: Eine abwechslungs- und aussichtsreiche Wanderung durch unterschiedliche Vegetationszonen. Es geht, teils auf alten Eselspfaden, nur bergab. Wandern Sie nur bei freier Sicht! Bei Nebel läuft man Gefahr, dem anfänglichen Pfad durchs Hochland nicht mehr folgen zu können. Die Wanderung ist markiert und mit dem *Percurso Pedestre PR 2 PIC* identisch.

An- und Weiterfahrt: Ins Hochland fahren keine Busse! Ein Taxi zum Einstieg in die Wanderung kostet von Madalena ca. 30 €, von Lajes do Pico ca. 15 €. Wer die Wanderung nicht an der inselumrundenden Straße zwischen Prainha do Norte und São Roque do Pico enden lassen möchte, von wo Busverbindungen bestehen, sondern bis in die Baía de Canas fortsetzen will, ist auch dann auf ein Taxi angewiesen (nach Madalena oder Lajes do Pico ca. 25 €, zurück zum Ausgangspunkt der Wanderung ca. 18 €). Um den Wandereinstieg zu finden, folgen Selbstfahrer von der durchs Hochland führenden Verbindungsstraße Lajes do Pico – São Roque do Pico dem Hinweisschild „Lagoas/Piedade". Nach 2,3 km markiert linker Hand eine Wandertafel neben einem Gatter den Einstieg.

Wegbeschreibung: Vom **Gatter mit Wandertafel** ❶ folgt man dem Feldweg gen Norden. Keine 10 Min. später (aufpassen!) fordert Sie eine auf einem moosbewachsenen Stein ❷ angebrachte Wandermarkierung dazu auf, nach rechts auf einen Pfad abzuzweigen. Dieser führt über Lavagestein in eine eigenartige Hügellandschaft, **Cabeços do Mistério** genannt. Sie entstand durch einen Vulkanausbruch in den Jahren 1562 bis 1564. Der Pfad steigt zunächst leicht an und verläuft dann, nachdem man eine Anhöhe passiert und erste herrliche Blicke auf den „Canal" und São Jorge genossen hat, stetig bergab. Auf das karge Hochland folgt nun zunehmend Baumbestand, die Wanderung wird immer schattiger.

Nach ca. 45 Min. Gesamtlaufzeit mündet der Pfad in eine **Teerstraße** ❸. Hier hält man sich rechts und zweigt 300 m weiter, nach einer Rechtskurve, im 180°-Winkel nach links auf einen roten Schotterweg ab ❹ (zugleich erste Möglichkeit). Nach rund 20 Min. endet dieser an einer T-Kreuzung ❺, wo man sich rechts hält. 150 m weiter gabelt sich der Schotterweg, hier erneut rechts halten. Mit dem Meer und São Jorge zur Linken (falls man einen Blick durch die Bäume darauf erhaschen kann) wandert man nun stets auf etwa gleicher Höhe weiter. Der Weg verleitet zum Vor-sich-Hinträumen – doch aufgepasst: Achten Sie nach ca. 25 Min. auf einen markierten **Holzpfosten** ❻ linker Hand, der den Einstieg in einen unauffälligen Waldpfad markiert. Dieser lauschige Pfad bringt Sie hinab zur **insel-umrundenden Straße ER 1 7**.

Wer die Wanderung hier beenden möchte, hält sich rechts und trifft nach ca. 1 km auf eine Bushaltestelle. Alle anderen halten sich für gerade mal 50 m rechts, überqueren die Straße und nehmen das geteerte Sträßlein hinab zum Parque Florestal da Prainha (→ S. 352, markiert). Nun folgt man stets dem Sträßlein für ca. 1 km, die Rechtsabzweigung auf halber Strecke bleibt unbeachtet. Unterwegs erhascht man schon erste kurze Blicke auf die Baía de Canas.

Kurz hinter der restaurierten Windmühle beim Picknickareal des Parque Florestal überquert man die Zufahrtsstraße, die hinab zur Baía de Canas führt, und folgt dahinter der von einer Rosenhecke in zwei Spuren geteilten Waldstraße, die an einem kleinen Fußballplatz vorbeiführt. Bald darauf hält man sich bei einer Gabelung mit einem „Rechts-Fahren-Schild" an einer **Steinsäule 8** links. Aus dem Asphaltsträßlein wird ein Feldweg, von dem kurze Zeit später ein Pfad nach links abzweigt (Beschilderung „Baía de Canas 1 km"). Hier müssen Sie unbedingt auf die Wegmarkierungen achten, da sich der Weg unmittelbar am Waldrand gabelt. Ihrer ist der linke! Dieser gut markierte, steile Pfad, einst die einzige Verbindung in die **Baía de Canas**, ist teils mit Lavasteinen gepflastert und bringt Sie in ca. 20 Min. hinab in die Bucht **9**.

Pico → Karte S. 326/327

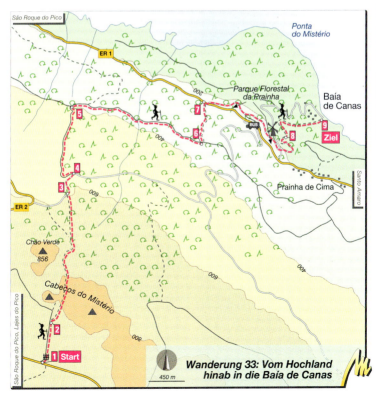

Wanderung 33: Vom Hochland hinab in die Baía de Canas

450 m

São Jorge

Wie der Rückenpanzer eines Seeungeheuers ragt die nur zwei Bootsstunden von Faial und eine Stunde von Pico entfernte Insel aus dem Atlantik. São Jorge ist eine der attraktivsten Wanderinseln der Azoren – ein spektakuläres Hochland und traumhaft gelegene Fajãs sind der Grund dafür.

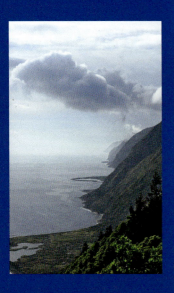

Wissen Sie, was Sie aus São Jorge am besten mit nach Hause nehmen? Ein Stück Käse natürlich. Und hübsche bunte Thunfischkonserven der hiesigen Konservenfabrik. 1-a-Qualität! → S. 395

56 km ist São Jorge lang und gerade mal 8 km breit. Einem kieloben schwimmenden Schiff ähnlich steigt das Eiland auf über 1000 m an. Landschaftlich äußerst reizvoll sind die Höhenwege auf dem Inselrücken mit Blick auf Graciosa im Norden, auf Terceira im Osten und auf Faial und Pico im Westen bzw. Südwesten. Abenteuerlich hingegen präsentieren sich die Pfade, die sich entlang der Steilküste mit ihren vielen Wasserfällen hinab in die **Fajãs** schlängeln.

Als Fajãs bezeichnet man jene Ebenen, die sich am Fuße der steil abfallenden Küsten und meist nur wenige Meter über dem Meeresniveau ausbreiten. Sie entstanden über Jahrtausende hinweg durch das Abrutschen von Geröll und ganzer Felswände. Ohne die Fajãs wäre die Besiedlung der Insel kaum denkbar gewesen, möglicherweise auch gar nicht erfolgt. Denn ohne die Ebenen am Fuße der Steilküsten hätte es für die ersten Siedler kaum eine Möglichkeit gegeben, überhaupt an Land zu gehen. Das Mikroklima der Fajãs lässt gedeihen, was man sät – sogar Kaffee, Tabak, Feigen, Bananen und andere tropische Früchte werden angebaut. Wegen ihrer abgeschiedenen, meist schwer zugänglichen Lage entwickelten sich in vielen Fajãs sippenartige Dorfgemeinschaften. Im Zuge der allgemeinen Abwanderung im 19. Jh. wurden die ersten Fajãs aufgegeben. In der zweiten Hälfte des 20. Jh. wurden jene Fajãs verlassen, die nicht ans Strom- und Straßennetz angeschlossen wurden. Zurück blieben oft nur ein paar Alte, die sowieso nicht wussten wohin, die vor Entbehrungen nicht zurückschreckten und sich vor der Einsamkeit nicht fürchteten. Ihr

Alltag war mühselig – Brennmaterial und Viehfutter musste an den Steilhängen gesammelt werden, um es dann mittels Drahtseilen in die Fajãs hinabzulassen.

Heute beginnt man die aufgegebenen Fajãs wiederzuentdecken. Hier und dort werden die abgeschiedenen Katen zu Ferienhäusern umgebaut, die Gärten mit ihren herrlichen Drachenbäumen hergerichtet und mit Reben bestückt. So manche der alten Pfade, auf denen man noch vor ein paar Jahren den Bauern auf Eseln begegnete, hat man – zum Wohle der Insulaner und zum Schaden der Inselidylle – in schmale Zufahrtsstraßen verwandelt, auf denen man nun per Quad oder Pick-up hoch- und hinunterdüsen kann. Aber keine Sorge, es gibt noch genügend traumhafte Pfade, immerhin weist São Jorge 46 Fajãs auf.

Unter Naturfreunden hat sich São Jorges Einzigartigkeit längst herumgesprochen. Deshalb übersteigt die Zahl der Quartiersuchenden in den Sommermonaten schnell die Anzahl an Hotelbetten, und zuweilen ist es schwierig, noch ein Zimmer zu bekommen. Auch die Autovermieter der Insel sind dann meist ausgebucht – die touristische Infrastruktur hinkt noch hinterher. Im Straßengraben muss aber keiner schlafen, dafür sorgt die Freundlichkeit der Insulaner. Und die ist auf São Jorge fast unübertroffen. Ohnehin tut sich übernachtungstechnisch viel: Diverse Hotelprojekte sind in Planung oder werden bereits umgesetzt, u. a. in Urzelina und in der Fajã dos Bodes. Außer wandern aber kann man auf der viertgrößten Azoreninsel nicht viel tun.

Die schönsten Orte

Velas, Urzelina und natürlich die Fajãs, allen voran die Fajã dos Cubres, die Fajã da Caldeira de Santo Cristo, die Fajã do Ouvidor, die Fajã dos Vimes und die Fajã de São João.

Wahnsinnsblicke

Hat man ständig: von den Aussichtspunkten im Parque das Sete Fontes, vom Aussichtspunkt über der Fajã dos Cubres, vom Aussichtspunkt über der Fajã do Ouvidor, vom Aussichtspunkt über der Fajã dos Vimes und von vielen, vielen mehr. Eigentlich ist der gesamte Inselrücken ein einziger Aussichtspunkt.

Plätze fürs Picknick

In den liebevoll angelegten Parkanlagen Parque das Sete Fontes und Parque da Silveira.

Wohin zum Baden?

Die meisten Fajãs rund um die Insel bieten Schwimmmöglichkeiten in Naturbecken, ein Highlight ist der Badespot Poça de Simão bei der Faja do Ouvidor. Einen Sandstrand besitzt zuweilen die Fajã de Santo Amaro.

Und was tun bei Regen?

Erst Käserei besichtigen, dann Käse essen und hoffen, dass nicht noch ein Sturm aufzieht. Denn sonst sitzen Sie auf São Jorge ganz schnell fest. Zum Glück gibt es mehrere Käsereien. Und auch ein nagelneues sehenswertes Museum in Velas.

Inselgeschichte

Die Azorenchronik verzeichnet zu São Jorge meist nur Randnotizen, die Geschichte der Insel war stets mit der von Faial und Terceira eng verknüpft.

Entdeckt wurde das Eiland angeblich von Jácome de Bruges am 23. April 1450, dem Namenstag des Hl. Georg, weshalb er ihr den Namen São Jorge gab. Anderen Quellen zufolge soll man von der Existenz der Insel aber schon weitaus früher gewusst haben. Kurz nach Bruges Entdeckung ließen sich die ersten Abenteurer auf den Fajãs (→ S. 374) nieder. Eine Besiedlung im größeren Stil leitete der flämische Edelmann Wilhelm van der Hagen 1470 ein,

den man auf den Azoren Guilherme da Silveira nannte. Mit ihm suchten mehrere Kolonisten nahe dem heutigen Topo eine neue Heimat. Sie hatten Kulturpflanzen und Vieh für die Fleischversorgung dabei. Aber nicht die traditionelle Landwirtschaft wurde favorisiert. Vielmehr wollten sie den gewinnträchtigen Färberwaid, hierzulande Pastell genannt, großflächig anbauen (→ Kasten S. 41).

Topo entwickelte sich bald darauf zum Zentrum des Inselostens. Pastell und die Färberflechte Urzela wurden erfolgreich nach Flandern exportiert. Auch das Korn gedieh prächtig und wurde ebenfalls verschifft. Doch es gab auch Jahre mit Missernten und Hunger. Nachfolgende Siedler suchten ihr Glück im Westen, zur wichtigsten Siedlung dort stieg Velas wegen des geschützten natürlichen Hafens auf.

1580 sorgte ein großer Vulkanausbruch für Angst und Schrecken. Nachdem im selben Jahr Spaniens König Philipp II. den Thron Portugals an sich gerissen hatte, folgte São Jorge dem Beispiel Terceiras und unterstützte den portugiesischen Thronanwärter Dom António. Mit der Einnahme Terceiras

1583 musste sich aber auch São Jorge Spanien unterordnen. Im Gegensatz zu Terceira wurde São Jorge von den Spaniern aber nicht gefördert, sondern ausgebeutet und mit Sondersteuern belegt. Doch die Bewohner packten an, bauten aus eigener Kraft Kirchen, Kapellen und Festungsanlagen, um sich gegen Piraten zu schützen. Auf kurze, hoffnungsvolle Jahre folgten aber immer wieder Naturkatastrophen und Missernten. Ein wenig Fortschritt brachten im 17. Jh. die Klöster auf die Insel. So waren es Franziskanermönche, die die erste Schule auf São Jorge gründeten. Zu etwas Wohlstand verhalf im 18. und 19. Jh. auch der Orangenexport, zudem wurden Holz, Vieh (Rinder nach Madeira), Pökelfleisch und Wein ausgeführt.

São Jorge im Überblick

Daten und Fakten

Hauptorte: Velas und Calheta

Bevölkerung: 8998 Einwohner (37 pro km², Stand 2011)

Größe: 246 km², bis zu 8 km breit, bis zu 56 km lang

Küstenlänge: 115 km

Höchste Erhebung: Pico da Esperança 1053 m

Position: 38°32′ N und 38°45′ N, 27°45′ W und 28°19′ W

Distanzen zu den anderen Inseln: Santa Maria 330 km, São Miguel 246 km, Terceira 93 km, Graciosa 61 km, Pico 19 km, Faial 39 km, Flores 267 km, Corvo 272 km

Wissenswertes vorab

Aktiv: São Jorge ist neben Flores die faszinierendste Wanderinsel der Azoren. Mangelnde Busverbindungen setzen aber, sofern man nicht trampen will, häufig eine kostspielige An- und Abfahrt mit dem Taxi voraus. Das organisierte Sportangebot ist eher bescheiden, auch gibt es keinen professionellen Whalewatching-Anbieter. Ein Geheimtipp unter Wellenreitern ist die Fajã da Caldeira de Santo Cristo.

Wohnen: Das Zimmerangebot ist, wie eingangs schon erwähnt, eingeschränkt, Quartiere gibt es vorrangig in Velas, Urzelina und Calheta, im zuletzt genannten Städtchen auch eine Jugendherberge. Egal wo, bislang ist eine Reservierung für den Hochsommer ratsam. Campingplätze findet man in Velas, nahe Calheta und in Urzelina, zudem eine Campingwiese in Topo und eine inoffizielle Campingfläche in der Fajã da Caldeira de Santo Cristo. Auf den Letztgenannten (frei zugänglich) kann ganzjährig gecampt werden, auf den anderen nur dann, wenn man jemanden findet, der aufsperrt ...

Kulinarisch: São Jorge ist die Insel des Käses! Kein anderer Hartkäse der Azoren kann da mithalten. Eine Kostprobe wert sind zudem *Amêijoas* (Herzmuscheln), die roh gegessen werden – greifen Sie zu, wenn sie angeboten werden. Unter den Süßigkeiten ragen die *Espécies*, eine Art Eischaumtörtchen, heraus. Ansonsten muss man leider sagen: Restaurants, die etwas anderes als das sättigende Einerlei servieren, gibt es nur wenige.

Feste und Festivals: Die größten Events mit buntem Programm sind die *Semana Cultural* Anfang Juli in Velas und etwa zwei Wochen später das *Festival de Julho in Calheta* (bei beiden gibt es traditionelle Tänze, Folk- und Rockmusik, Trachtenumzüge, Regatten, DJ-Sounds usw.). Ganz groß gefeiert wird auch das Fest zu Ehren des Inselpatrons St. Georg am 23. April (zugleich ein kommunaler Feiertag). Daneben gibt es noch die *Festas do Espírito Santo* (Höhepunkt um Pfingsten) und eine Vielzahl an kleineren Kirchweihfesten (auch in den Fajãs), die oft von Stierkämpfen am Strick, den sog. *Touradas à corda*, begleitet werden. Von Anfang Mai bis Anfang Okt. hat man die Möglichkeit, dieses Spektakel bis zu 2-mal wöchentlich zu erleben. Am 25. Nov. findet zu Ehren der Schutzpatronin von Calheta, der Hl. Katharina, das dortige Kirchweihfest statt. Es besitzt fast Volksfestcharakter, dazu formiert sich stets eine Kapelle, die, ohne je geprobt zu haben, ihr Bestes gibt.

An- und Weiterreise mit Flugzeug oder Schiff

Flughafen: Der Insel-Airport (*Areódromo São Jorge*) liegt ca. 7 km südöstlich von Velas bei Queimada. Im Terminal befinden sich ein Turismo, die Autovermietungen *Autatlantis* und *Ilha Verde*, ein SATA-Schalter (✆ 295430360) und eine Bar – die Rollläden werden aber bei allen Einrichtungen nur hochgezogen, wenn Maschinen an- und abfliegen.

Flughafentransfer: Theoretisch besteht zwar die Möglichkeit, mit dem Bus zum Flughafen zu gelangen – das Terminal liegt nur wenige Meter von der Verbindungsstraße Velas – Calheta entfernt. Da aber nur 1-mal am Tag (sonntags gar nicht) ein Bus von Calheta nach Velas und umgekehrt unterwegs ist, bleibt es meist bei der Theorie. **Taxi** vom Flughafen nach Velas mit Gepäck 11 €.

Seehäfen: São Jorge hat zwei Häfen, einen in Calheta (im Südosten) und einen in Velas (Südwesten). Die großen Autofähren der *Atlântico-line* auf der *Linha Amarela,* die die Inseln der Zentral-, Ost- und Westgruppe ansteuern, legen nur in Velas an (Hafenoffice ℡ 295432225). Auch die kleinen Autofähren der *Atlânticoline* auf der *Linha Verde,* die im Triângulo unterwegs sind, steuerten 2018 ausschließlich Velas an. Sollten die Fähren auf der *Linha Lilá* (→ S. 509) wieder den Betrieb aufnehmen, so wird auf der Strecke zwischen Terceira und Faial von Mitte Juni bis Mitte Sept. 2-mal wöchentl. (für gewöhnlich Di u. Sa) in Velas und Calheta angelegt.

Unterwegs mit Bus oder Mietwagen

Bus: Die Verbindungen sind sehr dürftig, wer den einzigen Bus am Tag verpasst, muss sein Vorhaben oft auf den nächsten Tag verschieben. **Sonntags verkehren keine Busse**! Das Bergland und die kleineren Fajãs werden überhaupt nicht per Bus angefahren. Dennoch: Unternehmungen per Bus sind möglich, insbesondere von Calheta aus, da die Busse dort frühmorgens starten und abends zurückkommen. Fahrpläne bekommt man beim Turismo in Velas, auch sind die Pläne als pdf-Dateien abrufbar auf horarios.visitazores.de/SaoJorge_1.pdf bis ...5.pdf. Zudem kann man versuchen, telefonisch bei der Busgesellschaft *Jose Pinto Azevedo & Filhos Lda* (℡ 295414289) Auskünfte zu erhalten – keine Webseite!

Mietwagen: Rundfahrten im wörtlichen Sinn sind auf São Jorge nicht machbar, denn in den äußersten Osten und Westen führen nur Stichstraßen, hinab in die reizvollen Fajãs, wenn überhaupt, ebenfalls. Wer die Insel wirklich kennenlernen will, sollte daher mehrere Tage einplanen, denn nicht selten muss man das Fahrzeug stehen lassen und zu Fuß weiter. Bedenken Sie bei der Planung, dass eine Fahrt ins zentrale Hochland nur bei gutem Wetter zum schönen Erlebnis wird. Am Flughafen sind **Ilha Verde** (Office in Velas am Largo Dr. Joao Pereira 21, ℡ 295432141, www.ilhaverde.com) und **Autatlantis** (Office in Velas an der Rua Doutor Manuel de Arriaga, ℡ 295432800, www.autatlantis.com) vertreten, alle anderen Verleiher (z. B. **Rent-a-Car Ribeiro & Sá**, Rua Dr. José Pereira 9, ℡ 917569374, www.ribeiroesarentacar.com) stellen bei Reservierung am Flughafen zu. Auch sind die Verleiher am Fährhafen von Velas vertreten, wenn eine Reservierung vorliegt.

Blick hinüber nach Pico

1852 jedoch bereitete die Reblaus dem Weinbau ein Ende, 1860 zerstörten Laus- und Pilzbefall die Orangenplantagen, und 1899 verwüstete ein Wirbelsturm weite Waldflächen der Insel. Jede dieser Katastrophen sorgte für eine Auswanderungswelle, besonders nach Brasilien. 1929 brannten die ersten Straßenlaternen in Velas. Zum wirtschaftlichen Standbein der Insel entwickelten sich die Viehzucht und die Käseherstellung. Heute lebt die Insel in erster Linie vom Käse- und Fleischexport (auch lebende Rinder), zudem wird sie mit EU-Subventionen unterstützt.

Velas

Velas, der bedeutendste Ort der westlichen Inselhälfte, zählt rund 2000 Einwohner, etwa ein Fünftel der gesamten Inselbevölkerung lebt hier. Der Ortskern ist freundlich und beschaulich – das macht den Aufenthalt angenehm.

Zentrum des Städtchens, das auf 500 Jahre Geschichte zurückblickt, ist der adrette **Jardim da República**, der kleine, quadratisch angelegte Stadtpark. In seinen rot gedeckten Pavillon zwängt sich an warmen Sommerabenden die örtliche Blaskapelle und gibt ihr Bestes. Drum herum reihen sich Banken, Geschäfte, Cafés und das **Rathaus**, das fast die gesamte Südseite des Jardim einnimmt. Das auffällige Gebäude mit seinen spiralförmigen Säulen am Portal ist ein typisches Beispiel für den Azorenbarock des 18. Jh. In den vom Platz abgehenden Straßenzügen stehen schmucke historische Stadthäuser mit geschnitzten Dachgauben – Zeugen des einstigen Wohlstands, der dem Orangenhandel zu verdanken war.

Zur Seeseite hin dominieren zweckmäßige Neubauten wie das Kulturzentrum (*Auditório Municipal*), das auf den

Im Hauptstädtchen Velas: Hinten grüßt der Pico

Fundamenten der alten Hafenburg entstand. Der Hafen selbst wurde vor wenigen Jahren durch einen kleinen **Jachthafen** mit rund 80 Liegeplätzen ergänzt. Die kosmopolitische Seglerszene steuert dennoch lieber Faial an.

Vom Hafen im Osten dehnt sich die Stadt nach Westen bis zum 161 m hohen Vulkanfelsen **Morro Grande** aus, an dessen Fuß die kleine, weiße Kapelle Nossa Senhora do Livramento steht. Noch vor nicht allzu langer Zeit stand sie hier einsam und verlassen, heute blickt sie auf ein Neubaugebiet. Viele, die sich hier ein modernes Einfamilienhaus geleistet haben, verdienten das Geld dafür auf São Jorge. Die Zeiten, als ausschließlich aus den USA heimgekehrte Emigranten Wohlstand zur Schau stellen konnten, sind vorbei.

Sehenswertes

Portão do Mar: Das einbogige Hafentor wurde 1799 erbaut und war einst Teil der Stadtmauer, hinter der sich die Einwohner bei Piratenangriffen verschanzten. Heute steht es etwas verloren da. Vom hiesigen Hafen werden übrigens auch Rinder und Kälber auf Containerschiffe verladen. Wenn man die Tiere eng an eng verfrachtet und in Stahlgestellen auch übereinander gestapelt sieht, vergeht einem der Appetit auf das Steak am Abend.

Igreja Matriz de São Jorge: Nach testamentarischer Verfügung des portugiesischen Prinzen Heinrich des Seefahrers wurde an dieser Stelle bereits 1460 ein Kirchlein errichtet. Im 16. und 17. Jh. wurde es mehrmals umgebaut, 1803 fiel es einem Erdbeben zum Opfer. So stammt die heutige frei stehende, dreischiffige Pfarrkirche aus dem frühen 19. Jh. Beachtenswert ist der geschnitzte, vergoldete Altaraufsatz, ein Geschenk König Sebastians aus dem 16. Jh. in der dem Hl. Georg geweihten Seitenkapelle. Die Orgel aus der zweiten Hälfte des 19. Jh. wurde auf São Jorge gebaut und nicht wie zu dieser Zeit üblich vom Festland importiert. Ihre ersten Pfeifen waren aus reinem Blei, da man kein Kupfer zur Hand hatte. Der Kirche angegliedert ist das *Museu de Arte Sacre*, das eine Sammlung an Heiligenfiguren und Devotionalien überwiegend aus dem 16.–19. Jh. präsentiert. Den Platz vor der Kirche ziert ein asiatisch anmutender Brunnen mit einem Bodenmosaik davor, das den Hl. Georg als Drachentöter zeigt.

▪ **Museum/Kirche**, Mo–Do 10–12 u. 14–18 Uhr, Fr bis 17 Uhr, Sa 10–12 Uhr. 1 €.

Casa Museu Cunha da Silveira: Im gleichnamigen Stadtpalast aus dem 17. Jh. wurde 2017 ein Museum eingerichtet, das zu den besten und stilvollsten der Azoren gehört. Die Dauerausstellung *O Mar e a Terra* („Das Meer und das Land") bringt zusammen, was das Inselleben prägte: Landwirtschaft und Atlantik. Die interessanten Exponate, aufgelockert durch großformatige historische Fotos, setzen sich z. T. aus Spenden der Bevölkerung zusammen: Tragkörbe, Dreschbretter und andere landwirtschaftliche Geräte, Taucherhelme aus dem frühen 20. Jh., ein elegantes Freizeitboot aus dem Jahr 1942 usw. Im Obergeschoss informiert man über die Honoratiorenfamilie Cunha da Silveira, die einstigen Besitzer des Gebäudes.

▪ Rua Dr. Guilherme da Silveira. Mai–Sept. tägl. (außer Mo) 10.30–17.30 Uhr, sonst tägl. (außer Mo) 10–17 Uhr. 3 €.

Morro Grande: Ein netter kleiner Ausflug führt zum alten *Walausguck auf den Morro Grande*. Die Ruine steht hoch über den steil abfallenden Klippen. Der Einstieg in den Fußweg liegt neben der Kapelle Nossa Senhora do Livramento; Vorsicht, wenn Stiere weiden! Wer nicht den direktesten Weg zur Kapelle wählt, sondern entlang der Küste spaziert, kann nahe dem Hotel São Jorge Garden noch einen Blick auf den *Arco da Conceição* werfen, einen basaltschwarzen Naturbogen über dem tiefblauen Meer.

Information/Verbindungen/Parken

Information **Turismo-Büro**, am Platz vor der Kirche. Im Sommer Mo–Fr tägl. 9–18 Uhr, im Winter Mo–Fr 9–17 Uhr, Sa 9–13 Uhr. Sehr hilfsbereit, hält auch eine Liste mit den Terminen der Stierkämpfe bereit. ☎ 295412440. Wenn geschlossen, ist man vermutlich gerade am Fährterminal oder am Flughafen.

Verbindungen Alle **Busse** passieren den Supermarkt *Almeida & Azevedo*. Der werktags

Mitfahrer

verkehrende Morgenbus über Norte Grande nach Calheta startet auch dort, alle anderen Busse starten nahe dem Auditorium.

Entlang der Südküste Mo–Fr 1-mal tägl. am Nachmittag (15.30 Uhr) über Urzelina und Calheta nach Topo. Sa zudem ein Bus um 13.15 Uhr über Urzelina nach Manadas.

Entlang der Nordküste Mo–Fr um 7.25 Uhr über Beira, Toledo, Norte Grande und Norte Pequeno nach Calheta. Zudem auf dieser Strecke Mo/Di u. Do ein Bus um 15.30 Uhr, Sa um 13.15 Uhr.

Ferner Mo–Fr um 9.45 u. 14.30 Uhr, Sa um 13.15 Uhr von Velas nach Rosais.

(Sämtliche Angaben: Stand 2018)

Taxis stehen u. a. vor der Igreja Matriz. Nach Norte Grande ca. 15 €, zum Flughafen mit Gepäck 11 €, nach Urzelina ebenfalls 11 €, nach Calheta 20 €, nach Topo 37 €.

Schiff: Sollte die Atlânticoline wieder Fähren auf der *Linha Lilá* einsetzen, sind Ausflugsfahrten entlang der Küste bis Calheta möglich, → S. 379.

Parken Am besten nutzt man den Parkplatz zwischen dem Jardim Botánico und dem Gericht, oder man parkt direkt beim Auditório.

Adressen/Einkaufen/Sonstiges → Karte S. 384/385

Ärztliche Versorgung **Krankenhaus** in der Rua do Corpo Santo. ☎ 295430220.

Baden Badezone mit Snackbar und sanitären Einrichtungen hinter dem Auditório Municipal. Eine weitere Badestelle mit Naturschwimmbecken befindet sich nahe dem Hotel São Jorge Garden (bei unserem letzten Besuch wirkte diese jedoch etwas verwahrlost). Das städtische Freibad *Piscina Morro* liegt ganz im Westen der Stadt hinter dem Fußballplatz (Zugang links davon, für die Anfahrt → Quinta do Canavial).

Bootsfahrten/Tauchen/Kajak/Angeltrips Mit Pedro Soares von **São Jorge Dive & Sail Center** (Office am Hafen, offiziell tägl. ab 9 Uhr, jedoch außerhalb der HS so gut wie nie besetzt, ☎ 915106268, www.sjzdiveandsail.com) kann man tauchen gehen (45 €/Tauchgang), Kajak fahren (geführte Touren ab 25 €/Pers.), Bootsausflüge unternehmen (ab 25 €/Pers.,

wenn mind. 4 Pers. zusammenkommen) und zukünftig auch segeln gehen. **Velas Fishing Tur** (Kiosk am Hafen, ☎ 919821513, www.velasfishingtur.com) bietet Angeltrips, Schnorcheltouren und Inselrundfahrten an.

Einkaufen Größter Supermarkt ist **Almeida & Azevedo** **8**. Hier bekommt man mit Glück auch **Campinggas**. Mo–Sa 8.30–20 Uhr, So bis 13 Uhr. Etwas außerhalb des Zentrums an der Rua M. Jorge.

Aromas & Sabores **6**, hier wird das Fleisch des lokalen Schlachtbetriebs *Azores Meet* (www.azoresmeet.pt) verkauft. Gute Auswahl, toll für Selbstversorger, die gerne grillen: viel Mariniertes, dazu auch Fertigburger aus eigener Herstellung. Außerdem: ein Bäcker, eine Tiefkühltheke mit Fisch und eine heiße Theke. Mo–Sa 9–20 Uhr, So 9–16 Uhr. *Avenida do Livramento 40*.

Fluggesellschaft **SATA**, Mo–Fr 9–17.30 Uhr. Rua Maestro Francisco Lacerda 40, ℘ 295 430351.

Mietwagen → S. 379.

Öffentliche Toiletten Unterhalb des Jardim Botânico sowie nahe der Kirche am Largo João unter der Treppe.

Reisebüro Aquarius, freundlicher, hilfsbereiter Service. Auch Fährtickets für die *Atlânti-coline*. Rua Infante Dom Henrique 21, ℘ 295 432006, www.viagensaquarius.com.

Zweiradverleih Autatlantis (→ Mietwagen) vermietet auch 125-ccm-Scooter für 26 €/Tag. Auch **Rent-a-Car Ribeiro & Sá** hat Scooter im Angebot.

Übernachten   → Karte S. 384/385

Achtung: Im Sommer kann es zu Engpässen kommen.

Hotels/Pensionen Quinta de São Pedro **2**, die sympathischste Adresse von Velas. Hoch über der Stadt – so hoch aber, dass ein gemütlicher Spaziergang vom Zentrum zur Quinta kaum drin ist. Dafür kann man es sich auf dem weitläufigen, z. T. terrassierten Areal, am schönen Poolbereich und im Gärtchen mit Hängematten gut gehen lassen. Die 10 Zimmer verteilen sich auf das Haupthaus (jugendlicher Pep trifft auf Antiquitäten) und einen Nebenbau (modern eingerichtete Einheiten mit Küche), dazu wird ein schnuckeliges Häuschen vermietet. Für 2 Pers. ab 95 €. Von der Straße nach Beira beim Kreisverkehr, wo es links nach Rosais geht, nach rechts mit „turismo rural" ausgeschildert, ℘ 295432189, www.quintadesaopedro.com.

***São Jorge Hotel Garden** **11**, großer, nüchterner Hotelkomplex. 58 z. T. sehr geräumige Zimmer mit Meeresblick und windgeschützten Balkonen, der Sterneanzahl entsprechend ausgestattet, aber ohne besondere Note. Gepflegter Garten mit Pool. Hinten raus jedoch eine laute Schule. EZ offiziell 100 €, DZ 110 €, allerdings werden fast immer großzügige Rabatte gewährt. Avenida dos Baleeiros, ℘ 295412500, www.hotelcaravelas.com.pt.

Casa do António **12**, unübersehbarer weißblauer Komplex beim Hafen. Beste Unterkunft im Zentrum. 8 helle und z. T. sehr geräumige Zimmer, viele mit tollem Ausblick. Netter Service. Falls niemand anzutreffen ist, im Reisebüro Aquarius nebenan nachfragen. EZ 87 €, DZ 98 €. Rua Infante D. Henrique 21, ℘ 295432 006, www.casadoantonio.com.

Quinta do Canavial **1**, terrassierte Anlage etwas außerhalb des Zentrums. Schöner Blick auf den Morro Grande und weniger schöner auf das Fußballstadion mit Kunstrasen (!). Im verspielt eingerichteten Restaurant werden gute lokale Spezialitäten aus einem alten Steinofen serviert (nur für die Gäste). Sehr freundliche Wirtsleute. An sich charmante, individuell

eingerichtete Zimmer, die jedoch ziemlich klein (auch die Bäder) und im Sommer stickig sind. Kleiner Poolbereich. Fazit: nicht perfekt oder besonders luxuriös, dafür mit Atmosphäre. DZ 85 €. Anfahrt: Der Avenida do Livramento stadtauswärts folgen, dann Richtung Camping halten, dann ausgeschildert (blau-weißer Komplex am Hang). ℘ 918904568, www.aquintado canavial.com.

****Hotel Soares Neto** **15**, 23 Zimmer mit Bad und TV (7 davon mit Meeresblick), einfach und okay. Mini-Pool direkt über dem Hafen. Zentrale Lage. Airporttransfer. EZ 40 €, DZ 55 €. Rua Dr. José Pereira (nahe dem Hafen), ℘ 295 412403, www.hotelsoaresneto.com.

Residência Livramento **4**, im Neubaugebiet. 14 saubere Zimmer mit Bad und Fliesenböden. Die im EG sind klein, die in der 2. Etage geräumiger, z. T. mit Balkon und Blick auf den Pico. Zuvorkommender englischsprachiger Service. Café mit gutem Mittagstisch nebenan. EZ ab 35 €, DZ ab 45 €. Av. do Livramento, ℘ 964 419270, www.residencialivramento.com.

Appartements Aldeia da Encosta **3**, hoch über Velas, der Aufstieg vom Zentrum ist äußerst schweißtreibend. 7 weiße Häuschen, gut ausgestattet, alle mit kleiner Terrasse und superbem Ausblick. Von Lesern hochgelobt. Für 2 Pers. ab 65 €, für 4 Pers. ab 100 €. Rua dos Degraus, ℘ 916212185, www.aldeiadaencosta.com.

Außerhalb Os Moinhos Hotel, zum Restaurant Fornos de Lava in Santo Amaro gehörend (→ Essen & Trinken). 12 überaus großzügige, rustikale Suiten für bis zu 4 Pers., teils auf 2 Stockwerken angelegt, teils ebenerdig. Schöne Bäder, Kühlschrank. Von der Freifläche vor den Zimmern Meeresblick, etwas darunter ein „Biopool" (ohne Chlor) samt benachbartem Froschtümpel und kleinem künstlichem Wasserfall. Außerhalb der Saison könnte der Garten besser gepflegt sein. Leser bezeichnen die

Unterkunft als sehr angenehm und das Frühstücksbüfett als großartig. Für 2 Pers. 95 €. Travessa de S. Tiago 46, ☎ 295432415, www.os moinhos.com.

Camping Parque de Campismo Velas, ab vom Schuss ganz im Westen der Stadt in recht unattraktiver Lage, jedoch mit Freibad neben-

an. Parzellenartig angelegt, Stromanschluss. Grillmöglichkeiten, überdachte Picknickbereiche. Zuletzt Mai–Sept., das ändert sich jedoch von Jahr zu Jahr je nach Pächter. 2 Pers. mit Zelt 6 €. Rua Dr. Leonel Nazário Nunes (der Avenida Livramento stadtauswärts folgen, dann ausgeschildert), ☎ 916703637.

Essen & Trinken

Restaurants Clube Naval Restaurante Marisqueira 16, nüchternes Lokal mit Terrasse am Hafen. Leser aßen hier schon sehr guten Grillfisch, ansonsten eher Standardküche und Snacks, für Vegetarier gibt's gekochte Eier mit Kartoffeln (!). Hg. 9,50–18 €. So nur Dinner. Am Hafen, ☎ 295098091.

Restaurant Açor 13, azorentypisch nüchternes Lokal mit wintergartenähnlichem Anbau für die Raucher. Neben den Klassikern auch ein wenig Vegetarisches, Pasta oder Oktopus-Reis. Fleisch und Fisch (nicht Meeresfrüchte!) kommen von der Insel bzw. dem Meer davor! Hg. 12–18 €, günstiger und ordentlicher Mittagstisch. In der NS So Ruhetag. Gegenüber der Igreja Matriz, Largo Igreja 41, ☎ 295432463.

Booka 5, licht-steriles Restaurant mit Pico-Blick im OG eines Zweckbaus bzw. über einem Chinaladen. Was im ersten Moment nicht sehr ansprechend klingt, entpuppt sich schnell als Gaumenfreude. Die Küche geht weg vom Mainstream, serviert werden z. B. *Bacalhau*-Risotto, gefüllte Tomaten, Entenbrust und tolle Desserts. Preislich etwas über dem Durchschnitt. Fr nur Dinner, Sa/So Lunch und Dinner, Mi–Fr ab 16 Uhr nur Barbetrieb. Avenida do Livramento 40, ☎ 295432607.

Cervejaria S. Jorge 10, einfaches Lokal. 1-a-Lapas, aber auch Rippchen, Hamburger und Pizza. Hg. 6,50–10,50 €. Zur Mittagszeit brechend voll, kein Wunder bei den guten und günstigen Tagesgerichten. Die Küche schließt um 15 Uhr, So Ruhetag. Rua M. F. Lacerda, ☎ 295432861.

O Garfo 14, „Die Gabel" ist ein kleines, simples Esslokal, das sich 2018 höchster Beliebtheit erfreute. Es gibt die üblichen Verdächtigen, dazu immer einen „Fisch des Tages" und wechselnde Specials wie *Bacalhau* aus dem Ofen oder *Feijoada*. Hg. 7,50–13 €, *Prato do Dia* mit Kaffee 7,50 €. So Ruhetag. Rua de São Francisco 6–10, ☎ 295432130.

Außerhalb Quinta da Atafona, das stilvoll-gepflegte Restaurant serviert u. a. *Cata-*

plana (16 €) und Steak à Ilha (Jungbullensteak mit Süßkartoffelpommes und São-Jorge-Käsesoße, 15 €). Nette Innenhofterrasse. Mo Ruhetag. Ca. 7 km von Velas entfernt, der Straße zum Flughafen folgen, etwa 200 m vor diesem linker Hand. Queimada, ☎ 295432590.

Übernachten
1 Quinta do Canavial
2 Quinta de São Pedro
3 Aleida da Encosta
4 Residência Livramento
11 São Jorge Hotel Garden
12 Casa do António
15 Hotel Soares Neto

Essen & Trinken
5 Booka
9 Flor do Jardim
10 Cervejaria S. Jorge
13 Restaurant Açor
14 O Garfo
16 Clube Naval
    Restaurante Marisqueira
17 Apneia Bar

Nachtleben
7 Zodiaco

Einkaufen
6 Aromes & Sabores
8 Almeida & Azevedo
   (Supermarkt)

🍃 **Fornos de Lava**, unter spanisch-portugiesischer Leitung. Fast vollständig verglaster Rundbau mit toller Aussicht. Zu den Spezialitäten gehören die Steaks, Fisch (je nachdem, was das Meer gerade hergibt) und verschiedene *Cataplanas*, dazu selbst gebackenes Brot. Verwendet wird auch Biogemüse aus dem eigenen Garten. Sehr große Portionen, auch Vegetarier finden immer etwas. Von Lesern zuletzt leider nicht nur gelobt (lange Wartezeiten, schwankende Qualität). Hg. 12,50–20 €. Die Betreiber planen, ihr Restaurant im Winter künftig für einige Monate zu schließen. Im Sommer tägl. Betrieb, in der Nebensaison Mo und/oder Di geschlossen. Ca. 4 km außerhalb in Santo Amaro (auf dem Weg dorthin ausgeschildert), Travessa de São Tiago 46, 📞 295432415. Taxi von Velas ca. 7 €.

Cafés/Bars   Flor do Jardim 🟦9, Mischung aus Snackbar, Café und Restaurant. Beliebt bei Jung und Alt, nette Terrasse zum Jardim da República hin. Neben den üblichen Fisch- und Fleischgerichten auch Burger, Pizza und Angebote für Vegetarier, Hg. 8–15 €. Tägl. 8.30–2 Uhr. Jardim da República.

Apneia Bar 🟥17, jugendliche Bar mit Terrasse auf der alten Festungsmauer. Nur Do–So ab 13 Uhr. Im Auditório Municipal.

Nachtleben Die *Discoteca* von Velas ist das **Zodiaco** 🟥7, aufgelegt werden die Hits der letzten 3 Jahrzehnte. Nur an Wochenenden und vor Feiertagen ab Mitternacht geöffnet. An der Rua Dr. Machado Pires/Ecke Avenida do Livramento.

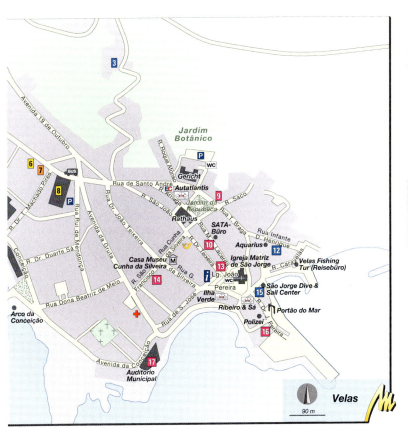

São Jorge → Karte S. 376/377

Alles Käse – Queijo São Jorge

„Insel des Käses" wird São Jorge gern genannt, und das nicht ohne Grund. Der unpasteurisierte Rohmilchkäse *Queijo São Jorge* ist der beste der Azoren, eine Delikatesse. Vielfach versuchte man bereits, ihn zu kopieren und scheiterte, obwohl das Rezept bekannt ist. Es ist die einzigartige Milch der Kühe von São Jorge, die dem Käse den unverwechselbaren Geschmack verleiht. Verantwortlich für diesen einzigartigen Geschmack sind die Flora der Hochlandweiden und die salzhaltige, feuchte Luft, die auch dafür sorgen, dass die Milch mit ihrem geringen Fett- und Mikrobengehalt und ihrem guten Proteinwert zur besten der Welt zählt. Die Kühe selbst, 20.000–25.000 an der Zahl, sind bemerkenswerterweise fast ausschließlich gewöhnliche Holsteinrinder. Für 1800 t Käse pro Jahr zapfen ihnen die Bauern Milch ab, noch auf der Weide findet die Qualitätskontrolle statt. Wer beim Wandern an einer Melkstation vorbeikommt und freundlich grüßt, bekommt oft einen Schluck aus dem Aludeckel der Kanne angeboten.

Die Produktion: Auf São Jorge wird nahezu jeder Liter Milch zu Käse verarbeitet – Milch und Butter in den Läden kommen meist aus Terceira. Gearbeitet wird in allen Käsereien nahezu tägl. von 8 Uhr morgens bis spät in den Abend hinein – die Milchkühe legen sonntags keinen Ruhetag ein. Für einen 10 kg schweren Käselaib werden 120 l Milch verarbeitet. Als Erstes wird die Milch gefiltert, dann auf lauwarme Temperatur gebracht und umgerührt, bis sich eine feste Masse am Boden absetzt. Diese wird dann für zwei Tage in autofelgengroße Blechformen gepresst. Beigemischt werden nur Salz und natürliche Fermente. Mindestens drei bis vier Monate dauert der Reifeprozess; anfangs wird jeder Laib täglich von Hand gewendet. Soll der Käse scharf und kräftig im Geschmack werden, lagert er zwischen sieben und 24 Monaten. Appetitlich sieht so ein Laib dann aber noch nicht aus – bevor er verpackt wird, muss er noch gereinigt (gehobelt) werden.

Das Käse-Abitur: Ein unabhängiges „Testerkomitee" prüft den Käse auf seine Qualität und vergibt dabei Punkte. Die Höchstzahl, die ein Queijo São Jorge erreichen kann, sind 20 Punkte. Und damit auf einen Laib das bekannte „Queijo-São-Jorge"-Etikett geklebt werden kann, muss der Käse von allen Testern mindestens 15 Punkte erhalten. Der auf der Insel konsumierte Käse ist meist zweite Wahl, er trägt nur das Label der örtlichen Käserei – und ist trotzdem köstlich. Die erste Wahl geht fast ausschließlich in den Export (vorrangig aufs portugiesische Festland, nach Kanada und in die USA).

Käserei-Besichtigungen: Besichtigen kann man die **União de Cooperativas Agrícolas de Lacticínios de São Jorge** in Beira, eine moderne Käsefabrik (von Velas kommend direkt an der Straße zur Nordküste). Hier erfolgt auch der Versand und wird die Qualitätsprüfung vorgenommen. Besuchertage: Di 13.30–16.30 Uhr und Do 10–11.30 Uhr, Unkostenbeitrag mit Kostprobe 5 €, Dauer 30 Min. (www.lactacores.pt). Aus der alten Käserei nahebei soll ein Käsemuseum werden. Nach Voranmeldung kann man zudem die Käserei in **Santo Antão** (→ S. 404) besichtigen.

Die Westspitze

Der westliche Zipfel der Insel ist dünn besiedelt und von einer sanften Hügellandschaft geprägt – im Juni geschmückt von wild blühenden Rosen. Die Fahrt hierher lohnt v. a. wegen des Parque das Sete Fontes, der zum Picknicken einlädt, und wegen der landschaftlich äußerst reizvoll gelegenen Fajã do João Dias.

Auf dem Weg zur Ponta dos Rosais, der Westspitze São Jorges, durchquert man den 750-Einwohner-Ort **Rosais**, der bis ins 17. Jh. zu den bedeutendsten der Insel zählte. Heute ist Rosais ein ewig langes Straßendorf, das sich in mehrere Ortsteile aufgliedert. Damals wie heute waren die Bewohner von Rosais fast allesamt Bauern, die Gegend war, wie der äußerste Osten, die Kornkammer der Insel. Heute ziehen die Bauern aber nicht mehr mit dem Pflug aufs Feld, sondern leben fast ausnahmslos von der Milchwirtschaft. Rechts und links der Wege grasen Kühe auf Weiden, die von Hortensienhecken gesäumt werden. Das Gebiet lässt sich herrlich durchwandern, alte Saumpfade sind aber selten, und so verlaufen fast alle Wege auf befahrbaren Pisten.

Parque das Sete Fontes und Umgebung

Der große, gepflegte Forstpark mit einer Kapelle und mehreren Tiergehegen ist ein beliebtes Ausflugsziel an Wochenenden. Riesige Farne und Zedern spenden Schatten, farbenfrohe Azaleen Freude. Finanziert wurde der Park mit Geldern von Auswanderern. Ihnen gedenkt man bei der Kapelle mit einer Kopie des Gemäldes *Os Emigrantes* von Domingos Rebelo (Original in Besitz des Museu Carlos Machado in Ponta Delgada) – hier zu sehen auf Azulejos an einer *Canoa* aus Beton. Nahebei liegen zwei herrliche Aussichtspunkte. Von dem einen, dem Miradouro Ferrã de Afonso, der fast 300 m senkrecht über dem Meer thront, genießt man einen grandiosen Blick auf die Nordküste von São Jorge. Von dem anderen auf dem annähernd 500 m hohen Pico da Velha fällt der Blick auf Pico, Faial und Graciosa. Man kann im Kreis um die Hügelspitze fahren.

■ **Anfahrt/Weiterfahrt zur Ponta dos Rosais**: Der Weg zum Park ist ausgeschildert, ebenso die Wege zu den Aussichtspunkten. Von der Kapelle führt ein knapp 5 km langer, befahrbarer Schotterweg zum Leuchtturm an der Ponta dos Rosais (s. u., ausgeschildert), der zugleich ein staubiger Wanderweg ist.

Unvergessliche Ausblicke
im Parque das Sete Fontes

Ponta dos Rosais

An der Ponta dos Rosais, der westlichsten Spitze São Jorges mit einem vorgelagerten schroffen Steininselchen mit Felsbogen, erhebt sich über der steil abfallenden Küste fast 200 m über dem Meer die Ruine einer **Leuchtturmanlage**. Noch zu Zeiten Salazars diente sie auch militärischen Zwecken. Das starke Erdbeben von 1980 (→ S. 201) zog den Komplex aber so in Mitleidenschaft, dass man den Leuchtturm aufgab. Hinweisschilder warnen vor dem Betreten der Anlage (die Küste droht hier abzubrechen), abgesperrt ist das Areal jedoch nicht.

Nahebei steht ein alter **Walausguck (Vigia da Baleia)**, zu dem ein steiler, betonierter Treppenweg führt und dem man sprichwörtlich aufs Dach steigen kann. Von dort hat man einen äußerst fotogenen Blick auf den Leuchtturm. 1964 sah man noch mehr: Damals konnte man von hier beobachten, wie das Meer kochend aufschäumte und kurzzeitig Lavabrocken an der Wasseroberfläche trieben – unweit der Küste war es zu einer Unterwassereruption gekommen.

■ **Anfahrt**: Der holprige Weg zum Leuchtturm ist ausgeschildert („Farol"), die Straße ist ab Rosais (Ortsteil Ponta) nicht mehr geteert.

Fajã do João Dias/Baden

Die Fajã an der Nordküste der Insel ist bislang nur zu Fuß erreichbar, eine Straße hinunter ist jedoch in Planung. Steht man oben am Parkplatz über der Fajã, fragt man sich, wie man diese überhaupt bauen will – man hat den Eindruck, als könnte man direkt hinunterspringen. Ungefähr 40 kleine Häuser liegen in der Fajã verstreut, sie werden überwiegend als Ferien- und Wochenendhäuser genutzt. Westlich der Fajã do João Dias schließt ein schmaler Strand

Piraten und Irrlichter

Sie raubten die Frauen und nahmen die Kinder als Sklaven, sie plünderten die Ställe und Vorratskammern, brandschatzten Kirchen und brachten Hunger und Tod. Egal, ob die Piraten als Freibeuter segelten oder unter der Flagge europäischer Königshäuser, besonders im 16. und 17. Jh. verbreiteten sie rund um die Azoren Angst und Schrecken. Bei all den Grausamkeiten, die da verübt wurden, wäre selbst Errol Flynn sein charmantes Lächeln vergangen.

Dabei waren auch die Azoreaner keine Unschuldslämmer. Besonders auf den kleineren oder unbedeutenderen Inseln wie Flores und Corvo, aber auch auf São Jorge und Graciosa setzten sie oft irreführende Küstenlichter, die die Kapitäne der stolzen Handelsschiffe direkt auf die Klippen steuern ließen. In kleinen Booten warteten die Inselbewohner dann den Schiffbruch ab und plünderten in Windeseile alles, was sich aus dem sinkenden Schiff schnell holen ließ. Der Stadtname *Velas* (Kerzen), so behaupten böse Zungen, gehe auf diese Irrlicht-Taktik zurück.

an, viel erwarten sollte man aber nicht. Nach Regen verwandeln hier schlammführende Bäche das Meer zuweilen in eine braune Brühe. Rund 1,5 km östlich liegt die **Fajã do Centeio**, die wie die Fajã de Alem noch lange Zeit bewohnt war. Nochmals 1 km weiter östlich befindet sich die kleine **Fajã do Valado**.

■ **Anfahrt/Fußweg**: Die Straße zum Parkplatz für die Fajã do João Dias ist ausgeschildert, nur für das letzte Wegstück (ca. 1 km unbefestigt)

fehlte zur Zeit der letzten Recherche das inseltypische Hinweisschild. Halten Sie daher von Velas oder Rosais kommend stets auch nach einem kleinen blau-weißen, gekachelten Schild mit der Aufschrift „Fajã do João Dias" Ausschau (vom Parque das Sete Fontes kommend, befindet sich das Schild in Ihrem Rücken, d. h. bei den möglichen Linksabzweigungen Kopf drehen!). Vom Parkplatz sind es noch ca. 45 Min. zu Fuß bergab, knapp 400 Höhenmeter müssen überwunden werden. Für den mühseligen Rückweg sollte man mindestens 1 Std. einkalkulieren.

Die Südküste zwischen Velas und Calheta

Das schönste Dorf entlang dieser Strecke ist Urzelina, ein gemütlicher kleiner Ort mit ein paar einladenden Buchten.

Die 20 km lange Straße zwischen Velas und Calheta verläuft teils hoch über der Küste. Auf der Fahrt sieht man von mehreren Aussichtspunkten auf die Fajãs. Und an sonnigen Tagen berauscht der Blick über den Kanal hinweg, der São Jorge von Pico trennt. Ist der mächtige Vulkan der Nachbarinsel gerade nicht in Wolken gehüllt, sollte

man sein Foto gleich schießen – manchmal zeigt er sich so die nächsten drei Tage nicht mehr. Die kleine Insel weiter westlich, deren Silhouette sich meist unscharf im Dunst des Meeres zeigt, ist Faial. Von Urzelina windet sich eine Straße in Serpentinen auf den von Vulkankegeln überzogenen Höhenkamm von São Jorge.

São Jorge ↓ Karte S. 376/377

Pflug statt Traktor: traditionelle Landwirtschaft

Fajã de Santo Amaro

Die Bucht rechts des kleinen Hafens an der Fajã de Santo Amaro besitzt in manchen Jahren einen Minisandstrand. In entgegengesetzter Richtung, also links der alten Bootshäuser, zeigt die Küste von São Jorge besonders reizvolle Felsformationen. Zwei dunkle Naturbögen überbrücken dort zwei je nach Lichteinfall unglaublich türkis schimmernde Becken, die durch einen Abbruch entstanden sind. Sie würden zu den besten Bade- und Schnorchelstellen der Insel gehören, gäbe es eine Möglichkeit, dort auf einfache Weise ins und aus dem Wasser zu gelangen.

■ **Anfahrt/Fußweg**: Aus Richtung Velas kommend, zweigt man 500 m hinter dem Flughafen rechts ab und fährt dann immer geradeaus bis zum Hafen. Um zu den Felsformationen zu gelangen, geht man die Straße etwa 100 m zurück und hält sich dann rechts. Der Weg vorbei an den Bootshäusern ist meist verwachsen.

Ribeira do Nabo

Parallel zur Küstenstraße ER 1 (ehemals R 1-2) verläuft weiter inseleinwärts zwischen der Fajã do Santo Amaro und Urzelina eine schmale Straße durch das verschlafene Dorf Ribeira do Nabo. Wer seine Mitbringsel für die Lieben zu Hause schon zusammenhat, kann sich den Umweg sparen. Die anderen können ihr Glück in der **Cooperativa do Artesanato** von Ribeira do Nabo versuchen. Fünf bis zehn Frauen jeden Alters stricken, häkeln, sticken und weben hier (Wandbehänge und Teppiche, Untersetzer, Schals etc.) – nicht nur altbackenes Zeug, sondern teils wirklich schöne Sachen. In einem kleinen angeschlossenen Laden werden ihre Kunstwerke verkauft.

■ **Anfahrt**: Aus Richtung Velas 500 m hinter der Abzweigung zum Flughafen links abbiegen (Hinweisschild). Die Cooperativa Artesanato liegt nach knapp 2 km rechter Hand. Von Urzelina bestens ausgeschildert. Nur unregelmäßig geöffnet, falls niemand da ist, einfach anrufen (☎ 962296734).

Urzelina

Im Winter wirkt die 900-Einwohner-Siedlung knapp 10 km südöstlich von Velas ganz verschlafen, im Sommer erwacht sie mit den ersten Touristen.

Es sind die Buchten, die die Touristen nach Urzelina locken. Die wohl schönste liegt westlich des Campingplatzes bei den Windmühlen und ist über die Rua do Canto, die von der Zufahrtsstraße zum Campingplatz abzweigt, zu erreichen. Auch ein relativ großer Pool zwischen Campingplatz und Hafen lädt auf einen Sprung ins kühle Nass ein (gebührenpflichtig). Den Hafen schützte einst eine kleine Festung aus dem 17. Jh., aus einer der vier Schießscharten ragt noch eine Kanone.

Freundlich wirkt der Ortskern mit seinen gepflegten Häusern und Blumengärten. Zu Zeiten, als der Orangenhandel das wirtschaftliche Standbein des Archipels war, gaben die Orangenbarone Urzelina den Vorzug vor Velas, Topo oder Calheta und ließen sich hier in prächtigen Herrenhäusern nieder. Nach Jahren der Armut und Auswanderung tun es ihnen heute Emigranten und neureiche Insulaner gleich – der Küstenstreifen rund um den Ort gehört wieder zu den bevorzugten Wohngegenden São Jorges.

Touren auf dem Inselrücken – das zentrale Bergland

Auf über 1000 m Höhe steigt der sattgrüne Inselrücken São Jorges an. In einer Linie reihen sich hier Vulkankegel, der höchste mit stolzen 1053 m ist der Pico da Esperânça. Fast nirgendwo sonst auf den Azoren lässt es sich herrlicher wandern, fast nirgendwo sonst ist die Aussicht so faszinierend. Immer wieder blickt man über Kuhweiden auf die in der Ferne spielzeughaft daliegenden Dörfer und auf das tiefblaue Meer. Am Horizont sind alle Inseln der Zentralgruppe auszumachen, im Südwesten Pico und Faial, im Norden Graciosa und im Osten Terceira. Wanderungen auf dem Inselkamm von São Jorge sind unvergesslich schön, allerdings nur bei Sonnenschein. Wenn Wolken in der Ferne aufziehen, muss man sich in Acht nehmen – innerhalb von wenigen Minuten kann dann alles in Nebel getaucht sein, und nur noch das Läuten der Kuhglocken ist zu hören.

Über den Inselrücken führt **Wanderung 34** (→ S. 405), dabei passiert man den Pico da Esperânca, den höchsten Berg der Insel, und in sicherem Abstand die Algar do Montoso, einen spektakulären, flaschenhalsartigen Kraterschlund von ca. 150 m Tiefe, in den sich Waghalsige in die Unterwelt São Jorges abseilen. Die Algar do Montoso soll touristisch erschlossen werden – auf welche Weise, steht jedoch in den Sternen. Nur so viel ist sicher: Bisher ist ein Blick ins Innere der Erde ohne Sicherung per Seil lebensgefährlich!

Auch bietet sich eine **Tour mit dem Leihwagen oder Fahrrad** auf dem Inselrücken an. Dafür folgt man der ER 3 (ehemals R 3-2), die von Urzelina quer über das Hochland nach Santo António führt. Bei der Kreuzung beim Pico das Caldeirinhas (rechter Hand eine Tafel zum Wanderweg *PR 4 SJO*) zweigt man nach links (gen Westen) auf das Schottersträßlein ab – schonen Sie den Mietwagen und fahren Sie nun langsam. Gleich zu Anfang passieren Sie den Pico das Caldeirinhas auf seiner Südseite, dann den Pico das Brenhas auf dessen Nordseite. Herrliche Ausblicke auf Pico und Faial wechseln also mit Ausblicken auf Graciosa und Terceira ab. Die Linksabzweigung nach 4 km wird ignoriert. Sie fahren stets weiter Richtung Westen. Fortan hat auch die Holperei ein Ende, die Straße ist ab hier geteert. Nach insgesamt rund 7,5 km Wegstrecke ändert der Fahrweg mit einer scharfen Linkskurve seine Richtung nach Süden (gen Pico). 1,1 km weiter stoßen Sie auf ein anderes Sträßlein. Wenn Sie sich hier rechts halten, gelangen Sie nach Beira.

So baut man rund um Urzelina in kleinen Parzellen nicht nur Wein an, sondern errichtet in größeren auch Villen. Die ersten Siedler aber sammelten hier die *Urzela*, eine Färberflechte, von der sich der Name des Orts ableitet (→ Kasten S. 41).

São Jorge → Karte S. 376/377

Wer sich auf einen Spaziergang durch die wenigen Gassen aufmacht, dem fällt ein frei stehender Glockenturm auf – das einzige Überbleibsel einer Kirche, die bei einem Vulkanausbruch Anfang des 19. Jh. von Lava verschüttet wurde. Danach kann man das liebevoll eingerichtete **Heimatmuseum** (mit „Centro de Exposição Rural" ausgeschildert) am Hafen aufsuchen. Wer Glück hat, findet es geöffnet vor, wer Pech hat (wie die meisten, zuletzt nur noch vom 17. bis zum 31. August oder nach telefonischer Anmeldung unter ✆ 919921272 geöffnet), dem bleibt nur der Blick durch die Glasfront der Toreinfahrt.

Von Urzelina führt eine schmale, geteerte Straße entlang der Küste zum Hafen der verschlafenen Häuseransammlung **Terreiros**. Dort gibt es eine kleine Badeanstalt samt Snackbar.

Verbindungen Bus 1-mal tägl. nach Velas (Mo–Fr um 9.05 Uhr, zurück um 15.30 Uhr, Sa um 8.10 Uhr, zurück um 13.15 Uhr) und Calheta (Mo–Fr 16 Uhr, keine Rückfahrt am selben Tag möglich).

Übernachten Urzelina Guesthouse, charmantes Haus, von der hilfsbereiten Bernadete geführt. Nur 3 Zimmer mit Gemein-schaftsterrasse. Kleines Manko: direkt an der Durchgangsstraße von Urzelina gelegen. DZ 35 €. São Mateus 6 (Haus mit grau ummalten Fenstern, nahe dem Restaurant Urzelina), ✆ 913275699, bedetebrasil@hotmail.com.

mein Tipp **Guesthouse Jardim do Triângulo**, von Lesern seit Jahren zu Recht sehr gelobt. Die mit Abstand schönste Adresse der Insel und eine der schönsten der Azoren, unter Leitung der Hamburger Elfi Görke und Christian Imlau. Auf ihrem weitläufigen 3500 m² großen Grundstück verteilen sich mehrere Häuschen mit modern ausgestatteten Zimmern samt Terrasse und Meeresblick. Großer Wert wird auf natur- und sozialverträglichen Tourismus gelegt. Yogaterrasse, physiotherapeutische Massagen. Außerdem: Unterricht im traditionellen Bogenschießen, Organisation von Wandertouren in Kleingruppen, Vermittlung von Bootsausflügen, Tauchgängen und Unterricht im Wellenreiten in der Fajã da Caldeira de Santo Cristo. März–Nov. EZ 65 €, DZ 80 €, leckeres Frühstück inkl., Appartement für 2 Pers. 90 €. In Terreiros (Hausnr. 91, ca. 1,5 km östl. von Urzelina an der Straße nach Manadas), ✆ 914220522, www.ecotriangulo.com.

Make it happen Farm, ebenfalls von Lesern hochgelobt. Etwa 2,5 km nordwestlich von Urzelina, von der Straße zum Flughafen ausgeschildert. Neuere Anlage. In 3 modernen, nahe beieinander stehenden Flachdachbungalows mit Lavasteinummantelung sind je 2 Zimmer

Buchtenschmuck: Windmühle bei Urzelina

mit Glasfront zum Meer untergebracht. Drum herum roter Schotter und Gemüsebeete – alles noch etwas nüchtern. Nette Gemeinschaftsküche. Hilfsbereite Gastgeber. Für 2 Pers. 85 €. Caminho Novo, ☎ 963797170, www.makeit happensjz.wixsite.com.

Camping   Parque de Campismo, weite, baumbestandene Wiese mit ordentlichen sanitären Einrichtungen (Warmwasser) und Grillmöglichkeiten. Herrlicher Picoblick – einer der schönstgelegenen Plätze der Azoren. Offiziell nur Juni–Sept. Falls davor oder danach geschlossen, kann man im Rathaus *(Casa do Povo)* nach dem Schlüsselmann fragen (klappt i. d. R.). Dazu fährt oder geht man wieder ein Stück Richtung Velas zurück, bis an der Durchgangsstraße rechter Hand ein einstöckiges Gebäude mit Fahnenmasten auftaucht. Der Platz selbst liegt direkt am Meer nahe dem Pool am Hafen (ausgeschildert). 4 €/Pers. Caminho das Árvores, ☎ 295414401.

Essen & Trinken   O Castelinho, kleines Lokal mit Meeresblick an der Straße zum Freibad. Von Experimenten hält man sich fern. Burger, Fisch und Fleisch zu 9,50–13 €, dazu günstiger und ordentlicher Mittagstisch. Rua das Árvores, ☎ 919886390.

Restaurante Urzelina, regelmäßig werden gute Selfservice-Büfetts angeboten, ansonsten regionale Küche wie Wurst mit Yams oder *Lapas* zu 11–15 €. Mit Terrasse. Mi Ruhetag. Mitte Mai bis Anfang Juni wird Urlaub gemacht. Estrada Regional, an der Straße vom Hafen Richtung Velas, ☎ 295414016.

Einkaufen   Ein Minimercado an der Durchgangsstraße im Zentrum Urzelinas. Im Häuserblock hinter dem Café an der Durchgangsstraße versteckt sich die örtliche **Bäckerei**.

Fest   Das Dorffest Ende Sept. ist manchmal mit einem **Stierkampf** verbunden.

🚶 **Wanderung 34: Vom Pico das Calderinhas über den Pico da Esperânça nach Norte Pequeno**   → S. 405
Tour auf dem Inselrücken. Über-Blicke sind Ihnen gewiss!

São Jorge ↓ Karte S. 376/377

Manadas

Den kleinen Fischerhafen der 370-Seelen-Gemeinde überragt die idyllisch gelegene, kleine **St.-Barbara-Kirche**, wohl die schönste Barockkirche São Jorges, wenn nicht sogar der gesamten Azoren. Sie stammt aus dem 18. Jh., im Inneren ist sie reich verziert, ein wahres Schmuckstück. Herrliche Azulejos zeigen den Lebens- und Leidensweg der Hl. Barbara, die von ihrem Vater geköpft wurde, weil sie sich weigerte, dem Christentum abzuschwören. Filigran geschnitztes Zedernholz schmückt die kostbare Decke. Einziger Haken: Wie kommt man hinein? In manchen Jahren gibt es feste Öffnungszeiten, in anderen (wie 2018) bleibt sie versperrt.

Fajã das Almas/Baden

Ein netter Badeplatz östlich von Manadas (dort ausgeschildert). In steilen Serpentinen geht es zur Fajã hinab, die letzten Meter sind extrem steil. Die Straße endet kurz vor der dortigen Siedlung mit Kapelle und einem kleinen Hafen, in dem man schwimmen kann.

mein Tipp **Essen & Trinken   Restaurante Maré Viva**, nettes, kleines Lokal mit schöner Meeresblickterrasse. Was es gibt, kann man auf einer Tafel lesen, i. d. R. frischer Fisch und leckere Meeresfrüchte. Hg. 8–12,50 €. Mo Ruhetag. Am Hafen, ☎ 963503325.

Calheta

Calheta ist São Jorges zweitgrößter Ort.
Viel los ist nicht in dem Städtchen, und
zu tun gibt es auch nicht viel.

1200 Einwohner zählt die Kreisstadt
der östlichen Inselhälfte. Von der Küste
klettern die farbenfrohen Häuser mit
ihren bunten Fensterumrandungen die
steilen Hänge hinauf und bieten so fast
jedem Einwohner eine herrliche Aussicht auf Pico und den Kanal dazwischen. Neben den alten, teilweise herrschaftlichen Gemäuern stehen viele
Neubauten, die nach dem Erdbeben
von 1980 errichtet wurden. Calhetas
Chronik verzeichnet eine Reihe von
Erdbeben, das schlimmste 1757, als nur
noch zwei intakte Häuser aus dem
Trümmermeer schauten.

Das Zentrum Calhetas breitet sich an
der Zufahrtsstraße zum **Hafen** aus, der
im letzten Jahrzehnt ausgebaut wurde
und ein neues Fährterminal bekam. Zuvor konnten nur kleine Fischerboote in
die natürliche Bucht einlaufen. Calhetas Kern ist nicht allzu groß. Hektik ist
hier ein Fremdwort, und in den wenigen Cafés und Läden freut man sich
über neue Gesichter. Sehenswürdigkeiten, die nicht nur der Inselprospekt als
bedeutend hervorhebt, gibt es bislang

Übernachten
2 Pousada de Juventude
   de São Jorge
3 Residêncial Solmar

Essen & Trinken
1 O Camponês
4 Casa de Pasto Beira
   Mar
6 Os Amigos

Einkaufen
5 Supermarkt Compre
   Bem

keine, auch wenn alles nett anzusehen
ist. Die **Pfarrkirche Santa Catarina** aus
dem 17. Jh. schmückt eine reizvolle
Fassade, ist aber meist verschlossen.
Das örtliche **Museum**, in einem historischen Stadthaus in der Rua José Azevedo da Cunha untergebracht, präsentiert neben wechselnden Ausstellungen
eine kleine Exposition über den aus Ribeira Seca stammenden Musiker Francisco de Lacerda (→ S. 530 und S. 402).
Angeschlossen sind das Kulturzentrum
der Stadt und eine Bibliothek (Di–Fr 9–
17.30 Uhr, Sa/So ab 12.30 Uhr; Eintritt
frei). In den nächsten Jahren soll das

Campingplatz in Calheta: Da kann man doch nicht meckern, oder?

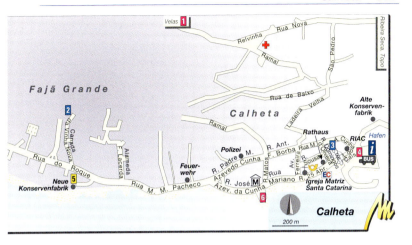

Museum – und das könnte spannend werden – in der alten Konservenfabrik über dem Hafen von Calheta eine neue Heimat finden.

Richtung Westen geht Calheta fließend in die Nachbargemeinde **Fajã Grande** über, was die Stadt vom Meer aus wie ein lang gezogenes Küstenstädtchen erscheinen lässt. In Fajã Grande (beim Campingplatz) kann man in einem Naturschwimmbecken baden, in einer zur Bar umfunktionierten Windmühle werden im Sommer Erfrischungen angeboten. Fajã Grande ist zudem Sitz der **Konservenfabrik Santa Catarina** (www.atumsantacatarina.com), eines Traditionsunternehmens, das mit Leinen und Haken, also delfinfreundlich, Thunfisch fangen lässt und diesen vor Ort verarbeitet. Nach dem Kochen und Filetieren wird das Fleisch in wurstfingergroße Stücke geschnitten. Die Stücke wandern ins teure Glas, die Schnittreste in die Dose. Rund 10 t werden hier täglich verarbeitet, zur Saison von Juni bis Oktober fangfrisch, ansonsten wird die Ware schockgefroren angeliefert. 135 Angestellte hat das Unternehmen, davon nur zehn männliche. In manchen Jahren werden Fabrikführungen angeboten (2018 jedoch leider nicht). Die hübschen Konserven (1-a-Qualität!) gibt es vor Ort und überall auf der Insel zu kaufen, sie sind neben Käse das ideale São-Jorge-Souvenir. Wir sahen sie selbst schon in einer hippen Berliner Bar auf der Karte – für 9,50 € die Dose!

Information/Verbindungen

Information In manchen Jahren ist ein Infokiosk am Hafen besetzt.

Verbindungen Busse *Entlang der Südküste* Mo–Fr morgens ein Bus nach Velas (Abfahrt 8.15 Uhr, Start beim Hafen).

Entlang der Nordküste fährt Mo/Di, Do u. Sa um 8.30 Uhr (Abfahrt beim Hafen, Stand 2018) und Mo–Fr um 17 Uhr (Start bei der Fischfabrik in Fajã Grande, hält auch in Calheta) ein Bus nach Velas.

In den Osten nach Topo (die kleinen Fajãs werden nicht angesteuert) zudem Mo–Fr 1-mal tägl. ein Bus um 17 Uhr (Sa um 13.55 Uhr, Abfahrt beim Hafen), keine Rückfahrt am selben Tag möglich.

In die Fajã de São João fährt Di um 12.45 Uhr ein Bus.

Taxis stehen i. d. R. in der Rua Domingos d'Oliveira bereit.

São Jorge → Karte S. 376/377

Adressen/Einkaufen/Sonstiges
→ Karte S. 394/395

Ärztliche Versorgung Städtisches Krankenhaus, hoch oberhalb des Zentrums nahe der R 1-2 Richtung Velas. Relvinha, ✆ 295 460120.

Bootstouren Bietet **Mar Azores** (Kiosk am Hafen, ✆ 912767777, www.marazores.com) ab 30 €, zudem Schnorcheltouren für 50 €.

Einkaufen Im Ort mehrere **Minimercados** und ein großer Supermarkt namens **Compre Bem 5** neben der Thunfischfabrik in Fajã Grande. So ganztägig geöffnet.

Outdooraktivitäten *Organisiert* **Aven-Tour**. Im Programm u. a.: Abseiling (ab 40 €), Vogelbeobachtungen (ab 80 €), Canyoning (ab 55 €), Wandertouren (ab 45 €) und Radtouren (ab 55 €). Viel geht im Hochsommer über die Bühne, in der NS kommen meist nicht genügend Gäste zusammen, und dann wird es erheblich teurer. Mit einem Kiosk am Hafen vertreten, zudem buchbar über die Jugendherberge und diverse Hotels auf der Insel, ✆ 295 416424, www.aventour.pt.

Übernachten/Essen & Trinken
→ Karte S. 394/395

Übernachten Residêncial Solmar 3, weißes Haus mit blauen Fensterumrahmungen in zentraler Lage. 17 saubere Zimmer mit Fliesenböden, 2 davon mit Balkon. Zimmer wie Bäder recht geräumig. EZ 45 €, DZ 60 €. Rua Domingos d'Oliveira 4, ✆ 295416120, www.residencial solmar.com.

Pousada de Juventude de São Jorge 2, recht modernes Haus, hoch über Fajã Grande gelegen, für Reisende ohne Leihwagen etwas abseitig. Verfügt über DZ mit privatem Bad (58 €) und Mehrbettzimmer mit 4–6 Betten (19 €/Pers.). Gästeküche (mit nicht arg viel mehr als einer Mikrowelle und einem Elektrogrill ausgestattet), Waschmaschine, Bar. Canada da Vinha Nova, ✆ 295460000, www.pousa dasjuvacores.com.

Camping Parque de Campismo Fajã Grande, nahe dem Naturschwimmbecken. Terrassiert angelegt und sehr gepflegt. Blick aufs Meer und den Pico. Kochgelegenheiten, Snackbar (s. u.). Leider fehlen Grills! Offiziell nur Mai–Sept., ist die Snackbar aber ganzjährig verpachtet, wie zuletzt der Fall, auch im Winter geöffnet. Im Sommer kann es zuweilen hoch hergehen. 2 Pers. mit Zelt 6 €. Rua Cabo Vicente Dias, ✆ 911198276 o. 918149679.

Essen & Trinken Os Amigos 6, an der Ponta São Lourenço südlich des Museums. Spezialität ist *Bacalhau à Amigos*, außerdem kann man *African Steaks* (mit Bananen und Ananas) oder *Hungarian Steaks* (mit Pilzsoße) kosten. Hg. 9–18 €. Meist leer. Mo geschl. ✆ 295416421.

Casa de Pasto Beira Mar 4, im Gegensatz zum Os Amigos ist dieses simple, kleine Speiselokal äußerst belebt und beliebt. Kleine Karte mit deftigen Tagesgerichten ab 7 €. Nebenan die Bar, draußen im Sommer eine kleine Terrasse. Nur Mo–Fr mittags. Am Hafen, Largo do Cais, ✆ 295416225.

Mein Tipp **Bar des Parque de Campismo Fajã Grande**, s. o. Sie wird immer wieder neu verpachtet, insofern weiß man nie, was einen erwartet. Aber schöner als auf der rebenüberrankten Terrasse mit direktem Blick auf den Pico sitzt man wohl nirgendwo auf der Insel – *der* Spot zum Sunset! Zuletzt gab es Burger, Pommes und große Biere.

Außerhalb O Camponês 1, hoch über Fajã Grande in Biscoitos (zwischen Urzelina und Calheta) an der ER 1. Super Mittagsbüfett mit regionaler Kost. Dazu eine verschlagähnliche Terrasse mit Pico-Blick. Abendessen nur nach Reservierung. Di Ruhetag. ✆ 295700864.

Fahrten an die Nordküste: Die Nordküste ist nur über drei Straßen zu erreichen, die eine führt von Velas nach Toledo, die zweite von Urzelina über das zentrale Bergmassiv nach Santo António und eine dritte von Calheta nach Norte Pequeno. Die Nordküste ist mit „Nortes" ausgeschildert.

Die Nordküste von São Jorge ist von atemberaubender Schönheit

Die Nordküste

Landschaftlich ist die Nordküste ähnlich reizvoll wie die wesentlich dichter besiedelte Südküste. Vom zentralen Bergmassiv ziehen sich Kuhweiden und die typischen Hortensienhecken auf 200 bis 400 m Höhe hinunter. Dann fällt die Küste extrem steil und bewaldet zu den Fajãs hin ab.

Die Fajã da Caldeira de Santo Cristo und die Fajã Ouvidor gehören zu den schönsten dieser Küstenebenen. Allein die Zufahrtswege sind ein Erlebnis und oft von herrlichen Aussichtspunkten gesäumt, die einen Blick auf das imposante Küstenszenario, das Meer und auf die Nachbarinseln Terceira und Graciosa bieten. Selbstverständlich geben die Fajãs, die man mit einem Fahrzeug erreichen kann, ein moderneres Bild ab als die, zu denen nur alte Eselspfade führen. Die verwachsenen Pfade zu den längst aufgegebenen Fajãs ganz im Nordosten der Insel sind – wenn überhaupt – nur noch mit der Machete begehbar. Abenteuerlustige Insulaner gehen hier zuweilen auf die Jagd nach wilden Ziegen. Angeblich sind die Tiere Nachkömmlinge von Hausziegen, die nach dem letzten Erdbeben 1980 zurückgelassen wurden.

Weniger spektakulär als die Fajãs sind die vergleichsweise ärmlichen Dörfer der Nordküste, deren Bewohner sich der Milchwirtschaft verschrieben haben. Während sich die Männer um Kühe, Weiden und das Melken kümmern, arbeiten die Frauen in den Käsereien. Und so wundert es nicht, dass sich das Leben meist um die Milchsammelstellen abspielt.

Norte Pequeno und Umgebung

Zweierlei hat die kleine Ortschaft Norte Pequeno bekannt gemacht. Zum einen die **Cooperativa Agricola de Lacticíno**, die durch die Milchkannen davor kaum zu übersehen ist und einen der besten Käse der Insel herstellt (leider nicht zu besichtigen), zum anderen der schlichte Sachverhalt, dass hier die Teerstraße zur **Fajã dos Cubres** abzweigt. Sie passiert einen Aussichtspunkt, von dem so manches Titelbild eines Azorenbuchs entstand. Die Fahrt hinab ist ein Muss!

In der Fajã dos Cubres stehen weit verstreut um das kleine Kirchlein rund 20 Häuser. Aber nur noch eine Handvoll Menschen lebt hier das ganze Jahr über. Entlang der Küste führt von der Fajã dos Cubres ein Fußweg über die **Fajã do Belo** und die **Fajã dos Tijolos** zur **Fajã da Caldeira de Santo Cristo** (Dauer ca. 45 Min.). Alle vier erwähnten Fajãs passiert man in umgekehrter Richtung auch bei Wanderung 39 (→ S. 414).

Die Fajã da Caldeira de Santo Cristo nannten noch bis in die zweite Hälfte des 20. Jh. fast 200 Menschen ihre Heimat, heute sind es nur noch vier. Infolge des Erdbebens von 1980 verließen viele den Ort. Jedes Jahr in der zweiten Septemberwoche kehren sie jedoch zurück, um das Kirchweihfest zu feiern. Ihre alten Natursteinhäuschen, die lange Zeit dem Verfall preisgegeben waren, werden heute wieder restauriert – die Nachfrage nach Unterkünften ist groß, die Fajã da Caldeira de Santo Cristo ist ein alternativer Szenetreff junger Festlandsportugiesen, insbesondere von Surfern. Sie schätzen die hiesige Brandung, sofern sie brandet: Die Wellen kommen dann regelmäßig, werden zuweilen wegen ihrer Höhe gar als „world class waves" eingestuft, sind 150–300 m lang (an guten Tagen bis 500 m) und nur etwas für Cracks. Wellenlos ist hingegen der kleine Salzsee, der durch einen natürlichen, aber künstlich verstärkten Damm von der Küste getrennt liegt. Hier findet man – einzigartig auf den Azoren – sog. Kreuzmuster-Teppichmuscheln *(Tapes decussatus)*. Das Glück, sie einmal auf den Teller zu bekommen, haben jedoch nur wenige São-Jorge-Besucher. In der Fajã da Caldeira de Santo Cristo gibt es zudem ein kleines **Informationszentrum (Centro de Interpretação)**, das sich auf zwei Gebäude verteilt und ein wenig über die Flora, Fauna und Geologie wie auch die Geschichte der Fajã (inkl. Film) informiert – für manche Besucher ein Witz. Auch werden Souvenirs angeboten (Juni–Sept. tägl. 10–12 u. 13–17 Uhr, sonst nur Sa/So zu denselben Zeiten; 3 €; www.parquesnaturais.azores.gov.pt).

Doch mit diesen Fajãs nicht genug: Wanderung 35 bringt Sie von Norte Pequeno zu weiteren idyllischen Siedlungen.

Verbindungen Von Norte Pequeno Mo–Fr ein Morgenbus und Mo/Di, Do u. Sa auch ein Bus am Nachmittag nach Calheta. Nach Velas Mo/Di, Do u. Sa ein Bus am Morgen und Mo–Fr ein Bus am Nachmittag.

Übernachten In der Fajã dos Cubres und in der Fajã da Caldeira de Santo Cristo werden Häuser vermietet, in Ersterer z. B. die hübsche Casa da Arcada (35 €/Nacht, ✆ 927148673, www.casadarcada.wixsite.com/saojorge), in Letzterer z. B. die rustikale **Casa da Caldeira**

Norte Pequeno:
Schwätzchen am Nachmittag

(75 €/Nacht, ☎ 965440187, www.casada caldeira.com), weitere auf Airbnb.

Auch Elfi Görke und Christian Imlau, (→ Urzelina/Guesthouse Jardim do Triângulo, S. 392) vermitteln in der Fajã da Caldeira de Santo Cristo einfache Häuser für Naturfreaks, absolut Ruhebedürftige und anspruchslose Surfer. Rechtzeitige Buchung empfehlenswert. Ab 20 €/Pers.

Zudem kann man in der Fajã da Caldeira de Santo Cristo im Caldeira Guest House übernachten. Bett im Schlafsaal 40 € (!), DZ mit Bad 80 €. Von der Fajã dos Cubres kommend letztes Haus, ☎ 912517001, www.caldeirasurfcamp.com.

Camping In der Fajã da Caldeira de Santo Cristo wird (inoffiziell) auf der Wiese neben der Kirche gecampt.

Essen & Trinken Snackbar Costa Norte, beim Kirchlein in der Fajã dos Cubres. Mischung aus Bar und kleinem Restaurant. Es gibt selten etwas, das auf der Karte steht, immer aber ein sättigendes Tagesgericht. Wer *Cherne* und leckeren *Polvo* aus dem Ofen möchte, sollte vorbestellen. In der HS tagsüber bis auf So meist geöffnet, in der NS muss man anrufen (☎ 917795238).

O Borges, in der Fajã da Caldeira de Santo Cristo. Beliebt bei Stammgästen und Wanderern. Gute Hausmannskost (Spezialität sind *Amêijoas* und *Lapas* für 15–20 €) in rustikaler Umgebung, gemütliche Terrasse. Im Sommer tägl. 11–17 Uhr (in der HS oft länger), im Winter nur nach Voranmeldung. Ausgeschildert. ☎ 918268283, http://o_borges.tripod.com.

 Wanderung 35: Von Norte Pequeno zur Fajã do Mero und zur Fajã da Penedia   → S. 407
Idylle pur; der Rundwanderweg ist aber mit anstrengenden Ab- und Aufstiegen verbunden.

Fajã da Ribeira da Areia

In Richtung Norte Grande (knapp 3 km westlich von Norte Pequeno) zweigt eine geteerte, von Hortensienhecken gesäumte Straße von der ER 1 zur Fajã da Ribeira da Areia ab (ausgeschildert). Sie ist nett anzusehen, ein kleiner, natürlicher Felsbogen im Meer ist die Attraktion (um ihn zu sehen, folgt man der Beschilderung „Caminho do Arco"). Viele Emigranten haben sich hier alte Häuser hergerichtet, z. T. sogar mit Pool, andere Häuser liegen noch unter Gestrüpp begraben.

Norte Grande

530 Einwohner zählt die größte Gemeinde der Nordküste. Der Musikverein des Ortes soll einer der besten der Insel sein, sagt man zumindest im Café Esperança bei der **Pfarrkirche Nossa Senhora das Neves**. Das Gotteshaus wurde im 19. Jh. errichtet und genießt durch seine sechs bunten Glasfenster, die der azoreanische Künstler J. A. Mendes geschaffen hat, lokale Berühmtheit. In der ehemaligen Grundschule an der Straße zur Fajã do Ouvidor wurde ein kleines **Eco Museu** eingerichtet, das mit Schautafeln u. a. über Flora, Fauna, Geologie und per Film u. a. über Imkerei, Fischerei, Käserei und Kaffeeanbau informiert – wetten, Sie sind der einzige Besucher? (April–Okt. tägl. 10–18 Uhr, im Winter Di–Sa bis 17 Uhr; Eintritt frei; www.siaram. azores.gov.pt)?

■ **Bus** → Norte Pequeno.

Beschaulichkeit ist Trumpf

Fajã do Ouvidor

Von Norte Grande führt eine Straße in Serpentinen hinab zur Fajã do Ouvidor, ein lohnenswerter Abstecher. Unterwegs passiert man einen herrlichen Aussichtspunkt und eine Quelle, die wegen ihres heilenden Wassers einst sehr geschätzt wurde. Mittlerweile bezweifeln jedoch Experten die heilende Wirkung und behaupten das Gegenteil: Die Qualität des Wassers habe in den letzten Jahren wegen der Überdüngung der Weiden sehr abgenommen. Auf der Fajã do Ouvidor stehen ausnahmsweise nicht nur ein paar Häuser, hier steht ein ganzes Dorf, in dem rund 60 Menschen leben. Die meisten Häuser sind jedoch auch hier Feriensitze, viele davon gehören Auswanderern. Dazwischen sieht man *Adegas*, alte Natursteinhäuser mit Weinkellern – besonders um den wildromantischen **Hafen**, der lange Zeit der einzige Hafen der Nordküste war. Noch in den 1950er-Jahren, als es noch keinen freien Warenaustausch unter den Inseln gab, se-

gelten nachts häufig Schmuggler von der Fajã do Ouvidor nach Graciosa. An Bord hatten sie Wasser, da auf Graciosa in den Sommermonaten oft die Brunnen versiegten. Für den Rückweg füllten sie die Fässer mit Wein und Schnaps. Heute wird im Hafen in einem natürlichen Pool zwischen den rauen Lavafelsen gebadet. Schöner aber badet es sich ganz in der Nähe, zu Füßen des Leuchtturms, in der **Poça de Simão Dias,** dem besten Badespot der Insel (Stufen führen hinab). Daneben (östlich) liegt der **Poça do Caneiro**, eine kleine Schneise in der Lavaküste mit bizarren Felsformationen samt Planschbecken (zu dem man hinabklettern kann). Weiter westlich hingegen stürzen Wasserfälle über die Steilhänge der Küste hinab ins Meer. Die Bademöglichkeiten sind von der letzten Kurve vor dem Hafen (ca. 50 m hinter einem apricotfarbenen Haus) ausgeschildert. Nahebei soll ein neues Hotel entstehen.

Essen & Trinken **Amilcar**, nüchternes Lokal mit Meeresblick, nettem Service und einer viel zu langen Speisekarte. Halten Sie sich an die Meeresfrüchte, da kann man am wenigsten falsch machen. Hg. 8,50–19,50 €. Di Ruhetag. Am Hafen, ℘ 295417448.

Fajã de Além und Santo António

Rund 3 km nordwestlich der Fajã do Ouvidor liegt die **Fajã de Além**. Sie war die letzte ausschließlich zu Fuß erreichbare Fajã São Jorges, die noch ständig bewohnt war; zum Millennium verstarb allerdings ihr letzter Bewohner. Heute werden die meisten Häuser der Fajã, wie so oft auf São Jorge, als Wochenendhäuser genutzt.

Hoch über der Küste dagegen liegt **Santo António**. An der Durchgangsstraße nahe der Kirche ist in der ehemaligen Milchkooperative *Cooperativa Agrícola de Leitaria de Santo António* die Galerie **De Kaasfabriek** untergebracht. Die Galerie des holländischen Malers und Musikers Pieter Adriaans wird auch für Workshops, Konzerte und Performances genutzt (Juni–Sept. tägl. außer Mo 14–18 Uhr, sonst nach Vereinbarung, www.pieter-adriaans.com).

 Wanderung 36: In die Fajã de Além   → S. 409
Schöne Tour, wenn die Berge in Wolken sind

Toledo

Der Ort unterscheidet sich nur wenig von anderen der Nordküste. Angeblich soll Toledo von spanischen Emigranten (manche behaupten auch Piraten) gegründet worden sein. Zu sehen gibt es nicht viel, zumindest nichts Beeindruckendes. Auch die Tatsache, dass Toledo mit Santo Antonio zu den höchstgelegenen Ortschaften (500–550 m ü. d. M.) der Azoren zählt, ändert nichts daran. Zu Füßen des Ortes liegen die **Fajã Rasa** (hier gab es mal eine Wassermühle), die **Fajã Manuel Teixeira** (sechs verlassene Häuser) und die **Fajã Vasco Martins** (sie zählte mal 13 Häuser, dazu gibt es einen 70 m hohen Wasserfall). Alle drei Fajãs wurden nach dem Beben von 1980 aufgegeben, die Weingärten werden aber z. T. noch gepflegt. Ein von der Kommune markierter Rundwanderweg führt hinab (teils sehr steil, Dauer ca. 3 Std.), halten Sie am westlichen Ortsende von Toledo nach den Hinweisschildern Ausschau.

São-Jorge-Käse ist eine Delikatesse

São Jorge → Karte S. 376/377

Die Ostspitze

Die hügelige Landschaft des Inselostens ist ein einziges Grün, auf dem Kühe grasen. Am späten Nachmittag rattern an den Hängen die Melkmaschinen.

Fast 30 km sind es von Calheta bis Topo. Bis auf 700 m Höhe steigt die ER 2 (ehemals R 2-2), die Straße durch den Ostzipfel der Insel, an. Selten kommt ein Auto entgegen, fast alle Ortschaften wirken wie ausgestorben, wenn nicht gerade die Milchsammelstelle öffnet. Dann wird man zuweilen von einem jungen Bauern mit nagelneuem Pick-up – Kredite machen's möglich – überholt oder man selbst überholt ältere Bauern zu Esel oder Pferd, an deren Sätteln Milchkannen hängen. Unterwegs bringen ein paar Windräder Abwechslung ins Bild. Wer aber Pech hat, sieht nichts von alledem, denn nicht selten stochert man auf dieser Strecke mit den Scheinwerfern durch dichte Wolken. Bessere Sicht herrscht für gewöhnlich in den Fajãs auf Meeresniveau, besonders die Fajã São João lohnt einen Abstecher.

Ribeira Seca

Die Häuser der Ortschaft Ribeira Seca liegen weit verstreut hoch über der Küste, die hier zum Meer hin steil abfällt. Im ältesten Ortsteil, der sich mit einem Pavillon und einer Heilig-Geist-Kapelle rund um die **Igreja São Tiago Maior** schmiegt, steht ein auffälliges **Haus im französischen Kolonialstil**. Es besitzt einen reich verzierten geschnitzten Holzgiebel und eine von Azulejos überzogene Fassade. Das Haus ist das einzige dieser Art auf den Azoren und trägt den Namen seines Erbauers Gaspar Silva, eines von Hawaii zurückgekehrten Auswanderers, der es dort zu unermesslichem Reichtum gebracht hatte. Bekanntester Sohn des Ortes aber ist der Komponist und Dirigent Francisco de Lacerda (1869–1934), der zu Anfang des 20. Jh. in Paris große Erfolge feierte (→ Folklore und Musik, S. 530).

An der Straße gen Topo liegt linker Hand etwas zurückversetzt die **Queijaria Lourais**, in der in zwei Schichten täglich rund 220 Käselaibe hergestellt werden, die bis zu sieben Monate lagern (Verkauf Mi–Sa 8–20 Uhr, nach Voranmeldung unter ☎ 295416358 auch Besichtigung möglich).

Fajã dos Vimes

Die Fajã dos Vimes erreicht man über eine Stichstraße von Ribeira Seca aus. Die Anfahrt, die an mehreren Picknickplätzen und Aussichtspunkten mit imposanten Panoramen vorbeiführt, ist ein Erlebnis. Treffpunkt des 65-Einwohner-Orts ist das Café Nunes – hier serviert Patron Manuel Casimiro, wenn er Lust hat, hervorragenden Kaffee aus eigenen Bohnen, die Kaffeesträucher stehen im Garten hinterm Haus. Über dem Café befindet sich die **Casa de Artesanato**, zugleich die Werkstatt von Maria Alzira und Maria Carminda Nunes. Hier entstehen auf Webstühlen wie vor hundert Jahren die geometrisch gemusterten Wandteppiche, die Colchas de Ponto Alto, für die die Fajã dos Vimes bekannt ist. Die Farben Rot und Gelb dominieren. An einem großen

Stück arbeiten die beiden Frauen rund acht Tage, man kann ihnen dabei zusehen (wenn sie da sind, ist geöffnet). Das Café und die Casa de Artesanato findet man, wenn man sich bei der Kirche in Fajã do Vimes rechts hält, dann nach ca. 150 m auf der rechten Seite.

Übernachten In der Fajã werden zig Häuser zur Vermietung angeboten (z. B. unter www. casasdosvimes.com), zudem entstand 2018 in der etwa 1,5 km südlich gelegenen Fajã dos Bodes das vielversprechende Eco Resort Abrigo da Cascata.

Fest Das Fronleichnamsfest von Fajã dos Vimes zählt zu den größten Festen der Insel. Im Anschluss an die Prozession gibt es Tanz und Musik. Man könnte meinen, halb São Jorge ist dann hier versammelt.

🏃 **Wanderung 37: Von Portal in die Fajã dos Vimes** → S. 411
Kurze, einfache Küstenwanderung

🏃 **Wanderung 38: Von der Fajã dos Vimes in die Fajã de São João** → S. 413
Längere, anstrengende, aber herrliche Küstenwanderung.

Beide Wanderungen können auch miteinander verbunden werden.

Parque da Silveira

In der Nähe von Ribeira Seca taucht im Inselinneren an der ER 2, der Hauptverbindungsstraße zwischen Calheta und Topo, die ausgeschilderte Abzweigung zum Parque da Silveira auf. Der Park ist das Pendant zum Parque das Sete Fontes (→ S. 387) auf der nordwestlichen Inselhälfte, nur ist er überschaubarer und verspielter angelegt. Auch hier findet man ein Tiergehege sowie Grill- und Picknickmöglichkeiten.

🏃 **Wanderung 39: Von der Serra do Topo über die Fajã da Caldeira de Santo Cristo bis zur Fajã dos Cubres** → S. 414
Ein Azorenklassiker

Fajã de São João

Sie ist ohne Zweifel die schönste Fajã der östlichen Inselhälfte, in wilden Serpentinen geht es steil bergab. Zehn Familien leben noch im Dorf. Treffpunkt ist die leider oft geschlossene Taberna Águeda am Ortsbeginn mit je drei Holztischen darin und davor. Ein paar Schritte weiter steht ein hübsches Kirchlein mit einem Glockenturm aus dem Jahr 1899. Fast senkrecht steigt darüber die von üppiger Vegetation bedeckte Küste an. Üppig gedeiht es aber auch im Mikroklima der Fajã. Neben Wein und Gemüse aller Art werden Kaffee, Bananen und Tabak angebaut. Im Westen schließt die Baía da Areia mit einem an sich netten, aber nicht immer ganz sauberen Sand-Kies-Strand an.

■ Bus stets Di um 9.25 und 13.45 Uhr nach Calheta.

São Jorge → Karte S. 376/377

Topo

Den Küstenabschnitt um das beschauliche Topo ließ der flämische Edelmann Wilhelm van der Hagen 1470 urbar machen. In den folgenden Jahrhunderten entwickelte sich das Städtchen zu einem der wichtigsten der Insel und wurde gar die inoffizielle Hauptstadt von São Jorge. An diese Zeit erinnern noch heute ein paar alte Herrenhäuser, die breite **Pfarrkirche Nossa Senhora do Rosário** aus dem 16. Jh. und das gegenüberliegende **Franziskanerkloster**, in dem das Rathaus untergebracht ist. Fährt man links an der Pfarrkirche vorbei, gelangt man zum **alten Hafen**, der von rötlichen Lavaklippen umgeben ist. Einst stachen von hier die Walfangboote in See. Waren sie erfolgreich, schleppten sie ihren Fang auf die Nachbarinsel Pico zur Weiterverarbeitung.

Folgt man der Beschilderung „Farol", erreicht man den **Leuchtturm an der Ponta do Topo**, der Ostspitze der Insel São Jorge. Zu Füßen des Leuchtturms findet man ein kleines Picknickareal mit Kinderspielplatz und Sommerbar, einfache Campingmöglichkeiten und ein **Naturschwimmbecken**. Dem Leuchtturm vorgelagert ist nur noch das kleine Inselchen **Ilhéu do Topo**, auf dem gelegentlich Kühe grasen, die in schaukeligen Fischerbooten übergesetzt werden.

Verbindungen Bus Mo–Sa 1-mal tägl. (Abfahrt 7.15 Uhr) nach Calheta und von dort weiter bis Velas.

Essen & Trinken O Caseiro, einfach und preiswert. Günstiger Mittagstisch (*Prato do Dia* 7 €). Mo Ruhetag. Rua Joaquim Homem Noronha (im Zentrum an der Durchgangsstraße), ℘ 964740504.

Einkaufen Mit Käse kann man sich in der **Käserei Finisterra von Santo Antão** 5 km westlich von Topo eindecken. Verkauf Mo–Sa 8.30–12 u. 13.30–16 Uhr. Die Käserei kann nach Anmeldung (℘ 295415216) auch besichtigt werden (5 €). An der Durchgangsstraße, www.finisterratopo.com

Azores Meet, dem Schlachtbetrieb, ebenfalls an der Durchgangsstraße in Santo Antão, ist ein Metzgerladen angeschlossen – hier bekommt man Fleisch von der Insel! Bessere Auswahl jedoch im Laden *Aromes & Sabores* in Velas (→ S. 382). Mo–Sa 9–18 Uhr. www.azoresmeet.com.

Insel vor der Insel: Ilhéu do Topo

Wanderungen auf São Jorge

São Jorge → Karte S. 376/377

GPS-Wanderung 34

Vom Pico das Calderinhas über den Pico da Esperânça nach Norte Pequeno → Karte S. 406

Route: Pico das Calderinhas – Pico do Pedro – Pico do Carvão – Pico Verde – Morro Pelado – Pico da Esperânça – Pico do Areeiro – Pico Pinheiro – Norte Pequeno.

Länge/Dauer: 16,4 km, ca. 4:30–5 Std.

Einkehr: Unterwegs keine Möglichkeit.

Besonderheiten: Der Weg verläuft mit einmaligen Ausblicken fast ausschließlich auf unbefestigten Straßen. Bis zum Pico da Esperânça geht es insgesamt stets leicht bergauf, danach bis Norte Pequeno fast nur noch bergab. Die erste Hälfte des Weges ist mit dem offiziellen *Percurso Pedestre PR 4 SJO*, der zur Fajã do Ouvidor führt, identisch.

An- und Weiterfahrt: Die Anfahrt ist nur mit dem Taxi möglich, von Velas ca. 15 €, von Urzelina ca. 10 € – sofern man dort ein Taxi aufreibt. Alternativ dazu bietet sich der ausgestreckte Daumen an. Von Norte Pequeno fährt Mo/Di u. Do um 16.15 Uhr und Sa um 13.45 Uhr ein Bus nach Calheta, zudem Mo–Fr um 17.25 Uhr ein Bus nach Velas (Stand 2018). Taxi von Norte Pequeno nach Velas ca. 19 €, nach Calheta ca. 10 €.

Wegbeschreibung: Ausgangspunkt der Wanderung ist die Kreuzung **1** an der ER 3 nahe dem Pico das Calderinhas, wo die Schotterstraße zum Pico da Esperânça beginnt (hier auch ein Wegweiser und eine **Wandertafel**). Die Schotterstraße passiert zuerst den **Pico do Pedro** an dessen Nordseite, daraufhin den **Pico do Carvão** (ebenfalls an der Nordseite). Die dort bergab führende Linksabzweigung bleibt unbeachtet. Vor dem nächsten Berg, dem Pico Verde, gabelt sich der Weg, es steht einem offen, ob man sich für den linken Weg mit Aussicht auf Graciosa und Terceira entscheidet oder rechts den Blick auf Pico und Faial vorzieht. Vor dem **Morro Pelado** treffen beide Routen wieder zusammen. Diesen Berg **2** mit einem imposanten Krater umgeht man auf der Südseite. Rechter Hand des Weges liegt, von der Schotterstraße nicht einsehbar, die **Algar do Montoso** (→ S. 391).

Weiter auf dem Höhenrücken liegt nun der **Pico da Esperânça**, São Jorges höchster Vulkankegel, vor einem. Zwei Seen – eigentlich mehr Tümpel – befinden sich im Krater, ein grasbewachsener Feldweg **3** führt hinauf (15–30 Min.). Hinter dem Pico da Esperânça windet sich die Schotterstraße bergab und passiert danach den **Pico do Areeiro** auf der Nordseite (auf ihn weisen erst ein viereckiges **4**, dann ein dreieckiges Schild hin). Die Rechtsabzweigungen dahinter bleiben allesamt unbeachtet. Danach führt der Schotterweg in

weiten Serpentinen über von Stacheldraht gesäumtes Weideland weiter bergab und erreicht eine **Weggabelung mit verrosteten Fässern 5**. Hier verlässt man den markierten Weg und hält sich rechts (Hinweisschild „Norte Pequeno/Biscoitos"). Ihr Weg führt über einen Cattlegrid und vorbei an einer Mauer mit einem rot-gelben Kreuz für „falscher Wanderweg".

Die nächste, nach ca. 400 m folgende Linksabzweigung bleibt außer Acht. Kurvenarm verläuft nun der Weg in Richtung Südosten weit unterhalb der Vulkankegel des Pico Alto und des Pico das Brenhas und endet schließlich in einer bergab führenden Asphaltstraße 6, links halten. Nach ca. 10 Min. erreicht man die nächste Abzweigung (rechts auf der Weide steht eine ruinöse Tränke), hier rechts halten 7. Nun geht es – wieder auf einem Schotterweg – weiter vorbei an Weiden und Wacholderbüschen. Bei der nächsten Weggabelung 8 hält man sich links und biegt auf die zunächst leicht bergauf und im Halbrund um einen kleinen Hügel führende Schotterstraße ab. Dieser Weg bringt Sie direkt in **die Ortschaft Norte Pequeno 9**. Hält man sich an der Hauptstraße im Ort rechts, gelangt man, an der Kirche vorbei, zur Bushaltestelle (gegenüber im Rathaus gibt es eine Bar).

Tragik am Wegesrand

Am Morro Pelado zerschellte am 11. Dezember 1999 eine *SATA*-Maschine des Typs *ATP-530* mit 35 Passagieren an Bord. Es gab keine Überlebenden. Der Pilot hatte auf dem Flug von Ponta Delgada über Faial nach Flores wegen schlechter Wetterverhältnisse die Orientierung verloren. Die meisten Passagiere kamen aus Flores. Mit an Bord war auch der Pfarrer der Insel, was die Tragik des Unglücks für die Hinterbliebenen verschärfte: Keiner war zur Stelle, der Seelsorge leisten konnte oder die Trauerfeier leitete. Eine Gedenktafel erinnert an das Unglück.

GPS-Wanderung 35

Von Norte Pequeno zur Fajã do Mero und zur Fajã da Penedia
→ Karte S. 408

Route: Norte Pequeno – Fajã do Mero – Fajã da Penedia – Norte Pequeno.

Länge/Dauer: 11 km, ca. 3 Std.

Einkehr: Unterwegs keine Möglichkeit.

Besonderheiten: Schwindelfreiheit ist Voraussetzung, gehen Sie keinesfalls nach Regen! Zuweilen ist der Pfad hinab zur Fajã do Mero verwachsen, brechen Sie in diesem Fall die Tour ab und kehren Sie um. Die steilen Auf- und Abstiege erfordern etwas Kondition. Der Weg ist identisch mit dem markierten Wanderweg *PRC 6 SJO*.

An- und Weiterfahrt: Norte Pequeno erreichen Sie Mo/Di, Do u. Sa mit dem 8.30-Uhr-Bus von Calheta, um 16.15 Uhr (Sa um 13.45 Uhr) fährt der Bus zurück. Von Velas können Sie Mo–Fr den 7.25-Uhr-Bus nehmen und um 17.25 Uhr zurückfahren (Stand 2018).

Wegbeschreibung: Die Wanderung beginnt vor der Kirche von Norte Pequeno **1**, die Wandertafel steht etwas versteckt zwischen Kirche und Bushaltestelle. Von der Tafel folgt man der bergauf führenden Durchgangsstraße (ER 1) links an der Kirche vorbei. Nach ca. 300 m biegt man bei der Molkerei von Norte Pequeno **2** rechts ab in den Canada da Fajã do Mero. Rund 500 m weiter, dort wo die Straße nach rechts abschwenkt, geht es geradeaus bergab auf einem Schotterweg weiter (Hinweisschild „Mero/Fáias") **3**. Die Insel voraus ist übrigens Graciosa.

Nach rund 20 Min. auf dem Schotterweg – es geht weiterhin leicht bergab an Weiden vorbei – trifft man vor einem Wäldchen auf das Hinweisschild „Fajã do Mero" **4**, das nach rechts weist: Ihr Weg. Schon nach wenigen Minuten wird der Blick auf die Küste freigegeben. In geschätzten 1000 steilen Serpentinen windet sich der Weg bzw. spätere Pfad nun entlang der Steilküste hinab in die Fajã do Mero. Absolute Schwindelfreiheit ist in diesem Abschnitt Voraussetzung!

Nach ca. 30 Min. endet der Pfad vor den ersten Häusern der **Fajã do Mero**.

Die klitzekleine Siedlung besteht aus nicht viel mehr als fünf schmucken Häusern, die als Ferienunterkünfte dienen. Hier hält man sich bei dem Hinweisschild „Penedia/Funduras/Pontas/Neca" **5** rechts. Der zunächst steil bergauf führende teils betonierte, teils geschotterte Weg, der parallel zur Küste verläuft (mit Glück können Sie Wale sehen!), passiert nach rund 20 Min. die bildhübsche **Fajã da Penedia 6**. In der rund 20 Häuser im Kuhfleckenmuster zählenden Siedlung samt Kapelle herrscht Idylle pur: Auf den schwarzen Mauern, die die Weingärten unterteilen, sonnen sich Katzen, ein Brunnen plätschert.

Wanderinsel São Jorge

Von der Fajã (Hinweisschild „Norte Pequeno 6 km") geht es auf einer sich bergauf windenden Schotterstraße weiter. Nach ca. 15 Min. erreicht man den **Miradouro da Linda** 7 – nicht mehr als eine Wegverbreiterung. Von hier kann man in die **Fajã das Pontas**, einen Zwerghafen mit winziger Badestelle, hinabblicken oder auch hinunterwandern (ausgeschildert, hin und zurück 1,6 km). Um nach Norte Pequeno zurückzukehren, wählt man vom Miradouro da Linda die steile Schotterstraße nach rechts bergauf. Die nächsten 50 Min. haben es in sich! Dann wird die Schotterstraße zur Teerstraße 8 und der Aufstieg langsam gemächlicher. 400 m weiter geht es rechts ab in den **Travessa do Terreiro** 9 und nach weiteren 200 m links (zugleich die zweite Möglichkeit). So gelangen Sie zurück zum Ausgangspunkt der Wanderung 1.

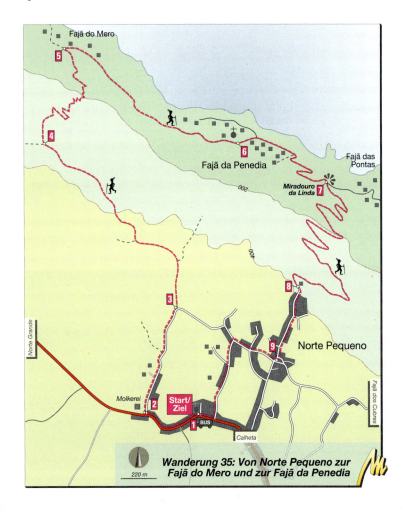

Wanderung 35: Von Norte Pequeno zur Fajã do Mero und zur Fajã da Penedia

In die Fajã de Além   → Karte S. 410

Route: Ermida – Fajã de Além – Ermida.

Länge/Dauer: 5,9 km, ca. 2:30–3 Std.

Einkehr: Keine Möglichkeit.

Besonderheiten: Eine nette Rundtour, falls das Hochland wolkenverhangen ist. Der markierte Weg, identisch mit dem offiziellen *Percurso Pedestre PRC 5 SJO*, ist hinab in die Fajã recht steil und glitschig, Stöcke sind von Vorteil. Zudem ist Schwindelfreiheit vonnöten.

An- und Weiterfahrt: Von Calheta ist Santo António mit dem Morgenbus (Abfahrt 8.30 Uhr, Stand 2018) am Mo, Di, Do und Sa zu erreichen, an den gleichen Tagen fährt auch nachmittags von Santo António (Abfahrt gegen 16 Uhr, Sa gegen 13.30 Uhr) ein Bus wieder zurück nach Calheta. Von Velas erreicht man Santo António Mo–Fr (Abfahrt 7.25 Uhr) per Bus, an den gleichen Tagen geht es dann um 17.40 Uhr zurück. Sagen Sie dem Fahrer, dass Sie an der Abzweigung nach Ermida aussteigen wollen.

Mit dem eigenen Fahrzeug zweigt man, auf der ER 1 von Velas kommend, am östlichen Ortsende von Santo António (ca. 400 m hinter der Kirche) nach links in den Caminho da Ermida ab (hier auch ein Hinweisschild „Walking Trail") und parkt dort beim Kirchlein, gegenüber steht die Wandertafel.

Wegbeschreibung: Um den Einstieg in den Pfad hinab in die Fajã de Além zu finden, folgt man vom **Kirchlein Ermidas** ❶ noch für rund 150 m der bergab führenden Straße. Halten Sie nach einer gelb-roten Markierung an einem betonierten Laternenpfahl ❷ Ausschau, die Sie dazu auffordert, nach links abzuzweigen. Rund 15 Min. später kommt die Fajã do Ouvidor, eine ins Meer ragende, bebaute Landzunge (→ S. 400), ins Blickfeld. In der Ferne sieht man linker Hand Graciosa und rechter Hand Terceira.

Entlang des steilen Abhangs verläuft der Fußweg in Serpentinen bergab. Nach rund 45 Min. Gesamtgehzeit hat man die rund 20 Häuser zählende **Fajã de Além** ❸ (→ S. 401) erreicht. Ein paar der kleinen Felder in der Fajã werden noch bewirtschaftet, an einem Bachlauf steht eine alte Wassermühle. Die Fajã könnte noch heute als Kulisse für eine Hänsel-und-Gretel-Verfilmung dienen.

Durch die Fajã folgt man dem markierten Weg, überquert dabei zwei Brücklein und hält sich dort, wo Markierungen fehlen, stets auf dem breitesten Pfad.

In der Fajã de Além

So gelangt man automatisch auf den bergauf führenden Pfad, der oberhalb der östlichsten Häuser der Fajã auf eine Felswand zuläuft und dann in Serpentinen steil ansteigt. Je nach Kondition dauert der Aufstieg auf dem Pfad zwischen 45 und 90 Min.

Bei der **oberen Station der Seilwinde** [4], über die die Fajã mit Brennholz und anderen Dingen versorgt wird, trifft man auf einen befahrbaren Feldweg. Nun folgt man diesem weiter bergauf und erreicht nach ca. 10 Min. die **Verbindungsstraße Santo António – Norte Grande** [5]. Hier hält man sich rechts und folgt der Straße für 10 Min. Hinter einem kleinen Waldstück zweigt man nach rechts in den Caminho da Ermida [6] ab. Das Kirchlein [1] der Häuseransammlung ist kurz darauf schon zu sehen.

Aufstieg von der Fajã de Além

Von Portal in die Fajã dos Vimes

Route: Portal – Fragueira – Fajã dos Vimes.

Länge/Dauer: 3,2 km, 1–1:30 Std.

Einkehr: Am Ende der Wanderung, falls geöffnet, im Café Nunes (s. u.).

Besonderheiten: Auch diese schöne, kurze Küstenwanderung ist zu empfehlen, falls die Wolken tief hängen. Sie ist identisch mit dem offiziellen gelb-rot markierten Wanderweg *PR 9 SJO*. Die Wanderung lässt sich auch als Rundwanderung abschließen (ein Teil des Rückwegs führt jedoch entlang der Zufahrtsstraße zur Fajã dos Vimes, Dauer dann 2:30–3 Std., Länge 6,9 km) und kann zudem als Einstieg in die Wanderung 38 gewählt werden. Damit verlängert sich Letztgenannte um 1–1:30 Std. Da der Weg hinab in die Fajã Fragueira sehr steil ist, sollten Sie die Tour nicht nach Regen unternehmen. Wanderstöcke sind von Vorteil.

An- und Weiterfahrt: Der Ausgangspunkt der Wanderung ist das **Kirchlein von Portal** (hier kann man auch parken) an der Straße von Ribeira Seca in die Fajã dos Vimes. Das Kirchlein ist nicht mit öffentlichen Verkehrsmitteln zu erreichen.

Wegbeschreibung: Vom **Kirchlein von Portal** ❶ folgt man dem rötlichen Schotterweg, der hangabwärts von der Verbindungsstraße Ribeira Seca – Fajã dos Vimes abzweigt (hier auch ein offizielles Hinweisschild für den Einstieg

São Jorge → Karte S. 376/377

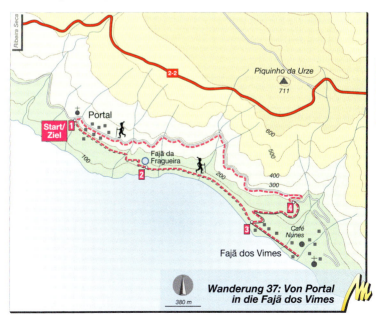

Wanderung 37: Von Portal in die Fajã dos Vimes

in den Wanderweg). Stets mit dem Meer zur Rechten folgt man diesem Schotterweg gen Osten, vorbei an bimmelnden Kühen, Feldern und idyllisch gelegenen Katen. Nach ca. 10 Min. geht der Schotterweg in einen Wiesenweg über. Man passiert ein kleines, üppig grünes Tal samt rauschendem Bach. Als steiler Pfad führt der Weg schließlich hinab in die **Fajã Fragueira**.

Die Fajã besteht aus nicht viel mehr als fünf Lavasteinhäusern, drum herum wird Wein angebaut. Noch vor den ersten Häusern passiert man einen **Brunnen 2**, dahinter führen Treppenstufen bergab. Aufgepasst: Schon wenige Schritte nach dem Brunnen müssen Sie nach links auf einen Pfad zwischen einer niedrigen Mauer abbiegen. Dieser geht kurz darauf in einen Feldweg über und führt – eine herrliche Strecke – hoch über der Küste, vorbei an einem Wasserfall und einem groben Kiesstrand, bis zur **Fajã dos Vimes 3**.

Wanderung als Rundwanderung abschließen: Beim ersten Haus 3 der Fajã dos Vimes stößt man auf ein betoniertes Sträßlein, das hier annähernd eine 180°-Kurve beschreibt. Wollen Sie die

Tour als Rundweg abschließen, dann müssen Sie – nach dem Besuch der Fajã dos Vimes – hier das betonierte Sträßlein bergauf steigen und sich bei der nächsten Serpentine links halten. Aus dem betonierten Weg wird ein Schotterweg, dem Sie für ca. 15–20 Min. stets bergauf folgen. So erreichen Sie die Zufahrtsstraße 4 zur Fajã dos Vimes, hier halten Sie sich links (die Markierungen weisen zwar nach rechts, was Sie jedoch nicht zu stören hat – dabei handelt es sich um den Wanderweg *PR 2 SJO*, der von der Fajã dos Vimes in die Serra do Topo führt). Nun sind es noch etwa 3,3 km entlang der Straße bis zum Ausgangspunkt der Wanderung 1.

Weiter zur Fajã de São João/Kombination mit Wanderung 38: Um zum Einstieg in die Wanderung 38 zu gelangen, halten Sie sich beim ersten Haus 3 der Fajã dos Vimes rechts bergab. Die Straße führt zur **Kirche** der Fajã. Von dort folgen Sie der Beschreibung von Wanderung 38. Noch 150 m vor der Kirche befindet sich linker Hand das **Café Nunes**, wo Sie, falls geöffnet, eine Pause einlegen können.

Am Pico da Esperança

Wanderung 38: Von der Fajã dos Vimes in die Fajã de São João

800 m

São Jorge → Karte S. 376/377

GPS-Wanderung 38

Von der Fajã dos Vimes in die Fajã de São João

Route: Fajã dos Vimes – Fajã dos Bodes – Lourais – Baía da Areia – Fajã de São João.

Länge/Dauer: 9,9 km, ca. 3:30 Std.

Einkehr: Am Anfang der Wanderung im Café Nunes in der Fajã dos Vimes und am Ende in der Taberna Águeda in der Fajã de São João (beide unregelmäßig geöffnet).

Besonderheiten: Der markierte Wanderweg ist mit dem offiziellen *Percurso Pedestre PR 3 SJO* identisch. Der Weg ist einfach, jedoch mit einem schweißtreibenden Aufstieg am Anfang verbunden – man steigt von Meereshöhe auf rund 450 m auf. Wegen Bachquerungen nicht nach Regen gehen!

An- und Weiterfahrt: Nachteil der Wanderung ist, dass Sie, sofern Sie nicht trampen, auf Taxis angewiesen sind. Zur Fajã dos Vimes kostet das Taxi von Velas 30 €, von Calheta 15 €. Von der Fajã de São João nach Velas kostet die Fahrt 37,50 €, nach Calheta 25 € (nach Calheta fährt auch Di ein Bus um 13.50 Uhr), zurück zur Fajã dos Vimes 27 €.

Wegbeschreibung: Startpunkt der Wanderung ist die **Kirche** ❶ über dem Hafen der Fajã dos Vimes, wo auch Wandertafeln stehen. Von dort folgt man dem befahrbaren Schotterweg entlang der Küste gen Osten zur benachbarten **Fajã dos Bodes** ❷. Sie besteht aus rund 25 Häusern mit Wein- und Maisgärten. Einige sind verfallen, andere wurden bereits nett restauriert und dienen heute vorrangig als Wochenendhäuser.

Am südöstlichen Ende der Fajã dos Bodes wurde 2018 ein hübsches Ensemble aus Natursteinhäusern zu einem Resort umgebaut. Der Wanderweg führte zuletzt direkt hindurch. Das kann sich ändern, achten Sie auf die Markierungen!

Hinter der Resortanlage **3** wird aus dem Weg ein Pfad. Zunächst geht es vorbei an verfallenen Häuschen, Weingärten und kleinen Bananenplantagen, dann steil den Felshang hinauf und durch den Wald. Der Anstieg bis zur Siedlung Lourais hat es in sich und dauert rund anderthalb schweißtreibende Stunden! Unterwegs überquert man zwei Bachläufe auf Trittsteinen, was grundsätzlich keine größere Herausforderung darstellt, nach Regen aber gefährlich werden kann! Kurz vor Lourais tun sich tolle Ausblicke auf die Küstenland-schaft auf, zuvor versperren Bäume zum größten Teil die Sicht.

Eine Häuserruine kündigt schließlich **Lourais,** eine weit verstreute Siedlung, an. Kurz hinter der Ruine mündet der Weg in eine Teerstraße **4**, wo man sich rechts hält. Nun folgt man der Straße für rund 8 Min. bergab bis zum letzten Haus von Lourais. Dort verliert die Straße ihre Asphaltschicht **5** und setzt sich als Feldweg fort.

Kurz darauf passiert man den Fluss **Ribeira do Salto** auf einer Brücke, die Vegetation mutet tropisch an. Es geht weiterhin stetig bergab, schöne Ausblicke auf die Küste und auf Pico tun sich auf. Wenig später sieht man bereits die **Fajã de São João** in der Ferne. Man erreicht sie schließlich vorbei an teils aufgegebenen Katen und üppigen Gärten sowie am Strand der **Baía da Areia** **6**. Um zur **Taberna Água** **7** zu gelangen, wo man (falls geöffnet) einkehren kann, durchquert man den Ort fast bis zu seinem östlichen Ende.

GPS-Wanderung 39

Von der Serra do Topo über die Fajã da Caldeira de Santo Cristo bis zur Fajã dos Cubres

Route: Serra do Topo – Caldeira da Cima – Fajã da Caldeira de Santo Cristo – Fajã do Belo – Fajã dos Cubres.

Länge/Dauer: 10 km, ca. 3 Std. Unterwegs passiert man idyllische Plätze, z. B. die aufgegebene Siedlung Caldeira da Cima, an der man mit Vergnügen ein ganztägiges Picknick veranstalten könnte. Bedenken Sie dies bei der Planung, insbesondere wenn Sie sich von einem Taxi abholen lassen wollen.

Einkehr: In der Fajã da Caldeira de Santo Cristo und in der Fajã dos Cubres am Ende der Wanderung → Norte Pequeno und Umgebung, S. 398.

Besonderheiten: Der Wanderweg ist markiert und identisch mit dem *Percurso Pedestre PR 1 SJO*. Die Wanderung zählt zu den Klassikern des Archipels, nahezu jeder Reiseführer macht auf sie aufmerksam.

An- und Weiterfahrt: Die Anfahrt mit öffentlichen Verkehrsmitteln ist zwar möglich, aber werktags nur an langen Sommertagen machbar, da der Bus nach Topo erst nachmittags fährt (Abfahrt Velas Mo–Fr 15.30 Uhr, Sa 13.15 Uhr, Abfahrt Calheta Mo–Fr 17 Uhr, Sa 13.55 Uhr). Zurück gibt es keine Alternative zum Daumen oder Taxi (ca. 30 € einfach nach Velas).

Wanderung 39:
Von der Serra do Topo über die Fajã da Caldeira
de Santo Cristo bis zur Fajã dos Cubres

São Jorge → Karte S. 376/377

Wegbeschreibung: Der Einstieg zur Wanderung liegt an der **Straße von Calheta nach Topo**. Halten Sie rund 5 km östlich des Ortsausgangsschilds von Ribeira Seca (nachdem Sie die Windräder passiert haben) nach einem Parkplatz mit Unterstand (der einzige weit und breit) rechter Hand Ausschau. Hier finden Sie auch eine **Wandertafel.** Gegenüber beginnt der Wanderweg **1**. Nach wenigen Minuten leichten Ansteigens steht man über dem größten Tal der Insel namens **Caldeira da Cima 2**, das nach einem aufgegebenen Weiler benannt ist, der später noch passiert wird. Der Name „Caldeira" ist etwas irreführend, denn einen Krater sucht man hier vergebens.

Von nun an verläuft der Weg überwiegend auf alten Eselspfaden bis zur Fajã da Caldeira de Santo Cristo stets bergab, der Einstieg liegt rechts voraus. Anfangs ist der Weg noch relativ breit, stellenweise wird er aber von wuchernden Hortensienhecken auf eine schmale Schneise reduziert. Man passiert mehrere Gatter, die man so hinterlässt, wie man sie vorgefunden hat. Die Insel, die nun ins Blickfeld rückt, ist Graciosa. Nach einer Weile verengt sich der Weg zunehmend zu einem deutlich ausgetretenen Pfad. 2-mal gabelt sich dieser, beide Wege treffen jedoch kurz darauf wieder aufeinander. Der Pfad führt stets auf dem Grat des vorspringenden Hangrückens in kleinen

See und Meer:
Fajã da Caldeira de Santo Cristo

Fotoshooting auf dem Weg in die Fajã da Caldeira de Santo Cristo

São Jorge → Karte S. 376/377

Serpentinen bergab, bis er schließlich eine Wiese kreuzt, erst nach links, dann nach rechts. Daraufhin überquert man zwei Bäche auf Steinbrücken. Danach führt der Weg zwischen einer Mauer (zur Rechten) und einem Bach (zur Linken) bis zur aufgegebenen Siedlung **Caldeira da Cima** (bei einer für diese Gegend großen **Brücke 3**). Wenige Schritte hinter der Brücke bietet sich ein Abstecher zum rauschenden Bach an (Hinweisschild). Ansonsten führt der Weg weiter in westliche Richtung (dabei wird eine weitere Brücke überquert) bis zur **Fajã da Caldeira de Santo Cristo** mit See, Kirchlein, Wirtshaus und **Informationszentrum (Centro de Interpretação) 4**. Am Ende der Siedlung wandert man auf einem quadtauglichen Weg weiter, der anfangs unterhalb einer Felswand verläuft. Auf diesem geht es nun auf und ab zur **Fajã do Belo 5** und weiter bis zur **Fajã dos Cubres 6**.

Überquerung der Insel und Weitwanderweg Grande Rota

Von der Serra do Topo führt die hier beschriebene Wanderung 39 über die Fajã da Caldeira de Santo Cristo bis zur Fajã dos Cubres. Wer diese Wanderung in entgegengesetzter Richtung geht, kann im Anschluss dem markierten *Percurso Pedestre PR 2 SJO* (Länge 5,3 km, Dauer ca. 2:30 Std., aufgrund seiner Bodenbeschaffenheit unschön zu gehen und zuweilen extrem verwachsen) von der Serra do Topo hinab in die Fajã dos Vimes folgen. Auf diese Weise überquert man die Insel von der Nord- zur Südküste. Folgt man dort der Wanderung 38, gelangt man zur Fajã de São João, von wo man schließlich – überwiegend auf Feldwegen – bis nach Topo weiterwandern kann. Alles zusammen ergibt die **Grande Rota de São Jorge**, sie ist 41,5 km lang. Infos und GPS-Daten zum Trail auf www.trails.visitazores.com.

Flores

Flores ist die größte Insel der Westgruppe und die viertkleinste der Azoren. Zusammen mit São Jorge gilt Flores bei Wanderern und Naturliebhabern immer noch als Geheimtipp des Archipels. Den Namen „Flores" („Blumen") trägt die Insel zu Recht: Die Pflanzenvielfalt ist einzigartig.

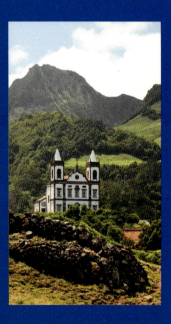

Wussten Sie, dass auf Flores ein verlassenes Geisterdorf in eine wunderhübsche Ferienanlage verwandelt wurde? Idylle pur!
→ S. 438

Geografisch betrachtet liegt die Insel auf dem amerikanischen Festlandssockel, heute in sicherem Abstand zur tektonischen Bruchzone. An ihren vulkanischen Ursprung erinnern nur noch ein paar heiße Schwefelquellen und malerische Kraterseen, Ausbrüche wurden seit Menschengedenken nicht mehr registriert. Politisch gesehen ist Flores mit dem westlichsten Dorf Europas, Fajã Grande, einer der Eckpunkte, die den Raum der Europäischen Union begrenzen – lässt man das französische Übersee-Département Guadeloupe außer Acht ...

Aus der Lage so weit westlich im Atlantik resultieren deutliche klimatische Unterschiede zu den Inseln der Zentral- und Ostgruppe. Flores ist die wasserreichste Insel des Archipels, die jährliche Niederschlagsmenge beträgt durchschnittlich 1500 mm. So regnet es auf Flores fast doppelt so viel wie auf der knapp 600 km entfernten Insel Santa Maria (und fast dreimal so viel wie in Berlin). Auch windet es auf Flores mehr, oft ist der Regen mit Stürmen gekoppelt, die Dächer spielend abdecken können. Bei katastrophalem Wetter bleiben zuweilen die Versorgungsschiffe aus, das ist im Winter eher als im Sommer der Fall. Dann kommt es auch hin und wieder zu Versorgungsengpässen. Das ist v. a. für Touristen ein Problem, denn diese können nichts aus dem eigenen Garten oder Stall holen.

Der Regen schenkt Flores aber auch besonderen Charme – nicht selten strahlt über der grünsten Insel der Azoren ein gigantischer Regenbogen. Entlang der Küste, die von kleinen Felsinselchen gesäumt ist, liegen alle Dörfer der Insel, die den zwei Concelhos Santa

Cruz das Flores und Lajes das Flores zugeordnet sind. Faszinieren die Dörfer durch ihre bäuerliche Idylle, so enttäuschen die beiden Verwaltungszentren durch ihre belanglose Nüchternheit.

Die Schönheit der Insel, die auf der Liste der UNESCO-Biosphärenreservate steht, offenbart sich nur dem, der sich Zeit nimmt, den Wagen auch mal stehen lässt und zu Fuß loszieht. Das wildromantische, oft unberührte, menschenleere Inselinnere, in dem nur Kühe grasen, prägen hohe Berge, die steil zum Meer hin abfallen, rauschende Bäche, die in herrlichen Wasserfällen enden – und dazwischen verwunschene Wäldchen. Der Samen für den Reichtum an Blumen und anderem Grün kam übrigens im Gefieder der Zugvögel von der amerikanischen Ostküste mit, für die die westlichste Insel der Azoren der erste Rastplatz war. So wundert es nicht, dass auf Flores Blumen blühen, die man eigentlich von Florida kennt. Für den Botaniklaien unterscheidet sich die Pflanzenvielfalt von Flores von der anderer Azoreninseln jedoch kaum.

Die schönsten Orte

Fajã Grande ist ein Urlaubsort im Kleinen, mit ein paar herrschaftlichen Häusern im Zentrum. Im Bauerndorf **Fajãzinha** kann man sich mit Käse eindecken und ein wenig träumen.

Wahnsinnsblicke

Genießt man vom **Morro Alto** über die ganze Insel, vom **Miradouro Craveiro Lopes** auf Wasserfälle und das in sattes Grün gebettete **Fajãzinha**, vom Miradouro nahe der **Ponta do Albarnaz** auf die Westküste von Flores, von den Aussichtspunkten an und über den Seen im

Inselinnern und vom **Parque de Lazer da Alagoa** über eine schroffe Küstenszenerie.

Plätze fürs Picknick

Mit Vogelgezwitscher im Waldpark von **Fazenda de Santa Cruz** (dort gibt es auch einen netten Kinderspielplatz), wildromantisch im **Parque de Lazer da Alagoa**.

Wohin zum Baden?

Sandstrände gibt es nur wenige, dafür ein paar einladende Kiesstrände und Naturschwimmbecken. Die beste Bademöglichkeit bietet die nur zu Fuß erreichbare **Fajã de Lopo Vaz** im Süden der Insel. Baden unter einem Wasserfall kann man bei **Fajã Grande** im **Poço do Bacalhau**, auch der dortige Hafen ist ein beliebter Badespot.

Und was tun bei Regen?

Museenrundgang in Santa Cruz das Flores. Verweilen Sie bei anhaltendem Regen einfach länger vor den Monitoren des *Centro de Interpretação Ambiental do Boqueirão* und bestaunen Sie jeden Fisch ausgiebigst. Falls Sie am nächsten Tag die Tour wiederholen müssen (keine Alternativen!), können Sie versuchen, Ihren Atemrhythmus den Kiemenbewegungen der Fische anzupassen. So erfahren Sie, ob mehr Muräne oder mehr Barsch in Ihnen steckt …

Inselgeschichte

Als in den 1960er-Jahren Portugal noch als Armenhaus Europas galt, waren die Azoren das Armenhaus Portugals und Flores war das Armenhaus der Azoren. Mithilfe der EU verliert die Insel aber ihre Rückständigkeit.

Das Eiland soll von dem Seefahrer Diogo de Teive, auf der Rückkehr seiner Neufundlandfahrt im Jahr 1452 entdeckt worden sein – eine These, der andere Quellen widersprechen. Tatsache ist, dass Diogo de Teive erster Donatarkapitän und damit Lehnsherr der Inseln *São Tomas*, wie Flores ursprünglich hieß, und Corvo wurde.

Der Flame Wilhelm van der Hagen gilt als derjenige, der die Besiedlung der Insel Ende des 15. Jh. einleitete; er brachte die ersten Kulturpflanzen und Vieh für die Fleischversorgung mit. Wie auf São Jorge wollte er auch auf Flores den Färberwaid, hierzulande Pastell genannt, großflächig anbauen (→ Kasten S. 41). Die Erträge waren gut, doch gab er zehn Jahre später wieder auf, denn unregelmäßige Schiffsverbindungen erschwerten den Export und ließen die Ernte im Hafen verschimmeln. 1510 kamen portugiesische Siedler vom Festland und ließen sich in der Gegend des heutigen Lajes das Flores nieder. Bald darauf wurde die Stadt gegründet und ihr die gesamte Insel unterstellt. 1548 erhielt Santa Cruz das Flores die Stadtrechte.

Die Siedler rodeten Land und bauten nun Weizen, Mais, Gerste und Gemüse an. Nebenbei ernteten sie die Hinterlassenschaft van der Hagens, das Pastell. Doch auch sie konnten wegen der isolierten Lage der Insel ihre Erträge nicht exportieren, noch immer kamen Schiffe nur sporadisch vorbei. Und wenn ein Segel am Horizont auftauchte, war meist die Angst größer als die Freude: Nicht selten waren es Korsaren, die plünderten und brandschatzten und mit frischer Verpflegung an Bord wieder Kurs auf Terceira nahmen, um dort die goldbeladenen Schiffe der Krone aus der Neuen Welt abzufangen. So gaben viele Siedler wieder auf, glaubten den Versprechungen von besseren Perspektiven anderswo, bestiegen das falsche Boot – und landeten als Sklaven auf den Plantagen irgendwelcher Großgrundbesitzer in Brasilien.

Anfang des 19. Jh. steuerten die ersten amerikanischen Walfangschiffe Lajes das Flores an. Sie heuerten nicht nur die Jugend der Insel an, um Verluste unter den Besatzungen auszugleichen, sondern brachten auch das Wissen und die Technik für die Jagd und die Verwertung der Riesensäuger. 1860 besaß die Insel bereits zwei Walfangboote. Jedoch waren die ersten Jahrzehnte des Walfangs auf Flores nur von spärlichem Erfolg gekrönt. Erst gegen Ende der 1930er-Jahre blühte dieser Wirtschaftszweig kurze Zeit auf. Wohlstand aber bescherte er dem Gros der Bevölkerung nicht. Das lebte weiter in bitterer Armut, sämtliche Sehnsüchte segelten am Horizont vorbei. So suchten viele ihr Glück in der Auswanderung.

„Die Insel in Sicht war Flores. Sie schien nur ein Berg zu sein, der aus den trüben Nebelschleiern über dem Meer herausragte. Aber als wir auf die Insel zufuhren, kam die Sonne heraus und verwandelte sie in ein schönes Bild – eine Masse von grünen Feldern und Wiesen, die sich zu einer Höhe von vierhundertfünfzig Metern emporhoben und ihre äußeren Umrisse mit den Wolken vermischten. Scharfe, steile Gebirgskämme rippten die Insel, dazwischen klafften enge Schluchten, hier und da auf den Höhen bildeten felsige Erhebungen Festungswälle und Burgen nach, durch zerrissene Wolken drangen breite Ströme von Sonnenlicht herab, die Höhen und Abhänge und Schluchten mit feurigen Streifen bemalten [...] Es war das Nordlicht der frostigen Polarsonne, in ein Land des Sommers versetzt."

Mark Twain: Reise durch die Alte Welt, 1867

Flores → Karte S. 420

Flores im Überblick

Daten und Fakten

Hauptorte: Santa Cruz das Flores und Lajes das Flores

Bevölkerung: 3791 Einwohner (27 pro km², Stand 2011)

Größe: 143 km², bis zu 12 km breit, bis zu 17 km lang

Küstenlänge: 48 km

Höchste Erhebungen: Morro Alto 914 m; Pico da Burrinha 886 m; Pico dos Sete Pés 849 m

Position: 39°22′ N und 30°32′ N, 31°07′ W und 31°16′ W

Distanzen zu den anderen Inseln: Santa Maria 589 km, São Miguel 511 km, Terceira 352 km, Graciosa 280 km, São Jorge 267 km, Pico 265 km, Faial 246 km, Corvo 24 km

Wissenswertes vorab

Aktiv: Flores ist eine Wanderinsel, auf der *Grande Rota das Flores*, einem Weitwanderweg, kann man drei Viertel der Insel umrunden – das schafft man ganz gemütlich in vier Tagen. Unterwegs laden herrliche Campingmöglichkeiten auf längere Pausen ein (mehr Infos auf S. 448). Außerdem gibt es etliche Pfade, die – falls nicht verwachsen – zu Entdeckungstouren einladen. Ansonsten ist nicht viel geboten. Und egal, ob Sie tauchen gehen oder eine Bootsausfahrt unternehmen wollen: Sofern nicht ein paar Leute zusammenkommen, findet so gut wie nichts statt.

Wohnen: Die meisten Unterkünfte bietet Santa Cruz das Flores. Am schönsten aber wohnt man in Ferienhäusern und Privatunterkünften außerhalb der Stadt. Campen kann man in Santa Cruz, in Fajã Grande, in Ponta Delgada und im Parque de Merendas da Alagoa.

Kulinarisch: Eine Delikatesse ist die *Sopa da agrião*, eine Brunnenkressesuppe, und die *Caldeirada de Congro*, ein Eintopf mit Aal. Sehr beliebt ist auch *Inhame com Linguiça*, Yamswurzel mit Räucherwurst. Oft werden Kaninchen angeboten, sie werden jedoch mit Schrot geschossen – als Folge hat man zuweilen das Gefühl, auf eine Plombe gebissen zu haben. Ebenfalls zu empfehlen: der lokale Käse.

Feste und Festivals: Zu Ostern finden in allen Pfarrbezirken Karfreitagsprozessionen statt.

Die *Festas do Espírito Santo* haben ihren Höhepunkt am 1. Sonntag nach Pfingsten. Um die Johannisnacht (24. Juni) wird in Santa Cruz die *Festa de São João D'Aquela Banda* mit einem bunten Programm inkl. Sardinenessen zum Abschluss gefeiert. Das bedeutendste Fest ohne religiösen Hintergrund geht Mitte Juli in Lajes über die Bühne: die vier Tage dauernde *Festa do Emigrante*. Anfang August findet in Santa Cruz das Festival *Cais das Poças* mit Bands, lustigen Wettbewerben (u. a. im Fischen) und Fischsuppe statt. Im August gibt's zudem noch diverse Kirchweihfeste.

An- und Weiterreise mit Flugzeug oder Schiff

Flughafen: Insel-Airport in Santa Cruz das Flores. Es gibt einen SATA-Schalter (☎ 292590350), eine Bar (eine der gemütlichsten Airportbars der Azoren, gleichzeitig aber auch die teuerste; kein Wunder, dass hier nur Touristen Kaffee trinken!), Offices der Autovermietungen *Autatlantis* und *Ilha Verde* (→ Mietwagen) und einen Turismo-Stand (i. d. R. nur bei Ankunft der Flieger geöffnet).

Achtung bei An- und Abreise: Die Landebahn des Flughafens von Flores verläuft in Nord-Süd-Richtung, was angesichts der vorherrschenden Westwinde an einen Schildbürgerstreich erinnert. Deswegen werden bei starken Winden mehr Flüge als auf anderen Inseln annulliert – und das zu jeder Jahreszeit!

Flughafentransfer: Wer zu viel Gepäck hat und nicht zu Fuß ins Zentrum gehen möchte, fährt mit dem **Taxi** (ca. 4 €).

Seehäfen: Alle größeren Schiffe, darunter auch die wenigen Autofähren der Atlânticoline auf der *Linha Amarela*, die aus der Zentralgruppe kommen, steuern den sicheren Hafen von Lajes das Flores an. Die kleine Corvo-Fähre (*Linha Rosa*) der Atlânticoline sowie die anderen Boote zur Nachbarinsel verkehren, sofern das Wetter es zulässt, von Santa Cruz das Flores (nur selten von Lajes) und dort meist vom Porto das Poças aus.

Tickets und Informationen zu den Atlânticoline-Fähren bekommt man bei **RIAC** in Santa Cruz an der Praça Marquês de Pombal und in Lajes an der Abzweigung zum Hafen, Avenida do Emigrante 8. Öffnungszeiten beider *RIAC*-Büros: Mo–Fr 9–12 u. 13.30–17 Uhr, Servicetele-

Flores von oben

fon ✆ 800500501. Für den Ticketkauf benötigt man Pass oder Personalausweis, buchen Sie Ihr Ticket nach Corvo so früh wie möglich, auf die Ariel-Fähre passen nur zwölf Personen. Aber Achtung: Die Fähre ist oft kaputt, auch haben *Atlânticoline* und die Mannschaft v. a. in der NS nicht immer Lust, die Fähre in Betrieb zu nehmen – schuld ist dann immer das Wetter.

Nach Corvo: Wer auf Nummer sicher gehen will, wählt einen der privaten Anbieter, die von Juni–Sept. nahezu tägl. (in der Vor- und Nachsaison nur bei ausreichend Nachfrage), sofern es Wetter bzw. Seegang zulassen, Transfermöglichkeiten **mit kleinen Booten** nach Corvo anbieten. Meist werden unterwegs Höhlen angesteuert, oft sind Delfine zu sehen. Dauer je nach Boot 45 Min. bis 1:30 Std., retour 30–35 €/Pers. (die Ariel-Fähre der *Atlânticoline* kostet dagegen nur 20 €), sofern mindestens 6 Pers. zusammenkommen. Die Abfahrt der meisten Boote erfolgt gegen 9.30 Uhr, zurück geht's gegen 16 Uhr. Infos bei **Elisiário Cristino Serpa** (von der gleichnamigen Unterkunft, im Sommer mit einem Kiosk am Porto das Poças vertreten, hat schnelle Schlauchboote mit Hartschalenboden, ✆ 964220645 o. 917918964, www.malheiros.net) und **Carlos Toste Mendes** (vom Hotel Ocidental, → Velas/Übernachten, ✆ 292590100, www.

hotelocidental.com, fährt ebenfalls mit einem Schlauchboot mit Hartschalenboden).

Tipp: Die See ist hier öfters etwas rau, auf den kleinen Booten merkt man das ganz besonders. Wer nicht die Fische füttern will, sollte ein Mittelchen zur Hand haben.

Unterwegs mit Bus oder Mietwagen

Bus: Wer ganz viel Zeit mitbringt, Sa/So eine Pause einlegt und zuweilen auf ein Taxi ausweicht, kann die Insel weitestgehend auch per Bus erkunden. Aktuelle Fahrpläne unter www.utc.pt.

Mietwagen: 3 Autovermietungen gibt es auf Flores, wobei nur **Autatlantis** (✆ 292542278, www.autatlantis.com) und **Ilha Verde** (✆ 292 542372, www.ilhaverde.com) am Flughafen vertreten sind und professionell arbeiten. Sollte man dort kein Fahrzeug mehr bekommen, kann man sein Glück noch bei **Freitas Braga & Braga** versuchen (Büro im Industriegebiet, Rua da Industria, ✆ 963707544, www.fbbraga.pt). Die Autos sind zuweilen etwas älter, aber preiswert. **Achtung**: Es gibt nur 3 Tankstellen auf der Insel, 2 in Santa Cruz (→ Stadtplan) und eine in Lajes das Flores.

Erst Mitte des 20. Jh. kam die Moderne nach Flores. Sie kam mit der portugiesischen Marine, die in Lajes einen Stützpunkt errichtete, und mit den Franzosen, die in Santa Cruz eine Abhöranlage für den internationalen Funkverkehr installierten – nicht zuletzt deshalb sprechen auf Flores bis heute viele Einwohner gut Französisch. Damit einhergehend wurde ein Straßen- und Stromnetz aufgebaut, 1968 der Flughafen eröffnet. Doch dann geriet der Fortschritt vor Flores ins Stolpern. Als 1975 auf den Azoren das Fernsehzeitalter begann, kauften sich auf Flores über 100 Familien einen Fernseher. Enttäuscht blickten sie aufs Schneetreiben – das Signal von Terceira war zu schwach. Die Fernsehpremiere auf Flores kam schließlich mit der Fußballweltmeisterschaft 1986. Zu jener Zeit gab es auf Flores immer noch Insulaner, die noch nie in ihrem Leben Schuhe getragen hatten (1994 verstarb angeblich der letzte). In den letzten zwei Jahrzehnten besserten sich Infrastruktur und Lebensverhältnisse durch EU-Hilfen enorm; auch der Tourismus wurde gefördert. Dennoch leidet Flores unter Bevölkerungsschwund, auffallend sind die vielen „Vende-se"-Schilder am Straßenrand (*vende se* = „zu verkaufen").

Santa Cruz das Flores

Flores' gut 1700 Einwohner zählender Hauptort liegt auf einem Landvorsprung zu Füßen des Monte das Cruzes, eingeklemmt zwischen der großen Landebahn des Flughafens und dem Meer. Viel Flair hat Santa Cruz das Flores bislang nicht, aber man ist bemüht, das zu ändern.

Das im Osten von Flores gelegene Städtchen ist das administrative Inselzentrum, öffentliche Ämter und Einrichtungen liegen Tür an Tür. Nur zwei Straßen führen an beiden Enden der Landebahn in die Stadt, das Flughafenareal trennt die Ortschaft fast vom Rest der Insel ab. „Santa Cruz do Aeroporto" wäre für die Stadt fast treffender. Doch arg störend oder belästigend sind die Flieger nicht, dafür sind es zu wenige am Tag. Das Brummen der Propeller lässt die Langeweile in den Gassen für kurze Zeit vergessen, füllt sie sogar mit Leben, denn plötzlich setzt sich die Stadt in Bewegung, ein Autokorso zieht dann durch die Straßen, hat doch jeder Zweite einen Verwandten oder Bekannten, der zum Airport gebracht oder von dort abgeholt werden muss.

Ansonsten wirkt Santa Cruz das Flores verschlafen und sogar ein wenig verhärmt. Im Norden der Stadt finden sich ein paar Betriebe, Autos und Waschmaschinen werden hier repariert. Am Porto Boqueirão liegt die alte Walfabrik, die 1981 geschlossen wurde und heute zwei moderne Museen beherbergt (→ Sehenswertes). Vorbei am Hotel Ocidental und einem neueren Wohnviertel stößt man auf die ehemalige Siedlung der Franzosen, die auf Flores einst eine Abhörstation betrieben – einfallslose Militärarchitektur aus der Zeit des Kalten Krieges.

Das Zentrum im Süden rund um die Igreja Matriz ist bei einem kurzen Spaziergang schnell erkundet. Die meisten Geschäfte liegen an der Rua Senador André Freitas, die in die Rua do Porto übergeht. Die Straße führt von der Praça Marquês de Pombal bis zum Porto Velho, einem der drei Häfen der Stadt. Der wichtigste der Stadt aber ist der Porto das Poças, der z. Z. d. letzten Recherche mit EU-Geldern ausgebaut wurde. Dem Hafen von Lajes aber, an dessen Kaimauer auch Frachter anlegen können, wird er keine Konkurrenz machen.

Pompös: Igreja Matriz

Sehenswertes

Museu das Flores: Das Inselmuseum befindet sich im ehemaligen Franziskanerkloster São Boaventura. Mit dessen Bau wurde 1641 begonnen, 114 Jahre lang legte man Stein auf Stein. Nach der Vertreibung der Franziskaner wurde aus dem Kloster das erste Krankenhaus der Insel. Die dazugehörige Kirche besitzt einen Hochaltar, der aus Lateinamerika stammen könnte, der einschiffige Kirchenraum ist mit herrlicher Deckenbemalung versehen. Das Erdgeschoss des Museums widmet sich dem Handwerk und der Landwirtschaft, zudem werden Persönlichkeiten der Insel vorgestellt, z. B. Alfredo Luís (1902–1977), der 1922 nach Kalifornien auswanderte und als Alfred Lewis in dem autobiografischen Roman *Home is an Island* über seine Jugend auf den Azoren schrieb.

Das OG widmet sich der Seefahrt, dem Walfang und der Piraterie, aber ganz besonders verschiedenen Schiffbrüchen vor Flores. So wird u. a. an das Schicksal der *Slavonia* erinnert (→ Kasten S. 441) und an das der *Revenge* (das Flaggschiff der englischen Flotte gegen die spanische Armada, das 1591 in einen Zyklon geriet). Alles in allem schön und spannend gemacht, zudem sind viele Exponate auch englisch betitelt.

▪ Rua do Hospital. April–Sept. tägl. (außer Mo) 10–18 Uhr, sonst Di–So 9.30–17.30 Uhr. 1 €. So freier Eintritt.

Die Murals von Santa Cruz

Unterstützt von der NGO *Choki* (www.choki.org) malte die amerikanische Künstlerin Morgan Bricca (www.morganmurals.com) 2017 in und rund um Santa Cruz 15 Blumen- und Vögel-Murals. Man findet sie z. B. am Flughafen (hier ein wunderschöner Gelbschnabelsturmtaucher), neben der Igreja Matriz oder am Porto das Poças. Titel der Muralserie: „Nature is Home".

Flores → Karte S. 420

Fábrica da Baleia do Boqueirão und *Centro de Interpretação Ambiental do Boqueirão*: Die alte Walfabrik befindet sich ganz im Osten von Santa Cruz. An den historischen Gerätschaften, den riesigen Dampfkesseln und Öfen wird mit Schaupuppen die Walverarbeitung von einst dargestellt. Außerdem gibt es zwei alte Walfangboote für ca. 15 Mann Besatzung zu sehen. Makabrer Hingucker im Hof: ein aufgeschnittener und in Teilen enthäuteter Kunststoff-Pottwal in Originalgröße.

Im Untergeschoss der Walfabrik ist das *Centro de Interpretação Ambiental do Boqueirão* untergebracht (Eingang seitlich der Rampe, auf der einst die Wale hochgezogen wurden). Die überschaubare Ausstellung begrüßt ihre Besucher mit Gelbschnabelsturmtaucher-

Virtuelle Aquarien im Centro de Interpretação Ambiental do Boqueirão

gesängen. Informiert wird über die Unterwasserflora und Fauna vor der Insel. Die Attraktion sind „virtuelle Aquarien", in denen sich die wichtigsten Bewohner des Atlantiks tummeln.

■ Porto do Boqueirão. **Centro de Interpretação Ambiental do Boqueirão**, Juni–Sept. tägl. 10–18 Uhr, sonst Di–Fr 10–17 Uhr, Sa 14–17.30 Uhr. 3 €, Fam. 6 €. **Walfabrik** Juni–Sept. Mo–Fr 9–17.30 Uhr, Sa/So 14–17.30 Uhr, sonst Mo–Fr 9–12.30 u. 14–17.30 Uhr, So 14–17.30 Uhr. 2,50 €, Fam. 4 €, Kombiticket 4 bzw. 8 €. www.siaramazores.gov.pt.

Igreja Matriz de Nossa Senhora da Conceição: Mit dem Bau der dreischiffigen Pfarrkirche wurde 1859 begonnen. Laut lokaler Fremdenverkehrswerbung ist sie die prächtigste der Azoren und damit sie es bleibt, wurde ihre neobarocke Fassade mit zwei Türmen zuletzt aufwendig restauriert. Hinter der mächtigen Fassade besitzt das Gotteshaus aber lediglich einen sehenswerten Chor.

■ Unter der Woche ist die Kirche meist nur nachmittags zu den Messen geöffnet, am So hingegen vormittags.

Museu e Auditório Municipal: Der futuristische Bau, der ein wenig an die Architektur Oscar Niemeyers erinnert, beherbergt ein Café, ein paar S/W-Fotos des alten Santa Cruz und eine kleine Dauerausstellung über *AS Flores*, das einstige Monatsmagazin der Insel. Außerdem dient das Gebäude kulturellen Events und wechselnden Ausstellungen.

■ Avenda Príncipe de Mónaco. Mo–Fr 10–12 u. 14.30–16.30 Uhr. Eintritt frei.

Information/Verbindungen

Information Turismo, sehr hilfsbereit. Mo–Fr 9–12 u. 13–17 Uhr, im Sommer manchmal auch Sa/So. An der Rua Dr. Armas da Silveira, ☎ 292592369, www.cmscflores.pt (Rathaus Santa Cruz) oder www.cmlajesdasflores.pt (Rathaus Lajes das Flores).

Verbindungen Die **Busse** starten von der Avenida Príncipe de Mónaco auf Höhe der Apotheke beim Krankenhaus. Keine Busse Sa/So. Die angegebenen Businfos entsprechen dem Stand von 2018.

Linha 1: Von Santa Cruz über Fazenda, Cedros und Ponta Ruiva nach Ponta Delgada fahren 3- bis 4-mal tägl. Busse, der erste um 7.05 Uhr, der letzte um 18.30 Uhr. Von Ponta Delgada fährt der letzte um 17.45 Uhr zurück.

Linha 2: Von Santa Cruz über Lomba nach Lajes fahren 2- bis 4-mal tägl. Busse, der erste während der Schulzeit um 9 Uhr, andernfalls um 10 Uhr, der letzte um 16.50 Uhr. Der letzte Bus von Lajes zurück geht ebenfalls um 16 Uhr, während der Schulzeit fährt noch einer um 16.45 Uhr.

Als könnte man hinüberschwimmen: Blick hinüber nach Corvo

Linha 4 und 5: Von Santa Cruz nach Fajã Grande fährt im Juli/Aug. um 8.35 Uhr und um 17.50 Uhr ein Bus (der letzte zurück startet um 17.15 Uhr). Während der Schulzeit gibt es nur einen Bus um 17 Uhr nach Fajã Grande.

Taxis: 8 Taxis zählt die Insel, 5 davon sind in Santa Cruz stationiert und stehen schräg gegenüber der Hauptkirche. Englisch sprechen Silvio Medina (☎ 918804210), Luíz Filipe de Freitas (☎ 917479341) und José António Semião (☎ 967080386). Zum Airport 4 €, nach Fajã Grande und Ponta Delgada 17 €, nach Lajedo 16 €, nach Lajes 15 €. Rundfahrten 17 €/Std.

Adressen/Einkaufen/Sport/Freizeit → Karte S. 429

Ärztliche Versorgung Krankenhaus, neben dem ehemaligen Franziskanerkloster an der Rua do Hospital. ☎ 292590270.

Baden Über die Rua da Anunciação gelangt man zu einer Wendeplatte über der Küste. Von dort führen Stufen zu Naturschwimmbecken („Piscina") hinab. Auch am Porto do Boqueirão kann man baden.

Bootsausfahrten/Tauchen/Fischen
Bootsausflüge bieten u. a. **Carlos Toste Mendes** und **Elisário Cristino Serpa** an (Adressen → An- und Weiterreise mit dem Schiff). Die Preise sind abhängig von der Teilnehmerzahl, eine Inselumrundung kostet bei 6 Pers. rund 50 €/Pers., eine Bootsfahrt zu den Höhlen 25 €. Toste Mendes offeriert zudem Bootstauchgänge (zuletzt nur im Sept.) ab 40 €/Pers. mit Flasche und Blei, sofern ein paar Leute zusammenkommen. Angeltrips bietet **Zagaiaflores** (☎ 914900304, www.zagaiaflores.pt).

Einkaufen Größter **Supermarkt** der Insel ist das **Centro Comercial Floratlântico** 6 im Industriegebiet. Aber erwarten Sie bloß nicht zu viel! Mo–Sa bis 19.45 Uhr, So ab 14 Uhr. Schräg gegenüber liegt der recht schicke, kleine Supermarkt **Pão de açúcar** 4, der auch Produkte für Veganer bereithält und auch So von 10–17 Uhr geöffnet hat.

Campinggas bekommt man im **Baumarkt João Lourenço** 7 (werktags 9–12 u. 13–17.30 Uhr, Sa halber Tag) im Industriegebiet beim Kreisverkehr.

Frischen Fisch verkauft Di–Sa vormittags die Fischereigenossenschaft **Lotaçor** 14 (blau-weiß-gelbes Gebäude) am Porto Velho. Kein offizieller Laden, aber wer fragt, was es an frischem Fang gibt, dem wird auch etwas verkauft.

Lokalen **Käse** und guten **Joghurt** bekommt man Mo–Fr von 9–12 u. 13–17 Uhr im Verkaufsladen der **Cooperativa Ocidental** 1 etwas außerhalb bzw. hoch über der Stadt (8 Angestellte, 7000 l Milch werden tägl. verarbeitet). Von den Straßen nach Ponta Delgada und Lajes ausgeschildert.

Fluggesellschaft SATA-Büro, Mo–Fr 9–18 Uhr. Rua Senador André de Freitas 5, ☎ 292 590341.

Öffentliche Toiletten Im Park vorm Krankenhaus.

Outdooraktivitäten **WestCanyon**, die landschaftlich überaus reizvollen Canyoning-Touren des jungen Marco Melo sind hochgelobt, es gibt sie in verschiedenen Schwierigkeitsgraden (je nach Länge und Schwierigkeitsgrad 55–85 €). Dazu Wandertouren (ab 35 €/Pers., wenn 4 Pers. zusammenkommen). Office in Fazenda, Rua do Areeiro (auf dem Weg zum Parque Florestal), ✆ 968266206, www.westcanyon.pt.

Zweiradverleih **Autatlantis** (→ Mietwagen) mit Sitz am Flughafen verleiht auch Scooter für 26 €/Tag. **Experience OC** (im Centro Comercial Floratlântico, ✆ 965444505, www.experienceoc.pt) nimmt 30 €/Tag.

Ⓘ Übernachten

Im Sommer kommt es gelegentlich zu Engpässen. Sollten Sie sich für ein Privatzimmer entscheiden, reservieren Sie besser im Voraus – nicht immer ist jemand vor Ort anzutreffen.

Hotels **★★★★ Hotel das Flores** **2**, bestes Hotel der Stadt, direkt an der Küste, jedoch in unattraktiver Lage ganz im Westen von Santa Cruz bei der alten Walfabrik. „Sehr empfehlenswert", meinen Leser. 19 der 26 modern eingerichteten Zimmer mit Meeresblick. Hat Stil, einen Pool und ein ebenfalls von Lesern gelobtes Restaurant (→ Essen & Trinken). Sehr freundlicher Service. DZ mit Meeresblick 96 €, ohne 87,50 €. Zona do Boqueirão, ✆ 292 590420, www.inatel.pt.

★★ Hotel Ocidental **8**, etwas außerhalb des Zentrums. Zweigeschossige Anlage mit 36 geräumigen Zimmern, fast alle mit Balkon oder Terrasse und dem schönsten Meeresblick der Stadt (der Pluspunkt!). Das Mobiliar ist älteren Datums, aber okay (jedoch nicht für den Preis). Lassen Sie sich kein Zimmer zum dazugehörigen Hotel-Café hin geben (Lärm!). Restaurant So Ruhetag. Angeschlossen ist auch ein Fitnesscenter. Badestelle vor der Tür. EZ ab 79 €, DZ 99 €, in der NS fast 50 % Rabatt. Avenida dos Baleeiros, ✆ 292590100, www.hotelocidental.com.

Hospedaria AcquaMarina Flores **15**, in zentraler Lage, einem Souvenirshop angegliedert. In seiner Preisklasse eine sehr gute Empfehlung. 6 großzügige und sehr saubere, hübsch dekorierte Zimmer. Bäder und Böden aus Marmor – die Ausstattung toppt so manches Hotel. DZ 65 €. Rua André Freitas, ✆ 292 592960, www.acquamarina.com.pt.

Ja, wohin denn nun?

Ponta Delgada/
Fazenda da Santa Cruz   **1**

Fábrica da
Baleia
do Boqueirão   **2**

Porto
Boqueirão

3

Freitas
Braga & Braga

6 **4**
7

5
8

Rua da Indústria

Rua das
Horténsias

Einkaufen

1 Cooperativa Ocidental
4 Pão de açúcar
6 Centro Comercial
   Floratlântico
7 Baumarkt João
   Lourenço
14 Lotaçor

Nachtleben

5 Hotel Café

Flughafengebäude

9

Rua   do   Rosário

Trav. da
Estrela

Trav. da Graça

Piscina

10

11

Rua   da   Anunciação

Rua da Esperança

B a i r r o   d o s
F r a n c ê s e s

12

Antigo Bairro
dos Francêses

13

Polizei

Feuerwehr

Landebahn

Com. S. Cruz
R. Alm. Gago Coutinho

R. F. Diogo Chagas

R. Cristina Seipa

Essen & Trinken

3 O Moleiro
10 Café Buena Vista
13 Servi-Flor
16 Lucino's Bar
17 Café Gil
18 Restaurante Rainha do
   Bife
19 Restaurante Sereia

14

Trav. Alfandega

Porto Velho

R. Porto

15

R. R. Mesquita

Rat-
haus

SATA

André Freitas

José

R. S. Catarina

R. Diogo Teive

RIAC
Büro

Serviços
Florestais

Bibliothek

EC

Übernachten

2 Hotel das Flores
8 Hotel Ocidental
9 Hospedaria Maria Alice
   Rodrigues
11 Parque de Campismo
12 José Espírito Santo
   Melo (Priv.)
15 Hospedaria
   AcquaMarina Flores
20 Casa de Hóspedes
   Malheiros Serpa

Praça M.
Pombal

16

17

São Boaventura/
Museu das Flores

i

WC

R. da Conceição

Igreja
Matriz

R. Dr.
Armas da Silveira

18

19

Spiel-
platz

20

BUS

Av. Príncipe do Mónaco

R. do Hospital

Porto das Poças

M

Museu e Auditório
Municipal

Lajes das Flores,
Miradouro Monte
das Cruzes

Santa Cruz
das Flores

200 m

Hospedaria Maria Alice Rodrigues 9, nahe dem Flughafenterminal. Eine gute Wahl in dieser Preisklasse. 11 saubere, solide möblierte, teils recht geräumige Zimmer mit Fliesenböden und Bad. Unkompliziert – die Rezeption ist i. d. R. tagsüber besetzt. Nicht fremdsprachig. EZ und DZ (gleicher Preis) 36 €. Rua Nossa Senhora do Rosário 3 (weiß-blaues Haus hinter dem Friedhof), ℡ 292592309, gracade jesuspereira18@hotmail.com.

Privatzimmer Casa de Hóspedes Malheiros Serpa 20, 5 Zimmer mit Bad und Gemeinschaftsküche im Souterrain. Sehr freundliche englischsprachige Vermieterin. Der Sohn organisiert Bootsfahrten nach Corvo. EZ 36,40 €, DZ 46,80 €. Rua do Hospital (blaues Haus beim Krankenhaus), ℡ 292592201, www.malheiros.net.

José Espírito Santo Melo 12, spricht französisch, vermietet einfache Zimmer und Appartements (v. a. zur Ferienzeit frei, ansonsten von Lehrern und Zeitarbeitern belegt). Ab 40 € für 2 Pers. Meist niemand vor Ort anzutreffen. Vom Flughafen kommend links in die Rua Com. S. Cruz, zweites Haus linker Hand (Nr. 5), ℡ 910 021821, hmelo@sapo.pt.

Campingplatz Parque de Campismo 11, am Meer direkt neben dem Café Buena Vista (s. u.). Neu angelegter, sehr gepflegter Platz mit guten Sanitäranlagen. Grillplatz angeschlossen, Camperwiese mit Meeres- und Stadtblick. Kostenlos. Frei zugänglich. Wenn die Sanitäranlagen in den NS verschlossen sind, sollte man sich ans Turismo oder ans Rathaus (Câmara Municipal, → Stadtplan) wenden. Rua da Anunciação, ℡ 292590700.

Essen & Trinken/Nachtleben   → Karte S. 429

Es gibt nur wenige nennenswerte Restaurants, aus der Reihe fällt nichts. Gelobt wird das Restaurant des **Hotels das Flores** (s. o., modern-steril, kleine Auswahl an Fisch, Fleisch und Pasta zu 10–18 €).

Restaurants O Moleiro 3, nicht in der schönsten Gegend (neben der alten Walfabrik im Industriegebiet) und sehr altmodisch. Wechsel je nach dem Pächter, zuletzt gab es die üblichen Fleisch- und Fischgerichte, aus der Reihe fiel das *Stroganoff*. Die Meeresblickterrasse wurde zuletzt nicht mehr eingestuhlt. Hg. 8–13 €, Tagesessen 6,50 €. Avenida dos Baleeiros, ℡ 292542432.

Restaurante Sereia 19, einfaches, aber solides Restaurant mit nettem Service. Der Fisch ist oft frisch, die *Lapas* sind genial, eines der besten Lokale im Städtchen. Hg. 8–15 €. Rua Dr. Armas da Silveira 30, ℡ 292592093.

Restaurante Rainha do Bife 18, in diesem einfachen Lokal gibt es ordentliches Fleisch (auch regional) und ordentlichen Fisch. Wer *Polvo assado* oder Zickleinbraten *(Cabrito)* essen will, sollte das voranmelden. Hg. 7,50–12 €, Mittagstisch mit Getränk und Kaffee 6,50 €. Tägl. durchgehend geöffnet. Rua da Conceição, ℡ 292700834.

Servi-Flor 13, im alten Quartier der Franzosen im gleichnamigen Hotel (das düstere Haus hat v. a. in der NS „Shining"-Qualitäten), auch der Speisesaal ist gruselig. Aber das Essen ist meist okay, wird sogar hin und wieder gelobt. Tägl. wechselndes Speisenangebot, Hg. 8–11 €. Angeschlossen eine Bar wie aus vergangenen Zeiten. Antigo Bairro dos Francêses, ℡ 292592 453, www.servi-flor.com.

Cafés/Bar Café Gil 17, kein Name an bzw. über der Tür. Einer der Treffpunkte des Städtchens mit gemütlichen Tischen davor. Zu essen gibt es nichts, dafür Bier in großen Humpen. An der Praça Marquês de Pombal.

Lucino's Bar 16, Café-Bar mit gekachelter Theke. Fast Food und zuweilen selbst gebackener Kuchen. Kleine Terrasse. Tägl. bis 24 Uhr. Largo 25 de Abril.

Café Buena Vista 10, verglaster Würfel im Azorenschick. Snacks und Getränke zu fairen Preisen, kleine Terrasse davor. „Der perfekte Ort, um den Tag ausklingen zu lassen", meinen Leser. **Rua da Anunciação,** über der Badezone.

Nachtleben Hotel Café 5, zum Hotel Ocidental gehörend (s. o.). *Der* Nightspot der Insel. Rauchercafé im Dorfdiscostil, alles andere als etwas Besonderes. Kaum jemand ist älter als 20 Jahre alt. Samstagabends häufig Disco oder Karaoke bis 6 Uhr, sonst bis 3 Uhr.

Ponta Ruiva

Der Inselnorden

Die nördliche Inselhälfte präsentiert sich durch und durch gebirgig. An der Küste fällt sie in steilen Klippen zum Meer hin ab. Im Inselinneren erhebt sich der Morro Alto, mit 914 m der höchste Berg von Flores.

Die wenigen abgeschiedenen Dörfer wirken wie im Dornröschenschlaf, kein Wunder, erst in der zweiten Hälfte des 20. Jh. wurde die Straße zwischen Santa Cruz und Ponta Delgada gebaut. Bis dahin waren Eselspfade die einzige Verbindung zur Außenwelt. Die Einsamkeit dieses Landstrichs nimmt einen gefangen, genauso wie der Blick auf das nahe Corvo. Nicht selten hat man das Gefühl, man könnte mal eben rüberrudern.

Zum Wandern ist der Norden von Flores ideal – entlang der Westküste verläuft einer der schönsten Wege des Azorenarchipels. Die *Grande Rota* (→ S. 448) umrundet gar die gesamte nördliche Inselhälfte. Zudem existieren viele weitere Pfade, auf denen man diese Inselhälfte erkunden kann. Übrigens ist es ratsam, stets auf den Pfaden zu bleiben, da der Boden oft von dickem Moos bewachsen ist und Spalten oder matschige Passagen nicht zu erkennen sind.

Routen durch den Inselnorden: Fährt man von Santa Cruz das Flores nach Ponta Delgada, kann man, um den Rückweg etwas abwechslungsreicher zu gestalten, eine Alternativroute durchs Inselinnere wählen. Dafür zweigt man ca. 9 km südöstlich von Ponta Delgada zum Lagoa Seca/Lagoa Branca ab (Hinweisschild) – die Straße ist asphaltiert, auch wenn sie in vielen Karten nicht als Asphaltstraße eingezeichnet ist. Sie führt nördlich am Pico da Sé vorbei, der, wie sein Name schon verrät, einer Kathedrale ähnelt. Etwas später zweigt linker Hand ein Sträßlein zum Pico dos Sete Pés ab, auf dem Geräte zur Flugsicherung installiert sind. Von hier genießt man einen herrlichen Blick auf die Kraterseen im Inselinneren. Nachdem man den Lagoa Branca und den Lagoa Seca (→ S. 436) passiert hat, trifft die Straße schließlich auf die Verbindungsstraße Santa Cruz – Fajã Grande. In Planung ist zudem eine Straße durch den einsamen Nordwesten der Insel von der Ponta do Albarnaz zur Zufahrtsstraße auf den Morro Alto, den ein roter Antennenmast krönt.

Flores → Karte S. 420

Fazenda de Santa Cruz

An Fazenda de Santa Cruz fällt zunächst die **Igreja Nossa Senhora de Lurdes** auf, die, leicht übertrieben gesagt, so spektakulär wie Schloss Neuschwanstein in der Gegend steht. Die Ortschaft selbst breitet sich hinter dem 1909 errichteten Gotteshaus aus.

Durchfährt man den gesamten Ort, gelangt man zur kleinen **Käserei von Ana Paula Silva**, wo man beim Käsen zuschauen kann (mit „Queijaria" ausgeschildert, vom Parkplatz ums Haus herumgehen). Nahebei befindet sich der ausgeschilderte **Parque Florestal**. Das Areal beherbergt Wildgehege (Rotwild, Schafe und verschiedene Vogelarten), endemische Pflanzen, freilaufende Pfauen und vor dem Besucher flüchtende Perlhühner, eine Fischzuchtstation, Picknickbänke, einen Kinderspielplatz (schön) und ein Staubecken. Letzteres wurde 1966 errichtet, um das erste **Kraftwerk** der Insel mit Wasser versorgen zu können – davor war Flores ohne Strom. Das Kraftwerk selbst liegt am Meer; die Straße dorthin führt durch einen **Cañon** mit Basaltsäulen und Wasserfällen. Die Abzweigung zum Kraftwerk findet man, indem man weiter in Richtung Ponta Delgada fährt, das hiesige Tal in einer Rechtskurve über eine Brücke passiert und in der folgenden Linkskurve rechts abbiegt.

Öffnungszeiten des Parque Florestal: Im Sommer Mo–Fr 9–18 Uhr, Sa/So 11–19 Uhr, im Winter verkürzt.

Parque de Merendas da Alagoa

3 km hinter Fazenda de Santa Cruz weist ein Schild von der Straße nach Ponta Delgada den Weg zum Parque de Merendas da Alagoa (1,2 km, auch mit „rede natura Costa Nordeste" ausgeschildert). Hält man sich bei der einzi-

Parque de Merendas da Alagoa: wildromantischer Picknickplatz

gen Gabelung unterwegs (hier kein Schild) rechts, endet die Straße an einer Wendeplatte. Von dort führt ein Fußpfad an einem Bachlauf entlang zu einem traumhaften, wildromantischen Picknickgelände mit Tischen und Grillmöglichkeiten. Hier kann auch gecampt werden (Kaltwasserduschen vorhanden). Am Picknickgelände vorbei führt der Fußweg weiter in eine Kiesbucht. Voraus liegen vier winzige Inselchen, darunter eine mit einer Felsnadel. Den Parque de Merendas da Alagoa passiert auch der Weitwanderweg *Grande Rota* auf dem Abschnitt von Fazenda nach Cedros.

Cedros

Weiter auf der einzigen Straße in den Norden der Insel passiert man 7 km hinter Santa Cruz das Flores das über 120 Einwohner zählende Dorf Cedros. 300 m liegt es über dem Meer. Wer hier aussteigt, wird vielleicht vom drollig-verdutzten Blick eines schwanzwedelnden Hundes begrüßt. Hinter Cedros windet sich die Straße entlang der Küste weiter bergauf, steigt bis auf 500 m an und bietet herrliche Ausblicke auf das karge Hochland und das Meer. Unterwegs jagt man hoppelnde Hasen in die Flucht.

Ponta Ruiva

Auf der Weiterfahrt nach Ponta Delgada zweigt eine knapp 3 km lange, steil abfallende Stichstraße zu dem kleinen Weiler am gleichnamigen Kap ab. Abgeschieden liegt er da, umgeben von kleinen, terrassenförmig angelegten Feldern. In Ponta Ruiva geht es friedlich zu: Schafe stehen am Wegesrand, viele Türen haben nicht mal ein Schloss. Aus irgendeinem Haus dringt die kratzige Stimme des Radio-Nachrichtensprechers, aus einem anderen tönen Opernklänge. Magnet für das Auge ist stets Corvo, das zum Greifen nahe scheint. Neben dem **Miradouro** im Ort befindet sich ein provisorisches kleines **Museu**, in dem historischer Dorftrödel ausgestellt wird.

Verbindungen Bus Mo–Fr 3- bis 4-mal tägl. nach Ponta Delgada und Santa Cruz.

Übernachten Susanne und Dirk Gronwald, das hilfsbereite deutsche Ehepaar vermietet auf seinem Grundstück in toller Lage über der Steilküste 2 Häuser. Schnuckelig ist die studioartige Casinha für 2 Pers. (45 €/Tag): Kochmöglichkeit, traumhafter Meeresblick, idyllischer Garten, Grill. Zudem gibt es noch ein Haus mit 3 Schlafzimmern (für 4 Pers. 80 €/Tag, jede weitere Pers. 10 €), Küche, Wohnzimmer, kleiner Terrasse sowie Grillplatz und viel Wiesenfläche am Hang darüber. Ponta Ruiva, ✆ 292592606, www.ferienhaus-flores-azoren.de.

🥾 Wandertipp Von Ponta Ruiva können Sie auf der *Grande Rota* gen Süden über Cedros zum Parque de Merendas da Alagoa (s. o.) und weiter nach Fazenda wandern; ein sehr schöner Weg, jedoch anstrengend (Dauer ca. 3:30 Std.).

Der Weg gen Norden nach Ponta Delgada (Dauer rund 4 Std.) verläuft entlang alter Saumpfade und Karrenwege, dabei passiert man auch eine vor rund 50 Jahren aufgegebene Siedlung. Insgesamt bietet der Weg für all den Schweiß und die Mühsal (unterwegs ein extrem steiler An- und Abstieg) nur wenige Ausblicke – die, die man hat, sind jedoch grandios.

Flores → Karte S. 420

Aussichtspunkt an der Ponta do Albernaz

Ponta Delgada

In Serpentinen führt die Straße hinab nach Ponta Delgada – im satten Grün vor der Küste und mit dem blauen Meer dahinter setzen die roten Dächer Akzente. Knapp über 500 Einwohner zählt die nördlichste Ortschaft von Flores. Es gibt einen *Minimercado* und eine Schule, viel mehr aber auch nicht. Von der **Igreja de São Pedro** aus dem 18. Jh., die sich auf den Resten einer älteren Kapelle aus dem 16. Jh. erhebt, kann man hinab zur kleinen **Hafenbucht** laufen (baden möglich). Auch ein Ausflug zur 3 km westlich von Ponta Delgada gelegenen **Ponta do Albarnaz** bietet sich an, dem nordwestlichsten Inselzipfel samt gleichnamigem Leuchtturm in herrlicher Lage. Von hier verständigte man sich früher per Leuchtsignal mit der Nachbarinsel Corvo. Der Weg zur Ponta do Albarnaz ist ausgeschildert. 500 m vor dem Leuchtturm zweigt ein Sträßlein ins Inselinnere ab (zugleich der Wanderweg nach Fajã Grande). Folgt man dem Sträßlein für ca. 50 m bergauf und zweigt dann rechts auf den Weg ab (Hinweisschild „Miradouro"), gelangt man zu einem herrlichen Aussichtspunkt mit tollem Blick auf die Nordwestküste von Flores und das vorgelagerte Inselchen Miria Vaz.

Verbindungen Bus Mo–Fr 3- bis 4-mal tägl. nach Santa Cruz das Flores, der letzte Bus fährt um 17.45 Uhr (Stand 2018).

Camping Parque de Merendas e Campismo, Picknick- und Campingplatz in idyllischer Lage über der Hafenbucht. Topp in Schuss: Grills mit Holzscheiten, saubere Sanitäranlagen (Kaltwasserduschen), wunderbare Kulisse. Frei zugänglich und kostenlos. Durch den Ort fahren und immer geradeaus.

Essen & Trinken O Pescador, Café und einfaches Restaurant an der Durchgangsstraße. Oft frischer Fisch und manchmal sogar *Cracas* (Seepocken) – der Besitzer ist Fischer. Die Zubereitung ist jedoch genauso wenig innovativ wie anderswo auf der Insel. Hg. 6–12 €. Rua da Terra Chá, ✆ 292592692.

🚶 **Wanderung 40: Von Ponta Delgada nach Fajã Grande**
Eine der schönsten Touren des Archipels   → S. 446

Die Lagoas im Inselinneren

Flores' Inselinneres präsentiert sich als bergige, oft karge Landschaft mit Seen von z. T. einzigartiger Schönheit – weil sie allesamt Krater vulkanischen Ursprungs füllen, nennt man sie auch „Caldeiras". Am beeindruckendsten ist der Blick von dem schmalen Grat, der den Lagoa Comprida zur Rechten vom Lagoa Funda zur Linken trennt.

Die Seen von Flores zählen zum Schönsten, was die Insel zu bieten hat. Es sind sieben an der Zahl: der Lagoa Funda und der Lagoa Comprida an der Ost-West-Straßenverbindung der Insel, nahebei der Lagoa Branca und der Lagoa Seca. Im Südosten der Insel bildet der Lagoa Rasa mit dem zweiten Lagoa Funda ebenfalls ein Seenpaar. Der Lagoa da Lomba, der siebte der Flores-Seen, liegt etwas abseits weiter im Osten. Sie alle sind von einer überwiegend endemischen Vegetation umgeben, ein kleines Eldorado für Botaniker, und zudem Brutstätte und Rastplatz vieler Vögel – aus diesem Grund sollte man Spaziergänge um die Seen vermei-den. Zudem gibt es auch kaum Wege, und in dem meterdicken Moos in Ufernähe glaubt man zu versinken. Die meisten Seen lassen sich aber bequem von Aussichtspunkten überblicken.

Verbindungen Die Abzweigung zum Lagoa Comprida und zum Lagoa Funda passieren die Busse zwischen Santa Cruz und Fajã Grande (→ Verbindungen dort).

Angeln In den Gewässern wimmelt es von **Karpfen**. 1899 wurden die ersten ausgesetzt. Heute dauert es nur ein paar Minuten, bis einer anbeißt. Wer sein Glück versuchen will, holt sich eine Lizenz bei **Serviços Florestais** in Santa Cruz (schräg gegenüber der Post in der Rua Senador André de Freitas). Was man sonst noch alles fischen kann und welche Schonzeiten gelten, erfährt man dort ebenfalls.

 Wanderung 41: Vom Lagoa Comprida nach Fajã Grande
Auf uralten Pfaden die Berge hinab   → S. 449

Kleine Berg- und Seentour

Von Santa Cruz das Flores folgt man zuerst der Beschilderung in Richtung Lajes das Flores, also nach Süden, und zweigt dann auf die inseldurchquerende Straße nach Fajã Grande ab. Diese passiert mehrere Aussichtspunkte. Einen kurzen Stopp lohnt der **Miradouro Arcos Ribeira da Cruz** (zuletzt kein Hinweisschild, der zweite Aussichtspunkt nach der Abzweigung; auf der linken Seite) hoch über dem gleichnamigen Tal mit tropisch anmutender Vegetation und einem Wasserfall auf der gegenüberliegenden Seite. Einziger Wermutstropfen fürs Auge: das Kieswerk im Tal.

3 km weiter ist die Abzweigung zum **Lagoa da Lomba** ausgeschildert. Von der Abzweigung führt eine knapp 2 km lange, fast geradlinig verlaufende Straße zu einer Kreuzung (hier rechts halten),

von wo es noch rund 200 m bis zum See sind. Der Lagoa da Lomba ist der unspektakulärste aller Inselseen, das Ufer säumen Weiden und Wäldchen. Wegen der vielen Wasserpflanzen ist baden nicht möglich.

Hoppelnde Karnickel begleiten Sie bis zum nächsten See. Dafür folgt man vom Lagoa da Lomba der Beschilderung „Vista da Pedrinha miradouro Lagoas Funda e Rasa" Richtung Süden. Sämtliche Linksabzweigungen lässt man dabei unbeachtet. Die Straße wird zu einem Traum, Kartografen würden sie mit dem grünen Saum für „landschaftlich reizvoll" versehen. Grandiose Ausblicke auf die Ostküste tun sich auf und, nachdem man den Pedrinha-Bergkamm umfahren hat, ebensolche auf den **Lagoa Funda** und den **Lagoa Rasa**. Man könnte meinen, die Straße sei allein wegen der herrlichen Aussicht angelegt worden. Um zu dem Aussichtspunkt zwischen den beiden Seen zu gelangen, folgt man fortan der Beschilderung „Lagoas Funda e Rasa". Im Lagoa Rasa kann man baden. Ein Bad im Lagoa Funda ist hingegen nicht zu empfehlen – der See ist immer wieder kurz vorm Umkippen.

Um die kleine Seenrundfahrt fortzusetzen, nimmt man 200 m hinter dem Aussichtspunkt zwischen dem Lagoa Funda und dem Lagoa Rasa die erste Rechtsabzweigung und folgt der unbefestigten, aber leicht zu meisternden Schotterstraße. Die Linksabzweigung nach rund 400 m bleibt unbeachtet.

Lagoa Funda und Lagoa Comprida

Keine 2 km weiter stößt man auf die R 1-2 und hält sich rechts gen Norden. Aber Achtung: Bereits nach 400 m lohnt der nächste Stopp am leicht zu übersehenden **Miradouro Craveiro Lopes**, einem herrlichen Aussichtspunkt direkt am Klippenrand hoch über Fajãzinha. 1 km weiter passiert man die Brücke über den Ribeira Grande. Theoretisch könnte man am Flussbett entlang bis zur Abbruchkante gehen, von wo sich der Fluss als höchster Wasserfall der Insel in Kaskaden zu Tale stürzt; praktisch versumpft man aber im Morast. Kurz hinter der Brücke zweigt bei einer Rechtskurve eine unbefestigte Straße nach links zum **Morro Alto** ab, dem mit 914 m höchsten Berg von Flores. Wer ihn besteigt, dem liegt die ganze Insel zu Füßen. Bleibt man auf der geteerten Straße, taucht knapp 1 km weiter das Hinweisschild zu den Seen Lagoa Funda und Lagoa Comprida auf. Über eine 350 m lange Stichstraße gelangen Sie zu einer Wendeplatte. Hier sollte man beim Verlassen des Wagens das Weitwinkelobjektiv nicht vergessen und über die Stufen zu der kleinen Plattform hochsteigen. Von dort genießt man einen tollen Blick auf den kreisrunden (auch Lagoa Negra genannten) **Lagoa Funda** zur Linken, der über 100 m tief ist, und den 17 m tiefen **Lagoa Comprida** zur Rechten.

Folgt man der R 2-2 weiter Richtung Santa Cruz und zweigt nach rund 1 km links ab, passiert man den sumpfigen **Lagoa Seca**, der sich in einem Kessel rechts der Straße versteckt. Weiter die Straße bergauf sieht man schließlich linker Hand den **Lagoa Branca** (nur ca. 2 m tief). Im Herbst und Winter kommen Ornithologen hierher, um Krickenten, Graureiher und seltene Zugvögel zu beobachten, im Sommer brüten hier Seeschwalben und Moorenten – auf Flores soll es 137 Vogelarten geben. Vorbei am **Pico dos Sete Pés** (→ S. 431) gelangt man in den Norden der Insel. Nahe Ponta Ruiva stößt man auf die Straße zwischen Santa Cruz und Ponta Delgada.

Fajã Grande und der Südwesten

Kleine, beschauliche Dörfer prägen die dünn besiedelte Küstenregion des Südwestens. Unmittelbar am Meer liegt nur Fajã Grande, gerne „westlichste Siedlung Europas" genannt. Das „Grande" bezieht sich übrigens mehr auf die Fajã als auf die Ortschaft.

Eine Stichstraße führt nach Fajã Grande. Auf dem Weg dorthin passiert man die Abzweigung zur Ortschaft Fajãzinha und zum Teich Poço da Ribeira do Ferreiro, dazu eine alte Wassermühle. Diese Ziele sind weiter unten beschrieben. Fajã Grande selbst ist im Winter ein verschlafenes Dorf und mausert sich im Sommer zu einem beliebten Urlaubsörtchen – mit den teuersten Lokalen des Archipels. Baden kann man u. a. in einem etwas abseitig gelegenen Naturschwimmbecken (mit „Piscinas naturais" ausgeschildert) und in der Hafenbucht. Beim dortigen Restaurant gibt es auch einen kleinen Kinderpool. Am Hafen wird an Sommerabenden gern gegrillt und gefeiert, denn der Sonnenuntergang von Fajã Grande zählt zu den schönsten der Azoren.

Erst in der zweiten Hälfte des 19. Jh. wurde die Ortschaft zur Pfarrei erhoben. Fajã Grandes große Zeit war da aber längst passé. Die Emigration hatte die Einwohnerzahl mehr als halbiert. Dass Fajã Grande im 18. Jh. der zweitgrößte Ort von Flores war, ist heute kaum mehr vorstellbar. Damals besaß es einen sicheren und wehrhaften Hafen. Vier Festungen schützten die Bucht, heute erinnern daran nur noch ein paar Steinbrocken. Bis Anfang des 19. Jh. zählte Fajã Grande zudem zu den wohlhabendsten Orten der Insel. Schlendert man durch die engen Gassen, fallen ein paar alte herrschaftliche Häuser ins Auge, aus einer Zeit, in denen der Walfang noch Geld nach Flores brachte.

Am Hafen von Fajã Grande

Die nahe **Felsinsel Monchique** vor der Küste wird übrigens gerne als das Ende Europas bezeichnet – über Tausende von Seemeilen tanzen die Wogen des weiten, launischen Atlantiks von dort bis nach Amerika.

Verbindungen Im Juli/Aug. um 8 und 17.15 Uhr ein **Bus** nach Santa Cruz, während der Schulzeit nur morgens um 8 Uhr. Zudem ein Morgenbus (während der Schulzeit um 7.45 Uhr, ansonsten um 8 Uhr) und ein Nachmittagsbus (Abfahrt 15 Uhr) nach Lajes, von wo man mit Umsteigen auch noch nach Santa Cruz gelangen kann (Stand 2018).

Geld Weder Bank noch Automat vor Ort!

Fahrradverleih **Experience OC** (aus Santa Cruz) unterhält im Sommer beim Restaurant Papadiamandis (s. u.) einen Kiosk. 10 €/Tag.

Übernachten Auch wenn es in Fajã Grande im Hochsommer (aber nur im Hochsommer) recht turbulent zugeht – keine Sorge: Sie können friedlich einschlafen!

meinTipp **Argonauta**, dahinter steckt Stéfano Folgaría, ein italienischer Fotograf, der nach Flores kam, um dem Trubel der Welt zu entgehen. Rund um die Erde ist er gereist, 1000 Orte hat er gesehen, doch keiner hat es ihm mehr angetan als das Dorf am westlichsten Ende Europas. In dem alten Stadthaus im Zentrum – übrigens das erste Haus Fajã Grandes, das eine Badewanne besaß – vermietet er von April bis Anfang Okt. 5 mit Liebe ausgestattete, gemütliche Zimmer. DZ 58–135 €. Rua Senador André de Freitas 5 (gelbes Gebäude an der Durchgangsstraße), www.argonauta-flores.com.

Casas da Cascata, ein Studio, 4 Ferienhäuser (Neubauten) und ein rustikales Ferienhaus in den Mauern einer historischen Wassermühle: 3 Schlafzimmer, nach hinten ein Wasserfall, nach vorne gigantischer Ozeanblick – idyllischer wird's wohl kaum. Für 2 Pers. ab 70 €. Via da Ribeira das Casas, ☎ 926582177, www.casasdacascata.com.

meinTipp **Aldeia da Cuada**, ein abgeschiedener Traum, ca. 1,5 km von Fajã Grande entfernt. „Ein Ort zum Entschleunigen", meinen Leser. Das verlassene Geisterdorf Cuada wurde in eine ländlich-ursprüngliche Ferienanlage mit 16 Natursteinhäusern für Selbstversorger (für 2–12 Pers.) verwandelt. Liebevoll ausgestattet, fast alle Häuschen mit gusseisernen Öfen und Meeresblick. Grillmöglichkeiten. Daneben weiden die Kühe. Mit dabei ein rustikales Restaurant mit niedlicher Terrasse. Mittags Light Lunch (Burger, Salate, Suppen), abends eine kleine Karte mit Fisch, Fleisch und Vegetarischem zu 11–17 €. Haus für 2 Pers. 90 €/Nacht. Auf dem Weg nach Fajã Grande ausgeschildert, ☎ 292590040, www.aldeiadacuada.com.

Camping **Camping- und Picknickplatz** direkt über dem Naturschwimmbecken (für die Anfahrt s. o.). Von Mauern unterteilte Wiesen, gute Sanitäranlagen (Warmwasser), Grillplatz. Allerdings wenig Idylle zwischen Neubauten und Bauruinen. Kostenlos und frei zugänglich. Auf dem Gelände die **Barraca Q'abana** (s. u.).

Essen & Trinken **Aldeia da Cuada**, → Übernachten.

Maresia, in Hafennähe. Winziges alternatives Restaurant-Café – die einen lieben es und kommen jeden Tag wieder, anderen ist es einen Tick zu schäbig und dafür mehrere Ticks zu teuer (rechnen Sie mit etwa dem Doppelten des Azorendurchschnitts). Pluspunkte: geniale Sicht zum Sonnenuntergang, coole Musik zwischen Tom Waits und Madredeus und gute Qualität der Zutaten, sehr gut das Filetsteak und der *Polvo* aus dem Ofen. Nur kleine Karte, dafür lange Wartezeiten. Ab 19 Uhr. ☎ 965665 649 (mobil).

Papadiamandis, das nach einem untergegangenen Frachtschiff benannte Lokal besitzt eine große Terrasse (der Pluspunkt). Ansonsten überzeugte es uns zuletzt nicht wirklich: Der gepflegte Speisesaal roch ein wenig nach Klo, das *Bitoque* war zäh wie eine Schuhsohle, die vegetarische Pasta aber okay. Auf der langen Speisekarte auch Pizza. ☎ 917947118.

Jonah's Snackbar, hübscher, rustikaler Essbereich, Terrasse, gute Küche, die sich an Fisch- und Fleischesser wendet. Jedes Hg. 14 €. Rua Senador André Freitas, ☎ 292552043.

Barraca Q'abana, der Verschlag auf dem Gelände des Campingplatzes (s. o.) macht auf den ersten Blick nicht viel her, serviert aber solide Snackküche wie Hühnerspieße oder *Bifana*, zudem hausgebackene Kuchen. Minuspunkt: Könnte alles ein wenig gepflegter sein. Tägl. durchgehend geöffnet. ☎ 969317901.

Fajã Grande/Umgebung

Ponta da Fajã/Baden: Eine schmale Stichstraße führt von Fajã Grande in das knapp 2 km nördlich gelegene Ponta da Fajã. Sie verläuft am Fuße einer gewaltigen Felswand mit mehreren imposanten **Wasserfällen**. Dort, wo der Was-

serfall des Ribeira das Casas hinabstürzt, liegt der **Poço do Bacalhau**, der Stockfischteich. Im Sommer lässt es sich hier, umgeben von einer Blumenidylle und dem Rauschen des Wasserfalls, herrlich baden. Das stille Dorf Ponta da Fajã selbst wurde bereits im 16. Jh. gegründet, in den 1980er-Jahren aber vorübergehend aufgegeben: Am Morgen des 19. Dezember 1987 lösten sich Brocken aus der dahinter aufragenden Felswand und begruben Felder, eine Kapelle, ein Wochenendhaus und eine Garage samt Mercedes unter sich. Die 50 Einwohner blieben glücklicherweise allesamt unverletzt, wurden aber von der Regierung aufgefordert, den Ort zu verlassen, da sich der Vorfall jederzeit wiederholen kann. Doch sechs Familien leben bis heute noch in Ponta da Fajã.

Fußweg zum Poço do Bacalhau Zwischen Fajã Grande und Ponta da Fajã ausgeschildert. Dauer keine 5 Min.

Moinho da Alagoa: Nahe der Stichstraße nach Fajã Grande, ca. 3,5 km vor dem Ort, steht (von Santa Cruz kommend rechter Hand) eine alte, funktionstüchtige **Wassermühle**, die noch immer in Betrieb ist. Vorrangig Mais wird hier gemahlen, von einer Müllerin namens Fatima Serpa.

Poço da Ribeira do Ferreiro: Rund 3 km vor Fajã Grande taucht ein Hinweisschild zum Poço da Ribeira do Ferreiro auf (Parkmöglichkeiten auf der anderen Straßenseite). Das Schild zeigt ein wenig verwirrend ins Grüne und lässt zwei Möglichkeiten zu. Folgen Sie dem rechten Wiesenweg, der auf den ersten Metern parallel zur Straße verläuft. Daraus wird schon bald ein wunderschöner, uralter und schattiger Weg (nach Regen sehr glitschig!), der für rund 700 m stets leicht bergauf führt. Dann erreichen Sie, begleitet von Vogelgezwitscher, den Teich Poço da Ribeira do Ferreiro (auch Poço da Alagoinha genannt), der von mehreren Wasserfällen gespeist wird. Das Ufer ist sumpfig und morastig. In der Umgebung wächst wilder Yams.

Blick auf Fajãzinha

Fajãzinha

Hoch über dem Meer auf einem weiten Plateau liegt Fajãzinha, ein verschlafenes Bauerndorf – nicht umsonst kräht stets der Hahn. Knapp 130 Einwohner zählt der Ort, der lange Zeit von der Außenwelt isoliert war. Mitte des 20. Jh. begann man mit dem Bau einer Straße nach Fajãzinha, 1958 fuhr der erste Autobus nach Santa Cruz. Am verträumten, dreieckigen, baumbestandenen Dorfplatz Rossio findet man einen kleinen Lebensmittelladen, der zugleich die Bar und der Versammlungsort des Dorfs ist. Eine kleine **Familienkäserei** (*Queijaria Tradicional*, bestens ausgeschildert) produziert leckeren Frischkäse. Falls geschlossen, einfach klingeln. Das ausgeschilderte „Museu" hingegen existiert nur auf dem Schild.

Verbindungen Die **Busse** zwischen Lajes und Fajã Grande halten auch in Fajãzinha.

Übernachten Aldeia dos Sonhos, 6 Natursteinhäuschen vermieten Maria und Meinhard Erlacher. 2 sind auch für Rollstuhlfahrer geeignet. Alle haben Sitzgruppen im Freien, Grillmöglichkeit und Meeresblick. Keines gleicht dem anderen, teils witziger Eigenausbau. Drum herum und dazwischen Ziegen und die eigene Fischzucht, Gewächshäuser, Wachteln ... Bei längerem Aufenthalt können für die Gäste Fahrzeuge zur Verfügung gestellt werden. Für 2 Pers. ab 60 €/Nacht. Rua do Pico Redondo (auf dem Weg zur Käserei), ✆ 292552050, www.fajazinha.com.

Essen & Trinken   Restaurante Pôr-do-Sol, altes Natursteingebäude in wunderschöner Lage mit Garten. Tolles Ambiente, aber zuletzt leider sehr schwankende Kritiken, was Küche und Service betrifft. Fisch – mal frisch (meist in der HS), mal tiefgefroren – und azoreanische Klassiker zu leicht gehobenen Preisen. Mai–Sept. Di–Sa 12–14 u. 19–21 Uhr, So nur 12–14 Uhr, Mo Ruhetag, in allen anderen Monaten verkürzt. Auf dem Weg vom Dorf zum Meer, ausgeschildert, ✆ 292552075.

Caldeira

Am Fuß des **Cruzeiro da Fajãzinha**, dem großen Steinkreuz hoch über Fajãzinha, beginnt eine herrliche Panoramastraße über Caldeira nach Mosteiro. Caldeira selbst, an einem Bächlein in einer Senke gelegen, ist ein Geisterdorf, dessen Geschichte mit dem Wegzug der letzten Familie 1992 endete. Ein kleiner Spaziergang durch das verlassene Dorf – am Wegesrand wächst *Roca-da-velha*, ein Ingwergewächs mit blassgelben Blüten – hat seinen besonderen Reiz, und so manche Ecken und Winkel erzählen vom harten Landleben der einstigen Einwohner. Wer der Wanderung 42 von Lajedo nach Fajã Grande folgt, passiert das Dorf.

Mosteiro

Der Name des Ortes („Kloster") soll von einem Felsen herrühren, der von Weitem vor langer Zeit die Form und das Aussehen eines Klosters besaß. Den Felsen trug man irgendwann ab, man benötigte Steine für den Häuserbau. Mosteiro ist fast eine Kopie von Fajãzinha, nur ist der Ortskern rund um die **Kirche Santissima Trindade** etwas kompakter. Im Inneren der für die Azoren etwas untypischen Kirche befindet sich eine Statue der Hl. Filomena, die der Opiumhändler António de Freitas einst aus Macao mitgebracht hatte. Ansonsten gibt es im Ort nicht viel Sehenswertes. 2 km entfernt, über der Straße nach Lajedo, steigen die **Rochas dos Bordões** auf, eine imposante Basaltformation (→ S. 474). Angeblich zählen die Basaltsäulen mit einer Höhe von bis zu 28 m zu den höchsten der Welt.

Geschenke des Meeres

Vor Lajedo lief 1909 die *Slavonia*, ein Dampfer auf der Route New York – Triest, im dicken Nebel auf Grund. Als erstes Schiff der Welt setzte die Slavonia den Hilferuf *S-O-S* im Morsecode ab, drei Jahre zuvor war dieser von Vertretern aus 27 Ländern im Rahmen der ersten Welt-Funkkonferenz in Berlin als internationales Notrufsignal vereinbart worden. Alle 600 Passagiere konnten gerettet werden, nur der Kapitän wählte den Freitod. Danach wurde vom Schiff abmontiert, was nicht niet- und nagelfest war (ein paar Relikte zeigt das Museum in Santa Cruz). Heute gilt das 155 m lange Wrack 25 m vor der Küste in einer Tiefe von 18 m als Tauchattraktion.

Nicht nur die Slavonia erlitt vor der Küste von Flores Schiffbruch; allein vor Fajã Grande wurden drei Schiffbrüche verzeichnet: 1869 ein französischer Logger (an Bord soll Zucker gewesen sein, bis zu diesem Zeitpunkt auf Flores noch weitgehend unbekannt), 1918 ein norwegischer Dampfer und 1965 das unter der Flagge Liberias fahrende Frachtschiff *Papadiamandis*. Da bis zum Ende des 19. Jh. Geld auf Flores Mangelware war (man lebte vom Tauschhandel), waren auch Importartikel rar. Und so stammten die meisten Kerzenständer, Petroleumlampen, Werkzeuge, Pfannen, Schmuckgegenstände – also fast alles, was es in den Häusern auf Flores gab – von gestrandeten Schiffen.

Lajedo und Umgebung

Das idyllisch gelegene Lajedo ist eingebettet in ein grünes Tal zwischen Felsen und kleinen Bergkämmen. Nur wenig weiter liegt der Weiler **Costa**. Zusammen zählen beide Orte gerade mal
90 Einwohner. Hund und Katz sagen
sich hier noch immer bei Sonnenuntergang gute Nacht, auch wenn seit 1978
elektrischer Strom aus der Dose
kommt. Bekannt ist der Ort v. a. wegen
der am Meer sprudelnden heißen Quellen, den **Água Quente**. Eine Attraktion
sind sie nicht, wer dennoch seine
Hand hineinhalten möchte, folgt der
Wegbeschreibung. Achtung, der Pfad
ist nicht ungefährlich!

Nahe dem Wegbeginn zu den Quellen (s. u.; beim Schild „Água Quente
1600 m" nicht nach rechts zur Küste
abbiegen, sondern geradeaus weiter-
fahren) wohnt der **Instrumentenbauer
José Agostinho Serpa**. Er fertigt u. a.
Mandolinen, *Cavaquinhos*, klassische
Gitarren und grandios klingende zwölf-
saitige *Violas da Terra*. Bis zu einem
Monat Arbeit steckt in einem Instru-
ment. Neben brasilianischen Hölzern
verwendet er auch Hölzer des hiesigen
Gagelbaumes und von Platanen. Josés
Kundschaft kommt aus der ganzen
Welt. Jeder kann vorbeischauen, Josés
Frau webt zudem hübsche Stoffe.

Anfahrt/Fußweg zu den Água Quente: In
Costa orientiert man sich immer in Richtung
Küste und parkt dort beim Hinweisschild „Água
Quente 1600 m". Zu Fuß folgt man nun dem
Weg weiter zur Küste, der schließlich in einen
Pfad übergeht und weiterhin mit „Água Quente
Hot Water" ausgeschildert ist. Ab dem Hinweis-
schild, das auf etwa gleicher Höhe steht wie ein
Felsobelisk im Meer, bedarf es absoluter
Schwindelfreiheit, von hier aus sind es noch
rund 200 m. Wenige Meter hinter dem Schild
führt der Pfad entlang einer steinigen, steilen
Felswand und endet hoch über einer kleinen
Felsbucht. Im weiteren Verlauf sollte man über
absolute Trittsicherheit verfügen, denn die letzten Meter des Weges sind leider einem Felsab-
bruch zum Opfer gefallen. Man muss steil absteigen; manchmal lassen sich noch ein paar in
den Stein geschlagene alte Stufen erkennen.
Die Route hinab ist gelb-rot markiert. Aus einer
Felsspalte (je nach Gezeiten nur wenige Meter
über dem Meer) rinnt die warme Quelle.

 Wanderung 42: Von Lajedo nach Fajã Grande   → S. 450
Auf alten Pfaden von Weiler zu Weiler

Fajã de Lopo Vaz/Baden

Die Fajã de Lopo Vaz besitzt ohne
Zweifel den besten und längsten Strand
der Insel – mit dunklem Sand und wegen seiner Abgeschiedenheit nie überlaufen. Die Fajã gehört zu den am frü-
hesten besiedelten Gebieten von Flores,
die aus Spanien emigrierte Familie Lopo Vaz bewirtschaftete den Küstenabschnitt über mehrere Jahrhunderte.
Heute stehen in der Fajã ein paar Wochenendhäuser, und noch immer wird
sie landwirtschaftlich genutzt. In ihrem
besonderen Mikroklima gedeihen Bananen, Feigen, Trauben, Ananas und
andere Früchte. Hinab zur Fajã führt
ein alter Fußweg, der sich an Japanischen Sicheltannen vorbeizieht, hier
kann man wilden Ziegen begegnen.

Wer von Lajes der Beschilderung zur
Fajã folgt, passiert das **Museu Lacticinios**, ein kleines Museum mit traditionellen Gerätschaften zur Käse- und
Butterherstellung (Mo–Fr 9–16 Uhr,

ebenfalls ausgeschildert). Nahebei steht die **Casa do Lavrador** (Hausnr. 14), die ebenfalls zu besichtigen ist. Die Ausstattung dokumentiert den Inselalltag des letzten Jahrhunderts.

Achtung: Wegen gefährlicher Strömungen nur bei ruhiger See baden! In diesem Küstenabschnitt werden angeblich des Öfteren Haie gesichtet, von Angriffen auf Menschen ist aber nichts bekannt.

Anfahrt/Fußweg: Die Fajã ist sowohl von Lajes als auch von Lajedo bestens ausgeschildert. Die Straße endet an einem Parkplatz mit Kreuz und Picknickmöglichkeit. Von dort genießt man eine schöne Aussicht auf die Südküste, nicht aber auf die Fajã, sie liegt hinter einem Felsrücken rechter Hand. Rechts vom Kreuz beginnt der Pfad hinab (zugleich der offizielle Wanderweg *PRC 4 FLO*). Dauer ca. 30 Min., zurück deutlich länger, Schwindelfreiheit erforderlich!

Lajes das Flores und der Südosten

Flores' zweitgrößte Stadt, von den Einheimischen kurz Lajes genannt, ist das Verwaltungszentrum der südlichen Inselhälfte. Charme hat der Ort nicht, doch die Küste des Südostens begeistert: besonders durch ihre Fajãs, ebene Küstenzonen, die durch Hangrutsche entstanden sind.

Lajes das Flores – alles andere als ein klassischer Ferienort – zählt etwas über 1500 Einwohner. Einen richtigen Ortskern sucht man vergebens, großflächig sind die Straßenzüge angelegt, weit verstreut sind die Häuser – irgendwie hat alles Vorortcharakter. In der Avenida do Emigrante findet man das Rathaus, die Bibliothek und einige Banken, neben der Kirche steht das Postgebäude. Die Siedlung nahe dem **Leuchtturm** gehörte einst der portugiesischen Marine, die hier bis 1993 eine Radiostation unterhielt. Oberhalb des Leuchtturms fällt ein futuristisches Gebäude mit Spiegelfassade ins Auge. „Museu" steht drauf. Zuweilen werden Bilder lokaler Künstler darin gezeigt, in erster Linie aber dient das Gebäude als Auditorium und Bibliothek.

Santa Cruz das Flores ist heute das Zentrum des Flugverkehrs, Lajes das Flores das des Schiffsverkehrs. Es gibt Pläne, die Hafenmole, die auch eine kleine Marina schützt, noch weiter auszubauen. Den Touristen käme das we-

niger zugute – je größer die anlegenden Schiffe, desto unattraktiver wird der kleine **Sandstrand** davor werden. Zumindest wimmelt es heute im Hafen nicht mehr vor Haien. Als das lokale Walfabrik noch in Betrieb war, lockte das Blut der zerlegten Säuger die Raubfische an. An jene Zeit erinnert das kleine, nette **Museu dos Baleeiros** hinter dem Strand. Man sieht u. a. historische Fotos, Lanzen und eine rekonstruierte Schlafstube der Walfänger. Meist bekommt man eine ausführliche Führung auf Portugiesisch – ob man der Sprache mächtig ist oder nicht (Mo–Fr 9–16 Uhr, Eintritt frei).

Über der alten Walfabrik, die, ihres Schornsteins beraubt, heute kaum mehr als solche wahrzunehmen ist, erhebt sich die **Kirche Nossa Senhora do Rosário** mit ihrer aufs Meer blickenden, gekachelten Fassade. Nur wenige Schritte entfernt steht am nahe gelegenen Friedhof die kleine **Kapelle Nossa Senhora das Angústias** aus dem 18. Jh. Sie wurde aufgrund eines

Flores → Karte S. 420

Gelübdes spanischer Seeleute errichtet, die nach dem Untergang ihrer Galeone tagelang an eine Planke geklammert im Meer trieben und schließlich gerettet wurden.

Richtung Norden erstreckt sich Lajes das Flores wie ein endloses Straßendorf bis nach **Fazenda das Lajes**. Unterwegs passiert man den **Miradouro Pedras Brancas** (rechter Hand), einen Picknickplatz mit öffentlichen Toiletten. In Fazenda das Lajes fällt die blau-weiß gekachelte **Igreja Senhor Santo Cristo** aus dem 19. Jh. mit ihrer typisch azoreanischen Architektur ins Auge. Beim Friedhof nahe der Küste liegt zudem der **Miradouro da Caldeira**, ein kleiner, unspektakulärer Aussichtspunkt (unauffälliges, gekacheltes Schild). Von hier hielten einst die Walfänger nach Beute Ausschau.

Wer Lajes hingegen Richtung Lajedo verlässt, passiert die Abzweigung zur Fajã de Lopo Vaz und die **Mülltrennungsanlage** der Insel – sieht nicht schön aus, ist aber eine gute Sache. 2012 wurde auf Flores damit angefangen, Müll zu trennen.

Verbindungen   Mo–Fr 2- bis 4-mal tägl. **Busse** über Lomba nach Santa Cruz (= *Linha 2*). Der erste Bus während der Schulzeit um 8 Uhr, ansonsten um 9 Uhr, der letzte um 16 Uhr. Zudem 2-mal tägl. ein Bus nach Fajã Grande (= *Linha 3*). Der erste während der Schulzeit um 10 Uhr, ansonsten um 11 Uhr, der zweite fährt während der Schulzeit um 16.50 Uhr, ansonsten um 18 Uhr.

Essen & Trinken   **Restaurante O Forno Transmontano**, gepflegt-rustikales und hochgelobtes Lokal. Zu den Spezialitäten des Hauses gehören der Bohneneintopf *Fejoada*, Reis mit *Lapas* oder Schweinefleisch mit Muscheln. Das Problem jedoch: Serviert wird nur nach Voranmeldung, die einen Tag im Voraus erfolgen sollte! Estrada Regional (am Ortseingang von Fazenda das Lajes, von Lajes kommend auf der linken Seite). Hg. 10–15 €, lediglich die Meeresfrüchte sind teurer. ✆ 292593137.

🌿 **Casa do Rei**, recht kleines, nettes Restaurant unter deutscher Leitung. Ebenfalls sehr gelobt. Die Betreiber bemühen sich, nur regionale Produkte zu verwenden, auch kommt vorrangig selbst Erlegtes auf den Tisch. Die mal etwas andere Karte: Fischfilet mit Sesamkruste, Lammcurry, Ziegenbraten und verschiedene vegetarische Gerichte (z. B. Linsen mit Kürbisbratlingen). Hg. 8–15 €. Ab 18 Uhr, Reservierung empfehlenswert. Okt.–April Di Ruhetag. Lugar do Monte (am Ortsende von Lajes Richtung Lajedo linker Hand), ✆ 292593262, www. restaurantcasadoreoi.com.

Snackbar Porto Velho, freundliche Snackbar mit gepflegtem Speisesaal. Sehr günstig. Kleine Karte mit Steaks, Burgern und Omeletts, dazu gibt's immer einen *Prato do Dia*, der für 2 Pers. reicht. Nur Mo–Sa mittags. Avenida Peixoto Pimentel (an der Straße nach Lajedo linker Hand, gelbes Haus, kein Schild), ✆ 292 593525.

Cana Roca, am Ortsausgang von Fazenda Richtung Lomba. Eine alternative Location mit netter, zusammengezimmerter Terrasse (leider nur Straßenblick). Zu essen gibt's Burger (auch vegetarische), Falafel, Suppen und Salate.

Einkaufen   **Armazém Hélios**, der Supermarkt hinter dem Restaurant Porto Velho (s. u.) ist gar nicht übel bestückt. So geschl.

Casa Zélia, nur durch ein Brückchen von der Kirche Nossa Senhora do Rosário entfernt. Handwerkskunst aus und auf Textilien, darunter schöne Stickereien zu fairen Preisen. Wenn geschlossen, einfach klingeln. Rua Santo António 7.

Feste/Veranstaltungen   Am 2. Wochenende im Juli wird die **Festa do Emigrante** gefeiert – das Fest der Auswanderer gehört zu den größten Feierlichkeiten des Archipels (Umzüge, Prozession, viel Musik und Fresserei).

Flores: Grüner wird's nicht!

Waschsalon Eine Waschmaschine mit Münzeinwurf (4 €) und ein Trockner (2 €) in der Sai-

lors Laundry (in dem blau-weißen Gebäude) überm Hafen. Rund um die Uhr geöffnet.

Lomba und Umgebung

In abwechslungsreicher Landschaft, umgeben von Wäldern, Weiden und Bächen, liegt die kleine Ortschaft Lomba und der sprichwörtliche Hund begraben. Blickfang ist die **Kirche** aus dem 18. Jh. mit einer mächtigen Palme daneben und einem Parkplatz, der eines Supermarkts würdig ist. Nahebei zeigt ein kleines **Museu** jede Menge landwirtschaftliches Gerät, darunter viele Handpflüge (Rua da Ribeirinha 2, ausgeschildert, So–Fr 13.30–18 Uhr).

Von Lomba führt ein vom Hortensienhecken gesäumtes Sträßlein, das herrliche Ausblicke bietet, zu den Lagoas im Inselinneren (→ S. 435). Zu Fuß kann man zum nördlich gelegenen Hafen **Porto da Lomba** absteigen, der einst durch die Festung São Caetano geschützt war. Zwischen der kleinen Bucht und den Bootsschuppen sprudelt eine Quelle, die **Fonte da Saúde** – die „Gesundheitsquelle". Der Weg beginnt nahe dem nördlichen Ortsschild von Lomba (Hinweisschild „Porto da Lomba 1500 m"). Die ersten 900 m kann man noch fahren, dann heißt es laufen. Hinab geht es schnell, der Rückweg ist mühselig. Relativ weit unten verzweigt sich der Weg mehrmals. Bei der ersten größeren Weggabelung (Steine flankieren hier die Wege) müssen Sie sich rechts halten.

Übernachten Vivenda Flores, Elke und Michael Schneider aus Düsseldorf vermieten auf ihrem schönen Meeresblick-Anwesen 2 Ferienwohnungen im Haupthaus für 2–3 Pers. und außerdem ein frei stehendes Häuschen für 4 Pers.; Pool im großen Garten, Grillmöglichkeiten. Von Lesern gelobt. Für 2 Pers. ab 70 €/Nacht. Rua do Pau Queimado, 0173/2728041 (Deutschland), www.vivenda-flores.com.

Caveira und Umgebung

Die 77-Einwohner-Gemeinde liegt 7 km südlich von Santa Cruz das Flores und rund 300 m über dem Meer. Zweigt man von der Durchgangsstraße in die Rua José Pereira Borges ab, gelangt man nach ca. 1 km (steil!) zum Kap **Ponta da Caveira**, wo es auch einen Aussichtspunkt samt Grillplatz gibt (mit „Ponta da Caveira Miradouro" ausgeschildert). Nördlich des Kaps steuern Ausflugsboote (→ Santa Cruz/Sport & Freizeit, S. 427) die **Gruta Enxaréus** an, eine knapp 25 m breite und rund 50 m tiefe Höhle. Südlich des Kaps liegt die **Fajã de Pedro Vieira**, die von zwei Bachläufen eingerahmt wird: Im Norden fließt die Ribeira da Silva, im Süden die Ribeira da Urzela. Wer Glück hat, fängt hier Forellen. Einst war die gesamte Fajã unterhalb der mächtigen Felswand gerodet und von einer kleinen Festung geschützt. Wie viele Menschen hier lebten, ist unbekannt, bekannt ist nur, dass sie Weizen, Mais, Kartoffeln und Yams anbauten. Mitte des 20. Jh. wurde die Fajã aufgegeben. Die Natur hat sie sich inzwischen zurückerobert, Zeugnisse der Vergangenheit sind aber noch sichtbar und verleihen dem Ort einen ganz eigenen verzauberten Charme. In die Fajã gelangt man am einfachsten ebenfalls per Bootsausflug. Der Pfad dorthin (2400 m, Hinweisschild an der Verbindungsstraße Lomba – Caveira) ist in manchen Jahren ziemlich verwildert und stets sehr schlammig.

Flores → Karte S. 420

Wanderungen auf Flores

Von Ponta Delgada nach Fajã Grande   → Karte S. 447

Route: Ponta Delgada – Ribeira do Moinho – Ponta da Fajã – Fajã Grande.

Länge/Dauer: 12,9 km, 4:30 Std.

Einkehr: Unterwegs keine Möglichkeit, nur Picknickplätze.

Besonderheiten: Auch wenn Abschnitte mittlerweile asphaltiert bzw. betoniert sind, zählt die Wanderung noch immer zu den Wanderklassikern der Azoren – und zu den schönsten des Archipels. Der markierte Weg, identisch mit dem *Percurso Pedestre PR 1 FLO*, ist anspruchsvoll, aber im Ganzen problemlos zu meistern und stellt bis auf **absolute Schwindelfreiheit** keine besonderen Anforderungen. Unternehmen Sie diese Wanderung nur an sonnigen Tagen und wenn es mindestens ein bis zwei Tage zuvor nicht geregnet hat, da sich sonst mehrere Abschnitte in gefährliche, rutschige Passagen verwandeln können. Sollte sich das Wetter während der Wanderung verschlechtern und Regen aufkommen, drehen Sie um und verzichten Sie auf den Abstieg im letzten Drittel der Wanderung.

Varianten: Wer ganz Flores von Nord nach Süd an der Westküste entlang abwandern will, folgt, in Fajã Grande angekommen, Wanderung 42 in entgegengesetzter Richtung. Auch eine Kombination mit Wanderung 41 ist möglich.

An- und Weiterfahrt: Für die Anfahrt mit öffentlichen Verkehrsmitteln → Verbindungen Santa Cruz, Ponta Delgada und Fajã Grande. Taxi von Santa Cruz nach Ponta Delgada oder von Fajã Grande nach Santa Cruz etwa 17 €, von Fajã Grande nach Ponta Delgada etwa 30 €.

Wegbeschreibung: Die Wandertafel zum Wanderweg **1** steht in Ponta Delgada an der Durchgangsstraße neben dem Supermarkt. Von hier folgt man der Durchgangsstraße für rund 100 m bergab (es geht am Café/Restaurant Pescador vorbei) und zweigt dann nach rechts ab. Bei der nächsten Möglichkeit hält man sich links. Es geht weiter durch das Örtchen. 50 m hinter einem Brückchen quert man die Straße zum Hafen, also geradeaus weitergehen. Das Sträßchen – alle Abzweigungen bleiben unbeachtet – bringt Sie zur kleinen, blau-weißen **Kapelle Nossa Senhora da Guia 2**. Nun folgt man der Beschilderung „Costa Nordeste", man wandert mehr oder weniger stets entlang der Küste weiter. Der Weg ist bestens markiert. Das Felseninselchen, das man rechter Hand aus dem Meer ragen sieht, ist die Ilhéu Francisco. Nach ca. 2 km zweigt man nach links auf eine breite, betonierte Straße ab **3**. Auf dieser geht es für rund 1,5 km zwischen Weiden bergauf, bis Sie eine Wegmarkierung samt hölzernem Hinweisschild **4** dazu auffordert, nach rechts auf einen von Mauern und Hortensienhecken flankierten Wiesenweg abzuzweigen. Dieser verläuft nach wenigen Metern parallel zu einem Bach, der schließlich überquert wird, und führt entlang eines weiteren Bachbetts weiter bergauf. Man durchstreift nun hügeliges, baumloses Weideland, in dem man erneut einen Bach überquert. Bald darauf folgt der nächste.

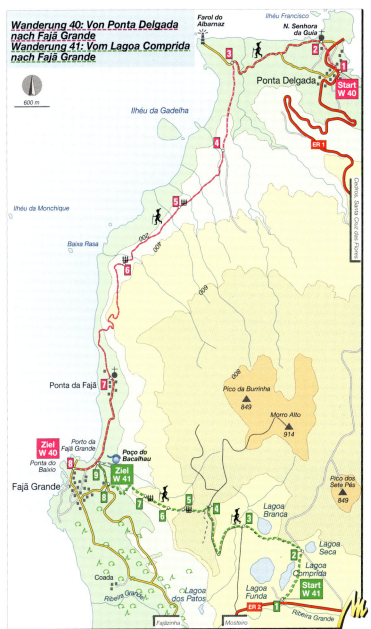

Wanderung 40: Von Ponta Delgada nach Fajã Grande
Wanderung 41: Vom Lagoa Comprida nach Fajã Grande

600 m

Farol do Albarnaz

Ilhéu Francisco

N. Senhora da Guia

Ponta Delgada

Start W 40

ER 1

Cedros, Santa Cruz das Flores

Ilhéu da Gadelha

Ilhéu da Monchique

Baixa Rasa

Ponta da Fajã

Ziel W 40

Porto da Fajã Grande

Ponta do Baixio

Fajã Grande

Poço do Bacalhau

Ziel W 41

Coada

Ribeira Grande

Lagoa dos Patos

Fajãzinha

Pico da Burrinha
849

Morro Alto
914

Pico dos Sete Pés
849

Lagoa Branca

Lagoa Seca

Lagoa Comprida

Start W 41

Lagoa Funda

ER 2

Mosteiro

Ribeira Grande

Flores → Karte S. 420

Nun passiert man landwirtschaftlich weniger intensiv genutzte Abschnitte mit lichter Baumheide. Hinter einem kleinen **Gatter** 5 (das man so hinterlässt, wie man es vorfindet) empfiehlt es sich, falls schlammige Passagen auftauchen, parallel zum Hauptweg weiterzuwandern. Kurz darauf passiert man ein zweites Gatter und dahinter ein auf Trittsteinen einfach zu überquerendes Bachbett.

Schon 2 Min. später folgt ein weiterer Bach. Dahinter verliert der Pfad für ein kurzes Stück seine Konturen. Hier geht man parallel zu einer Mauer weiter in Richtung Süden (Markierung beachten). Danach verläuft der Pfad in sicherem Abstand parallel zur steil abfallenden Küste, überquert weitere Wasserläufe und schwenkt dazu gelegentlich ins Landesinnere. Hoch über dem Meer, direkt an der Abbruchkante der Klippen, gelangt man schließlich wieder an ein **Gatter** 6. Dahinter begann einst der Abstieg nach Ponta da Fajã, einer der spektakulärsten Wege der Azoren. Heute verläuft der Weg etwas anders, da der alte Weg durch einen Hangrutsch zerstört wurde. Zwar passiert man noch heute das Gatter, aber keine 5 Min. später verlässt man den alten Weg und muss für mind. 20 Min. bergauf steigen – alles bestens markiert. Immer wieder genießt man über Hortensienhecken hinweg schöne Meeresblicke, bis schließlich auch Fajã Grande in der Ferne auftaucht. Nach einem recht kurzen, ebenen Stück geht es extrem steil, teils durch den Wald, bergab, bis man wieder den alten Weg nach Ponta da Fajã erreicht. Für diesen Abschnitt des alten Wegs (ca. 15 Min.) bedarf es absoluter Schwindelfreiheit. Der Weg führt an einer Felswand entlang, meist ist er hier nur 1 bis 2 m breit und fällt rechter Hand steil zum Meer ab. Kleine Rinnsale und Bäche machen ihn gelegentlich rutschig, besonders nach Regen. Schon wenig später erblicken Sie die Kirche von Ponta da Fajã 7, die Sie 10 Min. später auch erreichen. An dieser vorbei gelangen Sie nach **Fajã Grande** 8.

Die Grande Rota das Flores, der Weitwanderweg von Flores, beginnt an der nördlichen Zufahrtsstraße von Santa Cruz (also nördlich der Flughafenlandebahn). Mit einer Länge von 47 km (18 Std.) führt er entgegen dem Uhrzeigersinn um die Insel bis Lajedo. Der Weg ist rot-weiß markiert. Infos zum ersten Abschnitt bis Ponta Delgada (dort Campingmöglichkeiten) finden Sie unter Ponta Ruiva/Wandertipp auf S. 433. Der Abschnitt von Ponta Delgada bis Lajedo besteht aus den hier beschriebenen Wanderungen 40 und 42. Auf www.trails.visitazores.com gibt's GPS-Daten und weitere Infos zum Trail.

Wanderung 40: Schwindelfreiheit notwendig

Vom Lagoa Comprida nach Fajã Grande → Karte S. 447

Route: Lagoa Comprida – Lagoa Seca – Fajã Grande.

Länge/Dauer: 7,3 km, ca. 3 Std.

Einkehr: Zum Schluss in Fajã Grande.

Besonderheiten: Der markierte Wanderweg, identisch mit dem *Percurso Pedestre PR 3 FLO,* führt anfangs durchs Hochland mit seinen Seen (mehr zu den Seen → S. 435) und zum Schluss auf einem uralten, sehr steilen Pfad zur Küste nach Fajã Grande hinab (Stöcke hilfreich!). Der erste Abschnitt der Wanderung ist v. a. nach Regen extrem matschig. Die Wanderung lässt sich mit den Wanderungen 40 und 42 kombinieren.

An- und Weiterfahrt: Die Busse zwischen Santa Cruz und Fajã Grande (→ Verbindungen dort) passieren die Abzweigung zum Lagoa Comprida, von der Abzweigung bis zum Einstieg in die Wanderung beim See sind es noch ca. 350 m. Gibt es für Sie keine ideale Busverbindung, so kostet die Fahrt mit dem Taxi zum Lagoa Comprida von Santa Cruz ca. 12–13 € und von Fajã Grande ca. 10 €. Für die Weiterfahrt von Fajã Grande → Verbindungen dort.

Wegbeschreibung: Vom Parkplatz am **Lagoa Comprida** (hier auch die Wandertafel zum Trail) geht man das Zufahrtssträßlein zum Parkplatz für rund 200 m zurück, bis linker Hand das Hinweisschild „Miradouro dos Lagoas" **1** auf einen Pfad nach links weist. Er führt östlich am See vorbei. Nach ca. 15 Min. erreicht man eine asphaltierte Straße **2**, auf der gegenüberliegenden Seite befindet sich der **Lagoa Seca**. Um die Wanderung fortzusetzen, folgt man der Straße für ca. 30 m bergauf und hält dann linker Hand nach einer Wegmarkierung Ausschau, die den Einstieg in einen Pfad kennzeichnet, der durch sumpfiges Gebiet gen Westen führt. Der Pfad folgt größtenteils Bachläufen und ist, wie schon erwähnt, nach Regen extrem matschig! Zur Rechten liegt der Lagoa Branca. Pfad und Bachlauf treffen schließlich auf eine **Schotterpiste** **3**. Hier hält man sich rechts und folgt der Piste für 1,6 km. Dabei beschreibt der Weg eine weite Serpentine und führt stets bergauf. Der erste Weg, der nach links von der Schotterpiste abzweigt **4**, ist Ihrer. Schon nach rund 40 m gabelt sich dieser Schotterweg, hier rechts hal-

Flores – ein Paradies für Wanderer

ten. Ca. 4 Min. später endet der Weg vor einem **Gatter samt Wegmarkierung** **5**. Man passiert das Gatter, schließt es hinter sich und wandert auf einem Pfad weiter. Verlässt man hier den markierten Pfad und wendet sich nach links, tut sich ein gigantischer Blick auf Fajãzinha auf.

Schon nach kurzer Zeit verläuft der Pfad parallel zu einer **Mauer**, die rechts von Ihnen liegt. Wenn eine weitere Mauer von links hinzukommt und beide Mauern eine Wegschneise bilden, müssen Sie aufpassen – der Wegschneise dürfen Sie nicht folgen. Am Beginn der Wegschneise müssen Sie den Durchgang durch die Mauer **6** linker Hand wählen (Markierung beachten!). Danach wandern Sie parallel zu dieser Mauer weiter gen Westen, schließlich parallel zu den Hortensienhecken rechter Hand. Sie haben nun auch einen Blick auf das Tal rechter Hand, links versperrt der Berggrat die Aussicht. Automatisch gelangen Sie auf den uralten Weg hinab zur Küste. Vorsicht, er ist extrem steil, führt in einem Abschnitt über eine Kuhweide und ist teils sehr glitschig. Die Barfuß-läufer von einst fanden auf den Steinen einen besseren Halt als die Wanderer von heute mit ihren teuren Stiefeln.

Nachdem Sie zum ersten Mal Fajã Grande in der Ferne weiter unten erblickt haben, finden Sie sich erneut vor einem **Gatter 7** wieder. Von dort müssen Sie nochmals ca. 45 Min. absteigen, bis Sie an einem Bachlauf entlang zu einer befestigten Straße **8** gelangen. Hier müssen Sie sich nach rechts in Richtung Küste wenden. Bei der **T-Kreuzung 9** rund 400 m weiter haben Sie zwei Möglichkeiten: Biegen Sie links ab, erreichen Sie **Fajã Grande**. Folgen Sie hingegen von der Brücke aus rechter Hand wieder dem Bachlauf bergauf, gelangen Sie zum **Poço do Bacalhau**, wo Sie ein kühles Bad unter einem Wasserfall nehmen können.

GPS-Wanderung 42

Von Lajedo nach Fajã Grande

Route: Lajedo – Mosteiro – Caldeira – Fajãzinha – Fajã Grande.

Länge/Dauer: 12,5 km ohne Abstecher, 3:30 Std.

Einkehr: In Fajãzinha gibt es einen Dorfladen, der Sandwiches anbietet, zudem kann man sich dort mit Käse eindecken.

Besonderheiten: Der markierte Wanderweg ist mit dem offiziellen *Circuito Pedestre PR 2 FLO* identisch, die Wandertafel zum Trail steht am Ortsbeginn von Lajedo direkt an der Zufahrtsstraße, wir starten bei der **Pfarrkirche**. Auch für diese Wanderung gilt: Nach Regen sind Abschnitte des Weges überaus rutschig und schlammig.

Kombination mit Wanderung 40: Will man die Insel von Nord nach Süd entlang ihrer Westküste abwandern, kann man die im Folgenden beschriebene Wanderung in Anschluss an Wanderung 40 unternehmen. Dafür folgt man der hier beschriebenen Wanderung 42 in entgegengesetzter Richtung.

An- und Weiterfahrt: Lajedo passieren die Busse zwischen Lajes und Fajã Grande (→ Verbindungen dort). Von Santa Cruz nach Lajedo gelangen Sie mit Umsteigen in Lajes. Für die Rückfahrt von Fajã Grande → Verbindungen dort. Ein Taxi von Fajã Grande nach Lajedo kostet ca. 14 €.

Wegbeschreibung: Ausgangspunkt der Wanderung ist die **Pfarrkirche von Lajedo 1**. Davor steht die Heilig-Geist-Kapelle des Ortes aus dem Jahr 1885. Kein Kreuz, nur eine Krone schmückt die Fassade. Vor der Kapelle nimmt man das Sträßlein rechts bergauf (weiß-rote Markierung), das aber schon nach wenigen Metern zur Küste hin als Rua F. Caetano Tomás abschwenkt. Nach

250 m, an einem kleinen Rastplatz, dreht das Sträßlein scharf nach links ab **2** und führt den Berg hinunter. Hier verlässt man den asphaltierten Weg und wandert einfach geradeaus auf etwa gleicher Höhe weiter. Ein alter Eselsweg führt Sie nun bis Mosteiro (→ S. 441). Lassen Sie alle Abzweigungen zur Küste oder steil bergauf ins Inselinnere unbeachtet. Der Weg verläuft insgesamt hoch über dem Meer, mal geht es leicht bergauf, mal leicht bergab. Lediglich die letzten ca. 15 Min. bis zur Ortschaft Mosteiro, die sich durch ihre Hochleitung ankündigt, sind mit einem mühseligen Aufstieg verbunden. Auf diesem herrlichen Weg mit schönen Ausblicken auf die Küste begegnet man heute noch Frauen, die große Milchkannen von den Weiden auf ihren Schultern heimtragen.

In **Mosteiro 3** hält man sich auf der Dorfstraße links. Die Straße führt bergab an der **Pfarrkirche** vorbei. Den kleinen, baumbestandenen Dorfplatz mit seinen zwei Bänken lässt man links liegen. Dort, wo die Straße kurz darauf nach rechts schwenkt **4** (voraus ein Picknickplatz), wählen Sie den steil bergab führenden betonierten Weg. Auf diesem überqueren Sie nach wenigen Metern einen Bachlauf, dahinter geht es auf einem alten Pfad weiter (markiert). Bereits 5 Min. später erreichen Sie die selten befahrene Straße nach Caldeira **5**, links halten. Sie folgen der Straße für ca. 5 Min., und schon sehen Sie unmittelbar voraus **Caldeira** (→ S. 440) liegen, eine aufgegebene Siedlung. Die Straße führt in einem weiten Bogen landeinwärts daran vorbei. Sie aber müssen die weiß-rot-gelbe Wegmarkierung **6** hinter einer Rechtskurve beachten, die dazu auffordert, nach links auf einen Pfad abzuzweigen. Auf diesem wandert man nach Caldeira hinab und gelangt – vorbei an verfallenen Häusern – auf der gegenüberliegenden Hangseite zu einem Hohlweg, der schließlich wieder bergauf zu der

Wanderung 42: Von Lajedo nach Fajã Grande

Flores → Karte S. 420

Küste bei Lajedo

geteerten Straße **7** führt. Danach folgt man noch für rund 5 Min. der Küstenstraße. Wo diese steiler anzusteigen beginnt, auf Antennenmasten zu, zweigt linker Hand **8** ein markierter Pfad nach Fajãzinha ab. Aufpassen: Es geht sehr steil bergab. Bei Regen kann es hier sehr glatt werden.

In **Fajãzinha** (→ S. 440) wählt man den Weg an der Kirche vorbei und folgt am zentralen Platz **9** dem Sträßlein, das rechts am Dorfladen (weiß-rotes Haus) vorbeiführt. Wenige Schritte weiter, vor der Kapelle mit der Jahreszahl 1974, hält man sich scharf rechts (man wandert also nicht rechts an der Kapelle vorbei). Die Linksabzweigung kurz darauf ignoriert man. Man bleibt nun stets auf diesem Sträßlein durch Fajãzinha, bis es hinter dem Haus mit der Nr. 9 rechts abgeht (nach links bietet sich ein Abstecher zur Käserei des Ortes an, → S. 440). Zehn Schritte weiter zweigt man nach links in die Rua do Espinhaço ab. Die „Rua" verwandelt sich schon bald in einen uralten Saumpfad, der Sie – Markierungen beachten – zur Zufahrtsstraße nach Fajã Grande führt. An der Zufahrtsstraße liegt rechts voraus eine alte Mühle (→ S. 439). Wir aber halten uns links und überqueren die **Brücke** **10** über den Ribeira Grande. 100 m weiter bietet sich ein Abstecher zum Poço da Ribeira do Ferreiro an (Hinweisschild, → S. 439).

Lässt man den Abstecher aus, geht es geradewegs entlang der Straße weiter. So passiert man eine zweite Brücke, die Ponta da Ribeira do Ferreiro. 50 m

Markierung an jeder Milchkanne

hinter dieser Brücke verlässt man wieder die Straße nach Fajã Grande und zweigt nach rechts auf ein bergauf führendes, asphaltiertes Sträßlein ab. Nach ca. zehn schweißtreibenden Minuten findet das Sträßlein bei einem Stall mit einer **Wendeplatte** **11** sein Ende. Auf einem alten Saumpfad geht es wieder weiter, er führt an ummauerten Weiden vorbei. Der Pfad trifft schließlich auf eine Straße **12**. Unmittelbar vor der Straße aber hält man sich rechts und setzt die Wanderung auf einem alten von Mauern gesäumten Weg fort. Nach ca. 7 Min. überquert man eine Straße, weiter geht es auf dem alten Saumpfad, doch nun heißt es aufpassen. Kurz darauf müssen Sie nach links in einen schmalen Saumpfad abbiegen – Markierungen beachten. Dort, wo der Pfad abermals auf eine Straße trifft, hält man sich links und gelangt so zum begrünten **Dorfplatz** **13** (gegenüber eine Bushaltestelle) im Zentrum Fajã Grandes.

Flores → Karte S. 420

Was haben Sie entdeckt?

Haben Sie ein besonderes Restaurant, ein neues Museum oder ein nettes Hotel entdeckt? Wenn Sie Ergänzungen, Verbesserungen oder Tipps zum Buch haben, lassen Sie es uns bitte wissen!

Schreiben Sie an: Michael Bussmann, Stichwort „Azoren"
c/o Michael Müller Verlag GmbH | Gerberei 19, D – 91054 Erlangen
michael.bussmann@michael-mueller-verlag.de

Corvo

Corvo ist die kleinste Insel der Azoren. Die Caldeira zählt zu den beeindruckendsten des Archipels. Nur ein Städtchen gibt es auf dem Eiland, und auch nur eine einzige längere Straße. Sie führt von der einzigen Stadt zum einzigen Krater oder, was häufiger zutrifft, in die Wolken.

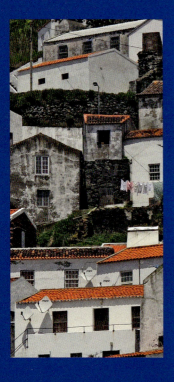

Können Sie sich vorstellen, dass es auf Corvo eine Open-Air-Disco inmitten von Kuhweiden gibt? Kuhler wird's nicht. → S. 463

Wer sich auf Corvo einlässt, hier ein paar Tage verbringt und mit den Menschen in Kontakt kommt, wird erfahren, dass weniger auch mehr sein kann. Corvo, die nördlichste Insel der Azoren, besteht aus einem Vulkan, der vor rund zwei Millionen Jahren das letzte Mal aktiv war. Wie das nur sechs Flugminuten entfernte Flores liegt Corvo auf der amerikanischen Platte und entfernt sich durch die Kontinentaldrift jedes Jahr um einige Zentimeter von Europa. Zur Küste hin fällt der erloschene Krater steil und schroff ab, lediglich zum Südzipfel der Insel laufen die Hänge flacher aus. Hier liegt Vila Nova do Corvo mit seinen 430 Einwohnern. Die Hälfte aller Erwerbstätigen ist in der Vieh- und Landwirtschaft tätig, kümmert sich um die mehr als 800 Rinder oder baut Kartoffeln, Mais und Zwiebeln an – auf Land, das zu 70 % der Gemeinde gehört. Die andere Hälfte findet ihr Auskommen in der Dienstleistungsbranche oder in der Selbstverwaltung – allein die Stadtverwaltung hat 40 Leute auf der Gehaltsliste. Für die portugiesische Regierung, so wurde einmal ausgerechnet, wäre es billiger, alle Einwohner Corvos auf Lebenszeit im besten Hotel Lissabons einzuquartieren, als die funktionierende Infrastruktur – es gibt eine Schule bis zur zwölften Klasse – und den Verwaltungsapparat der Insel aufrechtzuerhalten.

Die Corvinos sind nicht arm, auch wenn die vielen verfallenen und verfallenden Häuser im alten Teil von Vila Nova do Corvo dies vermuten lassen. Aber wozu renovieren, wenn hier ohnehin kein Mensch mehr wohnen will. Statistisch gesehen sind die Corvinos im Landesvergleich sogar recht reich. Doch stellen sie ihren Wohlstand nicht

zur Schau. Es gibt auch nicht viel zu kaufen, was man zur Schau stellen könnte, und welche Luxusgüter wären auf der Insel überhaupt erstrebenswert? Statussymbole sind überflüssig, ohnehin weiß jeder über jeden Bescheid. Das Gemeinwesen auf Corvo ist eben von besonderer Art. Die ältere Generation liebt diese Verhältnisse, die Geborgenheit, die Nachbarschaftshilfe und den Frieden.

Und friedlich geht es hier wirklich zu. Die Nationalgardisten und die Polizisten, die für Ordnung sorgen, überarbeiten sich kaum. Eine ihrer vornehmsten Aufgaben ist es, bei der Ankunft der *SATA*-Maschinen am Insel-Airport präsent zu sein. Ihre Zelle wartet noch immer auf den ersten Gast. Was sollte jemand auch stehlen, was er dann sein Leben lang nicht verstecken müsste, wohin sollte ein Bankräuber flüchten? Die letzten Unfälle, zu denen man die Nationalgardisten rief, ereigneten sich 1987, 1992, 2004, 2008 und 2015 (mit gar tödlichem Ausgang). Die Wasserschutzpolizei, bestehend aus einem Mann, hat die Aufsicht über eine Handvoll Fischerboote, die Fähre und das wöchentliche Versorgungsschiff. Corvo, das ist so etwas wie Frieden auf Erden, und viele Emigranten, die ihn vermissen, kehren wieder in die alte Heimat zurück. Für die Jugend liegen die Dinge freilich etwas anders. Ihr bietet Corvo wenig Perspektiven, v. a. was eine ordentliche Berufsausbildung anbelangt. Und so geht die Jugend, und so kommen die Alten.

Die Corvinos sind seit eh und je eine eingeschworene Gemeinschaft, in der sich alle gegenseitig helfen und kontrollieren. Tagestouristen aus Flores schenkt man kaum Interesse. Bleibt man aber drei oder vier Tage, weckt man die Neugier und erlebt eine unglaubliche Freundlichkeit.

Die schönsten Orte

Keine Auswahl – es gibt ja nur **Vila Nova do Corvo**.

Wahnsinnsblicke

Vom Kraterrand des **Caldeirão** über die sich darin ausbreitenden Seen, dieses Panorama gehört zu den spektakulärsten des Archipels –einfach unvergesslich. Herrlich ist auch der Blick auf den **Cara do Índio**, eine Felsformation an der Steilküste, die einem Indianerkopf ähnelt.

Plätze fürs Picknick

Wo's gefällt.

Wohin zum Baden?

Baden kann man am westlichen Ende der Landebahn, nämlich am **Portinho da Areia**. Hier findet man ein großes Naturschwimmbecken und einen kleinen Sandstrand. Aber Achtung: zuweilen Quallen!

Und was tun bei Regen?

Am besten gar nicht erst kommen. Und wenn Sie schon da sind: in der Bar sitzen! Die Corvinos sind ein ausgesprochen feier- und trinkfreudiges Völkchen. Und keine Sorge: Selbst wenn alles ausgeht – Bier gibt's immer!

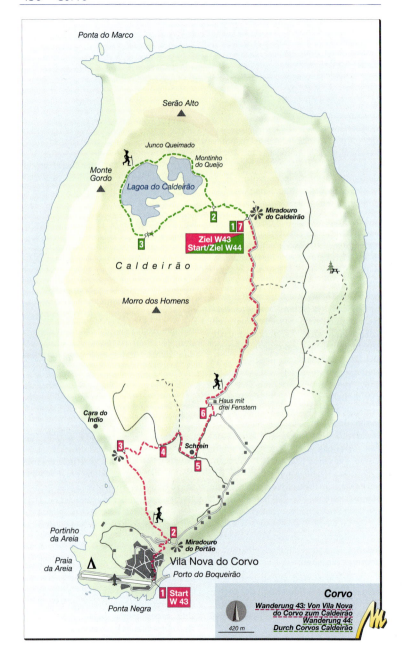

Ponta do Marco

Serão Alto ▲

Junco Queimado

Montinho
do Queijo

Monte
Gordo ▲

Lagoa do Caldeirão

2

Miradouro
do Caldeirão

3

1 7

Ziel W43
Start/Ziel W44

C a l d e i r ã o

Morro dos Homens ▲

Cara do
Índio ●

3

4

Schrein

6

Haus mit
drei Fenstern

5

Portinho
da Areia

2

Miradouro
do Portão

Praia
da Areia

Vila Nova do Corvo

Porto do Boqueirão

1 Start
W 43

Ponta Negra

Corvo

Wanderung 43: Von Vila Nova
do Corvo zum Caldeirão
Wanderung 44:
Durch Corvos Caldeirão

420 m

Inselgeschichte

Mit dem friedvollen Leben von heute hatte das Leben auf Corvo lange Zeit nichts gemein. Auf Corvo zu leben bedeutete über Jahrhunderte hinweg v. a. eines: die Bedrohung durch Piraten.

Die Geschichte Corvos ähnelt im Großen und Ganzen der von Flores, der benachbarten größeren Schwesterinsel. So schreibt man die Entdeckung Corvos auch dem Entdecker von Flores zu, dem Seefahrer Diogo de Teive (auf der Heimfahrt nach Portugal 1452 → Geschichte/Flores), was andere Quellen allerdings bestreiten. Tatsache aber ist, dass Diogo de Teive erster Donatarkapitän und Lehnsherr beider Inseln war. Die Besiedlung Corvos erfolgte jedoch erst Jahre nach der von Flores. Die ersten Siedler hatten sich die Insel nicht selbst ausgesucht: 1548 schenkte der Donatarkapitän Gonçalo de Sousa ein paar Sklaven auf Corvo die Freiheit, Ende des 16. Jh. gesellten sich Siedler vom portugiesischen Festland hinzu. Die Abgeschiedenheit der Insel, ihre bescheidene Größe und besonders die unsicheren Ankerplätze verhinderten aber jeglichen Fortschritt. Nicht wenige, die auf dem Eiland einen Neuanfang wagten, verließen es bald wieder. Für Jahrhunderte sollte die Insel nicht mehr sein als ein Navigationspunkt auf den Seekarten, *Insula Corvi Marini*,

Corvos Versuch, Weltgeschichte zu schreiben

Wer mag es schon, wenn ihm stets die Bedeutungslosigkeit der Heimat vor Augen geführt wird, wenn er als abhängig von anderen gesehen und ihm ständig das Gefühl vermittelt wird, sich bedanken zu müssen? Wer will nicht lieber die Geschicke der Welt beeinflussen und sich unsterblich machen? Die Corvinos wollen es. Weil ihnen das in der Gegenwart aber nicht recht gelingt, muss die Vergangenheit herhalten. So sind immer wieder zwei Geschichten zu hören, die Corvo eine zentrale Rolle bei der Entdeckung Amerikas zuschreiben.

Die erste Geschichte erzählt von einem vorgelagerten Felsen namens *Rochedo do Cavaleiro*, der einst die Form einer Reiterstatue gehabt haben soll, die gen Westen zeigte. Eben dieser Felsen soll es gewesen sein, der den Entdeckungsreisenden genau die richtige Richtung wies.

Die zweite berichtet von Münzen, die einst vor Corvos Küste gefunden worden waren. Je nachdem, wer die Geschichte erzählt, schreibt er die Münzen den Karthagern oder den Phöniziern zu, die natürlich schon damals nach Amerika unterwegs waren und auf Corvo Proviant aufnahmen, ohne den sie die lange Seereise nie geschafft hätten. Die Kronzeugen der Geschichte, die Münzen, sind leider spurlos verschwunden ...

Corvo → Karte S. 456

Insel der Meerraben genannt – womit natürlich die Piraten gemeint waren. Und in der Tat findet sich auf der Liste der Plünderer auch Sir Francis Drake, Korsar im Dienste der englischen Königin. Aber selbst wenn keine Piraten am Horizont auftauchten, war das Auskommen der armen Hirten und Bauern, die sich mit der Landwirtschaft plagten, bescheiden. Und weil die Felder oft zu wenig hergaben, rodeten sie immer neue Flächen – bis schließlich im 18. Jh. Corvos letztes Wäldchen gefällt war. Während der Auseinandersetzungen zwischen den Anhängern der absoluten Monarchie und den Liberalen, die für Dom Pedro votierten, schlugen sich auch die Corvinos auf die Seite der Letzteren. Als Dank ließ Dom Pedro 1832 die Steuerlast halbieren und schenkte dem kleinen Dorf auf der Insel die Stadtrechte. Damit war die administrative Abhängigkeit von Flores beendet, worauf die Corvinos bis heute stolz sind.

Als im 19. Jh. immer mehr amerikanische Walfangschiffe vor Corvos Küste auftauchten, fanden sie hier mutige, junge Männer, die bereit waren, für wenig Heuer mitzusegeln. Dies markierte auch den Beginn der großen Emigration, die bis in die 1970er-Jahre anhielt. Die nach Amerika Ausgewanderten schickten den Zuhausegebliebenen Geld. Neben dem Tauschhandel, der noch bis Mitte des 20. Jh. dominierte, etablierte sich der Dollar, nicht wenige Corvinos besaßen mehr Dollars als Escudos. 1973 wurde das erste Telefongespräch von Corvo aus geführt. Davor stand man mit Flores über Funk in Kontakt. Oder musste, wenn der Generator mal wieder den Geist aufgegeben hatte, per Leuchtfeuer nach Ponta Delgada auf Flores morsen, wenn ein Arzt oder Priester vonnöten war.

Bis in die 1980er-Jahre sollen viele Corvinos den Horizont ihrer Insel nie überschritten haben, über die Nachbarinsel Flores nie hinausgekommen sein. Mit dem Bau des Flughafens aber hatte

auch Corvo plötzlich sein Tor zur Welt, die Isolation begann sich zu lockern. Doch bis heute haben sich die Corvinos durch die lange Abgeschiedenheit ihre altertümliche Sprache bewahrt, archaische Formen in ihrem Dialekt sind unverkennbar. Aber auch das wird sich ändern, über Satellit sind heute alle Fernsehprogramme vom Festland zu empfangen.

Zu den bedeutendsten Ereignissen der letzten 15 Jahre zählen die Einweihung der Käserei (2003) und die der Bibliothek (2008), der Bau des Altenheims (2004) und eines Kraftwerks (2007) sowie die Einrichtung eines Besucherzentrums (ebenfalls 2007) – im *Centro de Interpretação Ambiental e Cultural do Corvo* am Canada da Graciosa gibt's allerdings bis heute nicht viel mehr als ein Inselmodell und zwei ausgestopfte Gelbschnabelsturmtaucher zu sehen. Weiterhin erhielt Corvo eine regelmäßige Fährverbindung nach Flores (2009), eine hypermoderne Multifunktionshalle (2011), einen überdachten Sportplatz (2013) und eine Touristeninformation (ebenfalls 2013).

2015 wurde ein neuer Flughafentower gebaut – schildamäßig hinter einem Hügel, der den Blick auf die Landebahn versperrt. Der Hügel muss nun abgetragen werden – dummerweise befindet sich darauf bislang noch eines der beiden Insel-Restaurants. Bei unserem letzten Besuch im Sommer 2018 war man deswegen damit beschäftigt, ein neues Restaurant 50 m weiter zu bauen, um dann das alte abzureißen ...

Gleichzeitig startete man den Ausbau des Hafens, der knapp 19 Mio. Euro verschlingen wird, über 16 Mio. werden von der EU kommen. Zudem soll bis 2019 das Hauptgebäude des neuen *Eco Museus* fertiggestellt sein. Danach soll der gesamte untere Bereich der Altstadt in eine Art „lebendiges Museum" verwandelt werden, wo man Handwerkern über die Schulter gucken kann – so die Pläne ...

Corvo im Überblick

Daten und Fakten

Hauptort: Vila Nova do Corvo

Bevölkerung: 430 Einwohner (25 pro km², Stand 2011)

Größe: 17 km², bis zu 3,8 km breit, bis zu 6,1 km lang

Küstenlänge: 18 km

Höchste Erhebung: Morro dos Homens (Caldeirão) 718 m

Position: 30°40' N und 39°44' N, 31°02' W und 31°08' W

Distanzen zu den anderen Inseln: Santa Maria 602 km, São Miguel 519 km, Terceira 352 km, Graciosa 280 km, São Jorge 267 km, Pico 265 km, Faial 246 km, Flores 24 km

Wissenswertes vorab

Aktiv: Außer wandern ist nicht viel drin.

Wohnen: Ein Hotel, eine Pension und ein paar Privatzimmer in Vila Nova do Corvo, zudem ein Campingplatz.

Kulinarisch: Hier isst man, was auf den Tisch kommt. Falls Sie Glück haben, gibt's *Couve da Barça*, ein Kohlgericht mit gesalzenem Schweinefleisch, Kartoffeln und Zwiebeln. Auch der Inselkäse ist lecker.

Feste und Festivals: Am letzten Sonntag im Juni wird die *Festa do São Pedro* mit einer Prozession zum Hafen begangen. Das Heilig-Geist-Fest der Insel findet am dritten Sonntag im Juli statt. Mariä Himmelfahrt ist Corvos größtes Inselereignis, es wird zu Ehren der Inselpatronin Nossa Senhora dos Milagres gefeiert. Dann spielt auch das inseleigene Blasorchester auf, dann verdreifacht sich wegen der vielen Besucher die Inselbevölkerung, und dann ist auch kein Zimmer zu bekommen.

An- und Weiterreise mit Flugzeug oder Schiff

Flughafen: Die Landebahn des Insel-Airports *(Aerogare do Corvo)* erstreckt sich unmittelbar vor Vila Nova do Corvo. Im kleinen Terminal findet man einen SATA-Schalter (☎ 292590310) und Toiletten – das war's.

Seehafen: Vila Nova do Corvo. Für Verbindungen nach Flores → Flores/An- und Weiterreise mit Flugzeug oder Schiff, S. 422. Tickets für die *Atlânticoline*-Fähre Ariel gibt es im **RIAC-Büro** (Mo–Fr 9–12 u. 13.30–17 Uhr) am Largo da Cancela, ☎ 800500501.

Unterwegs mit Bus oder Mietwagen

Keine Mietwagen auf der Insel. Kein fahrplanmäßiger Busverkehr. Es fahren aber Minibusse zum Caldeirão (→ Verbindungen).

Ein unvergesslicher Anblick – der Caldeirão von Corvo

Die Windmühlen von Vila Nova do Corvo

Vila Nova do Corvo

Die einzige Stadt der Insel und zugleich eine der kleinsten Europas zählt heute 430 Einwohner, wirkt wegen der vielen verlassenen, leer stehenden Häuser aber um einiges größer. Das Zentrum durchziehen enge, schattige Canadas, Gassen, die keiner Ordnung gerecht werden.

Vila Nova do Corvo liegt am Südzipfel der Insel. Die Corvinos nennen ihre Stadt einfach wie ihre Insel, Corvo, zum Verwechseln gibt es ja nichts. Die Häuser der Altstadt drängen sich dicht aneinander, viele davon in Hanglage, die meisten besitzen einen kleinen Innenhof mit Dreschplatz und Schweinestall. Die weiß umrahmten Fenster der dunklen Fassaden blicken auf den Fischerhafen zur Linken und den Flughafen zur Rechten. Um letzteren baute man einen Zaun, damit die Hunde nicht mehr faul auf der Landebahn liegen oder den startenden Maschinen kläffend hinterherrennen. Parallel zum

Flughafen verläuft die einzige halbwegs gerade Straße der Insel, auf der die Jugend mal richtig Gas geben kann. Hinter der Landebahn am Meer runden drei alte Windmühlen das Bild ab – mit ihren dreieckigen Segelflügeln erinnern sie an die der Mauren auf dem Festland. Tuch spannt man heute aber nicht mehr auf die Flügel, seit 1973 gibt es Strom in Vila Nova do Corvo.

Nahezu alles, was auf der Insel existiert, ist am kleinen Kreisverkehr über dem Hafen ausgeschildert. Doch sich im Städtchen zu orientieren, fällt im ersten Moment gar nicht so leicht, besonders im Gassengewirr der Altstadt, über dessen Kieselpflaster Mopeds düsen. Autos passen kaum irgendwo hindurch, dennoch – man glaubt es kaum – sind über 100 registriert. Die Haustüren stehen vielfach offen, lediglich ein Fliegenvorhang verhindert den Blick ins Innere. Zeitgemäße Schlösser haben die Neubauten.

Sehenswerte Kulturdenkmäler bietet die Stadt keine, auch die einschiffige **Kirche Nossa Senhora dos Milagres** aus dem 18. Jh., die mit von Emigranten aus den USA gestifteten Holzbänken bestückt ist, wäre an sich keine Erwähnung wert, gäbe es zur kleinen, aber groß verehrten flämischen Marienstatue (Anfang 16. Jh.) im Innenraum nicht zwei nette Geschichten zu erzählen. Angeblich wurde die Statue in einer wasserdichten Truhe angeschwemmt, mit einem Notizzettel darin, auf dem die Bitte notiert war, der Finder möge eine Kirche um sie herumbauen. Zudem soll einst der Pfarrer der Insel erhobenen Hauptes und mit der Statue in der Hand plündernden Piraten entgegengetreten sein. Diese richteten ihre Pistolen auf den Gottesmann und ließen das Volk erzittern. Doch die Kugeln prallten allesamt von der Marienfigur ab und trafen ihre Schützen.

🚶 **Wanderung 43: Von Vila Nova do Corvo zum Caldeirão**   S. 465
Hinauf zum weiten Krater Corvos

🚶 **Wanderung 44: Durch Corvos Caldeirão**   S. 467
Rundtour im Krater – ein unvergessliches Erlebnis

Information/Verbindungen/Adressen   → Karte S. 463

Information **Posto de Turismo** in der Casa do Bote (das Walfangboot darin stammt aus Graciosa) gegenüber dem Flugplatzterminal. Mo–Fr 9–12.30 und 13.30–17 Uhr. Caminho dos Moinhos, ☎ 292596227, www.cm-corvo.pt.

Verbindungen Um zum Caldeirão zu gelangen, stehen im Sommer bei Ankunft der Boote aus Flores meist 2 oder 3 Minibusse am Hafen bereit – 2 unterhält Carlos Reis (☎ 964577765), eines João Mendonça (☎ 917763029). Hin- und Rückfahrt zum Krater 5 €/Pers.

Ärztliche Versorgung **Krankenstation** an der Avenida Nova. ☎ 292596153.

Einkaufen **Souvenirs** wie handgewebte Teppiche, Stick- und Häkelarbeiten, dazu schicke Seemannsmützen und viel Kitsch finden Sie bei **Inês Mendonça 3**. Caminho da Horta Funda, das Haus mit der Aufschrift „Artesanato do Corvo".

Die größte Auswahl an Lebensmitteln bietet der **Supermarkt Loja Maria João 11**, untergebracht in einer kleinen Wellblechhalle. Ein anderer ist der **Supermarkt Loja do Cabral 6** an der Straße zur Caldeira. Beide sind So geschl. Eine gute **Bäckerei 10** befindet sich in der Avenida Nova unterhalb der Krankenstation (tägl. 7–12.30 Uhr). Lokalen Käse bekommen Sie in der **Käserei Lacticorvo 2** im Caminho da Horta Funda (mit „Queijaria" ausgeschildert), aber tägl. nur von 8–9.30 u. von 18.30–19.30 Uhr.

Achtung: Viele Lebensmittel kosten auf Corvo erheblich mehr als auf den anderen Inseln. Ausnahmen: Bier und Zigaretten.

Vogelbeobachtungen: Corvo, seit 2007 als UNESCO-Biosphärenreservat ausgewiesen, ist ein Geheimtipp unter Ornithologen, da sich hierher immer wieder amerikanische Singvögel (→ S. 482) verirren. Die Vögel kann man zwar auch auf Flores und mit Glück auf anderen

Corvo → Karte S. 456

Azoreninseln entdecken, auf Corvo aber muss man sie nicht lange suchen: Da es nur wenige Bäume gibt, gibt es auch nur wenige Rastplätze, die dafür stets gut besucht sind.

Geld Es gibt 2 **Bankomaten** auf der Insel (→ Karte S. 463).

Zweiradverleih **Joe's & Vera's Vintage Place** (→ Übernachten) verleiht Mountainbikes für 15 €/Tag.

Übernachten/Camping

Sollten alle offiziellen Betten belegt sein, fragen Sie in den Restaurants und Bars nach, irgendjemand hat immer noch ein Zimmer frei. Auch im Hotel Comodoro (s. u.) hilft man gerne weiter.

mein Tipp ** **Hotel Comodoro** **7**, die mit Abstand beste Unterkunft vor Ort. Die freundlich-zurückhaltende, aus den Staaten zurückgekehrte Familie Rita (Senhor Rita war auch schon gewählter Inselhäuptling) vermietet 5 komplett ausgestattete Appartements und 13 geräumige, komfortable Zimmer auf hohem Niveau: Aircondition, sehr gute Bäder, schöne Holzböden. „Die Betreiber können gar nicht hoch genug gelobt werden", meinen Leser. EZ mit 1-a-Frühstück 50 €, DZ 60 €. Caminho do Areeiro, ℰ 292596128, www.comodoroazores.com.

Joe's & Vera's Vintage Place **9**, restauriertes Altstadthaus in Nachbarschaft zur Kirche. Alles etwas beengend, aber mit Liebe gemacht. Kleine Terrasse davor. Nur 4 Zimmer, alle mit eigenem Bad. Gemeinschaftsküche. DZ 50 €.

Rua da Matriz, ℰ 914112097, buchbar über www.booking.com.

The Pirates' Nest **5**, sehr freundlicher Service, aber deutlich einfacher. 3 Zimmer, 2 Gemeinschaftsbäder und eine Küche für alle. DZ 40 €. An der Straße zum Krater (das Haus gegenüber den 4 kleinen Garagen), Estrada do Caldeirão, ℰ 963731953, www.thepiratesnest.com.

Camping **Im Westen der Stadt** (am Portinho da Areia) kann man sein Zelt auf einer Wiese mit Landebahnblick aufschlagen. Es gibt ein paar Tische und Bänke, Grillmöglichkeiten und sanitäre Einrichtungen mit Warmwasserduschen (solarbetrieben, nicht immer sauber). Falls geschlossen, im Rathaus nach dem Schlüssel fragen.

Zentrum von Vila Nova: kein Platz für Autos

Corvo → Karte S. 456

Ü bernachten

5 The Pirates' Nest
7 Hotel Comodoro
9 Joe's and Vera's
  Vintage Place

E ssen & Trinken

4 Irmãos Metralha
12 Traineira
13 Restaurante O Caldeirão

N achtleben

1 Formidável
8 BBC Bar

E inkaufen

2 Käserei Lacticorvo
3 Inês Mendonça
6 Supermarkt Loja do
  Cabral
10 Bäckerei
11 Loja Maria João

Vila Nova do Corvo

Essen & Trinken/Nachtleben

Restaurants Im Sommer 2018 gab es nur ein funktionierendes Restaurant, das **Restaurante O Caldeirão** 13 nahe dem Flughafen und den Windmühlen, das gerade einen Neubau bekam (→ Geschichte). Qualität je nach Pächter gut bis miserabel. Hg. 9–13 €. Angeschlossen eine Bar. Di Ruhetag. Caminho dos Moinhos, ☎ 964583402.

Das zweite Restaurant der Insel war über Jahrzehnte hinweg das **Traineira** 12, vielleicht hat es ja bis zu Ihrem Besuch wieder geöffnet. Rua da Matriz (über dem Hafen).

Café **Irmãos Metralha** 4, immer gut für ein Bier, mit Wintergarten für die Raucher. Zuletzt ohne große Essensangebote, das kann sich aber auch wieder ändern. An der Rua António Pedro Coelho etwas oberhalb des Orts.

Nachtleben **BBC Bar** 8, die Bar der hiesigen Feuerwehr (15 trinkfeste Jungs) und der Nightspot der Insel. Die Abkürzung steht für „Bar Bombeiros Corvo". Im OG geht es v. a. am Wochenende sehr lebhaft zu. Dort hängen Bob Marley und Jim Morrison an der Wand, manchmal legen DJs auf, es wird viel gequalmt und getrunken. Auch essen kann man: Fast Food wie Chicken Wings oder Burger, gar nicht so verkehrt. Avenida Nova.

Leider nur noch selten finden Partys in der Diskothek **Formidável** 1 statt – abgefahren! Open-Air-Disco mit tollem Küstenblick, drum herum Wiesen und weidende Kühe. Ein gutes Stück außerhalb des Orts auf dem Weg zur Caldeira.

Caldeirão

3,5 km Umfang misst der Einsturzkrater des Vulkans. Wegen seiner mächtigen Ausmaße schien den starken Männern der Insel die weibliche Form „Caldeira" unpassend, und so gaben sie ihr, den Feministinnen zum Trotz, die männliche Form „Caldeirão". Ein Blick in den gelbgrünen Krater und auf die Seen und Inseln darin ist ein unvergessliches Erlebnis.

Die einzige, 7 km lange „Fernstraße" der Insel führt von Vila Nova do Corvo hoch zum Caldeirão. Nicht selten aber ist die Fahrt nichts anderes als eine Fahrt in die Wolken, und vom gigantischen Krater ist dann nichts zu sehen. Die Straße führt vorbei an Weiden, auf denen Kühe und Lusitanerpferde grasen. Stets im Blickfeld ist dabei die Ostküste der Insel, der Kontrast des saftigen Grüns der Wiesen zum schweren Blau des Meeres begeistert. Die Straße endet auf dem nordöstlichen Grat des Caldeirão. Im Süden steigt der Grat als **Morro dos Homens** auf 718 m Höhe an. Im Westen stürzt die Außenseite des Kraters fast senkrecht ins Meer.

Bis zu 300 m fallen die Kraterwände ins Innere der Caldeira ab. Die Hänge sind stellenweise so intensiv mit gelbli-chen Moosen überzogen, als wären sie von noch immer austretenden Schwefeldämpfen gefärbt. Vom Parkplatz führt ein Weg zu den Seen im Krater hinab (→ Wanderung 44). Auch hier weiden Kühe, einsam liegt die Ruine eines alten Gehöfts da. Die Inseln in den Seen, so sagt man, sollen ein Spiegelbild der Azoren sein – jedes Drohnenbild könnte dies widerlegen.

Der letzte Ausbruch des Vulkans, auf den die Entstehung der Caldeira folgte, wird vor zwei Millionen Jahren vermutet. Damals hatte sich die Magmakammer geleert, sodass der Berg in sich zusammenstürzte und die Geröllmassen die Förderschlote des Vulkans verstopften. Seitdem nagt die Erosion an dem Vulkan, und Corvo wird von Jahr zu Jahr ein Stückchen kleiner.

Auf den kleinen Inseln kennt jeder jeden – insbesondere auf Corvo

Wanderungen auf Corvo

GPS-Wanderung 43

Von Vila Nova do Corvo zum Caldeirão → Karte S. 456

Route: Vila Nova do Corvo – Cara do Índio – Grat des Caldeirão.

Länge/Dauer: 6,6 km, 2:30–3 Std.

Einkehr: Unterwegs keine Möglichkeit.

Besonderheiten: Bis zum Grat des Caldeirão sind 580 Höhenmeter zu bewältigen. Der Aufstieg ist nicht extrem steil und weniger schweißtreibend als vielleicht vermutet, hat es aber dennoch in sich. Zudem muss man über ein paar Mäuerchen klettern. Die Tour bietet einzigartige Ausblicke über den Westen und Osten Corvos und das Meer. Die Geräuschkulisse besteht aus nichts anderem als Vogelgezwitscher und dem Pfeifen des Windes. Im Anschluss an diese Wanderung können Sie noch in den Krater absteigen (→ Wanderung 44). Der Weg bis zum Cara do Índio, einer Felswand, deren Seitenprofil einem Indianerkopf ähnelt, ist bis auf den Einstieg identisch mit dem offiziellen Wanderweg *PR 1 COR*. Sollte der Krater in Wolken sein, bietet es sich an, bis zum Cara do Índio zu wandern (ca. 2,8 km) und von dort weiter bis zur Zufahrtsstraße zum Krater, über die man wieder zurück nach Vila Nova do Corvo gelangt.

Wegbeschreibung: Vom Largo das Forças Armadas, dem kleinen **Kreisverkehr mit Anker in der Mitte** ❶ über dem Hafen, folgt man der Straße am Restaurant Traineira und der Kirche vorbei – Markierungen weisen den

Die Runde durch Corvos Krater ist ein Wanderhighlight der Azoren

Weg. Nachdem man das **Centro de Interpretação Ambiental e Cultural do Corvo** passiert hat, steigt der Weg steiler an und führt aus Vila Nova do Corvo hinaus. Als Wiesenweg trifft er schließlich auf die Zufahrtsstraße zum Caldeirão. Hier hält man sich rechts. 50 m weiter, in der Kehre der Serpentine, setzt sich der Wiesenweg fort. 5 Min. später trifft man abermals auf die Zufahrtsstraße zum Krater, und abermals hält man sich rechts. Doch schon nach wenigen Schritten, bei einem **Brunnen** 2, zweigt man nach links auf einen alten Saumpfad ab. Auf diesem geht es nun steiler bergauf, vorbei an Wiesen und Weiden. Nach ca. 30 Min. Aufstieg endet der Saumpfad und man wandert auf einer Weide parallel zu einer Abgrenzungsmauer weiter. Kurz darauf muss man auch über Mauern klettern. Der Wegverlauf ist aber gut markiert und bringt Sie schließlich querfeldein zu einem Schild mit der Aufschrift **„Caro do Índio"** 3, von wo Sie die Felsformation sehen, die einem Indianerkopf gleicht. Genauso impo-

sant ist aber der Blick über die steil abfallende Küstenlandschaft.

Folgt man von dem Aussichtspunkt den gelb-roten Markierungen weiter bergauf, gelangt man schon bald wieder auf einen von Mauern gesäumten Pfad, der bei einem Gatter endet, hinter dem eine **Wandertafel** 4 steht.

Ein paar Schritte oberhalb der Wandertafel verläuft eine rötliche Schotterstraße. Dieser folgt man in Serpentinen bergab bis zu einem **Schrein** 5. Hier hält man sich links und wandert auf ein voraus liegendes Haus mit drei Fenstern zu. (Um nach Vila Nova do Corvo zurückzukehren, folgt man hingegen vom Schrein dem Weg nach rechts bergab und erreicht so die Zufahrtsstraße zum Krater, wo man sich erneut rechts hält.)

Direkt vor dem **Haus mit den drei Fenstern** 6 trifft der Schotterweg auf die Zufahrtsstraße zum Caldeirão, der man nach links bergauf folgt. 45–60 Min. später haben Sie den **Kraterrand** 7 erreicht.

Durch Corvos Caldeirão   → Karte S. 456

Route: Abstieg in den Krater Corvos samt Rundtour darin.

Länge/Dauer: Ca. 5 km, 2:30 Std.

Einkehr: Unterwegs keine Möglichkeit.

Besonderheiten: Die Rundtour im Krater ist ein Highlight der Azoren: Moose und Weiden in allen Grünfarben, in den Seen spiegeln sich die Wolken, es grüßen Kühe und Pferde, und es flattern Bekassinen, Flussseeschwalben und Stockenten umher. Unternehmen Sie diese Tour aber nicht bei schlechtem Wetter. Werden Sie im Kraterinneren von Nebel überrascht, so versuchen Sie nicht, den Rückweg anzutreten – warten Sie ab, bis es wieder aufklart. Wegen des morastigen Untergrunds ist es nicht ganz ungefährlich, vom Weg abzukommen und die Orientierung zu verlieren. Der Weg ist identisch mit dem markierten Wanderweg *PRC 2 COR*. Knöchelhohe Wanderschuhe sind ratsam.

Wegbeschreibung: Von der Wendeplatte am **Kraterrand** ❶ folgt man dem klar erkennbaren Pfad hinab in den Krater. Der Pfad führt zu einem mächtigen Felsblock im Kratergrund. Der **Felsblock** ❷ weist auf zwei Seiten Wandermarkierungen auf. Hier beginnt und endet der Rundweg im Krater, fortan folgt man im Uhrzeigersinn den hölzernen Markierungspfosten um die Kraterseen herum. Ein Pfad ist nicht immer zu erkennen, der Boden gleicht, v. a. am Anfang, nichts anderem als einem von Kühen zerpflügten Terrain. Im Süden des Kraterinneren passiert man ein **Brückchen** ❸ und dahinter den quakenden Teich **Poço da Velha**. Auf der Westseite ist der Weg leichter auszumachen. Man mag es kaum glauben, Sie befinden sich hier nur rund 500–600 m Luftlinie vom Meer entfernt, da hinter der Kraterwand die Klippen steil abfallen. Nach einer guten Stunde hat man den Rundkurs im Krater beendet, und es folgt wieder der Aufstieg zum Kraterrand ❶.

Was haben Sie entdeckt?

Haben Sie ein besonderes Restaurant, ein neues Museum oder ein nettes Hotel entdeckt? Wenn Sie Ergänzungen, Verbesserungen oder Tipps zum Buch haben, lassen Sie es uns bitte wissen!

Schreiben Sie an: Michael Bussmann, Stichwort „Azoren"
c/o Michael Müller Verlag GmbH | Gerberei 19, D – 91054 Erlangen
michael.bussmann@michael-mueller-verlag.de

Corvo → Karte S. 456

Nachlesen &
Nachschlagen

Die Praia de Santa Bárbara, einer der schönsten Strände São Miguels

Geografie

Lage/Entfernung

Die Inseln der Azoren liegen zwischen Europa und Amerika. Nach Portugal, dem nächstgelegenen Festland, sind es rund 1500 km. Westlich stößt man nach etwa 3600 km auf den amerikanischen Kontinent. Nach Norden kommt lange Zeit nichts: Würde eine Jacht von Horta aus diesen Kurs einschlagen, träfe sie irgendwann auf Grönlands Küsten. Führe sie geradewegs gen Süden, würde sich ihre Besatzung nach Wochen inmitten von Antarktis-Eisbergen wiederfinden.

Topografie

Mit Ausnahme Graciosas und dem Westen Santa Marias sind die Inseln überaus bergig. Pico kann sich sogar mit dem höchsten Berg Portugals rühmen, dem Pico Alto, der 2351 m aus dem Meer ragt. Der Anteil der Inselfläche, der über 300 m ü. d. M. liegt, beträgt auf Santa Maria 14 %, auf São Miguel 47 %, auf Terceira 45 %, auf Graciosa 5 %, auf Faial 46 %, auf Pico 59 %, auf São Jorge 70 %, auf Flores 68 % und auf Corvo 55 %.

Mehr Infos zur Geografie der Inseln (Fläche und Lage) auf den Seiten „Die Inseln im Profil" (S. 12 f.) und in den Übersichtskästen zu Beginn jedes Inselkapitels.

Vulkanismus und Geologie

von Dr. Ulrich Küppers

Geologischer Rahmen

Naturphänomene wie heiße Quellen und z. T. katastrophale Naturereignisse wie Erdbeben und Vulkanausbrüche führen uns immer wieder vor Augen, dass die Erde ein Eigenleben führt. All diese Erscheinungen sind das Ergebnis der Tatsache, dass die Erde seit ihrer Entstehung nicht ausgekühlt ist und im Erdinneren Druck- und Temperaturbedingungen herrschen, bei denen Gestein geschmolzen oder plastisch verformbar ist. Die Erdkruste, auf der wir leben, ist alles andere als stabil: Sie ist lediglich 15 bis 80 km dick, also im Vergleich zum Durchmesser der Erde (rund 12.750 km) hauchdünn. Vor ca. 250 Mio. Jahren bildeten alle Erdplatten einen gemeinsamen Riesenkontinent, der sukzessive in ein Dutzend Platten unterschiedlicher Größe zerfiel – ein Prozess, der noch immer nicht abgeschlossen ist. Die heutige Verteilung der Kontinente stellt somit nur eine Momentaufnahme dar. Temperaturunterschiede zwischen der Erdoberfläche und dem Erdinneren erzeugen Wärmeströmungen unter dem Erdmantel und führen dazu, dass sich die Erdplatten relativ zueinander bewegen. An den Nahtstellen der Platten ereignen sich häufig Erdbeben und liegen die meisten Vulkane.

Die Entstehung des Atlantiks und der Azoren ...

... ist unmittelbar verbunden mit der Bewegung der Erdplatten. Vor ca. 200 Mio. Jahren begann sich durch das Auseinanderdriften von Platten jenes Becken zu bilden, in dem sich heute der Atlantik ausbreitet. Die Bewegung dieser Platten dauert nach wie vor an und vergrößert die Breite des Atlantiks jährlich um ca. 2,5 cm. Entlang der meist unterseeischen Riftzonen – die Nahtstellen zwischen zwei Kontinentalplatten – kann Magma aufsteigen und austreten. Wenn dieses Magma über mehrere Millionen Jahre hinweg an ein und demselben Ort austritt, türmt sich immer mehr Lava auf und es entsteht ein submariner Vulkan. Mit zunehmendem Wachstum wird dieser irgendwann über den Meeresspiegel hinausragen und eine Insel bilden – so, wie wir es von den Azoren kennen. Da der Atlantik im Durchschnitt 4000 m tief ist, bedeutet das, dass jeder Vulkan der Azoren, von seiner Basis am Mee-

resgrund aus gemessen, ein sehr hoher Berg ist. Der Pico z. B., mit 2351 m der höchste Berg Portugals, ist also eigentlich über 6000 m hoch!

Die Inseln wandern

Die Riftzone des Mittelatlantischen Rückens wird von einer Kette unterseeischer Vulkane begleitet, von denen allerdings nur wenige über den Meeresspiegel hinausragen. Im Osten des Mittelatlantischen Rückens befinden sich die Eurasische und die Afrikanische Platte, im Westen erstreckt sich die Amerikanische Platte. Die Inseln der Westgruppe – Flores und Corvo – sind Teil der amerikanischen Platte, wobei deren Vulkane als nicht mehr aktiv gelten. Sie türmten sich einst an der Riftzone zwischen der Amerikanischen und der Eurasischen Platte auf und drifteten dann quasi huckepack auf der Amerikanischen Platte gen Westen ab. Dieser Prozess hält bis in die Gegenwart an und sorgt dafür, dass die Entfernung der beiden Inseln zum Rest des Archipels jedes Jahr zunimmt.

Die Inseln der Zentral- und Ostgruppe liegen auf der komplexen Plattengrenze zwischen der Eurasischen Platte im Norden und der Afrikanischen Platte im Süden. Von diesen Inseln gelten nur die Vulkane von Santa Maria und Graciosa als erloschen. Auf allen anderen fünf Inseln (Faial, Pico, São Jorge, Terceira und São Miguel) wurden seit der Besiedlung im 15. Jh. immer wieder Vulkanausbrüche registriert, die Vulkane werden nach wie vor als aktiv eingestuft.

Das Alter der Azoren

Die Datierung von Vulkanen ist schwierig, da das älteste Gestein für die Wissenschaft unerreichbar „ganz unten und ganz in der Mitte" eines Vulkans liegt. Die im Folgenden genannten Altersangaben sind daher Mindestalter, die sich anhand der ältesten, vor Ort gefundenen   Gesteine   nachweisen lassen. Die älteste Insel ist Santa Maria mit über acht Mio. Jahren. Sie ist übrigens auch die einzige Insel, auf der man Fossilien finden kann.

Im Osten von São Miguel wurden die nächstjüngeren Gesteine entdeckt, sie sind ca. vier Mio. Jahre alt. Der zentrale Bereich und der Westen São Miguels sind interessanterweise geologisch unabhängig von diesem Komplex und deutlich jünger – der letzte Vulkanausbruch in diesem Bereich ereignete sich im 17. Jh. Vor der Küste fand der letzte Ausbruch indes 1911 statt.

Auch Terceira ist mit 3,5 Mio. Jahren sehr alt. Die jüngsten Inseln hingegen sind Pico mit einem Alter von 250.000 und São Jorge mit einem Alter von 550.000 Jahren.

Vulkanausbrüche auf dem Gebiet der Azoren

Seit der Besiedlung der Azoren im 15. Jh. haben sich knapp 30 Vulkanausbrüche ereignet. Etwa die Hälfte fand auf den Inseln statt: São Miguel erlebte 1439/43, 1563, 1564 und 1652 Ausbrüche, Terceira 1761, São Jorge 1580 und 1808, Pico 1562, 1718 und 1720 und Faial 1672 und 1957. Die andere Hälfte der Ausbrüche ereignete sich vor den Inseln im Meer. Der Mensch wurde nur von wenigen submarinen Ausbrüchen direkter Zeuge, so z. B. von der Geburt und dem Untergang der Insel Sabrina (1811 südwestlich von São Miguel, → S. 112) oder vom Ausbruch nahe der Ortschaft Serreta an der Westspitze Terceiras zwischen 1998 und 2001 (→ S. 227), zugleich der letzte wissenschaftlich gesicherte Ausbruch im Bereich der Azoren. Bis heute unvergessen ist der Ausbruch des Capelinhos im Herbst 1957 ca. 1 km vor der Westküste Faials. Über zwölf Monate hinweg war der Vulkan aktiv. Im Zuge dieses Ausbruchs entstand eine neue Insel, die sich mit Faial verband. Dieser Ausbruch und die mit ihm einhergehenden Zerstörungen durch Erdbeben und Aschefall führten dazu, dass knapp ein Viertel der Bevölkerung die Insel dauerhaft verließ (mehr zum Ausbruch des Capelinhos → S. 305). Rund um die Inseln sind weitere aktive submarine Vulkane bekannt wie der Vulkan Banco D. João de Castro auf halber Strecke zwischen São Miguel und Terceira. Ihm fehlen momentan nur 12 m bis zur Meeresoberfläche.

Vulkantypen auf den Azoren

Für Vulkanologen sind die Azoren ein einzigartiges Forschungsgebiet, jüngst stellten sie eines der vorrangigen Forschungsziele europäischer Wissenschaftsprojekte dar, nicht zuletzt aufgrund der Diversität der vulkanischen Erscheinungsformen.

Generell fördern Vulkane zwei unterschiedliche Arten von Magma, die wegen ihrer unterschiedlichen Eigenschaften unterschiedliche Ausbruchstypen und somit Landschaftsformen bedingen – die Rede ist von Trachyt und Basalt, wobei Letzterer deutlich dünnflüssiger ist.

Vulkane, die basaltische Lava fördern, gehören zum strombolianischen (nach dem Vulkan Stromboli in Italien) oder hawaiianischen Typ (nach den Vulkanen auf Hawaii). Der strombolianische Typ ist im Vergleich zum hawaiianischen Typ etwas explosiver. In beiden Fällen erreicht das ausgeworfene Material jedoch selten Höhen von mehreren hundert Metern und bildet die auf den Azoren charakteristischen, relativ steilen Schlackenkegel an den Flanken der großen Vulkane. Bis in die Gegenwart werden diese Schlackenkegel gerne für die Gewinnung von Baumaterial abgetragen. Bei basaltischen Ausbrüchen entstehen zudem Lavaströme, also Flüsse aus geschmolzenem Gestein, welche die Hänge der Insel mit wenigen km/h hinabfließen und häufig die Küste erreichen.

Der andere Magmatyp, Trachyt, steigt langsamer durch die Erdkruste auf. Dabei verändert sich seine Zusammensetzung und somit auch seine Materialeigenschaft – das Magma wird zähflüssiger. Im Magma gelöste Gase können dann nur sehr schwer oder gar nicht entweichen, ein gewaltiger Überdruck kann, wie bei einer geschüttelten Sektflasche, die Folge sein. Kommt es zu einem explosiven Vulkanausbruch mit trachytischem Magma, so spricht man auch von einem plinianischen Vulkanausbruch. Plinius der Ältere hatte im Jahre 79 n. Chr. den Ausbruch des Vesuvs (Italien) beobachtet und erstmals eine detailgenaue, objektive Beschreibung dieses Phänomens verfasst. Bei diesen Ausbrüchen können Eruptionswolken von mehreren Kilometern Höhe entstehen, die Asche und Gase in die oberen Schichten der Atmosphäre transportieren. Diese Art der Eruptionen beeinträchtigt damit auch ein viel größeres Gebiet durch fallende Asche und hat spürbare Auswirkungen auf das globale Klima (vgl. Vulkan Pinatubo auf den Philippinen, 1991). Häufig werden diese Ausbrüche von pyroklastischen Strömen begleitet, heißen gas-, asche- und gesteinsreichen Lawinen, welche die Flanken der Vulkane mit bis zu 300 km/h Geschwindigkeit hinabrasen und alles auf ihrem Weg zerstören. Nicht selten wird im Laufe eines solchen Ausbruchs so viel Material zu Tage gefördert, dass der Vulkan in sich zusammenstürzt. Zurück bleiben dann tiefe Einsturzkrater, sog. Calderen (portug. *Caldeiras*), wie die von Sete Cidades oder Furnas auf São Miguel oder die große Caldeira auf Faial.

Aktuelle Situation

Leichte Erdstöße werden rund um die Azoren beinahe täglich registriert, die meisten davon sind allerdings so schwach, dass sie nur mit äußerst sensiblen Geräten aufgezeichnet werden

Ausbruch des Vulkans Capelinhos in den 1950er-Jahren

können. Vulkanausbrüche kündigen sich an, vor ihnen kann i. d. R. gewarnt werden. Beispielsweise verformen sich die Vulkane vor Ausbrüchen, zwar nicht für den Menschen sichtbar, aber mithilfe geodätischer Messungen feststellbar. Weitere Indizien können ansteigende Wassertemperaturen von Quellen sein, Erdbebenherde rücken näher an die Oberfläche. Sämtliche Vulkane der Azoren sind bestens überwacht, zuständig dafür ist das *Centro de Vulcanologia e Avaliação de Riscos Geológicos (CVARG)* in Ponta Delgada. Das letzte Mal gab das CVARG im Jahr 2005 eine Warnung vor einem möglichen Vulkanausbruch heraus. Damals registrierte man auf São Miguel unter der Nordost-Flanke des Vulkans Fogo zahlreiche Erdbeben (eine sog. „seismische Krise"). Die Situation beruhigte sich aber wieder, es kam zu keinem Ausbruch. Aktuelle Informationen des Vulkanobservatoriums findet man unter www.cvarg.azores.gov.pt.

Vulkanologische Fachbegriffe Caldera (portug. Caldeira): Ein von der Caldera de Taburiente auf La Palma entlehnter Begriff aus dem Spanischen, der auf Deutsch „Kessel" bedeutet. Heute werden die weiten vulkanischen Einsturzkrater weltweit als Calderen bezeichnet. Übrigens weiß man mittlerweile, dass die Caldera de Taburiente keine Caldera im Sinne der Definition ist, sondern eine Erosionsstruktur.

Magma/Lava: Die glühend-flüssige Gesteinsschmelze, die aus dem Erdinneren nach oben steigt, wird Magma genannt; tritt sie an der Erdoberfläche aus, bezeichnet man sie als Lava.

Fumarolen: Stellen, an denen aus Erdrissen Dämpfe und Gase austreten, nennt man Fumarolen. Wegen des hohen Schwefelanteils verbreiten sie einen Geruch von faulen Eiern.

Basaltsäulen: Sie entstehen durch das schnelle Abkühlen basaltischer Lava, was mehr-, meist sechseckige Säulenformationen zur Folge hat (→ Flores/Rocha dos Bordões, S. 441).

Dr. Ulrich Küppers lehrt und forscht am Department für Geo- & Umweltwissenschaften der Ludwig-Maximilians-Universität München. Von 2006 bis 2008 war er als Vulkanologe am *Centro de Vulcanologia e Avaliação de Riscos Geológicos* in Ponta Delgada tätig. 2018 gab er zusammen mit Christoph Beier das Buch *Volcanoes of the Azores* im Springer Verlag heraus. Zudem leitet er Vulkanreisen auf den Azoren (www.vulkankultour.de).

Klima und Reisezeit

Nie heiß, nie kalt ...

... das ist das Azorenklima, zumindest wenn man einen Blick auf die Klimatabelle wirft. Wegen der stets hohen Luftfeuchtigkeit im Sommer empfindet man die Temperaturen jedoch um einiges höher, als sie auf dem Thermometer angezeigt werden. Im Winter dagegen können starke Winde die Temperaturen um einiges tiefer erscheinen lassen, als sie tatsächlich sind.

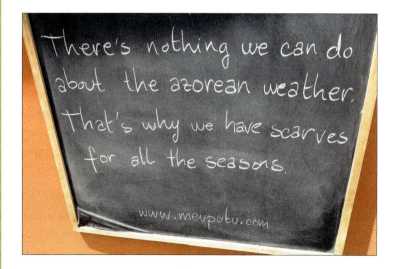

Das Azorenhoch

Wer den beliebten Luftdruckklassiker, der in Mitteleuropa tagelang blauen Himmel garantiert, richtig genießen will, bleibt am besten zu Hause. Das Azorenhoch entsteht zwar meist bei den Azoren, jedoch i. d. R. ein paar hundert Kilometer südlich davon in den Subtropen und nur selten exakt über dem Archipel. Das Hochdruckgebiet erhielt den Zusatz „Azoren" nur, weil weit und breit kein anderer Bezugspunkt existiert.

Das Azorenhoch entsteht durch Zirkulation warmer Luft, die am Äquator aufsteigt, nach Norden strömt und im Gebiet der Azoren wieder nach unten sinkt. Einer der Gegenspieler des Azorenhochs ist das Islandtief. Dringt dieses zu weit nach Süden vor, weicht das Azorenhoch oft in Form eines Keils bis nach Mitteleuropa aus.

Auf Wetterkapriolen gefasst sein

Das Azorenwetter spielt oft verrückt – regnet es zum Frühstück, scheint zum Mittagessen die Sonne oder andersrum. In der zweiten Tageshälfte kann sich das Spielchen wiederholen. Sie können aber auch tagelang nur Sonne haben oder – ebenfalls tagelang! – die wundersamsten Stürme erleben. Das ganze Jahr über ist auf jeden Fall mit Regen zu rechnen, zum Glück jedoch selten mit restlos verregneten Tagen, wie man sie von zu Hause kennt. Am trockensten ist statistisch gesehen der Sommer. Nebel gibt es in den Bergen oft, unmittelbar an der Küste jedoch selten. Sollten Sie unter einem grauen Himmel erwachen, so fahren Sie einfach auf die andere Inselseite – nicht selten scheint dort die Sonne. Denn je nachdem, von wo der Wind weht, stauen sich die Wolken über der einen Inselhälfte an den Bergen und sorgen für Regen, während man davon auf der anderen Inselhälfte gar nichts mitbekommt.

Im Vergleich zu Deutschland

Damit Sie die auf S. 478 angegebenen Daten besser in Relation setzen können, hier ein paar Vergleichsdaten zu Deutschland: Die mittlere Tiefsttemperatur beträgt in Deutschland im Januar, dem kältesten Monat, -3 °C, die mittlere Höchsttemperatur 2,9 °C. Im heißesten Monat Juli beträgt die mittlere Tiefsttemperatur 12,3 °C, die mittlere Höchsttemperatur 22 °C. Im Februar, dem trockensten Monat in Deutschland, werden gerade mal 40 mm Niederschlag gemessen, im Juni, dem regenreichsten Monat, 77 mm. All das aber sind Zahlenspiele. Welches Wetter Sie wann erwartet, ist in Deutschland wie auf den Azoren letztendlich Glückssache.

Wie wird's oder wie ist's wirklich

Von den meisten konventionellen Online-Wetterseiten sollte man nicht viel Unterstützung erwarten – wie oft lacht dort die Sonne über den Inseln, während es vor der Hoteltür ununterbrochen regnet. Besser sind die Seiten www.windguru.cz (deren Prognosen trauen auch viele Azoreaner), www.ipma.pt (portugiesisches Wetteramt) und www.climaat.angra.uac.pt (Meteorologisches Institut der Universität der Azoren). Wie es im Moment vor Ort wirklich ist, erfährt man bei einem Blick auf eine Webcam unter www.spotazores.com, was die Tagesplanung (sind die Berge gerade frei oder nicht?) vereinfachen kann.

Wassertemperaturen

Eine Tabelle mit den Durchschnittswerten der einzelnen Inselgruppen finden Sie im Kapitel „Wissenswertes von A bis Z/Baden" auf S. 526.

Reisemonate

Wie den Klimatabellen zu entnehmen ist, weisen die Monate Juli, August und September die höchsten Temperaturen auf. Diese Monate sind auch die beste Zeit, um die Azorenreise mit einem Badeurlaub zu koppeln. Allerdings ist die hohe Luftfeuchtigkeit in dieser Zeit nicht jedermanns Sache. Wer gern wandert oder Rad fährt, sollte die Reise in die weniger schweißtreibenden Monate Mai, Juni bzw. September und Oktober legen. Bis in den Spätherbst kann man abends oft noch im T-Shirt draußen sitzen oder sogar baden, da die Wassertemperaturen nicht so schnell

sinken. Im Frühling dagegen kühlt es nach Sonnenuntergang recht schnell ab. Im Winter kann man durch tief ziehende Wolken für ein oder zwei Tage selbst nahe der Küste im Nebel versinken, das kann aber auch im Frühjahr oder Herbst passieren. Dennoch ist von Azorenreisen im Winter nicht grundsätzlich abzuraten, auch wenn die Gut-Wetter-Wahrscheinlichkeit geringer ist. An windgeschützten Orten kann man sich selbst im Winter bei wolkenlosem Himmel mitunter zum Bräunen in die Sonne legen. Und auch die Flora trägt dann noch ein buntes Kleid, irgendetwas blüht immer irgendwo. Berüchtigt sind jedoch die Winterstürme. Aber wie auf das gesamte Wetter auf den Azoren kein Verlass ist, ist auch auf die Winterstürme kein Verlass. In manchen Wintern bleiben sie aus und suchen die Azoren erst im März, April oder Mai heim. Die **Hochsaison** ist kurz und umfasst auf den meisten Inseln nur die Monate Juli und August, auf São Miguel reicht sie von Juni bis September.

Vor- und Nachteile Hochsaison: Mehr Flug- und Fährverbindungen zwischen den Inseln, Erstere jedoch oft ausgebucht. Die Campingplätze sind offen, auf den Picknickplätzen liegt Holz zum Grillen parat. Da die Inseln im Hochsommer jedoch ziemlich überlaufen sind (viele Festlandportugiesen machen dann Urlaub, Emigranten besuchen ihre Familien, selbst in verschlafenen Örtchen herrscht Partystimmung), kann es schwierig sein, ein Zimmer zu finden. Bei den Autoverleihern gibt es oft nur noch Wagen der teuersten Kategorie oder gar keine mehr. An manchen Orten nerven Mücken.

Vor- und Nachteile Nebensaison: Die Inseln sind schön leer, vieles ist billiger, trotz weniger Flüge bekommt man fast immer einen Platz. Die Fährverbindungen sind jedoch stark eingeschränkt, oder es geht gar nichts. Tauchgänge, Whalewatching-Fahrten usw. werden mancherorts und v. a. auf den kleineren Inseln wegen geringer Nachfrage nur (noch) unregelmäßig oder gar nicht (mehr) angeboten. Viele Campingplätze sind geschlossen.

Sie sehen's:
Wetterfeste Kleidung ist wichtig!

Klima der Ostgruppe (São Miguel und Santa Maria)

Monat	Ø Lufttemperatur (Min./Max. in °C)		Ø Niederschlag (in mm)	Ø Stunden mit Sonnenschein	Ø Luftfeuchtig-keit (in %)
Jan.	11,5	17,1	139,9	93,6	55,3
Feb.	10,8	16,8	111,6	100,2	46,3
März	11,3	17,3	110,3	125,6	62,7
April	12,0	18,2	68,1	143,1	64,2
Mai	13,3	20,0	47,4	178,7	67,2
Juni	15,2	22,2	39,5	172,1	61,9
Juli	17,0	24,5	27,9	208,4	68,4
Aug.	18,0	25,7	32,6	218,9	74,8
Sept.	17,5	24,8	81,4	181,8	72,4
Okt.	15,8	22,3	119,2	146,7	66,4
Nov.	13,9	19,6	131,0	104,3	59,4
Dez.	12,4	17,9	111,3	92,1	57,0

Klima der Zentralgruppe
(Terceira, Graciosa, Faial, Pico, São Jorge)

Jan.	11,6	15,8	145,2	83,1	81,0
Feb.	11,0	15,3	131,8	87,3	74,9
März	11,2	15,7	123,6	113,9	79,7
April	12,1	16,8	93,5	134,2	76,5
Mai	13,6	18,6	46,7	167,8	82,5
Juni	15,5	20,8	49,0	169,5	77,2
Juli	17,3	23,3	37,8	200,7	84,8
Aug.	18,6	24,4	47,4	226,6	90,7
Sept.	18,5	23,4	89,6	167,0	87,4
Okt.	16,1	20,8	129,6	132,7	89,8
Nov.	14,0	18,3	121,8	93,4	77,4
Dez.	12,7	16,7	118,5	80,1	79,7

Klima der Westgruppe (Flores und Corvo)

Jan.	12,3	16,5	205,6	79,7	81,3
Feb.	11,6	16,0	149,8	84,3	73,0
März	12,0	16,6	164,2	111,5	75,5
April	13,0	17,7	108,2	141,4	71,0
Mai	14,4	19,5	89,0	168,8	67,6
Juni	16,8	21,9	68,1	172,6	61,3
Juli	18,9	24,2	67,0	214,2	77,4
Aug.	20,1	25,7	78,3	220,7	90,3
Sept.	19,0	24,3	111,4	170,6	89,6
Okt.	16,7	21,5	144,9	118,2	94,2
Nov.	15,0	19,1	130,6	81,5	90,0
Dez.	13,7	17,6	161,9	67,3	86,4

Paradiesblume

Flora

Gestern und heute

Vor der Besiedlung waren alle Inseln des Archipels dicht bewaldet, heute sind viele kahl geschlagen. Das Landschaftsbild prägen saftig grüne Weiden, auf denen Rinder grasen, dazwischen kilometerlange Hortensienhecken. Auch wenn die Hortensie mittlerweile das Aushängeschild der Azoren und von den Inseln nicht mehr wegzudenken ist – zur ursprünglichen Vegetation, wie sie die ersten Siedler vorfanden, gehört sie nicht. Sie wurde wie viele Pflanzen des Archipels erst später eingeführt.

Artenvielfalt

Der natürliche Blumenreichtum der Azoren hat sich v. a. von Flores aus, jener Insel, deren Name nichts anderes als Blütenpracht verspricht, auf die anderen Inseln des Archipels ausgebreitet. Nach Flores selbst gelangte der Samen im Gefieder der Zugvögel, die von der amerikanischen Ostküste kamen, wobei für die Vögel die westlichste Insel die erste Rastmöglichkeit darstellte. Aber auch Seeleute, heimkehrende Emigranten und Botaniker brachten Pflanzen aus den entlegensten Gebieten der Welt auf die Azoren. So weisen heute alle Inseln eine üppige und vielfältige Vegetation auf, die jedem Hobbygärtner das Herz höher schlagen lässt. Aufgrund der klimatischen Bedingungen wächst, sprießt oder gedeiht nahezu alles, was man in den Boden steckt oder sät. Das Mikroklima der Inseln lässt sogar den Anbau tropischer Pflanzen wie Bananen zu, Maracujas und Ananas von den Azoren haben gar ein geschütztes Herkunftssiegel der EU. Im Winter verlieren nur Platanen und Weinstöcke ihre Blätter. Insgesamt wachsen auf den Azoren rund 850 verschiedene Farne und Samen- bzw. Blütenpflanzen, darunter 56 endemische. Die hiesigen Floristenläden spiegeln den Blumenreichtum der Inseln jedoch überhaupt nicht wider –

vorrangig werden tatsächlich Plastikblumen für den Grabschmuck verkauft! Wo Lilien, Drillingsblumen, Paradiesvogelblumen und Orchideen am Straßenrand wachsen, braucht man sie nicht im Laden anzubieten.

Vegetationszonen

In der Küstenzone (0–200 m) besteht die Vegetation aus Gräsern, Zwergsträuchern und Blütenpflanzen. Wälder findet man in Küstennähe nur selten, durch Rodung überwiegen hier heute Felder und Weiden. Oberhalb der Küstenzone erstreckt sich fast ausschließlich Weideland (200–600 m). Zugunsten der Milchkühe wurde auch hier fast alles gerodet, lediglich Taleinschnitte sind noch bewaldet. Weiter höher existiert auf vielen Inseln noch heute die ursprüngliche Vegetation, u. a. ausgedehnte Lorbeerwälder (600–1100 m). Auffallend und ein Indiz für die saubere Luft sind die in dieser Region gedeihenden Moose – über 400 Arten soll es auf den Azoren geben.

Die wichtigsten und auffälligsten Pflanzen (eine Auswahl)

Endemische Pflanzen Erica azorica: Portugiesisch *urze* genannt, ist eine einheimische Baumheide, der v. a. oberhalb der Lorbeerwälder wächst. Was in der Lüneburger Heide als Erika gerade bis zum Fußknöchel reicht, streckt sich hier bis zu 6 m in die Höhe.

Myrica faya: Vor Ort wird der kleine Baum, einst fälschlicherweise für eine Buche *(faia)* gehalten, *faia-da-terra* genannt. Er ist mit dem deutschen Gagelstrauch verwandt und meist in Nachbarschaft zur *Erica azorica* anzutreffen – leicht zu erkennen an den immergrünen, dunklen, glänzenden, bis zu 10 cm langen Blättern.

Ilex perado azorica: Eine Stechpalmenart, die die Azoreaner *azevinho* nennen. Man findet den immergrünen, bis zu 5 m großen Baum auf allen Inseln mit Ausnahme Graciosas. Meist wächst er auf Höhen über 500 m, gerne in der Nähe von Lorbeerwäldern und trägt rote, runde Früchte.

Laurus azorica: Der **Azoreanische Lorbeer** heißt auf Portugiesisch *louro*. Seine duf

tenden Blätter eignen sich zum Würzen von Suppen und Soßen. Der immergrüne, buschförmige Baum kann an windgeschützten Orten Höhen von bis zu 18 m erreichen, im Juni schmückt er sich mit gelblich-weißen Blüten. In den letzten Jahren wurden auf mehreren Inseln, insbesondere auf São Miguel, Eukalyptus- und Sicheltannenwälder gerodet und mit dem Azoreanischen Lorbeer wieder aufgeforstet.

Juniperus brevifolia: Wegen seiner Ähnlichkeit mit der Zeder nennen die Einheimischen den Baum *cedro-do-mato*. Tatsächlich handelt es sich bei dem einzigen endemischen Nadelbaum aber um eine Wacholderart. Er ist nur in Höhen über 500 m anzutreffen und fällt durch seinen windgekrümmten Stamm auf.

Picconia azorica: Der kleine, immergrüne Baum mit seinen lanzettenförmigen, fingerlangen Blättern gehört zur Familie der Ölbaumgewächse. Mit Glück entdeckt man ihn in Höhen zwischen 300 und 600 m. Er blüht nicht nur weiß, sondern hat auch weißliches Holz, weswegen man ihn auf Portugiesisch *pau-branco* nennt. Das Holz wird von Tischlern verarbeitet.

> Beim Wandern fällt am Wegesrand zuweilen eine Pflanze mit Früchten auf, deren Aussehen der Walderdbeere gleicht. Dabei handelt es sich aber um die sog. Duchesnea indica, die **Indische Scheinerdbeere**. Sie ist völlig geschmacklos.

Eingeführte Pflanzen   Hortensie (Hydrangea): Die Pflanze aus der Familie der Steinbrechgewächse wurde vor ca. 150 Jahren auf den Azoren eingeführt. Von Juni (auf Meereshöhe) bis September (in den Bergen) blüht sie weiß, blau und lila. Die schier endlosen Hecken müssen regelmäßig nachgeschnitten werden, da die Pflanze sonst alles überwuchert.

Bougainvillea (Nyctaginacea): Die auch als Drillingsblume bekannte Kletterpflanze stammt ursprünglich aus Brasilien. Kräftig lila, karminrot, rosa und orange prunkt sie an den Pergolen; ihre Farbigkeit verdankt sie den Hochblättern, also nicht den eigentlichen Blüten. Der Name geht auf den französischen Entdecker Louis-Antoine de Bougainville zurück.

Amaryllis belladonna: Die Belladonnalilie ist der Traum jedes Gärtners, ca. 70 cm hoch und mit ca. 10 cm großen, rosafarbenen Blüten gesegnet. Die Pflanzen vermehren sich natürlich, sodass sie im Laufe der Zeit dichte Bestände bilden können. Auf den Azoren zieren Sie zuweilen den Straßenrand und schmücken Picknickplätze. Die Pflanze stammt aus Südafrika.

Schmucklilie (Agapanthus praecox): Auch diese bis zu 1 m hohe Blume kommt aus Südafrika, ihre prächtigen lavendelblauen Blüten sind in Dolden angeordnet.

Strandgoldrute (Solidago sempervirens): Eine Staudenart mit leuchtend gelben Blüten, die bis zu 1,5 m hoch werden kann und auf Meereshöhe vorkommt. Im Portugiesischen heißt sie *Flor de Cubres*, auf São Jorge ist eine Fajã nach ihr benannt. Die Insel Flores soll gar ihren Namen dem großen Vorkommen der Strandgoldrute zur Zeit der Besiedlung verdanken. Die Pflanze stammt aus Nordamerika und der Karibik.

Drachenbaum (Dracaena draco): Bis zu 20 m ragt dieses auffällige Liliengewächs in die Höhe, das in Wirklichkeit gar kein Baum ist. Sein bizarres, urzeitliches Aussehen trug ihm den Namen Drachenbaum ein. Um die Pflanze, die bis zu 400 Jahre alt werden kann, ranken sich unzählige Legenden. Auf den Kanarischen Inseln wurde ihr Harz früher als Heilmittel verwendet.

Hibiscus (Hibiscus rosa-sinensis): Weiß, rosa und rot blüht der Roseneibisch den Sommer über. Bis zu 2 m hoch kann er werden, wird aber wegen der üppigen Blütenpracht häufig geschnitten. Aus China fand er im 17. Jh. seinen Weg auf die Azoren.

Feigenkaktus (Opuntia ficus-indica): Außer auf Santa Maria nur in Parks zu finden. Der bis zu 2 m hohe Kaktus stammt ursprünglich aus Mexiko und kam bereits im 16. Jh. auf die Azoren. Die essbaren Früchte (Achtung: böse, winzige Stacheln – legen Sie die Früchte in warmes Wasser, bis sich die Stacheln lösen!) schmecken ähnlich wie Kiwis.

Oleander (Nerium oleander): In Mitteleuropa muss er sein Dasein meist in einem Kübel fristen. Anders auf den Azoren, wo er die ihm beschiedene Freiheit mit Höhen von weit über 2 m belohnt. Weiß und rosa blüht er des Öfteren am Straßenrand. Vorsicht, sein milchiger Saft ist giftig.

Blumenrohr (Canna): Die 1 bis 3 m hohe Pflanze kommt aus Südamerika. Ihre zusammengerollten Blattblasen mit schlanken Blütenstengeln an der Spitze erfreuen in verschiedenen Farben.

Montbretie (crocosmia): Diese Pflanzen werden bis zu 1 m hoch und wachsen wie Gladiolen fächerförmig von der Basis aus. Im Sommer begeistern ihre leuchtend gefärbten Blüten (meist orange oder rot) in verzweigten Ähren.

Eukalyptus (Eucalyptus globulus): Erst 1988 begann man, diesen Baum in Monokulturen für die portugiesische Zellstoffindustrie anzupflanzen. Da der Blaugummibaum dem Boden viel Wasser entzieht, ist das Aufforsten von Wäldern mit Eukalyptus umstritten.

Japanische Sicheltanne (Cryptomeria japonica): Sie wurde um 1860 aus Japan eingeführt, ihr rotbrauner Stamm mit den kurzen Ästen wird bis zu 20 m hoch. Für die Forstwirtschaft hat die Japanische Sicheltanne (auch Japanische Zeder genannt) große Bedeutung. Gleichzeitig bedroht sie aber endemische und

Drachenbaum

Ananasfrucht

niederwüchsige Pflanzenarten, da sie kein Licht bis zum Boden durchlässt.

Metrosideros excelsus: Der aus Neuseeland stammende Strauch gehört zur Familie der Eisenholzbäume. Im Lauf der Zeit bildet sich aus dem Strauch ein kräftiger, knorriger Stamm mit einem schirmförmigen Blätterdach. Das Holz wird von Bildhauern geschätzt. Man sieht den Strauch in Gärten, aber auch an Meeresklippen, die salzige Gischt schadet ihm nicht. Der Baum kann bis zu 20 m hoch werden. Purpurrote Staubgefäße ragen aus seinen Blüten heraus.

Persea indica: Die bis zu 20 m hohen, immergrünen Bäume (portugiesisch *vinhático*) sind Lorbeergewächse, die man überwiegend oberhalb 200 m findet. Ihre Früchte sind mit Oliven zu verwechseln, aber eigentlich mit den Avocados verwandt.

Araukarie (Araucaria araucana): Wie ein fein ausgeschnittener Muster-Tannenbaum sieht er aus, stammt aber nicht vom deutschen Weihnachtsmarkt, sondern aus Südchile. Benannt ist der Baum nach dem einst dort ansässigen Indianerstamm der Araukaner.

Abelia x grandiflora: Die aus Asien stammende Pflanze erreicht Höhen von über 2 m. Ins Auge fallen ihre trompetenförmigen, malvenfarbenen und weißen Blüten. Zuweilen sieht man sie als Strauchhecken.

Brandaloe (Aloe arborescens): Eine der schönsten Pflanzen, der man in Parkanlagen häufig begegnet. Sie kommt aus Südafrika und kann bis zu 3 m hoch werden. Charakteristisch ist ihre Rosette aus schwertförmigen, fleischigen, bis zu 60 cm langen, graublauen Blättern am Ende des Schafts.

Ingwerlilie (Hedychium gardnerianum): Die bis zu 2 m hohe Pflanze aus der Familie der Ingwergewächse stammt aus der Himalaya-Region und wird auf den Inseln *Roca-da-velha* genannt. Während ihrer Blütezeit im Juli/Aug. strahlt sie gelb und duftet stark. Einst sollte sie nur Gärten zieren, breitete sich aber so stark aus, dass sie mittlerweile die ursprüngliche Vegetation bedroht.

Schwarzholzakazie (Acacia melanoxylon): Aus Australien stammt dieser Baum, der bis zu 30 m hoch werden kann und zu Möbelstücken verarbeitet wird. Seine buschige Krone fällt im Frühjahr durch seine kugeligen Blütenköpfchen aus blassgelben Blüten auf.

Australische Klebsame (Pittosporum undulatum): Der immergrüne Baum (mit weißen Trugdolden zur Blütezeit im Frühjahr) wurde einst als Windschutz für die Orangenhaine eingeführt. Heute ist die Klebsame der vorherrschende Baum in Höhenlagen zwischen 50 und 500 m. Sie verbreitet sich unkrautartig und erobert als Pionierpflanze aufgegebene Stallungen und Häuser.

Yams (Dioscorea): Die auf Portugiesisch *inhame* genannte tropische Dauerpflanze ist an den großen, herzförmigen Blättern leicht zu erkennen. Die Knollen werden wie Kartoffeln gekocht.

Tipp: Alles zu azoreanischer Flora und Fauna über und unter Wasser auf www.azoresbioportal.angra.uac.pt – die Universität der Azoren klärt auch auf Englisch auf.

Fauna

Tier-Geschichte(n)

Ein Ruderboot setzt mit der letzten Woge am Strand auf. Zwei Männer springen mit Macheten heraus, zerren einen Ziegenbock an Land, binden ihn an den nächsten Baum, während zwei andere Männer das Boot im Wasser halten – allzeit zur Flucht bereit. Angstschweiß perlt ihnen noch immer von der Stirn, als sie zu ihrem Schiff zurückrudern, das weit vor der Küste Anker geworfen hat. Dort warten sie mit den anderen Siedlern zwei Tage lang, dann lassen sie wieder ein Boot zu Wasser, um zu sehen, ob der Ziegenbock noch lebt.

So oder so ähnlich spielte sich der Beginn der Besiedlung auf allen Azoreninseln ab. Der Ziegenbock lebte. Das war der Beweis, dass es keine wilden und gefährlichen Tiere gab, keine Ungeheuer oder Ähnliches – die Siedler konnten guten Gewissens an Land gehen.

Tierarten

Im Gegensatz zur Flora ist die Fauna der Azoren eher artenarm (außer im Meer). Das einzige heimische Säugetier zur Zeit der Besiedlung soll die Fledermaus gewesen sein. Daneben gab es eine Vielzahl an Insekten und Kriechtieren und sogar eine endemische Vogelart. Schlangen, egal ob giftig oder ungiftig, gab es hingegen nie.

Fast alle Tiere, die uns heute zu Gesicht kommen, wurden eingeführt, ob Ratten oder Haustiere wie Katzen, Hunde oder die allgegenwärtigen Rinder, die man mit Abstand am häufigsten sieht.

> Häufig begegnet man der **Madeira-Mauereidechse (Lacerta dugesii)**, die nicht davor zurückschreckt, Leckereien aus dem Picknickkorb zu stibitzen. Auch auf der einheimischen Speisekarte taucht die Eidechse (*lagarto*) zuweilen auf. Aber keine Sorge, hier werden Ihnen keine Reptilien angeboten – als *Lagarto* wird auch das Filetstück von Rind oder Schwein bezeichnet.

In der Luft

Vogelbeobachtungen auf den Azoren werden immer populärer. Vor allem die Inseln Flores und Corvo stehen bei Birdern hoch im Kurs, da sich bei bestimmten Wetterlagen immer wieder Gäste aus Amerika auf die Azoren verirren und somit die Artenvielfalt der Westpaläarktis (umfasst Europa, den Nahen Osten und Nordafrika) bereichern. Gerade auf Corvo (im Gegensatz zu Flores leichteres Terrain für Birdwatcher) hat man gute Chancen, seltene amerikanische Singvögel (z. B. Waldsänger oder Vireos), Spechte oder Kuckucke zu entdecken – beste Zeiten dafür sind der Herbst und der Winter. Cabo da Praia auf Terceira hingegen ist bekannt für seine Strandläufer. Fast 400 verschiedene Vogelarten wurden bereits registriert. Eine Liste aller vorkommenden Vögel, die besten Vogelbeobachtungsplätze und viele Infos mehr zum Thema findet man in englischer Sprache auf www.sr-oland.se. Ein herausragender Guide, der Vogelsafaris veranstaltet, ist Gerbrand Michielsen auf São Miguel (→ S. 80).

Ausgewählte Vogelarten Mäusebussard: Den **Buteo buteo rothschildi** hielten die ersten Siedler für einen Habicht, in der Pluralform des Portugiesischen *açores* genannt – der Name des gesamten Archipels. Dabei trifft man ihn nur in der Zentral- und Ostgruppe an.

Priolo: Der mit dem Gimpel (Dompfaff) verwandte Priôlo **(Pyrrhula murina)** ist eine endemische Art und kommt nur auf São Miguel vor. Der Vogel war einst eine Plage in den Orangenhainen der Insel. Mit dem Verschwinden der Orangenhaine und der Abholzung der Lorbeerwälder ging sein Lebensraum verloren. Der Priôlo galt als ausgestorben, bis man ihn zufällig am Pico da Vara wiederentdeckte. Er gehörte lange Zeit zu den meistbedrohten Vogelarten der Erde, noch um die Jahrtausendwende wurde die Population nur noch auf 200–300 Tiere geschätzt. Mittlerweile geht man von 800–1200 aus.

Kreischen, Krächzen, Singen – die Gelbschnabelsturmtaucher

Wer zwischen April und September campt oder sich nach Einbruch der Dunkelheit an der Küste aufhält, wird dem Gelbschnabelsturmtaucher (portug. *cagarro*) sein Ohr schenken – gewollt oder ungewollt: Zu überhören ist er nicht. Das grell-krächzende „Aua-aua-aua-äh-äh" der Männchen und das ein paar Oktaven tiefere, brummigere „Humbapa-humbapa" der Weibchen ist nicht mit vogelüblichem Gezwitscher zu vergleichen. Ob es die Romantik verdirbt oder bereichert, ist umstritten – die erstaunlich zahlreichen Leserzuschriften zu diesem Thema halten sich diesbezüglich in etwa die Waage.

Damit Ihr eigenes Urteil eine gewisse fachlich-sachliche Unterfütterung erhält, hier ein paar Informationen über den ungewöhnlichen Zeitgenossen: Die Gelbschnabelsturmtaucher *(Calonectris diomedea borealis)*, Verwandte der Albatrosse, haben eine Spannweite von bis zu 125 cm und ein Gewicht von bis zu 900 g. Sie kommen zum Brüten auf die Azoren. Ihre Nester bauen sie an steilen, schwer zugänglichen Küsten. Gelbschnabeltaucher werden bis zu 40 Jahre alt und sind erst nach acht Jahren geschlechtsreif. Dann suchen sie sich einen Partner, mit dem sie angeblich ein Leben lang zusammenbleiben. Die Weibchen legen ein oder zwei Eier, das von Männchen und Weibchen in einem Turnus von zwei Tagen abwechselnd bebrütet wird. Die Brutzeit selbst beträgt sieben bis acht Wochen. Die Gelbschnabelsturmtaucher jagen tagsüber auf See und ernähren sich von kleinen Fischen. Dabei folgen sie nicht selten Thunfischschwärmen – für Fischer eine wertvolle Orientierungshilfe auf See. Die Gelbschnabelsturmtaucher selbst, so vermutet man, orientieren sich an Mond und Sternen. Nach der Aufzucht des Nachwuchses fliegen sie vorbei an der Westküste Afrikas an die Küste von Ghana – für die 5000 km brauchen sie rund zwei Wochen. Dort bleiben sie bis in den Dezember; wo sie die Zeit zwischen Dezember und April verbringen, weiß man nicht genau, man vermutet auf See. Achtung: Rufen Sie einer zeternden Frau nie „Cagarro" hinterher – insbesondere auf Santa Maria ein böses Schimpfwort!

Hinweis: Wenn die Jungvögel im Spätsommer das erste Mal fliegen, findet das nachts statt. Durch künstliches Licht an Land verlieren die Kleinen immer wieder die Orientierung und fliegen über Land statt übers Meer. Wenn Sie einen verwirrten Jungvogel an Land finden, so bringen Sie ihn am besten geschützt in einer Decke oder einem Karton ans Meer (achten Sie darauf, dass sich an dem Küstenabschnitt keine streunenden Hunde herumtreiben!).

Kanariengirlitz: Der **Serinus canaria**, der auch gerne mal die Insel wechselt, war lange Zeit bedroht, weil er wegen seines schönen Gesangs gefangen wurde und wegen seines zarten Geschmacks die Küche bereicherte. Mittlerweile ist er wieder häufiger anzutreffen. Er ist der wilde Vorfahre des Kanarienvogels.

Wintergoldhähnchen: Der **Regulus regulus** macht alles andere als satt. Das Wintergoldhähnchen ist nämlich der kleinste Vogel Europas, wiegt gerade mal 5–6 g und wird nicht größer als 9 cm. Den kleinen Singvogel trifft man auf allen Inseln mit Ausnahme von Corvo.

Unter Wasser

Die Meeresfauna rund um die Azoren fasziniert durch Vielzahl und Vielfalt. Rund um die Inseln tummeln sich Papageien-, Kugel- und Drückerfische, Zacken- und Neonriffbarsche, Adler- und Stechrochen, Barrakudas, Nacktschnecken, Spanische Tänzer, Bärenkrebse, verschiedenste Muränenarten und Ähnliches mehr. Zudem ziehen auch Meeressäuger durch die Gewässer. Man braucht kein erfahrener Taucher sein, um von dem Reichtum des Meeres etwas mitzubekommen. Oft reicht schon eine Überfahrt mit der Fähre von São Jorge nach Pico, und eine sog. Delfinschule (Gruppe von Delfinen) begleitet plötzlich das Boot. Mit viel Glück sieht man auch die Fontäne eines Wals. Wer nicht auf den Zufall hoffen will, kann an einer Whale-watching-Ausfahrt teilnehmen.

■ **Hinweis**: Falls Sie Schuppen bekommen sollten und nicht mehr wissen, wer Sie sind – auf **www.fishbase.org** wird kein Fisch ausgespart.

Delfine und Wale

28 Delfin- und Walarten wurden in den Gewässern rund um die Azoren bislang gesichtet. Mehrere Delfinarten sind hier zu Hause, die meisten Wale aber kommen nur auf der Durchreise vorbei, im Sommer ziehen sie von Süd nach Nord, im Winter umgekehrt. Für die Wale sind die Azoren wegen ihres Fischreichtums eine Art Meeresraststätte, an der es sich lohnt, eine längere Pause einzulegen.

Eine der besten Zeiten für Whale-watching-Ausfahrten ist der Frühling, v. a. der Mai – zuvor spielt das Wetter nicht immer mit oder es finden mangels Nachfrage kaum Ausfahrten statt,

Gruß aus dem Atlantik

Schwimmen mit Delfinen: Das klingt verlockend, ist oft aber eine Enttäuschung. Denn nur weil die Touristen mit den Delfinen schwimmen wollen, heißt das noch lange nicht, dass die Delfine auch mit den Touristen schwimmen wollen. Das ist so manchem Anbieter aber egal. Der lässt seine Touristengruppe bei der erstbesten kreuzenden Delfinschule ins Wasser. Diese schwimmt dann in Sekundenschnelle vorbei – das war's. Zudem wird das Schwimmen mit Delfinen von Tierschützern sehr kritisch gesehen, da die Tiere dabei hohem Stress ausgesetzt sind. Vor allem im Frühjahr, wenn Jungtiere in der Gruppe sind, sollte man von dem Abenteuer absehen. Erfahrene Skipper erkennen am Verhalten der Delfine, ob ein Schwimmer willkommen oder störend ist, ein verantwortungsbewusster Skipper lässt Sie im Zweifelsfall gar nicht erst ins Wasser. Falls Sie mit Delfinen schwimmen möchten, so beherzigen Sie bitte folgende Verhaltensregeln: Springen Sie nicht vom Boot ins Meer, gleiten Sie sachte ins Wasser. Schwimmen Sie nicht zum Delfin, sondern warten Sie, bis das Tier zu Ihnen kommt – Delfine besitzen eine angeborene Neugier. Und greifen Sie nicht nach den Tieren!

danach wird das Wasser zu warm und die Krillschwärme ziehen gen Norden. Mit dem Krill – die garnelenförmigen Kleinkrebse sind die Hauptnahrungsquelle der Bartenwale – verschwinden die *Seiwale* (*Balaenoptera borealis*, bis zu 20 m lang), die *Finnwale* (*Balaenoptera physalus*, ebenfalls bis zu 20 m lang), die *Blauwale* (*Balaenoptera musculus*, mit bis zu 33 m Länge und bis zu 130 t Gewicht das größte Tier der Welt) und die *Buckelwale* (*Megaptera novaeangliae*, bis zu 15 m lang).

Der Wal, den man ganzjährig bei Whalewatching-Ausfahrten sichtet, ist der Pottwal (*Physeter macrocephalus*, bis zu 20 m lang), der schon fast den Status eines Wahrzeichens der Azoren besitzt. Seltener begegnet man *Schwertwalen* (*Orcinus orca*, auch *Killerwal* genannt, bis zu 10 m lang). Sehr häufig dagegen wird der Gewöhnliche Delfin (*Delphinus delphis*, bis zu 2,6 m lang) gesichtet, aber auch der Kurzflossen-Grindwal (*Globicephala macrorhynchus*, bis zu 6,5 m lang), der Blau-Weiße Delfin (*Stenella coeruleoalba*, bis zu 2,7 m lang), der Atlantische Fleckendelfin (*Stenella frontalis*, bis zu 2,3 m lang – mit diesen Tieren kann man auch schwimmen) und der Große Tümmler (*Tursiops truncatus*, auch als Flipper bekannt, bis zu 4 m lang).

Beste Laune

Pottwal, der Wal der Azoren

Der Pottwal – auf den Azoren schlicht *Baleia* („Wal") genannt, auf Portugiesisch *Cachalote* – ist der Großwal, der in den Gewässern um die Azoren am häufigsten gesichtet wird. Aufgrund seines Blases, der im Winkel von 45 Grad nach vorne spritzt, ist er leicht zu erkennen. Bis in die 1980er-Jahre war der Pottwal auch der am meisten gejagte Wal (→ Kasten S. 344/345). Er besitzt keine Barten, sondern Zähne. Aus ihnen schnitzten die Walfänger zum Zeitvertreib einst Figuren oder sie verzierten die Zähne mit Gravuren. Im ersten Stock des Peter Café Sport in Horta auf Faial (→ S. 289) ist ein kleines Museum untergebracht, in dem Sie eine einzigartige Sammlung solcher (heute bedenklicher) Kunstwerke bewundern können.

Männliche Pottwale erreichen eine Länge von bis zu 20 m und ein Gewicht von bis zu 70 t; die weiblichen Tiere sind etwas kleiner und leichter. Rund drei Kälber bringen sie in ihrem Leben zur Welt, die Stillzeit beträgt drei Jahre. Pottwal-Mütter bilden dabei oft Babysitting-Gruppen. Tauchen Mütter ab, um zu jagen, kümmern sich andere Mütter um deren Kälber. Den Pottwalmüttern gefällt es in den Gewässern um die Azoren, sie sind sozusagen „habitantes", Einwohner auf Lebzeit, männliche Pottwale kommen hier nur zu Besuch vorbei. Lediglich zwei Stunden schlafen Pottwale pro Tag, und das in senkrechter „Lage". Die Tiere kommunizieren untereinander mit Klicklauten, ähnlich einem Morsecode. Ihre Schwimmgeschwindigkeit beträgt drei bis fünf Knoten, bei der Jagd bis zu 20 Knoten, dabei können sie bis zu 2000 m tief abtauchen. Pottwale ernähren sich in erster Linie von Tintenfischen (rund 1500 kg pro Tag!) – mithilfe ihres „eingebauten" Sonars, das in ihrer riesigen Nase untergebracht ist, senden sie Schallwellen aus, aus deren Reflexion sie ihre Beute orten. Es gibt Theorien, nach denen der Schall so stark ist, dass er kleinere Kraken töten kann. Das Hirn der Tiere ist so groß wie ein Fußball. Im Kopf des Pottwals, der rund ein Drittel des Körpers einnimmt, befindet sich das sog. *Spermaceti* oder *Spermazot* („Walrat"), das man anfangs für Spermien hielt (daher auch der englische Name *Spermwhale*). Die ölig-wachsartige Flüssigkeit wurde früher zum Schmieren hochwertiger feinmotorischer Anlagen verwendet. Im Darm des Pottwals wiederum befindet sich Amber, ein ebenfalls wachsartiger, grauer und zudem sehr wohlriechender Stoff.

Die durchschnittliche Lebenserwartung des Pottwals beträgt bei männlichen Tieren 50 Jahre, bei weiblichen 30 bis 40 Jahre. Es gibt aber auch Theorien, nach denen die Tiere viel älter (mehr als das Dreifache!) werden und die bisherigen Erkenntnisse zweifelhaft sind.

Bevölkerung

Azoreaner und Portugiesen

Was die Azoreaner mit den Festlandsportugiesen gemein haben, ist die Nationalität und, damit verbunden, weite Teile der Gesetzgebung, die Schriftsprache und Ähnliches mehr. Es gibt aber auch sicht- und hörbare Unterschiede. So ist z. B. ein blondgelockter Jüngling an der Algarve eine Seltenheit, auf den Azoren nicht. Der Grund liegt in der Geschichte: Waren die ersten Siedler auf den Azoren noch überwiegend Portugiesen – v. a. aus der Estremadura, dem Alentejo und von der Algarve sowie vertriebene Juden aus sämtlichen Regionen Portugals –, gesellten sich bald Einwanderer aus den verschiedensten Ecken Europas hinzu, insbesondere Flamen und Bretonen, später auch Spanier und – nicht freiwillig, sondern als Sklaven – Mauren. Daraus entwickelte sich eine bunt gemischte Gesellschaft. Die großen Distanzen zwischen den Inseln und fehlende Verkehrswege zwischen den abgeschiedenen, schwer zugänglichen Siedlungen auf den Inseln führten dazu, dass die verschiedenen Einwanderergruppen ihre Traditionen pflegen konnten, ohne mit anderen Gruppen groß in Berührung zu kommen. Bis heute noch lassen sich die Dialekte der einzelnen Inseln unterscheiden. Aus demselben Grund entwickelte sich über lange Zeit auch keine gemeinsame azoreanische Identität, ausgenommen in den Einwanderungsgebieten in Übersee. Die *Micaelenses*, die Bewohner São Miguels, interessierten sich nur wenig für die Bewohner der 500 km entfernten Insel Flores – eher spottete man übereinander, als dass man Einigkeit bezeugte. Erst seit die Azoren eine autonome Region sind, hat sich die Situation geändert, nicht zuletzt deshalb, weil der Ausbau der Infrastruktur endlich ein gegenseitiges Kennenlernen ermöglichte.

Angler an der schroffen Lavaküste Picos

Bevölkerungsentwicklung							
	1864	1900	1960	1970	1981	1991	2011
Santa Maria	5863	6359	13.233	9762	6500	5922	5547
São Miguel	105.404	122.169	168.691	151.454	131.908	125.915	137.699
Terceira	45.781	48.518	71.610	65.852	53.570	55.706	56.062
Graciosa	8718	8359	8669	7420	5377	5189	4393
São Jorge	17.998	16.074	15.895	13.186	10.361	10.219	8998
Pico	27.721	24.184	21.837	18.490	15.483	15.202	14.144
Faial	26.259	22.075	20.281	17.068	15.489	14.920	15.038
Flores	10.508	8127	6582	5379	4352	4329	3791
Corvo	883	808	681	485	370	393	430
insgesamt	249.135	256.673	327.479	289.096	243.410	237.795	246.102

Die Fakten

Bei der letzten Volkszählung (2011, nächster Zensus erst 2021) lebten 246.102 Menschen auf den Inseln, darunter rund 3400 Ausländer. Die Lebenserwartung der Frauen liegt bei 81 Jahren, die der Männer bei 74 Jahren (zum Millennium waren es für beide Geschlechter noch vier Jahre weniger). Die kleineren Inseln sind stark überaltert. Wer jung ist, findet dort nur wenig Perspektiven und sucht sein Glück auf São Miguel, Terceira oder gleich auf dem portugiesischen Festland. Aber auch in die USA oder nach Kanada zieht es die Jugend. Die Verbindungen vieler Azoreaner nach Amerika sind enger geknüpft als die zum Festland. Es gibt viele Azoreaner, die schon mehrmals in die Staaten geflogen sind, aber noch nie eine Maschine nach Lissabon bestiegen haben.

Auswanderung und Einwanderung

Die ersten Siedler kamen auf die Azoren, um eine neue Heimat zu finden. Hunger und Not ließen aber viele wieder auswandern – v. a. nach Brasilien, in die USA und nach Kanada. Das hatte besonders zwei Gründe: Zum einen lagen die Azoren auf den Schifffahrtsrouten in die Neue Welt, zum anderen wurden im 18. Jh. durch amerikanische Walfangschiffe mehr Kontakte in Richtung Westen geknüpft als zu den Ländern im Osten, wo die Lebensverhältnisse auch nicht immer besser waren.

Anhand der Bevölkerungsstatistik der einzelnen Inseln lässt sich nachvollziehen, wann und wo man Hunger litt und die Perspektiven am schlechtesten waren. Aus großer wirtschaftlicher Not wandert seit Anfang der 1990er-Jahre niemand mehr aus. Im Gegenteil: Ging noch der Vater als Gastarbeiter nach Brasilien, stellt der Sohn heute brasilianische Gastarbeiter ein. Dieses Beispiel macht überdeutlich, welch wirtschaftlichen Aufschwung die Inseln in den letzten Jahren erfuhren, der EU sei Dank. Zudem boomen die Azoren auch bei Aussteigern aus Europa, auch viele Deutsche haben mittlerweile auf den Inseln ein neues Zuhause gefunden. São Miguel lockt darüber hinaus auch immer mehr kreative Festlandsportugiesen an.

Religion

Die Azoreaner sind zu annähernd 90 % katholisch. Von der Besiedlung der Inseln über deren Erschließung bis in die jüngste Vergangenheit spielte die Kirche eine bedeutende Rolle. Der tiefe Glaube vieler Azoreaner ist nicht zuletzt wegen der ständigen Bedrohung durch die Naturgewalten so lebendig.

Bildung

Auf den Azoren herrschen extreme Bildungsdefizite, v. a. abseits der Inselmetropolen. Die Analphabetenrate unter älteren Frauen liegt dort bei knapp 20 %. Auf Graciosa z. B. konnten noch 1981 fast 30 % der Einwohner weder lesen noch schreiben. Heute sind es 6 %. Drei Viertel aller Berufstätigen besitzen lediglich eine Grundausbildung, was sich mithilfe der EU ändern soll. Der Europäische Sozialfonds stellte für die Azoren für die Jahre 2014 bis 2020 ganze 314 Mio. Euro zur Förderung von Bildung und Gesundheit bereit, wobei die Fördermittel v. a. der Universität der Azoren und dem Ausbau des Schulwesens zugute kommen. Langfristig soll dadurch das Qualifikationsniveau auf den Inseln angehoben werden. Doch die Modernisierung bzw. der Neubau von Schulen bedeutet nicht automatisch eine Verbesserung der schulischen Ausbildung – v. a. auf den kleinen Inseln ist diese oft unbefriedigend. Die Lehrer kommen überwiegend vom Festland, viele von ihnen haben bei Lehrantritt ihr Studium gerade erst beendet, keine oder nur wenig Berufserfahrung und einen Zeitvertrag unterschrieben, um der Arbeitslosigkeit zu entgehen.

Politik und Verwaltung

Status

Die Azoren sind Teil des portugiesischen Staatsgebiets. Seit 1976 genießen sie autonomen Status und nennen sich *Região Autónoma dos Açores*. Die weißblaue Flagge der Azoren darf nur neben der Nationalflagge Portugals gehisst werden. Die Flagge ziert der Mäusebussard (→ S. 482), umrahmt von neun goldenen Sternen, für jede Insel einen.

Kommunalverwaltung

Die Azoren gliedern sich in drei Verwaltungsdistrikte, sog. *Distritos Autónomos*. São Miguel und Santa Maria bilden zusammen einen Verwaltungsbezirk mit der Distrikthauptstadt Ponta Delgada auf São Miguel. Terceira, Graciosa und São Jorge werden von Angra do Heroísmo auf Terceira verwaltet. Faial, Pico, Flores und Corvo haben als Distrikthauptstadt Horta auf der Insel Faial. Die drei großen Verwaltungsdistrikte unterteilen sich in 19 *Concelhos* mit je einem Hauptort, einer sog. *Vila* – etwa vergleichbar mit einer deutschen Kreisstadt. Alles in allem gibt es in den 19 azoreanischen Kreisen 149 Gemeinden, sog. *Freguesias*.

Exekutive und Legislative

Die Regierung der Autonomen Region der Azoren (www.azores.gov.pt) hat ihren Sitz in Ponta Delgada, das Parlament (www.alra.pt) tagt in Horta. Santa Maria stellt dafür drei Abgeordnete, São Miguel 19, Terceira zehn, São Jorge, Pico und Faial jeweils vier, Graciosa und Flores jeweils drei und Corvo zwei, hinzu kommen Überhangsmandate. Die Abgeordneten des Azoren-Parlaments werden alle vier Jahre gewählt, die nächste Wahl soll 2020 stattfinden, bis dahin hält die PS (Sozialisten) 30 Sitze und stellte mit Vasco Ilídio Alves Cordeiro den Regierungspräsidenten der Azoren. Die PPD/PSD (Sozialdemokraten) ist mit 19 Abgeordneten im Parlament vertreten, die CDS/PP (Konservative) mit vier, die BE (Linke) mit zwei. PPM (Monarchisten) und PCP/APU/CDU (Bündnis aus Kommunisten und Grünen) stellen jeweils einen Abgeordneten. Die Azoreaner sind ferner durch fünf Abgeordnete im Nationalparlament in Lissabon vertreten.

Die USA – zehnte Insel der Azoren

Fall River, Massachusetts, ist eine typische Kleinstadt an der Ostküste der USA. Nichts unterscheidet den Ort von anderen der Gegend. Jedes Jahr im August jedoch wälzen sich kilometerlange Autokolonnen dem Ort entgegen, über 100.000 amerikanische Azoreaner zieht es dann nach Fall River, um die *Grandes Festas do Espírito Santo da Nova Inglaterra* auf den Straßen zu feiern, das Fest des Heiligen Geistes, eine der größten Touristenattraktionen von Massachusetts.

Wie in der vor langer Zeit verlassenen Heimat wird das Fest mit viel Musik, Pomp und Ausgelassenheit begangen. In Fall River und New Bedford (ebenfalls Massachusetts) stammen 60 bis 70 % der rund 95.000 Einwohner ursprünglich von den Azoren, in den Neuenglandstaaten Connecticut, Rhode Island, Massachusetts, Vermont, New Hampshire und Maine leben insgesamt fast 700.000 Amerikaner azoreanischer Herkunft. Dagegen zählt die Gesamtbevölkerung des Archipels keine 250.000. Es gibt kaum einen Azoreaner, der keine Verwandten in den USA hat.

Allein in den letzten zwei Jahrhunderten wanderten weitaus mehr Bewohner der Azoren aus, als heute auf dem Archipel leben. Auf Walfangschiffen, die in den Häfen der Heimatinseln ankerten, heuerten sie an oder kauften sich einen Passagierschein. Zunächst siedelten sie an der Ostküste der USA, später auch in Kalifornien. Rund um die San Francisco Bay schätzt man die Zahl der Amerikaner azoreanischer Herkunft auf ca. 300.000. Die ersten Generationen versuchten ihr Glück in der Landwirtschaft, die heutige arbeitet auch im Silicon Valley. Selbst im US-Bundesstaat Hawaii ist der Anteil der Azoreaner an der Bevölkerung relativ hoch. Wie in Fall River werden auch in Honolulu alljährlich die Festas do Espírito Santo begangen – ein Ausdruck der tiefen Verbundenheit mit der alten Heimat.

Den amerikanischen Traum konnten so manche Auswanderer oder deren Kinder verwirklichen. Zum Beispiel Tony Coelho, dessen Familie aus São Miguel emigrierte und der ein Ratgeber des amerikanischen Präsidenten Bill Clinton war. Azoreanische Wurzeln hat auch Starfotograf Pete Souza, den Barack Obama ins Weiße Haus holte. Im Musikbereich sind es v. a. der auf Terceira geborene Rockgitarrist Nuno Bettencourt, der mit seiner Band *Extreme* jahrelang weltweit Dauergast in den Charts war, und die Grammy-Preisträgerin Nelly Furtado: Ihre Eltern hatten São Miguel 1967 verlassen. Auch Kate Perry, deren Mutter von Faial stammt, landete einen Nummer-eins-Hit nach dem anderen. International bekannt sind zudem die Jazzsängerin Suzana da Camara, der Sänger und Songwriter Shawn Desman oder der Modedesigner Arthur Mendonça – alle haben zwar einen kanadischen Pass, dreimal dürfen Sie aber raten, von welcher Inselgruppe deren Eltern stammen …

Katja Ferwagner

Wirtschaft

Inseln im Wandel

Einst zählte Portugal zum Armenhaus Europas und die Azoren zu den ärmsten Regionen Portugals. Man überlebte durch den engen familiären Zusammenhalt – die Verwandten im Ausland unterstützten die Daheimgebliebenen. Auch trug das Stückchen Land, das viele Azoreaner besitzen, zur Grundversorgung bei. Das Leben auf den Azoren war nicht einfach, und noch immer sind die Löhne niedriger als auf dem Festland (oft wird nicht mehr als der Mindestlohn von 609 € gezahlt), die Lebenshaltungskosten z. T. jedoch höher. Nahezu alles, was industriell gefertigt wird, muss importiert werden, das fängt beim Auto an und hört bei der Zahnpasta auf. Doch zu den allerärmsten Regionen Europas zählen die Azoren dank großzügiger EU-Subventionen seit jüngster Zeit nicht mehr. In den letzten 20 Jahren verdoppelte sich das Bruttoinlandsprodukt pro Kopf; es müsste sich aber fast nochmals verdreifachen, um beispielsweise mit dem von Hamburg gleichzuziehen.

Am Tropf der EU

Der Fortschritt auf den Inseln war und ist in erster Linie Geldern aus Brüssel und Lissabon zu verdanken. Nahezu überall auf den Azoren fallen die blauen Schilder mit der Aufschrift „FEDER" ins Auge *(Fundo Europeu do Desenvolvimento Regional)*. Fast alle öffentlichen Bau- und Restaurierungsmaßnahmen, aber auch Projekte privater Investoren (wie Hotels, Supermärkte usw.) werden bis heute mit Mitteln verschiedener EU-Fonds (insbesondere aber des Europäischen Fonds für regionale Entwicklung) im Rahmen der Kohäsionspolitik realisiert. Dabei übernimmt die EU bis zu 85 % der Investitionssummen. Für die Jahre 2000 bis 2006 stellte die EU insgesamt 854 Mio. Euro bereit, für die Jahre 2007 bis 2013 966 Mio. Euro und für den Zeitraum von 2014 bis 2020 1,1 Mrd. Euro. Eine solch großzügige Unterstützung wird allen Regionen der EU zuteil, in denen das Bruttoinlandsprodukt pro Kopf unter 75 % des EU-Durchschnittes liegt – was übrigens bis vor nicht allzu langer Zeit auch auf das Gros der neuen Bundesländer in Deutschland zutraf. Des Weiteren erhalten die Azoren einen Aufschlag aufgrund ihrer Randlage, um z. B. den Luftverkehr zwischen den Inseln zu fördern, damit die medizinische Versorgung aller Insulaner sichergestellt ist. Neben der EU schießt auch Portugal kräftig zu. Das alles verschlingt Millionensummen. Für die Insel Corvo z. B. wurde einmal ausgerechnet, dass es billiger wäre, alle Einwohner auf Lebenszeit in die besten Hotels von Lissabon einzuquartieren, als eine funktionierende Infrastruktur und Verwaltung aufrechtzuerhalten (Corvo ist allerdings auch das krasseste Beispiel).

Aufschwung und Abschwung

Die Investitionen zeigten Wirkung und sorgten für eine Belebung der lokalen Wirtschaft. Wachsende Wirtschaftsleistung und erhöhter privater Konsum spiegeln sich auch im stetig steigenden Stromverbrauch wider, der sich allein in den letzten 20 Jahren verdoppelte. Verantwortlich waren neue Industriebetriebe, neue Hotels, neue Straßenlaternen, neue Klimaanlagen, neue Fernseher etc. Den steigenden Stromverbrauch versucht man durch den Ausbau alternativer Methoden zur Energieerzeugung wie Geothermie und Wind- und Wasserkraft in den Griff zu bekommen – immerhin rund 45 % des Energiebedarfs werden mittlerweile durch regenerative Energien gedeckt. Langfristig soll auf diese Weise nahezu der gesamte Energiebedarf der Inseln gedeckt werden, auch dafür kommen EU-Mittel zum Einsatz. Die vielen neuen Autos auf den Straßen zeugen aber weniger von steigenden Löhnen als vielmehr von einer neuen Kreditwürdigkeit der Azoreaner.

Die internationale Finanzkrise und die von der Troika geforderte Sparpolitik (2011 musste Portugal durch ein 78-Mrd.-Hilfspaket vor dem Bankrott gerettet werden, erst 2014 war Portugal in der Lage, sich aus dem EU-Rettungsschirm zu befreien) schlugen auch auf die Azoren durch. Es musste gespart werden, dabei hätte man sich so manches schon sparen können. Die vielen EU-Millionen verführen bis heute zu leichtsinnigen Investitionen, zu Investitionen ohne Nachhaltigkeit, bei denen nicht an die Folgekosten gedacht wird. So gönnte sich z. B. das Kreisstädtchen Povoação auf São Miguel 2009 ein schickes *Centro de Fitness & Spa* mit zwei Indoorpools, Sauna, türkischem Bad und anderem Schnickschnack. Einen Hinweis dazu finden Sie im Reiseteil nicht mehr, das *de Fitness & Spa* hat schon lange wieder dichtgemacht.

Beschäftigungsstruktur

Nur wenige Arbeitsplätze gibt es, die nicht direkt oder indirekt durch Portugal oder die EU bezuschusst werden. Nahezu drei Viertel aller erwerbstätigen Azoreaner arbeiten im Dienstleistungssektor, jeder Dritte davon bei der öffentlichen Verwaltung (einschließlich Bildung und Soziales). Der Anteil an Erwerbstätigen in der Fischerei, Landwirtschaft und der weiterverarbeitenden Industrie (z. B. Käseherstellung) wird auf rund 25 % geschätzt. Die Arbeitslosigkeit lag bei Ausbruch der Finanzkrise bei 3,5 % (2007), stieg bis 2013 auf rund 18 % an und betrug im Oktober 2018 etwa 8 %. Eine solch hohe Arbeitslosenquote war den Inseln lange Zeit fremd, denn wer früher keine Arbeit fand, verließ die Azoren und

verschwand auf diese Weise aus der Statistik. Heute verlassen vielfach jene die Inseln, die spielend Arbeit finden könnten, da sie über eine solide Ausbildung verfügen oder studiert haben. Sie zieht es aufs Festland, weil sie dort im Durchschnitt 30 % mehr verdienen können – ein Umstand, der für Fachkräftemangel auf den Azoren sorgt.

Landwirtschaft

Landwirtschaft auf den Azoren heißt in erster Linie Viehwirtschaft. Molkereiprodukte, überwiegend Käse, lebende Rinder und Fleisch machen den Löwenanteil der insularen Exporte aus. Es gibt rund 2000 Milchbauern. Sie halten auf den Inseln rund 265.000 Rinder, etwa ein Drittel davon sind Jungtiere (unter einem Jahr alt), das andere Drittel sind Milchkühe, denen die Bauern über 600 Mio. Liter Milch pro Jahr abzapfen. Die Konzentration auf die Viehwirtschaft hat weniger mit EU-Subventionen zu tun, die Viehhaltung war schon bedeutsam für die Azoren, bevor Portugal der EU beitrat. Aufgrund der Topografie der Inseln mit ihren zahlreichen steilen Hängen ist die Produktion vieler anderer landwirtschaftlicher Erzeugnisse zu arbeitsintensiv und damit im internationalen Vergleich unrentabel. Das bewirtschaftete Land ist vielerorts im Besitz von Großgrundbesitzern, die es parzellenweise den Bauern verpachten. Nur auf Corvo und Flores existiert viel kommunales Weideland.

Angebaut wird in erster Linie das, was man für den Eigenbedarf benötigt oder wofür eine weiterverarbeitende Industrie existiert. Das sind v. a. Kartoffeln, Zuckerrüben, Weizen, Yams, Cherimoya, Bananen, Maronen, Orangen, Äpfel und, lediglich auf São Miguel, Ananas, Tee, Maracuja und Tabak. Zudem ist man bemüht, Marktlücken zu entdecken, um weniger von der Viehwirtschaft abhängig zu sein. Unter anderem setzt man auf die *Protea-*

Traditionelle Jagd von Hand: Walfang Anfang des 20. Jahrhunderts

Zucht – die edlen, auch als Silber- bzw. Schimmerbaum oder Wunderfichte bekannten Pflanzen werden bereits in die EU exportiert. Trauben werden im größeren Stil nur auf São Miguel, Terceira, Pico und Graciosa gekeltert. Der Bioanbau steckt noch in den Kinderschuhen, immer mehr Bauern aber interessieren sich dafür. Aufgrund des feuchten Klimas ist der ökologische Anbau in vielen Bereichen jedoch schwierig. Um einem Pilzbefall und anderen Krankheitserregern vorzubeugen, kommt man beispielsweise beim Weinanbau nicht ganz ohne Kalk oder Sulfat aus.

Fischerei

Die Azoren beanspruchen eine Fischereizone rund um die Inseln, die in etwa der zehnfachen Fläche Portugals entspricht. Durch die Ausweisung von Meeresgrund als Hoheitsgebiet soll die Fläche weiter ausgedehnt werden.

Die größten Fischereihäfen sind Ponta Delgada und Rabo de Peixe auf São Miguel, Praia da Vitória auf Terceira, Madalena do Pico auf Pico, Calheta auf São Jorge und Horta auf Faial. An Land gezogen werden 13.000 bis 15.000 t Fisch pro Jahr, vorrangig Thunfisch, Seebrasse und Makrele. An der Fischerei hängen etwa 5 % aller Jobs, die Ausfuhr von Frischfisch, Krustentieren und Fischkonserven macht – je nach Fischereisaison – bis zu 40 % der Inselexporte aus. Rund um die Azoren wird der Thunfisch nicht mit Netzen gefischt. Der Fang mit Leinen und Haken verringert den Beifang von Haien und Delfinen, außerdem werden so die Kaltwasser-Korallenriffe auf den Seebergen um die Inseln geschont. Umweltschutzorganisationen wie Greenpeace bezeichnen die Azoren daher als eine der wenigen Regionen der EU, in der weitgehend nachhaltig gefischt wird. Perfekt ist diese Fangmethode aber dennoch nicht: Beim Fischfang mit Haken schnappen auch die Meeresschildkröten nach den Ködern. Aber auch so mancher Fischer lässt sein Leben auf See: Man schätzt, dass nur ein Viertel der 3000 azoreanischen Fischer schwimmen kann.

Tourismus

Einst galten die Inseln als Geheimtipp im Atlantik. Auf São Miguel war man aber bemüht, das zu ändern. Und so werben heute schon kleine Reisebüros ums Eck mit Billigangeboten für Reisen nach São Miguel. Doch die Voraussetzungen für den breiten Massentourismus fehlen: 300 Tage Sonnenschein und weite, weite Strände. Immerhin hat man es geschafft, die Zahl der Gäste durch den Bau etlicher Hotels und die Öffnung des Flugverkehrs für Billigflieger in den letzten 20 Jahren auf annähernd 800.000 Gäste zu verdreifachen. Über 60 % davon reisen nach São Miguel, etwa 16 % verbucht Terceira. Gegenüber diesen zwei Inseln führen alle anderen Inseln beinahe ein touristisches Schattendasein. Nur knapp 9 % aller Besucher reisen nach Faial, 5 % nach Pico und etwas über 2 % nach São Jorge. Noch weniger Besucher bekommen Santa Maria, Flores, Graciosa und Corvo ab. Fazit: Mit Ausnahme von São Miguel, Terceira und Faial können die Inseln weiterhin als Geheimtipp bezeichnet werden.

Etwa die Hälfte aller Touristen kommt vom portugiesischen Festland. Deutschland stellt mit etwa 11 % aller Besucher die meisten ausländischen Gäste, gefolgt von den USA (knapp 7 %), Frankreich und Spanien (jeweils knapp 5 %).

Industrie

Betriebe, die etwas anderes verarbeiten als das, was Landwirtschaft, Holzwirtschaft oder die Fischerei zur Verfügung stellen, gibt es nur wenige. Weit mehr als die Hälfte aller produzierten Güter sind Molkereiprodukte und Fischkonserven. Mit Steuererleichterungen und Subventionen versucht man, Unternehmen vom portugiesischen Festland und aus dem Ausland zu Investitionen auf den Inseln zu locken – bislang ohne großen Erfolg.

Azoren – oft mehr Kühe als Menschen

Umweltprobleme

Das *Forbes*-Magazin zählte die Azoren schon zu den *World's most unique travel destinations*. Und *National Geographic* kürte die Eilande zum zweitschönsten Inselparadies der Welt nach den Färöer-Inseln. Für die 522 Experten zählende Jury war dabei die landschaftliche Schönheit der Inselgruppe ebenso ausschlaggebend wie die niedrige Kriminalitätsrate, der Umgang mit dem kulturellen Erbe, die bislang ausgebliebenen negativen Veränderungen infolge des Tourismus und v. a.: die ökologischen Aspekte. Auf den ersten Blick scheinen die Azoren auch wirklich keinerlei Umweltprobleme zu haben oder zu verursachen. Ganz so ist es allerdings nicht. Spätestens beim zweiten Kaffee, den Sie bestellen, werden Sie sich fragen, warum man Plastiklöffel und Zucker (und nicht nur das) fast überall in Einwegverpackungen bekommt. Und Sie werden sich fragen, warum all die kleinen Bierfläschchen in den Restmüll wandern und nicht im nächstgelegenen Glascontainer versenkt werden. Das azoreanische Umweltproblem lauert aber v. a. dort, wo man es zuletzt vermuten würde: auf den grünen Weiden mit den bimmelnden Kühen. Die Weiden sind häufig überdüngt, was nicht ohne Folgen für das Grundwasser und die küstennahe Meeresflora bleibt. Zum Glück aber sind die vielen Rindviecher auf den Azoren nicht wie anderswo rülpsende Klimakiller. Denn das Weideland bindet das viele Kohlendioxid. In Ställen dagegen wirkt sich der jährliche Methan-Ausstoß einer Kuh auf das Klima wie die CO_2-Emission eines Mittelklassewagens mit 18.000 km Jahresleistung aus.

Geschichte

In der Weltgeschichte spielten die Azoren lediglich als Hafen zwischen Alter und Neuer Welt eine bedeutende Rolle – in der Geschichte Portugals hingegen standen die Inseln des Öfteren im Mittelpunkt des Geschehens. Entsprechend kann die Geschichte des Archipels nicht ohne die des Mutterlands betrachtet werden.

Nach offizieller portugiesischer Lesart wurden die Azoren zwischen 1427 und 1452 von Schiffen Heinrichs des Seefahrers entdeckt. Allerdings gibt es auf einer Karte des arabischen Geografen Al Idrisi aus dem 12. Jh. bereits Markierungen im Gebiet der Azoren (sechs Reiter), die auf eine frühere Entdeckung hinweisen könnten. Auch eine genuesische Seekarte aus dem Jahr 1351 zeigt inmitten des Atlantiks einen Archipel, der ohne Weiteres die Azoren darstellen könnte. Und mittlerweile beschäftigt sich die Forschung gar mit der Frage, ob die Azoren nicht schon viel, viel früher einmal vorübergehend besiedelt waren (→ Kasten S. 214). Entdeckung oder Wiederentdeckung – die jüngere Geschichte zumindest ist untrennbar mit dem wechselvollen Schicksal des Mutterlandes verbunden, das erst im Mittelalter aus der Grafschaft *Portu-Cale* hervorging.

1139 – Portugal wird Königreich

König Alfons VI. von Kastilien und León vermachte 1094 die Grafschaft Portu-Cale seinem Schwiegersohn Heinrich von Burgund als Dank für dessen Dienste während der *Reconquista*, der Rückeroberung der maurischen Gebiete auf der Iberischen Halbinsel. *Portu-Cale* nannte man zu jener Zeit den Landstrich zwischen Minho und Douro, und zwar nach dem Hafen von Cale, dem heutigen Porto. 1139, nach der *Schlacht von Ourique*, ließ sich Heinrichs Sohn Alfons als Dom Afonso I. zum König von Portugal ausrufen.

Vier Jahre später wurde das neue Königreich auch von der spanischen Krone anerkannt. Mit der Eroberung der Algarve durch Dom Afonso III. Mitte des 13. Jh. wurden die letzten Mauren aus dem Gebiet Portugals vertrieben und die bis heute existierenden Grenzen des Landes bis auf wenige Ausnahmen festgelegt.

Ab 1415 – das Zeitalter der Entdeckungen

Infante Dom Henrique ließ 1415 eine Seefahrerschule in Sagres gründen. Als Heinrich der Seefahrer, der selbst nie zur See fuhr, ging er in die Geschichte ein. Im Westen der Atlantik, im Osten das mächtige Spanien – was lag da näher, als die Expansion über das Meer zu suchen. Im gleichen Jahr eroberten die Portugiesen die Piratenhochburg Ceuta von den Mauren (heute eine spanische Enklave in Marokko). Damit stiegen sie zur ersten europäischen Kolonial- und Seehandelsmacht der Neuzeit auf.

Der Glaube an die unermesslichen Schätze Afrikas ließ Heinrichs Seefahrer immer neue Expeditionsfahrten an die Küsten des geheimnisvollen Afrikas unternehmen. Dabei entdeckten sie 1418 zufällig Porto Santo (Madeira) und ab 1427 die Inseln der Azoren, die daraufhin peu à peu besiedelt wurden. An den Küsten Afrikas gründeten die Portugiesen kleine Handelsniederlassungen, eine flächendeckende Kolonialisierung war zu diesem Zeitpunkt noch nicht beabsichtigt. Vielmehr wollte man einen Seeweg nach Indien und Richtung Fernen Osten finden. 1488 umrundete der portugiesische Seefahrer Bartolomeu Diaz als Erster das Kap der Guten Hoffnung an der Südspitze Afrikas. Im Mai 1498 stießen die Portugiesen bis Indien vor, Vasco da Gama erreichte Calicut (Kozhikode, im heutigen Bundesstaat Kerala). Im April 1500 entdeckte Pedro Álvares Cabral Brasilien, das später Portugals

größte Kolonie werden sollte. In den folgenden Jahren eroberte man weitere Gebiete Indiens, u. a. 1510 *Goa*, das bis 1961 portugiesisch bleiben sollte. 1511 erreichte man Timor, die größte der Kleinen Sunda-Inseln. 1542 setzte Fernão Mendes Pinto als erster europäischer Händler seinen Fuß auf japanischen Boden. 1557 verpachtete der chinesische Kaiser den Portugiesen Macao (port. Macau), weil portugiesische Schiffe die Küste Kantons von Seeräubern befreit hatten. Erst 1999 ging die seit 1887 existierende Kolonie an China zurück.

Portugal besaß nun Handelsniederlassungen in der ganzen Welt. Schätze kamen ins Land: Gold aus Afrika, Gewürze aus Asien. Die Schiffe, die sie geladen hatten, segelten vielfach über die Azoren, egal, ob sie von Indien, Süd-, Mittel- oder Nordamerika nach Portugal unterwegs waren. Und für das Wasser und den Proviant, den man in den Häfen der Azoren an Bord nahm, bekamen die Insulaner die exotischsten Waren. Insbesondere Angra entwickelte sich in dieser Zeit zu einem überaus bedeutenden Handelszentrum, in dem man alles erstehen konnte, was die Kolonien hergaben. Kaufleute aus aller Welt waren hier ebenso vertreten wie die internationale Diplomatie. Dementsprechend musste man sich vor Überfällen der Freibeuter schützen und Verteidigungsanlagen errichten – die schwer beladenen Schiffe waren eine lohnende Beute. Auf den anderen Inseln des Archipels lebte man hingegen mehr schlecht als recht. Neben Weizenanbau konzentrierte man sich dort auf den Anbau von Pflanzen zum Färben von Stoffen.

Aufgrund der ins Land kommenden Schätze stieg Portugal zu einem der wohlhabendsten Königreiche der Welt auf. Insbesondere in Lissabon, dem damals wichtigsten Hafen Europas, setzte eine rege Bautätigkeit ein. Der Hof förderte Kunst und Wissenschaft. Unter König Manuel I. (1495–1521) entstan-

Emanuelstil

Der Emanuelstil, auch *Manuelinik* genannt, ist die portugiesische Variante der Spätgotik. Die Kunstrichtung entwickelte sich unter König Manuel I. (1495–1521), in der großen Zeit Portugals, als erstmals die Weltmeere befahren und überseeische Entdeckungen gemacht wurden. Die Seefahrer und Abenteurer kamen mit einer Fülle von neuen Eindrücken zurück, die den Baumeistern Stoff für neue künstlerische Ideen lieferten. So wurde der strenge gotische Stil zusehends von phantastischen und exotischen Elementen überlagert, wobei neben indischer und orientalischer Ornamentik v. a. Fabelmotive und maritime Symbolik (Algen, Muscheln, Schnecken, Anker, Knoten usw.) eine bedeutende Rolle spielten.

den die imposantesten Bauwerke des Landes in einer epochemachenden Stilrichtung, dem Emanuelstil. Das Hinterland aber vergaß man – dort machte sich Armut breit, Landflucht war die Folge. Diese führte wiederum zu einem Rückgang der Erträge aus der Landwirtschaft. Getreide musste importiert werden, was Teile der Kolonialgewinne auffraß. Eine erste Emigrationswelle nach Brasilien, das nun systematisch kolonisiert wurde, setzte ein. Sklaven aus Schwarzafrika sollten den Portugiesen in Übersee zur Hand gehen, sie kamen insbesondere aus der Kolonie Angola. Lissabon entwickelte sich zu jener Zeit zum größten Sklavenumschlagplatz Europas.

Unter König Johann III. (Dom João III., 1521–1557) setzte schließlich der Niedergang Portugals ein. Am 25. Januar 1531 zerstörte ein Erdbeben Lissabon. Ein kostspieliger Wiederaufbau war die Folge. Und unter König Sebastian I. (Dom Sebastião I., 1557–1578) fand die Dynastie Avis, unter der das Land seine glanzvollsten Zeiten erlebt hatte, ihr Ende. Der junge König ließ im Sommer 1578 zusammen mit 18.000 Portugiesen in der *Wüstenschlacht bei Alcácer-Quibir* (heute Azilah, Marokko) im Kampf gegen Araber und osmanische Janitscharen sein

Leben. Das Ende der Weltmacht Portugal zeichnete sich damit ab.

Ab 1580 – Spanien regiert Portugal

Spaniens König Philipp II. (1558–1598) packte die Gelegenheit beim Schopf und annektierte 1580 den geschwächten Nachbarn. Kurz darauf ließ er sich von den *Cortes* (Ständeversammlung) als König Philipp I. (Dom Filipe I.) von Portugal ausrufen. Seinen Anspruch auf die portugiesische Krone leitete er von seiner ersten Heirat mit Maria von Portugal 1543 ab, die bereits zwei Jahre nach der Trauung verstorben war. Etliche Portugiesen, die sich der Machtübernahme durch den spanischen König verweigerten, flohen auf die Azoren. Unter ihnen auch Dom António, illegitimer Spross des portugiesischen Königshauses und Prior des einflussreichen Malteserordens. Als Exilkönig sollte er noch drei Jahre lang auf Terceira einem „unabhängigen" Portugal mit Angra als Hauptstadt vorstehen. Dann hatten die Spanier auch die Inseln weit draußen im Atlantik in ihre Gewalt gebracht.

60 Jahre dauerte die Regentschaft Spaniens über Portugal, das formal zwar ein eigenständiges Königreich blieb, de

facto aber als Provinz behandelt wurde und durch hohe Steuerlasten ausblutete. Auch mussten die Portugiesen in den großen Krieg gegen England ziehen, in dem 1588 mit der spanischen Armada die portugiesische Flotte vernichtet wurde. Den Azoren gegenüber zeigten die Spanier wenig Interesse, mit Ausnahme von Terceira. Der Hafen von Angra war auch für die Schiffe der spanischen Krone der Stützpunkt im Atlantik. So ließen die Spanier zum Schutz vor Piraten die dortigen Verteidigungsanlagen weiter ausbauen. Und die Stadt selbst verwandelten sie in eine Perle der Renaissance (→ S. 202).

Im Jahr 1640 kam es schließlich zum Aufstand der Portugiesen gegen die Fremdherrschaft. Der Zeitpunkt war günstig, da die spanische Krone gerade mit Unruhen im eigenen Land beschäftigt war – auch Katalonien strebte nach Unabhängigkeit. Von den Azoren konnten die Spanier 1642 vertrieben werden, die letzten Gebiete Portugals räumten die Spanier nach langen Kämpfen 1668.

Ab 1640 – die Dynastie Bragança

Zum neuen König von Portugal wurde der Herzog von Bragança, Führer des erfolgreichen Aufstands gegen die Spanier, als João IV. (1640–1656). Mit diesem Herrscher kam eine neue Dynastie an die Macht, die sich bis zum gewaltsamen Sturz Dom Manuels II. im Jahr 1910 auf dem Thron halten sollte.

Ende des 17. Jh. wurden in Brasilien, das noch immer portugiesische Kolonie war, große Goldvorkommen entdeckt. Erneut flossen ungeheure Reichtümer ins Land, die dafür sorgten, dass der königliche Hof und die Adelskreise in Saus und Braus leben konnten. Dem Volk gab man nichts ab – es fristete ein Leben in Armut, ganz besonders auf den Azoren. Brasilien wurde zum gelobten Land.

Am 1. November 1755 zerstörte ein gewaltiges Erdbeben ganz Lissabon, es war eine der verheerendsten Naturkatastrophen, die Europa je sah. 30.000 bis 100.000 Tote waren durch einstürzende Häuser, Brände und einen Tsunami zu beklagen. Ein Mann, der sich beim Wiederaufbau hervortat, war Sebastião José de Carvalho e Mello. Unter König Joseph I. (Dom José I., 1750–1777) wurde er zum Ersten Minister ernannt und unter dem Namen Marquês de Pombal, den er ab 1769 trug, zum bedeutendsten portugiesischen Staatsmann des 18. Jh. Pombal war ein überzeugter Anhänger des aufgeklärten Absolutismus und setzte zahlreiche Reformen um. Er schaffte die Sklaverei ab, Klerus und Adel verloren viele ihrer Privilegien, gleichzeitig förderte er das Schulwesen, die Manufakturen und selbst den Weinanbau im Mutterland (unter ihm wurde das Alto Douro zum ersten geschützten Weinanbaugebiet der Welt) wie auch die Landwirtschaft in den Kolonien. Andererseits präsentierte sich Pombal auch als Diktator, der seine Widersacher gnadenlos abstrafte und verfolgte.

Für die Azoren bedeutete die Ära des Marquês de Pombal die Auflösung der feudalen Lehnsherrschaft der Donatarkapitäne und die Einführung einer von Lissabon kontrollierten *Capitania Geral*. Das Ende des Donatarkapitanats war auf den Azoren zunächst herbeigesehnt worden, denn oft hatten sich die Donatarkapitäne allein durch Willkür, Unterdrückung und Selbstbereicherung ausgezeichnet. Aber der große Umbruch blieb aus, die Inselgruppe wurde rechtlich in den Stand einer Kolonie gesetzt. Die neuen Verwalter, die Generalkapitäne, die fortan in Angra saßen, kamen alle vom Festland – das Wohl der Azoreaner lag mit wenigen Ausnahmen auch ihnen nicht am Herzen.

Ab 1807 – die napoleonische Invasion und ihre Folgen

Da sich die portugiesische Krone geweigert hatte, an der von Napoleon ge-

gen die Briten verhängten Kontinental-
sperre mitzuwirken, besetzten 1807 die
Franzosen das Land. Der portugiesische
Hof und die königliche Familie flohen
nach Brasilien, zur neuen portugiesischen Hauptstadt wurde Rio de Janeiro.
1811 gelang es den Engländern, die
Franzosen aus Portugal zu vertreiben
und eine Art Militärdiktatur einzurich-
ten. 1816 wurde in Rio de Janeiro Johann VI. (Dom João VI.) zum König
von Portugal und Brasilien gekrönt.
Vier Jahre später kam es in Portugal zur
Liberalen Revolution, die britischen
Offiziere mussten abdanken.

In Abwesenheit des portugiesischen
Königs traten 1821 die *Cortes* (Ständeversammlung) in Lissabon zusammen.
Sie entwarfen eine liberale Verfassung,
die im Rahmen einer konstitutionellen
Monarchie den Adel entmachten und
dem Bürgertum mehr Rechte garantie-
ren sollte. Um den Eid auf die neue
Verfassung zu leisten, bestieg König Johann VI. mit seinem Sohn Dom Miguel
ein Schiff von Rio de Janeiro nach Portugal. Der ältere Bruder Dom Miguels,
Dom Pedro, blieb dagegen in Brasilien –
Johann VI. hatte ihn noch vor seiner
Abreise zum Regenten der südamerika-
nischen Kolonie ernannt, eine Kolonie,
die schon bald unabhängig sein sollte.
1822 ließ sich Dom Pedro zum Kaiser
Pedro I. von Brasilien ausrufen.

Johann VI. schwor die Treue auf die
neue portugiesische Verfassung. Nicht
aber sein Sohn Dom Miguel. Dom Miguel, ein überzeugter Absolutist, lehnte
die liberale Verfassung ab und verbündete sich mit dem entmachteten Adel
gegen den Vater. Als sich Dom Miguel
auch noch der Unterstützung der ka-
tholischen Kirche bewusst wurde, wagte er gar den Staatsstreich, der allerdings missglückte – Miguel musste ins
Exil nach Wien fliehen.

Ab 1826 – zwei Brüder auf dem Weg zum Krieg

1826 starb König Johann VI. Zu seinem
Nachfolger wurde sein Sohn Kaiser
Pedro I. von Brasilien berufen, der als
Peter IV. (Dom Pedro IV.) den portugiesischen Thron bestieg. Aber schon nach
zwei Monaten Regentschaft dankte er
zugunsten seiner 7-jährigen Tochter
Dona Maria da Glória ab, die später, so
der Plan, im heiratsfähigen Alter Pedros Bruder Dom Miguel ehelichen
sollte (wozu es dann aber nicht kam).
Mit diesem Schritt wollte er die verfeindeten Linien des Hauses Bragança
wiedervereinigen. Dom Miguel stimmte
dem Vorschlag zu, kam zurück nach
Lissabon, strebte nach der Krone und
verbündete sich mit den reaktionären
Kräften gegen die Liberalen. Demokra-
ten und Freimaurer mussten fliehen –
viele suchten in Angra auf Terceira
Schutz. Dort bildeten sie eine liberale
Gegenregierung, die auch das Ende des
Generalkapitanats verkündete. 1829
schlug ein Landungsversuch der Truppen Dom Miguels auf Terceira fehl.

Charles Robert Darwin und die Azoren

Im September 1836 nahm die *HMS Beagle* nach einer fünfjähri-
gen Seereise um die Erde Kurs auf die Azoren. Das Schiff war
von den Kapverdischen Inseln gekommen, die Häfen von Terceira und São Miguel stellten die letzten Stationen vor der Rückfahrt nach England dar. In sein Reisetagebuch notierte der britische Naturforscher: „I really liked the visit, but I couldn't find
anything worth of record."

1831 segelte Pedro nach Angra und fand dort ausreichend Unterstützung, um eine Befreiungsarmee aufzubauen. Ein Jahr später entflammte der Bürgerkrieg zwischen den Anhängern der beiden verfeindeten Brüder aus dem Hause Bragança, auch Miguelistenkrieg genannt. Am 24. Juli 1833 eroberte Dom Pedro Lissabon, 1834 floh Dom Miguel schließlich nach Italien. Maria II. da Glória bestieg den Thron und heiratete im zarten Alter von 17 Jahren den deutschen Prinzen Ferdinand von Sachsen-Coburg, wodurch der Zweig Sachsen-Coburg-Bragança begründet wurde.

Portugal in der 2. Hälfte des 19. Jahrhunderts

Elend und Not auf dem portugiesischen Festland zwangen viele Menschen zur Auswanderung ins reiche Brasilien. Auf den Azoren sah die Situation nicht anders aus, die einzige Einnahmequelle der Inseln stellte der Walfang dar, insbesondere nachdem die Orangenplantagen durch Parasiten und Pilzbefall zerstört worden waren. Die sozialen Gegensätze verschärften sich. Obwohl die Kirche ihrer Ländereien enteignet worden war, blieben Verbesserungen für das Volk aus, denn an die Stelle der Kirchen traten Großgrundbesitzer. Die Krone versäumte es, die industrielle Entwicklung zu fördern. Die Staatsverschuldung wuchs, 1892 ereilte Portugal der Staatsbankrott. Armut und Bitterkeit bildeten den Nährboden für sozialistische und republikanische Strömungen. Die Kritik an der Monarchie wuchs zusehends. Am 1. Februar 1908 wurden König Carlos I. und sein ältester Sohn in Lissabon auf der Praça do Comércio in ihrer Kutsche erschossen. Carlos' zweiter Sohn bestieg als Manuel II. zwar noch den Thron, doch die Monarchie war nicht mehr zu retten.

Ab 1910 – die Republik

Am 3. Oktober 1910 nahm die Revolution ihren Anfang, und am Morgen des 5. Oktobers wurde vom Balkon des Lissabonner Rathauses die Republik ausgerufen. Ihr erster Präsident wurde – auf den Azoren ist man ganz besonders stolz darauf – Teófilo Braga, ein Sohn Ponta Delgadas. Manuel II. floh ins Exil nach England. Doch die Republik erfüllte nicht die in sie gesetzten Hoffnungen. Streit herrschte unter den vielen Splitterparteien. Die Inflation galoppierte. Eine Regierung löste die andere ab, bis 1926 zählte man über 40.

Auf den Azoren entwickelte sich Horta zu jener Zeit durch die Verlegung von Unterseekabeln zu einem Zentrum der Kommunikation zwischen Europa und dem amerikanischen Kontinent (→ Kasten S. 287). Und während des Ersten Weltkriegs wurden die Azoren zu einem wichtigen Militärstützpunkt im Atlantik. Portugal selbst trat 1916 an der Seite der Ententemächte in den Krieg ein.

Ab 1926 – die Militärdiktatur

Am 28. Mai 1926 putschte das Militär, um dem, wie es meinte, „Unsinn" der Republik ein Ende zu setzen. Daraufhin wurden Volksaufstände niedergeschlagen und alle politischen Parteien verboten. 1928 trat jener Mann in Erscheinung, der für fast 40 Jahre die Führung Portugals übernehmen sollte: António de Oliveira Salazar, Professor für Nationalökonomie in Coimbra. Als designierter Finanzminister versprach er die Sanierung der portugiesischen Staatskasse ohne Unterstützung des Auslands, machte aber unbeschränkte Befugnisse zur Bedingung für seinen Amtsantritt. Das Militär ließ ihn gewähren. Mit äußerster Härte ging Salazar gegen den bis zu diesem Zeitpunkt üblichen Behördenschlendrian vor und setzte eine konsequente Sparpolitik durch. Dies war neu für Portugal – bisher hatten die führenden Häupter ihre Macht dazu genutzt, um sich selbst zu bereichern. Rigorose Stellenkürzungen, Streichungen der Sozialleistungen, Kampf gegen die Korruption, Gehaltsminderungen, Steuererhöhungen und Verwaltungsreformen jagten einander – in Rekordzeit war der Staatshaushalt ausgeglichen. Die alten konservativen Eliten wie Großindustrielle, Großgrundbesitzer und v. a. die Kirche förderte Salazar hingegen.

Ab 1932 – Salazar und der Estado Novo

1932 wurde Salazar Ministerpräsident und legte 1933 mit einer scheindemokratischen Verfassung den Grundstein für den sog. *Estado Novo*, den ständisch-autoritären *Neuen Staat*, mit dem die faktisch bereits bestehende Diktatur legalisiert werden sollte.

Salazar bescherte den Portugiesen eine Diktatur, die sich mithilfe einer skrupellosen Geheimpolizei, der *PIDE* (aufgebaut unter Mitarbeit der Gestapo), über Jahrzehnte an der Macht halten konnte. Pressezensur und Spitzelwesen, Verhaftungen und Folter – das waren die tragenden Säulen des Staates unter Salazar. Viele Portugiesen verschwanden auf immer hinter Zuchthausmauern. Bis auf die Einheitspartei *União Nacional* waren alle Parteien und die Gewerkschaften verboten. Es durfte nur wählen, wer ein bestimmtes Mindesteinkommen vorweisen konnte – bis in die 1960er-Jahre waren das nicht mehr als 15 % der Gesamtbevölkerung.

Das Kapitel „Salazar und die Azoren" ist mit wenigen Sätzen erledigt: Der Diktator scherte sich nicht um die Inseln und überließ sie der *PIDE*. Die Geheimpolizei unterdrückte jegliche Opposition und sorgte dafür, dass die Bevölkerung in Unwissenheit lebte. Während der Regierungszeit Salazars lag der Archipel vergessen inmitten des weiten Atlantiks. Und die *PIDE* und das portugiesische

Hinter dem Ananasvorhang

Als der Kalte Krieg begann, rückten die Azoren vorübergehend in den Mittelpunkt des militärischen Planungsstabes der USA. Die Lage der Inseln im Atlantik war ideal, um den Seeweg zwischen Europa und Amerika zu kontrollieren, und sie waren nah genug an Europa, um mit Luftwaffenverbänden zu operieren. Die Planer stuften die Bevölkerung als autark (sie musste also im Falle eines Konfliktes nicht mitversorgt werden) und politisch zuverlässig ein (sie würde sich also nicht gegen die stationierten Truppen erheben). Darüber hinaus sorgte die *PIDE* dafür, dass alles, was auf den Azoren geschah, der Außenwelt verborgen blieb. Der portugiesische Generalstabschef Admiral Ottings de Bettencourt schuf dafür den Begriff „Ananasvorhang", da nur das, was Lissabon gestattete, von den Azoren nach außen drang. Über das, was hinter dem Vorhang geschah, wurde viel spekuliert. Der *Spiegel* schrieb in seiner Januar-Ausgabe von 1953, dass selbst das europäische Hauptquartier der NATO nichts „über die unterirdischen U-Boot-Hallen in Corvo, über die neuen Flugplätze auf Fayal und Pico mit ihren Felsenhangars oder über die in die Berge eingesprengten Depots auf Sao Jorge und Graciosa" wisse. Interessanterweise sind über *Google Earth* für so manche Inselgebiete noch immer nur unscharfe oder wolkenverhangene Satellitenbilder, wie bei militärischen Gebieten üblich, abrufbar.

Militär brauchten keinerlei politische Überzeugungsarbeit leisten, um die azoreanische Jugend zu rekrutieren: Die Aussicht, erstmals im Leben ein paar Schuhe zu erhalten, genügte.

Während des Zweiten Weltkriegs verfolgte Salazar eine Art Neutralitätspolitik, was ihn aber nicht daran hinderte, Geschäfte mit den Kriegsparteien zu machen: Die Deutschen bekamen Wolfram zur Herstellung von Kanonen geliefert, die Alliierten die Azoren als Militärstützpunkt.

Trauriger Höhepunkt der Außenpolitik unter Salazar war der Buschkrieg in den verbliebenen afrikanischen Kolonien. Der Wunsch nach Unabhängigkeit entlud sich Anfang der 1960er-Jahre gewaltsam in drei Zentren: 1961 in Angola, 1963 in Guinea-Bissau, 1964 in Mosambik. Sinnlos und grausam setzte Salazar die Armee gegen die Aufständischen ein. Bis in die 70er-Jahre zogen sich die Kolonialkriege hin, die etwa die Hälfte (!) des Staatsetats verschlangen.

Politische Unterdrückung, wirtschaftliche Probleme, Niedriglöhne, fast 40 % Analphabeten, hohe Kindersterblichkeit wie auch die europaweit geringste Lebenserwartung und keine Hoffnung auf Änderung in Sicht – all das führte in den 1960er-Jahren schließlich zu einer immer größeren Auswanderungswelle. An die zwei Millionen Arbeitssuchende emigrierten – bei einer Gesamtbevölkerung von weniger als 10 Millionen! Die Festlandsportugiesen zog es nach Frankreich (allein im Großraum Paris leben 500.000 Portugiesen), die meisten Azoreaner in die vergleichsweise nahen USA, aber auch nach Kanada, wo sie ihr Leben in den Uranminen ließen, und nach Brasilien und Hawaii, wo sie auf den Zuckerrohrplantagen schufteten.

1968 erlitt Salazar einen Schlaganfall, die Amtsgeschäfte übernahm sein langjähriger Mitarbeiter Marcello José das Neves Alves Caetano. Das Volk hoffte auf eine Phase der Liberalisierung, doch es wurde weitestgehend enttäuscht. Auch der Afrikakrieg ging weiter, denn es gab Leute, die daran gut verdienten. Anfang der 1970er-Jahre erkannten schließlich auch ranghohe Militärs, dass dieser Krieg nicht zu gewinnen war, trotz brutalen Agierens der portugiesischen Armee, was in einer Verurteilung Portugals durch die Vereinten Nationen gipfelte. Zum bekanntesten Vertreter der oppositionellen Bewegung in den Streitkräften stieg General António Ribeiro de Spínola auf. Dessen Amtsenthebung führte schließlich zum Putsch.

1974 – Nelkenrevolution und Demokratie

Am 25. April 1974, kurz nach Mitternacht, spielte der kirchliche Rundfunksender *Rádio Renascença* das verbotene Revolutionslied *Grandola, Vila Morena*, woraufhin sich Truppen der *MFA (Movimento das Forças Armadas – Bewegung der Streitkräfte)* in Richtung Lissabon in Bewegung setzten. Zufahrtsstraßen, Regierungsgebäude, Rundfunkanstalten und öffentliche Plätze wurden besetzt – nach wenigen Stunden war alles gelaufen. Die Bevölkerung steckte den Soldaten rote Nelken in die Gewehrläufe, der 25. April ging daher als „Nelkenrevolution" *(Revolução dos Cravos)* in die Geschichte ein.

Tagelang feierte man den Beginn der neuen Ära. Eine provisorische Regierung unter Kontrolle des Militärs wurde eingesetzt. Diese leitete freie Wahlen, die Garantie der Bürgerrechte, die Auflösung der Geheimpolizei, die Freilassung aller politischen Gefangenen und die Beendigung des Kriegs in Afrika in die Wege. Die Kapverdischen Inseln, São Tomé und Príncipe, Guinea-Bissau, Mosambik und Angola wurden unabhängig.

Der Archipel wird Região Autónoma dos Açores

Auf den Azoren hatte sich nach der Nelkenrevolution die *FLA (Frente de*

Libertação dos Açores – Front zur Befreiung der Azoren) gegründet – die Reaktion auf jahrzehntelange Ausbeutung und Nichtbeachtung. Sogar mit Brandanschlägen kämpfte man für die Unabhängigkeit der Inseln. Auch schwang die Hoffnung mit, nach erlangter Unabhängigkeit ein Staat der USA werden zu können – zumal die Amerikaner für ihren Militärstützpunkt auf Terceira (→ S. 222) mehr Geld an Lissabon überwiesen, als von Lissabon zurück auf die Inseln floss. Um der *FLA* den Wind aus den Segeln zu nehmen, wurden die Azoren mit dem Inkrafttreten der demokratischen Verfassung (1976) zur autonomen Region erklärt. Und da man sich auf den Inseln nicht auf eine Metropole einigen konnte, leistete man sich gleich drei „Hauptstädte": Ponta Delgada, Angra do Heroísmo und Horta.

Mithilfe der EU ins dritte Jahrtausend

Der Beitritt Portugals zur Europäischen Gemeinschaft (seit 2009 EU) erfolgte schließlich 1986. Die speziellen Förderprogramme, die die Europäer für die ärmsten Regionen der Mitgliedsstaaten entwickelt haben, brachten nicht nur für das portugiesische Festland einen Schub. Diese Hilfen veränderten in den letzten zwei Jahrzehnten auf den Azoren mehr als alles andere in den rund 500 Jahren seit der Besiedlung. Der Nachholbedarf war allerdings auch enorm: Mit dem Geldsegen aus Brüssel konnten Flughäfen, Krankenhäuser, Bibliotheken, Kläranlagen, Häfen, Frei- und Hallenbäder, Ortsumgehungen u. v. m. gebaut werden. Jemand, der die Inseln heute erstmals besucht, kann sich kaum vorstellen, wie ärmlich es hier z. T. noch vor rund 20 Jahren aussah. Noch 1998 (während der Recherche zur Erstauflage dieses Buches) gab es auf vielen Inseln so gut wie nichts zu kaufen. Die Gemüseregale in den Geschäften waren leer – jeder hatte ja sein eigenes Stück Land für die Selbstversorgung. Heute stapeln sich in den großen Supermärkten Äpfel aus Chile und Avocados aus Israel. Am treffendsten beschrieb eine Cafébesitzerin auf Pico die Veränderungen: „Es ist nicht lange her, da waren die Häuser klein und voller Leute, heute sind die Häuser groß und leer."

Noch zu sehen: die Spuren des schweren Erdbebens auf Faial von 1998

Propeller statt Düse: mit der SATA von Insel zu Insel

Anreise

Allzu viel Auswahl haben Sie nicht, wenn die Reise auf die Azoren geht: Direktflüge aus dem deutschsprachigen Raum gibt es nur wenige, es besteht aber die Möglichkeit, die Inselgruppe mit Zwischenstopp in Lissabon oder Porto anzufliegen.

Die Erfahrung hat gezeigt, dass sich die Flugmöglichkeiten auf die Azoren nahezu jedes Jahr ändern, mal fliegt eine Airline mehr die Inselgruppe an, mal eine weniger, mal gibt's nur einen einzigen Direktflug pro Woche, mal zwei usw. Sämtliche folgenden Angaben beziehen sich auf das Jahr 2018. Wer wann von wo wohin fliegt, erfahren Sie am einfachsten über Flugsuchmaschinen (wie www.kayak.com), über die Internetseiten der Airlines (s. u.) und bei den Reiseveranstaltern, die sich auf die Azoren spezialisiert haben (→ S. 506). Zuweilen bekommen Sie bei den Reiseveranstaltern sogar bessere Angebote als direkt bei den Airlines, da diese über Kontingente verfügen.

Die Preise für Flüge aus dem deutschsprachigen Raum bewegen sich für gewöhnlich je nach Abflugort und -zeit zwischen 350 und 550 € für einen Hin- und Rückflug inkl. Steuern und Gebühren. Wenn Sie früh buchen oder ein Last-Minute-Angebot bekommen oder per Billigflieger mit Handgepäck reisen, sind auch Schnäppchen um die 200 € möglich. In der Hochsaison im Juli und August kann es aber u. U. auch teurer werden. Einen Fährbetrieb zwischen dem portugiesischen Festland und den Azoren gibt es übrigens nicht. Auch konnte man in den letzten Jahren keine Frachtschiffreisen mehr zu den Azoren buchen, aber das kann sich wieder ändern.

Flughafencodes São Miguel: **PDL**. Santa Maria: **SMA**. Terceira: **TER**. Graciosa: **GRW**.

Pico: **PIX**. Faial: **HOR**. São Jorge: **SJZ**. Flores: **FLW**. Corco: **CVU**.

Informationen zu allen Flughäfen auf den Azoren (Transfer, Mietwagenverleiher am Airport usw.) im Reiseteil unter „An- und Weiterreise mit Flugzeug oder Schiff" zu Beginn jedes Inselkapitels.

✎ Auf **www.atmosfair.de** erfahren Sie die CO_2-Effizienz Ihrer Fluggesellschaft und können einen Beitrag zum Klimaschutz leisten. Ein Flug von Frankfurt nach Ponta Delgada entspricht laut atmosfair-Emissionsrechner der Klimawirkung von rund 1620 kg CO_2.

Nonstop auf die Azoren

Direktflüge auf die Azoren dauern aus dem deutschsprachigen Raum etwa 4:30 Std. Direkt angeflogen wurde zuletzt nur Ponta Delgada, und zwar von *Azores Airlines* (www.azoresairlines.pt) ab Frankfurt/Main, von *Germania* (www.flygermania.com) ab Düsseldorf sowie von *Ryanair* (www.ryanair.com) ab Frankfurt/Hahn und Düsseldorf/Weeze. Wer nahe an der belgischen oder holländischen Grenze wohnt, kann auch mit *TUI fly* von Brüssel (www.tuifly.be) oder Amsterdam (www.tui.nl) nach Ponta Delgada fliegen. Von Amsterdam flog *TUI fly* zuletzt auch Terceira an.

Via Lissabon oder Porto auf die Azoren

Von diversen deutschen, schweizerischen und österreichischen Flughäfen bestehen via Lissabon oder Porto täglich Flugverbindungen auf die Azoren. Das umfangreichste Angebot hält diesbezüglich *TAP Air Portugal* bereit (www.flytap.com). Je nach Verbindung kann es vorkommen, dass Sie in Lissabon oder Porto übernachten müssen. Ohnehin ist es überlegenswert, die Azorenreise gleich mit einem längeren Aufenthalt in einer dieser Städte zu koppeln (ein bis zu 5-tägiger Zwischenstopp lässt sich bei der Buchung auf www.flytap.com problemlos einbauen). Die *TAP* fliegt vom portugiesi-

schen Festland São Miguel und Terceira an, über Codesharing mit *SATA/Azores Airlines* auch Faial, Pico und Santa Maria.

Gabelflüge auf die Azoren sind eine interessante Alternative für alle, die Lissabon und mehrere Inseln besuchen möchten. So können Sie z. B. einen Hinflug über Lissabon nach Santa Maria wählen und zurück von Horta oder Pico über Lissabon fliegen. Das ist bei einer Buchung mit der **TAP** mit der **MultiCity-Option** möglich. Des Weiteren ist die **MultiCity-Option** von **Azores Airlines** ideal zum Inselhüpfen (→ Unterwegs auf den Azoren/Flugzeug).

Auch mit *Ryanair* (www.ryanair.com) kann man über Porto oder Lissabon nach Ponta Delgada oder Terceira fliegen. Zubringerflüge nach Porto oder Lissabon gibt es von mehreren deutschen Städten. Halten Sie jedoch bei einer Buchung mit *Ryanair* die Kosten für das aufzugebende Gepäck im Auge! In manchen Jahren fliegt zudem *Easyjet* (www.easyjet.com) die Azoren über Lissabon an.

Selbstverständlich kann man auch mit irgendeiner anderen Airline nach Lissabon oder Porto fliegen (Hin- und Rückflugtickets sind oft schon für rund 150 € zu bekommen, manchmal bezahlt man sogar weniger) und dort ein paar Tage bleiben, bevor man weiter auf die Azoren fliegt. Flüge von Lissabon nach Ponta Delgada bietet *Ryanair* z. B. schon ab ca. 25 € an, *SATA/Azores Airlines* ab rund 50 €.

Encaminhamentos inter-ilhas – Inter Island Connecting Flights Wer von Lissabon, Porto oder Faro nach Santa Maria, São Miguel, Terceira, Pico oder Faial fliegt, hat Anspruch auf einen kostenlosen sog. *Inter Island Connecting Flight*, also einen Weiterflug mit *Sata Air Açores* zur Insel der eigenen Wahl. In umgekehrter Richtung, also wenn man von Santa Maria, São Miguel, Terceira, Pico oder Faial auf das portugiesische Festland fliegt, hat man hingegen Anspruch auf den Zubringerflug. Dabei ist es egal, mit welcher Airline Sie die Strecke zurücklegen. Wichtig ist nur, dass das portugiesische Festland Ausgangspunkt oder Endstation des Fluges ist, also nicht als Zwischenstopp in einem Flug vermerkt ist. Um diese Flüge zu bekommen, muss man zeitnah zur Flugbuchung das sog. Inbound- bzw. Outbound-Formular unter https://encaminhamen tos.sata.pt ausfüllen. So zumindest in der Theorie. In der Praxis aber klappt das nicht immer, denn *Sata Air Açores* kann keine Anschluss- oder Zubringerflüge anbieten, wenn diese bereits ausgebucht sind. Falls Sie die Inter-Island-Connecting-Flight-Option in Anspruch nehmen wollen, informieren Sie sich vor der Buchung unter https://encaminhamentos.sata.pt über die aktuellen Bestimmungen.

Gepäck

Die Freigepäckgrenze für Flüge nach Lissabon oder auf die Azoren ist abhängig von der Airline und dem gewählten Ticket. Bei *Azores Airlines* z. B. dürfen Sie 23 kg aufgeben. Surfbrett oder Fahrrad (bis 10 kg), Golfbag oder Tauchausrüstung (bis 15 kg) werden nach Anmeldung kostenlos mitgenommen (Stand 2018). Billigflieger hingegen erlauben nur die kostenlose Mitnahme von Handgepäck. Für die Aufgabe von Gepäckstücken fallen Gebühren an, bei der Aufgabe von Sportgepäck werden die Billigflieger zuweilen ihrem Namen alles andere als gerecht.

Karrenparkplatz

Mit dem Segelschiff auf die Azoren oder von dort weiter

Auf den Internetseiten www.findacrew. net oder www.crewseekers.net werden Mitsegelgelegenheiten für erfahrene und unerfahrene Segler angeboten.

Reiseveranstalter – Azoren-Experten

Advantage Reisen (www.advantage-reisen.com), **Check-In** (www.check-in-reisen.de), **Hoch & Hinaus** (www.hoch undhinaus.com), **Outdoor-Reisecenter** (www.azoren-reisen.et), **Sea Breeze** (www.seabreeze.travel) und für Pico **TourBalance** (www.tourbalance.com). Weitere Veranstalter, die Rund-, Wander-, Walbeobachtungs-, Vulkan- oder sonstige Reisen im Programm haben, sind u. a. **Amin Travel Zürich** (www. amin-travel.ch), **Colibri Travel** (www. colibri-travel.de), **Fauna Reisen** (www. fauna-reisen.de), **Hauser Exkursionen** (www.hauser-exkursionen.de), **Ikarus Tours** (www.ikarus.com), **Insidertrip** (www.insidertrip.de), **Lupe Reisen** (www.lupereisen.com), **Reiseagentur Portuteam** (www.portuteam.com), **Schulz Aktiv Reisen** (www.schulz-aktiv-rei sen.de), **Studiosus** (www.studiosus.de), **TerraVista** (www.terravista-erlebnis-reisen.de), **Urlaub & Natur** (www. urlaubundnatur.de), **VEI Vulkanreisen** (www.v-e-i.de) und **Vulkan Kultour** (www.vulkankutour.de).

> **Abtauchen zu Unterwasservulkanen**: Über **Deepocean Expeditions** aus Lüneburg (www.deepocean.de) können Sie Tauchfahrten zu Unterwasservulkanen in 2400 m Tiefe buchen. Dabei geht es per Tauchboot aus Nickelstahl zu den Rainbow Vents 280 Seemeilen südwestlich von Faial. Einziger Haken: Der Spaß kostet mehr als ein Kleinwagen. Billiger, aber noch immer ein paar Tausend Euro teuer, sind Tiefseefahrten mit dem Tauchboot Lula, solche Fahrten können über das Outdoor-Reisecenter (s. o.) gebucht werden.

Dahin oder dorthin?

Verkehrsmittel vor Ort

Von der einen zur anderen Azoreninsel kommt man ganzjährig mit dem Flugzeug und im Sommer mit der Fähre relativ einfach. Mit öffentlichen Verkehrsmitteln auf den Inseln unterwegs zu sein, gestaltet sich dagegen häufig schwierig. Um ein Fahrrad, Taxi oder einen Mietwagen kommt man auf den meisten Inseln kaum herum, will man Ausflüge in das landschaftlich reizvollere Inselinnere unternehmen.

Flugzeug

Alle Inseln der Azoren verfügen über einen Flughafen. Die meisten Inseln werden nahezu täglich von **SATA Air Açores** angesteuert (www.azoresairlines.pt). SATA Air Açores ist eine azoreanische Fluggesellschaft und bislang als einzige Airline für die innerazoreanischen Flüge zuständig. Deren Tochtergesellschaft *Azores Airlines* fliegt die internationalen Langstrecken. Eine Öffnung des innerazoreanischen Flug-

verkehrs für Billigflieger wird diskutiert. Zwischen den Inseln hat die SATA zwei *Bombardier-Dash-Q-200*-Maschinen mit 37 Sitzen und vier Maschinen des Typs *Bombardier Dash Q 400* mit 80 Sitzen im Einsatz. Die Maschinen verkehren zuverlässig und pünktlich. Wie man sich anderswo in den Zug setzt, setzt man sich hier ins Flugzeug. Wegen schlechter Wetterbedingungen – das Risiko ist zwischen Herbst und Frühjahr am größten – fallen jedoch immer wieder Flüge aus, und wenn die Maschinen wieder starten können, wollen nicht selten mehr Leute mit, als Plätze zur Verfügung stehen. Kalkulieren Sie daher immer ein paar Puffertage ein, sofern Sie Ihre Flüge einzeln oder mit unterschiedlichen Gesellschaften gebucht haben. Der letzte innerazoreanische Flug sollte in diesem Fall spätestens zwei Tage vor dem Rückflug in die Heimat erfolgen, v. a. von São Jorge, Corvo oder Flores.

Innerazoreanische
Flugverbindungen

50 km

Information Die **Adressen der SATA-Büros** finden Sie bei den praktischen Infos der Insel-Hauptorte. Das *Contact Center* erreichen Sie unter ☎ 296209720, www.azoresairlines.pt.

Handgepäck Die Regelung, dass ein Gewicht von 8 kg und die Maße von 55 x 40 x 20 cm in der Economy Class nicht überschritten werden dürfen, wird bislang sehr kulant gehandhabt.

Stornierung des Flugs Wird ein Flug wegen Schlechtwetter oder aus anderen Gründen storniert, bekommen Sie, sofern man Sie nicht auf einen anderen Flug am selben Tag umbuchen kann, eine Hotelübernachtung von der *SATA* gestellt.

Sportgerät-Mitnahme Anreise/Gepäck, → S. 506.

> **Tipp**: Um nicht Gefahr zu laufen, dass ein Flug ausgebucht ist, reservieren Sie insbesondere für Flüge in den Monaten Juli und Aug. so früh wie möglich.

Flüge zwischen den Azoreninseln: Die meisten Maschinen starten und landen auf São Miguel, Terceira und Faial, denn alle drei Inselflughäfen spielen eine wichtige Rolle als Drehkreuze im innerazoreanischen Flugverkehr. Santa Maria wird z. B. nur von São Miguel angeflogen, Graciosa nur von Terceira. Flüge von Flores nach São Jorge führen

meist über Terceira oder über Horta und São Miguel. Mit Ausnahme von Corvo bestehen im Sommer zu allen Inseln tägliche Flugverbindungen, in der Nebensaison und im Winter ist der Flugverkehr teils stark eingeschränkt.

> **Informationen zu den Inselflughäfen** finden Sie am Anfang jedes Inselkapitels unter „An- und Weiterreise mit Flugzeug oder Schiff".

Flugpreise: Flüge innerhalb der Azoren sind teuer und preiswert zugleich. Verhältnismäßig teuer wird es, wenn Sie lediglich zwei Inseln besuchen, d. h. nur von einer zur anderen Insel gelangen wollen. Preiswert dagegen wird es, wenn Sie mehrere Inseln besuchen und dafür bei der Buchung die **MultiCity-Option** wählen. Diese Option erlaubt es, die Flugreise in der Flugrichtung (Drehkreuze beachten!) zu unterbrechen, und zwar so lange und so oft Sie wollen. Das bedeutet: Wenn Sie ein Ticket von Santa Maria nach Flores mit der MultiCity-Option buchen, können Sie z. B. Zwischenstopps auf São Miguel und Faial einlegen. Der normale Flugpreis für die Strecke Santa Maria –

Flores erhöht sich dabei nur um die zusätzlich anfallenden Flughafensteuern und Gebühren.

Flugpreise Die Preise der *SATA* für innerazoreanische Flüge sind nur geringfügig von der Auslastung bzw. dem Zeitpunkt der Buchung des Fluges abhängig. Specials für ein paar Euros oder Wucherpreise für ganz arg viele Euros gibt es bislang nicht (Stand 2018). Für die Strecke Flores – Corvo (die kürzeste Distanz zwischen allen Inseln) müssen Sie für das One-Way-Ticket mit rund 40 € rechnen, für den Flug zwischen Santa Maria und Corvo (die größte Distanz zwischen allen Inseln) mit rund 95 €. Wenn Sie das Rückflugticket gleich mitbuchen, können Sie je nach Auslastung ca. 15 % sparen.

Weitere Ermäßigungen **Kinder** unter 12 Jahren bekommen etwa 30 % Ermäßigung. Kinder unter 2 Jahren, die keinen Sitzplatz brauchen, etwa 70 %. **Personen zwischen 13 und 30 Jahren** erhalten mit der **Interjovem Card** 50 % Rabatt auf den Resident-Tarif. Mehr zur Interjovem Card → S. 532.

Schiff

Die **Atlânticoline** (www.atlanticoline.pt) zeichnet für den mit Unsummen subventionierten Fährverkehr zwischen den Inseln verantwortlich. Die Fahrpläne sind nicht immer einfach zu durchschauen und logisch, ohnehin läuft wenig nach Plan. Es kann vorkommen, dass das Schiff Stunden später als geplant ablegt, Stunden früher oder (z. B. wegen Motorschadens) gar nicht. Auch kann es vorkommen, dass auf einer Route plötzlich zwei Fähren parallel im Einsatz sind, beide mit nur ein paar reisenden Hanseln. Doch mit neuen Schiffen und neuen Fahrplänen soll irgendwann einmal alles kundenfreundlicher werden. Dementsprechend sind alle Angaben zu den Fährverbindungen wegen möglicher Änderungen mit Vorsicht zu genießen. Alle Angaben beziehen sich auf die Fahrpläne der letzten Jahre und spiegeln zugleich die möglichen, zu erwartenden Veränderungen wider. Unabhängig von allem gilt grundsätzlich: Alle Fährverbindungen sind von Wind, Wetter und der Funktionstüchtigkeit der Maschine abhängig. Und wenn ein Schiff auf einen Felsen aufläuft wie im Januar 2018 vor Madalena, ist der gesamte Fahrplan für Monate durcheinandergebracht. Folgende Linien gab es zuletzt:

Linha Amarela (Gelbe Linie): Die Schiffe auf dieser Linie verkehren vorrangig zwischen den Inseln der **Ostgruppe** wie auch zwischen denen der **Zentralgruppe**, hin und wieder fahren sie auch nach Flores (Westgruppe). Die Atlânticoline setzt dafür zwei größere Autofähren ein. Eine davon ist von Anfang Mai bis Ende September unterwegs, die andere von Mitte Juni bis Anfang/Mitte September. Im Winter gibt es keine Fährverbindungen zwischen den Inselgruppen, das soll sich künftig jedoch ändern (das schreiben wir aber schon seit Jahren). **Alle Fahrten folgen bislang keinem regelmäßigen Fahrplan** nach dem Motto: Stets mittwochs um 13 Uhr legt ein Schiff nach Terceira ab oder donnerstags um 9 Uhr nach Faial.

Linha Verde (Grüne Linie): Ganzjährig sind auf der Grünen Linie kleine Autofähren zwischen den Inseln Faial, Pico und São Jorge unterwegs, im Sommer teils mehrmals tägl., im Winter nur mehrmals wöchentlich.

Linha Azul (Blaue Linie): Als Blaue Linie wird die ganzjährig mehrmals täglich bestehende Fährverbindung zwischen Horta (Faial) und Madalena (Pico) bezeichnet.

Linha Lilá (Lila Linie): Wegen Schiffbruchs (s. o.) wurde diese Linie 2018 nicht bedient. Der Betrieb soll aber bereits 2019 wieder aufgenommen werden – wenn's 2022 wird, würde es niemanden wundern. Als Linha Lilá wird die Fährverbindung von Faial über São Jorge nach Terceira und zurück bezeichnet. 2018 hätte sie von Mitte Juni bis Mitte September Di und Sa bedient werden sollen.

Linha Rosa (Rosa Linie): Als Rosa Linie wird die kleine, robuste Personenfähre bezeichnet, die ganzjährig zwischen

Corvo und Flores unterwegs ist. Im Hochsommer verkehrt die Fähre tägl. außer mittwochs, im Winter oft nur 2-mal wöchentl. (meist Sa u. Di).

Dauer der Fährpassagen Die Fährpassage zwischen **Santa Maria und São Miguel** dauert je nach Schiff **3–4 Std**. Von **São Miguel**, also der Ostgruppe, **nach Terceira** in der Zentralgruppe ist man **4:30–6 Std**. unterwegs. Innerhalb der Zentralgruppe dauert die kürzeste Schiffspassage zwischen **Faial und Pico 30 Min**., die längste hingegen ohne Zwischenstopps ist hier die Passage zwischen **Terceira und Graciosa mit etwa 3–3:30 Std**. Mit diversen Zwischenstopps kann eine Fahrt von Terceira nach Faial aber auch gut und gerne 7–10 Std. dauern. Von **Faial nach Flores** in die Westgruppe beträgt die Dauer der Überfahrt **8–9 Std**.

> Achtung: Die See kann rau sein, wer nicht seefest ist, sollte ein Mittelchen zur Hand haben!

Preisbeispiele Das teuerste Ticket, das man 2018 buchen konnte, kostete **52 € für die Strecke Santa Maria – Flores**, zugleich die Fährpassage mit der größten Distanz. Für die kürzeste Strecke von Faial nach Pico kostete das Ticket 3,60 €. Ein Ticket von **São Miguel nach Santa Maria kostete 30 €** und eines von **Terceira nach Pico 32 €**. Tickets konnten bislang nur an den Häfen oder über Reise- und RIAC-Büros gebucht werden, jedoch nicht online über www.atlanticoline.pt (das soll sich aber ändern). Ein Hin- und Rückfahrtticket war für den doppelten Preis zu haben. Kinder bis 13 J. bezahlen die Hälfte, unter 2 J. frei. Auch Senioren über 65 J. erhalten einen Rabatt (Höhe abhängig von der Strecke). Mit der Interjovem-Card (→ S. 532) kostet eine Fahrt 7,50 €. Zudem gibt es den Azores-4-You-Pass für 130 €, der 4 Fährpassagen erlaubt.

Weitere Schiffsverbindungen: In der Westgruppe, zwischen Flores und Corvo, jagen im Sommer private Anbieter mit kleinen Motorbooten übers Wasser. Zwischen Santa Maria und São Miguel ist zudem ganzjährig ein kleines Frachtschiff im Einsatz, das Passagiere mitnimmt. Mehr dazu unter „An- und Weiterreise mit Flugzeug oder Schiff" am Anfang der Inselkapitel.

> Infos zu den Häfen, die angesteuert werden, finden Sie unter „An- und Weiterreise mit Flugzeug und Schiff" am Anfang der jeweiligen Inselkapitel. Aktuelle Fahrpläne der Atlânticoline unter **www.atlanticoline.pt**.

Bus

Auf allen Inseln (ausgenommen Corvo) verkehren preiswert Busse – 10 km kosten meist nicht viel mehr als 1 €. Unterwegs gibt's ein bisschen Inseltratsch oder man wird kurzerhand selbst zum Inselgespräch. Als öffentliches Transportmittel taugt der Bus jedoch nur auf São Miguel. Terceira und Faial lassen sich mit gutem Willen zumindest eingeschränkt per Bus erkunden.

> Die Busverbindungen sind bei den jeweiligen Orten detailliert aufgeführt. Die Häufigkeit der Fahrten bezieht sich (sofern nicht anders erwähnt) auf Werktage. An Wochenenden, besonders sonntags, werden viele Verbindungen nur eingeschränkt bedient oder ganz gestrichen.

Das Problem ist, dass die meisten Busse nur entlang der Küste fahren, da dort die Siedlungen sind – das landschaftlich reizvolle, aber unbesiedelte Inselinnere mit seinen Kratern und Seen wird ausgespart. Lediglich auf São Miguel besteht mit dem **Yellow Bus** (www.yellowbustours.com), einem Hop-on-hop-off-Bus, die Möglichkeit, die Highlights in Inselinnern anzusteuern. Routen und Fahrzeiten sind ansonsten den Bedürfnissen der Inselbevölkerung angepasst. Auf den bevölkerungsärmeren Eilanden hat das zur Folge, dass frühmorgens ein Bus im äußersten Zipfel der Insel startet und alle Dörfer abklappert, um die Kinder in die Schule oder die Älteren zum Einkaufen in den Hauptort zu bringen. Am Nachmittag geht's dann zurück. Das bedeutet, dass man zwar vom Inselhauptort, wo die meisten Unterkünfte sind, nachmit-

Im Sommer eine Pracht: hortensiengesäumte Straße auf Faial

tags per Bus zu einem abgelegenen Ziel aufbrechen könnte, wieder zurück geht es aber erst am nächsten Morgen.

Information Die Internetseiten der Busgesellschaften sind, sofern sie existieren, bei den jeweiligen Inseln im Kapitel „Unterwegs mit Bus oder Mietwagen" angegeben. Aktuelle Busfahrpläne halten auch die Turismo-Büros bereit. Die Busse fahren pünktlich (wenn nicht gar zu früh) ab.

Bushaltestellen In den Ortschaften i. d. R. vor oder in der Nähe der Pfarrkirche. Ansonsten genügt es meist, am Straßenrand zu winken.

Fahrkarten Tickets kauft man beim Einsteigen im Bus. Halten Sie Kleingeld parat, die Busfahrer haben selten viel Wechselgeld, auch deshalb, weil die meisten Fahrgäste über Wochen- oder Monatskarten verfügen.

Mietfahrzeug

Die Straßen auf den Azoren sind insgesamt in einem sehr gutem Zustand. Vorsicht ist aber v. a. am Abend und nachts geboten: Viele Azoreaner schalten ihr Licht erst bei absoluter Finsternis ein, Traktorfahrer oft gar nicht.

Mietwagen: Für alle, die in kurzer Zeit viel sehen wollen oder abseits der Inselhauptorte logieren, ist ein Mietfahr-

zeug nahezu unerlässlich. Adressen der Mietwagenverleiher finden Sie im Reiseteil bei jeder Insel mit Ausnahme von Corvo (hier gibt es keine Autovermietung) im Kapitel „Unterwegs mit Bus oder Mietwagen". **Fahrzeugpreise**: Mietwagen sind auf den Azoren im Vergleich zu vielen anderen europäischen Urlaubszielen teuer, v. a. in der Hochsaison. Grundsätzlich spart man eine Menge Geld, wenn man über Meta-Suchmaschinen wie www.billigermietwagen.de den Preisvergleich startet und dann auf renommierte Vermittler wie *Sunny Cars* (www.sunnycars .de) zurückgreift. So bekommt man Fahrzeuge bei einer Mietdauer ab drei Tagen in der Nebensaison oft schon für 25–35 € pro Tag, in der Hochsaison ab ca. 40–50 €, und das inkl. Vollkasko, unbegrenzter Kilometer und Übernahme des Fahrzeugs am Flughafen. Bei längerer Mietdauer fallen i. d. R. die Preise. Leiht man aber nur für einen Tag ein Fahrzeug, kann das in der HS sehr teuer werden, in der billigsten Kategorie werden dann oft 80 € und mehr verlangt.

Bucht man hingegen direkt bei den lokalen Vermietungen vor Ort, sind die Preise in der Hochsaison teils exorbitant hoch. Ein Fahrzeug der billigsten Kategorie kostet dann inkl. Vollkasko, unbegrenzten Kilometern und Flughafenzuschlag schnell über 100 €, zumal die billigste Kategorie dann oft auch nicht mehr verfügbar ist. Die größten Autovermietungen der Inseln (und zugleich oft die örtlichen Vertretungen von Avis, Sixt & Co) sind **Ilha Verde** (www.ilhaverde.com) und **Autatlantis** (www.autatlantis.com).

Begutachten Sie das Fahrzeug bei der Übergabe und lassen Sie, falls vorhanden, Schäden oder Kratzer vermerken! Und falls Sie nicht mit abgefahrenen Reifen unterwegs sein wollen (fast Standard), achten Sie auch auf den Reifenzustand bei der Übergabe. Kindersitze kosten ca. 5 € extra pro Tag.

Scooter (Motorroller) haben nicht alle Verleiher im Programm, mit einem Mietpreis von 25–30 € muss man für einen Tag rechnen. Da Scooter meist nur über einen kleinen Tank verfügen, ist es auf den dünn besiedelten Inseln ratsam, sich vom Verleiher die Tankstellen in eine Karte einzeichnen zu lassen. Wer die Inseln per **Leihrad** erkunden möchte → S. 516.

Kleingedrucktes Achten Sie auf den vertraglich festgelegten **Versicherungsschutz**, insbesondere auf den Eigenanteil im Schadensfall. Um den gegnerischen Schaden – sollte er allzu hoch sein – bei Selbstverschulden des Unfalls abzudecken, ist gegebenenfalls eine sog. „Mallorca Police" angeraten.

Mit oder ohne Kilometerabrechnung Bei einer Buchung bei einem lokalen Anbieter auf den Azoren besteht oft die Möglichkeit, Fahrzeuge mit Kilometerabrechnung zu buchen. In diesem Fall ist die Grundmiete selbst in der HS niedrig (oft nur 20–25 €/Tag in der billigsten Kategorie ohne Vollkasko), hinzu kommen aber 0,20–0,25 € für jeden gefahrenen Kilometer. Bedenken Sie hierbei, dass man selbst auf kleineren Inseln am Tag spie-

lend 100 und mehr Kilometer zusammenfährt. Verliebt man sich aber in die Terrasse seines Apartments und bleibt länger an einem Ort, dann kann die Variante mit Kilometerabrechnung die günstigere sein.

Verkehrsvorschriften Werden vielerorts nur selten beachtet. Die **Höchstgeschwindigkeit** beträgt innerorts 50 km/h, außerorts 80 km/h, auf den Schnellstraßen, sofern nicht anders ausgeschildert, 90 km/h. Alkoholkontrollen gibt es mittlerweile auch auf den kleineren Inseln. Die **Promillegrenze** liegt bei 0,5, für Fahranfänger bei 0,2. Das Fahren mit 0,5–0,8 Promille schlägt mit 250–1250 € zu Buche, mit 0,8–1,2 Promille mit 500–2500 €, mit über 1,2 Promille wird es als Straftat geahndet. Sofern der **Kreisverkehr** mehrere Spuren hat, verpflichtet sich der, der die rechte Spur wählt, den Kreisverkehr bei der nächsten Möglichkeit zu verlassen.

Inselhopping Nicht alle Verleiher erlauben die Mitnahme von Fahrzeugen auf andere Inseln. Falls Sie dies vorhaben, klären Sie dies im Vorfeld ab. Zwei Preisbeispiele: Die Mitnahme eines Autos von Faial nach Pico kostet 37 € hin und zurück, von São Miguel nach Pico 165 € hin und zurück.

Parken/Sicherheit Viele Azoreaner schließen ihre Autos nicht ab. Dennoch: Verführen Sie niemanden zum Diebstahl, eine solche Nachlässigkeit kann auch verhängnisvoll sein. Lassen Sie, wenn Sie zu einer Wanderung aufbrechen oder an den Strand gehen, keine Wertsachen offen im Auto liegen.

Taxi

Taxis findet man auf allen Inseln in allen größeren Orten – Ausnahme wie immer Corvo. Farbe, Fabrikate und Bezeichnung wie in Deutschland, nur die Preise liegen darunter. Mit dem Taxi können auch **Inseltouren** unternommen werden, bei längeren Strecken ist der Preis Verhandlungssache.

Offizielle Tarife 2018 auf São Miguel: Starttarif 3,20 €; pro Kilometer zusätzliche 0,88 €; eine 10 km lange Fahrt kostet also etwa 12 €. So, feiertags und nachts 20 % Aufschlag. Bei telefonischer Bestellung ist nicht selten auch die Anfahrt zu bezahlen. Rundfahrten werden mit rund 17 €/Std. abgerechnet. Üblich ist ein Trinkgeld von 5 %.

Trampen

Noch bis Anfang der 1990er-Jahre gab es – heute kaum mehr zu glauben – nur wenige private Pkws auf den Inseln, und das öffentliche Transportsystem per Bus war – wie vielerorts heute noch – unzureichend. Damals nahm der Laster, der von Milchsammelstelle zu Milchsammelstelle ratterte, nicht nur die Kannen vom Straßenrand mit. Es gab eine Art stumme Vereinbarung mit dem Fahrer – wer am Straßenrand winkte, konnte aufspringen. Heute ist diese Praxis nicht mehr gängig. Aber auf den weniger erschlossenen Inseln wie São Jorge oder Flores wird man meist immer noch sofort mitgenommen. Verkehren jedoch regelmäßig Busse wie auf São Miguel, fühlt sich nur selten jemand für Sie verantwortlich.

Wandern

Wege einst und heute: Einst waren alle Inseln von einem dichten Netz an Saumpfaden überzogen. Die Pfade waren vielfach mit unbehauenen Steinen befestigt, damit die barfüßigen Bauern mit ihren Lasttieren nicht im Schlamm versanken. Als in der zweiten Hälfte des 20. Jh. immer mehr Feldwege angelegt wurden, auf denen die Bauern nunmehr mit ihren Pick-ups von Dorf zu Dorf und zu den Weiden gelangen konnten, wurden viele Saumpfade aufgegeben und verwilderten. Lediglich die Pfade zu abgeschiedenen Weiden oder Fajãs (→ S. 374) wurden weiterhin genutzt. Im neuen Jahrtausend wurden schließlich die ersten Wanderwege von offizieller Seite mit EU-Fördermitteln erschlossen, wobei man dafür anfangs v. a. Feldwege nutzte. Doch so manch neu markierter Wanderweg wurde kurze Zeit später wiederum mit EU-Fördermitteln asphaltiert und verlor so seinen Reiz. Heute besinnt man sich darauf, die alten Saumpfade wieder freizuschneiden und als Wanderwege zu erschließen.

Keine Sonnengarantie: Wanderwege im Hochland

Naturparks der Azoren

Erst vor wenigen Jahren wurden auf den Azoren Naturparks *(Parques Naturais)* ausgewiesen und damit auch Naturparkverwaltungen eingerichtet. Außerdem wurden Besucherzentren *(Centros de Interpretação)* geschaffen, die Vorreiterrolle übernahm dabei Faial. Die Naturparks unterteilen sich in verschiedene Kategorien: Bei den Naturreservaten *(Reserva Natural)* handelt es sich um ökologisch sensible Gebiete, v. a. im Hinblick auf die Biodiversität. Dazu gibt es Naturmonumente (v. a. Höhlen) und diverse Landschafts-, Vogel- und Wasserschutzgebiete. In den Naturreservaten ist das Verlassen der Wege verboten.

Zum Teil bedarf es auch offizieller Genehmigungen, um Naturreservate zu betreten (wo welche erforderlich sind und wo Sie Genehmigungen erhalten, erfahren Sie ebenfalls im Reise- bzw. Wanderteil). Auch erschließen die Naturparkverwaltungen immer neue Naturlehrpfade.

Wer sich die App **Parques Naturais Açores** auf sein Smartphone lädt, bekommt neben Informationen zu Flora und Fauna auch Infos zu den Sehenswürdigkeiten und Wanderwegen der Inseln (allerdings nur auf Englisch und Portugiesisch). Infos auch auf http://parquesnaturais.azores.gov.pt.

Markierte Wanderwege

Zum Zeitpunkt der Recherche 2018 existierten rund 80 markierte Wanderwege, neue waren bereits in Planung. Die schönsten sind im Buch beschrieben, auf weniger reizvolle wird z. T. verwiesen. Der Haken vieler offizieller Wanderwege: Ausgangs- und Endpunkte sind nicht immer identisch und oft nicht mit öffentlichen Verkehrsmitteln erreichbar. Teils führen die Wege von einem Punkt im Nirgendwo zu einem anderen Punkt im Nirgendwo. Man könnte fast meinen, dass die Taxifahrer an der Routenplanung beteiligt waren, um sich eine goldene Nase mit Shuttle-Diensten zu verdienen ... Wo es machbar war, haben wir versucht, die Wanderwege zu Rundwegen oder zu Touren auszubauen, bei denen man Anschluss an das öffentliche Verkehrs-netz hat. Dafür mussten leider des Öfteren asphaltierte Straßen gewählt werden. Alle offiziellen Wanderwege sind gelb-rot bzw. weiß-rot (Fernwanderwege) markiert.

Hinweis: Die Internetseite **www.trails.visitazores.com** (bzw. **/de** für die deutsche Version) bietet die Möglichkeit, zu allen offiziellen Wanderwegen die jeweiligen GPS-Daten, eine Wanderkarte mit Routenverlauf und die deutschsprachige Wegbeschreibung herunterzuladen und auszudrucken. Bei den schönsten offiziellen Wanderwegen ist das aber gar nicht nötig – diese sind am Ende jedes Inselkapitels in diesem Buch beschrieben, über **www.michael-mueller-verlag.de/gps** gibt's die GPS-Daten dazu. Lediglich die weniger spannenden offiziellen Touren (v. a. kurze, küstennahe Wege oder Dorfspaziergänge auf überwiegend asphaltierten Straßen) werden in diesem Buch nicht ausführlich beschrieben. Diese können aber eine Alternative sein, wenn die Berge wolkenverhangen sind. Daher ist i. d. R. im Reiseteil der Einstieg in diese Wege samt Standort der Wanderinfotafel angegeben.

Wandervorschläge

Die im Buch vorgeschlagenen Wanderungen lassen sich anhand der Wegbeschreibungen und Kartenskizzen einfach nachvollziehen. Die Zeitangaben beziehen sich auf die reine Gehzeit (ohne Pausen). Grundsätzlich gilt dennoch: Durch Erdrutsche, Rodungen, Sturmschäden o. Ä. kann es passieren, dass der Weg vor Ort nicht mehr mit der Beschreibung übereinstimmt. Gehen Sie in diesem Fall kein Risiko ein. Auch Straßenbaumaßnahmen können schuld daran sein, dass Routenbeschreibungen evtl. nicht mehr aktuell sind: Durch die Anlegung neuer und die Asphaltierung alter Feldwege sowie durch den Bau von Zufahrtsstraßen können plötzlich Weggabelungen auftauchen, die es bei unserer Begehung nicht gab. Andere Probleme stellen verwachsene Pfade dar (nicht alle, die mit der Pflege der markierten Wanderwege betraut sind, nehmen ihren Job ernst) und von Bauern entfernte Wegmarkierungen. Dieses Ärgernis kommt aber fast ausschließlich bei Pfaden vor, die durch Weideland im Hochland führen.

Jahreszeiten Eine angenehme Jahreszeit zum Wandern ist das Frühjahr, auch wenn die Gefahr plötzlicher Wetterumschwünge noch groß ist oder man gelegentlich ein oder zwei Tage warten muss, bis die Wolken das Inselhochland wieder freigeben. Dafür sind die Tage schon relativ lang und die Temperaturen noch nicht so hoch. Wäre der Sommer nicht so schweißtreibend, wäre er am idealsten, zumal dann die Blütenpracht am größten ist. Der Herbst ähnelt klimatisch mehr dem Frühjahr, doch sind die Tage dann deutlich kürzer. Auch im Winter kann man wandern, nur können dann Sturm und Regen zu mehrtägigem Warten führen, insbesondere bei Touren in die Berge.

Cão de Fila de São Miguel

Der Cão de Fila de São Miguel ist der Kuhhund der Inseln, ein unermüdliches Kraftpaket, das auf seine Herde Acht gibt und diese auch mit seinem Leben verteidigt. Die Rasse entspringt spanischen und englischen Molossern und wird auch bei der Polizei und im Wachdienst eingesetzt. Zugleich sind die an Hyänen erinnernden Tiere die Herrscher über jede zweite Pick-up-Ladefläche. Entlang aller offiziellen Wanderwege sind die Bauern angewiesen, die Hunde während der Melkzeiten auf den Weiden anzuketten. Daher ist es prinzipiell ratsam, den offiziellen Wanderwegen Vorrang einzuräumen. So mancher Wanderweg ist deshalb gesperrt, weil sich Bauern nicht an das Anleingebot halten. Wenn Sie Melkstationen mit freilaufenden Hunden passieren müssen, so machen Sie besser – aber ohne Panik – einen großen Bogen um die Hunde! Falls Sie allzu ängstlich sind, können Sie sich einen *Dog Dazer* ins Gepäck stecken, der durch Hochfrequenztöne die Hunde vertreibt. Das Mitführen von Pfefferspray ist in Portugal nur mit einem Waffenschein erlaubt.

Basisausrüstung   Viele Wegstrecken sind steinig, steil oder matschig, z. T. auch äußerst glatt; daher sind gut eingelaufene, knöchelhohe, wasserdichte Wanderstiefel mit festem Profil dringend zu empfehlen. Auch geben Wanderstöcke einen besseren Halt. In sumpfigen und matschigen Gebieten empfiehlt es sich zuweilen, den meist von Moosen überzogenen Grund mit einem Stock abzustochern, um nicht gerade da hinzutreten, wo man bis zur Wade einsackt. Kniestrümpfe oder lange Hosen aus festem Stoff verhindern beim Laufen durch stacheliges Gebüsch böse Kratzer. Nicht vergessen: Sonnenschutzmittel, Sonnenbrille und Kopfbedeckung.

Verpflegung   Ausreichender Wasservorrat ist dringend zu empfehlen. Auf fast allen Wanderungen finden Sie herrliche Picknickmöglichkeiten. Sich unterwegs in den Dörfern mit Proviant einzudecken, ist nicht immer möglich – zumal Sie nur auf wenigen Wanderungen welche passieren.

Sicherheit   Gehen Sie nicht alleine, und wenn doch, informieren Sie eine verantwortungsbewusste Person oder die Rezeption Ihres Hotels über Ihr Vorhaben. Eine Trillerpfeife für Notsignale ist ratsam. Sie brauchen keine Angst vor Schlangen zu haben, es gibt auf den Azoren keine. Hüten Sie sich aber vor den Kuhhunden (→ Kasten, S. 515). Und lassen Sie keine Wertsachen offen im Auto liegen, wenn Sie zu einer Wanderung aufbrechen! Auch wenn die Azoren ein sehr sicheres Reiseland sind – verführen Sie niemanden zum Diebstahl, auch keine anderen Touristen.

Literaturtipp   Falls Sie ausschließlich des Wanderns wegen auf die Inseln fahren und daher noch mehr Wandervorschläge (v. a. für Ganztageswanderungen) wünschen, so ist der *Rother-Wanderführer Azoren* von Roman Martin (5. Auflage 2017) eine Empfehlung. Falls Sie mit Kindern unterwegs sind, finden Sie im *Azoren-Wanderführer aus dem Conrad Stein Verlag* (1. Auflage 2017) gute Tipps.

Radeln, Mountain- und Downhillbiking

Zum Radeln eignen sich am besten die Inseln Santa Maria, São Miguel, Graciosa, Pico, São Jorge, Faial und Flores – dort existiert ein gutes Straßennetz, das abwechslungsreiche Touren mit verhältnismäßig wenig Verkehr ermöglicht. Wegen der vielen Steigungen ist für alle Inseln (ausgenommen Graciosa und Santa Maria) eine sehr gute Kondition Voraussetzung. Auf Santa Maria, São Miguel, Terceira und Pico gibt es

Mit dem Rad über die Inseln

auch Radwanderwege (überwiegend jedoch auf Straßen), auf Santa Maria und São Miguel zudem ausgewiesene Strecken für Downhill- und Enduro-Bikes. Infos zu allen Routen inkl. GPS-Daten, Höhenprofil und Streckenbeschreibung auf www.biking.visitazores.com (bislang nur auf Englisch und Portugiesisch). Wer die Inseln ausschließlich per Rad erkunden will, sollte sein Bike von zu Hause mitbringen. Dabei gilt die Grundregel: Ein gutes älteres Rad ist besser als ein gutes neues, für das ggf. Ersatzteile nur schwer erhältlich sind. Leihräder sind auf fast allen Inseln erhältlich. Die Verleiher sind im Reiseteil aufgeführt, Top-Räder gibt es bislang aber lediglich auf São Miguel (→ Ponta Delgada). Für Touren jeglicher Art sollte stets wind- und regendichte Kleidung im Gepäck sein.

Fahrradtransport   Mit dem Flugzeug bei der Anreise oder bei Flügen zwischen den Inseln → S. 506. Auf den **Fährschiffen** kostet die Fahrradmitnahme 5 €.

Auf Pico kann man sich in hübschen alten Adegas einmieten

Übernachten

Die meisten Unterkünfte befinden sich in den Hauptorten der Inseln, die schönsten in Land- und Herrenhäusern drum herum. Überaus preiswert übernachtet man auf den teils traumhaften Campingplätzen.

Eine größere Auswahl an Betten für jeden Geschmack und Geldbeutel bieten São Miguel, Terceira, Faial und Pico. Auf den touristisch weniger erschlossenen Inseln ist zwar auch für fast jeden Geschmack etwas dabei, nur kann von großer Auswahl dort kaum die Rede sein. Meist idyllischer als in Hotels oder Pensionen übernachtet man in Unterkünften der Kategorie **Turismo no Espaço Rural** („Tourismus im ländlichen Raum", s. u.). Zum einen befinden sich diese meist in herrlicher Natur abseits der Inselhauptorte, zum anderen sind sie in Privatbesitz – man ist hier also mehr um das Wohl seiner Gäste bemüht als in unpersönlichen Stadthotels. Der Haken: Für das Gros dieser Unterkünfte bedarf es eines

Mietfahrzeuges und einer Reservierung im Voraus, nur wenige dieser Häuser lassen sich bei einer Rundreise unmittelbar vor Ort buchen. Sehr zu empfehlen sind zudem die mittlerweile auch zahlreich vorhandenen Privatunterkünfte (Zimmer, Bungalows, selbst komplette Ferienhäuser), die vielfach von Ausländern betrieben werden und nicht auf einen Fernseher im Schlafzimmer Wert legen, sondern auf die Terrasse mit Meeresblick.

Wichtig Wer als Individualtourist unterwegs ist und Stress bei der Zimmersuche vermeiden möchte, sollte für die Monate Juli und August möglichst länger im Voraus reservieren.

Preisangaben Als Preis wurde die Walk-in-rate angesetzt, nicht der Sondertarif, den man vielleicht über eine Hotelbuchungsseite im Internet oder über einen Reiseveranstalter bekommt. Die Preisangaben beziehen sich auf die Hochsaison (HS). In der Nebensaison (NS) bezahlt man im Schnitt 30–70 % weniger, wobei gilt: Die größten Preisnachlässe räumen die teureren Hotels ein, die geringsten die preiswerten Pensionen. Ein Zusatzbett kostet rund

30 % des Zimmerpreises. Bei Apartments oder Ferienhäusern kommt häufig eine Endreinigungsgebühr von 20–50 € hinzu.

Sauberkeit Schmutzige Zimmer sind die absolute Ausnahme. Vor allem im Winter und Frühjahr sind viele Zimmer und ganz besonders viele Ferienhäuser jedoch etwas muffig – das ist der hohen Luftfeuchtigkeit und mangelnder Lüftung geschuldet.

Hotels und Pensionen

Die meisten Hotels und Pensionen sind ganzjährig geöffnet. Es dominieren Drei- und Vier-Sterne-Hotels, wobei sich die Zahl der Sterne in erster Linie an Ausstattungskriterien wie Aufzug, Klimaanlage, Fitnessraum usw. orientiert. Die architektonische Gestaltung oder die Lage der Gebäude wird nur bei Häusern erfasst, die sich „Estalagem" oder „Pousada" nennen. Egal wie viele Sterne, ein kontinentales Frühstück ist meist im Preis enthalten (begeistert aber selbst in den teuersten Häusern nur selten). In Pensionen dagegen wird für das kleine Frühstück oft ein Aufpreis verlangt. Pensionen, die nicht von der Tourismusbehörde, sondern von der jeweiligen Stadtverwaltung überwacht werden, nennen sich **Casa de Hóspedes**. Diese können ganz unterschiedlich daherkommen – als einfache Arbeiterunterkunft genauso wie als stilvolles B & B in einem Landhaus.

Bei einer Reservierung über ein Buchungsportal wie www.booking.com liegen die Preise für Zimmer in großen Stadthotels meist weit unter der Walkin-rate. Bei vielen kleineren Hotels und Pensionen ist das jedoch anders – hier bekommt man nicht selten bei einer Direktbuchung ein besseres Angebot.

Turismo no Espaço Rural (TER)

Die Kategorie „Tourismus im ländlichen Raum" fasst charmante Unterkünfte zusammen, die ganz unterschiedlicher Art sein können: *Turismo de Habitação (TH)* sind Herbergen in feudalen Herrenhäusern, sog. *Quintas*. Rustikaler, aber noch immer sehr komfortabel, wohnt man in Unterkünften mit der Plakette *Turismo Rural (TR)* oder *Agro-Turismo (AG)*. Meist sind oder waren die Häuser Weingütern oder Bauernhöfen angeschlossen. Die Kategorie *Turismo de Aldeia (TA)* umfasst Anlagen, bei denen einzelne aufgegebene Weiler oder ganze Häuserkomplexe touristisch aufgewertet wurden. *Casas de Campo (CC)* schließlich sind meist kleine, schmucke Häuschen, oft einstige Weinkeller, die liebevoll restauriert wurden und sich harmonisch in die Landschaft einfügen. Solche Häuser bieten oft nur Platz für zwei oder drei Personen. Das Preis-Leistungs-Verhältnis der TER-Unterkünfte ist meist sehr gut. Leider sind nicht alle offiziell geführten Unterkünfte in dieser Kategorie auch für Touristen gedacht und damit buchbar. Mit EU-Hilfen, die zum Ziel haben, den Tourismus auf den Inseln zu fördern, ließ so mancher korrupte Kopf seine Quinta restaurieren. Die Gästezimmer gibt es zwar nun, ein Interesse zu vermieten besteht aber nicht.

Buchen können Sie TER-Unterkünfte über so manche Azorenspezialisten (→ Reiseveranstalter, S. 506). Aber auch auf den Webseiten www.casasacorianas.com, www.toprural.pt, www.traum-ferienwohnungen.de, www.ownersdirect.co.uk, www.booking.com oder www.airbnb.com sind diverse Häuser zu finden.

Quartos Particulares (Privatzimmer)

Eine Liste mit Privatzimmeranbietern halten die örtlichen Touristeninformationen bereit. Es gibt aber weit mehr Privatzimmer, als die Turismo-Büros bekannt geben. Aus steuerlichen und rechtlichen Gründen vermieten einige Azoreaner ihre Zimmer nur unter der Hand. Die Adressen erfahren Sie vor Ort von Taxifahrern, in den Bars und Cafés und natürlich über www.airbnb.de.

Pousadas de Juventude (Jugend- herbergen) und Hostels

Auf den Azoren gibt es bislang sechs Jugendherbergen (weitere sollen fol- gen): zwei auf São Miguel, eine auf Terceira, eine auf Santa Maria, eine auf São Jorge und eine auf Pico. Die schönsten sind im Buch aufgeführt, diese eignen sich auch für ältere Semester, da die meisten Jugendherber- gen auch über Privatzimmer mit eige- nem Bad verfügen. Ein internationaler Jugendherbergsausweis ist nicht von- nöten, eine Reservierung jedoch drin- gend anzuraten, für Juli und August zwingend (www.pousadasjuvacores. com). Seit *Ryanair* die Inseln anfliegt, entstehen auch mehr und mehr Hos- tels, darunter wahre Perlen, insbeson- dere in Ponta Delgada (São Miguel) und Angra do Heroísmo (Terceira).

Campismo (Camping)

Parques de campismo findet man auf allen Inseln. Teils handelt es sich um eine Wiese mit einfachen sanitären Einrichtungen, teils um ausgesprochen idyllisch gelegene und sehr gepflegte Plätze mit Kochgelegenheit. Grundsätz- lich gilt aber: Ein eigener fahrbarer Un- tersatz ist vonnöten oder von großem Vorteil. Das Zelten kostet meist nur ein paar Euros oder gar nichts. Zum Teil sind die Plätze umzäunt (Öffnungszei- ten im Reiseteil), z. T. frei zugänglich. Letztere kann man das ganze Jahr über aufsuchen, jedoch sind die Sanitäranla- gen außerhalb der Saison (Mitte Sept. bis Mitte Juni) oft verschlossen. Den Schlüssel dafür bekommt man meist im nächsten Rathaus. Auch auf Cam- pingplätzen wird es im Juli und August rappelvoll und laut, davor und danach sind Sie zuweilen der einzige Gast. Wo Campinggas verkauft wird, erfahren Sie unter dem Stichwort „Einkaufen" im Reiseteil. Es werden vorrangig Steckkartuschen verkauft, nur selten Ventilkartuschen.

Horta: Zimmer mit Aussicht ▲

Wohnen mit Stil: Gästehaus O Zimbreiro auf Pico ▼

Kaffee und Törtchen: Frühstück im Dorfcafé

Essen und Trinken

Die größte Restaurantvielfalt bieten São Miguel, Terceira und Faial, mau sieht es hingegen auf den kleinen Inseln aus. Doch keine Sorge – vom Fleisch fällt auch dort niemand. Insgesamt gäbe es überall mehr gute Restaurants, wäre es für Gastronomen nicht so schwer, einen guten Koch zu finden.

Das Gros der **Restaurants** ist nüchtern eingerichtet oder eher rustikal angehaucht, in Schale werfen braucht man sich so gut wie nirgendwo. Serviert wird fast überall nur von 12 bis 15 Uhr und abends ab 19 Uhr (gegen 22 Uhr schließen die meisten Küchen). Neben den gewöhnlichen Restaurants gibt es noch sog. **Marisqueiras**, Restaurants, die sich auf Meeresfrüchte spezialisiert haben, und **Churrasqueiras**, die den Fokus auf Gegrilltes legen. Beliebt sind zudem **Selbstbedienungslokale**, wo man sich für einen festen Betrag (meist um die 10 €) an einem Büfett bedienen darf oder nach Gewicht bezahlt. Diese Lokale sind meist nur mittags geöffnet

– kommen Sie früh, falls Sie nicht die Reste essen wollen. **Bioprodukte** finden bislang übrigens nur in den wenigsten Restaurants Verwendung.

In der **Cervejaria** wird – wie der Name schon sagt – vorwiegend Bier getrunken. Das Speisenangebot dort ist nicht selten auf die Tageskarte mit *Bifes* (Steaks) oder *Omeletas* (Omeletts) beschränkt, zuweilen findet man aber auch *Mariscos* (Meerestiere) angeschrieben. **Casas de pasto** sind ebenfalls einfache Lokale, gelegentlich an eine Bar oder einen Laden angegliedert. Auf den Tisch kommt deftige Hausmannskost. Hier isst man, um satt zu werden, und nicht, um die Geliebte auszuführen. Die Speisen (manchmal gibt es gar keine Karte; gegessen wird, was auf den Tisch kommt) sind preiswert, dazu kann man den offenen, günstigen *Vinho de Cheiro* bestellen.

Mittags bieten auch viele **Cafés** ein paar günstige Tagesgerichte – die Tische sind dann mit Büroangestellten und Arbeitern belegt. Die Cafés sind, da sich die Azoreaner äußerst ungern zu Hause verabreden, beliebte Treffpunkte, hier wird geschwatzt, studiert, aber auch Geschäftliches besprochen. Kaffee ist preiswert, einen Espresso *(Café)* bekommt man ab ca. 0,60 €. Cafés und **Pastelarias** (Café-Konditoreien) sind gleichzeitig gute Frühstücksadressen. Frühstück heißt übrigens **Pequeno Almoço**. Recht preiswert sind i. d. R. auch die vielen **Snackbars**. Über den Tresen gehen belegte Brötchen *(Sandes)*, meist auch *Pregos* (würzige Rindfleischlappen im Brötchen), *Bifanas* (das Pendant aus Schweinefleisch), Schinken-Käse-Toasts *(Tosta mista)*, *Empanadas* (gefüllte Pasteten) oder *Rissóis* (frittierte Kabeljau- oder Krabbenbällchen). Mittags werden oft ein oder zwei Tagesgerichte angeboten.

Zudem bieten alle Inseln die Möglichkeit, sich an ausgesprochen idyllischen Orten selber etwas zu zaubern. Ein mariniertes Steak oder Fischfilet auf dem Grill eines traumhaften Picknickplatzes zubereitet, dazu ein Stück Inselkäse und eine Flasche Rotwein – und das Azorenerlebnis ist perfekt.

Preise Speise- bzw. Getränkekarten müssen sichtbar ausgehängt sein – diese Regelung wird außerhalb der größeren Orte nicht immer eingehalten. *Serviço* (Bedienung) und *Imposto sobre o Valor Acrescentado/IVA* (Mehrwertsteuer) müssen in allen Preisen enthalten sein. Fisch und Meeresfrüchte werden oft nach Gewicht berechnet. Die Preise in den Lokalen und Restaurants unterscheiden sich von Insel zu Insel extrem. Ein Mittagsmenü mit Couvert oder Suppe, Hauptgericht, Getränk und Kaffee bekommt man auf Graciosa für 5 €, auf Pico oder São Miguel kann das Doppelte oder noch mehr fällig werden. In gediegeneren Restaurants kosten Hauptgerichte (Hg.) 15–20 €. Wo nicht überwiegend Touristen verkehren, reichen die Portionen meist für zwei Esser.

Rechnung Um die Rechnung bittet man mit „A conta, por favor" oder noch höflicher mit „A conta, se faça favor". Sie wird auf einem Teller gereicht, auf den man auch sein Geld legt. Ist der Kellner mit dem Wechselgeld zurückgekommen, lässt man schließlich auch das Trinkgeld auf dem Teller. In Cafés oder Bars, wo man an den Tresen bedient wird, gibt man kein Trinkgeld. Fühlt man sich betrogen, sollte man reklamieren und notfalls das Reklamationsbuch *(livro de reclamações)* verlangen, das jedes Restaurant führen muss – allein die Frage kann schon Wunder wirken.

Mahlzeiten im Lokal

Mittagessen **(Almoço)** und Abendessen **(Jantar)** sind gleichermaßen Hauptmahlzeiten, die sich im Angebot nicht unterscheiden. Man isst warm, mittags in einfacheren Lokalen oder Cafés, abends dagegen zu Hause oder in besseren Restaurants. Bietet das Lokal mittags kein Büfett, wählt man am besten Speisen von der **Tageskarte** *(Pratos do Dia oder Sugestões do Chefe)*. Das geht am schnellsten, wobei meist ein Fisch- und ein Fleischhauptgericht zur Wahl stehen. Viele Lokale bieten Tagesgerichte aber nur werktags an. Grundsätzlich sind die Portionen sehr reichlich bemessen, v. a. auf der Abendkarte. Viele Restaurants haben nichts dagegen, wenn man sich zu zweit eine Portion mit zwei Tellern bestellt: „Uma dose de … com dois pratos, por favor". Genügsamere Touristen können i. d. R. auch **halbe Portionen** *(Meia Dose)* ordern.

Gänge, Gerichte und Spezialitäten

Das **Couvert (Gedeck)** ist eine charmante Methode, den Gästen ein wenig Geld aus der Tasche zu ziehen. Hierbei werden Brot oder Brötchen mit Butter gereicht, dazu meist *Queijo* (Hartkäse; grandios der von São Jorge, → S. 386) oder *Queijo fresco* (ein ganz weicher Frischkäse) mit scharfer *Piri-Piri-Soße*, einer Delikatesse aus Chilischoten. Manchmal gibt es auch *Azeitonas* (Oliven) oder *Paté de Atum* (Thunfischpastete). Generell gilt, dass nur das bezahlt wird, was gegessen oder probiert wurde. Wer kein Couvert möchte, sollte es am besten gleich abwinken oder abtragen lassen.

Entradas (Vorspeisen) sind auf den Azoren nicht sehr verbreitet. Manchmal kann man *Presunto* (Schinken), *Salada de Polvo* (Tintenfischsalat), *Pastéis de Bacalhau* (Stockfischpasteten) oder diverse Meeresfrüchte (s. u.) bestellen.

Die azoreanischen **Suppen** haben wenig mit klaren Brühen gemeinsam. Sie sind überwiegend sämig und werden i. d. R. mit verschiedenen Gemüsesorten zubereitet. Traditionell ist z. B. die *Caldo verde*, eine sehr schmackhafte Suppe mit fein geschnittenem Kohl. In der *Sopa de Marisco* findet sich allerlei Meeresgetier, in der *Caldo de Peixe* schwimmen Fischstückchen. Die bekannteste Suppe der Azoren ist die *Sopa do Espírito Santo* – die Heilig-Geist-Suppe sucht man auf Speisekarten jedoch vergebens, sie wird nur zu den Heilig-Geist-Festen (→ S. 203) gereicht. *Canja*, die mit Reis und Huhn versetzte Standardsuppe günstiger Tagesmenüs, ist eine weiße Brühe, die manchmal aussieht, als käme sie direkt aus dem Abflussschlauch der Waschmaschine.

> **Unbedingt probieren:** *Cozido*, den in den heißen vulkanischen Quellen von São Miguel gegarten Eintopf (→ Furnas, S. 170). Und *Cataplana*, ebenfalls ein Eintopf, der in einer fest verschlossenen Kupferpfanne *(cataplana)* zubereitet wird. Enthalten kann er alles Mögliche (Fisch, Fleisch, Wurst etc.), stets jedoch einen guten Schuss Weißwein.

Fleisch und Wurst: Bei so viel Rindvieh fehlt Rindfleisch auf keiner Karte. Azoreanisches Rindfleisch *(Carne dos Açores)* ist gar eine geschützte Herkunftsbezeichnung. Leider werden die besten Stücke der Mastbullen überwiegend aufs Festland exportiert, auch Kalbfleisch ist selten zu bekommen. Auf dem Teller landen nicht selten Steaks von „glücklichen", aber oft ziemlich bejahrten Tieren. Und da das Abhängen von Fleisch auf den Azoren keine große Tradition hat, ist es oft recht zäh. Das Standardgericht ist das *Bife* (Rin-

dersteak). Es kommt meist durch und durch und noch mal durchgebraten auf den Tisch. Seine preiswertere Version ist das kleine Steak *Bitoque*. Auch *Costeleta* (Kotelett) und *Entrecosto* (Entrecôte/Zwischenrippenstück) sind weit verbreitet. Wer *Carne assado* bestellt, bekommt einen herzhaften Braten. Eine Spezialität auf den Inseln der Zentralgruppe, insbesondere auf Terceira, ist die *Alcatra*, in einem Tontopf in Zwiebel, Kohl, Speck und Weißwein eingelegtes und geschmortes Rindfleisch. Beliebt ist auch die *Linguiça*, eine grobe geräucherte Schweinswurst, die oft mit Yams serviert wird *(Linguiça com inhames)*. Die hiesige Blutwurst nennt sich *Morcela*. *Frango* (Huhn) ist sehr populär und fehlt selten unter den Tagesgerichten.

Fisch: Am häufigsten stehen *Abrótea* (Brauner Gabeldorsch) und *Atum* (Thunfisch) auf der Speisekarte, bei Letzterem handelt es sich meist um den *Albacora* (Gelbflossen-Thunfisch). Hinzu kommt *Bacalhau* – sowohl die Festlandsportugiesen als auch die Azoreaner lieben den gesalzenen und in der Sonne getrockneten Kabeljau, auch Klipp- oder Stockfisch genannt. In Portugal kennt man um die 300 verschiedene Zubereitungsarten, wobei der Kabeljau manchmal fast unkenntlich auf den Tisch kommt: in Öl gebraten, mit Teig überbacken, zerrieben und zu frittierten Bällchen geformt usw. Nur sei gesagt: Der portugiesische Nationalfisch ist in den Gewässern vor der portugiesischen Festlandsküste und rund um die Azoren kaum mehr heimisch. Das, was man auf den Teller bekommt, ist i. d. R. Kabeljau aus dem Nordatlantik, vornehmlich aus Norwegen. Einige wenige nachhaltig denkende Gastronomen auf den Azoren servieren deshalb auch keinen Bacalhau mehr.

Zudem kommen auf den Teller: *Sardinhas* (Sardinen, billig; können mit Haut und Schuppen verzehrt werden),

Chícharros (auch: *Carapau*; Stöcker oder Bastardmakrele, ebenfalls so groß wie Sardinen), *Moreia* (Muräne, preiswert, sehr fettig), *Espadarte* (Schwertfisch), *Mero* (Brauner Zackenbarsch), *Cherne* (Wrackbarsch), *Peixe-espada* (Degenfisch), *Dourada* (Dorade, Goldmakrele), *Pargo* (Sackbrasse), *Besugo* (Meerbrasse), *Cântaro* (Rotbarsch), *Cavala* (Spanische Makrele), *Congro* (Meeraal), *Garoupa* (Zackenbarsch), *Peixão* (Achselfleckbrasse), *Pescada* (Wittling), *Ruivo* (Knurrhahn), *Tambor* (Drückerfisch) und *Tamboril* (Seeteufel). Für noch mehr Fische → Sprachkapitel. Die beste Zubereitungsart ist *na brasa*, über Holzkohle gegrillt, leider selten zu bekommen. Oft dagegen gibt es eine *Caldeira de peixe*, einen schmackhaften Fischeintopf.

Größter Vertreter unter den Tintenfischen ist der *Polvo*, eine achtfüßige Krake mit großen Saugnäpfen – nicht nur als Salat ein Genuss. Vor allem auf São Miguel und Pico bekommt man den Polvo oft in *Vinho de cheiro* (s. u.) geschmort – köstlich, greifen Sie zu, wenn Sie *Polvo guisado em vinho de cheiro* auf der Karte sehen. Die *Lulas* (Kalamares) haben einen weißen, kapuzenförmigen Körper und sind – egal ob gegrillt oder gebraten – nicht mit unseren frittierten Tintenfischringen zu vergleichen. Auf den Azoren weniger verbreitet sind die *Chocos* (Sepia) mit etwas fettigerem Fleisch, die oft zusammen mit ihrer Tinte serviert werden.

Obwohl Sie sich mitten im Atlantik befinden, ist es leider nicht immer so einfach, frischen Fisch in den Restaurants zu bekommen, insbesondere auf den kleineren Inseln. Fragen Sie stets nach, was es an frischem Fisch gibt, nur wenige Lokale haben einsehbare Fischvitrinen. Wer einfach so von der Karte bestellt, bekommt meist Fisch aus der Tiefkühltruhe, v. a. in den Restaurants auf den kleineren Inseln.

Meeresfrüchte (Mariscos) sind, verglichen mit den Preisen daheim, preis-

wert. Und in puncto Meeresfrüchte sind die Azoren gar ein kleines kulinarisches Paradies, zumal die Ware frisch ist. In guten Restaurants bekommen Sie *Lagostas* (Langusten), *Lavagante* (Hummer) und die meist ein bis zwei Pfund schweren *Sapateiras* (Riesentaschenkrebse) mit ihren großen Zangen. *Santolas* (Seespinnen) werden meist von Tauchern erjagt.

Eine weitere Delikatesse sind *Lapas* (biologisch korrekt „Gemeine Napf-

Finger weg vom Hai!

Jedes Jahr werden aus den Gewässern rund um die Azoren von spanischen und portugiesischen Fischtrawlern 2800 t Hai gefangen und nach Peniche (Portugal) und Vigo (Spanien) zur Weiterverarbeitung für den asiatischen Markt gebracht. Und das, obwohl weltweit bereits rund 70 Haiarten vom Aussterben bedroht sind – Arten, die für die Aufrechterhaltung des natürlichen Gleichgewichts der Unterwasserfauna von größter Bedeutung sind. Haie sind zudem für den Verzehr auch gar nicht mehr geeignet. Da sie am Ende der Nahrungskette stehen, kulminiert die durch die Meeresverschmutzung verursachte Schadstoffbelastung der Beutetiere in ihren Körpern. Durch das als Folge in ihren Körpern eingelagerte hochtoxische Methylquecksilber ist Haifischfleisch überaus gesundheitsschädlich.

schnecken"), deren orangefarbenes Fleisch nicht nur optisch, sondern auch geschmacklich an das von Muscheln erinnert (→ Foto S. 523). Da sie immer seltener werden, ist in manchen Jahren an manchen Orten das Sammeln verboten. Die Lapas gibt es in verschiedenen Varianten – vom Grill, mit Knoblauchbutter übergossen (schlicht der Wahnsinn) oder als Reisgericht *(Arroz de lapas)*. Ebenfalls empfehlenswert sind die *Amêijoãs* (Herzmuscheln), eine Spezialität von São Jorge. Nicht jedermanns Sache sind *Cracas* (Seepocken), die von ferne wie verschimmelter Brokkoli aussehen. Das Fleisch holt man sich mit einem Haken aus den Löchern der steinartigen Skelette. Anschließend wird das Meerwasser, in dem die Cracas gekocht wurden, mit einem Strohhalm aus den Löchern gesaugt. Ebenfalls eine Delikatesse, aber nur selten zu bekommen, sind *Canilhas* (Stachelschnecken bzw. Herkuleskeulen).

Beilagen: Zu den Hauptgerichten werden meist *Arroz* (Reis), *Batatas cozidas* (gekochte Kartoffeln) oder *Batatas fritas* (Pommes frites) gereicht – nicht selten miteinander. *Salada mista* (gemischter Salat) gibt es fast überall auf Bestellung. *Legumes* (Gemüse) findet man leider fast nur in der Suppe oder als gekochte Langweiler am Tellerrand. Wer die Möglichkeit hat, sollte auf den Azoren *Inhame* (Yams) probieren, eine der Kartoffel ähnliche, sehr sättigende Beilage. Yams muss einen ganzen Tag in Salzwasser kochen, bevor er genießbar ist. Beilagen werden auf den Speisekarten meist nicht aufgeführt. Wer sich nicht sicher ist, was es zum gewünschten Hauptgericht gibt, sollte ruhig nachfragen.

Sobremesas (Nachspeisen): Köstlichste Desserts stehen zur Wahl. Unbedingt probieren sollte man *Arroz doce*, süßen Milchreis mit Zimt. Empfehlenswert sind auch *Mousse de Chocolate*, *Pudim flam* (Vanillepudding mit Karamellsoße), *Maçãs assadas* (Bratäpfel), *Pudim de Ovo* (Eierpudding) oder *Leite creme* (Milchcreme).

Getränke

Wein: Der Azorenwein schlechthin ist der *Vinho de Cheiro*, ein mehr als fruchtiger Rotwein mit relativ geringem Alkohol-, jedoch hohem Alkaloidgehalt, weswegen er auch nicht in die EU exportiert werden darf. Sie werden ihn lieben oder hassen. Als azoreanische Tischweine werden in fast allen Restaurants zudem der weiße, fruchtigfrische *Terras de Lava* und der rubinrote, leicht nach Waldbeere schmeckende *Basalto* angeboten. Zu den besten Weißweinen der Inseln gehört der weiße *Frei Gigante Superior*. Mancherorts können Sie auch einen lokalen *Abafado* kosten, dessen Geschmack an Portwein erinnert. Gourmets jedoch wählen im Lokal meist erlesene Weine vom Festland.

Alles zum Weinanbau auf den Azoren → Kasten „Der Wein der Lava", S. 339

> **Tipp**: Falls Sie Wein von den Azoren vorab probieren oder nach der Reise nochmals genießen möchten, können Sie entsprechende Tropfen über www.compiri.de bestellen.

Gütesiegel   Ob Denominação de origem Protegida (DOP), Denominação de Origem Controlada (DOC) oder Vinho de Qualidade Produzido em Região Determinada (VQPRD) – alle Gütesiegel bezeichnen Qualitätswein aus einer bestimmten Region. Die Appellation für Landwein ist IGP. Azoreanischer Wein, der keines dieser Gütesiegel trägt, wird oft mit Reben vom Festland verschnitten.

Wein vom Festland   Guter Weiß- und Rotwein kommt aus den bekannten Weinanbaugebieten Bairrada, Dão, Douro sowie Setúbal. Die aus Spanien bekannte Tempranillo-Rebsorte wird in Portugal übrigens als Aragonês bezeichnet. Ein prickelnd-perliges Erlebnis ist der *Vinho Verde*, der „Grüne Wein", der ausschließlich aus der Region des Vinho Verde im nordportugiesischen Minho stammen darf. Dieser Wein wird noch vor der vollen Reife geerntet und bekommt so einen besonders leichten und erfrischenden Geschmack.

Bier: Das populärste Getränk der Inseln. Nahezu überall bekommt man die vom Festland importierten Marken *Sagres* und *Super Bock*. Letzteres schmeckt durch den Zusatz von Zucker etwas süßer. Bier von den Azoren gibt es bislang nur auf São Miguel, hier braut die *Fábrica De Cervejas E Refrigerantes*

João Melo Abreu das süffige *Especial* (hell). Zudem füllt die Mikrobrauerei *Korisca* leckeres *Craft Beer* ab, allerdings haben es nur wenige Bars und Restaurants im Ausschank.

Ein kleines Bier vom Fass (*Cerveja de Pressão* oder *Cerveja de Barril*) nennt sich *Fino* (0,2 l), ein großes (0,4–0,5 l) *Caneca*. Eine *Girafa* (0,75 l) wird nur in wenigen Bars ausgeschenkt. Das kleine Bier kostet je nach Lokal 0,80–1,50 €.

Zum Bier werden vielerorts *Tremoços* gereicht, in Salzwasser und Knoblauch eingelegte Lupinensamen, die wie gelbe Bohnen aussehen – sehr lecker. Die Schale wird nicht mitgegessen!

Schnäpse: Wo Wein angebaut wird, wird natürlich auch Schnaps gebrannt. Am bekanntesten ist der *Aguardente*, ein farbloser Weinbrand, meist aus der zweiten Pressung der Weintrauben. Die auf São Miguel produzierten Liköre aus Maracuja und Ananas sind extrem süß. *Maciera* nennt sich ein beliebter Brandy, den sich die Bauern schon am Morgen gern in ihren Kaffee kippen.

Kaffee: Zubereitet wird der Kaffee (*Café*, in Lissabon *Bica*) wie der Espresso und ähnelt diesem auch geschmacklich. Die Bohnen dazu kommen aus Brasilien. *Galão* ist Milchkaffee und erklärtes Lieblingsgetränk aller Azoreaner am Morgen. Wer einen Cappuccino bevorzugt, bestellt eine *Meia de leite* (ab 0,80 €).

Andere alkoholfreie Getränke: Auf den Azoren sind alle gängigen **Softdrinks** erhältlich, zudem *Kima*, eine süße, auf São Miguel hergestellte Maracujalimo, und *Laranjada*, das Pendant mit Orange. **Tee**, auf São Miguel angebaut, wird überwiegend in den Wintermonaten getrunken. **Wasser** bekommt man fast nur in Plastikflaschen. Das Wasser aus dem Hahn ist im einen Ort von bester Qualität, im anderen wegen der Überdüngung des Bodens stark nitrathaltig. Fragen Sie Ihren Vermieter, ob Sie es trinken können.

Salto do Cavalo auf São Miguel: grandiose Aussichten

Wissenswertes von A bis Z

Azulejos

Die als *Azulejos* bezeichneten Fayence-
fliesen – bunt glasierte Keramikfliesen –
breiteten sich bereits im 14./15. Jh. als
Wandschmuck von Spanien nach Portugal aus. Ursprünglich brachten die
Mauren das Kunsthandwerk auf die
Iberische Halbinsel. Die Bezeichnung
„Azulejo" basiert auf dem arabischen
Wort *alzulij*, was in etwa „kleiner po-
lierter Stein" bedeutet. Auf den Azoren
findet man vorrangig blau-weiße Azulejos, die die Fassaden von Restaurants,
Bürgerhäusern, Postämtern, Kirchen
usw. schmücken. Dabei handelt es sich
z. T. um monumentale Wandbilder, die
aus vielen einzelnen Kacheln zusam-
mengefügt sind und Szenen aus dem
Leben der Jungfrau Maria, die Passion
Christi, aber auch ländliche Motive
oder Impressionen aus der Stadt zeigen. Daneben gibt es die *Azulejos de
motivo solto*: Hier ist jede Kachel ein
Kunstwerk für sich.

Tipp: Auf São Miguel kann man die
Keramikmanufakturen Vieira in La-
goa (→ S. 95) und **Micaelense** in Ribeira
Grande (→ S. 134) besichtigen.

Baden

Traurig, aber wahr: Knapp 700 km Küstenlinie besitzt der Archipel, doch alle
Sandstrände zusammen machen vermutlich keine 5 km aus. Die Größe der
Sandstrände variiert nicht nur entsprechend der Gezeiten – wie beim Wein
gibt es auch hier gute und schlechte
Jahrgänge: Im einen Frühjahr spült das
Meer viel Sand an die Ufer, im anderen
weniger. Und die ersten Stürme im
Oktober lassen den Sand zuweilen
wieder verschwinden, in manchen
Buchten gar für Jahre. Das bedeutet,
dass nicht überall dort, wo in diesem
Buch von einem Sandstrand die Rede
ist, bei Ihrem Besuch auch einer ist.

Badefreunde, die Sandstrände bevor-
zugen, kommen noch am ehesten auf

São Miguel, Santa Maria und Faial auf ihre Kosten. Auf den anderen Inseln dominieren Felsstrände, Kiesbuchten, Naturschwimmbecken und allenfalls kleine Sandbuchten. Die meisten Badegelegenheiten werden Anfang Juni gesäubert, vorher stört der eine oder andere angeschwemmte Müll. Den Sommer über sind an den meisten Stränden Rettungsschwimmer postiert. 34 Strände auf den Azoren waren 2018 übrigens mit der Blauen Flagge ausgezeichnet (www.blueflag.org).

Bringen Sie Badeschuhe zum Schwimmen in den Naturschwimmbecken mit – oft gibt es hier scharfe Steine und Seeigel! Halten Sie vor dem Einstieg ins Wasser nach Quallen Ausschau. Die Portugiesische Galeere (Urin und Essig helfen bei Nesselkontakt) erkennt man leicht, die Schwimmblase ähnelt einer auf dem Wasser treibenden zerknüllten Plastiktüte. Von einem Bad in den meisten Seen der Inseln wird von offizieller Seite abgeraten – sie gelten als überdüngt.

Warnung: Wegen der meist starken Brandung und Strömungen ist das Baden nicht überall ungefährlich. Baden Sie daher nur bei ruhiger See oder in geschützten Naturschwimmbecken. In Letzteren gilt auch bei ruhiger See: Achtung vor überraschend hohen Wellen, die aus dem Nichts auftauchen! Gehisste Flaggen signalisieren: grün = „Baden und Schwimmen okay", gelb = „Schwimmverbot", rot = „Lebensgefährlich, halten Sie sich vom Wasser fern".

Nacktbaden: FKK und Oben-ohne ist offiziell verboten und wird von den Azoreanern auch nicht gern gesehen. Wer trotzdem nicht auf nahtlose Bräune verzichten will, sollte einen einsamen Strandabschnitte aufsuchen – vergewissern Sie sich aber, dass weit und breit keine Menschenseele in Sicht ist.

Thermalbäder: Auf der Insel São Miguel gibt es gleich drei, eines in Furnas (→ S. 162), eines in Caldeiras (S. 139) und eines an der Ponta da Ferraria (→ S. 110). Auf Graciosa gibt es eines in

Durchschnittliche Meerestemperatur in °C

Ostgruppe: São Miguel, Santa Maria

Januar	Februar	März	April	Mai	Juni
16,3	16,1	15,4	15,8	16,4	18,1
Juli	August	September	Oktober	November	Dezember
19,3	21,8	21,3	19,2	18,1	16,4

Zentralgruppe: Faial, Pico, São Jorge, Graciosa, Terceira

Januar	Februar	März	April	Mai	Juni
15,6	15,2	15,2	15,5	16	16,9
Juli	August	September	Oktober	November	Dezember
19,1	20,4	20,3	19,1	17,7	16,4

Westgruppe: Flores, Corvo

Januar	Februar	März	April	Mai	Juni
16,7	16,5	15,4	15,8	16,2	18
Juli	August	September	Oktober	November	Dezember
21	22,6	22,4	19,5	17,4	16,9

Sommer am Strand von Porto Pim (Faial)

Carapacho (→ S. 265). Das Thermalbad von Faial (→ Varadouro, S. 308) ist seit Ewigkeiten außer Betrieb.

Wassertemperaturen: Die Wassertemperaturen erreichen in den Sommermonaten bei den Inseln der Westgruppe höhere Werte als bei den Inseln der Zentral- und Ostgruppe. Am kältesten ist das Meer im Frühjahr. Unerschrockene baden das ganze Jahr über. Weitere Klimadaten im Kapitel „Klima und Reisezeit", S. 474.

Bücher/Literaturtipps

Es gibt nur wenige deutschsprachige Bücher über die Azoren, ausgenommen Reiseführer und natürlich Bildbände. Meist werden die Inseln im Rahmen von Gesamtdarstellungen zu Portugal abgehandelt. Die rasante Entwicklung der Azoren seit der Nelkenrevolution 1974 wird jedoch oft nur unzureichend berücksichtigt. Belletristik mit Azorenbezug verfassten folgende Autoren:

Unser besonderer **Literaturtipp** für Ihre Urlaubslektüre: „Moby Dick" von Herman Melville.

Faridi, Ben: Das Schweigen der Familie. Oktober Verlag, Münster 2009. Corvo-Krimi mit Kochrezepten (!).

Haskamp, Bettina: Azorenhoch. Ullstein, Berlin 2015. Leichte Kost zwischen Glück und Intrigen. Eine reiselustige Trauerrednerin aus Hannover trifft auf einen Traumtänzer, der auf São Miguel ein aufgegebenes Dorf restaurieren will.

Faro, Marlene: Die Vogelkundlerin. Hoffmann und Campe, Hamburg 2001. Trivialliteratur über eine Azorenreise. Gibt es auch als Hörbuch.

Glöckler, Ralph Roger: Corvo. Eine Azoren-Utopie. Elfenbein Verlag, Berlin 2005. Vom gleichen Autor erschienen im gleichen Verlag 2007: *Madre* (eine Erzählung, welche die Lebensgeschichte der Nonne Teresa da Anunciada zum Inhalt hat) und 2016 die Azoren-Saga *Vulkanische Reise.*

Leslie, David Stuart: Das Teufelsboot. Schweizer Druck- und Verlagshaus, Zürich 1958. Der Roman spielt zur Salazar-Zeit auf Terceira. Dreh- und Angelpunkt ist das Fischerboot *Pena de Morte,* auf dem ein Fluch lasten soll.

Petri, Kristian: Die Inseln am Ende des Meeres. Carl Hanser Verlag, München 1999. Impressionen und Gedanken eines Reisenden zu verschiedenen Inseln im Atlantik.

Tabucchi, Antonio: Die Frau von Porto Pim. Verlag Klaus Wagenbach, Berlin 2003. Tabucchi, bekannt durch *Erklärt Pereira*, lebte längere Zeit auf den Azoren. Das Büchlein enthält ein paar Erzählungen, die auf den Inseln spielen.

Viegas, Francisco José: Das grüne Meer der Finsternis. Lübbe Verlag, Bergisch Gladbach 2003. Kriminalroman mit einem Schuss *Saudade* und einem Mord auf São Miguel.

Diplomatische Vertretungen

Die Botschaften Deutschlands (www. lissabon.diplo.de), Österreichs (www. bmeia.gv.at/pt/embaixada-da-austria-em-lisboa) und der Schweiz (www.eda. admin.ch/lisbon) residieren in Lissabon. Deutschland wird zudem durch Honorarkonsul João Luís Cogumbreiro de Melo Garcia auf São Miguel vertreten (Abelheira de Cima 86, Fajã de Baixo, 9500-459 Ponta Delgada, ✆ 91879 2633, ponta-delgada@hk-diplo.de).

Einkaufen

Die Azoren sind alles andere als ein Einkaufsparadies, nur in Ponta Delgada (São Miguel), Angra do Heroísmo (Terceira) und Horta (Faial) lässt sich so etwas wie „Windowshopping light" unternehmen. In den anderen Inselhauptorten sind die Auslagen der Läden bescheiden, das Warensortiment ist wegen der niedrigen Einwohnerzahlen begrenzt.

Lebensmittel Auf São Miguel, Faial und Terceira findet man Hipermercados, die, was die Angebotsvielfalt anbelangt, mit jedem heimischen Großmarkt konkurrieren können. Auch auf den städtischen Märkten dieser Inseln kann man preiswert Lebensmittel erstehen: Fisch, Fleisch, Obst und Gemüse.

Ganz ordentlich bestückte Supermercados bieten Santa Maria, São Jorge und Pico. Etwas bescheidener fällt das Angebot auf Graciosa und Flores aus und sehr bescheiden das auf Corvo.

Abseits der Hauptorte gibt es meist nur das Nötigste zu kaufen: Das entspricht ungefähr dem, was der eigene Garten oder die Haustiere nicht hergeben – und das ist mit Ausnahme von Bier herzlich wenig. Die Minimercados auf dem Lande sind zudem recht teuer.

Doch durch die Dörfer fahren die Ambulantes, fliegende Händler mit hupenden Pick-ups, die Obst und Gemüse, Fisch oder Fleisch zu fairen Preisen verkaufen. In jeder Bar erfahren Sie, wer wann vorbeikommt. Wer länger bleibt, erkennt die Händler am Hupsignal.

Souvenirs In den lokalen Kunsthandwerkszentren werden überwiegend Stick-, Web-, Korb- und Flechtarbeiten angeboten. Ein Souvenir der bedenklichen Art sind gravierte Walzähne und Schnitzarbeiten aus Walknochen (→ Zoll).

Nette Mitbringsel von den Inseln sind Käse, Honig, Wein, Likör, Thunfischdosen, Marmelade und Tee.

Öffnungszeiten → S. 534.

Preise → Geld, S. 531.

Tax Free Schweizer Staatsbürger haben die Möglichkeit, sich ab einem Nettokaufbetrag von über 50 € die Mehrwertsteuer (6–23 %) zurückerstatten zu lassen, mehr dazu auf www.globalblue.com.

Elektrizität

Fast überall auf den Azoren beträgt die elektrische Spannung um die 230 Volt – mal mehr, mal weniger – mit einer Frequenz von 50 Hertz. Weit verbreitet sind Eurosteckdosen ohne Schutzleiter, d. h. ein Föhn oder Rasierapparat funktioniert normalerweise überall.

Feiertage und Festas

Neben den hier aufgelisteten nationalen Feiertagen gibt es viele kommunale Feiertage mit teils festen, teils variablen Daten. Bei größeren *Festas* bleiben die Geschäfte oft noch am Folgetag geschlossen. Die wichtigsten Festas sind einleitend in jedem Inselkapitel aufgeführt.

Januar bis April 1. Januar: Ano Novo (Neujahr)

5.3.2019, 25.2.2020, 16.2.2021: Entrudo (Karnevalsdienstag)

19.4.2019, 10.4.2020, 2.4.2021: Sexta-feira santa (Karfreitag)

21.4.2019, 12.4.2020, 4.4.2021: Páscoa (Ostersonntag)

25. April: Dia da Liberdade – Nationalfeiertag zum Gedenken an die Nelkenrevolution 1974, das Ende der Diktatur.

Mai bis August 1. Mai: Dia do Trabalhador – Tag der Arbeit

9.6.2019, 31.5.2020, 23.5.2021: Espírito Santo (Pfingstsonntag)

Ochsentour: Pfingstumzug auf São Jorge

10.6.2019, 1.6.2020, 24.5.2021: **Pfingstmon-tag** ist zugleich **Dia da Autonomia** (Tag der Autonomie der Azoren).

20.6.2019, 11.6.2020, 3.6.2021: **Corpo Deus** (Fronleichnam). Prozessionen finden am Sonn-tag danach statt.

10. Juni: **Dia de Portugal** – Nationalfeiertag zum Gedenken an den Todestag von Luís de Camões, einem der bedeutendsten Dichter des Landes.

15. August: **Assunção** (Mariä Himmelfahrt)

Oktober bis Dezember 5. Oktober: **Dia da República** – Nationalfeiertag zur Erinnerung an die Ausrufung der Republik 1910.

1. November: **Todos-os-Santos** – Allerheiligen.

1. Dezember: **Dia da Restauração** – Natio-nalfeiertag zur Erinnerung an die Befreiung von der spanischen Fremdherrschaft 1640.

8. Dezember: **Imaculada Conceição** – Mariä Empfängnis

25. Dezember: **Natal** – Weihnachten

Folklore und Musik

Die Vereinsgebäude der Musikvereine sind insbesondere abseits der Insel-hauptorte nicht selten Tanzsaal, Ver-sammlungshaus und Dorfkneipe in einem. Hier pflegt man das kulturelle Erbe – jedes Eiland hat dabei seine Besonderheiten –, hier gibt's aber auch Karaoke und DJ-Nächte. Zu den *Festas* (s. o.) spielen die lokalen Blas-kapellen auf, dann hat man auch Ge-legenheit, die inselspezifischen Tänze, Gesänge und Trachten kennenzu-lernen – Männer kleiden sich meist einfarbig, Frauen bunt. Kostproben liefert regelmäßig auch das azoreani-sche Fernsehen *RTP Açores*.

Der berühmteste Komponist und Dirigent der Azoren, der auch außer-halb Portugals Erfolge feierte, war **Francisco de Lacerda** (geb. 1869 in Ri-beira Seca auf São Jorge, gest. 1934 in Lissabon). Seine musikalische Ausbil-dung genoss er in Lissabon, im zarten Alter von 22 Jahren erhielt er bereits eine Professur für Piano. 1902 ging er als Dirigent nach Paris, wo er sich u. a. mit den spanischen Komponisten Ma-nuel de Falla (1876–1946) und Isaac Albéniz (1860–1909) sowie den franzö-sischen Komponisten Erik Satie (1866–1925) und Claude Achille Debussy (1862–1918) anfreundete. Insbesondere mit Debussy arbeitete er eng zusammen. De Lacerda wagte es, in den Symphonieorchestern jener Zeit auch einmal eine *Viola de arame* erklingen zu lassen, eine azoreanische Gitarrenart, die mit zwölf oder gar 16 Stahlsaiten bespannt ist. Sein Œuvre umfasst Stücke für Orchester, Klavier, Orgel, Gitarre und Gesang.

Der heute international berühmteste azoreanische Musiker (einer, der im Gegensatz zu Nelly Furtado oder Kate Perry auch auf den Inseln, in diesem Fall Terceira, geboren wurde) ist **Nuno Bettencourt**, Gitarrist der Band *Extreme*. Er tourte schon mit der R & B-Sängerin Rihanna. Auch sein Bruder, **Luís Gil Bettencourt**, feierte als Popmusiker und Komponist von Filmmusik Erfolge. In ganz Portugal bekannt ist **Carlos Alberto Moniz**, ein Allroundkünstler, ebenfalls von Terceira, der Kinderlieder ebenso wie Songs für den *Eurovision Song Contest* schreibt. Dem musikalischen Erbe der Azoren verbunden und zugleich ein Genie auf der *Viola da terra*, jener zwölfsaitigen Gitarre, für die die Inseln bekannt sind, ist **Rafael Carvalho** von São Miguel. Musik mit azoreanisch-folkloristischem Einschlag spielt auch **Zeca Medeiros**, ebenfalls von São Miguel. Von dort kommt auch die Songwriterin **Sara Cruz**, die wie die Schwester von Jake Bugg klingt – auf *Youtube* findet man z. B. das auf São Miguel gedrehte Video *Above Our Heads*. Zwischen Indie und Folkrock angesiedelt ist der Sound von **Medeiros/Lucas** (www.medeiroslucas.com), die zwar von den Azoren kommen, aber heute in Lissabon leben. Elektrosounds mixen **André Flip**, **DJ TAPE** und **DJ Soulsky**, allesamt von São Miguel. Auf den Inseln populär sind zudem **Morbid Death** (São Miguel, Metal, bestehen seit 1990), **Passos Pesados** (São Miguel, schwerer, gitarrenlastiger Sound), **Luís Alberto Bettencourt** (São Miguel, poppiger Chansonnier) und **Ronda da Madrugada** (Santa Maria, Azoren-„Country"). Ska-Anklänge besitzt die Musik von **Bia** (São Miguel). Die Fado-Größen der Inseln sind **Paulo Linhares** und **Raqual Dutra**, beide ebenfalls von São Miguel.

Geld

Währung: Wie in Portugal bezahlt man auch auf den Azoren mit dem Euro.

Preisniveau: Die Azoren sind kein Billigreiseziel, obwohl die Preise für vieles niedrig sind. Doch je nachdem, wie (Mietwagen oder Bus), wann (NS oder HS) und wie viel man reist (eine Insel oder mehrere Inseln besucht), können sich die Ausgaben schnell zu einem größeren Betrag summieren. Im Juli und August ist die Nachfrage nach touristischen Leistungen oft größer als das Angebot, und da die Anbieter mancherorts durch mangelnde Konkurrenz eine Monopolstellung genießen, kann man von Preisen wie auf dem portugiesischen Festland zuweilen nur träumen. Dennoch bieten die Azoren für fast jeden Geldbeutel gute Reisevoraussetzungen, so können beispielsweise Campingfreunde ausgesprochen preiswert übernachten (→ Übernachten/ Camping, S. 519).

Was kostet was: Kleines Bier ab 0,80 €, Espresso ab 0,60 €, Tagesgericht ab 4,50 €, DZ mit Bad ab 30 €, Liter Benzin meist wie zu Hause, Päckchen Zigaretten ab 3,50 €.

Trinkgeld: Auf den Azoren sind etwa 5 % üblich.

Tipp: Nutzen Sie Ermäßigungen: Bei Museen, sofern es sich nicht um private Einrichtungen handelt, bezahlen Studenten mit der ISIC-Karte erheblich weniger oder zuweilen gar nichts. Gleiches gilt für Kinder und Senioren ab 65 Jahren.

Kredit- und Maestro-Karte: Bankomaten *(Multibanco)* sind weit verbreitet. Der Höchstbetrag, den ein Automat pro Tag ausspuckt, ist gering:

2 x 200 €. Die gängigen Kreditkarten (*American Express*, *MasterCard*, *Visa* etc.) werden in größeren Hotels, vielen Restaurants und exklusiveren Geschäften sowie an einigen Tankstellen akzeptiert. Kleinere Geschäfte und selbst kleinere Autovermietungen akzeptieren oft nur Barzahlung.

Bei Verlust der Kredit- oder Maestro-Karte wählen Deutsche die Servicenummer 0049-116116. Abhängig vom Ausstellungsland der Karte gelten zudem folgende Sperrnummern: Für **American Express**: ☏ 0049-69-97972000 (D/A), ☏ 0041-44-44-6596900 (CH). **Visa**: ☏ 800811824 (Service-Nr. in Portugal für D, A, CH). **Master/Eurocard**: ☏ 800811272 (Service-Nr. in Portugal für D, A, CH). **Maestro-Karte**: ☏ 0049-1805021021 (D), ☏ 0043-1-2048800 (A), ☏ 0041-8488888601 (UBS), ☏ 0041-800800488 (Credit Suisse), ☏ 0041-442 712230 (für alle anderen Schweizer Maestro-Karten).

Ermäßigungen für Jugendliche: Mit der *Interjovem Card* erhalten Jugendliche und junge Erwachsene zwischen 13 und 30 Jahren u. a. Ermäßigungen auf *SATA*-Flüge, auf *Atlânticoline*-Fährtickets und auf Übernachtungen in den Jugendherbergen der Inseln. Die Karte kostet 40 €, weitere Infos auf www. cartaointerjovem.com.

Abgeschoben in eine fremde Heimat

Sie haben einen amerikanischen Slang und treffen sich in den Bars am Stadtrand von Ponta Delgada. Oder schnorren Touristen an: „Any change?" Sprechen sie von ihrer Heimat, meinen sie die Ostküste der USA. Portugiesisch können viele von ihnen nicht besser als die Touristen. Sie unterhalten sich über Baseball und American Football, mit europäischem Fußball haben sie nichts im Sinn. Mit Kühen erst recht nicht – in ihren Augen die Standardthemen der Azoreaner. Sie sind Kinder von Emigranten. Viele von ihnen kannten die Azoren bis zu ihrer Ankunft auf den Inseln nur aus den Erzählungen ihrer Eltern. Doch irgendwann wurden sie straffällig und abgeschoben, weil es die Eltern versäumt hatten, die amerikanische Staatsangehörigkeit für sie zu beantragen. Dem Pass nach also Portugiesen, dem Herzen nach Amerikaner, sind ihnen die Inseln fremd. Sie haben oft niemanden auf den Azoren, zu dem sie gehen können. Von ihren Verwandten oder Bekannten trennt sie der Ozean. Lediglich in Ponta Delgada können sie sich aufhalten, der einzigen „Großstadt" des Archipels, die ein wenig Anonymität besitzt. Woanders zeigt man mit dem Finger auf sie. Die Verwandten aus den USA schicken ihnen Geld und Kleidung, damit sie sich über Wasser halten können. Sie haben nur einen Traum: zurück in die USA zu gehen.

Gesundheit

Vor der Einreise auf die Azoren sind keine besonderen medizinischen Vorsorgemaßnahmen zu treffen.

Allgemeinärzte finden sich auf allen Inseln in den lokalen Krankenhäusern **(hospital)** oder Gesundheitszentren **(centro de saúde)**. Die Verständigung klappt meist gut, denn viele Ärzte haben im Ausland studiert und sprechen fließend Englisch. Bei ernsteren Erkrankungen muss man jedoch entweder nach Ponta Delgada (São Miguel), Angra do Heroísmo (Terceira), Horta (Faial) oder direkt aufs Festland fliegen. Dieses Schicksal kann Sie allerdings auch ereilen, wenn Sie auf einer kleinen Insel einen Facharzt brauchen.

Wo sich der nächste Arzt oder das nächste Krankenhaus befindet, erfahren Sie in den Ortskapiteln in der Rubrik „Ärztliche Versorgung". Adressen von Ärzten erhalten Sie ferner in den Turismo-Büros.

Krankenversicherung: Auch wer im Besitz einer Europäischen Krankenversicherungskarte (EHIC) ist, sollte eine private Auslandskrankenversicherung abschließen, die einen Krankenrücktransport ins Heimatland sicherstellt.

Apotheken (farmácias) gibt es in allen Hauptorten und größeren Ortschaften. Viele Medikamente werden rezeptfrei abgegeben. Fast alle sind billiger als daheim. Arzneimittel, auf die man ständig angewiesen ist, und homöopathische Mittel (oft schwer zu bekommen) sollte man sicherheitshalber von zu Hause mitbringen. Die Öffnungszeiten der Apotheken entsprechen meist denen normaler Geschäfte. Welche Apotheke gerade Sonntags- oder Nachtdienst hat, hängt im Schaufenster aus und erfährt man auf www.farmaciasdeservico.net.

Information

Der azoreanische Tourismusverband präsentiert die Inseln auch in deutscher Sprache und mit tollen Fotos auf **www.visitazores.com**. Die Touristeninformationen *(Turismo)* vor Ort, im Reiseteil in der Rubrik „Basis-Infos" aufgeführt, nehmen ihre Aufgabe unterschiedlich ernst. Teils ist die Hilfsbereitschaft vortrefflich, teils bekommt man auf eine Frage nicht viel mehr als einen hilflosen Blick.

Über kulturelle Veranstaltungen auf den Inseln (insbesondere São Miguel)

informiert **www.facebook.com/Yuzin Azores**. Aktuelle Informationen bieten, sofern man des Portugiesischen mächtig ist, die Seiten der Tageszeitungen *Açoriano Oriental* **(www.acoriano ocidental.pt)**, *Diário dos Açores* **(www.diariodosacores.pt)** – beide von São Miguel – oder die des *Diário Insular* **(www.darioinsular.pt)** von Terceira. Ganz nebenbei: 1832 wurde auf Terceira die erste Zeitung Portugals publiziert. Auch besitzen die Azoren einen eigenen Fernsehsender: *RTP Açores* **(www.rtp.pt/acores)**, zudem elf Radiostationen. In englischer Sprache berichtet **www.portuguese-american-journal.com** viel über die Azoren. Eine kommerzielle Seite ist **www.azoresguide.net** (nur auf Englisch und Portugiesisch).

Aktuelle Informationen zu diesem Buch, die nach Redaktionsschluss nicht mehr berücksichtigt werden konnten, finden sich auf den Azoren-Seiten des Michael Müller Verlags unter **www.michael-mueller-verlag.de/de/reisefuehrer/portugal/azoren/updates.html**.

Internetzugang

Das Gros aller Hotels und Pensionen bietet WLAN, die kleineren Häuser meist gratis und mit guter Verbindung. In so manch teurem Stadthotel hingegen ist der Internetzugang kostenpflichtig (teils satte Gebühren) und das Signal nur in der Lobby zu empfangen. Zudem offerieren viele Cafés, Bars und Restaurants kostenlos WLAN. Auch auf vielen öffentlichen Plätzen kann man sich kostenlos ins Internet einloggen.

Kinder

Wer mit Kleinkindern anreist, sollte eine Rückentrage dabeihaben. In vielen Ortschaften sind die Straßen so eng, dass sich der, der einen Kinderwagen schieben will, zuweilen an das Einbahnstraßensystem halten muss. Sind Ihre Sprösslinge aus dem Windelalter heraus, werden sie immer wieder Dinge entdecken, die ihnen Freude bereiten: träge dahintrottende Kuhherden auf den Straßen, einen freundlichen Esel am Wegesrand oder aus dem Wasser grüßende Delfine. Falls Sie eine Whale-watching-Ausfahrt planen, bringen Sie für Ihr Kind am besten wasserfeste Kleidung mit, die meisten Anbieter halten nur Schutzanzüge für Erwachsene parat. Auch in den azoreanischen Underground können Sie Ihre Kinder mitnehmen – so manche Höhle oder Lavaröhre begeistert nicht nur Erwachsene. Kinderspielplätze gibt es in nahezu allen Waldparks (*Parque Florestal*). Einen Wanderführer, der speziell Touren für Familien empfiehlt, finden Sie im Literaturtipp auf S. 516. Leider gibt es mit Ausnahme von Porto Pim (Faial) kaum Strände, an denen Sie Kleinkinder unbeobachtet ein paar Minuten lang planschen lassen können. Anderseits gibt es an fast allen größeren Stränden im Hochsommer Rettungsschwimmer.

Kleidung

In Tasche, Rucksack oder Koffer gehören auf jeden Fall regensichere Kleidungsstücke – egal, zu welcher Jahreszeit man verreist. Für Ausflüge ins Hochland der Inseln sollten auch im Sommer ein dicker Pullover und eine warme Jacke nicht fehlen. Im Winter und Frühjahr weht zudem oft eine frische Brise über den Atlantik. Grundsätzlich ist spezielle Outdoor-Kleidung von Vorteil, insbesondere deswegen, weil sie – egal ob verschwitzt oder vom Regen durchnässt – schneller trocknet. Ansonsten reicht es, wenn Sie sich beim Wühlen im Kleiderschrank die Klimatabelle (→ S. 477) vor Augen halten.

Land- und Straßenkarten/Navigationssysteme

Ganz gut sind die Karten von **freytag & berndt** und **Kompass**, beide im Maßstab 1:50.000. Auf beiden ist auch das Gros der offiziellen Wanderwege verzeichnet – leider aber auch so einige, die es seit Jahren nicht mehr gibt. Die meisten Navigationssysteme funktionieren nur so lala. Unter www.gps.azoren-online.com kann man GPS-Karten für Garmin-Geräte herunterladen.

> **Hinweis:** Planen Sie keine Wanderungen anhand von Saumpfaden, die in diversen Karten eingezeichnet sind. Pfade, die nicht mehr genutzt oder für touristische Zwecke gepflegt werden, verwildern innerhalb kürzester Zeit.

Gängige Abkürzungen: Al. oder Alam. = Alameda (Allee); Av. = Avenida (Avenue); Bc. = Beco (Gässchen); Bo. = Bairro (Stadtviertel); Cç. = Calçada (gepflasterte Straße); Estr. = Estrada (Landstraße); L. oder Lg. = Largo (Platz); Pr. oder Pç. = Praça (Platz); Q.ta = Quinta (Landgut); R. = Rua (Straße); Tr. oder Tv. = Travessa (Gasse); Urb. = Urbanização (Baugebiet).

Öffnungszeiten

Kleinere Geschäfte sind meist Mo–Fr von 9–12.30 und 14–18 Uhr geöffnet (Sa nur vormittags, So geschl.). Manchmal sind Krämerlädchen aber auch der Dorfbar angegliedert – dann kann man einkaufen, bis der letzte Gast vom Hocker fällt. Geschäfte, die mit Touristen ihr Geld verdienen, haben den Sommer über tagsüber meist durchgehend geöffnet, auch an Wochenenden. Die wenigen großen **Centros Comerciais** (Einkaufszentren) sind meist bis spät am Abend, zudem das gesamte Wochenende und auch feiertags geöffnet. Auf **Märkten** kauft man i. d. R. vormittags von 7–12 Uhr ein. **Banken** öffnen meist von Mo–Fr von 8.30–15 Uhr, **Postämter** von 9–12.30 und von 14.30–18 Uhr. Viele **Museen** haben montags geschlossen.

Polizei (Polícia)

Die portugiesische Polizei tritt Touristen gegenüber meist sehr zuvorkommend und hilfsbereit auf. Für die meisten touristischen Belange, Verkehrsdelikte, Diebstähle usw. ist die **PSP** (*Polícia de*

Segurança Pública) zuständig. Deren Aufgaben übernimmt in ländlichen Gebieten auch die **GNR** *(Guarda Nacional Republicana)*. Auf den Karten aller größeren Orte sind die Polizeidienststellen eingezeichnet, im **Notfall** hilft man Ihnen unter ✆ 112 weiter.

Post (Correio)

Die **correios** (Postämter, www.ctt.pt) sind ebenfalls auf den Stadtplänen eingezeichnet. Reguläre Öffnungszeiten sind Mo–Fr 9–12.30 und 14.30–18 Uhr. Briefe oder Karten ins Heimatland sind meist schneller unterwegs als in die andere Richtung (Dauer mit Glück ein Tag, mit Pech eine Woche). Sie kosten im Tarif *correio normal international* (bis 20 g) nach Deutschland, Österreich oder in die Schweiz 0,86 €.

Reisedokumente

Für die Einreise nach Portugal und auf die Azoren genügt für Deutsche, Österreicher und Schweizer der Reisepass oder Personalausweis/die Identitätskarte.

Reisen mit Behinderung

Wer mit einem Handicap unterwegs ist, steht vielerorts vor unüberwindbaren Hindernissen. Zwar werden bei allen öffentlichen Neu- und Umbauten behindertenfreundliche Toiletten geschaffen, doch sind diese oft verschlossen oder gar nicht zu erreichen, weil der barrierefreie Zugang fehlt … Auf São Miguel bietet **Cresaçor** Rundreisen, Ausflüge und Appartements für Rollstuhlfahrer an. Infos unter ✆ 296098866 oder www.azoresforall.com.

Schwule und Lesben

Auf den Azoren bilden homosexuelle Paare eine Randgruppe, die sich i. d. R. nicht zu erkennen gibt. Dementsprechend gibt es keine reinen Bars und Cafés für Lesben und Schwule, lediglich eine gayfreundliche Übernachtungsmöglichkeit auf São Miguel (→ S. 114) sowie die portugiesischsprachige Internetseite www.prideazores.blogspot.de.

Sport

Die erste Grundregel lautet: Je bewohnter die Insel, desto größer das Sportangebot. Die zweite: Aktivitäten für Touristen werden nur durchgeführt, wenn genügend Touristen da sind. Sprich: Auf kleinen Inseln wie Graciosa nur im Hochsommer, auf touristisch stärker frequentierten Inseln von Frühjahr bis Herbst. Im Wesentlichen aber beschränkt sich das Angebot auf Wassersport und Wandern. Was wo geboten wird, ist in den Kapiteln zu den jeweiligen Ortschaften aufgeführt.

Angeln ist Volkssport bei den Azoreanern, an fast jeder Hafenmole stehen

Street-Art in Madalena

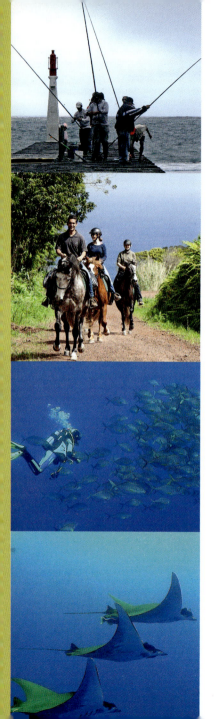

oder sitzen allabendlich die Männer mit ihrer Angelrute. Eine Lizenz zum Angeln im Meer ist nicht erforderlich. Wer sich jedoch mit seiner Angel zu den Bächen und Seen im Inselinneren aufmacht, muss zuvor eine Genehmigung einholen. Diese bekommt man beim *Serviço Florestal* (Forstverwaltung, www.drrf.azores.gov.pt, für 30 Tage 2,03 €), dort wird man auch über Schonzeiten und dergleichen informiert.

Canyoning wird insbesondere auf São Miguel, São Jorge und Flores angeboten, mehr dazu im Reiseteil.

Drachen-/Gleitschirmfliegen: Unter Cracks gelten die Azoren als Geheimtipp, für Anfänger sind sie ein waghalsiges Abenteuer. Infos zum Paragliding erhält man über den *Clube Asas de São Miguel* (www.asassaomiguel.com) und über die *Os Montanheiros* auf Terceira (www.montanheiros.com).

Fußball: Wer behauptet, die Azoreaner hätten mehr mit den Amerikanern als mit den Europäern gemeinsam, hat die Einheimischen nicht kicken sehen. Das beste Team der Azoren ist *CD Santa Clara* (São Miguel), seit 2018 wieder erstklassig. In der Mannschaft von Santa Clara spielte schon Pedro Miguel Pauleta, der auf São Miguel geboren wurde und mit *Paris St. Germain* und der portugiesischen Nationalauswahl diverse Erfolge feierte.

> **Tipp**: Wer Lust verspürt, selbst gegen den Ball zu treten, hat dazu vielerorts Gelegenheit. Meist treffen sich die Dorfmannschaften am späten Nachmittag, wenn die Kühe gemolken sind, auf dem Bolzplatz (erstaunlicherweise oft mit Kunstrasen). Der eine in Gummistiefeln, der andere in Stollenschuhen; Mitspieler sind jederzeit willkommen.

Golf: Auf den Azoren gibt es bislang drei Golfplätze von internationalem Standard: zwei auf São Miguel, einen auf Terceira. Die Erschließung weiterer Plätze (u. a. auf Santa Maria, São Miguel, Faial und Pico) wird seit Ewigkeiten diskutiert. Der schönste und anspruchsvollste Platz ist der *Furnas Golf Course* – der immer wieder unter die schönsten Plätze Europas gewählt wird.

▪ Weitere Informationen bei Ponta Delgada (→ S. 80), Furnas (→ S. 167) und Angra do Heroísmo (→ S. 210).

Hochseefischen: Millionäre aus der ganzen Welt zieht es zum Hochseefischen auf die Azoren – die Inseln gehören zu den Hotspots dieses exklusiven Sports, da immer wieder neue Rekorde aufgestellt werden. Haie fischt man das ganze Jahr über, Thunfische von April bis November, Marlin und Schwertfisch von Juli bis Oktober.

Mountain-, Downhill- und Endurobiken: → Radeln, Mountain- und Downhillbiking, S. 516.

Reiten: Ausritte werden auf São Miguel, Terceira, Faial und Pico angeboten, mehr dazu im Reiseteil. Auf Faial können Sie mit Pátio Horse & Lodge auch mehrtägige Ausritte unternehmen. Auch auf den anderen Inseln kann man reiten – dort müssen Sie jedoch erst Kontakte zu einem Pferdebesitzer knüpfen; meist hilft das Turismo-Büro vor Ort weiter.

Segeln: Zwar sind die Azoren der Segeltreffpunkt inmitten des Atlantiks, die meisten Segler aber kommen mit ihrem eigenen Schiff oder machen als Crewmitglied auf Überführungstörns in den Häfen halt (für Segeltörns auf die Azoren → S. 506).

Das Geschäft mit Charterjachten steckt noch in den Kinderschuhen, verchartert werden Boote bislang nur auf Terceira (→ Angra do Heroísmo). Auf Faial (→ Horta) und Santa Maria (→ Vila do Porto) finden Sie Adressen zum Mitsegeln.

Surfen: Im Gegensatz zum Windsurfen ist Wellenreiten auf den Azoren sehr populär. Kein Wunder – an der rauen Atlantikküste findet man ideale Bedingungen. Gute Möglichkeiten bieten v. a.

São Jorge (→ S. 398) und São Miguel (→ S. 137) – vor Ribeira Grande auf São Miguel finden immer wieder Meisterschaften statt. Weitere Infos zum Surfen und zu den besten Surfspots der Azoren (nach Schwierigkeitsgraden gelistet) unter www.surf.visitazores.com, Infos zur aktuellen Wellenhöhe unter www.windguru.cz.

Tauchen: Die Inseln bieten hervorragende Möglichkeiten mit einer faszinierenden Unterwasserlandschaft. Einziger Haken: Nach Sturm oder starkem Regen beträgt die Sicht nur wenige Meter. Ansonsten herrschen Sichtweiten von 20–40 m vor, zuweilen sogar 60 m. Dann geht es hinab zu Wracks, durch Höhlen und Grotten. Flora und Fauna unter Wasser sind grandios, beste Zeit für Großfische ist Juli bis September. Bester Spot für Großfische sind die Formigas, wo selbst Mantas und Walhaie ihre Bahnen ziehen. Über alle Divespots informiert die Seite www.dive.visitazores.com. Die Azoren sind jedoch kein Revier für Anfänger (Strömungen!). Wegen mangelnder Nachfrage werden Tauchgänge auf vielen Inseln nur in der Hochsaison regelmäßig angeboten.

Die Tauchbasen auf Pico haben im Juli und August auch Tauchen mit Blau- und Makohaien im Programm. Das ist nicht ungefährlich. Zwar sehen diese Haie den Menschen nicht als Beute an, doch kann es, da die Tiere angefüttert werden, zu „Fehlbissen" kommen. Und zwei Bootsstunden abseits der Küste ist die Verblutungsgefahr hoch!

Sprachkenntnisse

Portugiesischkenntnisse sind von Vorteil. Aber selbst wer Portugiesisch spricht, wird auf den Inseln so manches Mal seine Probleme haben, denn die Dialekte sind stark ausgeprägt. Dem Festlandsportugiesischen am nächsten ist die Aussprache auf Santa Maria. Gut zurecht kommt man mit Englisch – viele Azoreaner beherrschen die Sprache nahezu fließend, da sie z. T. jahrelang in

Günstig: Zigaretten aus São-Miguel-Tabak

den USA oder Kanada gelebt haben. Auch Französischkenntnisse helfen häufig weiter. Die Azoreaner wissen übrigens auch so manches ohne Worte auszudrücken: Will man etwas empfehlen oder als gut bezeichnen, genügt es, sich das rechte Ohrläppchen zu zupfen – das sagt manchmal mehr als tausend Worte.

Sprachkurse Portugiesisch-Sprachkurse bietet in Ponta Delgada auf São Miguel die **Bristol School**: www.bristolschool.pt, Einzelunterricht ist fast immer möglich, Gruppenkurse gibt es nur bei ausreichender Teilnehmerzahl. Und im Sommer außerdem das **Instituto de Línguas da Universidade dos Açores** (www.uac.pt).

> **Übrigens**: Zu Beginn des letzten Jahrhunderts sprach die Elite der Inseln auch Deutsch. Damals war es bei reichen Familien nämlich en vogue, ihre Sprösslinge von deutschen Erzieherinnen unterrichten zu lassen. Zu diesem Thema recherchierte Christiane Schnurbein. Ihr Buch *Die vergessenen Fräuleins* ist 2003 im SKG-Verlag Zusmarshausen erschienen.

Telefonieren

Mit dem **Mobiltelefon** können Sie auf allen Inseln telefonieren – Netzzugang haben Sie jedoch nicht überall, am besten funktioniert es in den Hauptorten. Prepaid-SIM-Karten (ab ca. 10 €) und preiswerte Datenpakete können z. B. über *Vodafone* erworben werden (in Ponta Delgada u. a. am Flughafen, www.vodafone.pt).

> **Wichtige Telefonnummern**
>
> **Internationale Vorwahlen**: Deutschland ✆ 0049, Österreich ✆ 0043, Schweiz ✆ 0041. Danach wählt man die jeweilige Ortskennzahl, jedoch ohne die Null am Anfang, dann die Rufnummer des jeweiligen Anschlusses.
>
> **Telefonieren nach Portugal (inkl. Azoren)**: Wer aus dem Ausland anruft, wählt ✆ 00351 und danach die im Buch angegebene Rufnummer.
>
> **Im Notfall** wählen Sie ✆ 112.

Toiletten

Die Damentoiletten sind häufig mit „S" (senhoras) oder „M" (mulher), die Herrentoiletten mit „H" (homens) gekennzeichnet. Den Standort der nächsten Toilette erfragt man mit „Onde fica a casa de banho?" Steht in der Toilette ein Eimer, so werfen Sie das Papier dort hinein und spülen es nicht hinunter. In den Stadtplänen im Reiseteil sind öffentliche Toiletten vermerkt.

Zeit

Die Zeitdifferenz von den Azoren zum portugiesischen Festland beträgt eine Stunde, die nach Mitteleuropa zwei Stunden: portugiesische Zeit = deutsche Zeit minus 1 Std.; azoreanische Zeit = deutsche Zeit minus 2 Std. Beispiel: 12 Uhr auf den Azoren entspricht 13 Uhr in Lissabon und 14 Uhr in Deutschland; 22 Uhr in Deutschland entspricht 21 Uhr in Lissabon und 20 Uhr auf den Azoren.

Zigaretten

Neben Marlboro, Lucky Strike & Co. kann man auch auf São Miguel produzierte Lungentöter wie Além Mar oder Gigante rauchen – insgesamt gibt es rund 15 azoreanische Zigarettenmarken. Ein Päckchen ist auf den Inseln erheblich billiger als in Deutschland (ab ca. 3,50 €).

> **Tipp**: Eine Zigarettenfabrik kann man in Ponta Delgada besichtigen → Ponta Delgada/Kultur & Freizeit, S. 80.

Zoll

EU-Bürger: Im privaten Reiseverkehr innerhalb der EU unterliegen Waren für den Eigenbedarf keinerlei Beschränkungen. Bei Tabakwaren und Spirituosen geht der Zoll von folgenden Richtmengen aus: Maximal 800 Zigaretten, 200 Zigarren oder 1 kg Tabak, 10 l Spirituosen, 20 l sog. „Zwischenerzeugnisse" (z. B. Portwein), 60 l Schaumwein, 110 l Bier. Für Jugendliche unter 17 Jahren gibt es keine Freimengen!

> **Achtung**: Walschnitzereien dürfen nicht nach Deutschland eingeführt werden!

Schweizer: Für Eidgenossen gelten bei der Einreise nach Portugal folgende Richtmengen: 2 l Spirituosen unter 22 % oder 1 l Spirituosen über 22 % Alkoholgehalt, 200 Zigaretten oder 50 Zigarren oder 250 g Tabak. In die Schweiz dürfen zollfrei Waren im Wert von bis zu 300 sfr eingeführt werden, darunter 5 l Alkohol unter 18 %, 1 l über 18 % und 250 Zigaretten.

Bunt, bunter, am buntesten: Festa auf São Jorge

Etwas Portugiesisch

Aussprache

Die Buchstaben **b, d, f, k, l, m, n, p, t** und **u** werden ähnlich wie im Deutschen ausgesprochen (Ausnahme: Folgt **m** oder **n** auf einen Vokal, so ist dieser zu nasalieren, etwa wie das **o** in franz. *chanson*). Diphthonge (zwei Vokale auf eine Silbe) sind getrennt auszusprechen (also *E-u-ro-pa*, statt *Eu-ro-pa*). Im Folgenden zwei Tabellen zur Aussprache der vom Deutschen abweichenden Vokale und Konsonanten.

Buchstabe	Bedingung	Aussprache
a	betont	wie deutsches a in <Magen>
a	unbetont	wie deutsches ä in <eine>
à, á	immer	wie deutsches a in <Magen>
â	immer	wie deutsches a in <Kamera>
e	betont	wie deutsches ä in <Säle>
e	unbetont	geschlossenes e wie in <Esel>
e	unbetont am Wortende	fast völlig verschluckt
es, ex	nur am Wortanfang	ähnlich wie deutsches isch
é	immer	wie deutsches ä in <Säle>
ê	immer	geschlossenes e wie in <See>
i	zwischen zwei Vokalen	wie deutsches j in <Jubel>
i	sonst	wie deutsches i
o	betont	offenes o wie in <Sonne>
o	unbetont	wie ein u
ó	immer	offenes o wie in <Sonne>
ô	immer	geschlossenes o wie in <Ofen>
c	vor e oder i	stimmloses s wie in <Maß>
c	vor t	meist stumm (arquitecto = arkitätu)
c	vor a, o oder u	wie k
ç	immer	stimmloses s wie in <Maß>
ch	immer	stimmloses sch wie in <Fisch>
g	vor a, o und u	wie deutsches g
g	vor e und i	stimmhaftes sch wie in <Journalist>
gu	vor a, o und u	wie deutsches gu
gu	vor e und i	wie deutsches g
h	am Wortanfang	wird nicht ausgesprochen
lh	immer	wie lj
nh	immer	wie nj
j	immer	stimmhaftes sch wie in <Journalist>
qu	vor a und o	wie qu in <Qualle>
qu	vor e und i	wie k, das u bleibt stumm (que = ke)

r	zwischen zwei Vokalen	Einfaches Zungen geschlagenes r
r	am Anfang eines Wortes	wie deutsches Gaumen-r
rr	immer	wie deutsches Gaumen-r
s	zwischen zwei Vokalen	stimmhaftes s wie in <Rose>
s	vor l, m, n, r, v	stimmhaftes sch wie in <Journalist>
s	vor anderen Konsonanten	stimmloses sch wie in <Fisch>
s	am Wortende, wenn nächstes Wort mit Vokal beginnt	stimmhaftes s wie in <Rose>
s	am Wortende	stimmloses sch wie in <Fisch>
s	sonst	stimmloses s wie in <Maß>
v	immer	wie deutsches w
x	meistens	stimmloses sch wie in <Fisch>
x	ab und zu	stimmhaftes s wie in <Rose>
x	selten	wie deutsches x
z	am Wortende	stimmhaftes sch wie in <Journalist>
z	normal	stimmhaftes s wie in <Rose>

Wortschatz und Wendungen

Anrede/Entschuldigungen

Frau	dona oder senhora dona
Herr	senhor
Wie geht es Ihnen?	Como está?
sehr gut	muito bem
Danke!	*Männer:*Obrigado! *Frauen*: Obrigada!
Hallo!	Olá!
Guten Morgen!	Bom dia! *(bis 12 h mittags)*
Guten Tag!	Boa tarde! *(nachmittags ab 12 h)*
Guten Abend/Gute Nacht!	Boa noite! *(nach Sonnenuntergang)*
Auf Wiedersehen!	Adeus!
Ich heiße ...	Chamo-me ...
ja/nein	sim/não
bitte	faz favor oder por favor
Ich verstehe nichts.	Não entendo nada.
Sprechen Sie bitte etwas langsamer!	Fale mais devagar, por favor!
Sprechen Sie Deutsch?	Fala alemão?
... Englisch; ... Französisch	... inglês; ... francês
Entschuldigung! (um Erlaubnis bitten)	Com licença!
Entschuldigung!	Desculpe! oder desculpa!
Keine Ursache.	De nada.

Zahlen

1	um (m.) uma (w.)	11	onze	40	quarenta
2	dois (m.), duas (w.)	12	doze	50	cinquenta
		13	treze	60	sessenta
3	três	14	catorze	70	setenta
4	quatro	15	quinze	80	oitenta
5	cinco	16	dezasseis	90	noventa
6	seis	17	dezassete	100	cem
7	sete	18	dezoito	1.000	mil
8	oito	19	dezanove	1.000.000	um milhão
9	nove	20	vinte		
10	dez	30	trinta		

Zeiten

Wie spät ist es?	Que horas são?	*Sekunde*	segundo
Wann?	Quando?	*Januar*	janeiro
Um wie viel Uhr?	A que horas?	*Februar*	fevereiro
Es ist (zu) früh/ spät.	É (muito) cedo/ tarde.	*März*	março
		April	abril
morgens	de manhã	*Mai*	maio
mittags	ao meio-dia	*Juni*	junho
nachmittags	à tarde	*Juli*	julho
abends	à noite	*August*	agosto
nachts	à noite	*September*	setembro
heute Abend	esta noite	*Oktober*	outubro
heute	hoje	*November*	novembro
gestern	ontem	*Dezember*	dezembro
morgen	amanhã	*Montag*	segunda-feira (2.a)
übermorgen	depois de amanhã	*Dienstag*	terça-feira (3.a)
vorgestern	anteontem	*Mittwoch*	quarta-feira (4.a)
morgen Abend	amanhã à noite	*Donnerstag*	quinta-feira (5.a)
Jahr	ano	*Freitag*	sexta-feira (6.a)
Monat	mês	*Samstag*	sábado
Woche	semana	*Sonntag*	domingo
Tag	dia	*Werktage*	dias úteis
Stunde	hora	*Feiertage*	feriados
Minute	minuto		

Hinweis: Die portugiesischen Wochentage werden beginnend mit dem Sonntag durchnummeriert! Daher ist Montag der „zweite Markttag" (segunda-feira oder 2.a).

Übernachten

Ich möchte ein Zimmer.	Queria um quarto.
Haben Sie ein Einzelzimmer?	Tem um quarto para uma pessoa só?
... Doppelzimmer	... quarto duplo
... Zimmer mit Ehebett	... quarto com cama de casal
... Zimmer mit zwei Betten	... quarto com duas camas
... Zimmer mit Bad	... quarto com casa de banho
... Zimmer ohne eigenes Bad	... quarto sem casa de banho
... Zimmer mit Dusche	... quarto com duche
Kann ich das Zimmer sehen?	Posso ver o quarto?
Wie viel kostet das pro Tag?	Quanto custa por dia?
Es ist zu teuer.	É muito caro.
Können Sie einen Rabatt geben?	Pode fazer um desconto?
Frühstück inbegriffen	com pequeno almoço incluído
Ich bleibe ... Tage.	Vou ficar ... dias.

Geld/Einkauf

Wo ist eine Bank?	Onde fica um banco?
Ich möchte eine Quittung	Queria um recibo
Wie viel kostet das?	Quanto custa?
Wechselgeld	o troco
Bitte 500 Gramm davon.	Quinhentos gramas disto, por favor.
Bitte drei Stück von jenem dort.	Três daquilo, por favor.
Ich möchte gerne ein Kilo Fisch.	Queria um quilo de peixe.
Briefmarken	selos
Telefonkarte	cartão telefónico

Notfall/Gesundheit

Hilfe!	Socorro!
Ich fühle mich schlecht.	Não me sinto bem.
Rufen Sie einen Arzt!	Por favor, chame um médico!
Wo ist das nächste Krankenhaus?	Onde é o hospital mais próximo?
Rufen sie mir einen Krankenwagen!	Chame uma ambulância!
Ich habe hier Schmerzen.	Dói-me aqui.
Ich habe eine Erkältung.	Apanhei uma constipação.
Ich habe Kopfschmerzen.	Tenho dores de cabeça.
... Zahnschmerzen	... dores de dentes
Wo ist eine Apotheke?	Onde fica uma farmácia?
Ich möchte gerne Papiertaschentücher.	Queria lenços de papel.
... Damenbinden	... pensos higiénicos
... Kopfschmerztabletten	... comprimidos para dores de cabeça
... Toilettenpapier	... papel higiénico
Abführmittel	laxativo

Entzündung	inflamação
Fieber	febre
Husten	tosse
Kondome	preservativos
Krampf	convulsão
Lungenentzündung	pneumonia
Sonnenstich	insolação
Pflaster	emplasto
Tampons	tampões
Verbrennung	queimadura
Wunde	ferida

Weg und Richtung

Wo ist ...?	Onde é ...? oder Onde fica ...?
Wo ist die nächste Bushaltestelle?	Onde fica a mais próxima paragem de autocarro?
Bitte eine Fahrkarte nach ...	Queria um bilhete para ...
Welchen Bus nehme ich nach ...?	Qual é o autocarro que vai para ...?
Muss ich umsteigen?	Tenho que mudar?
An welcher Haltestelle muss ich raus?	Qual é a paragem onde tenho que sair?
Wir haben eine Panne.	O nosso carro está avariado.
Geben sie mir 10 Liter Diesel.	Queria dez litros de gasóleo.
... Normalbenzin	... de gasolina normal
nach rechts	à direita
nach links	à esquerda
geradeaus	em frente
immer geradeaus	sempre em frente

Speiselexikon

Im Restaurant

Haben Sie einen freien Tisch?	Tem uma mesa livre?
Bitte die Karte!	A ementa, por favor!
Ober!	Faz favor!
Ich möchte gerne mehr Brot.	Queria mais pão.
... noch ein Bier	... mais uma cerveja
Wo ist die Toilette?	Onde fica a casa de banho?
Was empfehlen Sie?	O que recomenda?
Die Rechnung, bitte!	A conta, se faz favor!
Die Rechnung stimmt nicht.	A conta está errada.
Das Beschwerdebuch, bitte!	Traga-me o livro de reclamações, por favor!
Guten Appetit!	Bom proveito! oder bom apetite!
Auf Ihr Wohl! Prost!	Saúde!

Suppen (sopas)

Grünkohlsuppe	caldo verde	*Hühnerbrühe*	canja
Gemüsesuppe	sopa de legumes	*Fischsuppe*	sopa de peixe
Meeresfrüchtesuppe	sopa de marisco	*Krautsuppe*	sopa de nabiço

Fische und Meeresfrüchte (peixes e mariscos)

Brauner Gabeldorsch	abrótea	*Languste*	lagosta
Gelbflossenthunfisch	albacora	*kleine Languste*	lagostins
Alfoncino	alfoncino	*Kaisergranat*	lagostim
Herzmuschel	amêijoas	*Gemeine Napfschnecke*	lapas
Thunfisch	atum	*Hummer*	lavagante
Kabeljau, Stockfisch	bacalhau	*Kalamar*	lula
Meerbrasse	besugo	*Miesmuschel*	mexilhão
Barrakuda	bicuda	*Muräne*	moreia
Schwarzmaul	boca negra	*Sackbrasse*	pargo
Bonito	bonito	*Wittling*	pescada
Wellhornschnecken	búzio	*Weißling*	pescadinha
Fischeintopf	caldeirada	*Achselfleckbrasse*	peixão
Stachelschnecken	canilhas	*Austern*	ostras
Rotbarsch	cantaro	*Degenfisch*	peixe-espada
Garnele	camarão	*Kleine Sardine*	petinga
Krebs	caranguejo	*Rochen*	raia
Bastardmakrele	carapau	*Knurrhahn*	ruivo
Spanische Makrele	cavala	*Wolfsbarsch*	robalo
Wrackbarsch	cherne	*Drachenkopf*	rocas
Sepia (Tintenfisch)	choco	*Lachs*	salmão
Rabenfisch	corvina	*Meerbarbe*	salmonete
Meeraal	congro	*Seespinne*	santola
Seepocken	cracas	*Riesentaschenkrebs*	sapateira
Dorade	dourada	*Sardinen*	sardinhas
Schwertfisch	espadarte	*Geißbrasse*	sargo
große Garnelen	gambas	*Drückerfisch*	tambor
Zackenbarsch	garoupa	*Seeteufel*	tamboril
Brasse	goraz	*Forelle*	truta
Bernsteinmakrele	írio	*Haifisch*	tubarão
Zehnfingerschleimkopf	imperador		

Fleisch (carne)

Fleischknödel	almôndegas	*Wild*	bravo
Rindersteak	bife	*Zicklein*	cabrito
kl. Rindersteak	bitoque	*Schnecken*	caracóis
Lamm	borrego	*geräucherte Wurst*	chouriço

Kaninchen	coelho	*dünne Wurst*	linguiça
Kotelett	costeletas	*Lende*	lombo, lombinho
Mittelrippenstück	entrecosto	*Lachsschinken*	paio
Schnitzel	escalopes	*Ente*	pato
mageres Fleisch	febras	*Truthahn*	peru
Kochschinken	fiambre	*Hackbraten*	picado
Hähnchen	frango	*Schwein*	porco
Huhn	galinha	*kl. Rinderschnitzel*	prego
Hühnerinnereien	moelas	*Räucherschinken*	presunto
Lebergericht	iscas	*Würstchen*	salsichas
Hase	lebre	*Kutteln*	tripas
Spanferkel	leitão	*Rind*	vaca
Zunge	língua	*Kalb*	vitela

Gemüse/Gewürze (legumes/condimentos)

Kürbis	abóbora	*Blumenkohl*	couve-flor
grüner Salat	alface	*Erbsen*	ervilhas
Knoblauch	alho	*Spinat*	espinafre
Reis	arroz	*dicke Bohnen*	favas
Olivenöl	azeite	*Bohnen*	feijão
Oliven	azeitonas	*Kichererbsen*	grão
gekochte Kartoffeln	batatas cozidas	*Linsen*	lentilhas
Pommes frites	batatas fritas	*Mais*	milho
Curry	caril	*Pfeffer*	pimenta
Zwiebel	cebola	*Paprika*	pimento
Karotte	cenoura	*Chili*	piri-piri
grüner Koriander	coentro	*gemischter Salat*	salada mista
Pilze	cogumelos	*Petersilie*	salsa
Grünkohl	couve	*Tomate*	tomate
Rosenkohl	couve de bruxelas	*Essig*	vinagre

Nachspeisen (sobremesas)

Milchreis	arroz doce	*au chocolat*	de chocolate
Kuchen	bolo	*Sahne*	nata
Schlagsahne	chantilly	*Pudding-Karamell*	pudim flan
Eiscreme	gelado	*Käse*	queijo
Milchcreme	leite creme	*Fruchtsalat*	salada de frutas
Mousse	mousse	*Torte*	tarte

Obst/Nüsse (frutas/nozes)

Mandeln	amêndoas	*Feige*	figo
Erdnüsse	amendoins	*Himbeere*	framboesa
Banane	banana	*Orange*	laranja
Kirsche	cereja	*Limette*	lima

Zitrone	limão	*Erdbeere*	morango
Apfel	maçã	*Birne*	pera
Wassermelone	melancia	*Pfirsich*	pêssego
Honigmelone	melão	*Trauben*	uvas

Zubereitung (modo de preparação)

gebraten	assado	*über Holzkohle gegrillt*	na brasa
gut durch	bem passado	*am Bratspieß*	no espeto
gekocht	cozido	*im Ofen*	no forno
süß	doce	*paniert*	panado
geschmort	estufado	*scharf*	picante
frittiert	frito	*Püree*	puré
gegrillt	grelhado	*gefüllt*	recheado
schlecht durch	mal passado		

Diverse Gerichte

Herzmuscheln mit Zitronensaft	amêijoas à Bulhão Pato
Reiseintopf mit ...	arroz de ...
Bacalhau mit Pommes Frites und Eiern vermischt	bacalhau à Brás
Bacalhau mit gekochten Kartoffeln und Zwiebeln	bacalhau à Gomes de Sá
Thunfischsteak (aus frischem Thunfisch)	bife de atum
Spieß mit ...	espetada de ...
Fischeintopf	caldeirada
Schweinefleisch mit Muscheln	carne de porco à alentejana
In einer Kupferpfanne gekochte und servierte Meeresfrüchte, Fleisch- oder Fischstücke	cataplana
In Rotwein zubereitetes Ziegenfleisch	chanfana
Eintopf mit Rinds-, Schweine- und Hühnerfleisch, dazu Schlachtwurst, Reis, Kartoffeln und Karotten	cozido à portuguesa
Rinderkutteln mit Hühnerfleisch und Bohnen	dobrada
Gulasch (mit Fleisch, Fisch oder Meeresfrüchten)	ensopado de ...
Spaghetti	espaguete
Bohneneintopf mit Räucherwurst (chouriço), Blutwurst und Speck	feijoada à portuguesa
Rindfleisch mit gekochten Kartoffeln, Karotten, Erbsen und Schlachtwurst	jardineira
frittierte Tintenfischringe mit gekochten Kartoffeln	lulas à francesa
Tintenfische mit gemischtem Hackfleisch gefüllt	lulas recheadas
Nudeleintopf mit ...	massada de ...
Garnelenfrikadellen	rissóis de camarão
Schweinefleischstückchen mit geronnenem Schweineblut, Leber, Innereien und Kartoffeln	rojões
Fleischbrühe mit Brot, Ei, Knoblauch und Koriander	sopa alentejana

Sonstiges (diversos)

Mittagessen	almoço	Abendessen	jantar
Nachtimbiss	ceia	Beschwerdebuch	livro de reclamações
Löffel	colher	Butter	manteiga
Rechnung	conta	halbe Portion	meia dose
Bedienung	empregado(a)	Tisch	mesa
Terrasse	esplanada	Sauce	molho
Messer	faca	Zahnstocher	palitos
Gabel	garfo	Brot	pão
Geschäftsführer	gerente	Frühstück	pequeno almoço
Serviette	guardanapo	Teller	prato

Snacks (petiscos)

kleine Pastete	empada	kl. Schweinesteak im Brötchen	bifana
große Pastete	empadão	Kl. Rindersteak im Brötchen	prego
Pasteten aus ...	pastéis de ...	Brot mit eingebackener Räucherwurst	pão com chouriço
Frikadellen aus ...	rissóis de ...		
... Stockfisch	bacalhau		
... Krabben	camarão		
... mit Hühnchen	... de galinha		

Getränke (bebidas)

Leitungswasser	água da torneira	Krug	jarro
Mineralwasser mit/ohne Kohlensäure	água mineral com/ sem gás	Dose	lata
		Milch	leite
Kaffee (Espresso)	café	Kakao	leite com chocolate
Koffeinfreier Kaffee	café descafeinado	Kaffee halb mit Milch verdünnt	meia de leite
doppelter Espresso	café duplo		
großes Fassbier	caneca de cerveja	lauwarm	morno
Bier	cerveja	normal temperiert	natural
Tee	chá	heiß	quente
Glas	copo	trocken	seco
kleines Fassbier	fino	Fruchtsaft aus ...	sumo natural de ...
kalt	fresco	mittleres Fassbier 0,3 l	tulipa
Flasche (klein, groß)	garrafa (pequena, grande)	Weißwein	vinho branco
		Portwein	vinho do Porto
großer Milchkaffee	galão	Rotwein	vinho tinto
kleiner Milchkaffee	garoto	„Grüner Wein"	vinho verde
normales Fassbier	imperial		

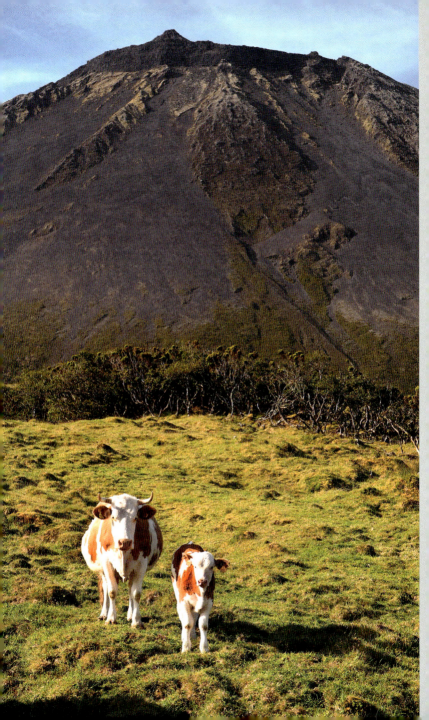

Verzeichnisse

Kartenverzeichnis

Rau und schön: der Osten São Miguels

Zeichenerklärung für die Karten und Pläne

Hauptstraße	Berggipfel	Information
Nebenstraße	Höhle	Parkplatz; Parkhaus
Nebenstraße	Aussichtspunkt	Post
Piste	Kirche, Kapelle	Bushaltestelle
Fußweg	Leuchtturm	Taxistandplatz
Wanderung	Badestrand	Flughafen
Gewässer	Weinstock	Campingplatz
Grünanlage	Windmühle	Krankenhaus
	Wasserfall	Tankstelle
		Rastplatz

Alles im Kasten

Fotonachweis

Alle Fotos von Michael Bussmann außer: Peter Freitag (Pixelio): 513 | Foto Iris: S. 493 | Foto Jovial: S. 291, 473 | Janusz Klosowski (Pixelio): S. 550 | Markus Mauthe: S. 111, 117, 278, 282, 286, 360 (2. u. 3. v. oben), 464 | Gerbrand Michielsen: S. 273, 483 | Robert Minderlein (Wahoo Diving): S. 536 (3. u. 4. v. unten) | Pátio Horse & Lodge: S. 536 (2. v. oben) | João Quaresma: S. 346 | Christoph Speck: S. 368 | Gabriele Tröger: S. 2, 36, 37, 73, 93, 109, 121,124, 130, 137, 144, 217, 277, 309, 311, 364, 374, 379, 392, 410, 412, 417, 449, 460, 474, 476

Was haben Sie entdeckt?

Haben Sie ein besonderes Restaurant, ein neues Museum oder ein nettes Hotel entdeckt? Wenn Sie Ergänzungen, Verbesserungen oder Tipps zum Buch haben, lassen Sie es uns bitte wissen!

Schreiben Sie an: Michael Bussmann, Stichwort „Azoren"

c/o Michael Müller Verlag GmbH | Gerberei 19, D – 91054 Erlangen

michael.bussmann@michael-mueller-verlag.de

Vielen Dank!

Ein ganz besonderer Dank gilt Gabriele Tröger für die wertvolle Mitarbeit bei der Aktualisierung dieses Buchs.

Für die freundliche Unterstützung bei der Recherche danken wir SATA Air Açores (Azores Airlines). Herrn Dr. Ulrich Küppers danken wir für seinen Beitrag zum Kapitel „Vulkanismus und Geologie", Robert und Petra Minderlein für die Bereitstellung faszinierender Unterwasserfotos, Anja und Victor von PÁTIO Horse & Lodge für die Bereitstellung der Reitfotos und Serge Viallelle und Raquel Pereira für die Bereitstellung der Whalewatching-Fotos. Bei Gabriele und Gerd Hochleitner und bei Cristina da Silva bedanken wir uns für die vielen Tipps zu São Miguel, bei Elfi Görke und Christian Imlau für ihre Tipps zu São Jorge. Silke Piotrowski und Tobias Wittmann halfen uns mit ihrem Insiderwissen auf Pico weiter. Ein herzlicher Dank gilt ferner den Lesern, die durch ihre Zuschriften eine Qualitätssteigerung dieses Reiseführers ermöglichten.

Impressum

Text und Recherche: Michael Bussmann und Gabriele Tröger   **Lektorat:** D&M Services GmbH: Dagmar Tränkle   **Redaktion:** Johanna Prediger   **Layout:** D&M Services GmbH: Susanne Beigott, Jana Dillner, Dirk Thomsen   **Karten:** Hans-Joachim Bode, Theresa Flenger, Susanne Handtmann, Judit Ladik, Tobias Schneider   **Fotos:** siehe Fotonachweis   **GIS-Consulting:** Rolf Kastner   **Covergestaltung:** Karl Serwotka   **Covermotiv:** Parque Lagoa do Canário © Lsantilli / fotolia.com

ISBN 978-3-95654-568-9

Aktuelle Infos zu unseren Titeln, Hintergrundgeschichten zu unseren Reisezielen sowie brandneue Tipps erhalten Sie in unserem regelmäßig erscheinenden Newsletter, den Sie im Internet unter **www.michael-mueller-verlag.de** kostenlos abonnieren können.

Übersicht der Wanderungen

GPS-kartierte Touren sind mit dem Symbol ^{GPS} gekennzeichnet. Download der GPS-Tracks inkl. Waypoints unter http://mmv.me/45689

Register